J. EBRATO

BIBLIOTHÈQUE LATINE-FRANÇAISE

ŒUVRES COMPLÈTES

DE

CICÉRON

— 16 —

LES ACADÉMIQUES
DES VRAIS BIENS ET DES VRAIS MAUX
LES PARADOXES

TRADUCTIONS DE MM.

DELCASSO | **STIÉVENART**
Ancien recteur de l'académie de Strasbourg | Ancien doyen de la faculté des lettres de Dijon

ET MM. PÉRIGAUD ET LOUIS CHEVALIER

SOIGNEUSEMENT REVUES

PAR M. J.-P. CHARPENTIER

PARIS
GARNIER FRÈRES, LIBRAIRES-ÉDITEURS
6, RUE DES SAINTS-PÈRES, ET PALAIS-ROYAL, 215

BIBLIOTHÈQUE LATINE-FRANÇAISE
— 62 —

ŒUVRES COMPLÈTES

DE

CICÉRON

OUVRAGES PHILOSOPHIQUES

PARIS. — IMP. SIMON RAÇON ET COMP., RUE D'ERFURTH, 1.

ŒUVRES COMPLÈTES

DE

CICÉRON

—◦ 16 ◦—

LES ACADÉMIQUES
DES VRAIS BIENS ET DES VRAIS MAUX
LES PARADOXES

TRADUCTIONS DE MM.

DELCASSO | **STIÉVENART**
Ancien recteur de l'académie de Strasbourg | Ancien doyen de la faculté des lettres de Dijon

ET MM. PÉRIGAUD ET LOUIS CHEVALIER

SOIGNEUSEMENT REVUES

PAR M. J.-P. CHARPENTIER

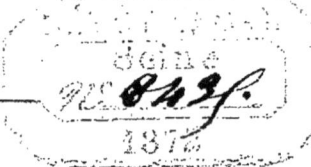

PARIS

GARNIER FRÈRES, LIBRAIRES-ÉDITEURS

6, RUE DES SAINTS-PÈRES, ET PALAIS ROYAL, 215

—

1872

ACADÉMIQUES

DE M. T. CICÉRON

TRADUCTION DE M. DELCASSO
ANCIEN RECTEUR DE L'ACADÉMIE DE STRASBOURG

SOIGNEUSEMENT REVUE
PAR M. J.-P. CHARPENTIER

INTRODUCTION

Plusieurs passages de Cicéron, confirmés par d'autres témoignages dignes de foi, prouvent qu'il y eut deux éditions des *Académiques*. La première, divisée en deux livres, avait pour interlocuteurs Catulus, Lucullus et Hortensius. Cicéron, ayant reconnu que ces grands personnages étaient trop étrangers aux subtilités de l'Académie, et que la matière se prêtait mieux à une division en quatre livres, refit son ouvrage sur un nouveau plan, et se mit lui-même en scène avec Varron et Atticus. Les deux éditions se conservèrent ensemble, malgré l'auteur. Le temps a respecté, dans la plus ancienne, le second livre tout entier; dans l'autre, un fragment du premier, qui contient l'histoire des doctrines académiques jusqu'à Arcésilas.

L'Académie se rattachait par Platon à Socrate, et par Socrate à l'école ionique. En Grèce, comme partout ailleurs, la science fleurit d'abord à l'ombre du sanctuaire; les Orphée, les Musée furent des prêtres et non des philosophes. Mais la civilisation qu'ils avaient dérobée à l'Orient déserta bientôt les froides contrées de la Thrace, pour se fixer plus près de son berceau, sous le beau ciel de l'Asie Mineure. Dès lors, la pensée grecque ne tarda pas à s'affranchir de toutes ses entraves. La philosophie prit naissance lorsque aux chants harmonieux des Homérides succédèrent, en Ionie, les libres spéculations de ces sages que Cicéron nomme *physiciens*, parce qu'ils cherchèrent l'origine et la formation du monde. Selon Thalès, l'eau est le principe de l'univers; selon Anaximandre, c'est la matière infinie ou plutôt informe; selon Anaximène, tout vient de l'air; Anaxagore suppose deux principes, la matière et l'intelligence. Ainsi, chacun de ces philosophes se choisit *a priori* une hypothèse, et sur ce fondement ruineux bâtit l'édifice de son système.

L'école italique, fondée par Pythagore, fut une continuation, un progrès de l'école ionique, dont elle était fille. Au-dessus des phénomènes variables, elle reconnut des lois permanentes qu'elle repré-

senta par les combinaisons des nombres ; mais elle ne dépassa point ces formes abstraites enveloppées dans d'obscures métaphores.

Le rationalisme incomplet de Pythagore provoqua l'idéalisme des Éléates, Xénophane, Parménide et Zénon. Cette nouvelle secte, ne trouvant rien de certain, ni dans l'empirisme ionique, ni dans les rapports formulés par les pythagoriciens, se réfugia au sein du *moi*; et comme de ce sujet, un et identique, elle ne pouvait logiquement déduire la multiplicité et le mouvement, elle nia la réalité objective, et par là ouvrit la voie au scepticisme.

Alors parurent les sophistes, habiles artisans de paroles qui se jouaient de la pensée. Toujours prêts à discourir de tout, à tout prouver, à tout réfuter, ils confondirent le vrai et le faux, le bien et le mal. Religion, vertu, ordre social, tout périssait. L'esprit humain, effrayé de n'avoir péniblement enfanté que le vide, se replia sur lui-même, afin d'y découvrir un *criterium* de vérité et une règle de conduite. Ce fut Socrate, disciple d'Anaxagore, qui donna aux études philosophiques cette puissante impulsion.

Comme les sophistes ses adversaires, ce grand homme professa le scepticisme ; mais pour les premiers, c'était le but ; pour Socrate, ce ne fut que le point de départ. Aux erreurs accréditées il opposait un doute philosophique, afin d'arriver avec plus de certitude à la vérité. Laissant de côté les questions insolubles qu'avaient agitées les anciens sur les mystères de la création, il circonscrivit la philosophie dans les limites de la conscience, l'accoutumant à ne s'occuper que des devoirs de l'homme et du citoyen.

L'enseignement de Socrate fit naître plusieurs écoles, dont la plus célèbre, celle de Platon, porta le nom d'Académie. Les héritiers directs de Platon, Speusippe, Xénocrate, Polémon, Cratès et Crantor, composèrent la première ou l'ancienne académie. Aristote, disciple du même maître, fonda le péripatétisme.

Dans le premier livre des *Académiques*, Varron présente le tableau des doctrines que professaient en physique, en morale et en logique ces deux écoles, opposées dans les termes, d'accord sur le fond des choses. En effet, Aristote, comme Platon, n'admet pas seulement la double existence de l'homme et du monde sensible; il s'élève à ces principes nécessaires, immuables, universels, qui ne peuvent venir ni de l'activité capricieuse du *moi*, ni des phénomènes passagers de la nature extérieure. Jusque-là, les deux systèmes sont presque identiques; mais lorsqu'il s'agit de rattacher ces principes à quelque chose, Aristote recule timidement devant les difficultés de l'ontologie; Platon, plus hardi, prend son essor dans la région des idées, jusqu'à l'Être éternel, substance et cause de tout ce qui existe.

Varron place encore dans l'ancienne académie Zénon de Cittium, fondateur du stoïcisme. Il avance, un peu légèrement selon nous, que ce philosophe subtil n'apporta aucun changement essentiel dans la morale et dans la physique. Quant à la logique, il avoue que Zénon s'éloigna davantage de ses prédécesseurs et donna beaucoup plus d'importance au témoignage des sens. Reconnaissons qu'il fut conséquent avec lui-même : dans ses études naturelles, il avait tout réduit à la matière; dans sa logique, il dut tout rapporter à la sensation. Pourquoi Varron ne fait-il pas remarquer l'intervalle immense qui sépare ce matérialisme étroit des sublimes théories de Platon ?

Cicéron, qui s'était réservé la moyenne et la nouvelle académie, prend la parole après Varron. Il commence par Arcésilas, rival de Zénon, qui, s'appuyant sur le sensualisme des stoïciens afin de le combattre, soutint que la sensation ne peut produire ni la certitude, ni même la probabilité. Quoique Arcésilas lui-même se soit donné pour académicien, quoique Cicéron s'efforce d'enter sa doctrine sur celles de Platon, de Socrate et des Ioniens, il est manifeste que ce doute absolu, emprunté au pyrrhonisme, n'a rien de commun avec le spiritualisme de la première académie.

Après quelques mots consacrés à ce chef de la seconde ou moyenne académie, le texte est interrompu au moment où Cicéron commence à parler de Carnéade, qui modifia les opinions d'Arcésilas et fonda une troisième académie qu'on appela *nouvelle*. L'auteur devait ensuite exposer les opinions de Philon, qui forma une quatrième secte. Carnéade et Philon niaient la certitude, mais admettaient la probabilité.

Varron terminait probablement le premier livre des *Académiques* par le système d'Antiochus, fondateur d'une cinquième secte, et qu'on peut regarder comme un vrai stoïcien, quoiqu'il prétendît être revenu à l'ancienne académie.

Le livre suivant, intitulé *Lucullus*, nous donnera une idée des disputes stériles auxquelles fut condamnée l'Académie depuis Arcésilas jusqu'à Antiochus, pour s'être laissé entraîner sur les pas de Zénon, loin des larges voies du platonisme.

ACADÉMIQUES
DE M. T. CICÉRON

LIVRE PREMIER

A M. TERENTIUS VARRON

1. Dernièrement, nous étions, mon ami Atticus et moi, dans ma terre de Cumes, quand M. Varron nous fit annoncer qu'il était arrivé de Rome le soir précédent, et que, n'était la fatigue du voyage, il serait venu nous voir aussitôt. A cette nouvelle, nous crûmes que nous devions, sans différer, nous rendre auprès d'un homme qui nous est uni par la conformité des goûts et par une vieille amitié. Nous partîmes donc sur-le-champ pour aller chez lui; et nous étions encore un peu éloignés de sa maison de campagne, quand nous l'aperçûmes : il venait lui-même nous

M. T. CICERONIS
ACADEMICORUM

LIBER PRIMUS

AD M. TERENTIUM VARRONEM

1. In Cumano nuper quum mecum Atticus noster esset, nuntiatum est nobis a M. Varrone, venisse eum Roma pridie vesperi, et, nisi de via fessus esset, continuo ad nos venturum fuisse. Quod quum audissemus, nullam moram interponendam putavimus, quin videremus hominem, nobiscum et studiis eisdem, et vetustate amicitiæ conjunctum. Itaque confestim ad eum ire perreximus; paulumque quum ejus villa abessemus, ipsum ad nos venientem vidi-

trouver. Après l'avoir embrassé, comme c'est l'usage entre amis, nous le reconduisîmes jusqu'à sa demeure, et le trajet fut assez long.

D'abord il nous dit quelques mots sur Rome : c'était moi qui lui en avais demandé des nouvelles. Atticus nous arrêta : Laissez, me dit-il, je vous prie, ces détails qu'on ne peut demander ni entendre sans douleur. Ah! plutôt, qu'il nous donne des nouvelles de ce qu'il fait lui-même ; car les Muses de Varron gardent un silence plus long que de coutume. Non, je crois, qu'il demeure oisif ; mais il cache, je pense, ses productions. — Il n'en est rien, répondit Varron ; car, selon moi, c'est folie d'écrire quelque chose dans l'intention de le cacher. Mais j'ai sur le métier un grand ouvrage, dont je me propose, il y a longtemps, d'adresser une partie à notre ami (il parlait de moi) : c'est un travail important, que je m'applique à limer et à polir. — Et moi, Varron, lui dis-je alors, quoique depuis longtemps, en effet, j'attende ce présent, je n'ose le réclamer ; car notre ami Libon, dont l'affection vous est connue, m'a appris (de telles choses peuvent-elles se cacher ?) que, loin d'interrompre cet ouvrage, vous le remaniez avec beaucoup de soin, et qu'il ne sort jamais de vos mains. Mais il est une question que je n'ai pas encore songé à vous faire : maintenant que j'ai entrepris de transmettre à la postérité le sujet de nos communes études, et de dévelop-

---

mus atque illum complexi, ut mos amicorum est, satis eum longo intervallo ad suam villam reduximus.

Hic pauca primo, atque ea percontantibus nobis, ecquid forte Roma novi ; Atticus, Omitte ista, quæ nec percontari, nec audire sine molestia possumus, quæso, inquit ; et quære potius, ecquid ipse novi. Silent enim diutius Musæ Varronis, quam solebant ; nec tamen istum cessare, sed celare, quæ scribat, existimo. — Minime vero, inquit ille : intemperantis enim arbitror esse, scribere, quod occultari velit. Sed habeo opus magnum in manibus, quod jam pridem ad hunc ipsum (me autem dicebat) quædam institui, quæ et sunt magna sane, et limantur a me politius. — Et ego, Ista quidem, inquam, Varro, jam diu exspectans, non audeo tamen flagitare : audivi enim e Libone nostro, cujus nosti studium (nihil enim ejusmodi celare possumus), non te ea intermittere ; sed accuratius tractare, nec de manibus unquam deponere. Illud autem mihi ante hoc tempus nunquam in mentem venit a te requirere ; sed nunc, posteaquam sum ingressus, res eas, quas tecum simul didici, mandare monu-

per en notre langue cette ancienne philosophie dont Socrate est le père, dites-moi, je vous prie, pourquoi vous, qui composez tant d'ouvrages, vous négligez ce genre, surtout quand vous y excellez, et quand cette étude et cette science tout entière l'emportent de beaucoup sur les autres études et les autres sciences ?

II. Alors Varron : Vous me parlez d'un projet auquel j'ai souvent pensé, que j'ai souvent agité. Aussi n'hésiterai-je pas à vous répondre. Ce que je dirai se présentera de soi-même, parce que, je le répète, il s'agit d'une chose qui m'a longtemps et sérieusement occupé.

Voyant la philosophie traitée avec un soin particulier dans les écrits des Grecs, j'ai cru que ceux de nos compatriotes qui ont du goût pour cette étude, s'ils étaient versés dans la littérature grecque, liraient les ouvrages des Grecs plutôt que les miens ; tandis que ceux qui auraient de l'éloignement pour les arts et les sciences de la Grèce ne se soucieraient guère d'un travail qu'on ne peut comprendre sans être initié à l'érudition grecque. Voilà pourquoi je n'ai pas voulu écrire des livres que les ignorants ne pourraient entendre, et que les savants ne daigneraient pas lire.

Sur ce sujet vous pensez comme moi : vous reconnaissez que nous ne pouvons pas ressembler aux Amafinius et aux Rabirius,

---

mentis, philosophiamque veterem illam, a Socrate ortam, latinis litteris illustrare ; quæro, quid sit, cur, quum multa scribas, genus hoc prætermittas, præsertim quum et ipse in eo excellas, et id studium, totaque ea res longe cæteris et studiis, et artibus antecedat.

II. Tum ille, Rem a me sæpe deliberatam et multum agitatam requiris. Itaque non hæsitans respondebo ; sed ea dicam, quæ mihi sunt in promptu ; quod ista ipsa de re multum, ut dixi, et diu cogitavi.

Nam quum philosophiam viderem diligentissime Græcis litteris explicatam, existimavi, si qui de nostris ejus studio tenerentur, si essent Græcis doctrinis eruditi, Græca potius, quam nostra lecturos ; sin a Græcorum artibus et disciplinis abhorrerent, ne hæc quidem curaturos, quæ sine eruditione Græca intelligi non possunt : itaque ea nolui scribere, quæ nec indocti intelligere possent, nec docti legere curarent.

Vides autem eadem ipse : didicisti enim non posse nos Amafinii, aut Rabirii

1.

qui, ne suivant aucune méthode scientifique, traitent en style vulgaire de ce qui tombe sous les yeux de tout le monde. Ils ne savent rien définir, rien diviser, rien prouver par une adroite induction ; enfin ils pensent qu'il n'y a aucun art, ni pour la parole, ni pour le raisonnement. Mais nous, qui respectons, comme autant de lois, les préceptes de la rhétorique et de la dialectique (deux sciences que notre école met au nombre des vertus), nous sommes obligés d'employer, malgré leur nouveauté, certaines expressions que les savants aimeront mieux, comme je l'ai dit, chercher dans les Grecs, et que les ignorants ne voudront pas même recevoir de nous. Ce serait donc entreprendre un travail inutile.

En physique, si j'approuvais Épicure, c'est-à-dire Démocrite, je pourrais m'exprimer avec autant de facilité qu'Amafinius. Est-il, en effet, si merveilleux, une fois qu'on a rejeté les causes efficientes, de parler du concours fortuit des corpuscules (c'est ainsi qu'il appelle les atomes)? Mais vous, Cicéron, vous connaissez notre physique : elle embrasse la force efficiente et la matière que cette force façonne et modifie ; aussi avons-nous besoin des lois de la géométrie.

Enfin, par quels termes pourra-t-on exprimer et faire pénétrer dans les intelligences ces principes qui concernent la vie, les mœurs, ce qu'on doit fuir, ce qu'on doit chercher ? Les épi-

---

similes esse, qui, nulla arte adhibita, de rebus ante oculos positis vulgari sermone disputant ; nihil definiunt, nihil partiuntur, nihil apta interrogatione concludunt, nullam denique artem esse nec dicendi, nec disserendi putant. Nos autem præceptis dialecticorum, et oratorum etiam (quoniam utramque vim, virtutem esse nostri putant) sic parentes, ut legibus, verbis quanquam novis cogimur uti, quæ docti (ut dixi) a Græcis petere malent, indocti ne a nobis quidem accipient ; ut frustra omnis suscipiatur labor.

Jam vero physica, si Epicurum, id est, si Democritum probarem, possem scribere ita plane, ut Amafinius. Quid est enim magnum, quum causas rerum efficientium sustuleris, de corpusculorum (ita enim appellat atomos) concursione fortuita loqui ? Nostra tu physica nosti, quæ contineantur ex effectione, et ex materia ea, quam fingit et format effectio ; adhibenda enim geometria est.

Quoniam quibusnam quisquam enuntiare verbis, aut quem ad intelligendum poterit adducere hæc ipsa, de vita et moribus, de expetendis, fugiendisque

curiens, il est vrai, pensent tout simplement que le bonheur de l'homme est le même que celui de la brute. Mais, chez nous, vous n'ignorez pas de combien de difficultés est entourée cette question. Suivez-vous Zénon, vous aurez bien de la peine à faire comprendre ce qu'il entend par ce bonheur simple et vrai qui ne peut être séparé de l'honnête, bonheur dont Épicure prétend n'avoir pas la moindre idée, si on le distingue du plaisir des sens. Nous attachons-nous à la vieille académie, dont, vous le savez, je partage les principes, que de subtilité il nous faudra pour en expliquer les doctrines ! que d'adresse et d'obscurité dans nos discussions contre les stoïciens !

Je garde donc pour moi seul toutes mes études philosophiques, et j'en fais, autant qu'il m'est possible, la règle de ma conduite et l'amusement de mon esprit ; pensant avec Platon que la philosophie est le plus grand et le plus beau présent que l'homme ait reçu des dieux. Mais ceux de mes amis qui ont du goût pour cette étude, je les envoie en Grèce, c'est-à-dire que je leur conseille d'aller puiser à la source plutôt que dans les filets d'eau qui en dérivent. Quant aux choses que personne n'avait encore enseignées, et que les amis de la science ne pouvaient trouver nulle part, j'ai tâché, autant que je l'ai pu (car je ne suis pas grand admirateur de mes productions), de les faire connaître à nos concitoyens. Ce sont des recherches qu'on ne pouvait deman-

---

rebus? Illi enim simpliciter pecudis et hominis idem bonum esse censent ; apud nostros enim, non ignoras, quæ sit et quanta subtilitas. Sive enim Zenonem sequare, magnum est efficere, ut quis intelligat, quid sit illud verum et simplex bonum, quod non possit ab honestate sejungi ; quod bonum quale sit, negat omnino Epicurus sine voluptatibus sensum moventibus nec suspicari. Si vero academiam veterem persequamur, quam nos, ut scis, probamus; quam erit illa acute explicanda nobis ? quam argute, quam obscure etiam contra stoicos disserendum ?

Totum igitur illud philosophiæ studium mihi quidem ipse sumo, et ad vitæ constantiam quantum possum, et ad delectationem animi ; nec ullum arbitror, ut apud Platonem est, majus aut melius a diis datum munus homini ; sed meos amicos, in quibus est studium, in Græciam mitto, id est ad Græcos ire jubeo, ut ea a fontibus potius hauriant, quam rivulos consectentur. Quæ autem nemo adhuc docuerat, nec erat, unde studiosi scire possent, ea, quantum potui (nihil enim magnopere meorum miror), feci, ut essent nota nostris. A

der aux Grecs, ni même aux Latins, depuis la mort de notre L. Élius. Toutefois ces ouvrages de ma jeunesse, dans lesquels, imitateur et non traducteur de Ménippe, j'ai répandu quelque gaieté, contiennent bien des choses tirées du fond même de la philosophie, bien des choses empruntées à la dialectique ; et de plus, pour que les moins instruits, invités à lire par l'attrait du sujet, comprissent plus aisément ces questions philosophiques, je me suis proposé de les traiter dans mes *Éloges*, et dans les préambules de mes *Antiquités*, si toutefois j'y ai réussi.

III. Oui, lui répondis-je alors, vous avez réussi, Varron : étrangers dans notre ville, nous errions comme des voyageurs ; vos ouvrages nous ont, pour ainsi dire, conduits par la main au sein de nos foyers, et, grâce à vous, nous pouvons enfin reconnaître qui nous sommes, et où nous vivons. C'est vous qui nous avez révélé l'âge de notre patrie, la succession des temps, les droits de la religion et du sacerdoce ; vous, qui avez exposé l'administration intérieure, la discipline militaire, l'emplacement des quartiers et des lieux les plus remarquables ; vous, qui de toutes les choses divines et humaines nous avez dévoilé les noms, les espèces, les fonctions et les causes. Vous avez répandu le plus grand jour sur nos poëtes, sur notre littérature en général et sur notre grammaire ; vous avez composé un poëme varié, élégant et presque accompli ; enfin vous avez, en plusieurs passages, touché aux matières philosophiques, assez pour donner

---

Græcis enim peti non poterant, ac, post L. Ælii nostri occasum, ne a Latinis quidem. Et tamen in illis veteribus nostris, quæ, Menippum imitati, non interpretati, quadam hilaritate conspersimus, multa admixta ex intima philosophia, multa dicta dialectice ; quæ quo facilius minus docti intelligerent, jucunditate quadam ad legendum invitati, in Laudationibus, in iis ipsis Antiquitatum proœmiis, philosophiæ scribere voluimus, si modo consecuti sumus.

III. Tum ego, Sunt, inquam, ista, Varro ; nam nos in nostra urbe peregrinantes, errantesque, tanquam hospites, tui libri quasi domum deduxerunt, ut possemus aliquando, qui, et ubi essemus, agnoscere. Tu ætatem patriæ, tu descriptiones temporum, tu sacrorum jura, tu sacerdotum ; tu domesticam, tu bellicam disciplinam ; tu sedem regionum, locorum ; tu omnium divinarum humanarumque rerum nomina, genera, officia, causas aperuisti ; plurimumque poetis nostris, omninoque Latinis et litteris luminis attulisti, et verbis : atque ipse varium et elegans, omni fere numero, poema fecisti ; philosophiamque

l'impulsion, pas assez pour instruire. Vous apportez, il est vrai, une excuse spécieuse : ceux qui savent le grec aimeront mieux lire les ouvrages originaux; ceux qui l'ignorent ne liront pas même les vôtres. Mais, avouez-le, cette raison vous paraît-elle solide? Au contraire, ceux qui ne peuvent pas lire les ouvrages étrangers liront les vôtres, et ceux qui le peuvent ne mépriseront pas des productions nationales. Et pourquoi les Romains versés dans la littérature grecque ne liraient-ils pas les philosophes latins, puisqu'ils lisent les poëtes? Serait-ce parce qu'on trouve du charme dans Ennius, Pacuvius, Attius et beaucoup d'autres qui ont reproduit, non les mots, mais le génie des poëtes grecs? Combien plus encore plairont les philosophes, s'ils imitent Platon, Aristote, Théophraste, comme ces poëtes ont imité Eschyle, Sophocle, Euripide! Et n'entends-je pas louer tous les jours ceux de nos orateurs qui ont pris pour modèle Hypéride ou Démosthène?

Pour moi (car je veux parler sans détour), lorsque l'ambition, les honneurs, le barreau, et non-seulement le soin des affaires publiques, mais encore la responsabilité qui pesait sur moi, me tenaient captif et enchaîné dans les liens de mille devoirs, je renfermais ma philosophie en moi-même, et, pour n'en pas laisser éteindre le goût, je le ranimais, quand il m'était possible, par la lecture. Mais aujourd'hui, frappé par la fortune du coup le plus

---

multis locis inchoasti, ad impellendum satis, ad edocendum parum. Causam autem probabilem tu quidem affers : aut enim Græca legere malent, qui erunt eruditi; aut ne hæc quidem, qui illa nesciunt. Sed da mihi nunc : satisne probas? Imo vero et hæc, qui illa non poterunt ; et qui Græca poterunt, non contemnent sua. Quid enim causæ est, cur poetas Latinos Græcis litteris eruditi legant, philosophos non legant? an quia delectat Ennius, Pacuvius, Attius, multi alii, qui non verba sed vim Græcorum expresserunt poetarum? Quanto magis philosophi delectabunt, si, ut illi Æschylum, Sophoclem, Euripidem; sic hi Platonem imitentur, Aristotelem, Theophrastum? Oratores quidem laudari video, si qui e nostris Hyperidem sint, aut Demosthenem imitati.

Ego autem (dicam enim, ut res est), dum me ambitio, dum honores, dum causæ, dum reipublicæ non solum cura, sed quædam etiam procuratio multis officiis implicatum et constrictum tenebat, hæc inclusa habebam ; et, ne obsolescerent, renovabam, quum licebat, legendo. Nunc vero et fortunæ gravis-

terrible, et délivré du fardeau de l'administration, je cherche dans la philosophie un remède à ma douleur, et je ne connais pas pour mon loisir de plus noble amusement. En effet, si ce n'est pas le plaisir le plus approprié à mon âge, le mieux assorti à ce que je puis avoir fait de louable, le plus utile à l'instruction de nos concitoyens, je ne vois pas à quelle autre occupation je pourrais me livrer. Eh quoi ! notre Brutus lui-même, cet homme supérieur dans tous les genres de mérite, ne développe-t-il pas la philosophie en langue latine, de manière à ne laisser, sur les mêmes questions, rien à désirer aux Grecs ? Il suit d'ailleurs la même doctrine que vous : car il a quelque temps écouté, dans Athènes, les leçons d'Ariste, dont le frère Antiochus fut votre maître. De grâce, livrez-vous donc aussi à ce genre de composition.

IV. Alors Varron : J'y penserai, pourvu que ce soit de concert avec vous. Mais, sur votre compte, poursuivit-il, que viens-je d'apprendre ? — De quoi est-il question ? lui dis-je. — On prétend que vous avez abandonné la vieille académie, et que déjà vous appartenez à la nouvelle. — Comment ! répondis-je ; il aurait donc été permis à notre ami Antiochus de quitter une maison neuve pour rentrer dans une vieille, et il nous serait défendu de passer de la vieille dans la neuve ! Assurément les derniers travaux doivent avoir le plus d'exactitude et de perfec-

---

simo perculsus vulnere, et administratione reipublicæ liberatus, doloris medicinam a philosophia peto, et otii oblectationem hanc, honestissimam judico. Aut enim huic ætati hoc maxime aptum est ; aut iis rebus, si quas dignas laude gessimus, hoc in primis consentaneum ; aut etiam ad nostros cives erudiendos nihil utilius ; aut, si hæc ita non sunt, nihil aliud video, quod agere possimus. Brutus quidem noster, excellens omni genere laudis, sic philosophiam Latinis litteris persequitur, nihil ut iisdem de rebus Græcia desideret ; et eamdem quidem sententiam sequitur, quam tu ; nam Aristum Athenis audivit aliquandiu, cujus tu fratrem Antiochum. Quamobrem da, quæso, te huic etiam generi litterarum.

IV. Tum ille, Istuc quidem considerabo, nec vero sine te. Sed de te ipso quid est, inquit, quod audio ? — Quanam, inquam, de re ? — Relictam a te veterem jam, inquit ; tractari autem novam. — Quid ? ergo, inquam, Antiocho id magis licuerit, nostro familiari, remigrare in domum veterem e nova, quam nobis in novam e vetere ? Certe enim recentissima quæque sunt correcta et

tion. Le maître d'Antiochus, il est vrai, Philon, que vous regardez vous-même comme un grand homme, a soutenu dans ses ouvrages (et nous l'avons entendu de sa bouche) qu'il n'y avait point deux académies; il a taxé d'erreur ceux qui affirmaient le contraire. — Ce que vous dites est vrai, reprit-il; mais je ne pense pas que vous ignoriez ce qu'Antiochus a écrit contre le paradoxe de Philon. — Non, sans doute; et même, si ce n'est pas abuser de votre complaisance, j'aimerais à vous entendre rappeler cette réfutation, et raviver dans mon souvenir toute la vieille académie que j'ai perdue de vue depuis si longtemps. Cependant, asseyons-nous, lui dis-je, si vous le jugez à propos. — Très à propos, répondit-il, car je suis bien faible. Mais assurons-nous qu'Atticus partage le désir que je vous vois manifester. — Moi? dit Atticus : est-il rien que je puisse préférer au plaisir de me rappeler ce que j'entendis autrefois de la bouche d'Antiochus, et en même temps de voir si de pareilles matières peuvent avec assez de facilité être présentées en langue latine? A ces mots, nous nous assîmes vis-à-vis l'un de l'autre; alors Varron commença ainsi :

Socrate me paraît, et l'on en convient généralement, avoir le premier détourné la philosophie de ces questions obscures, et, pour ainsi dire, voilées par la nature elle-même, auxquelles, avant lui, s'attachaient tous les philosophes, et l'avoir amenée à l'observation de la vie commune. Ainsi il se bornait à l'examen

emendata maxime; quanquam Antiochi magister Philo, magnus vir, ut tu existimas ipse, negaret in libris (quod coram etiam ex ipso audiebamus), duas academias esse; erroremque eorum, qui ita putarunt, coarguit. — Est, inquit, ut dicis; sed ignorare te non arbitror, quæ contra Philonis Antiochus scripserit. — Imo vero et ista, et totam veterem academiam, a qua absum tam diu, renovari a te, nisi molestum est, velim : et simul, assidamus, inquam, si videtur. — Sane istuc quidem, inquit; sum enim admodum infirmus. Sed videamus, idemne Attico placeat fieri a me, quod te velle video. — Mihi vero ille : quid est enim, quod malim, quam ex Antiocho jam pridem audita recordari? et simul videre, satisne ea commode dici possint Latine? Quæ quum essent dicta, in conspectu consedimus omnes. Tum Varro ita exorsus est :

Socrates mihi videtur, id quod constat inter omnes, primus à rebus occultis, et ab ipsa natura involutis, in quibus omnes ante eum philosophi occupati fuerunt, avocavisse philosophiam, et ad vitam communem adduxisse : ut

des vertus et des vices, du bien et du mal. Les choses célestes étaient, à son avis, hors de la portée de notre intelligence, et d'ailleurs, quand même nous les connaîtrions parfaitement, inutiles pour nous apprendre à bien vivre. Dans presque tous ses entretiens, rédigés par ses disciples avec une variété et une fécondité inépuisables, ce philosophe discute sans rien affirmer, se bornant à réfuter ses adversaires. Tout ce qu'il sait, dit-il, c'est qu'il ne sait rien; et s'il l'emporte sur les autres, c'est parce qu'ils s'imaginent savoir ce qu'ils ignorent, tandis que lui sait uniquement qu'il ne sait rien. C'est pour cela je pense qu'Apollon l'a déclaré le plus sage des hommes, toute la sagesse se réduisant à ne pas prétendre savoir ce qu'on ne sait point. Tout en répétant ces paroles, et en restant fidèle à cette opinion, il ne laissait pas de consacrer tous ses discours à louer la vertu, à exhorter les hommes à la pratique de la vertu, comme on s'en peut convaincre dans les livres de ses disciples, et surtout dans ceux de Platon.

Par l'influence de Platon, génie vaste, divers et abondant, s'établit un système de philosophie un et identique sous une double dénomination. Je parle des académiciens et des péripatéticiens, qui, d'accord sur le fond des choses, ne différaient que par le nom. En effet, si Platon laissa, pour ainsi dire, l'héritage

---

de virtutibus et vitiis, omninoque de bonis rebus et malis quæreret; cœlestia autem vel procul esse a nostra cognitione censeret, vel, si maxime cognita esset, nihil tamen ad bene vivendum. Hic in omnibus fere sermonibus, qui ab iis, qui illum audierunt, perscripti varie et copiose sunt, ita disputat, ut nihil affirmet ipse, refellat alios; nihil se scire dicat; nisi id ipsum; eoque præstare cæteris, quod illi, quæ nesciant, scire se putent; ipse, se nihil scire, id unum sciat; ob eamque rem se arbitrari ab Apolline omnium sapientissimum esse dictum, quod hæc esset una omnis sapientia, non arbitrari, sese scire, quod nesciat. Quæ quum diceret constanter, et in ea sententia permaneret, omnis ejus oratio tum in virtute laudanda, et in [omnibus] hominibus ad virtutis studium cohortandis consumebatur, ut e Socraticorum libris, maximeque Platonis, intelligi potest.

Platonis autem auctoritate, qui varius, et multiplex, et copiosus fuit, una et consentiens duobus vocabulis philosophiæ forma instituta est, academicorum et peripateticorum; qui rebus congruentes, nominibus differebant. Nam, quum

de sa philosophie à Speusippe, fils de sa sœur, ses disciples les plus distingués par le savoir et par l'amour du vrai furent Xénocrate de Chalcédoine et Aristote de Stagire. Les sectateurs d'Aristote furent nommés *péripatéticiens*, parce qu'ils dissertaient en se promenant dans le Lycée. Ceux qui, suivant l'usage institué par Platon, continuèrent à s'assembler et à s'entretenir dans l'Académie, qui était un autre gymnase, empruntèrent leur nom à ce lieu. Mais les uns et les autres, remplis des idées fécondes de Platon, formèrent un système bien déterminé, et en même temps riche et complet. Ils renoncèrent au doute universel de Socrate, et à son habitude de discuter sans rien affirmer. Ainsi, ce que Socrate était loin d'approuver, la philosophie devint un art, un système, un enseignement méthodique. Dans le principe, cette doctrine était, comme je l'ai dit, une, bien que sous deux dénominations; car il n'y avait aucune différence entre les péripatéticiens et cette vieille académie. Aristote l'emportait, du moins à ce qu'il me semble, par la fécondité de son génie; mais les uns et les autres puisaient à la même source; ils établissaient la même distinction entre ce qu'on doit rechercher et ce qu'on doit fuir. Que fais-je? dit Varron; suis-je bien dans mon bon sens, lorsque je prétends vous apprendre ces choses? Quoique ce ne soit pas précisément le pourceau du proverbe, qui veut

---

Speusippum, sororis filium, Plato philosophiæ quasi hæredem reliquisset; duos autem præstantissimos studio atque doctrina, Xenocratem Chalcedonium, et Aristotelem Stagiritem : qui erant cum Aristotele, peripatetici dicti sunt, quia disputabant inambulantes in Lycoo; illi autem, qui Platonis instituto in Academia, quod est alterum gymnasium, cœtus erant et sermones habere soliti, e loci vocabulo nomen habuerunt. Sed utrique Platonis ubertate completi, certam quamdam disciplinæ formulam composuerunt, et eam quidem plenam ac refertam ; illam autem Socraticam dubitationem de omnibus rebus, et nulla affirmatione adhibita consuetudinem disserendi reliquerunt. Ita facta est [disserendi], quod minime Socrates probabat, ars quædam philosophiæ, et rerum ordo, et descriptio disciplinæ. Quæ quidem erat primo duobus, ut dixi, nominibus una : nihil enim inter peripateticos, et illam veterem academiam differebat. Abundantia quadam ingenii præstabat, ut mihi videtur quidem, Aristoteles ; sed idem fons erat utrisque, et eadem rerum expetendarum, fugiendarumque partitio. Sed quid ago? inquit; aut sumne sanus, qui

remontrer à Minerve, toujours est-il ridicule à qui que ce soit d'oser faire la leçon à Minerve.

V. Continuez, Varron, dit alors Atticus : j'aime beaucoup et les choses et les hommes de mon pays. Ces questions surtout me charment, traitées en notre langue et comme nous venons de les entendre. — Que sera-ce pour moi, leur dis-je, qui ai pris l'engagement de faire connaître un jour la philosophie à nos concitoyens! — Eh bien, continuons, reprit-il, puisque vous le trouvez bon.

La philosophie transmise par Platon à ses successeurs se divise en trois parties : la première traitait de la vie et des mœurs; la seconde, de la nature et des choses occultes; la troisième, du raisonnement et du jugement qui discerne le vrai du faux, les termes justes de ceux qui ne le sont pas, l'accord et la répugnance des idées.

Dans la première partie, pour apprendre à bien vivre, on s'adressait à la nature, on recommandait de lui obéir. Selon ces philosophes, c'est dans la nature seule qu'il faut chercher ce bien suprême auquel doivent être rapportées toutes nos actions. Ils établissaient que le dernier terme des choses désirables, et le comble du bonheur, c'est d'avoir reçu de la nature tout ce qui est nécessaire à l'âme, au corps et à la vie. Des biens du corps, ils plaçaient les uns dans le tout, les autres dans les

---

hæc vos doceo? nam etsi non sus Minervam, ut aiunt, tamen inepte, quisquis Minervam docet.

V. Tum Atticus, Tu vero, inquit, perge, Varro. Valde enim amo nostra atque nostros; meque ista delectant, quum Latine dicuntur, et isto modo. — Quid me, inquam, putas, qui philosophiam jam professus sim populo nostro exhibiturum? — Pergamus igitur, inquit, quoniam placet.

Fuit ergo jam accepta a Platone philosophandi ratio triplex : una, de vita et moribus; altera, de natura et rebus occultis; tertia, de disserendo, et quid verum, et quid falsum ; quid rectum in oratione, pravumve ; quid consentiens, quid repugnans, judicando.

Ac primam illam partem bene vivendi a natura petebant, eique parendum esse dicebant; neque ulla alia in re, nisi in natura, quærendum esse illud summum bonum, quo omnia referrentur; constituebantque, extremum esse rerum expetendarum, et finem bonorum, adeptum esse omnia e natura et animo, et corpore, et vita. Corporis autem alia ponebant esse in toto, alia in

parties : dans le tout, la santé, la vigueur, la beauté; dans les parties, l'intégrité des sens, et les avantages attachés à chacune des parties du corps, comme l'agilité pour les pieds, la force pour les mains, l'éclat pour la voix, et pour la langue enfin l'expression nette des sons. Ils appelaient biens de l'âme tous les moyens de faire pénétrer la vertu dans les esprits, et ils rapportaient les uns à la *nature*, les autres à l'*habitude :* de la nature, ils dérivaient la promptitude à apprendre, et la mémoire, qu'ils faisaient dépendre toutes deux de l'activité de l'âme et de l'intelligence ; à l'habitude, ils attribuaient nos penchants, et pour ainsi dire notre façon de vivre, qui devait être déterminée en partie par un exercice assidu, en partie par la raison. Nature et habitude, voilà le double objet de leur philosophie, dans laquelle ce qui est ébauché et non accompli s'appelle acheminement vers la vertu ; ce qui est accompli, c'est la vertu même, qu'ils regardent comme la nature perfectionnée, et, de toutes les prérogatives de l'âme, c'était à leurs yeux la plus belle. Tels sont donc les biens de l'âme. Ceux de la vie (car c'était la troisième espèce) consistaient en certains accessoires qui peuvent faciliter la pratique de la vertu ; en effet, la vertu aime à se montrer au milieu de quelques avantages qui dépendent moins de la nature que d'une vie heureuse. Alors ils envisa-

---

partibus. Valetudinem, vires, pulchritudinem, in toto ; in partibus autem, sensus integros, et præstantiam aliquam partium singularum : ut in pedibus celeritatem, vim in manibus, claritatem in voce, in lingua etiam explanatam vocum impressionem. Animi autem, quæ essent ad comprehendendam ingeniis virtutem idonea ; eaque ab iis in naturam, et mores dividebantur. Naturæ celeritatem ad discendum, et memoriam dabant ; quorum utrumque mentis esset proprium, et ingenii. Morum autem putabant studia esse, et quasi consuetudinem : quam partim exercitationis assiduitate, partim ratione formabant ; in quibus erat philosophia ipsa, in qua quod inchoatum est, neque absolutum, progressio quædam ad virtutem appellatur ; quod autem absolutum, id est virtus, quasi perfectio naturæ, omniumque rerum, quas in animis ponunt, una res optima. Ergo hæc animorum. Vitæ autem (id enim erat tertium) adjuncta esse dicebant, quæ ad virtutis usum valerent. Nam virtus [animi bonis et corporis] cernitur in quibusdam, quæ non tam naturæ, quam beatæ vitæ adjuncta sunt. Hominem esse censebant, quasi partem quamdam

geaient l'homme comme membre de la cité et du genre humain, c'est-à-dire comme uni à ses semblables par le lien de l'humanité. Voilà ce qu'ils pensaient du bien suprême et naturel, auquel ils rapportaient tous les autres biens qui servent à l'accroître ou à le conserver, tels que les richesses, la puissance, la gloire et le crédit. Ainsi ils reconnaissaient trois espèces de biens.

VI. Telles sont aussi les trois espèces qu'admettent les péripatéticiens, selon l'opinion commune, et ce n'est pas une erreur; c'est bien là leur division. On se trompe si l'on croit qu'il y a une différence essentielle entre les péripatéticiens et ceux qu'on appelait alors académiciens. Cette classification était commune aux deux écoles, et le plus haut degré du bonheur, pour l'une comme pour l'autre, était d'atteindre les biens que la nature met au premier rang, les biens désirables par eux-mêmes, et de les posséder tous, ou du moins les plus importants. Or, les plus importants sont ceux qui viennent de l'âme et qui consistent dans la vertu. Ainsi toute cette ancienne philosophie a pensé que dans la vertu seule est placé le bonheur de la vie, et que cependant ce bonheur n'est pas complet, à moins qu'on ne joigne à la vertu les biens du corps et ces accessoires qui, nous l'avons dit plus haut, facilitent la pratique de la vertu. Cette théorie comprenait l'obligation de mener une vie active, et la source du devoir

---

civitatis, et universi generis humani, cumque esse conjunctum cum hominibus humana quadam societate. Ac de summo quidem atque naturali bono sic agunt; cætera autem pertinere ad id putant, aut ad augendum, aut ad tuendum, ut divitias, ut opes, ut gloriam, ut gratiam. Ita tripartita ab iis inducitur ratio bonorum.

VI. Atque hæc illa sunt tria genera, quæ putant plerique peripateticos dicere. Id quidem non falso; est enim hæc partitio illorum : illud imprudenter, si alios esse academicos, qui tum appellarentur, alios peripateticos arbitrantur. Communis hæc ratio, et utrisque hic bonorum finis videbatur, adipisci, quæ essent prima [in] natura, quæque ipsa per sese expetenda, aut omnia, aut maxima. Ea sunt autem maxima, quæ in ipso animo, atque in ipsa virtute versantur. Itaque omnis illa antiqua philosophia sensit, in una virtute esse positam beatam vitam; nec tamen beatissimam, nisi adjungerentur et corporis, et cætera, quæ supra dicta sunt, ad virtutis usum idonea. Ex hac descriptione, agendi quoque aliquid in vita, et officii ipsius initium reperiebatur;

lui-même; en d'autres termes, elle recommandait d'obéir aux préceptes de la nature. De là, la fuite du désœuvrement et le mépris des voluptés : grâce à cette énergie, l'homme se chargeait de travaux et de douleurs sans nombre et sans mesure, dans l'intérêt du juste, de l'honnête et de ce qui est conforme au vœu de la nature. Ce dévouement produisait l'amitié, la justice et l'équité, vertus qu'on préférait aux voluptés et à tous les avantages de la vie. Telle fut, chez ces philosophes, la science qui réglait la conduite; tels furent la forme et le plan de cette partie que j'ai placée la première.

Pour expliquer la nature (c'était la seconde partie), ils rapportaient tout à deux principes : l'un efficient, l'autre se prêtant à l'action du premier qui le modifiait. Dans la cause efficiente, ils voyaient une force; l'objet soumis à son action était une sorte de matière. Néanmoins ils ne concevaient pas l'une sans l'autre ; car les parties de la matière ne resteraient pas cohérentes, si elles n'étaient retenues par quelque force, et la force ne peut se trouver hors de la matière, puisque tout ce qui est doit être quelque part. Cette combinaison des deux principes, ils l'appelaient corps, et, comme nous dirions, *qualité :* car vous permettrez sans doute que, dans des questions inusitées parmi nous, je me serve parfois, à l'exemple des Grecs, qui cependant s'en occupent depuis longtemps, de termes nouveaux.

quod erat in conservatione earum rerum, quas natura præscriberet. Hinc gignebatur fuga desidiæ, voluptatumque contemptio : ex quo laborum dolorumque susceptio multorum, magnorum, recti honestique causa, et earum rerum, quæ erant congruentes cum descriptione naturæ. Unde et amicitia exsistebat, et justitia, atque æquitas; hæque et voluptatibus, et multis vitæ commodis anteponebantur. Hæc quidem fuit apud eos morum institutio, et ejus partis, quam primam posui, forma atque descriptio.

De natura autem (id enim sequebatur) ita dicebant, ut eam dividerent in res duas : ut altera esset efficiens, altera autem quasi huic se præbens, eaque efficeretur aliquid. In eo, quod efficeret, vim esse censebant; in eo autem, quod efficeretur, materiam quamdam; in utroque tamen utrumque. Neque enim materiam ipsam cohærere potuisse, si nulla vi continueretur, neque vim sine aliqua materia : nihil est enim, quod non alicubi esse cogatur. Sed quod ex utroque, id jam corpus, et quasi qualitatem quamdam nominabant. Dabitis enim profecto, ut in rebus inusitatis (quod Græci ipsi faciunt, a quibus hæc jam diu tractantur), utamur verbis interdum inauditis.

VII. Nous ne demandons pas mieux, dit Atticus, et même il vous sera permis, lorsque vous le voudrez, d'employer les mots grecs, si les mots latins viennent à vous manquer. — C'est agir avec complaisance ; mais je tâcherai de m'exprimer en latin, à moins qu'il ne se présente certains mots, tels que ceux de philosophie, rhétorique, physique ou dialectique, qui, comme beaucoup d'autres, ont été naturalisés chez nous par l'usage. J'ai donc appelé *qualités* ce que les Grecs nommaient ποιότητες, mot qui, même chez eux, n'appartient pas au langage du peuple, mais à celui des philosophes. On peut citer beaucoup d'exemples semblables : ainsi les dialecticiens n'emploient jamais les expressions vulgaires, ils ont un langage à eux. Il en est de même dans presque toutes les sciences. En effet, il faut, pour exprimer des choses nouvelles, ou créer des termes nouveaux, ou détourner d'anciens mots de leur signification première. Si les Grecs en usent ainsi dans des matières dont ils s'occupent depuis des siècles, à plus forte raison nous permettra-t-on d'en faire autant, à nous qui nous efforçons de les traiter pour la première fois. — Varron, lui dis-je, vous aurez bien mérité de nos concitoyens, si, après avoir augmenté pour eux le trésor des idées, vous augmentez aussi celui des mots. — Eh bien, répondit-il, avec votre autorisation, nous pourrons, au besoin, recourir à des termes nouveaux.

VII. Nos vero, inquit Atticus. Quin etiam Græcis licebit utare, quum voles, si te Latina forte deficient. — Bene sane facis ; sed enitar, ut Latine loquar, nisi in hujuscemodi verbis, ut philosophiam, aut rhetoricam, aut physicam, aut dialecticam appellem, quibus, ut aliis multis, consuetudo jam utitur pro Latinis. Qualitates igitur appellavi, quas ποιότητες Græci vocant : quod ipsum apud Græcos non est vulgi verbum, sed philosophorum, atque id in multis. Dialecticorum vero verba nulla sunt publica : suis utuntur ; et id quidem commune omnium fere est artium. Aut enim nova sunt rerum novarum facienda nomina, aut ex aliis transferenda. Quod si Græci faciunt, qui in iis rebus tot jam sæcula versantur, quanto id magis nobis concedendum est, qui hæc nunc primum tractare conamur ? — Tu vero, inquam, Varro, bene etiam meriturus mihi videris de tuis civibus, si eos non modo copia rerum auxeris, ut effecisti, sed etiam verborum. — Audebimus ergo, inquit, novis verbis uti, te auctore, si necesse erit.

De ces qualités dont je parlais, les unes sont premières, les autres dérivées. Les qualités premières sont uniformes et simples ; celles qui en dérivent sont variées et, s'il est permis de le dire, multiformes. Ainsi l'air (car ce mot est devenu latin), le feu, l'eau et la terre sont des qualités premières ; de ces qualités sont nées les formes des animaux et de toutes les choses que la terre enfante : aussi les appelle-t-on principes, et, pour traduire le mot grec, éléments. Il en est deux, l'air et le feu, qui possèdent la force motrice et efficiente ; les autres, je veux dire l'eau et la terre, reçoivent et souffrent en quelque sorte l'action de cette force. Aristote admettait un cinquième élément dont étaient formés les astres et les âmes, essence à part, et qui différait des quatre précédentes.

Mais, au-dessous de toutes les modifications, ces philosophes supposent une certaine matière sans figure et dépourvue de qualités (répétons ce mot pour le rendre plus usité et plus commun). Ils croient que tout est fait et formé de cette matière, substance [de tous les phénomènes, qui peut être modifiée de toutes les façons et dans toutes ses parties : d'où il suit que, pour elle, périr ce n'est point s'anéantir, mais se décomposer en ses parties, qui peuvent être coupées et divisées à l'infini, puisqu'il n'y a dans la nature rien de si petit qu'on ne puisse diviser. Ils ajoutent que les corps qui sont mus parcourent des

---

Earum igitur qualitatum sunt aliæ principes, aliæ ex iis ortæ. Principes sunt uniusmodi, et simplices ; ex iis autem ortæ, variæ sunt, et quasi multiformes. Itaque aer quoque (utimur enim pro Latino), et ignis, et aqua, et terra, prima sunt. Ex iis autem ortæ animantium formæ, earumque rerum, quæ gignuntur e terra. Ergo illa initia, et, ut e Græco vertam, elementa dicuntur : e quibus aer et ignis movendi vim habent, et efficiendi ; reliquæ partes, accipiendi, et quasi patiendi : aquam dico et terram. Quintum genus, e quo essent astra mentesque, singulare, eorumque quatuor, quæ supra dixi, dissimile Aristoteles quoddam esse rebatur.

Sed subjectam putant omnibus sine ulla specie, atque carentem omni illa qualitate (faciamus enim tractando usitatius hoc verbum, et tritius) materiam quamdam ; ex qua omnia expressa atque efficta sint ; quæ tota omnia accipere possit, omnibusque modis mutari, atque ex omni parte ; eoque etiam interire, non in nihilum, sed in suas partes, quæ infinite secari ac dividi possint, quum

intervalles pareillement divisibles à l'infini; or, comme c'est précisément cette force dont nous avons fait naître les qualités, qui se meut ainsi et s'agite en tout sens, ils en concluent que de la matière elle-même, travaillée tout entière par de perpétuelles transformations, sortent les phénomènes que nous avons appelés *qualités*, et qui, dans la nature juxtaposée et continue, ont formé le monde avec ses diverses parties. Hors du monde il n'y a nulle parcelle de matière, nul corps. Ils appellent parties du monde tous les êtres dont il se compose; ce vaste assemblage est maintenu par la *nature sentante*, en qui réside la raison parfaite, et qui doit durer éternellement : car il n'est rien de plus fort qui puisse la détruire. Ils disent que cette force est l'âme du monde, à laquelle ils attribuent la volonté et la plus haute sagesse. Voilà leur dieu, voilà cette providence qui veille sur toutes les choses soumises à son empire, prenant un soin particulier du ciel, et s'occupant aussi, sur la terre, des intérêts de l'homme. Quelquefois ils appellent cette force nécessité, parce que rien ne saurait être autrement qu'elle ne l'a établi, au milieu de la continuation, pour ainsi dire, fatale et immuable de l'ordre éternel ; d'autres fois encore, fortune, parce qu'elle produit cette multitude d'effets inattendus, que l'obscurité des causes et notre ignorance nous empêchent de prévoir.

sit nihil omnino in rerum natura minimum, quod dividi nequeat : quæ autem moveantur, omnia intervallis moveri , quæ intervalla item infinite dividi possint. Et quum ita moveatur illa vis, quam qualitatem esse diximus, et quum sic ultro citroque versetur, et materiam ipsam totam penitus commutari putant, et illa effici, quæ appellant qualia ; e quibus, in omni natura cohærente et continuata cum omnibus suis partibus, effectum esse mundum ; extra quem nulla pars materiæ sit, nullumque corpus. Partes autem esse mundi, omnia, quæ insint in eo, quæ natura sentiente teneantur : in qua ratio perfecta insit, quæ sit eadem sempiterna ; nihil enim valentius esse, a quo intereat. Quam vim animum esse dicunt mundi, eamdemque esse mentem, sapientiamque perfectam, quem Deum appellant, omniumque rerum, quæ sunt ei subjectæ, quasi prudentiam quamdam, procurantem cœlestia maxime ; deinde in terris ea, quæ pertinent ad homines : quam interdum eamdem necessitatem appellant, quia nihil aliter possit, atque ab ea constitutum sit, inter quasi fatalem et immutabilem continuationem ordinis sempiterni ; nonnunquam quidem eamdem fortunam, quod efficiat multa improvisa hæc, nec opinata nobis, propter obscuritatem ignorationemque causarum.

VIII. Ensuite les académiciens et les péripatéticiens traitaient ainsi la troisième partie de la philosophie, celle qui s'occupe de la raison et de la dialectique. Quoique né des sens, le jugement de la vérité ne réside pas dans les sens. Ils voulaient que l'intelligence fût juge des choses ; ils la regardaient comme seule digne d'être crue, parce que seule elle contemple ce qui est toujours simple, uniforme, et le voit tel qu'il est. C'est là ce qu'ils appelaient idée, à l'exemple de Platon : nous pouvons le traduire exactement par le mot *species*. Au contraire, ils accusaient les sens d'être épais, lourds, absolument incapables de percevoir les choses qui paraissent de leur ressort. Ces choses sont, à leur avis, si petites, qu'elles ne peuvent tomber sous les sens, ou si mobiles et si rapides, que rien ne saurait persister un, ni même identique, puisque tout s'écoule incessamment, tout nous échappe. Aussi regardaient-ils cet ordre de choses comme du domaine de l'opinion. La science, selon ces philosophes, ne repose que sur les notions de l'âme et le raisonnement. Voilà pourquoi ils approuvaient les définitions de choses, et les employaient dans toutes les questions controversées. Ils approuvaient aussi les explications de mots, c'est-à-dire les motifs pour lesquels tel terme avait été appliqué à tel objet, ce qu'ils appelaient étymologie. Ensuite, prenant pour guides les

---

VIII. Tertia deinde philosophiæ pars, quæ erat in ratione, et in disserendo, sic tractabatur ab utrisque. Quanquam oriretur a sensibus, tamen non esse judicium veritatis in sensibus. Mentem volebant rerum esse judicem; solam censebant idoneam, cui crederetur, quia sola cerneret id, quod semper esset simplex, et uniusmodi, et tale, quale esset. Hanc illi ideam appellabant, jam a Platone ita nominatam; nos recte speciem possumus dicere. Sensus autem omnes hebetes et tardos esse arbitrabantur, nec percipere ullo modo res eas, quæ subjectæ sensibus viderentur; quæ essent aut ita parvæ, ut sub sensum cadere non possent; aut ita mobiles et concitatæ, ut nihil unquam unum esset constans, ne idem quidem, quia continenter laberentur et fluerent omnia. Itaque hanc omnem partem rerum opinabilem appellabant. Scientiam autem nusquam esse censebant, nisi in animi notionibus atque rationibus : qua de causa definitiones rerum probabant, et has ad omnia, de quibus disceptabatur, adhibebant. Verborum etiam explicatio probabatur, id est qua de causa quæque essent ita nominata ; quam etymologiam appellabant. Post argumentis, et

arguments, signes infaillibles de la valeur des idées, ils arrivaient à la preuve et à la conclusion de ce qu'ils voulaient éclaircir. En cela consistait tout l'art de la dialectique, l'art en vertu duquel la raison déduit des conséquences. Avec la dialectique, ils faisaient, pour ainsi dire, marcher de front l'art oratoire, qui consiste à développer toute la suite d'un discours composé de manière à persuader.

IX. Telle était la première philosophie transmise par Platon à ses successeurs. Entre les discussions qu'elle fit naître, je vous exposerai, si vous voulez, celles qui sont venues à ma connaissance. — Assurément, lui dis-je, nous le voulons, et je réponds pour Atticus comme pour moi. — Très-bien, reprit Varron : il est beau, en effet, de voir se développer l'influence du péripatétisme et de la vieille académie.

Arioste le premier ébranla les idées que nous avons un peu plus haut appelées *species*, et que Platon avait embrassées avec tant d'enthousiasme, qu'il voyait en elles quelque chose de divin. Théophraste ensuite, doué d'une éloquence douce et d'un naturel si heureux qu'il prévenait par un air de probité et de candeur, porta de plus rudes atteintes à l'autorité de l'ancienne doctrine. En effet, il dépouilla la vertu de son éclat, et la réduisit à l'impuissance, en affirmant que ce n'est point sur elle seule que repose le bonheur de la vie. Quant à son disciple Straton,

---

quasi rerum notis, ducibus utebantur ad probandum, et ad concludendum id, quod explanari volebant : in qua tradebatur omnis dialecticæ disciplina, id est orationis ratione conclusæ. Huic quasi ex altera parte, oratoria vis dicendi adhibebatur, explicatrix orationis perpetuæ ad persuadendum accommodatæ.

IX. Hæc erat illis prima a Platone tradita : cujus quas acceperim disputationes, si vultis, exponam. — Nos vero volumus, inquam, ut pro Attico etiam respondeam. — Et recte, inquit, respondes. Præclare enim explicatur peripateticorum, et academiæ veteris auctoritas.

Aristoteles primus species, quas paulo ante dixi, labefactavit, quas mirifice Plato erat amplexatus, ut in his quiddam divinum esse diceret. Theophrastus autem, vir et oratione suavis, et ita moratus, ut præ se probitatem quamdam et ingenuitatem ferret, vehementius etiam fregit quodam modo auctoritatem veteris disciplinæ ; spoliavit enim virtutem suo decore, imbecillamque reddidit, quod negavit in ea sola positum esse beate vivere. Nam Strato, ejus au-

quoique d'un esprit vif et pénétrant, il doit être tout à fait exclu de l'Académie, puisqu'il laissa de côté la partie la plus importante de la philosophie, et se livra tout entier aux recherches de la physique, dans laquelle même il s'éloigna beaucoup de ses maîtres. Au contraire, Speusippe et Xénocrate, qui les premiers avaient hérité du système et de l'autorité de Platon, et après eux Polémon, Cratès et Crantor, réunis dans l'Académie, défendaient avec zèle les doctrines qu'ils avaient reçues de leurs prédécesseurs. Zénon et Arcésilas avaient suivi assidûment les leçons de Polémon ; mais Zénon, plus âgé qu'Arcésilas, esprit subtil dans la discussion et habile à se replier dans tous les sens, s'efforça de corriger l'ancien système. Si vous le désirez, je vous exposerai encore cette réforme, comme l'exposait Antiochus. — Moi, lui dis-je, j'en serai charmé : et vous voyez que Pomponius témoigne le même désir.

X. Zénon n'était pas homme à énerver la vertu, comme avait fait Théophraste. Loin de là, il plaçait dans la vertu seule tout ce qui peut constituer une vie heureuse ; hors de la vertu, il ne reconnaissait aucun bien ; et il appelait *honnête* le bien simple, unique, indivisible. Quant aux autres choses, quoiqu'elles ne fussent, à ses yeux, ni bonnes ni mauvaises, il disait cependant que les unes étaient conformes, les autres contraires

---

ditor, quanquam fuit acri ingenio, tamen ab ea disciplina omnino semovendus est ; qui quum maxime necessariam partem philosophiæ, quæ posita est in virtute et in moribus, reliquisset, totumque se ad investigationem naturæ contulisset, in ea ipsa plurimum discedit a suis. Speusippus autem, et Xenocrates, qui primi Platonis rationem auctoritatemque susceperant, et post hos Polemo, et Crates, unaque Crantor, in academia congregati, diligenter ea, quæ a superioribus acceperant, tuebantur. Jam Polemonem audiverant assidue Zeno et Arcesilas. Sed Zeno quum Arcesilam anteiret ætate, valdeque subtiliter dissereret, et peracute moveretur, corrigere conatus est disciplinam. Eam quoque, si videtur, correctionem explicabo, sicut solebat Antiochus. — Mihi vero, inquam, videtur : quod vides idem significare Pomponium.

X. Zeno igitur nullo modo is erat, qui, ut Theophrastus, nervos virtutis incideret ; sed contra, qui omnia, quæ ad beatam vitam pertinerent, in una virtute poneret, nec quidquam aliud numeraret in bonis ; idque appellaret honestum, quod esset simplex quoddam, et solum, et unum bonum. Cætera autem etsi nec bona, nec mala essent, tamen alia secundum naturam dicebat,

à la nature. Entre ces deux espèces, il en comptait d'autres qui étaient interposées et moyennes. Il permettait d'user des choses naturelles, et leur accordait une certaine estime. Pour les choses contraires il recommandait le contraire. Il laissait parmi les choses moyennes celles qui n'étaient ni conformes ni contraires à la nature, et il n'y attachait aucune importance. Mais des choses dont on peut user, les unes méritaient plus d'estime, les autres moins. Il nommait les premières *supérieures*, les secondes *inférieures*. Comme en cela il avait moins changé les idées que les mots, de même entre la vertu et le vice, entre le devoir et son contraire, il admettait des actions moyennes, ne regardant comme bonnes que les actions vertueuses, comme mauvaises que les actions vicieuses. Enfin il mettait au nombre des choses que j'ai appelées moyennes certains devoirs remplis ou négligés. Ses prédécesseurs disaient que toute vertu ne vient pas de la raison, mais que plusieurs sont le fruit de la nature ou de l'habitude ; Zénon, lui, les plaçait toutes dans la raison. Les anciens pensaient que ces deux espèces de vertus, dont j'ai parlé plus haut, peuvent se présenter séparément ; Zénon déclarait cette séparation impossible. Il ne suffit pas, ajoutait-il, de pratiquer la vertu, comme on l'a cru jusqu'à ce jour, il faut encore l'identifier avec soi-même pour être digne d'éloges ; et néanmoins la vertu ne s'identifie avec nous que lorsque nous la pratiquons sans cesse.

alia naturæ esse contraria. Iis ipsis alia interjecta, et media numerabat. Quæ autem secundum naturam essent, ea sumenda, et quadam æstimatione dignanda docebat, contraque contraria : neutra autem in mediis relinquebat ; in quibus ponebat nihil omnino esse momenti. Sed quæ essent sumenda, ex iis alia pluris esse æstimanda, alia minoris. Quæ pluris, ut ea præposita appellabat ; rejecta autem, quæ minoris. Atque ut hæc non tam rebus, quam vocabulis commutaverat ; sic inter recte factum atque peccatum, officium et contra officium, media locabat quædam : recte facta sola in bonis actionibus ponens ; prave, id est peccata, in malis. Officia autem et servata, prætermissaque, media putabat, ut dixi. Quumque superiores non omnem virtutem in ratione esse dicerent, sed quasdam virtutes natura, aut more perfectas, hic omnes in ratione ponebat ; quumque illi ea genera virtutum, quæ supra dixi, sejungi posse arbitrarentur, hic nec id ullo modo fieri posse disserebat ; nec virtutis usum modo, ut superiores, sed ipsum habitum per se esse præclarum, nec tamen virtutem cuiquam adesse, quin ea semper uteretur.

Les anciens, loin de bannir du cœur de l'homme les passions qui l'agitent, reconnaissaient qu'il est naturel de s'affliger, de désirer, de craindre et d'être transporté de joie, pourvu que ces mouvements soient resserrés et contenus dans de justes limites; Zénon, au contraire, regarda les passions comme des maladies dont il voulut que le sage fût exempt. Selon les anciens, ces agitations désordonnées sont instinctives, et ne viennent point de la raison; ils mettaient la passion dans une partie de l'âme, dans une autre la raison. Zénon ne partageait même pas cet avis : car il pensait que les passions sont volontaires, qu'elles naissent d'un jugement de l'opinion, et que la mère de toutes les affections turbulentes est une intempérance d'esprit immodérée. Telle était à peu près sa morale.

XI. Quant aux éléments, il croyait d'abord qu'il ne faut pas ajouter aux quatre principes des choses cette cinquième essence dont les anciens composaient les sens et l'âme; car il soutenait que le feu est l'élément qui engendre tout, et par conséquent l'âme et les sens. Il différait encore de ces philosophes, en ce qu'il prétendait que rien ne peut être produit par un principe incorporel, tel que Xénocrate et les anciens se figuraient l'âme; et que ni ce qui produit, ni ce qui est produit, ne saurait être incorporel.

Quumque perturbationem animi illi ex homine non tollerent, naturaque et condolescere, et concupiscere, et extimescere, et efferri lætitia dicerent, sed eam contraherent, in angustumque deducerent, hic omnibus his quasi morbis voluit carere sapientem. Quumque eas perturbationes antiqui naturales esse dicerent, et rationis expertes aliaque in parte animi cupiditatem, alia rationem collocarent, ne his quidem assentiebatur; nam et perturbationes voluntarias esse putabat opinionisque judicio suscipi, et omnium perturbationum arbitrabatur esse matrem, immoderatam quamdam intemperantiam. Hæc fere de moribus.

XI. De naturis autem sic sentiebat, primum, ut quatuor initiis rerum illis quintam hanc naturam, ex qua superiores sensus et mentem effici rebantur, non adhiberet. Statuebat enim ignem esse ipsam naturam, quæ quidque gigneret, et mentem, atque sensus. Discrepabat etiam ab iisdem, quod nullo modo arbitrabatur quidquam effici posse ab ea, quæ expers esset corporis; cujus generis Xenocrates et superiores etiam animum esse dixerunt : nec vero, aut quod efficeret aliquid, aut quod efficeretur, posse esse non corpus.

Ce fut dans la troisième partie de la philosophie qu'il apporta le plus de changements. D'abord il avança quelques idées nouvelles sur les sens : ils reçoivent, selon lui, l'impression extérieure qu'il appelle φαντασία, et que nous pouvons appeler *aperception*. Retenons bien ce mot, car, dans la suite de cet entretien, il faudra l'employer souvent. A ce qui est aperçu et pour ainsi dire reçu par les sens, il joint l'approbation de l'esprit, qu'il regarde comme venant de nous, et comme volontaire. Zénon n'ajoutait pas foi à toutes les aperceptions, mais seulement à celles qui portaient le caractère propre des objets aperçus. Comme une telle aperception se faisait reconnaître par elle-même, il l'appelait *compréhensible* : me passerez-vous ce mot ? — Sans doute, répondit Atticus : pourriez-vous traduire autrement καταληπτόν ? — L'aperception reçue et approuvée se nommait *compréhension*, métaphore empruntée aux objets que prend la main : c'est là l'origine de ce terme, que personne n'avait encore employé dans cette acception. Disant des choses nouvelles, Zénon recourut souvent à des termes nouveaux. Il appelait aussi sensation ce que la sensation avait saisi. L'avait-elle saisi de manière que la raison ne pût l'arracher, alors c'était la science ; dans le cas contraire, l'inscience. De cette dernière naissait l'opinion qui est sans

---

Plurima autem in illa tertia philosophiæ parte mutavit. In qua primum de sensibus ipsis quædam dixit nova ; quos junctos esse censuit a quadam quasi impulsione oblata extrinsecus : quam ille φαντασίαν, nos visum appellemus licet ; et teneamus hoc verbum quidem : erit enim utendum in reliquo sermone sæpius. Sed ad hæc, quæ visa sunt, et quasi accepta sensibus, assensionem adjungit animorum : quam esse vult in nobis positam, et voluntariam. Visis non omnibus adjungebat fidem, sed iis solum, quæ propriam quamdam haberent declarationem earum rerum, quæ viderentur ; id autem visum, quum ipsum per se cerneretur, comprehensibile. Feretis hæc ? — Nos vero, inquit : Quonam enim modo καταληπτόν diceres ? — Sed, quum acceptum jam et approbatum esset, comprehensionem appellabat, similem iis rebus, quæ manu prenderentur ; ex quo etiam nomen hoc duxerat, quum eo verbo ante nemo tali in re usus esset, plurimisque idem novis verbis (nova enim dicebat) usus est. Quod autem erat sensu comprehensum, id ipsum sensum appellabat ; et, si ita erat comprehensum, ut convelli ratione non posset, scientiam ; sin aliter, inscientiam nominabat ; ex qua exsisteret etiam opinio, quæ esset imbe-

force, et compatible avec le faux et avec l'inconnu. Entre la science et l'inscience il plaçait la compréhension dont j'ai parlé, sans la ranger parmi les choses bonnes ni parmi les mauvaises : il disait qu'elle seule mérite notre confiance. D'après cela, il ajoute foi aux sens, attendu, comme je l'ai dit, que la compréhension faite par les sens lui paraît vraie et fidèle; non qu'elle saisisse tout ce qui est dans l'objet, mais parce qu'elle n'omet rien de ce qui est de son ressort, et que la nature nous l'a donnée comme la règle de la science, le point de départ de tout savoir. Par elle s'impriment dans nos esprits les premières notions des choses; et ces notions nous découvrent non-seulement les principes, mais encore des voies plus larges pour raisonner. Zénon plaçait bien loin de la vertu et de la sagesse l'erreur, l'irréflexion, l'ignorance, l'opinion, le soupçon, en un mot tout ce qui est étranger à une conviction ferme et constante. Tels sont à peu près les changements qu'il introduisit dans la philosophie, et par lesquels il différa de ses prédécesseurs.

XII. Quand Varron eut ainsi parlé, je lui dis : Vous nous avez exposé brièvement et sans la moindre obscurité le système de la vieille académie et celui des stoïciens. Je pense, comme notre ami Antiochus, qu'il faut voir, dans la philosophie de Zénon, une légère réforme de la vieille académie plutôt qu'une doc-

cilla, et cum falso incognitoque communis. Sed inter scientiam et inscientiam, comprehensionem illam, quam dixi, collocabat, eamque neque in rectis, neque in pravis numerabat, sed soli credendum esse dicebat. E quo sensibus etiam fidem tribuebat, quod, ut supra dixi, comprehensio facta sensibus et vera esse illi, et fidelis videbatur : non quod omnia, quae essent in re, comprehenderet, sed quia nihil, quod cadere in eam posset, relinqueret, quodque natura quasi normam scientiae et principium sui dedisset, unde postea notiones rerum in animis imprimerentur; e quibus non principia solum, sed latiores quaedam ad rationem inveniendam viae reperientur. Errorem autem, et temeritatem, et ignorantiam, et opinationem, et suspicionem, et uno nomine omnia, quae essent aliena firmae et constantis assensionis, a virtute sapientiaque removebat. Atque in his fere commutatio consistit omnis dissensioque Zenonis a superioribus.

XII. Quae quum dixisset : Et breviter sane, minimeque obscure exposita est, inquam, a te, Varro, et veteris academiae ratio, et stoicorum. Verum esse autem arbitror, ut Antiocho, nostro familiari, placebat, correctionem veteris

trine nouvelle. — C'est maintenant à vous, reprit Varron, qui avez abandonné les opinions anciennes, et qui approuvez les innovations d'Arcésilas, de nous faire connaître l'objet et la cause de cette séparation, afin que nous jugions si elle fut légitime. — Alors je pris la parole : Arcésilas, comme on nous l'apprend dirigea toutes ses attaques contre Zénon, non pas, à ce qu'il me semble, par opiniâtreté, ou par l'ambition de vaincre, mais à cause de l'obscurité de ces questions qui avaient réduit Socrate à faire l'aveu de son ignorance, et avant lui, Démocrite, Anaxagore, Empédocle, et presque tous les anciens. Ils avancèrent qu'on ne peut rien connaître, rien comprendre, rien savoir ; que la sensibilité est bornée, l'intelligence faible, la vie courte, et la vérité, comme disait Démocrite, plongée au fond d'un puits ; que tout dépend des opinions et des conventions ; que la vérité n'a que faire ici-bas ; enfin que tout est enveloppé de ténèbres. De même, Arcésilas affirmait qu'il n'est rien qu'on puisse savoir, pas même ce que Socrate s'était réservé. Il croyait donc que tout nous est caché ; qu'il est impossible de voir ou de comprendre quoi que ce soit ; que, pour ces motifs, on ne doit jamais rien avancer, rien affirmer, rien approuver ; qu'il faut mettre un frein à notre étourderie, pour la préserver de tout faux pas :

---

academiæ potius, quam aliquam novam disciplinam putandam. — Tunc Varro, Tuæ sunt nunc partes, inquit, qui ab antiquorum ratione nunc desciscis, et ea, quæ ab Arcesila novata sunt, probas, docere, quod, et qua de causa discidium factum sit ; ut videamus, satisne ista sit justa defectio. — Tum ego, Cum Zenone, inquam, ut accepimus, Arcesilas sibi omne certamen instituit, non pertinacia, aut studio vincendi, ut mihi quidem videtur, sed earum rerum obscuritate, quæ ad confessionem ignorationis adduxerant Socratem, et velut jam ante Socratem, Democritum, Anaxagoram, Empedoclem, omnes pæne veteres qui nihil cognosci, nihil percipi, nihil sciri posse [dixerunt] ; angustos sensus, imbecillos animos, brevia curricula vitæ, et (ut Democritus) in profundo veritatem esse demersam ; opinionibus et institutis omnia teneri ; nihil veritati relinqui : deinceps omnia tenebris circumfusa esse dixerunt. Itaque Arcesilas negabat esse quidquam, quod sciri posset, ne illud quidem ipsum, quod Socrates sibi reliquisset. Sic omnia latere censebat in occulto ; neque esse quidquam, quod cerni, aut intelligi posset : quibus de causis nihil oportere neque profiteri, neque affirmare quemquam, neque assensione approbare, cohibereque semper, et ab omni lapsu continere temeritatem ; quæ tum

ce serait la porter au comble, que d'approuver une chose fausse ou inconnue; et rien n'est plus honteux que de faire devancer la perception et la connaissance par l'assentiment et l'approbation. Il agissait conformément à ce système, passant presque toutes ses journées à combattre les opinions des autres, afin que, dans le même sujet, ayant trouvé pour et contre des arguments de force égale, il obtînt plus facilement que des deux parts le jugement restât suspendu.

Ils nomment nouvelle cette académie, si toutefois c'est dans l'ancienne qu'on doit ranger Platon qui, dans ses écrits, n'affirme rien, discute souvent le pour et le contre, interroge sur tout sujet, sans arriver jamais à quelque chose de certain. Cependant, qu'on appelle, si l'on veut, vieille académie celle dont je viens de parler, et nouvelle celle qui se continua jusqu'à Carnéade, quatrième successeur d'Arcésilas, et qui ne s'écarta point des principes de son fondateur. Carnéade n'ignorait aucune partie de la philosophie; et, comme je l'ai appris de ceux qui l'écoutaient, et surtout de Zénon l'Épicurien, qui, tout en s'éloignant beaucoup de ses opinions, l'admirait néanmoins par-dessus tous les philosophes, c'était un homme d'un talent incroyable.....

esset insignis, quum aut falsa, aut incognita res approbaretur; neque hoc quidquam esse turpius, quam cognitioni et perceptioni assensionem approbationemque præcurrere. Huic rationi quod erat consentaneum, faciebat, ut contra omnium sententias dies jam plerosque deduceret ; ut, quum in eadem re paria contrariis in partibus momenta rationum invenirentur, facilius ab utraque parte assensio sustineretur.

Hanc academiam novam appellant ; quæ mihi vetus videtur, si quidem Platonem ex illa vetere numeramus. Cujus in libris nihil affirmatur, et in utramque partem multa disseruntur; de omnibus quæritur, nihil certi dicitur. Sed tamen illa, quam exposui, vetus; hæc, nova nominetur, quæ usque ad Carneadem perducta, qui quartus ab Arcesila fuit, in eadem Arcesilæ ratione permansit. Carneades autem nullius philosophiæ partis ignarus, et, ut cognovi ex iis, qui illum audierant, maximeque ex epicureo Zenone, qui quum ab eo plurimum dissentiret, unum tamen præter cæteros mirabatur, incredibili quadam fuit facultate.....

INTRODUCTION

De la première édition des *Académiques*, divisée en deux livres, il ne reste que le suivant, dont les interlocuteurs sont Hortensius, Catulus, Cicéron et Lucullus, qui donne son nom à l'ouvrage. Ce dialogue est consacré à la grande question de la *certitude*. Avons-nous un *criterium* de vérité? tel est le point de départ de toute philosophie, de toute science. Autour de cette difficulté fondamentale, viennent nécessairement s'entre-choquer tous les systèmes. Tant que ce problème n'est pas résolu, la logique, l'esthétique, la morale et le droit sont impossibles. En effet, ôtez la certitude de nos jugements, et vous arrachez de la conscience les idées du vrai, du beau, du bien. Dès lors, sans règle et sans principe, l'homme, dans la vie comme dans la science, erre au gré de ses passions ou de ses caprices; et la société, à moins d'une réforme philosophique, ne tardera pas à s'abîmer au sein du chaos.

Nous avons déjà indiqué les solutions diverses présentées sur ce grave sujet par les différentes sectes de l'Académie. En terminant son ouvrage, Cicéron mettait encore une fois aux prises Antiochus et Philon, les derniers représentants de cette célèbre école.

Pour mieux comprendre le sujet de *Lucullus*, il n'est pas inutile de se faire une idée de ce premier livre que nous avons perdu. Il contenait un entretien qui avait eu lieu la veille entre les mêmes personnages. En rapprochant plusieurs passages du *Lucullus*, on reconnaît que Catulus, dans le livre précédent, qui portait son nom, exposait, en suivant l'ordre des temps, les systèmes qui s'étaient succédé dans l'Académie, et s'arrêtait en particulier sur les innovations introduites par Philon. Ensuite Hortensius opposait à ces doctrines entachées de scepticisme les opinions qu'Antiochus avait empruntées au Portique; mais il ne traitait la question que fort superficielle-

ment. Enfin, Cicéron prenait la parole et combattait vivement le dogmatisme d'Antiochus.

Lucullus, qui avait eu des relations intimes avec Antiochus, s'était engagé, pour le second entretien, à traiter, d'après ce philosophe, la question du témoignage des sens, et de la certitude qui en résulte. Il tient parole dans la première partie du deuxième livre. Cicéron lui répond dans la seconde partie, et déploie toutes les richesses de son érudition et de son éloquence pour soutenir le probabilisme de Carnéade. Telle est la conclusion de cette controverse fameuse. En voyant s'accréditer ces dangereuses opinions, on sent que l'on assiste à la dissolution de la société antique ; que le monde va être livré à de longs déchirements, jusqu'à ce que, du milieu des ruines, s'élève un nouvel ordre de choses.

Il est vraisemblable que ce second livre de la première édition correspondait assez exactement au quatrième de la dernière; car le grammairien Nonius cite onze passages de celui-ci qui se retrouvent disséminés dans le *Lucullus*, depuis le chapitre XXI jusqu'au chapitre XLV. Il serait très-intéressant de pouvoir combler le vide immense qui reste entre le quatrième livre et le fragment du premier.

On a supposé qu'après le résumé historique du premier livre, on revenait en détail dans le deuxième sur la doctrine d'Arcésilas; que le troisième était consacré au système de Carnéade, et le quatrième aux opinions rivales de Philon et d'Antiochus.

Il nous semble voir, dans le fragment du premier livre, l'indication d'une distribution plus méthodique. Varron et Cicéron, dans leur histoire abrégée, mais complète, des doctrines académiques, s'appuyaient sur la division de la philosophie en trois parties : morale, physique et logique. Après cette brillante introduction, les interlocuteurs revenaient sans doute, dans le deuxième livre, sur la morale; dans le troisième, sur la physique; dans le quatrième, sur la logique. Les fragments conservés du deuxième et du troisième livre se prêtent à cette hypothèse. Quant au quatrième, il est certain qu'il ne différait guère du *Lucullus*. Or ce livre est tout entier consacré à la question de la certitude, fondement de toute logique.

LIVRE SECOND

LUCULLUS

1. Avec un grand génie, un zèle ardent pour les sciences, Lucullus possédait toute l'instruction digne d'un homme de sa naissance et de son rang ; mais, dans le temps où il aurait pu briller du plus vif éclat au barreau, il fut privé du séjour de Rome. En effet, dès qu'on l'eut vu, bien jeune encore, de concert avec un frère qui l'égalait en esprit et en piété filiale, poursuivre glorieusement les ennemis de son père, il fut nommé questeur et se rendit en Asie. Pendant plusieurs années, il s'acquit une réputation extraordinaire dans le gouvernement de cette province. Ensuite on le fit édile, quoique absent ; immédiatement après il fut préteur par le bénéfice de la loi : car on pouvait arriver à cette charge avant le temps ; puis on l'envoya en Afrique ; enfin il fut élevé au consulat, où tout le monde admira son activité, et reconnut son génie. Chargé depuis, par le sénat, de la guerre contre Mithridate, il surpassa non-seulement l'opinion que l'on

LIBER SECUNDUS

LUCULLUS

1. Magnum ingenium L. Luculli, magnumque optimarum artium studium, tum omnis liberalis et digna homine nobili ab eo percepta doctrina, quibus temporibus florere in foro maxime potuit, caruit omnino rebus urbanis. Ut enim, admodum adolescens, cum fratre, pari pietate et industria prædito, paternas inimicitias magna cum gloria est persecutus ; in Asiam quæstor profectus, ibi per multos annos admirabili quadam laude provinciæ præfuit ; deinde absens factus ædilis, continuo prætor (licebat enim celerius legis præmio) ; post in Africam ; inde ad consulatum : quem ita gessit, ut diligentiam admirarentur omnes, ingenium agnoscerent. Post ad Mithridaticum bellum missus a

avait conçue de son mérite, mais la gloire même de ceux qui l'avaient précédé. Ce succès parut d'autant plus étonnant, qu'on ne s'attendait guère à trouver les talents d'un grand capitaine dans un homme qui avait consacré sa première jeunesse aux exercices du barreau, et passé le long temps de sa questure au sein de la paix d'Asie, tandis que Murena faisait la guerre dans le Pont. Mais la force incroyable de son génie se passa de cet apprentissage de l'expérience, que les préceptes ne remplacent point. Aussi, après avoir employé tout son voyage par terre et par mer, soit à consulter les hommes de l'art, soit à lire les historiens, il arriva en Asie général consommé, lui qui était parti de Rome novice dans le métier des armes. C'est qu'il avait une mémoire prodigieuse pour les choses, quoique inférieure pour les mots à celle d'Hortensius. Mais, autant dans les affaires les choses l'emportent sur les mots, autant la première mémoire est préférable à la seconde. Cette faculté était, dit-on, extraordinaire dans Thémistocle, que je regarde comme le premier homme de la Grèce. Quelqu'un lui proposant un jour de lui enseigner l'art de la mémoire, dont on commençait alors à s'occuper, on prétend qu'il répondit : « J'aimerais mieux apprendre à oublier ; » sans doute parce qu'il ne pouvait arracher de sa mémoire ce qu'il avait une fois vu ou entendu. A un naturel non moins heureux, Lucullus avait joint cette mémoire artificielle

---

senatu, non modo opinionem vicit omnium, quæ de virtute ejus erat, sed etiam gloriam superiorum. Idque eo fuit mirabilius, quod ab eo laus imperatoria non admodum exspectabatur, qui adolescentiam in forensi opera, quæsturæ diuturnum tempus, Murena bellum in Ponto gerente, in Asiæ pace consumpserat. Sed incredibilis quædam ingenii magnitudo non desideravit indocilem usus disciplinam. Itaque quum totum iter et navigationem consumpsisset partim in percontando a peritis, partim in rebus gestis legendis, in Asiam factus imperator venit, quum esset Roma profectus rei militaris rudis. Habuit enim divinam quamdam memoriam rerum, verborum majorem Hortensius. Sed, quo plus in negotiis gerendis res, quam verba prosunt, hoc erat memoria illa præstantior : quam fuisse in Themistocle, quem facile Græciæ principem ponimus, singularem ferunt. Qui quidem etiam pollicenti cuidam, se artem ei memoriæ, quæ tum primum proferebatur, traditurum, respondisse dicitur, « oblivisci se malle discere ; » credo, quod hærebant in memoria quæcumque audierat, vel viderat. Tali ingenio præditus Lucullus adjunxerat etiam illam,

que dédaignait Thémistocle; et les souvenirs restaient, pour ainsi dire, gravés dans son esprit, comme les inscriptions confiées à des monuments. Aussi devint-il un capitaine si distingué dans toutes les parties de l'art militaire, dans les sièges, dans les combats sur terre et sur mer, dans ce qui concerne le matériel et les approvisionnements d'une armée, que Mithridate, le plus grand des rois après Alexandre, avouait que, parmi tous les généraux dont il avait lu l'histoire, il ne connaissait point l'égal de Lucullus. En même temps, il montra, dans l'organisation et le gouvernement des États, tant de prudence, tant de justice, qu'aujourd'hui encore l'Asie se maintient en conservant ses institutions, et presque en suivant ses traces. Cependant, bien que son absence ait été très-utile à la république, cette haute vertu et ce puissant génie sont restés plus longtemps que je n'aurais voulu éloignés des regards du forum et du sénat. Que dis-je? lorsque, vainqueur, il fut revenu de la guerre contre Mithridate, les intrigues de ses ennemis retardèrent encore de trois ans son triomphe; car ce fut moi qui, consul alors, introduisis presque dans la ville le char de cet homme illustre. Ensuite sa prudence et son crédit me prêtèrent, dans des affaires très-importantes, un appui dont je parlerais, s'il ne fallait aussi parler de moi-même, ce qui présentement n'est pas nécessaire. Je le priverai donc d'un témoignage qui lui est dû, plutôt que d'associer ce témoignage à mes propres louanges.

quam Themistocles spreverat, disciplinam. Itaque, ut litteris consignamus, quæ monumentis mandare volumus, sic ille in animo res insculptas habebat. Tantus ergo imperator in omni genere belli fuit, prœliis, oppugnationibus, navalibus pugnis, totiusque belli instrumento et apparatu, ut ille rex post Alexandrum maximus hunc a se majorem ducem cognitum, quam quemquam eorum, quos legisset, fateretur. In eodem tanta prudentia fuit in constituendis temperandisque civitatibus, tanta æquitas, ut hodie stet Asia Luculli institutis servandis, et quasi vestigiis persequendis. Sed, etsi magna cum utilitate reipublicæ, tamen diutius, quam vellem tanta vis virtutis atque ingenii peregrinata abfuit ab oculis et fori, et curiæ. Quin etiam, quum victor a Mithridatico bello revertisset; inimicorum calumnia triennio tardius, quam debuerat, triumphavit. Nos enim consules introduximus pæne in Urbem currum clarissimi viri : cujus mihi consilium et auctoritas quid tum in maximis rebus profuisset, dicerem, nisi de me ipso dicendum esset; quod hoc tempore non est necesse. Itaque privabo illum potius debito testimonio, quam id cum mea laude communicem.

II. D'ailleurs, les actions de Lucullus, qui méritèrent l'éclat d'une gloire populaire, ont presque toutes été célébrées dans les langues grecque et latine. Ces qualités extérieures sont connues du public aussi bien que de nous; mais pour l'intérieur de ce grand homme, peu d'amis ont pu, comme moi, en apprendre de lui-même les détails suivants. Lucullus se livra à l'étude des différents genres de littérature, et même à celle de la philosophie, avec plus d'ardeur que ne croyaient ceux dont il n'était pas connu. Il s'y livra non-seulement pendant sa jeunesse, mais aussi pendant les années de sa proquesture, et jusqu'au milieu de la guerre, où les occupations d'un général sont si multipliées que, même sous la tente, il lui reste peu de loisir. Comme Antiochus, disciple de Philon, passait alors pour le premier des philosophes par son génie et par son savoir, Lucullus le garda auprès de lui pendant sa questure, et quelques années après, lorsqu'il fut à la tête des armées. Grâce à cette mémoire dont j'ai parlé, il retint aisément des doctrines souvent expliquées, et qu'il aurait pu retenir dès la première fois. Ajoutez qu'il se plaisait étrangement à la lecture des livres dont on lui faisait l'éloge.

Mais, en voulant relever la gloire de ces grands personnages, je crains quelquefois de l'affaiblir. Bien des gens, en effet, n'aiment point les lettres grecques; un plus grand nombre n'en veut

---

II. Sed, quæ populari gloria decorari in Lucullo debuerunt, ea fere sunt et Græcis litteris celebrata, et Latinis. Nos autem illa externa cum multis; hæc interiora cum paucis ex ipso sæpe cognovimus. Majore enim studio Lucullus quum omni litterarum generi, tum philosophiæ deditus fuit, quam, qui illum ignorabant, arbitrabantur. Nec vero ineunte ætate solum, sed et pro quæstore aliquot annos, et in ipso bello; in quo ita magna rei militaris esse occupatio solet, ut non multum imperatori sub ipsis pellibus otii relinquatur. Quum autem e philosophis ingenio scientiaque putaretur Antiochus, Philonis auditor, excellere, eum secum et quæstor habuit, et post aliquot annos, imperator. Quumque esset ea memoria, quam ante dixi, ea sæpe audiendo facile cognovit, quæ vel semel audita meminisse potuisset. Delectabatur autem mirifice lectione librorum, de quibus audiebat.

Ac vereor interdum, ne talium personarum, quum amplificare velim, minuam etiam gloriam. Sunt enim multi, qui omnino Græcas non ament litteras

qu'à la philosophie; les autres, sans proscrire cette étude, la trouvent indigne des premiers hommes de la république. Mais moi, comme je sais que M. Caton apprit le grec dans sa vieillesse, et que le second Africain, au rapport de nos annales, dans cette célèbre légation qui précéda sa censure, n'eut pour compagnie que Panétius, je ne demande pas d'autre titre en faveur des lettres grecques et de la philosophie. Il me reste à répondre à ceux qui ne veulent point qu'on mêle de si graves personnages à ces sortes d'entretiens; comme si les grands hommes devaient se réunir, ou pour demeurer muets, ou pour échanger des paroles badines et des conversations sur choses légères. Ah! si dans un de mes ouvrage j'ai bien fait de louer la philosophie, il faut reconnaître que cette étude est très-digne des hommes les plus vertueux et les plus distingués. Seulement, prenons garde, nous que le peuple romain a placés dans un rang si élevé, que nos études privées ne portent quelque préjudice à nos devoirs publics. Que si, lorsque nous avons une charge à exercer, nous ne négligeons jamais de prendre part aux travaux des assemblées, si nous n'écrivons pas un seul mot étranger au forum, blâmera-t-on notre loisir, parce que, loin de le passer dans l'engourdissement et la paresse, nous nous efforçons de le rendre le plus utile qu'il nous est possible? Oui, je le pense,

---

plures, qui philosophiam; reliqui, etiamsi hæc non improbent, tamen earum rerum disputationem principibus civitatis non ita decoram putent. Ego autem, quum Græcas litteras M. Catonem in senectute didicisse acceperim; P. autem Africani historiæ loquantur, in legatione illa nobili, quam ante censuram obiit, Panætium unum omnino comitem fuisse, nec litterarum Græcarum, nec philosophiæ jam ullum auctorem requiro. Restat, ut iis respondeam, qui sermonibus ejusmodi nolint personas tam graves illigari. Quasi vero clarorum virorum aut tacitos congressus esse oporteat, aut ludicros sermones, aut rerum colloquia leviorum. Etenim, si quodam in libro vere est a nobis philosophia laudata, profecto ejus tractatio optimo atque amplissimo quoque dignissima est; nec quidquam aliud vivendum est nobis, quos populus Romanus hoc in gradu collocavit, nisi ne quid privatis studiis opera publica detrahamus. Quod si, quum fungi munere debeamus, non modo operam nostram nunquam a populari cœtu removemus, sed ne litteram quidem ullam facimus, nisi forensem, quis reprehendet nostrum otium, qui in eo non modo nosmet ipsos hebescere et languere nolumus, sed etiam, ut plurimis prosimus, enitimur? Gloriam

nous ne diminuons pas, nous augmentons même la gloire de ces grands citoyens, lorsqu'à leurs titres chers au peuple et à la renommée, nous en ajoutons d'autres moins connus et moins vantés. Quelques-uns vont jusqu'à prétendre que nos interlocuteurs ne possédaient pas les connaissances sur lesquelles nous les faisons discourir : hommes envieux, selon moi, qui, non contents d'attaquer les vivants, s'acharnent même sur les morts.

III. Reste encore une classe de censeurs : ceux qui n'approuvent point le système de l'Académie. Cette opposition nous chagrinerait davantage, si jamais philosophe avait approuvé une autre école que celle dont il fait partie. Nous surtout, qui avons coutume de combattre tous ceux qui s'imaginent *savoir*, nous ne pouvons trouver mauvais que d'autres n'adoptent point nos opinions. Toutefois, notre cause est plus facile à défendre, puisque nous voulons trouver la vérité sans dispute, et que nous mettons à la chercher le plus grand soin et le zèle le plus ardent. En effet, quoique toute connaissance soit hérissée de difficultés, quoiqu'il y ait dans les choses mêmes tant d'obscurités, et dans nos jugements tant de faiblesse, que les philosophes les plus doctes et les plus anciens ont douté avec raison de pouvoir trouver ce qu'ils cherchaient, cependant ils n'ont point perdu courage. Nous, non plus, nous ne renonçons pas, vaincus par la

---

vero non modo non minui, sed etiam augeri arbitramur eorum, quorum ad populares, illustresque laudes, has etiam minus notas, minusque pervulgatas adjungimus. Sunt etiam, qui negent in iis, qui in nostris libris disputent, fuisse earum rerum, de quibus disputatur, scientiam. Qui mihi videntur non solum vivis, sed etiam mortuis invidere.

III. Restat unum genus reprehensorum, quibus Academiæ ratio non probatur. Quod gravius ferremus, si quisquam ullam disciplinam philosophiæ probaret, præter eam, quam ipse sequeretur. Nos autem, quoniam contra omnes dicere, qui scire sibi videntur, solemus, non possumus, quin alii a nobis dissentiant, recusare. Quanquam nostra quidem causa facilior est, qui verum invenire sine ulla contentione volumus, idque summa cura studioque conquirimus. Etsi enim omnis cognitio multis est obstructa difficultatibus, eaque est et in ipsis rebus obscuritas, et in judiciis nostris infirmitas, ut non sine causa et doctissimi, et antiquissimi invenire se posse, quod cuperent, diffisi sint, tamen nec illi defecerunt, neque nos studium exquirendi defatigati relinqui

fatigue, à l'ambition des découvertes, et même nos discussions n'ont d'autre but, en mettant aux prises les opinions rivales, que d'en exprimer, d'en faire jaillir quelque chose de vrai, ou qui s'approche le plus possible de la vérité. Entre nous et ceux qui prétendent *savoir*, il n'y a qu'une différence : ils ne doutent point de la vérité des opinions qu'ils soutiennent, et nous, nous regardons comme probables bien des croyances auxquelles nous nous laissons aller volontiers, mais que nous ne pouvons affirmer. Par là nous sommes plus libres et plus indépendants, puisque rien n'enchaîne notre jugement, et que nulle nécessité ne nous contraint à soutenir des doctrines prescrites, et pour ainsi dire commandées. Les autres, au contraire, se trouvent liés avant d'avoir pu discerner quelle est la meilleure opinion. Dans l'âge le plus faible, s'abandonnant à un ami, ou séduits par le premier discours du premier philosophe qu'ils ont entendu, ils jugent de ce qu'ils ne connaissent point, et, quel que soit le système vers lequel les pousse la tempête, ils s'y cramponnent comme à un rocher. Quand ils disent qu'ils adoptent avec confiance toutes les opinions de celui qu'ils jugent avoir été sage, je les approuverais, si des novices ou des ignorants étaient juges en pareille matière (pour décider si un homme a de la sagesse, ne faut-il pas avant tout être sage?); mais de deux choses l'une : ou bien, après avoir tout écouté, après avoir pris connaissance

mus, neque nostræ disputationes quidquam aliud agunt, nisi ut, in utramque partem dicendo, eliciant, et tanquam exprimant aliquid, quod aut verum sit, aut ad id quam proxime accedat. Neque inter nos, et eos, qui se scire arbitrantur, quidquam interest, nisi quod illi non dubitant, quin ea vera sint, quæ defendunt ; nos probabilia multa habemus, quæ sequi facile, affirmare vix possumus. Hoc autem liberiores et solutiores sumus, quod integra nobis est judicandi potestas; nec, ut omnia, quæ præscripta et quasi imperata sint, defendamus, necessitate ulla cogimur. Nam cæteri primum ante tenentur adstricti, quam, quid esset optimum, judicare potuerunt ; deinde infirmissimo tempore ætatis aut obsecuti amico cuidam, aut una alicujus, quem primum audierunt, oratione capti, de rebus incognitis judicant, et, ad quamcumque sunt disciplinam quasi tempestate delati, ad eam, tanquam ad saxum, adhærescunt. Nam, quod dicunt omnino se credere ei, quem judicent fuisse sapientem, probarem, si id ipsum rudes et indocti judicare potuissent (statuere enim, qui sit sapiens, vel maxime videtur esse sapientis) : sed, ut potuerunt, omni-

de toutes les opinions, ils ont arrêté leur jugement comme ils ont pu; ou bien, sur le premier exposé, ils se sont livrés à l'autorité d'un seul. Quoi qu'il en soit, je ne sais comment la plupart aiment mieux s'égarer et défendre avec opiniâtreté le système pour lequel ils se sont passionnés, que de chercher sans obstination quelle est la doctrine la plus conséquente.

Ces questions ont souvent fait le sujet de nos entretiens et de nos discussions, et dernièrement surtout, dans la maison d'Hortensius, à Baules, lorsque nous y vînmes, Catulus, Lucullus et moi, le lendemain du jour où nous avions été chez Catulus. Nous y arrivâmes de bonne heure, parce que nous avions le projet, si le vent était favorable, de nous rendre par mer, Lucullus à sa maison de Naples, moi à celle de Pompéies. Après un moment d'entretien dans l'avant-cour, nous nous y assîmes.

IV. Alors Catulus prit la parole : Quoique le sujet de notre discussion ait été à peu près épuisé hier, au point que la question paraisse presque traitée à fond, cependant, Lucullus, j'attends encore ces arguments que vous tenez de la bouche d'Antiochus, et que vous nous avez promis. — Pour moi, dit Hortensius, j'ai fait plus que je n'aurais voulu. Il fallait laisser à Lucullus cette tâche tout entière, et peut-être même lui reste-t-elle encore. J'ai simplement exposé ce qui s'offrait au premier coup d'œil; Lucullus creusera plus avant dans le sujet.

bus rebus auditis, cognitis etiam reliquorum sententiis, judicaverunt; aut, re semel audita, ad unius se auctoritatem contulerunt. Sed nescio quo modo plerique errare malunt, eamque sententiam, quam adamaverunt, pugnacissime defendere, quam sine pertinacia, quid constantissime dicatur, exquirere.

Quibus de rebus et alias sæpe nobis multa quæsita et disputata sunt, et quondam in Hortensii villa, quæ est ad Baulos, quum eo Catulus, et Lucullus, nosque ipsi postridie venissemus, quam apud Catulum fuissemus. Quo quidem etiam maturius venimus, quod erat constitutum, si ventus esset, Lucullo in Neapolitanum, mihi in Pompeianum navigare. Quum igitur pauca in xysto locuti essemus, tum eodem in spatio consedimus.

IV. Hic Catulus : Etsi heri, inquit, id, quod quærebatur, pæne explicatum est, ut tota fere quæstio tractata videatur, tamen exspecto ea, quæ te pollicitus es, Luculle, ab Antiocho audita, dicturum. — Equidem, inquit Hortensius, feci plus quam vellem. Totam enim rem Lucullo integram servatam oportuit; et tamen fortasse servata est. A me enim ea, quæ in promptu erant, dicta sunt; a Luculio autem reconditiora desidero.

Alors Lucullus répondit : Je ne suis point troublé par votre attente, Hortensius, quoique rien ne soit plus défavorable à qui veut plaire. Ne cherchant pas à vous convaincre de ce que je dis, pourquoi me troublerais-je? Ce n'est point un système à moi que j'expose, un système pour lequel je préférerais la victoire à la défaite, lors même qu'il serait faux. Mais, de bonne foi, dans l'état actuel de la question, notre cause, malgré les coups qu'on lui a portés hier, me paraît reposer sur la vérité. Je procéderai donc comme procédait Antiochus : sa méthode m'est bien connue, car je l'écoutais d'un esprit libre, avec une grande attention, et souvent sur le même sujet. C'est vous faire attendre de moi plus que n'en promettait tout à l'heure Hortensius. A ce début, nous redoublâmes d'attention.

Il reprit ainsi : Pendant que j'étais proquesteur à Alexandrie, Antiochus se trouvait avec moi. Avant nous, était venu dans la même ville un ami d'Antiochus, Héraclite de Tyr, qui, durant plusieurs années, avait étudié sous Clitomaque et sous Philon : il s'était acquis de la considération, de la célébrité dans cette philosophie qui, presque abandonnée, reprend faveur aujourd'hui. Souvent j'entendais Antiochus discuter avec lui, mais de part et d'autre avec douceur. Ce fut aussi dans ces temps-là que les deux livres de Philon, dont Catulus parlait hier, récem-

---

Tum ille : Non sane, inquit, Hortensi, conturbat me exspectatio tua; etsi nihil est iis, qui placere volunt, tam adversarium ; sed quia non laboro, quam valde ea, quæ dico, probaturus sim, eo minus conturbor. Dicam enim, nec mea, nec ea, in quibus, si non fuerint, non vinci me malim, quam vincere. Sed mehercule, ut quidem nunc se causa habet, etsi hesterno sermone labefacta est, mihi tamen videtur esse verissima. Agam igitur, sicut Antiochus agebat. Nota enim mihi res est. Nam et vacuo animo illum audiebam, et magno studio, eadem de re etiam sæpius ; ut etiam majorem exspectationem mei faciam, quam modo fecit Hortensius. Quum ita esset exorsus, ad audiendum animos ereximus.

At ille : Quum Alexandriæ pro quæstore, inquit, essem, fuit Antiochus mecum, et erat jam antea Alexandriæ familiaris Antiochi Heraclitus Tyrius ; qui et Clitomachum multos annos, et Philonem audierat, homo sane in ista philosophia, quæ nunc prope dimissa revocatur, probatus et nobilis : cum quo [et] Antiochum sæpe disputantem audiebam ; sed utrumque leniter. Et quidem isti libri duo Philonis, de quibus heri dictum a Catulo est, tum erant allati

ment apportés à Alexandrie, tombèrent, pour la première fois, entre les mains d'Antiochus. Cet homme, du caractère le plus doux qu'on puisse imaginer, entra cependant dans une grande colère; j'en étais surpris, car, jusque-là, je ne l'avais jamais vu s'emporter. Invoquant les souvenirs d'Héraclite, il lui demandait si ces livres lui paraissaient être de Philon, ou s'il avait jamais rien entendu de pareil, soit de Philon, soit de quelque autre académicien. Héraclite disait que non; cependant il reconnaissait le style de Philon; et il n'était pas possible d'en douter. Avec nous se trouvaient mes amis P. et C. Selius, et Tetrilius Rogus, hommes savants, qui prétendaient avoir entendu à Rome attribuer les mêmes principes à Philon, et avoir copié ces deux livres d'après le manuscrit de l'auteur. Alors Antiochus traita Philon comme Catulus nous racontait hier que son père l'avait traité; il en dit encore davantage; enfin il ne put s'empêcher de publier contre son maître un livre intitulé *Sosus*.

Ayant ainsi entendu avec intérêt Héraclite dissertant contre Antiochus, et Antiochus contre les académiciens, je prêtai plus d'attention aux entretiens de ce dernier, afin d'apprendre de lui le sujet de toute cette controverse. Nous admîmes donc, pendant plusieurs jours, à nos conférences Héraclite et un grand nombre de savants, entre lesquels se trouvaient Ariste, frère

Alexandriam, tumque primum in Antiochi manus venerant : et homo natura lenissimus (nihil enim poterat fieri illo mitius) stomachari tamen cœpit. Mirabar; neque enim unquam antea videram. At ille Heracliti memoriam implorans, quærere ex eo, viderenturne illa Philonis, aut ea num vel e Philone, vel ex ullo academico audivisset aliquando? Negabat. Philonis tamen scriptum agnoscebat; nec id quidem dubitari poterat. Nam aderant mei familiares, docti homines, P. et C. Selii, et Tetrilius Rogus; qui se illa audisse Romæ de Philone, et ab eo ipso duos illos libros dicerent descripsisse. Tum et illa dixit Antiochus, quæ heri Catulus commemoravit a patre suo dicta Philoni, et alia plura; nec se tenuit, quin contra suum doctorem librum etiam ederet, qui Sosus inscribitur.

Tum igitur et quum Heraclitum studiose audirem contra Antiochum disserentem, et item Antiochum contra academicos, dedi Antiocho operam diligentius, ut causam ex eo totam cognoscerem. Itaque complures dies, adhibito Heraclito, doctisque compluribus, et in his Antiochi fratre Aristo, et præterea

d'Antiochus, et de plus Ariston et Dion, deux amis dont, après son frère, Antiochus faisait le plus de cas. Nous consacrâmes avec eux beaucoup de temps à cette unique discussion. Je dois passer sous silence ce qui était dirigé contre Philon; car c'est un adversaire peu redoutable, celui qui nie formellement que tout ce qu'on soutenait hier fut avoué des académiciens. Oui, quoiqu'il mente à sa conscience, c'est un bien faible adversaire. Parlons d'Arcésilas et de Carnéade.

V. Après ce préambule, Lucullus continua ainsi : En premier lieu, vous me sembliez (et il s'adressait à moi, en me nommant), lorsque vous vous appuyez de l'autorité des anciens physiciens, agir comme nos citoyens séditieux, lorsqu'ils citent quelques Romains illustres de l'antiquité, qu'ils représentent comme les amis du peuple, afin de se faire passer pour leurs imitateurs. Ils remontent jusqu'à P. Valerius, qui fut consul la première année après l'expulsion des rois. Ils rappellent ceux qui ont proposé les lois populaires de l'appel au peuple, lors même qu'ils étaient consuls. Ensuite, ils passent à des personnages plus connus, à C. Flaminius, qui, quelques années avant la seconde guerre punique, tribun du peuple, porta, malgré le sénat, la loi agraire, et fut ensuite deux fois consul ; à L. Cassius, à Q. Pompeius. Ils ont même l'habitude de mettre dans ce nombre Scipion l'Africain. Ils prétendent que deux frères aussi sages qu'il-

---

Aristone, et Dione, quibus ille secundum fratrem plurimum tribuebat, multum temporis in ista una disputatione consumpsimus. Sed ea pars, quæ contra Philonem erat, prætermittenda est. Minus enim acer est adversarius is, qui ista, quæ sunt heri defensa, negat academicos omnino dicere. Etsi enim mentitur, tamen est adversarius lenior. Ad Arcesilam Carneademque veniamus.

V. Quæ quum dixisset, sic rursus exorsus est : Primum mihi videmini (me autem nomine appellabat), quum veteres physicos nominatis, facere idem, quod seditiosi cives solent, quum aliquos ex antiquis claros viros proferunt, quos dicant fuisse populares, ut eorum ipsi similes esse videantur. Repetunt a P. Valerio, qui, exactis regibus, primo anno consul fuit ; commemorant reliquos, qui leges populares de provocationibus tulerint, quum consules essent ; tum ad hos notiores, C. Flaminium, qui legem agrariam aliquot annis ante secundum Punicum bellum tribunus plebis tulerit, invito senatu, et postea bis consul factus sit ; L. Cassium, Q. Pompeium ; illi quidem etiam P. Africanum referre in eumdem numerum solent ; duos vero sapientissimos et clarissimos

lustres, P. Crassus et P. Scévola, ont donné à Tib. Gracchus l'idée de ces lois : le premier ouvertement, comme nous le voyons ; le second plus secrètement, comme on le soupçonne. Ils ajoutent encore C. Marius, et pour celui-ci, du moins, ils ne mentent pas. Après avoir étalé les noms de tant et de si grands hommes, ils affirment qu'ils suivent la même conduite politique. Il en est ainsi de vous : comme ils attaquaient la république bien affermie, vous voulez renverser la philosophie déjà constituée, et vous mettez en avant Empédocle, Anaxagore, Démocrite, Parménide, Xénophane, et même Platon et Socrate. Mais Saturninus (pour nommer de préférence notre ennemi) ne ressembla jamais aux vieux Romains qu'il évoque, et la mauvaise foi d'Arcésilas ne saurait se comparer avec la candeur de Démocrite. Il arrive, je le sais, à ces physiciens, dans des circonstances très-rares, lorsqu'une difficulté les arrête, de s'écrier comme frappés d'enthousiasme, et même Empédocle parfois, au point de me paraître fou : Tout nous échappe, nous ne sentons rien, nous ne voyons rien, il est impossible de découvrir la nature de quoi que ce soit. Mais le plus souvent ils me paraissent trop affirmer, et se donner pour savoir plus qu'ils ne savent. Que si, sur des questions nouvelles, la philosophie dans son enfance a balbutié sans répondre, pensons-nous que tant de siècles, tant de génies du premier ordre, tant d'études et de travaux n'aient amené aucun

---

ratres, P. Crassum et P. Scævolam, aiunt Tib. Graccho auctores legum fuisse, alterum quidem, ut videmus, palam ; alterum, ut suspicamur, obscurius ; addunt etiam C. Marium, et de hoc quidem nihil mentiuntur : horum nominibus tot virorum atque tantorum expositis, eorum se institutum sequi dicunt. Similiter vos, quum perturbare, ut illi rempublicam, sic vos philosophiam bene jam constitutam velitis, Empedoclem, Anaxagoram, Democritum, Parmenidem, Xenophanem, Platonem etiam, et Socratem profertis. Sed neque Saturninus (ut nostrum inimicum potissimum nominem) simile quidquam habuit veterum illorum ; nec Arcesilæ calumnia conferenda est cum Democriti verecundia. Et tamen isti physici raro admodum, quum hærent aliquo loco exclamant, quasi mente incitati, Empedocles quidem, ut interdum mihi furere videatur : Abstrusa esse omnia ; nihil nos sentire, nihil cernere ; nihil omnino, quale sit, posse reperire. Majorem autem partem mihi quidem omnes isti videntur nimis etiam quædam affirmare, plusque profiteri se scire, quam sciant. Quod si illi tum in novis rebus, quasi modo nascentes, hæsitaverunt, nihilne tot sæculis, summis ingeniis, maximis studiis, explicatum putamus ? Nonne, quum jam

progrès? N'est-ce pas lorsque les écoles les plus respectables étaient solidement établies, qu'on vit s'élever, semblable à ce Tib. Gracchus, perturbateur d'une république excellente, Arcésilas qui voulut renverser une philosophie bien constituée, en se cachant sous l'autorité de ceux qui avaient soutenu qu'on ne peut rien savoir ni comprendre? De ce nombre il faut retrancher et Platon et Socrate, car le premier laissa un système vraiment achevé, celui des péripatéticiens et des académiciens, qui, d'accord sur les choses, ne différaient que dans les termes, et dont les stoïciens mêmes s'écartèrent par l'expression plus que par la pensée. Pour Socrate, il se rabaissait lui-même dans la discussion, et prodiguait la louange à ceux qu'il voulait réfuter : parlant ainsi autrement qu'il ne pensait, il usait habituellement de cette espèce de dissimulation que les Grecs appellent *ironie*, et qui était aussi familière au second Africain, comme le dit Fannius, en ajoutant qu'il ne faut pas blâmer dans Scipion ce qu'il eut de commun avec Socrate.

VI. Mais admettons, si vous voulez, cette ignorance absolue des anciens : est-ce donc en pure perte qu'on a fait tant de recherches, depuis qu'Arcésilas, jaloux de Zénon, à ce qu'on pense, parce que, sans rien inventer, il corrigeait ses devanciers en modifiant leurs expressions, s'appliqua, pour réfuter les définitions de ce philosophe, à couvrir de ténèbres les choses

---

philosophorum disciplinæ gravissimæ constitissent, tum exortus est, ut in optima republica Tib. Gracchus, qui otium perturbaret, sic Arcesilas, qui constitutam philosophiam everteret, et in eorum auctoritate delitesceret, qui negassent quidquam sciri, aut percipi posse ? quorum e numero tollendus est et Plato, et Socrates : alter, quia reliquit perfectissimam disciplinam, peripateticos et academicos, nominibus differentes, re congruentes ; a quibus stoici ipsi verbis magis, quam sententiis dissenserunt. Socrates autem de se ipse detrahens in disputatione, plus tribuebat iis, quos volebat refellere : ita quum aliud diceret atque sentiret, libenter uti solitus est ea dissimulatione, quam Græci εἰρωνείαν vocant ; quam ait etiam in Africano fuisse Fannius ; idque propterea vitiosum in illo non putandum, quod idem fuerit in Socrate.

VI. Sed fuerint illa veteribus, si vultis, incognita : nihilne est igitur actum, quod investigata sunt, postaquam Arcesilas Zenoni, ut putatur, obtrectans, nihil novi reperienti, sed emendanti superiores immutatione verborum, dum hujus definitiones labefactare vult, conatus est clarissimis rebus tenebras obdu

les plus claires? La doctrine d'Arcésilas, peu goûtée d'abord, quoiqu'il brillât par la finesse de son esprit et la grâce admirable de son élocution, ne fut adoptée en premier lieu que par Lacyde; mais dans la suite elle fut perfectionnée par Carnéade, le quatrième successeur d'Arcésilas, puisqu'il fut auditeur d'Hegesinus, qui eut pour maître Évandre, disciple de Lacyde, qui avait étudié sous Arcésilas. Carnéade enseigna longtemps, car il parvint à sa quatre-vingt-dixième année, et ses élèves obtinrent une brillante réputation. Clitomaque, surtout, déploya son habileté dans de nombreux ouvrages. Il y avait autant de génie dans ce philosophe que d'éloquence dans Charmadas et de douceur dans Melanthius le Rhodien. Métrodore de Stratonice passait pour bien connaître la doctrine de Carnéade. Enfin votre Philon étudia sous Clitomaque pendant longues années, et, tant que vécut Philon, l'Académie ne manqua pas de protecteur.

Mais l'entreprise que nous formons, d'argumenter contre les académiciens, a été tout à fait improuvée par quelques philosophes d'un mérite peu commun. Ils pensaient qu'il n'y a aucun moyen de discuter avec des gens qui n'admettent point de preuves, et reprochaient au stoïcien Antipater d'avoir longuement disserté contre eux. Il n'est pas nécessaire, disaient-ils, de définir la connaissance, ou la perception, ou la *compréhension*, si nous voulons rendre littéralement ce qu'ils entendent par

cere? Cujus primo non admodum probata ratio, quanquam floruit quum acumine ingenii, tum admirabili quodam lepore dicendi, proxime a Lacyde solo retenta est ; post autem confecta a Carneade, qui est quartus ab Arcesila. Audivit enim Hegesinum, qui Evandrum audierat, Lacydis discipulum, quum Arcesilæ Lacydes fuisset. Sed ipse Carneades diu tenuit : nam nonaginta vixit annos ; et qui illum audierant, admodum floruerunt ; e quibus industriæ plurimum in Clitomacho fuit : declarat multitudo librorum ; ingenii non minus in hoc, quam in Charmada eloquentiæ, in Melanthio Rhodio suavitatis. Bene autem nosse Carneadem Stratoniceus Metrodorus putabatur. Jam Clitomacho Philo vester operam multos annos dedit. Philone autem vivo patrocinium Academiæ non defuit.

Sed, quod nos facere nunc ingredimur, ut contra academicos disseramus, id quidam e philosophis, et ii quidem non mediocres, faciundum omnino non putabant, nec verum esse ullam rationem disputare cum iis, qui nihil probarent, Antipatrumque stoicum, qui multus in eo fuisset, reprehendebant ; nec definiri aiebant necesse esse, quid esset cognitio, aut perceptio, aut, si verbum e verbo volumus, comprehensio, quam κατάληψιν illi vocant ; eosque, qui

κατάληψις; et ceux qui prétendraient persuader qu'il est des choses qu'on peut comprendre et percevoir, agiraient, à leur avis, en ignorants, parce que rien n'est plus clair que l'ἐνάργεια, comme disent les Grecs. Employons, si vous le voulez, l'expression de *perspicuité* ou d'*évidence*, et forgeons des mots quand il en est besoin, afin que celui-ci (il me désignait en plaisantant) ne s'imagine point en avoir seul le droit. Ils croyaient, je le répète, qu'on ne peut trouver aucune explication plus lumineuse que l'évidence, et que des choses si claires ne doivent pas être définies. D'autres déclarent seulement que jamais ils ne parleront les premiers en faveur de l'évidence; mais ils se croient obligés de répondre aux attaques dirigées contre elle, afin d'empêcher l'erreur de s'accréditer. Cependant la plupart ne désapprouvent pas les définitions des choses évidentes; ils pensent que le sujet en question est susceptible d'être examiné, et que les académiciens sont dignes qu'on discute avec eux.

Comme Philon, en soulevant les opinions nouvelles, ne peut résister à ceux qui nient la constance des académiciens dans leurs doctrines, il est convaincu de mensonge, ainsi que le lui reprocha le père de Catulus; et en même temps, selon la remarque d'Antiochus, il s'embarrasse dans le piége même qu'il craignait. En effet, il soutient que rien ne peut être compris (nous traduisons ainsi ἀκατάληπτον), si pour croire à l'*apercep-*

---

persuadere vellent, esse aliquid, quod comprehendi et percipi posset, inscienter facere dicebant, propterea quod nihil esset clarius ἐναργείᾳ, ut Græci : perspicuitatem, aut evidentiam nos, si placet, nominemus, fabricemurque, si opus erit, verba; ne hic sibi (me appellabat jocans) hoc licere putet soli. Sed tamen orationem nullam putabant illustriorem ipsa evidentia reperiri posse, nec ea, quæ tam clara essent, definienda censebant. Alii autem negabant, se pro hac evidentia quidquam priores fuisse dicturos, sed ad ea, quæ contra dicerentur, dici oportere putabant, ne qui fallerentur. Plerique tamen et definitiones ipsarum etiam evidentium rerum non improbant; et rem idoneam, de qua quæratur, et homines dignos, quibuscum disseratur, putant.

Philo autem, dum nova quædam commovet, quod ea sustinere vix poterat, quæ contra academicorum pertinaciam dicebantur, et aperte mentitur, ut est reprehensus a patre Catulo, et, ut docuit Antiochus, in id ipsum se induit, quod timebat. Quum enim ita negaret quidquam esse, quod comprehendi posset (id enim volumus esse ἀκατάληπτον), si illud esset, sicut Zeno definiret, tale vi-

tion (mot assez rebattu hier dans le sens de φαντασία), il faut qu'elle soit, comme Zénon la définit, une impression, une représentation conforme à l'objet dont elle vient, et qui ne saurait ressembler à l'objet dont elle ne vient point. Cette définition nous paraît très-juste : car comment concevoir une chose avec la certitude de l'avoir perçue et comprise, s'il est possible qu'elle soit fausse? et c'est précisément Philon qui, en infirmant, en détruisant ce principe, supprime le discernement du connu et de l'inconnu, d'où il résulte que rien ne peut être compris ; ainsi, il revient étourdiment se heurter contre l'écueil qu'il voulait fuir. Toute notre discussion contre l'Académie aura donc pour objet de défendre cette définition que Philon voulut renverser : si nous ne la faisons pas triompher, nous avouons que rien ne peut être perçu.

VII. Commençons donc par les sens. Leurs jugements sont tellement clairs et certains, que si l'on donnait à la nature humaine la liberté de choisir, et qu'un dieu lui demandât si ses organes sains et en bon état lui suffisent, ou si elle souhaite quelque chose de mieux, je ne vois pas ce qu'elle pourrait désirer de plus. Et qu'on ne s'attende pas ici que je réponde à l'objection de la rame brisée et du cou de la colombe ; car je ne suis pas de ceux qui prennent toutes les apparences pour des réalités. C'est à Épicure de réfuter ces objections et bien

---

sum (jam enim hoc pro φαντασία verbum satis hesterno sermone trivimus), visum igitur impressum effictumque ex eo, unde esset, quale esse non posset ex eo, unde non esset : id nos a Zenone definitum rectissime dicimus. Qui enim potest quidquam comprehendi, ut plane confidas, id perceptum cognitumque esse, quod est tale, quale vel falsum esse possit? Hoc quum infirmat tollitque Philo, judicium tollit incogniti, et cogniti ; ex quo efficitur, nihil posse comprehendi : ita imprudens eo, quo minime vult, revolvitur. Quare omnis oratio contra Academiam suscipitur a nobis, ut retineamus eam definitionem, quam Philo voluit evertere. Quam nisi obtinemus, percipi nihil posse concedimus.

VII. Ordiamur igitur a sensibus. Quorum ita clara judicia, et certa sunt, ut si optio naturæ nostræ detur, et ab ea deus aliquis requirat, contentane sit suis integris incorruptisque sensibus, an postulet melius aliquid, non videam, quid quærat amplius. Neque vero hoc loco exspectandum est, dum de remo inflexo, aut de collo columbæ respondeam. Non enim is sum, qui, quidquid videtur, tale dicam esse, quale videatur. Epicurus hoc viderit, et alia multa.

d'autres. A mon avis, la vérité la plus entière est dans le témoignage des sens, si toutefois ils sont sains, en bon état, et si l'on éloigne tout ce qui gêne ou trouble leur action. C'est pourquoi nous voulons qu'on change souvent le jour et le point de vue des objets soumis à nos regards; nous étendons, ou nous resserrons les distances, et nous multiplions les épreuves, jusqu'à ce que l'œil lui-même ait pleinement confirmé son premier jugement. Nous en faisons autant pour les sons, les odeurs et les saveurs, en sorte qu'il n'est personne qui puisse exiger de ses sens, chacun dans son espèce, un jugement plus sûr. Et si, grâce au secours de l'expérience et de l'art, nos yeux sont captivés par la peinture, nos oreilles par la musique, est-il possible de méconnaître alors le merveilleux pouvoir des sens? Que de choses, invisibles pour nous, les peintres ne voient-ils pas dans les ombres et dans les reliefs? Que de choses qui nous échappent dans le chant, et que saisissent des hommes exercés dans la musique! Au premier souffle du joueur de flûte, ils vous disent : C'est *Antiope* ou c'est *Andromaque*, tandis que nous ne le soupçonnons même pas. Il n'est pas nécessaire de parler du goût et de l'odorat qui nous donnent des connaissances, bornées il est vrai, mais incontestables. Que dire du toucher? de celui surtout que les philosophes appellent intérieur, et qui ressent la douleur ou le plaisir? A lui seul les Cyrénaïques attribuaient

---

Meo autem judicio ita est maxima in sensibus veritas, si et sani sunt, et valentes, et omnia removentur, quæ obstant et impediunt. Itaque et lumen mutari sæpe volumus, et situs earum rerum, quas intuemur; et intervalla aut contrahimus, aut diducimus; multaque facimus usque eo, dum adspectus ipse fidem faciat sui judicii. Quod idem fit in vocibus, in odore, in sapore : ut nemo sit nostrum, qui in sensibus sui cujusque generis judicium requirat acrius. Adhibita vero exercitatione et arte, ut oculi pictura teneantur, et aures cantibus, quis est, quin cernat, quanta vis sit in sensibus? Quam multa vident pictores in umbris, et in eminentia, quæ nos non videmus? Quam multa, quæ nos fugiunt in cantu, exaudiunt in eo genere exercitati? qui primo inflatu tibicinis Antiopam esse aiunt, aut Andromacham, quum id nos ne suspicemur quidem. Nihil necesse est de gustatu et odoratu loqui; in quibus intelligentia, etsi vitiosa, est quædam tamen. Quid de tactu, et eo quidem, quem philosophi interiorem vocant, aut doloris, aut voluptatis? in quo Cyrenaici solo putant

le jugement de la vérité, parce qu'il est réellement senti : or, qui oserait dire qu'entre celui qui souffre, et celui qui éprouve du plaisir, il n'y a point de différence? Penser ainsi, ne serait-ce pas évidemment déraisonner?

Ce que nous disons des impressions sensibles, il faut le dire aussi des perceptions, qui, sans dépendre uniquement des sens, ne peuvent se passer de leur entremise; par exemple : Cela est blanc, ceci est doux, cela est harmonieux, ceci est odoriférant, cela est rude. Viennent ensuite les idées composées que nous saisissons et retenons par l'esprit et non par les sens; comme : C'est un cheval, c'est un chien. Enfin, parcourant toute la série des idées élémentaires, nous en formons un faisceau plus considérable encore; telles sont ces idées complexes, qui embrassent presque toute la nature d'un objet : S'il est homme, c'est un animal mortel et doué de raison. De ce genre sont les notions gravées en nous, sans lesquelles on ne peut rien comprendre, rien examiner ou discuter. Si ces notions étaient fausses (vous avez, ce me semble, traduit ἔννοιαι par notions), si, dis-je, elles étaient fausses, ou si elles reposaient sur des aperceptions telles qu'on ne pût distinguer si elles sont vraies ou fausses, comment pourrions-nous nous en servir? comment verrions-nous ce qui serait convenable à chaque chose, ce qui n'y conviendrait point? Par là certainement on ne laisse aucune

---

veri esse judicium, quia sentiatur. Potestne igitur quisquam dicere, inter eum qui doleat, et inter eum, qui in voluptate sit, nihil interesse? aut, ita qu' sentiat, non apertissime insaniat?

Atqui qualia sunt hæc, quæ sensibus percipi dicimus, talia sequuntur ea, quæ non sensibus ipsis percipi dicuntur, sed quodam modo sensibus ; ut hæc : Illud est album, hoc dulce, canorum illud, hoc bene olens, hoc asperum. Animo jam hæc tenemus comprehensa, non sensibus. Ille, deinceps, equus est, ille canis. Cætera series deinde sequitur, majora nectens ; ut hæc, quæ quasi expletam rerum comprehensionem amplectantur : Si homo est, animal est mortale, rationis particeps. Quo e genere nobis notitiæ rerum imprimuntur; sine quibus nec intelligi quidquam, nec quæri, aut disputari potest. Quod si essent falsæ notitiæ (ἔννοίας enim notitias appellare tu videbare), si igitur essent hæ falsæ, aut ejusmodi visis impressæ, qualia visa a falsis discerni non possent, quo tandem his modo uteremur? quo modo autem, quid cuique rei consentaneum esset, quid repugnaret, videremus? Memoriæ quidem certe,

place à la mémoire, qui seule, avant toutes les autres facultés, contient, non-seulement la philosophie, mais tous les arts, et la conduite de la vie entière. Peut-on se figurer une mémoire des choses fausses? Garderait-on le souvenir de ce que l'esprit n'a point saisi et retenu? Est-il un art qui ne se compose, je ne dis pas d'une ou de deux perceptions de l'esprit, mais d'une multitude? Si vous les supprimiez, comment distinguerez-vous l'artiste de l'ignorant? En effet, quand nous disons que l'un est artiste, et l'autre non, ce n'est pas au hasard, mais parce que nous voyons que le premier retient ce qu'il a perçu et compris, et qu'il n'en est pas de même du second. Parmi les arts, les uns sont seulement l'objet des spéculations de l'esprit, les autres se proposent l'exécution et la production : or, comment le géomètre concevra-t-il des choses qui ne sont point, ou qu'on ne saurait distinguer des fausses? comment celui qui s'accompagne de la lyre remplira-t-il la mesure, et suivra-t-il la marche des vers? Pareille observation s'applique aux autres arts, qui ont aussi pour but de produire et d'exécuter. Dites-moi donc ce que l'art produira, si celui qui l'exerce ne possède pas des perceptions en grand nombre.

VIII. La connaissance des vertus prouve très-bien que beaucoup d'idées peuvent êtres perçues et comprises. Sur ces idées seules repose aussi la science, que nous ne regardons pas comme

---

quæ non modo philosophiam, sed omnis vitæ usum, omnesque artes una maxime continet, nihil omnino loci relinquitur. Quæ potest enim esse memoria falsorum? aut quid quisquam meminit, quod non animo comprehendit et tenet? Ars vero quæ potest esse, nisi quæ non ex una, aut duabus, sed ex multis animi perceptionibus constat? quas si subtraxeris, qui distingues artificem ab inscio? Non enim fortuito hunc artificem dicemus esse, illum negabimus; sed quum alterum percepta et comprehensa tenere videmus, alterum non item. Quumque artium aliud ejusmodi genus sit, ut tantummodo animo rem cernat; aliud, ut moliatur aliquid, et faciat; quomodo aut geometres cernere ea potest, quæ aut nulla sunt, aut internosci a falsis non possunt; aut is, qui fidibus utitur, explere numeros, et conficere versus? quod idem in similibus quoque artibus continget; quarum omne opus est in faciendo atque agendo. Quid enim est, quod arte effici possit, nisi is, qui artem tractabit, multa perceperit?

VIII. Maxime vero virtutum cognitio confirmat, percipi et comprehendi multa posse. In quibus solis inesse etiam scientiam dicimus; quam nos non

la simple compréhension des choses, mais comme une compréhension ferme et immuable. Il en est de même de la sagesse, cet art de bien vivre, qui, de sa nature, est invariable. Si cette invariabilité ne s'appuie sur aucune perception, aucune connaissance, je vous demande d'où et comment elle est née? Et cet homme de bien, qui a résolu de supporter toute espèce de tourments, d'être déchiré par d'intolérables douleurs plutôt que de trahir son devoir ou sa parole, pourquoi, je vous le demande encore, se serait-il imposé de si rigoureuses lois, s'il n'était conduit à la conscience d'une obligation par des idées comprises, perçues, connues, arrêtées? Il est donc complètement impossible qu'on estime la droiture et la bonne foi, au point de se résigner à toute sorte de supplices plutôt que de s'en éloigner, à moins d'une ferme croyance à des vérités infaillibles. Et la sagesse elle-même, supposé qu'elle s'ignore jusqu'à ne pas savoir si elle est sagesse ou non, comment obtiendra-t-elle le nom de sagesse? Et puis, comment osera-t-elle former une entreprise et la poursuivre avec confiance, lorsqu'il n'y aura point de règle certaine pour la diriger? Tant qu'elle doutera du bien suprême et fondamental, ignorant où tout doit tendre, comment pourra-t-elle être la sagesse? Il est évident qu'il faut à la sagesse un principe régulateur lorsqu'elle entreprend quelque chose, et que ce principe doit être conforme à la nature; car

comprehensionem modo rerum, sed eam stabilem quoque atque immutabilem esse censemus; itemque sapientiam, artem vivendi, quæ ipsa ex sese habeat constantiam. Ea autem constantia si nihil habeat percepti et cogniti, quæro, unde nata sit, et quo modo? Quæro etiam, ille vir bonus, qui statuit omnem cruciatum perferre, intolerabili dolore lacerari potius, quam aut officium prodat, aut fidem, cur has sibi tam graves leges imposuerit, quum quamobrem ita oporteret, nihil haberet comprehensi, percepti, cogniti, constituti? Nullo igitur modo fieri potest, ut quisquam tanti æstimet æquitatem et fidem, ut ejus conservandæ causa nullum supplicium recuset, nisi iis rebus assensus sit, quæ falsæ esse non possunt. Ipsa vero sapientia, si se ignorabit, sapientia sit, necne, quo modo primum obtinebit nomen sapientiæ? deinde quo modo suscipere aliquam rem, aut agere fidenter audebit, quum certi nihil erit, quod sequatur? quum vero dubitabit, quid sit extremum et ultimum bonorum ignorans, quo omnia referantur, qui poterit esse sapientia? Atque etiam illud perspicuum est, constitui esse initium, quod sapientia, quum quid agere incipiat, sequatur; idque initium esse naturæ accommodatum. Nam aliter appe-

autrement, le désir (nous entendons par-là ὁρμή) qui nous pousse à l'acte, et nous fait tendre vers l'objet aperçu, ne saurait être excité. Or, la cause qui l'excite doit, avant tout, être aperçue et commander à la croyance, ce qui jamais n'aurait lieu si une aperception réelle ne pouvait se distinguer d'une fausse. Et, de plus, comment l'âme sera-t-elle excitée à désirer, quand elle ne reconnaît pas si ce qu'elle aperçoit est conforme ou étranger à sa nature ?

De même, si l'homme ne trouve pas en sa conscience la loi du devoir, il ne fera rien absolument, il ne sera poussé, excité à rien. Que si enfin il agit, il faut que ce qu'il trouve en sa conscience lui paraisse vrai. Quoi ! si vos arguments sont justes, la raison tout entière nous est enlevée, la raison que j'appellerais volontiers la lumière, le flambeau de la vie ! persisterez-vous encore dans ce système abject ? La raison est le principe de toute recherche ; la raison, fortifiée par ses recherches mêmes, enfante la vertu. Or, la recherche est un désir de connaître ; elle a pour but la découverte. Mais nul ne découvre le faux ; le douteux ne saurait non plus être découvert. Au contraire, a-t-on mis au jour ce qui était comme enveloppé, on dit l'avoir découvert. Ainsi la raison embrasse et le principe de la recherche, et son but, qui est de percevoir et de comprendre. Voilà pour-

---

titio (cam enim esse volumus ὁρμήν), qua ad agendum impellimur, et id appetimus, quod est visum, moveri non potest. Illud autem, quod movet, prius oportet videri, eique credi : quod fieri non potest, si id, quod visum erit, discerni non poterit a falso. Quo modo autem moveri animus ad appetendum potest, si id, quod videtur, non percipitur, accommodatumne naturæ sit, an alienum ?

Itemque, si, quid officii sui sit, non occurrit animo, nihil unquam omnino aget, ad nullam rem unquam impelletur, nunquam movebitur. Quod si aliquid aliquando acturus est, necesse est id ei verum, quod occurrit, videri. Quid ! quod si ista vera sunt, ratio omnis tollitur quasi quædam lux lumenque vitæ ! tamenne in ista pravitate perstabitis ? Nam quærendi initium ratio attulit; quæ perfecit virtutem, quum esset ipsa ratio confirmata quærendo. Quæstio autem est appetitio cognitionis ; quæstionisque finis, inventio. At nemo invenit falsa ; nec ea, quæ incerta permanent, inventa esse possunt, sed, quum ea, quæ quasi involuta fuerunt, aperta sunt, tum inventa dicuntur. Sic et initium quærendi, et exitus percipiendi et comprehendendi tenet. Itaque argumenti

quoi la forme d'argument, qu'on nomme en grec ἀπόδειξις, se définit un raisonnement qui, des choses perçues, conduit à celles qui ne le sont point.

IX. Si toutes nos aperceptions étaient, comme le disent nos adversaires, exposées à l'erreur; si nous n'avions aucun moyen d'en discerner la valeur réelle, comment affirmerions-nous de quelqu'un qu'il a tiré une conséquence, fait une découverte? Quelle confiance mériterait la conclusion d'un argument? Et la philosophie, qui ne marche que par le raisonnement, à quel but arrivera-t-elle? Qu'adviendra-t-il de la sagesse, qui ne doit douter ni d'elle-même, ni de ses préceptes que les philosophes appellent δόγματα, et dont aucun ne peut être violé sans crime? En effet, violer un de ces préceptes, c'est violer la loi même du vrai et du juste. Cette violation entraîne ordinairement à la trahison de l'amitié et du patriotisme. Il n'est donc pas permis d'en douter; aucun précepte de la sagesse ne peut être faux, et il ne suffit pas au sage que ces préceptes ne soient point faux; ils doivent être stables, fixes, certains, inébranlables à tout raisonnement. Or, ils ne sauraient être ni paraître tels dans le système de ceux qui prétendent que les aperceptions dont ils dérivent ne diffèrent en rien des aperceptions fausses. Voilà ce qui a engagé Hortensius[1] à vous demander de reconnaître au

---

conclusio, quæ est græce ἀπόδειξις, ita definitur : ratio, quæ ex rebus perceptis ad id, quod non percipiebatur, adducit.

IX. Quod si omnia visa ejusmodi essent, qualia isti dicunt, ut ea vel falsa esse possent, neque ea posset ulla notio discernere, quo modo quempiam aut conclusisse aliquid, aut invenisse diceremus? aut quæ esset conclusi argumenti fides? Ipsa autem philosophia, quæ rationibus progredi debet, quem habebit exitum? sapientiæ vero quid futurum est? quæ neque de se ipsa dubitare debet, neque de suis decretis, quæ philosophi vocant δόγματα : quorum nullum sine scelere prodi poterit. Quum enim decretum proditur, lex veri rectique proditur. Quo e vitio et amicitiarum proditiones, et rerum publicarum nasci solent. Non potest igitur dubitari, quin decretum nullum falsum possit esse, sapientique satis non sit, non esse falsum, sed etiam stabile, fixum, ratum esse debeat ; quod movere nulla ratio queat. Talia autem neque esse, neque videri possunt eorum ratione, qui illa visa, e quibus omnia decreta sunt nata, negant quidquam a falsis interesse. Ex hoc illud est natum, quod postulabat Hortensius, ut id ipsum saltem perceptum a sapiente discre-

[1] Dans la séance précédente.

moins qu'il est une chose perçue par le sage, c'est qu'on ne peut rien percevoir. Mais, lorsque Antipater demandait la même concession, en disant : Celui qui affirme que rien n'est perceptible doit, pour être conséquent, reconnaître une chose perçue, c'est que les autres ne le sont pas ; Carnéade répondait avec une extrême subtilité : Loin d'être conséquente, disait-il, cette conclusion répugne au principe. Celui qui prétend que rien n'est perçu n'admet point d'exception. Puisque le cas dont il s'agit n'est pas excepté, il ne saurait lui-même en aucune façon être compris ni perçu.

Antiochus, sur ce point, serrait de plus près son adversaire. Les académiciens ayant pour principe (vous comprenez que par ce mot j'entends δόγμα) que rien ne peut être perçu, ils ne devaient pas, disait-il, pour leur principe, comme pour le reste, flotter dans l'indécision, attendu que c'était là le fondement de leur système. En effet, la loi suprême de toute la philosophie, c'est le discernement du vrai et du faux, du connu et de l'inconnu. Dès que les académiciens se donnaient pour philosophes, et voulaient enseigner ce que chacun doit croire, ce qu'il doit rejeter, il fallait bien qu'ils eussent reçu les perceptions d'où dérive le jugement du vrai et du faux, car les deux questions qui dominent la philosophie sont la connaissance du vrai et l'idée

---

tis, nihil posse percipi. Sed Antipatro hoc idem postulanti, quum diceret, ei, qui affirmaret nihil posse percipi, consentaneum esse unum tamen illud dicere percipi posse, ut alia non possent, Carneades acutius resistebat. Nam tantum abesse dicebat, ut id consentaneum esset, ut maxime etiam repugnaret. Qui enim negaret quidquam esse, quod perciperetur, cum nihil exciperet: Ita necesse esse, ne id ipsum quidem, quod exceptum non esset, comprehendi et percipi ullo modo posse.

Antiochus ad istum locum pressius videbatur accedere. Quoniam enim id haberent academici decretum (sentitis enim jam hoc me δόγμα dicere), nihil posse percipi, non debere eos in suo decreto, sicut in cæteris rebus, fluctuare, præsertim quum in eo summo consisteret. Hanc enim esse regulam totius philosophiæ, constitutionem veri, falsi, cogniti, incogniti ; quam rationem quoniam susciperent, docereque vellent, quæ a quovis accipi oporteret, et quæ repudiari; certe hoc ipsum, ex quo omne veri, falsique judicium esset, percipere eos debuisse. Etenim duo esse hæc maxima in philosophia, judicium veri, et finem

du souverain bien. Il n'est pas possible d'être sage, si l'on ignore le principe de toute connaissance et le dernier terme de nos désirs, c'est-à-dire notre point de départ et notre but. Rester dans le doute sur ces questions, ne pas se reposer, pour l'une et l'autre, dans une croyance inébranlable, c'est s'éloigner on ne peut plus de la sagesse.

Telle était la meilleure manière d'exiger d'eux qu'ils reconnussent au moins une chose perçue, je veux dire qu'il n'y a rien de perceptible. Mais en voilà bien assez, à mon avis, pour montrer l'inconséquence de cette doctrine, si l'on peut appeler doctrine l'opinion d'un homme qui n'est sûr de rien.

X. Ensuite se présente un système de discussion, plus fécond, il est vrai, mais un peu trop abstrus, car il a quelque chose de la méthode des physiciens ; en sorte que je crains de laisser à celui qui doit me répliquer trop de liberté, et même de licence. Que fera-t-il, dans un sujet enveloppé de ténèbres, celui qui s'efforce de nous ravir la lumière ? Néanmoins il serait possible de faire voir, par une analyse délicate, avec quel art admirable la nature a façonné tous les animaux, et surtout l'homme ; quelle est la portée de nos sens ; de quelle manière d'abord les aperceptions nous frappent, ensuite le désir obéit à leur impulsion ; comment enfin nous dirigeons notre sensibilité pour per-

---

bonorum ; nec sapientem posse esse, qui aut cognoscendi esse initium ignoret, aut extremum expetendi, ut, aut unde proficiscatur, aut quo perveniendum sit, nesciat. Hæc autem habere dubia, neque his ita confidere, ut moveri non possint, abhorrere a sapientia plurimum.

Hoc igitur modo potius erat ab his postulandum, ut hoc unum saltem, perceptum esse dicerent. Sed de inconstantia totius illorum sententiæ, si ulla sententia cujusquam esse potest nihil approbantis, sit, ut opinor, dictum satis.

X. Sequitur disputatio copiosa illa quidem, sed paulo abstrusior, habet enim aliquantum a physicis ; ut verear, ne majorem largiar ei, qui contra dicturus est, libertatem et licentiam. Nam quid eum facturum putem de abditis rebus, et obscuris, qui lucem eripere conetur ? Sed id disputari poterat subtiliter, quanto quasi artificio natura fabricata esset primum animal omne ; deinde hominem maxime ; quæ vis esset in sensibus ; quemadmodum primo visa nos pellerent ; deinde appetitio ab his pulsa sequeretur ; tum ut sensus

cevoir les objets. En effet, l'âme, qui est la source des sensations, ou, pour mieux dire, la sensibilité même, a une force naturelle qu'elle dirige vers les objets qui l'affectent. Ainsi elle saisit certaines aperceptions pour s'en servir sur-le-champ ; elle en met d'autres en réserve, et de là naît la mémoire ; elle rapproche les autres, en vertu de leurs ressemblances, et en forme des idées générales, que les Grecs appellent ἔννοιαι et προλήψεις. Une fois qu'à la sensibilité sont venus se joindre la raison, le raisonnement et la multitude innombrable des objets extérieurs, alors apparaît la perception, qui s'empare de toutes les idées reçues ; et la raison, s'élevant sur ces degrés, parvient à la sagesse.

Comme l'esprit humain est fait pour acquérir la science des choses, et pour imposer une règle à la vie, il s'attache de toute sa force à connaître ; et cette κατάληψις que nous appellerons, comme je l'ai dit, compréhension, en traduisant littéralement, obtient son amour, non-seulement par elle-même (rien n'est plus cher à l'esprit que la lumière de la vérité), mais encore par l'usage qu'on en fait. Avec son aide, il se sert des sens, il invente les arts, qui sont comme de nouveaux sens, et donne à la philosophie assez de force pour qu'elle produise la vertu, seule règle à laquelle on doive subordonner toute la vie. Aussi ceux qui prétendent que rien ne peut être compris, dérobent-ils

---

ad res percipiendas intenderemus. Mens enim ipsa, quæ sensuum fons est, atque etiam ipsa sensus est, naturalem vim habet, quam intendit ad ea, quibus movetur. Itaque alia visa sic arripit, ut his statim utatur, aliqua recondit, e quibus memoria oritur. Cætera autem similitudinibus constituit : ex quibus efficiuntur notitiæ rerum, quas Græci tum ἔννοιας, tum προλήψεις vocant. Eo quum accessit ratio, argumentique conclusio, rerumque innumerabilium multitudo, tum et perceptio eorum omnium apparet ; et eadem ratio, perfecta his gradibus, ad sapientiam pervenit.

Ad rerum igitur scientiam, vitæque constantiam aptissima quum sit mens hominis, amplectitur maxime cognitionem ; et istam κατάληψιν, quam, ut dixi, verbum e verbo exprimentes, comprehensionem dicemus, quum ipsam per se amat (nihil est enim ei veritatis luce dulcius), tum etiam propter usum. Quodcirca et sensibus utitur, et artes efficit, quasi sensus alteros ; et usque eo philosophiam ipsam corroborat, ut virtutem efficiat, ex qua re una vita omnis apta sit. Ergo hi, qui negant quidquam posse comprehendi, hæc ipsa eripiunt

à la vie toutes ses ressources, tous ses ornements; ou plutôt même ils ruinent la vie jusque dans ses fondements, et privent l'être animé du principe qui l'anime : excès de témérité qu'il seraitdifficile de caractériser comme il le mérite!

En vérité, je ne puis guère déterminer quel est leur projet, et ce qu'ils veulent. Quand parfois nous leur disons : Si les doctrines que nous soutenons ne sont pas vraies, tout doit être incertain ; ils nous répondent : Eh! que nous importe? est-ce notre faute? accusez la nature qui, comme dit Démocrite, a caché la vérité au fond d'un abîme.

D'autres se défendent avec plus d'adresse : ils se plaignent qu'on les accuse de dire que tout est incertain; ils s'efforcent de montrer combien il y a de différence entre ce qui est incertain et ce qui ne peut être perçu ; ils veulent distinguer ces deux choses. Adressons-nous donc à ceux qui établissent cette distinction. Pour ceux qui disent que tout est aussi incertain que le nombre pair ou impair des étoiles, abandonnons-les comme gens dont on désespère. Les autres veulent (et je remarquais hier que c'était là ce qui faisait le plus d'impression sur vous) qu'il y ait quelque chose de probable, et, pour ainsi dire, de vraisemblable, qui leur sert de règle dans leur conduite, dans leurs recherches, dans leurs discussions.

---

vel instrumenta, vel ornamenta vitæ; vel potius etiam totam vitam evertunt funditus, ipsumque animal orbant animo : ut difficile sit de temeritate eorum, perinde ut causa postulat, dicere.

Nec vero satis constituere possum, quod sit eorum consilium, aut quid velint. Interdum enim quum adhibemus ad eos orationem hujusmodi : si ea, quæ disputentur, vera non sint, tum omnia fore incerta; respondent. Quid ergo istud ad nos? num nostra culpa est? naturam accusa, quæ in profundo veritatem, ut ait Democritus, penitus abstruserit.

Alii autem elegantius, qui etiam queruntur, quod eos insimulemus omnia incerta dicere; quantumque intersit inter incertum, et id, quod percipi non possit, docere conantur, eaque distinguere. Cum his igitur agamus, qui hæc distinguunt; illos, qui omnia sic incerta dicunt, ut stellarum numerus par, an impar sit, quasi desperatos aliquos relinquamus. Volunt enim (et hoc quidem vel maxime animadvertebam vos moveri), probabile aliquid esse, et quasi verisimile, eaque se uti regula et in agenda vita, et in quærendo ac disserendo.

XI. Quelle est cette règle, si nous n'avons aucune idée du vrai ni du faux, par cela même que nous ne pouvons pas discerner l'un de l'autre? car si nous en avons une idée, il faut qu'il y ait une différence entre le vrai et le faux, comme entre le bien et le mal. Nier la différence, c'est nier la règle. Il est impossible à celui qui voit du même œil le vrai et le faux, de former un jugement ou de reconnaître la vérité à quelque signe. Quand ils disent : Tout ce que nous nions, c'est qu'une idée puisse s'offrir avec des caractères tels que le faux n'en ait jamais de semblables, le reste, nous vous l'accordons, ils disent une puérilité. Après nous avoir enlevé tout moyen de juger, ils affirment ne pas nous enlever le reste ; comme si, après avoir privé quelqu'un des yeux, on prétendait ne lui avoir point enlevé les choses visibles. En effet, de même que ces choses sont connues par les yeux, le reste est révélé par les aperceptions ; mais, grâce au caractère distinctif du vrai, et non d'après un caractère commun au vrai et au faux. C'est pourquoi, soit que vous adoptiez ou l'aperception probable, ou celle qui, selon Carnéade, est à la fois probable et libre d'entraves, soit que vous vous attachiez à tout autre principe, il faudra en revenir à cette aperception dont nous parlons. Si elle porte un caractère commun au faux et au vrai, tout jugement devient impossible, parce qu'on ne peut, à un signe commun, reconnaître la nature propre d'une

---

XI. Quæ ista regula est, si notionem veri et falsi, propterea quod ea non possunt internosci, nullam habemus? Nam, si habemus, interesse oportet, ut inter rectum et pravum, sic inter verum et falsum. Si nihil interest, nulla regula est; nec potest is, cui est visio veri falsique communis, ullum habere judicium, aut ullam omnino veritatis notam. Nam, quum dicunt, hoc se unum tollere, ut quidquam possit ita videri, ut non eodem modo falsum etiam possit videri, cætera autem concedere, faciunt pueriliter. Quo enim omnia judicantur, sublato, reliqua se negant tollere : ut, si quis quem oculis privaverit, dicat, ea, quæ cerni possent, non se ei ademisse. Ut enim illa oculis modo cognoscuntur, sic reliqua visis ; sed propria veri, non communi veri et falsi nota. Quamobrem, sive tu probabilem visionem, sive probabilem, et quæ non impediatur, ut Carneades volebat, sive aliud quid proferes, quod sequare, ad visum illud, de quo agimus, tibi erit revertendum. In eo autem, si erit communitas cum falso, nullum erit judicium, quia proprium in com-

idée. Si, au contraire, il n'y a en elle rien de commun, j'ai ce que je veux ; car je cherche quelque chose qui me paraisse tellement vrai que je ne puisse le croire faux.

Une erreur semblable les aveugle, lorsque, convaincus et contraints par la force de la vérité, ils veulent de la perception distinguer l'évidence, et s'efforcent de montrer qu'il y a des vérités évidentes, mais qu'elles sont imprimées dans l'âme, dans la pensée, et qu'elles ne tombent ni sous la perception, ni sous la compréhension. Qu'ils nous disent comment il y aura de l'évidence dans cette proposition : « Ceci est blanc, » dès qu'il peut arriver que le noir paraisse blanc ? Comment affirmerons-nous que l'âme reçoit des impressions évidentes, fidèles, dès qu'on ignore si ce qu'elle éprouve est réel ou illusoire ? Ainsi, couleurs, corps, vérité, preuve, sensation, évidence, tout nous est enlevé. De là il leur arrive ordinairement qu'à la moindre chose qu'ils avancent, on leur demande : Vous percevez donc cela ? Mais ils se moquent de ceux qui leur font cette objection. Il faudrait les serrer de plus près en leur prouvant qu'on ne peut discuter ni affirmer quoi que ce soit, si la chose qu'on soutient ne porte avec elle une marque spéciale de certitude.

Quelle est donc votre probabilité ? Si ce qui s'offre à chacun

---

muni signo notari non potest. Sin autem commune nihil erit, habeo, quod volo; id enim quæro, quod ita mihi videatur verum, ut non possit idem falsum videri.

Simili in errore versantur, quum convicti, ac vi veritatis coacti, perspicua a perceptis volunt distinguere, et conantur ostendere, esse aliquid perspicui : verum illud quidem impressum in animo atque mente, neque tamen id percipi ac comprehendi posse. Quo enim modo perspicue dixeris album esse aliquid, quum possit accidere, ut id, quod nigrum sit, album esse videatur? aut quo modo ista aut perspicua dicemus, aut menti impressa subtiliter, quum sit incertum, vere, inaniterve moveatur? Ita neque color, neque corpus, nec veritas, nec argumentum, nec sensus, neque perspicuum ullum relinquitur. Ex hoc illud his usu venire solet ut, quidquid dixerint, a quibusdam interrogentur : Ergo istuc quidem percipis? Sed qui ita interrogant, ab his irridentur. Non enim urgent, ut coarguant neminem ulla de re posse contendere, neque asseverare, sine aliqua ejus rei, quam sibi quisque placere dicit, certa et propria nota.

Quod est igitur istud vestrum probabile? Nam si, quod cuique occurrit, et

et paraît probable au premier coup d'œil, obtient votre assentiment, quoi de plus léger! Si vos académiciens prétendent, au contraire, ne s'attacher à ce qu'ils ont aperçu qu'avec une sorte de circonspection, et après un examen scrupuleux, ils ne pourront pas cependant nous échapper. D'abord ces aperceptions, qui ne diffèrent point entre elles, sont toutes également indignes de foi. Ensuite, comme ils reconnaissent qu'il arrive au sage, malgré tous ses efforts, malgré la circonspection la plus attentive, de prendre pour vraisemblable ce qui est très-éloigné du vrai, à quel titre seront-ils sûrs d'avoir approché de la vérité en grande partie, comme ils disent, ou aussi près que possible? Pour en être sûr, il faudrait connaître le caractère distinctif du vrai. Ce caractère est-il voilé, effacé, quelle vérité penseront-ils atteindre? Quoi de plus absurde que ce langage qu'ils nous tiennent : Ceci est le signe ou la preuve de telle chose, et voilà pourquoi je m'y attache; mais il peut se faire que la chose signifiée soit fausse ou ne soit rien du tout?

XII. C'en est assez sur la perception. Si quelqu'un cherche à renverser nos raisonnements, la vérité, même en notre absence, se défendra toute seule.

Les explications que nous avons données suffisent pour l'intelligence de cette première question. Nous allons maintenant trai-

---

primo quasi adspectu probabile videtur, id confirmatur, quid eo levius? Sin ex circumspectione aliqua et accurata consideratione, quod visum sit, id se dicent sequi, tamen exitum non habebunt. Primum quia his visis, inter quæ nihil interest, æqualiter omnibus abrogatur fides; deinde, quum dicant posse accidere sapienti, ut, quum omnia fecerit, diligentissimeque circumspexerit, exsistat aliquid, quod et verisimile videatur, et absit longissime a vero, quo modo, si magna parte quidem (ut solent dicere) ad verum ipsum, aut quam proxime accedant, confidere sibi poterunt? Ut enim confidant, notum his esse debebit insigne veri. Quo obscuro et oppresso, quod tandem verum sibi videbuntur attingere? Quid autem tam absurde dici potest, quam quum ita loquuntur : Est hoc quidem rei illius signum, aut argumentum, et ea re id sequor; sed fieri potest, ut id, quod significatur, aut falsum sit, aut nihil sit omnino.

XII. Sed de perceptione hactenus. Si quis enim ea, quæ dicta sunt, labefactare volet, facile, etiam absentibus nobis, veritas se ipsa defendet.

His satis cognitis, quæ jam explicata sunt, nunc de ossensione atque appro-

4.

ter de l'assentiment et de l'approbation, que les Grecs nomment συγκατάθεσις. Je serai bref, non que le sujet ne soit vaste, mais parce que les fondements en sont déjà posés : car, en démontrant combien il y a d'autorité dans les sens, nous avons fait entrevoir que bien des choses sont comprises et perçues par la sensibilité, ce qui ne peut avoir lieu sans notre assentiment. Ensuite, comme entre l'être inanimé et l'être animé la plus grande différence consiste en ce que le premier n'agit point, tandis que le second agit (on ne saurait même se le figurer n'agissant point), il faut ou nous enlever la sensation, ou nous rendre cet assentiment qui dépend de nous. Or, interdire à un être la sensation et l'assentiment, n'est-ce pas, en quelque sorte, lui ôter la vie? De même qu'il est nécessaire que le plateau d'une balance cède au poids dont on le charge, ainsi l'esprit doit céder à l'évidence ; car si l'être animé ne peut s'empêcher de désirer ce qui lui paraît conforme à sa nature (οἰκεῖον, disent les Grecs), il ne peut pas non plus, quand il rencontre l'évidence, lui refuser son adhésion.

Au reste, si les principes que nous avons soutenus sont justes, est inutile de parler de l'assentiment; car, dès qu'on perçoit une idée, on y adhère. Ajoutez encore les conséquences suivantes : sans cet assentiment, plus de mémoire, plus de notions,

---

batione, quam Græci συγκατάθεσιν vocant, pauca dicemus, non quo non latus locus sit, sed paulo ante jacta sunt fundamenta. Nam quum vim, quæ esset in sensibus, explicabamus, simul illud aperiebatur, comprehendi multa, et percipi sensibus; quod fieri sine assensione non potest. Deinde quam inter inanimum et animal hoc maxime intersit, quod inanimum nihil agit, animal agit aliquid (nihil enim agens ne cogitari quidem potest quale sit), aut ei sensus adimendus est, aut ea, quæ est in nostra potestate sita, reddenda assensio. At vero animus quodam modo eripitur his, quos neque sentire, neque assentiri volunt. Ut enim necesse est, lancem in libra, ponderibus impositis, deprimi; sic animum perspicuis cedere. Nam, quo modo non potest animal ullum non appetere id, quod accommodatum ad naturam appareat Græci id οἰκεῖον appellant) : sic non potest objectam rem perspicuam non approbare.

Quanquam, si illa, de quibus disputatum est, vera sunt, nihil attinet de assensione omnino loqui. Qui enim quid percipit, assentitur statim. Sed hæc etiam sequuntur, nec memoriam sine assensione posse constare, nec notitias

plus d'arts; enfin, celui qui n'approuve rien perd la liberté d'agir, le plus noble privilége de l'homme. Où sera donc la vertu, si rien ne dépend de nous-mêmes? Certes il serait par trop absurde que le vice fût en notre pouvoir, qu'on ne pût faillir sans assentiment, et qu'il n'en fût pas de même pour la vertu, dont la constance et l'énergie dépendent précisément des choses auxquelles elle a adhéré et consenti. Résumons-nous : il faut, avant d'agir, apercevoir et donner son assentiment à ce qu'on aperçoit; en conséquence, ôter l'aperception et l'assentiment, c'est ôter de la vie toute espèce d'action.

XIII. Maintenant, voyons ce que nos adversaires ont coutume de répondre. Mais, auparavant, vous pouvez connaitre les fondements de tout leur système. D'abord, ils composent une sorte de théorie de ce que nous avons nommé aperception; ils en déterminent la nature, les espèces, et distinguent celles qui peuvent être perçues et comprises, se servant des mêmes termes que les stoïciens. Ensuite, ils posent ces deux principes comme dominant toute la question : premièrement, si une chose se présente à nous, sous la même apparence qu'une autre peut offrir, et qu'il n'y ait nulle différence entre elles, il est impossible que la première soit perçue, et que la dernière ne le soit pas; secondement, il n'y aura nulle différence entre elles, non-seulement si de tout point elles sont semblables, mais même pour peu

rerum, nec artes ; idque quod maximum est, ut sit aliquid in nostra potestate, in eo, qui rei nulli assentietur, non erit. Ubi igitur virtus, si nihil situm est in ipsis nobis? Maxime autem absurdum, vitia in ipsorum esse potestate, neque peccare quemquam, nisi assensióne ; hoc idem in virtute non esse, cujus omnis constantia et firmitas ex his rebus constat, quibus assensa est, et quas approbabit, omninoque ante videri aliquid, quam agamus, necesse est ; eique, quod visum sit, assentiamur. Quare qui aut visum, aut assensum tollit, is omnem actionem tollit e vita.

XIII. Nunc ea videamus, quæ contra ab his disputari solent. Sed prius potestis totius eorum rationis quasi fundamenta cognoscere. Componunt igitur primum artem quamdam de his, quæ visa dicimus, eorumque et vim, et genera definiunt : in his, quale sit id, quod percipi et comprehendi possit; totidem verbis, quot stoici. Deinde illa exponunt duo, quæ quasi contineant omnem hanc quæstionem : quæ ita videantur, ut etiam alia eodem modo videri possint, nec in his quidquam intersit, non posse eorum alia percipi, alia non percipi; nihil interesse autem non modo si ex omni parte ejusdem modi sint, sed etiam si

qu'on ne puisse les distinguer. Cela posé, ils renferment toute la discussion en un seul argument que voici : « Des choses qui nous apparaissent, les unes sont vraies, les autres fausses, et ce qui est faux n'est point perçu. Or, le faux peut avoir la même apparence que le vrai ; et, quand deux choses se ressemblent si parfaitement qu'on ne les distingue pas, il est impossible que l'une soit perceptible, et l'autre non. Aucune aperception n'est donc réellement perceptible. »

Parmi les propositions sur lesquelles ils s'appuient pour arriver à leurs conclusions, ils pensent que chacun leur accorde les deux suivantes; et, en effet, personne ne s'y oppose. Voici l'une : « Les aperceptions fausses ne sont point perçues; » voici l'autre : « Lorsque, entre deux aperceptions, il n'existe nulle différence, il ne se peut que l'une soit perceptible, et l'autre point. »

Ils défendent, par des raisonnements nombreux et variés, leurs autres propositions fondamentales, qui sont aussi au nombre de deux : l'une : « Parmi nos aperceptions, il s'en trouve de vraies et de fausses; » l'autre : « Toute aperception reposant sur le vrai a la même apparence que si elle reposait sur l'erreur. » Ils ne passent pas à la légère par-dessus ces deux propositions ; mais ils s'arrêtent à les développer avec beaucoup de

---

discerni non possint. Quibus positis, unius argumenti conclusione tota ab his causa comprehenditur. Composita [autem] ea conclusio sic est : « Eorum, quæ videntur, alia vera sunt, alia falsa ; et quod falsum est, id percipi non potest : quod autem verum visum est, id omne tale est, ut ejusdem modi falsum etiam possit videri. Et, quæ visa sint ejusmodi, ut in iis nihil intersit, non posse accidere, ut eorum alia percipi possint, alia non possint. Nullum igitur est visum, quod percipi possit. »

Quæ autem sumunt, ut concludant id, quod volunt, ex his duo sibi putant concedi ; neque enim quisquam repugnat. Ea sunt hæc : « Quæ visa falsa sint, ea percipi non posse ; » et alterum, « Inter quæ visa nihil intersit, ex his non posse alia talia esse, ut percipi possint, alia ut non possint. »

Reliqua vero multa et variæ ratione defendunt. Quæ sunt item duo : unum, « Eorum, quæ videantur, alia vera esse, alia falsa ; » alterum, « Omne visum, quod sit a vero, tale esse, quale etiam a falso possit esse. » Hæc duo proposita non prætervolant, sed ita dilatant ut non mediocrem curam adhibeant et dili-

soin et d'exactitude. En effet, ils procèdent par division, et d'abord ils divisent en grandes parties. La première traite des sens ; la seconde, des connaissances que nous devons aux sens et à l'expérience commune, dont ils veulent affaiblir l'autorité. Vient ensuite la troisième partie, où ils établissent que rien ne peut être perçu ni par raisonnement ni par conjecture. Ces divisions générales sont encore morcelées en petites fractions ; car ils font pour tout le reste ce que, dans l'entretien d'hier, vous leur avez vu faire pour les sens ; et dans chacune de ces parties, qu'ils subdivisent en leurs moindres parcelles, ils veulent montrer qu'à côté de nos aperceptions vraies se trouvent des aperceptions fausses absolument semblables aux vraies, et que, par conséquent, nous ne saurions comprendre.

XIV. Pour moi, je trouve cette minutieuse analyse très-digne de la philosophie, mais en même temps très-peu favorable à la cause des philosophes qui la mettent en usage. En effet, des définitions, des partitions et un discours où se réfléchit leur lumière ; des similitudes, des dissimilitudes avec leurs distinctions fines et délicates, conviennent à des hommes qui ont foi dans la vérité, la solidité et la certitude de ce qu'ils défendent, et non à des gens qui vous crient que leurs opinions ne sont pas plus vraies que fausses. Que feraient-ils si, lorsqu'ils ont défini quelque chose, on leur demandait : Votre définition peut-elle s'ap-

---

gentiam. Dividunt enim in partes, et eas quidem magnas : primum in sensus, deinde in ea, quæ dicuntur a sensibus, et ab omni consuetudine, quam obscurari volunt. Tum perveniunt ad eam partem, ut ne ratione quidem et conjectura ulla res percipi possit. Hæc autem universa concidunt etiam minutius. Ut enim de sensibus hesterno sermone vidistis, item faciunt de reliquis; in singulisque rebus, quas in minima dispertiunt, volunt efficere, his omnibus, quæ visa sint, veris adjuncta esse falsa, quæ a veris nihil differant; ea quum talia sint, nihil posse comprehendi.

XIV. Hanc ego subtilitatem, philosophia quidem dignissimam judico, sed ab eorum causa, qui ita disserunt, remotissimam. Definitiones enim, et partitiones, et horum luminibus utens oratio, tum similitudines dissimilitudinesque, et earum tenuis et aucta distinctio, fidentium est hominum, illa vera, et firma, et certa esse, quæ tutentur; non eorum, qui clament, nihilo magis vera illa esse, quam falsa. Quid enim agant, si, quum aliquid definierint, ro-

pliquer à tout autre objet indifféremment? Répondraient-ils : Oui? mais alors comment prouver que la définition est vraie? Diraient-ils : Non? mais ce serait déclarer que la définition du vrai ne peut convenir au faux, et reconnaître que la chose définie est perceptible, aveu qu'ils sont bien loin de nous faire.

On les attaquera de même sur tous les articles. S'ils prétendent voir nettement la question dont ils traitent sans se laisser abuser par aucune apparence semblable, par là même ils reconnaîtront qu'ils peuvent la comprendre. S'ils soutiennent, au contraire, que les aperceptions vraies ne se distinguent pas des fausses, comment iront-ils plus loin? On leur opposera l'objection déjà opposée. On ne peut conclure un argument, à moins que les propositions sur lesquelles s'appuie la conclusion n'aient été admises comme n'ayant rien de commun avec l'erreur. Si donc le raisonnement, qui marche toujours appuyé sur des choses perçues et comprises, venait à démontrer que rien ne peut être compris, qu'y aurait-il au monde de plus contradictoire? Enfin, comme tout discours suivi se propose de mettre en lumière quelque chose de caché, et, pour atteindre à ce but, s'adresse au témoignage des sens et à l'évidence, seront-ils capables de faire un seul discours, ceux qui voient en toutes choses, non des réalités, mais des apparences?

get eos quispiam, num illa definitio possit in aliam rem transferri quamlibet? Si posse dixerint, quid tum dicere habeant, cur illa vera definitio sit? Si negaverint, fatendum sit, quoniam vel illa veri definitio transferri non possit in falsum, quod ea definitione explicetur, id percipi posse : quod minime illi volunt.

Eadem dici poterunt in omnibus partibus. Si enim dicent, ea, de quibus disserant, se dilucide perspicere, nec ulla communione visorum impediri, comprehendere ea se posse fatebuntur. Sin autem negabunt vera visa a falsis posse distingui, qui poterunt longius progredi? Occurretur enim, sicut occursum est. Nam concludi argumentum non potest, nisi his, quæ ad concludendum sumpta erunt, ita probatis, ut falsa ejusdem modi nulla possint esse. Ergo si rebus comprehensis et perceptis nisa et progressa ratio hoc efficiet, nihil posse comprehendi, quid potest reperiri, quod ipsum sibi repugnet magis? quumque ipsa natura accuratæ orationis hoc profiteatur, se aliquid patefacturam, quod non appareat, et, quo id facilius assequatur, adhibituram et sensus, et ea, quæ perspicua sint : qualis est istorum oratio, qui omnia non tam esse, quam videri volunt?

Ce qui les accable surtout, c'est qu'ils adoptent comme concordantes ces deux propositions qui se repoussent si violemment, la première : « Il est des aperceptions fausses; » admettre ce fait, c'est déclarer qu'il en est aussi de vraies; la seconde : « Entre les aperceptions vraies et les fausses il n'y a aucune différence. » Mais vous aviez d'abord admis cette différence : par conséquent, la première proposition ne s'accorde point avec la seconde, ni la seconde avec la première.

Mais allons plus loin, et faisons en sorte qu'on ne nous accuse pas de nous en faire accroire; suivons toutes leurs objections si exactement, que rien ne nous échappe. Sans doute cette évidence, dont nous avons parlé, est assez forte pour nous révéler par elle-même les choses qui sont, et telles qu'elles sont. Mais pourtant, si nous voulons rester plus fermes et plus constants dans l'évidence, il faut redoubler d'attention et de soin, afin de ne pas nous laisser distraire des choses claires en elles-mêmes par des espèces de prestiges et de séductions. Ainsi, lorsqu'Épicure veut prévenir ces erreurs qui paraissent troubler la connaissance du vrai, en recommandant au sage de séparer l'évidence et l'opinion, il ne résout pas la difficulté, puisqu'il laisse l'opinion exposée à l'erreur.

XV. Comme deux obstacles s'opposent à l'évidence, il lui faut

---

Maxime autem convincuntur, quum hæc duo pro congruentibus sumunt, tam vehementer repugnantia : primum, « esse quædam falsa visa ; » quod quum volunt, declarant quædam esse vera ; deinde ibidem, « inter falsa visa et vera nihil interesse. » At primum sumpseras, tanquam interesset. Ita priori posterius, posteriori superius non jungitur.

Sed progrediamur longius, et ita agamus, ut nihil nobis assentati esse videamur ; quæque ab his dicuntur, sic persequamur, ut nihil in præteritis relinquamus. Primum igitur perspicuitas illa, quam diximus, satis magnam habet vim, ut ipsa per sese, ea, quæ sint, nobis ita ut sint, indicet. Sed tamen, ut maneamus in perspicuis firmius et constantius, majore quadam opus est vel arte, vel diligentia, ne ab iis, quæ clara sint ipsa per sese, quasi præstigiis quibusdam et captionibus depellamur. Nam, qui voluit subvenire erroribus Epicurus, iis, qui videntur conturbare veri cognitionem, dixitque sapientis esse, opinionem a perspicuitate sejungere ; nihil profecit : ipsius enim opinionis errorem nullo modo sustulit.

XV. Quamobrem quum duæ causæ perspicuis et evidentibus rebus adversen-

aussi deux moyens de se défendre. Le premier obstacle vient de ce que l'esprit ne se fixe pas sur les choses évidentes avec assez d'attention pour reconnaître de combien de lumière elles sont entourées; le second, de ce que quelques-uns, enlacés et surpris par des interrogations perfides et captieuses auxquelles ils ne peuvent répondre, se détachent de la vérité. Il faut donc avoir sous la main, pour défendre l'évidence, ces réponses dont nous venons de parler; il faut nous armer afin de soutenir le choc des objections, et de rompre tous les pièges. Voilà ce que je me propose de faire à présent.

J'exposerai donc les arguments de nos adversaires dans leur ordre de génération, parce qu'eux-mêmes ont coutume de s'exprimer avec méthode.

En premier lieu, ils s'efforcent de montrer que bien des choses qui ne sont point, nous paraissent être, l'esprit recevant de vaines impressions de ce qui n'est pas, comme de ce qui est; car si vous prétendez, disent-ils, que certaines aperceptions viennent de Dieu : par exemple, celles qui nous apparaissent en songe, ou celles que provoquent les oracles, les auspices, les entrailles (ils font remarquer que les stoïciens, leurs antagonistes, admettent ces croyances); comment Dieu, qui peut rendre probables des aperceptions fausses, ne pourrait-il pas les rendre

tur, auxilia totidem sunt contra comparanda. Adversatur enim primum, quod parum defigunt animos et intendunt in ea, quæ perspicua sunt, ut, quanta luce ea circumfusa sint, possint agnoscere; alterum est, quod fallacibus et captiosis interrogationibus circumscripti atque decepti quidam, quum eas dissolvere non possunt, desciscunt a veritate. Oportet igitur et ea, quæ pro perspicuitate responderi possunt, in promptu habere, de quibus jam diximus, et esse armatos, ut occurrere possimus interrogationibus eorum, captionesque discutere; quod deinceps facere constitui.

Exponam igitur generatim argumenta eorum, quoniam ipsi etiam illi solent non confuse loqui.

Primum conantur ostendere, multa posse videri esse, quæ omnino nulla sint, quum animi inaniter moveantur eodem modo rebus iis, quæ nullæ sint, ut iis, quæ sint. Nam quum dicatis, inquiunt, visa quædam mitti a Deo, velut ea, quæ in somniis videantur, quæque oraculis, auspiciis, extis declarentur (hæc enim aiunt probari a stoicis, quos contra disputant), quærunt, quonam modo, falsa visa quæ sint, ea Deus efficere possit probabilia; quæ autem plane

tout à fait vraisemblables? Et, s'il le peut, pourquoi ne pourrait-il pas faire en sorte qu'on les distinguât très-difficilement de la réalité? Enfin, s'il le peut encore, ne pourrait-il pas les rendre telles, qu'on ne les en distinguât pas du tout?

En second lieu, puisque l'âme s'impressionne elle-même, comme l'attestent les images que forme la pensée, et celles qui se présentent dans la folie ou dans le sommeil, n'est-il pas vraisemblable, disent-ils, que l'âme alors est tellement impressionnée, qu'elle ne peut distinguer les aperceptions vraies des fausses, ou plutôt qu'elle ne remarque aucune différence entre les unes et les autres? Si, par exemple, un homme vient à trembler et à pâlir, soit de lui-même, par un mouvement spontané de l'âme, soit à l'aspect d'un objet extérieur qui l'effraie, il n'y aura aucun moyen de distinguer la cause de ce tremblement et de cette pâleur; aucune différence n'indiquera s'ils viennent de l'intérieur ou du dehors.

Enfin, ajoutent-ils, si nulle aperception fausse n'est probable, notre raisonnement ne vaut rien. Mais si quelques-unes le sont, pourquoi n'en sera-t-il pas de même de celles qu'on distingue difficilement des fausses? Pourquoi pas de même de celles qui n'en diffèrent point du tout? d'autant plus que le sage, vous le dites vous-mêmes, se garde de tout assentiment dans une passion violente, parce qu'il ne voit rien de distinct dans ses aperceptions.

proxime ad verum accedant, efficere non possit? aut, si ea quoque possit, cur illa non possit, quæ perdifficiliter, internoscantur tamen? et, si hæc, cur non, inter quæ nihil sit omnino?

Deinde, quum mens moveatur ipsa per sese, ut et ea declarant, quæ cogitatione depingimus, et ea, quæ vel furiosis, vel dormientibus videntur, nonne, inquiunt, verisimile sit, sic etiam mentem moveri, ut non modo non internoscat visa, vera illa sint, anne falsa, sed ut in his nihil intersit omnino? ut, si qui tremerent et exalbescerent vel ipsi per se, motu mentis aliquo, vel objecta terribili re extrinsecus, nihil esset, qui distingueretur tremor ille et pallor, neque quidquam interesset inter intestinum et oblatum.

Postremo si nulla visa sunt probabilia, quæ falsa sint, alia ratio est; sin autem sunt, cur non etiam, quæ non facile internoscantur? cur non, ut plane nihil intersit? præsertim quum ipsi dicatis, sapientem in furore sustinere se ab omni assensu, quia nulla in visis distinctio appareat.

XVI. Au sujet de cette vanité fantastique qu'ils prêtent à toutes nos idées, Antiochus parlait longuement, et, sur cet unique objet, la discussion durait un jour entier. Je ne crois pas en devoir faire autant; mais il faut indiquer les principaux chefs.

D'abord nous blâmons l'emploi de ces interrogations captieuses, de cette forme de raisonnement peu estimée en philosophie, et dans laquelle peu à peu, pas à pas, on ajoute ou on retranche. On appelle *sorites* ces arguments semblables à un monceau qui se forme grain à grain, genre mauvais et perfide. Telle est en effet votre marche ascendante : « Si Dieu, pendant le sommeil, nous présente une aperception probable, pourquoi n'en offrirait-il pas une très-vraisemblable? Pourquoi pas une qu'il fût difficile de distinguer du vrai? une ensuite que l'on n'en distinguât pas? une enfin qui n'en différât point du tout? » Si je vous laisse parvenir jusque-là, en vous cédant chaque point, ce sera ma faute; si vous y arrivez de vous-mêmes, ce sera la vôtre. En effet, qui vous accordera ou que Dieu peut tout, ou que, s'il le peut, il fera ce qui est en question? Comment prenez-vous pour démontré que, dès qu'une chose est semblable à une autre, il s'ensuit qu'il est difficile de l'en distinguer; puis, qu'elle ne peut l'être; enfin, qu'elle est la même? comme si vous alliez jusqu'à dire qu'un loup est un chien, parce

---

XVI. Ad has omnes visiones inanes Antiochus quidem et permulta dicebat, et erat de hac una re unius diei disputatio. Mihi autem non idem faciundum puto; sed ipsa capita dicenda.

Et primum quidem hoc reprehendendum, quod captiosissimo genere interrogationis utuntur; quod genus minime in philosophia probari solet, quum aliquid minutatim et gradatim additur aut demitur. Soritas hos vocant, qui acervum efficiunt uno addito grano; vitiosum sane, et captiosum genus. Sic enim adscenditis : « Si tale visum objectum est a deo dormienti, ut probabile sit, cur non etiam ut valde verisimile? cur deinde non, ut difficiliter a vero internoscatur? deinde, ut ne internoscatur quidem? postremo ut nihil inter hoc et illud intersit? » Huc si perveneris, me tibi primum quidque concedente, meum vitium fuerit. Sin ipse tua sponte processeris, tuum. Quis enim tibi dederit, aut omnia deum posse, aut ita facturum esse, si possit? Quomodo autem sumis, ut, si quid cui simile esse possit, sequatur, ut etiam internosci difficiliter possit? deinde, ut ne internosci quidem? postremo, ut eadem

qu'il lui ressemble. Et sans doute, à l'honnête ressemble parfois ce qui n'est pas honnête; au bien, ce qui n'est pas bien; à l'art, ce qui manque d'art. Pourquoi donc hésitons-nous à déclarer qu'entre ces choses il n'y a pas de différence, lors même que nous ne voyons pas qu'elles répugnent entre elles? C'est qu'il n'est rien qui puisse être transporté de son genre dans un autre : or, s'il était prouvé qu'entre des aperceptions de divers genres il n'y a nulle différence, il s'en trouverait qui seraient et dans leur genre et dans un autre; la chose est-elle possible?

En second lieu, nous avons un moyen qui, seul, suffit pour nous débarrasser de toutes ces visions fantastiques produites, tantôt par la pensée elle-même (ce qui, je l'avoue, arrive d'ordinaire), tantôt par le sommeil, l'ivresse, ou la folie : c'est de dire que l'évidence, à laquelle il faut s'attacher indissolublement, manque à toutes les aperceptions de cette espèce. Quel est l'homme en effet qui, au milieu des créations et des images formées par sa pensée, ne sent pas, dès qu'il éveille son attention et rentre en lui-même, la différence qui existe entre l'évidence et l'illusion? Il en est de même pour les songes. Pensez-vous qu'Ennius, après s'être promené dans un jardin avec son voisin Serg. Galba, aurait dit : Il m'a semblé que je me promenais avec Galba? Mais, lorsqu'il a fait un songe, il s'exprime ainsi :

« Il me sembla que le poète Homère était présent. »

sint? ut, si lupi canibus similes, eosdem dices ad extremum. Et quidem honestis similia sunt quædam non honesta, et bonis non bona, et artificiosis minime artificiosa. Quid dubitamus igitur affirmare nihil inter hæc interesse? Ne repugnantia quidem videmus. Nihil est enim, quod de suo genere in aliud genus transferri possit. At si efficeretur, ut inter visa differentium generum nihil interesset, reperirentur, quæ et in suo genere essent, et in alieno, quod fieri qui potest?

Omnium deinde inanium visorum una depulsio est, sive illa cogitatione informantur, quod fieri solere concedimus; sive in quiete, sive per vinum, sive per insaniam. Nam ab omnibus ejusdem modi visis perspicuitatem, quam mordicus tenere debemus, abesse dicemus. Quis enim, quum sibi fingit aliquid et cogitatione depingit, non simul ac se ipse commovit, atque ad se revocavit, sentit quid intersit inter perspicua, et inania? Eadem ratio est somniorum. Num censes Ennium, quum in hortis cum Serg. Galba, vicino suo, ambulavisset, dixisse : Visus sum mihi cum Galba ambulare? At, quum somniavit, ita narravit:

« Visus Homerus adesse poeta. »

De même dans Épicharme :

« Car il me semblait rêver que moi-même j'étais mort. »

Aussi, dès que nous sommes éveillés, nous méprisons ces aperceptions, et n'en tenons pas le même compte que des actes que nous faisons au forum.

XVII. Du moins, dites-vous, tant qu'elles nous apparaissent, elles ont, durant le sommeil, les mêmes caractères que nous saisissons durant la veille. La différence est grande. Mais laissons cela de côté. Seulement nous soutenons que la force et l'intégrité de l'esprit et des sens ne sont pas les mêmes dans le sommeil et dans la veille. Ceux qui sont ivres n'agissent pas non plus avec la même assurance que ceux qui sont à jeun : ils doutent, hésitent, se reprennent quelquefois, n'adhèrent que faiblement aux visions de leur esprit ; et quand le sommeil a dissipé l'ivresse, ils reconnaissent toute la vanité de ces aperceptions. Il arrive également aux fous de sentir et de dire, au commencement de leur accès, qu'il leur semble voir ce qui n'est point. Ils le sentent encore lorsque le transport se calme, et ils disent, comme Alcméon :

« Mais jamais mon esprit ne s'accorde avec ce qui frappe mes yeux. »

Idemque in Epicharmo ;

« Nam videbar somniare me et ego esse mortuum. »

Itaque, simul ut experrecti sumus, visa illa contemnimus; neque ita habemus, ut ea, quæ in foro gessimus.

XVII. At enim dum videntur, eadem est in somnis species eorum, quæ vigilantes videmus. Plurimum interest ; sed id omittamus : illud enim dicimus, non eamdem esse vim, neque integritatem dormientium, et vigilantium, nec mente, nec sensu. Ne vinolenti quidem quæ faciunt, eadem approbatione faciunt, qua sobrii : dubitant, hæsitant, revocant se interdum, iisque, quæ videntur, imbecillius assentiuntur ; quumque edormiverunt, illa visa quam levia fuerint, intelligunt. Quod idem contingit insanis : ut et incipientes furere sentiant et dicant, aliquid, quod non sit, id videri sibi ; et, quum relaxentur, sentiant, atque illa dicant Alcmæonis :

« Sed mihi neutiquam cor consentit cum oculorum adspectu. »

Je sais que, dans la fureur, le sage lui-même s'abstient, de peur d'admettre le faux pour le vrai. Souvent il s'abstient aussi dans d'autres occasions ; s'il éprouve quelque pesanteur, quelque embarras dans ses organes, ou si les objets qu'il aperçoit sont trop obscurs, ou bien encore s'il n'a pas le temps de les voir à fond. Au reste, tout ce que vous dites de cette réserve du sage en certaines circonstances est contre vous : car s'il n'y avait aucune différence entre nos aperceptions, il retiendrait toujours son assentiment, ou ne le retiendrait jamais.

Mais le caractère de toute cette discussion met à découvert la légèreté de ces philosophes qui veulent tout confondre. Nous cherchons un jugement marqué au coin de la gravité, de la constance, de la fermeté, de la sagesse, et nous tirons nos exemples des songes, de la folie, de l'ivresse ! J'insiste sur ce point : nous sommes bien inconséquents dans toute cette discussion : autrement, pousserions-nous l'absurdité jusqu'à citer des hommes plongés dans l'ivresse ou dans le sommeil, des hommes privés de la raison, pour prouver tantôt que les aperceptions des personnes éveillées, sobres et raisonnables, diffèrent de celles que l'on reçoit dans un autre état, tantôt qu'elles n'en diffèrent point ?

Nos adversaires ne s'aperçoivent pas qu'ils rendent tout incertain, sans le vouloir assurément. J'appelle incertain ce que les

---

At enim ipse sapiens sustinet se in furore, ne approbet falsa pro veris. Et alia quidem sæpe, si aut in sensibus ipsius est aliqua forte gravitas, aut tarditas, aut obscuriora sunt, quæ videntur, aut a perspiciendo temporis brevitate excluditur. Quanquam totum hoc, sapientem aliquando sustinere assensionem, contra vos est. Si enim inter visa nihil interesset, aut semper sustineret, aut nunquam.

Sed ex hoc genere toto perspici potest levitas orationis eorum, qui omnia cupiunt confundere. Quærimus gravitatis, constantiæ, firmitatis, sapientiæ judicium : utimur exemplis somniantium, furiosorum, ebriosorum. Illud attendimus, in hoc omni genere quam inconstanter loquamur. Non enim proferremus vino, aut somno oppressos, aut mente captos, tam absurde, ut tum diceremus interesse inter vigilantium visa, et sobriorum, et sanorum, et eorum qui essent aliter affecti tum nihil interesse.

Ne hoc quidem cernunt, omnia se reddere incerta, quod nolunt. Ea dico in-

Grecs nomment ἄδηλον. Si telle est notre nature, qu'il n'y ait aucune différence entre les aperceptions d'un insensé et celles d'un homme de bon sens, qui pourra être sûr d'avoir un esprit sain? Pour vouloir nous condamner à ce doute, il ne faut pas être médiocrement fou. C'est une puérilité d'alléguer les ressemblances entre des jumeaux, entre les empreintes d'un cachet. Qui de nous conteste ces ressemblances qui s'offrent en foule? Mais si, pour nous dérober toute connaissance, il suffit que beaucoup de choses soient semblables entre elles, pourquoi ne pas borner là vos prétentions, surtout quand nous vous accordons cette ressemblance? Pourquoi soutenir, en dépit de la nature, que chaque être n'est pas tel qu'il est en son genre, et qu'entre deux objets, ou un plus grand nombre, il existe une conformité sans différence? Ainsi les œufs seraient tout à fait semblables aux œufs, les abeilles aux abeilles. Pourquoi donc tant vous débattre? Que voulez-vous avec vos jumeaux? On vous accorde qu'ils sont semblables; vous auriez pu vous en contenter. Mais il ne vous suffit pas qu'ils se ressemblent; vous voulez qu'ils soient les mêmes, ce qui est absolument impossible.

Ensuite vous avez recours à ces physiciens, dont on se joue souvent dans l'Académie et que vous ne vous abstiendrez pas de citer encore. Démocrite avance, dites-vous, qu'il y a des

---

certa, quæ ἄδηλα Græci. Si enim res se ita habeant, ut nihil intersit, utrum ita cui videatur, ut insano, an sano, cui possit exploratum esse de sua sanitate? quod velle efficere, non mediocris insaniæ est. Similitudines vero aut geminorum, aut signorum annulis impressorum, pueriliter consectantur. Quis enim nostrum similitudines negat esse, quum eæ plurimis in rebus appareant? Sed, si satis est ad tollendam cognitionem, similia esse multa multorum, cur eo non estis contenti, præsertim concedentibus nobis? et cur id potius contenditis, quod rerum natura non patitur, ut non suo quidque genere sit tale, quale est? et sit in duobus, aut pluribus, nulla re differens ulla communitas, ut sibi sint et ova ovorum, et apes apum simillimæ. Quid pugnas igitur? aut quid tibi vis in geminis? Conceditur enim similes esse; quo contentus esse potueras. Tu autem vis eosdem plane esse, non similes; quod fieri nullo modo potest.

Dein confugis ad physicos eos, qui maxime in Academia irridentur; a quibus ne tu quidem jam te abstinebis: et ais Democritum dicere, innumerabiles

mondes sans nombre, et qu'il en est non-seulement qui se ressemblent, mais qui de tout point sont si parfaitement, si absolument pareils, qu'ils ne diffèrent en rien. Il en trouve une multitude dans ce cas, et de même pour les hommes. Puis, vous demandez que, si un monde ressemble à un autre monde, au point qu'il n'y ait entre eux nulle différence, on vous accorde qu'il se rencontre aussi, dans ce monde que nous habitons, deux choses tellement semblables, qu'il n'y ait entre elles nulle différence, nulle distinction possibles ; car, ajoutez-vous, puisque de ces atomes, dont tout a été composé, selon Démocrite, il a pu se former, ou plutôt il s'est formé, dans les autres mondes qui sont innombrables, d'innombrables Q. Lutatius Catulus ; pourquoi, dans notre monde, qui est si grand, n'existerait-il pas un second Catulus ?

XVIII. D'abord, vous me citez devant Démocrite, dont je ne reconnais pas l'autorité, et que même je réfuterais plutôt; en vertu de ce principe, démontré par des physiciens plus instruits, que chaque être a ses propriétés. Supposez que les anciens Servilius, ces deux jumeaux, aient été aussi semblables qu'on le prétend ; pensez-vous pour cela qu'ils fussent les mêmes ? Hors de chez eux on ne les distinguait pas ; mais chez eux on les distinguait. Les étrangers les confondaient ; mais leurs parents ne les confondaient point. Ne voyons-nous pas, par notre expé-

esse mundos, et quidem sic quosdam inter se non solum similes, sed undique perfecte et absolute ita pares, ut inter eos nihil prorsus intersit, et eos quidem innumerabiles; itemque homines. Deinde postulas, ut, si mundus ita sit par alteri mundo, ut inter eos ne minimum quidem intersit, concedatur tibi, ut in hoc quoque nostro mundo aliquid alicui par sit, ut nihil differat, nihil intersit. Cur enim, inquies, quum ex illis individuis, unde omnia Democritus gigni affirmat, in reliquis mundis, et in his quidem innumerabilibus innumerabiles Q. Lutatii Catuli non modo possint esse, sed etiam sint, in hoc tanto mundo Catulus alter non possit effici ?

XVIII. Primum quidem me ad Democritum vocas, cui non assentior ; potiusque refellam, propter id, quod dilucide docetur a politioribus physicis, singularum rerum singulas proprietates esse. Fac enim antiquos illos Servilios, qui gemini fuerunt, tam similes, quam dicuntur : num censes etiam eosdem fuisse? Non cognoscebantur foris ; at domi. Non ab alienis ; at a suis.

rience, que des personnes, que nous aurions cru ne pouvoir distinguer jamais, nous deviennent, grâce à l'habitude, si faciles à reconnaître, que nous ne trouvons plus entre elles la moindre ressemblance?

Ici vous pouvez batailler à votre aise; je ne riposterai pas; je ferai plus, je vous accorderai que ce même sage, que nous devons toujours prendre pour exemple, suspendra son jugement, s'il rencontre des choses semblables dont il n'aura pas remarqué le caractère spécial, et n'adhérera à une proposition qu'avec la certitude qu'elle ne peut être fausse. Il a, pour les autres choses, une règle au moyen de laquelle il distingue le vrai du faux; mais, en présence des similitudes dont je parle, on doit recourir à l'expérience. Une mère accoutumée à voir deux jumeaux, les distingue; voyez-les habituellement, vous les distinguerez de même. Vous nous citez la ressemblance des œufs, qui a passé en proverbe; cependant nous avons appris qu'il y avait à Délos, lorsque cette île florissait par le commerce, beaucoup de personnes qui nourrissaient des poules pour les vendre, et qui, à l'inspection d'un œuf, désignaient la poule qui l'avait pondu. Cet exemple n'est donc point contre nous, puisqu'il nous suffit de distinguer les œufs. Dès lors on ne peut pas plus identifier l'un avec l'autre, que s'il n'y avait entre eux nulle ressemblance; car j'ai pour règle de juger vraies les aperceptions qui ne

An non videmus, hoc usu venire, ut quos nunquam putassemus a nobis internosci posse, eos, consuetudine adhibita, tam facile internosceremus, uti ne minimum quidem similes viderentur?

Hic, pugnes licet, non repugnabo : quin etiam concedam, illum ipsum sapientem, de quo omnis hic sermo est, quum ei res similes occurrant, quas non habeat denotatas, retenturum assensum; nec unquam ulli viso assensurum, nisi quod tale fuerit, quale falsum esse non possit. Sed et ad cæteras res habet quamdam artem, qua vera a falsis possit distinguere; et ad similitudines istas usus adhibendus est. Ut mater geminos internoscit consuetudine oculorum : sic tu internosces, si assueveris. Videsne, ut in proverbio sit ovorum inter se similitudo? tamen hoc accepimus, Deli fuisse complures (salvis rebus illis), qui gallinas alere permultas quæstus causa solerent : hi quum ovum inspexerant, quæ id gallina peperisset, dicere solebant. Neque id est contra nos; nam nobis satis est, ova illa internoscere. Nihil enim magis assentiri potest, hoc illud esse, quam si inter illa omnino nihil non interesset. Habeo enim regulam, ut talia visa vera judicem, qualia falsa esse non possint.

sauraient être fausses. Il ne m'est pas permis de m'éloigner de cette règle d'un travers de doigt, comme on dit, si je ne veux tout confondre. En effet, ce n'est pas seulement la connaissance, c'est la nature même du vrai et du faux qui s'évanouit, s'il n'y a entre l'un et l'autre aucune différence. Il est encore absurde d'avancer, comme vous en avez l'habitude, que vous ne prétendez pas qu'au moment où les aperceptions s'impriment dans l'âme, il n'y ait aucune différence entre les impressions; mais seulement qu'il n'y en a point entre les formes ou idées qui en résultent : comme si l'idée ne faisait pas juger l'aperception, qui perd toute confiance dès qu'on supprime la marque distinctive du vrai et du faux.

Mais le comble de l'absurdité, c'est de dire que vous suivez la probabilité, si rien ne vous en empêche. D'abord, comment n'en seriez-vous pas empêché, puisque le vrai n'est point distinct du faux? Ensuite comment concevoir un jugement du vrai qui, en même temps, s'appliquerait au faux? De là naquit nécessairement cette ἐποχή, ou suspension d'assentiment, dans laquelle Arcésilas se montra plus d'accord avec lui-même que Carnéade, s'il faut admettre ce que quelques-uns pensent de ce dernier; car, si rien n'est perceptible, comme l'un et l'autre l'ont cru, tout assentiment nous est interdit. Quoi de plus inconséquent que d'approuver ce qu'on ne connaît point? Or, on nous disait

---

Ab hac mihi non licet transversum, ut aiunt, digitum discedere, ne confundam omnia. Veri enim et falsi non modo cognitio, sed et natura tolletur, si nihil erit, quod intersit : ut etiam illud absurdum sit, quod interdum soletis dicere, quum visa in animis imprimantur, non vos id dicere, inter ipsas impressiones nihil interesse, sed inter species et quasdam formas eorum. Quasi vero non specie visa judicentur, quæ fidem nullam habebunt, sublata veri et falsi nota.

Illud vero perabsurdum, quod dicitis, probabilia vos sequi, si re nulla impediamini. Primum qui potestis non impediri, quum a veris falsa non distent? deinde quod judicium est veri, quum sit commune falsi? Ex his illa necessario nata est ἐποχή, id est assensionis retentio; in qua melius sibi constitit Arcesilas, si vera sunt, quæ de Carneade nonnulli existimant. Si enim percipi nihil potest, quod utrique visum est, tollendus assensus est. Quid enim est tam futile, quam quidquam approbare non cognitum? Carneadem autem

5.

hier que Carnéade avait coutume de se laisser aller jusqu'à prétendre que le sage peut s'en tenir à l'opinion, c'est-à-dire à l'erreur. Pour moi, si je suis sûr qu'il est des choses qu'on peut comprendre, ce que nous avons trop longtemps discuté, je suis plus sûr encore que le sage ne s'en rapporte jamais à l'opinion, c'est-à-dire qu'il n'adhère point à une chose fausse ou incertaine.

Reste cet autre paradoxe des académiciens, que pour trouver le vrai, il faut, sur toute question, soutenir le pour et le contre. Je voudrais bien voir ce qu'ils ont trouvé. Nous n'avons pas coutume de le montrer, répond Arcésilas. Que signifient ces mystères ? pourquoi cacher votre sentiment comme une chose honteuse ? Afin que nos disciples, dit-il, suivent la raison plutôt que l'autorité. Quoi ! s'ils suivaient l'une et l'autre, serait-ce moins bien ? Toutefois, un dogme qu'ils ne cachent point, c'est que rien ne peut être perçu. Est-ce que sur ce point l'autorité n'est pas à craindre ? Elle me paraît l'être beaucoup ; car, qui eût adopté des maximes d'une fausseté si manifeste, si évidente, sans cette richesse de pensées, cette puissance de paroles, entraînantes dans Arcésilas, beaucoup plus encore dans Carnéade ?

XIX. C'est à peu près ainsi qu'Antiochus exposa ses doctrines, d'abord à Alexandrie, et quelques années après, d'une manière bien plus positive encore, lorsqu'il était en Syrie avec moi, dans

---

etiam heri audiebamus solitum esse delabi interdum, ut diceret, opinaturum, id est peccaturum esse sapientem. Mihi porro non tam certum est esse aliquid, quod comprehendi possit, de quo jam nimium etiam diu disputo, quam sapientem nihil opinari, id est nunquam assentiri rei vel falsæ, vel incognitæ.

Restat illud, quod dicunt, veri inveniendi causa contra omnia dici oportere, et pro omnibus. Volo igitur videre quid invenerint. Non solemus, inquit, ostendere. Quæ sunt tandem ista mysteria ? aut cur celatis, quasi turpe aliquid, sententiam vestram ? Ut, qui audient, inquit, ratione potius, quam auctoritate ducantur. Quid si utroque ? num pejus est ? Unum tamen illud non celant, nihil esse, quod percipi possit. An in eo auctoritas nihil obest ? Mihi quidem videtur vel plurimum. Quis enim ista tam aperte perspicueque et perversa, et falsa secutus esset, nisi tanta in Arcesila, multo etiam major in Carneade et copia rerum, et dicendi vis fuisset ?

XIX. Hæc Antiochus fere et Alexandriæ tum, et multis annis post, multo etiam asseverantius, in Syria quum esset mecum, paulo ante quam est mor-

les derniers temps de sa vie. Mais à présent que ma cause est solidement établie, comme je vous aime beaucoup (il s'adressait à moi), et que je suis plus âgé que vous, je ne craindrai pas de vous donner un avis. Comment! vous, qui avez porté si haut la philosophie par vos éloges, et qui même avez ébranlé Hortensius malgré son dissentiment, vous suivriez une école qui confond le vrai avec le faux, nous enlève le droit de juger, d'approuver, et nous prive de tous nos sens! Les Cimmériens eux-mêmes, à qui la vue du soleil avait été ravie, soit par un dieu, soit par la nature, soit par la situation de leur pays, avaient au moins des feux dont la lumière les éclairait. Mais ces philosophes, que vous approuvez, ne nous laissent pas même une étincelle pour entrevoir quelque chose à travers les ténèbres qui nous enveloppent. Si nous les suivons, nous serons bientôt enchaînés de manière à ne pouvoir plus remuer; car, dès qu'on supprime l'assentiment, on supprime tout mouvement de la pensée, toute action extérieure; ce qui, loin d'être raisonnable, n'est pas même possible. Prenez-y garde; il vous est encore moins qu'à un autre permis de soutenir une telle doctrine. Eh quoi! après avoir découvert et mis au jour les complots les plus secrets, après avoir déclaré avec serment que vous en étiez sûr (ce qu'il m'eût été aussi permis d'attester, à moi qui ne les connaissais que d'après vous), nierez-vous qu'il y ait quelque chose

---

tuus. Sed jam confirmata causa, te, hominem amicissimum (me autem appellabat), et aliquot annis minorem natu, non dubitabo monere. Tune, quum tantis laudibus philosophiam extuleris, Hortensiumque nostrum dissentientem commoveris, eam philosophiam sequere, quæ confundit vera cum falsis, spoliat nos judicio, privat approbatione, omnibus orbat sensibus? Et Cimmeriis quidem, quibus adspectum solis sive deus aliquis, sive natura ademerat, sive ejus loci, quem incolebant, situs, ignes tamen aderant, quorum illis uti lumine licebat; isti autem, quos tu probas, tantis offusis tenebris, ne scintillam quidem ullam nobis ad adspiciendum reliquerunt. Quos si sequantur, iis vinculis simus adstricti, ut nos commovere nequeamus. Sublata enim assensione, omnem et motum animorum, et actionem rerum sustulerunt : quod non modo recte fieri, sed omnino fieri non potest. Provide etiam, ne uni tibi istam sententiam minime liceat defendere. An tu, quum res occultissimas aperueris, in lucemque protuleris, juratusque dixeris, ea te comperisse; quod mihi quoque licebat, qui ex te illa cognoveram, negabis esse rem ullam, quæ cognosci,

qu'on puisse connaître, comprendre, percevoir ? Craignez, je vous en conjure, craignez de diminuer vous-même la valeur morale de vos plus belles actions.

Après avoir ainsi parlé, il s'arrêta. Hortensius, qui, pendant le discours de Lucullus, n'avait cessé de témoigner son admiration, au point de lever souvent les mains au ciel (ce qui ne doit pas surprendre, car jamais, selon moi, on n'a plus habilement attaqué l'Académie); Hortensius, dis-je, redoublant alors d'enthousiasme, se mit à m'exhorter aussi, soit par plaisanterie, soit sérieusement (car je ne pus le discerner), à changer enfin d'opinion. Alors Catulus me dit : Si ce discours, où Lucullus a déployé tant de mémoire, de méthode et d'éloquence, a pu vous convaincre, je me tais, et si vous jugez à propos de changer d'avis, je ne crois pas devoir vous en détourner. Mais je ne voudrais point que ce fût l'autorité de notre adversaire qui vous entraînât. Tout à l'heure, ajouta-t-il en riant, il vous a presque averti de prendre garde qu'un de ces méchants tribuns du peuple, dont, vous le savez, nous aurons toujours grande abondance, ne vous saisît et ne vous demandât, en pleine assemblée, comment vous vous mettez d'accord avec vous-mêmes, vous qui, tout en soutenant qu'on ne peut rien trouver de certain, affirmez avoir acquis la certitude de la conjuration. Croyez-moi, ne cédez point à cette crainte. Sur le fond même de la question, je préférerais que vous ne fussiez pas de l'avis de Lucullus. Si pourtant vous

---

comprehendi, percipi possit? Vide, quæso, etiam atque etiam, ne illarum quoque rerum pulcherrimarum a te ipso minuatur auctoritas.

Quæ quum dixisset ille, finem fecit. Hortensius autem vehementer admirans (quod quidem perpetuo, Lucullo loquente, fecerat, ut etiam manus sæpe tolleret, nec mirum; nam nunquam arbitror contra Academiam dictum esse subtilius), me quoque, jocansne, an ita sentiens (non enim satis intelligebam), cœpit hortari, ut sententia desisterem. Tum mihi Catulus, Si te, inquit, Lucuili oratio flexit, quæ est habita memoriter, accurate, copiose, taceo, neque te, quo minus, si tibi ita videatur, sententiam mutes, deterrendum puto. Illud vero non censuerim, ut ejus auctoritate moveare. Tantum enim non te monuit, inquit arridens, ut caveres, ne quis improbus tribunus plebis, quorum vides quanta copia semper futura sit, arriperet te, et in concione quæreret, qui tibi constares, quum idem negares quidquam certi posse reperiri, idem te comperisse dixisses. Hoc, quæso, cave ne te terreat. De causa autem

lui cédez, je n'en serai pas extrêmement surpris ; car je me souviens qu'Antiochus, après avoir pensé comme nous pendant bien des années, changea de sentiment dès qu'il le jugea à propos. Catulus se tut, et tous les regards se portèrent sur moi.

XX. Alors, non moins ému que j'ai coutume de l'être dans les plus grandes causes, je commençai à peu près en ces termes : Moi, Catulus, j'admire ce que Lucullus a dit sur le fond du sujet. Son discours atteste un esprit éclairé, fécond, jamais en défaut, et n'omettant rien de ce qu'on peut dire pour sa cause. Je ne vais pas cependant jusqu'à désespérer de pouvoir lui répondre. Il est vrai qu'une autorité si respectable allait m'entraîner, si vous n'y aviez opposé la vôtre, qui ne l'est pas moins. J'aborderai donc la discussion après quelques mots consacrés, pour ainsi dire, à la défense de ma réputation.

Je le déclare, si c'est la vanité ou l'esprit de chicane qui m'a conduit à préférer la philosophie que je soutiens, il faut condamner, non-seulement ma folie, mais encore le vice de mon cœur et de mon caractère ; car, si dans les moindres choses on blâme l'obstination, on réprime la mauvaise foi, voudrais-je, uniquement par opiniâtreté, disputer sur la condition et la conduite de la vie ? voudrais-je tromper et les autres et moi-même ? C'est

---

ipsa malim quidem te ab hoc dissentire. Sin cesseris, non magnopere mirabor. Memini enim Antiochum ipsum, quum annos multos talia sensisset, simul ac visum sit, sententia destitisse. Hæc quum dixisset Catulus, me omnes intueri.

XX. Tum ego non minus commotus, quam soleo in causis majoribus, hujusmodi quadam oratione sum exorsus : Me, Catule, oratio Luculli de ipsa re ita movit, ut docti hominis, et copiosi, et parati, et nihil prætereuntis eorum, quæ pro illa causa dici possent, non tamen ut ei respondere posse diffiderem. Auctoritas autem tanta plane me movebat, nisi tu opposuisses non minorem tuam. Aggrediar igitur, si pauca ante quasi de fama mea dixero.

Ego enim si aut ostentatione aliqua adductus, aut studio certandi, ad hanc potissimum philosophiam me applicavi, non modo stultitiam meam, sed etiam mores, et naturam condemnandam puto. Nam, si in minimis rebus pertinacia reprehenditur, calumnia etiam coercetur, ego de omni statu, consilioque totius vitæ aut certare cum aliis pugnaciter, aut frustrari quum alios,

pourquoi, si je ne jugeais inconvenant, dans une telle discussion, d'imiter ce qui se fait quelquefois, lorsqu'on délibère sur la république, je jurerais par Jupiter, par les dieux pénates, que je brûle du désir de trouver la vérité, et que mes pensées sont d'accord avec mes paroles. Comment ne désirerais-je pas de découvrir le vrai, moi qui me réjouis quand je rencontre le vraisemblable? Mais, comme je ne conçois rien de plus beau que d'apercevoir la vérité, je ne vois rien de plus honteux que de prendre le faux pour le vrai. Cependant je ne me donne pas pour un homme qui n'approuve jamais rien de faux, qui s'interdit tout assentiment, toute opinion ; mais nous ne parlons que du sage. Pour moi, je suis un grand *opinateur*, car je ne suis pas un sage, et je dirige mes pensées, non vers cette petite Cynosure,

« Guide nocturne, en qui les navigateurs phéniciens mettent leur confiance, »

comme dit Aratus, et qui les conduit d'autant plus sûrement, que

« Sa révolution se resserre dans un cercle plus étroit, »

mais vers l'Hélicé et ses sept brillantes étoiles ; en d'autres termes, vers un système plus large, et que la lime n'a pas rendu presque insaisissable. De là vient que j'erre, que je

---

tum etiam me ipsum velim? Itaque, nisi ineptum putarem, in tali disputatione id facere, quod, quum de republica disceptatur, fieri interdum solet, jurarem per Jovem deosque penates, me et ardere studio veri reperiendi, et ea sentire quæ dicerem. Qui enim possum non cupere verum invenire, quum gaudeam, si simile veri quid invenerim? Sed, ut hoc pulcherrimum esse judicem, vera videre, sic, pro veris probare falsa, turpissimum est. Nec tamen ego is sum, qui nihil unquam falsi approbem, qui nunquam assentiar, qui nihil opiner ; sed quærimus de sapiente. Ego vero ipse et magnus quidem sum opinator (non enim sum sapiens), et meas cogitationes sic dirigo, non ad illam parvulam Cynosuram,
« Qua fidunt duce nocturna Phœnices in alto, »
ut ait Aratus, eoque directius gubernant, quod eam tenent,
« Quæ cursu interiore, brevi convertitur orbe : »
sed ad Helicen, et clarissimos septentriones, id est rationes has, latiore specie, non ad tenue elimatas : eo fit, ut errem, et vager latius. Sed non de me,

m'égare au loin. Mais, je le répète, ce n'est pas de moi, c'est du sage qu'il est question. Lorsque les aperceptions ont vivement frappé mon esprit ou mes sens, je les reçois, et quelquefois même j'y adhère ; néanmoins je ne les perçois pas, car je pense que rien ne peut être perçu. Comme je ne suis point un sage, je cède aux aperceptions et ne puis y résister. La plus haute vertu du sage, si l'on en croit Arcésilas d'accord avec Zénon, consiste à se garder de toute surprise, de toute erreur. En effet, la gravité du sage, telle que nous la concevons, est ce qu'il y a de plus opposé à l'erreur, à la légèreté, à l'étourderie. Pourquoi donc insisterais-je sur la fermeté d'esprit du sage, puisque vous-même, Lucullus, vous nous accordez qu'il n'opine jamais ? Comme vous admettez ce point, j'intervertirai l'ordre de la discussion, me réservant d'y revenir plus tard. Considérez d'abord quelle est la force de l'argument qui suit :

XXI. *Si le sage donne parfois son assentiment à quelque chose, parfois aussi il opinera; or, vous dites qu'il n'opinera jamais ; donc il ne donnera jamais son assentiment.* Arcésilas admettait cette conclusion, car il s'appliquait à prouver la majeure et la mineure. Souvent Carnéade prenait pour mineure que *le sage donne quelquefois son assentiment*, et il en résultait que *le sage peut s'en tenir à l'opinion*; ce que vous ne voulez pas, et avec raison, selon moi. Mais cette majeure, *si le sage donne son assen-*

---

ut dixi, sed de sapiente quæritur. Visa enim ista quum acriter mentem sensumve pepulerunt, accipio, hisque interdum etiam assentior, nec percipio tamen : nihil enim arbitror posse percipi. Non sum sapiens ; itaque visis cedo, neque possum resistere. Sapientis autem hanc censet Arcesilas vim esse maximam, Zenoni assentiens, cavere, ne capiatur; ne fallatur, videre. Nihil est enim ab ea cogitatione, quam habemus de gravitate sapientis, errore, levitate, temeritate disjunctius. Quid igitur loquor de firmitate sapientis ? quem quidem nihil opinari tu quoque, Luculle, concedis. Quod quoniam a te probatur (ut præpostere tecum agam, mox referam me ad ordinem), hæc primum conclusio quam habeat vim, considera.

XXI. Si ulli rei sapiens assentietur unquam, aliquando etiam opinabitur ; nunquam autem opinabitur : nulli igitur rei assentietur. Hanc conclusionem Arcesilas probabat ; confirmabat enim et primum, et secundum. Carneades nonnunquam secundum illud dabat, assentiri aliquando. Ita sequebatur etiam opinari : quod tu non vis, et recte, ut mihi videris. Sed illud primum, sapien-

timent, il faudra aussi qu'il s'en tienne à l'opinion, est repoussée comme fausse par les stoïciens, et solidairement par Antiochus. Ils soutiennent, en effet, que le sage peut distinguer le faux du vrai, ce qui n'est pas perceptible de ce qui l'est. Pour nous, lors même que certaines choses pourraient être perçues, l'habitude de donner son assentiment nous paraîtrait périlleuse et glissante. En conséquence, comme il est constant que c'est un grand mal d'adhérer au faux ou à l'inconnu, le mieux est de retenir tout à fait son assentiment, de peur qu'en s'avançant au hasard, on ne se précipite dans l'erreur. Le faux est si voisin du vrai, et ce qui n'est point perceptible s'approche tant de ce qu'on peut percevoir (si toutefois il y a quelque chose de tel, et nous le verrons bientôt), que le sage ne doit pas s'exposer sur une pente si rapide.

Mais si, de mon côté, je pose en fait que rien ne peut être perçu ; si en même temps j'accepte ce que vous m'offrez, que le sage n'opine jamais, il en résultera que le sage suspendra toujours son assentiment. Vous aurez à choisir : adopterez-vous ma conclusion ? aimerez-vous mieux que le sage puisse opiner ? Ni l'un ni l'autre, direz-vous. Tâchons donc de prouver que rien ne peut être perçu : là-dessus roule toute la controverse.

XXII. Mais auparavant, deux mots d'explication avec Antiochus. Cette même doctrine que je défends, Antiochus l'avait

---

tem, si assensurus esset, etiam opinaturum, falsum esse et stoici dicunt, et eorum adstipulator Antiochus : posse enim eum falsa a veris, et quæ non possint percipi, ab his, quæ possint, distinguere. Nobis autem primum, etiamsi quid percipi possit, tamen ipsa consuetudo assentiendi periculosa esse videtur et lubrica. Quamobrem quum tam vitiosum esse constet, assentiri quidquam aut falsum, aut incognitum, sustinenda est potius omnis assensio, ne præcipitet, si temere processerit. Ita enim finitima sunt falsa veris, eaque, quæ percipi non possunt, his, quæ possunt (si modo ea sunt quædam : jam enim videbimus), ut tam præcipitem in locum non debeat se sapiens committere.

Sin autem, omnino nihil esse, quod percipi possit, a me sumpsero, et, quod tu mihi das, accepero, sapientem nihil opinari, effectum illud erit, sapientem assensus omnes cohibiturum : ut tibi videndum sit, idne malis, an aliquid opinaturum esse sapientem. Neutrum, inquies, illorum. Nitamur igitur, nihil posse percipi. Etenim de eo omnis est controversia.

XXII. Sed prius pauca cum Antiocho ; qui hæc ipsa, quæ a me defenduntur,

étudiée sous Philon, si longtemps que jamais personne n'a plus longtemps étudié. Il écrivit en faveur de nos principes, avec beaucoup de pénétration; et autant il mit d'ardeur à les attaquer dans sa vieillesse, autant il en avait mis autrefois à les défendre. Aussi, malgré son talent que je reconnais, cette inconstance porte préjudice à son autorité. Dites-moi, en effet, quand a brillé le jour qui lui révéla ce signe distinctif du vrai et du faux, qu'il avait nié durant tant d'années. A-t-il imaginé un nouveau système? Il répète ce qu'ont dit les stoïciens. S'est-il repenti d'avoir partagé nos sentiments? Alors, pourquoi ne pas entrer dans une autre école, dans celle des stoïciens surtout, car son dissentiment avec l'Académie n'était autre que le leur? Quoi donc! rougissait-il de Mnésarque, de Dardanus, qui étaient alors à Athènes les chefs du stoïcisme? Le fait est qu'il ne s'éloigna de Philon que lorsqu'il commença lui-même à avoir des auditeurs. Mais pourquoi tout à coup faire renaître la vieille académie? Il paraît qu'il a voulu conserver le nom respectable de cette école, tout en s'écartant de ses doctrines. Quelques-uns ont dit qu'il agissait ainsi en vue de la gloire, et qu'il espérait même que ses disciples seraient appelés *Antiochiens*. Moi je pense plutôt qu'il ne put soutenir le choc de tous les philosophes conjurés. En effet, les autres systèmes ont certains points communs; celui des académiciens est le seul qu'aucun des autres philo-

---

et didicit apud Philonem tam diu, ut constaret, diutius didicisse neminem, et scripsit de his rebus acutissime, et idem hæc non acrius accusavit in senectute, quam antea defensitaverat. Quamvis igitur fuerit acutus, ut fuit, tamen inconstantia levatur auctoritas. Quis [inquam] enim iste dies illuxerit, quæro, qui illi ostenderit eam, quam multos annos esse negitavisset, veri et falsi notam? Excogitavit aliquid? Eadem dicit, quæ stoici. Pœnituit eum illa sensisse? Cur non se transtulit ad alios, et maxime ad stoicos? eorum enim erat propria ista dissensio. Quid! cum Mnesarchi pœnitebat? quid! Dardani? qui erant Athenis tum principes stoicorum. Nunquam a Philone discessit, nisi postea quam ipse cœpit, qui se audirent, habere. Unde autem subito vetus academia revocata est? Nominis dignitatem videtur, quum a re ipsa desciceret, retinere voluisse : quod erant qui illum gloriæ causa facere dicerent, sperare etiam fore ut ii, qui se sequerentur, Antiochii vocarentur. Mihi autem magis videtur non potuisse sustinere concursum omnium philosophorum. Etenim de cæteris sunt inter illos nonnulla communia : hæc academicorum est una sententia, quam

sophes n'approuve. Antiochus déserta donc son poste; et comme ceux qui ne peuvent supporter les rayons du soleil, près des Boutiques-Neuves, se réfugient sous celles de Ménius; ainsi, vaincu par la chaleur, il chercha l'abri de la vieille académie. Il est un argument qu'Antiochus, à l'époque où il soutenait que rien n'est perceptible, avait coutume d'opposer à Denys d'Héraclée : il lui demandait si, grâce à ce signe infaillible qui, selon vous, entraine l'assentiment, il avait perçu ce principe auquel il fut attaché pendant plusieurs années, et qu'il tenait de Zénon, son maitre, *l'honnête est le seul bien;* ou cet autre qu'il soutint dans la suite, *l'honnête est un vain mot, la volupté est le souverain bien.* En lui rappelant ce changement de doctrine, Antiochus voulait prouver que le vrai ne laisse pas dans l'âme une empreinte différente de celle du faux : il a si bien fait que, dans la suite, il fournit aux autres contre lui-même cet argument qu'il avait tiré de la conduite de Denys.

XXIII. Mais une autre fois nous nous occuperons de lui plus longuement. A présent, Lucullus, revenons sur votre discours; et d'abord, voyons par où vous avez débuté. Lorsque nous faisons mention des anciens philosophes, nous agissons, à vous en croire, comme les séditieux qui s'appuient de l'exemple de quelques citoyens illustres, dévoués à la faction populaire. Mais, tout en se livrant à des pratiques criminelles, ces agitateurs

reliquorum philosophorum nemo probet. Itaque cessit; et ut ii, qui sub Novis solem non ferunt, item ille, quum æstuaret, veterum, ut Mænianorum, sic academicorum umbram secutus est. Quoque solebat uti argumento tum quum ei placebat, nihil posse percipi, quum quæreret, Dionysius ille Heracleotes utrum comprehendisset certa illa nota, qua assentiri dicitis oportere, illudne, quod multos annos tenuisset, Zenonique magistro credidisset, honestum quod esset, id bonum solum esse; an, quod postea defensitavisset, honesti inane nomen esse, voluptatem esse summum bonum : qui ex illius commutata sententia docere vellet, nihil ita signari in animis nostris a vero posse, quod non eodem modo possit a falso, is curavit, quod argumentum ex Dionysio ipse sumpsisset, ex eo cæteri sumerent.

XXIII. Sed cum hoc alio loco plura; nunc ad ea, quæ a te, Lucullе, dicta sunt. Et primum quod initio dixisti, videamus, quale sit : similiter a nobis de antiquis philosophis commemorari, atque seditiosi solerent claros viros, sed tamen populares aliquos nominare. Illi quum res non bonas tractent, similes

voudraient paraître semblables à des gens de bien ; nous, au contraire, nous déclarons penser ce qu'ont pensé, vous l'avouez vous-même, les philosophes les plus célèbres. Anaxagore dit que la neige est noire. Que feriez-vous de moi, si j'en disais autant? si seulement je doutais en pareil cas? Et quel est donc cet Anaxagore? un sophiste? Ceux qu'on appelait ainsi philosophaient par ostentation ou par cupidité ; Anaxagore dut toute sa gloire à son noble caractère et à son génie. Que dirai-je de Démocrite? Est-il quelqu'un qu'on puisse comparer, non-seulement pour l'élévation de l'esprit, mais encore pour la puissance de la pensée, à ce philosophe qui osa commencer ainsi un de ses ouvrages : *Je vais parler de tout ?* Il n'excepte rien ; car qu'y a-t-il hors du tout ? Qui ne préfère Démocrite à Cléanthe, à Chrysippe et aux autres philosophes d'un âge plus récent? Comparés à lui, ils ne me semblent guère que de la cinquième classe. Eh bien, Démocrite n'est pas aussi réservé que nous, qui, sans nier qu'il y ait du vrai, prétendons seulement qu'on ne peut le percevoir ; il déclare nettement qu'il n'y a point de vérité. Les sens ne lui paraissent pas seulement obscurs, il les trouve entièrement aveugles ; car c'est ainsi que les qualifie un de ses grands admirateurs, Métrodore de Chio, au commencement de son livre *sur la Nature* : « Je nie, dit-il, que nous sachions si nous savons quelque chose, ou si nous ne savons rien ; que nous sachions

---

bonorum videri volunt. Nos autem ea dicimus nobis videri, quæ vosmet ipsi nobilissimis philosophis placuisse conceditis. Anaxagoras nivem nigram dixit esse. Ferres me, si ego idem dicerem ? tu, ne si dubitarem quidem. At quis est hic? num sophistes ? sic enim appellabantur ii, qui ostentationis, aut quæstus causa philosophabantur. Maxima fuit et gravitatis, et ingenii gloria. Quid loquar de Democrito? quem cum eo conferre possumus non modo ingenii magnitudine, sed etiam animi? qui ita sit ausus ordiri, « Hæc loquor de universis. » Nihil excipit, de quo non profiteatur : quid enim esse potest extra universa ? Quis hunc philosophum non anteponit Cleanthi, Chrysippo, reliquisque inferioris ætatis? qui mihi, cum illo collati, quintæ classis videntur. Atque is non hoc dicit, quod nos, qui veri esse aliquid non negamus, percipi posse negamus. Ille verum esse plane negat; esse sensus quidem non obscuros dicit, sed tenebricosos : sic enim appellat eos is, qui hunc maxime est admiratus, Chius Metrodorus, initio libri, qui est de Natura : « Nego, inquit, scire nos, scia-

même ce que c'est que savoir, ou ne savoir pas, enfin que nous sachions s'il existe quelque chose, ou s'il n'existe rien. »

Empédocle vous paraît un fou; mais je trouve ses paroles très-dignes du sujet qu'il traite. Nous aveugle-t-il, nous prive-t-il de nos sens, lorsqu'il pense qu'ils ne sont pas capables de juger les objets qui leur sont soumis? Parménide, Xénophane, en vers médiocres, il est vrai, mais qu'importe? gourmandent avec une sorte de courroux la présomption de ceux qui, bien qu'on ne puisse rien savoir, ont le front de dire qu'ils savent. De ces sceptiques, vous voulez qu'on sépare Socrate et Platon[1]. Pourquoi? Je ne connais point de philosophes dont j'aie le droit de parler avec plus d'assurance. En vérité, il me semble avoir vécu avec eux, tant j'ai lu d'entretiens d'après lesquels il est hors de doute que, selon Socrate, on ne peut rien savoir. Il n'excepte qu'une chose; il sait qu'il ne sait rien, et voilà tout. Que dire de Platon? Il n'aurait certainement pas, dans une foule d'ouvrages, développé cette pensée, s'il ne l'eût approuvée; car il n'avait aucune raison de reproduire l'ironie d'un autre, surtout sans la jamais démentir.

XXIV. Reconnaissez-vous maintenant que je ne me borne pas, comme Saturninus, à citer des hommes illustres; mais que les

musne aliquid, an nihil sciamus; ne id ipsum quidem nescire, aut scire; nec omnino, sitne aliquid, an nihil sit. »

Furere tibi Empedocles videtur; at mihi dignissimum rebus iis, de quibus loquitur, sonum fundere. Num ergo is excæcat nos, aut orbat sensibus, si parum magnam vim censet in his esse ad ea, quæ sub eos subjecta sunt, judicanda? Parmenides, Xenophanes, minus bonis quanquam versibus, sed tamen illis versibus, increpant eorum arrogantiam, quasi irati, qui, quum sciri nihil possit, audeant se scire dicere. Et ab his aiebas removendum Socratem et Platonem. Cur? an de ullis certius possum dicere? Vixisse cum his equidem videor : ita multi sermones perscripti sunt, e quibus dubitari non possit, quin Socrati nihil sit visum sciri posse. Excepit unum tantum, scire se, nihil se scire : nihil amplius. Quid dicam de Platone? qui certe tam multis libris hæc prosecutus non esset, nisi probavisset; ironiam enim alterius, perpetuam præsertim, nulla fuit ratio persequi.

XXIV. Videorne tibi, non, ut Saturninus, nominare modo illustres homines,

[1] Voy. chap. v.

philosophes que j'imite sont tous distingués, célèbres? J'avais à vous opposer des adversaires incommodes, quoique subalternes, Stilpon, Diodore, Alexinus, qui ont dardé avec vigueur quelques sophismes acérés (on appelle sophisme l'apparence trompeuse d'un raisonnement) ; mais pourquoi irais-je ramasser de telles autorités, quand j'ai Chrysippe, qui est regardé comme la colonne du Portique? Que d'objections contre les sens, que d'objections contre la certitude qui résulte de l'expérience, n'a-t-il pas réfutées! Il est vrai que je ne crois point qu'il les ait réfutées; mais supposons-le. Certainement il n'eût pas assemblé tant d'arguments, dont la vraisemblance nous fait illusion, s'il n'avait reconnu qu'il est difficile d'y résister.

Que pensez-vous des Cyrénaïques? Ces philosophes, qui ne sont pas du tout à mépriser, n'admettent rien de perceptible à l'extérieur ; ils prétendent ne percevoir que ce qui leur est attesté par le sens intime, comme la douleur, le plaisir : nous ne savons pas, disent-ils, quelle est la couleur, quel est le son d'un objet ; seulement nous nous sentons affectés d'une certaine manière.

Voilà bien assez d'auteurs cités, quoique vous m'ayez encore demandé [1] si je ne pense pas que, depuis ces anciens philosophes, on ait pu découvrir cette vérité poursuivie, durant tant

---

sed etiam imitari nunquam, nisi clarum, nisi nobilem? Atqui habebam molestos vobis, sed minutos, Stilponem, Diodorum, Alexinum, quorum sunt contorta et aculeata quædam sophismata : sic enim appellantur fallaces conclusiunculæ. Sed quid eos colligam, quum habeam Chrysippum, qui fulcire putatur porticum stoicorum? Quam multa ille contra sensus, quam multa contra omnia, quæ in consuetudine probantur, dissolvit? idem mihi quidem non videtur, sed dissolverit sane, certe tam multa non collegisset, quæ nos fallerent probabilitate magna, nisi videret, his resisti non facile posse.

Quid Cyrenæi [videntur]? minime contempti philosophi ; qui negant esse quidquam, quod percipi possit extrinsecus; ea se sola percipere, quæ tactu intimo sentiant, ut dolorem, ut voluptatem ; neque se, quo quid colore, aut quo sono sit, scire ; sed tantum sentire, affici se quodam modo.

Satis multa de auctoribus, quanquam ex me quæsieras, nonne putarem post illos veteres, tot sæculis, inveniri verum potuisse, tot ingeniis, tantisque stu-

[1] Voy. chap. vi.

de siècles, par tant d'études, tant d'esprits distingués. Plus tard, nous verrons ce qui a été découvert, et vous-même en serez juge. Voyons auparavant comment on reconnaît qu'Arcésilas ne lutta pas contre Zénon par jalousie, mais dans l'intention de trouver la vérité. Personne, avant Zénon, n'avait soutenu, n'avait même dit que l'homme peut ne jamais admettre l'opinion, et que le sage non-seulement le peut, mais le doit. Arcésilas trouva cette maxime vraie, honorable et digne du sage. Il put demander à Zénon : Si le sage ne perçoit rien, et si l'opinion lui est interdite, qu'arrivera-t-il? Zénon lui aura sans doute répondu : Le sage ne s'arrêtera pas à l'opinion, parce qu'il lui est possible de percevoir. Et quoi donc? L'aperception, je pense. Et quelle aperception? Zénon l'aura définie : Celle qui est empreinte, gravée et figurée en nous d'après ce qui est, et conformément à ce qui est. Ensuite, Arcésilas aura répliqué : En serait-il de même, si une aperception vraie ne différait point d'une fausse? Zénon alors aura bien vu que rien n'est perceptible, si l'aperception de ce qui n'est pas peut ressembler à celle de ce qui est.

Arcésilas dut en convenir. Enfin, quelques mots en ce sens furent ajoutés à la définition : En effet, si le vrai était tel que le faux, on ne percevrait ni l'un ni l'autre. Arcésilas se livra à ces discussions afin de prouver que toute aperception venue du vrai peut se confondre avec quelque autre ve-

diis, quærentibus. Quid inventum sit, paulo post videro, te ipso quoque judice. Arcesilam vero non obtrectandi causa cum Zenone pugnavisse, sed verum invenire voluisse, sic intelligitur. Nemo, inquam, superiorum non modo expresserat, sed ne dixerat quidem, posse hominem nihil opinari ; nec solum posse, sed ita necesse esse sapienti. Visa est Arcesilæ quum vera sententia, tum honesta, et digna sapiente. Quæsivit de Zenone fortasse, quid futurum esset, si nec percipere quidquam posset sapiens, nec opinari sapientis esset. Ille, credo, Nihil opinaturum; quoniam esset, quod percipi posset. Quid ergo id esset? Visum, credo. Quale igitur visum ? Tum illum ita definivisse, ex eo, quod esset, sicut esset impressum, et signatum, et effictum. Post requisitum, etiamne, si ejusmodi esset visum verum, quale vel falsum. Hic Zenonem vidisse acute, nullum esse visum, quod percipi posset, si id tale esset ab eo, quod est, ut ejusdemmodi ab eo, quod non est, posset esse.

Recte consensit Arcesilas ; ad definitionem additum : neque enim falsum percipi posse, neque verum, si esset tale, quale vel falsum. Incubuit autem in eas disputationes, ut doceret, nullum tale esse visum a vero, ut non ejus-

nue du faux. Voilà l'unique objet de ce débat qui dure encore aujourd'hui ; car cette autre maxime : Le sage ne donnera son assentiment à rien, n'appartenait point à leur controverse, attendu qu'il est possible de ne rien percevoir, et pourtant d'opiner, ce qui fut, dit-on, admis par Carnéade. Pour moi, m'en rapportant à Clitomaque [1] plutôt qu'à Philon ou à Métrodore, je pense que Carnéade a discuté sur cette hypothèse, sans l'approuver positivement.

XXV. Mais passons outre. Une fois l'opinion et la perception supprimées, il s'ensuit certainement que toute adhésion doit être retenue ; en sorte que, si je démontre que rien ne peut être perçu, il faut que vous m'accordiez qu'on ne doit jamais donner son assentiment. Or, que percevra-t-on, si les sens eux-mêmes n'annoncent pas la vérité ? Vous les défendez, Lucullus, par un lieu commun. J'aurais voulu vous en empêcher, et c'était dans cette intention qu'hier, sans nécessité, j'avais si longtemps parlé contre les sens. Vous dites que la rame brisée et le cou de la colombe ne vous embarrassent guère. D'abord, pourquoi ? Je sens que la rame n'est pas telle qu'elle paraît, et je sais que le cou de la colombe est d'une seule couleur, bien qu'il me semble en avoir plusieurs. Ensuite, n'avons-nous rien dit de plus ? Tous nos arguments subsistent. Voici un philosophe qui met en pièces

---

demmodi etiam a falso posset esse. Hæc autem est una contentio, quæ adhuc permanserit. Nam illud, nulli rei assensurum esse sapientem, nihil ad hanc controversiam pertinebat. Licebat enim nihil percipere, et tamen opinari : quod a Carneade dicitur probatum. Equidem Clitomacho plus, quam Philoni, aut Metrodoro, credens, hoc magis ab eo disputatum, quam probatum puto.

XXV. Sed id omittamus. Illud certe, opinatione, et perceptione sublata, sequitur omnium assensionum retentio : ut, si ostendero, nihil posse percipi, tu concedas nunquam assensurum esse. Quid ergo est, quod percipi possit, si ne sensus quidem vera nuntiant ? quos tu, Luculle, communi loco defendis. Quod ne id facere posses, idcirco heri, non necessario loco, contra sensus tam multa dixeram. Tu autem te negas infracto remo, neque columbæ collo commoveri. Primum cur ? nam et in remo sentio non esse id, quod videatur ; et in columba plures videri colores, nec esse plus uno. Deinde nihilne præterea diximus ? maneant illa omnia. Lacerat iste causam : veraces suos esse sensus

[1] Voy. chap. XXXI.

votre cause : il déclare ses sens véridiques. Vous avez donc toujours un garant qui plaide à ses risques et périls. Épicure, en effet, va jusqu'à dire que, si un seul sens nous a trompés une fois dans la vie, il ne faut jamais se fier à aucun. C'est là un homme naïf, confiant dans ses témoins, et dont l'inflexible logique est un peu gênante. Voilà pourquoi l'épicurien Timagoras affirme qu'il a beau se torturer l'œil, il ne voit jamais deux flammes à une lampe ; qu'une telle erreur vient de l'opinion et non des yeux : comme s'il s'agissait de savoir ce qui est, et non ce qui paraît. Mais cet épicurien ressemble à ses prédécesseurs. Pour vous, qui reconnaissez que certaines aperceptions des sens sont vraies, et d'autres fausses, comment les distinguez-vous? Renoncez, je vous prie, aux lieux communs : chez nous on en voit naître assez.

Vous supposez qu'un dieu me demande si je désire quelque chose de plus que mes sens intacts et sains : que répondrais-je? Ah! seulement qu'il m'interroge! Vous connaîtriez bientôt avec quelle défaveur il nous a traités. Quand même la vue nous donnerait des idées vraies, jusqu'où s'étendra-t-elle? Je vois d'ici, Catulus, votre maison de Cumes, je ne découvre pas celle de Pompéies : il n'y a pourtant rien qui la dérobe à mes regards ; mais leur portée ne va pas jusque-là. O l'admirable vue ! Nous apercevons Pouzzoles, mais nous n'apercevons pas notre ami

---

dicit. Igitur semper auctorem habes cum, qui magno suo periculo causam agat. Eo enim rem demittit Epicurus, si unus sensus semel in vita mentitus sit, nulli unquam esse credendum. Hoc est verum esse, confidere suis testibus, et importune insistere. Itaque Timagoras Epicureus negat sibi unquam, quum oculum torsisset, duas ex lucerna flammulas esse visas ; opinionis enim esse mendacium, non oculorum. Quasi quæratur, quid sit, non quid videatur. Sed hic quidem majorum similis. Tu vero, qui visa sensibus alia vera dicas esse, alia falsa, qui ea distinguis? Desine, quæso, communibus locis : domi nobis ista nascuntur.

Si quis deus te interroget, sanis modo et integris sensibus, num amplius quid desideres, quid respondeas? Utinam quidem roget ! audias, quam nobiscum male egerit. Ut enim vera videamus, quam longe videbimus? Ego Catuli Cumanum ex hoc loco video, Pompeianum non cerno : neque quidquam interjectum est, quod obstet ; sed intendi longius acies non potest. O præclarum prospectum! Puteolos videmus : at familiarem nostrum Avianum, fortasse in porticu

Avimus qui se promène peut-être sous le portique de Neptune. Cependant on cite dans les écoles un homme (son nom ne me revient pas) qui voyait les objets à mille quatre-vingts stades. Certains oiseaux voient encore plus loin. Je répondrai donc hardiment à votre dieu que je ne suis pas du tout content de ma vue. Il me dira probablement qu'elle est plus libre que celle des poissons, que nous n'apercevons point, bien qu'ils soient sous nos yeux, et qui ne peuvent nous apercevoir. Qu'en conclure? Comme l'eau les environne, un air épais s'étend autour de nous. Mais nous ne désirons rien de mieux. Quoi! pensez-vous que la taupe désire la lumière? Au reste, elle aurait à se plaindre, devant votre dieu, moins de la faiblesse que de la fausseté de sa vue. Voyez-vous ce navire? Il vous semble immobile, tandis que, aux yeux des passagers qu'il porte, cette campagne paraît se mouvoir. Cherchez la raison de ces apparences; lorsque vous l'aurez trouvée (et je ne sais si vous en viendrez à bout), vous aurez prouvé, non pas que votre témoin est fidèle, mais que ce n'est pas sans motif qu'il rend faux témoignage.

XXVI. Mais pourquoi vous citer le navire? Ne vous ai-je pas vu déjà mépriser la rame? Peut-être voulez-vous quelque chose de plus grand. Quoi de plus grand que le soleil? Les mathématiciens démontrent qu'il est au moins dix fois plus grand que la terre. Qu'il nous paraît petit! Pour moi, il me semble avoir un

---

Neptuni ambulantem, non videmus. At ille nescio qui, qui in scholis nominari solet, mille et octoginta stadia quod abesset, videbat. Quædam volucres longius. Responderem igitur audacter isti vestro deo, me plane his oculis non esse contentum. Dicet me acrius videre, quam ullos pisces fortasse; qui neque videntur a nobis, et nunc quidem sub oculis sunt; neque ipsi nos suspicere possunt. Ergo ut illis aqua, sic nobis aer crassus offunditur. At amplius non desideramus. Quid? talpam num desiderare lumen putas? Neque tam quereretur cum deo, quod parum longe, quam quod falsum videret. Videsne navem illam? stare nobis videtur; at iis, qui in navi sunt, moveri hæc villa. Quære rationem, cur ita videatur: quam ut maxime inveneris, quod haud scio, an non possis; non tu verum testem habere, sed cum non sine causa falsum testimonium dicere ostenderis.

XXVI. Quid ego de navi? vidi enim a te remum contemni. Majora fortasse quæris. Quid potest esse sole majus? quem mathematici amplius duodeviginti partibus confirmant majorem esse, quam terram. Quantulus nobis videtur!

pied de diamètre. Épicure croit qu'il peut être encore moindre qu'il ne paraît, mais pas de beaucoup ; ou bien un peu plus grand, ou enfin de sa grandeur apparente : en sorte que si les yeux trompent, l'erreur n'est pas considérable. Qu'est donc devenu ce principe inflexible : *Si une fois..........*[1]? Mais laissons là cet homme crédule qui pense que ses sens ne mentent jamais, pas même en ce moment ; quand cet astre, emporté par un mouvement si rapide que l'esprit n'en saurait concevoir la vitesse, nous paraît cependant immobile.

Afin d'abréger la discussion, considérez, de grâce, à quel frêle appui vous vous confiez. Il y a quatre principes [2] qui mènent à cette conclusion, que rien ne saurait être vu, perçu, compris : or c'est là le point essentiel de la question. Le premier, qu'il y a des aperceptions fausses ; le second, qu'il est impossible de les percevoir ; le troisième, que, si deux aperceptions ne diffèrent point, il ne peut se faire que l'une soit perceptible, et l'autre non ; le quatrième, qu'en regard de toute aperception vraie venue des sens, se place une aperception fausse qui n'en diffère point, et qu'on ne peut percevoir. De ces quatre principes, le deuxième et le troisième conviennent à tout le monde. Épicure n'admet pas le premier ; mais vous, avec qui

mihi quidem quasi pedalis. Epicurus autem posse putat etiam minorem esse cum, quam videatur, sed non multo ; nec majorem quidem multo putat esse ; vel tantum esse, quantus videatur : ut oculi aut nihil mentiantur, aut non multum mentiantur. Ubi igitur illud est, SEMEL? Sed ab hoc credulo, qui nunquam sensus mentiri putat, discedamus ; qui ne nunc quidem, quum ille sol, qui tanta incitatione fertur, ut, celeritas ejus quanta sit, ne cogitari quidem possit, tamen nobis stare videatur.

Sed, ut minuam controversiam : videte, quæso, quam in parvulis sitis. Quatuor sunt capita, quæ concludant, nihil esse, quod nosci, percipi, comprehendi possit ; de quo hæc tota quæstio est. E quibus primum est, esse aliquod visum falsum ; secundum, non posse id percipi ; tertium, inter quæ visa nihil intersit, fieri non posse, ut eorum alia percipi possint, alia non possint ; quartum, nullum esse visum verum a sensu profectum, cui non oppositum sit visum aliud, quod ab eo nihil intersit, quodque percipi non possit. Horum quatuor

[1] Voy. le chapitre précédent.
[2] Voy., au chap. xIII, ces quatre principes.

nous discutons, vous l'accordez. Tout le débat roule donc sur le quatrième.

Celui qui, voyant P. Servilius Geminus [1], croyait voir Quintus, tombait sur une aperception qui ne pouvait être perçue, parce qu'aucun signe ne distinguait le vrai du faux. Privé de ce caractère distinctif, comment aurait-il eu une marque infaillible pour reconnaître C. Cotta qui fut deux fois consul avec Geminus? Vous dites qu'une ressemblance si parfaite n'est pas dans la nature. Vous combattez avec acharnement; mais votre adversaire est traitable : supposons que cette ressemblance n'existe point; elle peut sans doute être apparente. Dès lors elle trompera les sens; et si une seule ressemblance nous trompe, elle rendra tout le reste douteux. Une fois qu'on vous enlève ce discernement, base de toute connaissance, lors même que celui que vous voyez serait réellement celui que vous croyez voir, vous ne le reconnaîtriez pas en vertu de ce caractère qui est indispensable, selon vous, pour être à l'abri de l'erreur. Si P. Geminus vous paraît être Quintus, qui vous assure qu'un autre ne vous paraîtra pas être Cotta, puisque certaines choses nous paraissent être ce qu'elles ne sont point? Vous dites que chaque chose a son genre, que nul objet n'est exactement le même qu'un autre. En effet, c'est une maxime stoïcienne, et difficile à croire, qu'il

---

capitum secundum, et tertium, omnes concedunt. Primum Epicurus non dat. Vos, quibuscum res est, id quoque conceditis. Omnis pugna de quarto est.

Qui igitur P. Servilium Geminum videbat, si Quintum se videre putabat, incidebat in ejusmodi visum, quod percipi non posset; quia nulla nota verum distinguebatur a falso : qua distinctione sublata, quam haberet, in C. Cotta, qui bis cum Gemino consul fuit, agnoscendo, ejusmodi notam, quæ falsa esse non posset? Negas tantam similitudinem in rerum natura esse. Pugnas omnino, sed cum adversario facili. Ne sit sane; videri certe potest. Fallet igitur sensum; et si una fefellerit similitudo, dubia omnia reddiderit. Sublato enim judicio illo, quo oportet agnosci, etiam si ipse erit quem videris, qui tibi videbitur, tamen non ea nota judicabis, qua dicis oportere, ut non possit esse ejusdemmodi falsa. Quando igitur potest tibi P. Geminus, Quintus videri, quid habes explorati. cur non possit tibi Cotta videri, qui non sit, quoniam aliquid videtur esse, quod non est? Omnia dicis sui generis esse; nihil esse idem, quod sit aliud. Stoicum est quidem, nec admodum credibile, nullum esse pilum

[1] Voy. chap. xviii.

n'y a pas un cheveu, pas un grain, de tout point semblable à un autre. Cette opinion peut se réfuter ; néanmoins je refuse le combat : il n'importe guère à notre sujet que deux aperceptions ne diffèrent en rien, ou qu'elles ne puissent être distinguées, bien que différentes. Mais si, entre hommes, une ressemblance si absolue est impossible, en est-il de même entre deux statues? Dites-moi : Lysippe ne pourrait-il pas, avec même bronze, même trempe, même air, même eau, et ainsi du reste, faire cent Alexandres semblables? A quel signe les discerneriez-vous? Eh quoi! si avec cet anneau j'imprime cent fois mon cachet sur la même cire, comment distingueriez-vous les empreintes? Irez-vous chercher un graveur d'anneaux, vous qui avez déjà trouvé ce *poulailler* de Délos qui reconnaissait si bien les œufs [1] ?

XXVII. Vous avez recours à l'art pour perfectionner les sens. Un peintre, dites-vous, voit des choses qui nous échappent ; au premier souffle du joueur de flûte, le musicien habile reconnaît l'air qu'on exécute. Quoi! ne voyez-vous point que cet argument est contre vous, si, pour voir et pour entendre, il nous faut une longue étude de ces arts dont s'occupent très-peu de personnes de notre rang? Ensuite, vous décrivez admirablement le travail exquis de la nature dans la formation de nos sens, de notre esprit, de notre être entier, afin que je ne craigne plus les égare-

---

omnibus rebus talem, qualis sit pilus alius, nullum granum. Hæc refelli possunt ; sed pugnare nolo ; ad id enim, quod agitur, nihil interest, omnibusne partibus visa res nihil differat, an internosci non possit, etiam si differat. Sed, si hominum similitudo tanta esse non potest, ne signorum quidem? Dic mihi, Lysippus eodem ære, eadem temperatione, eodem cœlo, aqua, cæteris omnibus, centum Alexandros ejusdemmodi facere non posset? qua igitur notione discerneres? Quid? si in ejusdemmodi cera centum sigilla hoc annulo impressero, ecquæ poterit in agnoscendo esse distinctio? An tibi erit quærendus annularius aliquis, quoniam gallinarium invenisti Deliacum illum, qui ova agnosceret ?

XXVII. Sed adhibes artem advocatam etiam sensibus. Pictor videt, quæ nos non videmus ; et, simul inflavit tibicen, a perito carmen agnoscitur. Quid? hoc nonne videtur contra te valere, si sine magnis artificiis, ad quæ pauci accedunt nostri quidem generis admodum, nec videre, nec audire possumus? Jam illa præclara, quanto artificio esset sensus nostros, mentemque, et totam constructionem hominis fabricata natura, cur non extimescam opinandi teme-

[1] Voy. chap. xviii.

ments de l'opinion. Pouvez-vous donc aussi, Lucullus, affirmer que c'est une force intelligente et sage qui a formé, ou, pour me servir de votre expression, qui a façonné l'homme? Comment concevez-vous ce travail? Où a-t-il été fait? quand? pourquoi? comment? Ce sont des sujets qu'on traite avec esprit, qu'on discute agréablement. Ces idées peuvent être reçues comme probables, pourvu qu'on ne les affirme point. Au reste, je parlerai bientôt de physique, et précisément afin que vous, qui tout à l'heure avez annoncé que j'en parlais, vous ne passiez pas pour menteur.

Mais, pour arriver à quelque chose de plus clair, je veux, dès à présent, couler à fond d'un seul coup tous ces arguments, dont tant de volumes ont été remplis, non-seulement par notre école, mais par Chrysippe même : aussi les stoïciens l'accusent-ils d'avoir soigneusement recueilli tout ce qu'on oppose aux sens, à l'évidence, à l'expérience, au raisonnement, et de n'avoir pu ensuite se réfuter lui-même; en sorte qu'il a fourni des armes à Carnéade. Ce sont des objections de ce genre que vous avez si habilement discutées. Dans le sommeil, dans l'ivresse, dans le délire, les aperceptions, disiez-vous, sont plus indécises que lorsqu'on est éveillé, à jeun ou dans son bon sens. D'où tirez-vous cette conclusion? De ce qu'Ennius bien réveillé ne disait pas *j'ai vu*, mais *il m'a semblé voir Homère;* de ce qu'Alcméon dit :

---

ritatem. Etiamne hoc affirmare potes, Luculle, esse aliquam vim cum prudentiâ et consilio scilicet, quæ finxerit, vel, ut tuo verbo utar, quæ fabricata sit hominem? Qualis ista fabrica est? ubi adhibita? quando? cur? quomodo? Tractantur ista ingeniose; disputantur etiam eleganter. Denique videantur sane, ne affirmentur modo. Sed de physicis mox, et quidem ob eam causam, ne tu, qui idem me facturum paulo ante dixeris, videare mentitus.

Sed ut ad ea, quæ clariora sunt, veniam, res jam universas profundam, de quibus volumina impleta sunt non a nostris solum, sed etiam a Chrysippo. De quo queri solent stoici, dum studiose omnia conquisierit contra sensus, et perspicuitatem, contraque omnem consuetudinem, contraque rationem, ipsum sibi respondentem, inferiorem fuisse; itaque ab eo armatum esse Carneadem. Ea sunt ejusmodi, quæ a te diligentissime tractata sunt. Dormientium, et vinolentorum, et furiosorum visa imbecilliora esse dicebas, quam vigilantium, siccorum, sanorum. Quo modo? Quia, quum experrectus esset, Ennius non diceret se vidisse Homerum, sed visum esse; Alcmæo autem,

6.

« Mais jamais mon esprit ne s'accorde..... »

Vous en dites autant des hommes ivres. Comme si quelqu'un niait qu'au sortir du sommeil on reconnaisse la vanité de ses songes; qu'en revenant d'un accès de folie on s'aperçoive des illusions dont on a été le jouet. Ce n'est pas là ce dont il s'agit. Quand ces apparences nous frappent, comment les prenons-nous? voilà la question. Ne pensons-nous pas, en effet, qu'Ennius entendit toute cette tirade :

« O piété de l'âme..... »

(si toutefois il a eu ce songe) comme il l'aurait entendue éveillé? A son réveil, il peut bien reconnaître que ces aperceptions n'étaient réellement qu'un songe; mais, pendant son sommeil, il y adhérait comme s'il eût veillé. Quoi donc! Ilione, dans ce songe:

« Ma mère, je t'appelle..... »

ne croit-elle pas entendre son fils, comme elle le croirait en veillant? autrement, ajouterait-elle :

« Ah ! montre-toi, reste, écoute, répète-moi les mêmes paroles ? »

Paraît-elle avoir en ses aperceptions moins de foi qu'une personne éveillée?

XXVIII. Que dirai-je des fous? Vous savez, Catulus, quel fut

« Sed mihi neutiquam cor consentit..... »

Similia de vinolentis. Quasi quisquam neget, et qui experrectus sit, eum somnia ; et, cujus furor consederit, putare, non fuisse ea vera, quæ essent sibi visa in furore. Sed non id agitur : tum, quum videntur, quomodo videantur, id quæritur. Nisi vero Ennium non putamus ita totum illud audivisse,

« O pietas animi... »

si modo id somniavit ; ut si vigilans audiret. Experrectus enim potuit illa visa putare, ut erant, et somnia ; dormienti vero æque, ac vigilanti, probabantur. Quid? Iliona somno illo,

« Mater, te appello... »

nonne ita credit filium locutum, ut experrecta etiam crederet? unde enim illa,

« Age adsta ; mane ; audi ; iteradum eademmet ista mihi ? »

Num videtur minorem habere visis, quam vigilantes, fidem ?

XXVIII. Quid loquar de insanis? qualis tandem fuit affinis tuus, Catule, Tu-

Tuditanus, votre allié. L'homme le plus sensé est-il aussi certain de ce qu'il voit que Tuditanus l'était de ses visions? Que dire de celui qui s'écria :

« Je te vois, Ulysse, je te vois vivant, tandis qu'il est permis? »

ne répéta-t-il pas deux fois qu'il voyait, quoiqu'il ne vît rien du tout? Eh quoi! Hercule, dans Euripide, lorsqu'il perçait à coups de flèches ses fils, les prenant pour ceux d'Eurysthée, lorsqu'il immolait son épouse et voulait tuer son père, ne cédait-il pas à de fausses impressions, comme il eût cédé à de véritables? Et votre Alcméon lui-même, qui dit que son esprit n'est pas d'accord avec ses yeux, ne s'écrie-t-il pas au même endroit, dans um redoublement de fureur :

« D'où naît cette flamme? »

et ensuite :

« Approche, approche; les voici, les voici; c'est moi, moi qu'elles poursui-
[vent?»]

Écoutez-le lorsqu'il implore la pitié de la jeune fille :

« Porte-moi secours; éloigne de moi ce fléau,
Cette torture enflammée qui me déchire.
Bleuâtres, ceintes de feu, elles s'avancent,
Elles m'entourent armées de torches ardentes. »

ditanus? Quisquam sanissimus tam certa putat, quæ videt, quam is putabat quæ videbantur? Quid? ille, qui,

« Video, video te vivum, Ulysses, dum licet : »

nonne etiam bis exclamavit se videre, quum omnino non videret? Quid? apud Euripidem Hercules, quum, ut Eurysthei filios, ita suos configebat sagittis, quum uxorem interimebat, quum conabatur etiam patrem, non perinde movebatur falsis, ut veris moveretur? Quid? ipse Alcmæo tuus, qui negat cor sibi cum oculis consentire, nonne ibidem incitato furore,

« Unde hæc flamma oritur? »

et illa deinceps,

« Incede, incede adsunt, adsunt; me, me expetunt. »

Quid? quum virginis fidem implorat,

« Fer mi auxilium; pestem abige a me,
Flammiferam hanc vim, quæ me excruciat :
Cæruleæ incinctæ igni incedunt;
Circumstant cum ardentibus tædis; »

Doutez-vous qu'il ait cru voir ces choses? J'en dis autant du reste :

> « Apollon, à la belle chevelure, tend
> Son arc doré, il le courbe en s'appuyant;
> Diane, de la main gauche, lance une torche. »

Il avait, en de vaines apparences, autant de foi que nous en inspirerait la présence réelle des mêmes images. Il est visible qu'alors son esprit était d'accord avec ses yeux. En citant tous ces exemples, je me propose d'arriver à cette conséquence, la plus sûre que vous puissiez trouver : qu'entre les aperceptions vraies et les fausses, il n'y a nulle différence quant à l'assentiment de l'esprit. Vous ne prouvez rien, quand vous réfutez les illusions de la folie ou du sommeil par le souvenir qui en revient plus tard. On ne vous demande pas quels sont les souvenirs de ceux qui se réveillent ou qui cessent d'être fous; mais quelles furent leurs visions au moment où ils en étaient frappés, pendant leur délire ou leurs rêves. Quittons enfin les sens.

Quel est l'objet que peut saisir le raisonnement? La dialectique, dites-vous, fut inventée pour être arbitre et juge du vrai et du faux. De quel vrai et de quel faux? en quelle matière? Le dialecticien jugera-t-il de ce qui est vrai ou faux en géométrie, en littérature, en musique? Mais il ne connaît point ces sciences. Ce sera donc en philosophie? Mais la grandeur du soleil est-elle

---

num dubitas, quin sibi hæc videre videatur? Itemque cætera :

> « Intendit crinitus Apollo
> Arcum auratum, lunat innixus;
> Diana facem jacit a læva. »

Qui magis hæc cerneret, si essent, quam credebat, quia videbantur? Apparet enim jam cor cum oculis consentire. Omnia autem hæc proferuntur, ut illud efficiatur, quo certius nihil potest esse : inter visa vera, et falsa, ad animi assensum, nihil interesse. Vos autem nihil agitis, quum falsa illa vel furiosorum, vel somniantium, recordatione ipsorum refellitis. Non enim id quæritur, qualis recordatio fieri soleat eorum, qui experrecti sint; aut eorum, qui furere destiterint : sed qualis visio fuerit aut furentium, aut somniantium tum, quum commovebantur. Sed abeo a sensibus.

Quid est, quod ratione percipi possit? Dialecticam inventam esse dicitis, veri et falsi quasi disceptatricem et judicem. Cujus veri et falsi? et in qua re? In geometriane, quid sit verum, vel falsum, dialecticus judicabit, an in litteris, aut in musicis? At ea non novit. In philosophia igitur? Sol quantus sit, quid

de son ressort? Quelles données a-t-il pour juger en quoi consiste le souverain bien? De quoi jugera-t-il donc? si l'union ou la disjonction des idées est vraie? quels sont les termes ambigus, les choses qui se conviennent, celles qui répugnent entre elles? Si la dialectique juge de ces vérités et d'autres semblables, elle juge de ce qui lui appartient. Cependant elle promettait davantage : car juger de ces difficultés ne suffit pas pour résoudre les grandes et nombreuses questions qui se présentent dans la philosophie. Mais vous, qui attribuez tant de force à cet art, prenez garde qu'il n'ait été inventé contre vous-même. La dialectique s'ouvre par une ingénieuse exposition des éléments du langage ; puis elle enseigne à débrouiller les équivoques, à déduire les conséquences. Enfin, après quelques autres préceptes, elle arrive au sorite, passage glissant et périlleux, argument dont vous avez condamné les captieuses interrogations.

XXIX. Eh quoi ! si cet argument est vicieux, est-ce notre faute? La nature ne nous a point fait connaître les limites des choses, en sorte que nous ne savons jamais où nous devons nous arrêter. Il ne s'agit pas seulement ici du monceau de blé, d'où vient le nom de *sorite;* quel que soit le sujet sur lequel on nous presse de minutieuses questions, par exemple : pour qu'il y ait richesse ou pauvreté, gloire ou obscurité, peu ou beaucoup, grandeur ou petitesse, pour qu'un objet soit long ou court,

---

ad illum? quod sit summum bonum, quid habet, ut queat judicare? Quid igitur judicabit? quæ conjunctio, quæ disjunctio vera sit, quid ambigue dictum sit, quid sequatur quamque rem, quid repugnet? Si hæc, et horum similia judicat, de se ipsa judicat. Plus autem pollicebatur. Nam hæc quidem judicare, ad cæteras res, quæ sunt in philosophia multæ atque magnæ, non est satis. Sed quoniam tantum in ea arte ponitis; videte, ne contra vos tota nata sit. Quæ primo progressu festive tradit elementa loquendi, et ambiguorum intelligentiam, concludendique rationem ; tum, paucis additis, venit ad soritas, lubricum sane, et periculosum locum ; quod tu modo dicebas esse vitiosum interrogandi genus.

XXIX. Quid ergo? istius vitii num nostra culpa est? Rerum natura nullam nobis dedit cognitionem finium, ut ulla in re statuere possimus, quatenus. Nec hoc in acervo tritici solum, unde nomen est, sed nulla omnino in re minutatim interrogati : dives, pauper ; clarus, obscurus sit ; multa, pauca; magna, parva ;

large ou étroit, combien faut-il ajouter ou retrancher? nous n'avons rien de certain à répondre.

Mais les sorites sont des arguments vicieux. Voulez-vous en éviter les atteintes, brisez-les, si vous pouvez; car ils vous blesseront, si vous n'y prenez garde. On y a pris garde, dit Lucullus. Lorsqu'on fait marcher Chrysippe de question en question, et qu'on lui demande : Trois sont-ils *peu* ou *beaucoup?* avant d'arriver à *beaucoup*, il juge à propos de se reposer, ce que les Grecs expriment par ἡσυχάζειν. Goûtez le repos, répond Carnéade, et même ronflez; je ne m'y oppose point. Qu'y gagnerez-vous? Viendra quelqu'un qui vous réveillera et continuera à vous interroger de même : Si j'ajoute *un* au nombre après lequel vous vous êtes tû, serons-nous arrivés à *beaucoup?* Vous irez encore en avant tant qu'il vous plaira. Mais pourquoi insister? Vous avouez vous-mêmes ne pouvoir désigner le dernier degré pour arriver à *peu*, ni le premier pour atteindre à *beaucoup*. Ce genre d'incertitude s'étend si loin, que je ne vois rien qui puisse s'y soustraire.

Aucun trait ne me blesse, dit Chrysippe : comme un conducteur habile, avant d'arriver au but, je retiendrai mes chevaux, et surtout s'ils se précipitent sur une pente inclinée. Je m'arrêterai donc au milieu de l'interrogatoire, et je cesserai de répondre à vos questions captieuses. Si vous avez à dire quelque chose de

---

longa, brevia ; lata, angusta : quanto aut addito, aut dempto, certum respondeamus, non habemus.

At vitiosi sunt soritæ. Frangite igitur eos, si potestis, ne molesti sint : erunt enim, nisi cavetis. Cautum est, inquit. Placet enim Chrysippo, quum gradatim interrogetur, verbi causa, tria, pauca sint, anne multa ; aliquanto prius, quam ad multa perveniat, quiescere, id est quod ab iis dicitur, ἡσυχάζειν. Per me vel stertas licet, inquit Carneades, non modo quiescas. Sed quid proficit ? Sequitur enim, qui te ex somno excitet, et eodem modo interroget. Quo in numero conticuisti, si ad eum numerum unum addidero, multane erunt ? Progrediere rursus, quoad videbitur. Quid plura ? hoc enim fateris, neque ultimum te paucorum, neque primum multorum respondere posse. Cujus generis error ita manat, ut non videam, quo non possit accedere.

Nihil me lædit, inquit : ego enim, ut agitator callidus, prius quam ad finem veniam, equos sustinebo ; eoque magis, si locus is, quo ferentur equi, præceps erit. Sic me, inquit, ante sustinebo, nec diutius captiose interroganti

clair, et que vous ne répondiez point, vous êtes bien dédaigneux. Si vous n'avez rien à dire, c'est que vous ne percevez rien. Est-ce l'obscurité des idées qui vous force au silence? D'accord; mais vous prétendez ne pas avancer jusqu'aux idées obscures. Le point auquel vous vous arrêtez est donc clair. Votre but est-il seulement de ne pas répondre? Cet expédient ne vous réussira point. Qu'importe à celui qui veut vous saisir, de vous enlacer silencieux ou parlant? Enfin si, arrivé à neuf, par exemple, vous répondez sans hésitation que c'est encore peu, et si vous vous arrêtez sur dix, alors vous refusez votre assentiment à des choses certaines et très-claires, ce que vous ne me permettez pas pour des idées obscures.

Votre art ne vous est donc d'aucun secours contre les sorites, puisqu'il ne vous enseigne pas quel est, en augmentant, le premier point où l'on atteint à *beaucoup*, et, en diminuant, le dernier où l'on arrive à *peu*. Que dis-je? de même que Pénélope défaisait sa toile, la dialectique détruit son ouvrage après l'avoir composé. Est-ce votre faute ou la nôtre? Le fondement de la dialectique est que toute proposition (en grec ἀξίωμα, en latin *effatum*) est vraie ou fausse. Eh bien, ce qui suit est-il vrai ou faux? *Si vous dites que vous mentez, et que ce soit vrai, vous mentez et vous dites la vérité.* Ce sont, répondez-vous, choses inexplicables. Votre terme est plus dur que les nôtres :

respondebo. Si habes, quod liqueat, neque respondes, superbis. Si non habes, ne tu quidem percipis. Si, quia obscura, concedo. Sed negas te usque ad obscura progredi. Illustribus igitur rebus insistis. Si id tantummodo, ut taceas, nihil assequeris. Quid enim ad illum, qui te captare vult, utrum tacentem irretiat te, an loquentem? Sin autem usque ad novem, verbi gratia, sine dubitatione respondes pauca esse, in decimo insistis, etiam a certis et illustrioribus cohibes assensum : hoc idem me in obscuris facere non sinis.

Nihil igitur te contra soritas ars ista adjuvat; quæ nec augenti, nec minuenti, quid aut primum sit, aut postremum, docet. Quid, quod eadem illa ars, quasi Penelope telam retexens, tollit ad extremum superiora? utrum ea vestra, an nostra culpa est? Nempe fundamentum dialecticæ est, quidquid enuntietur (id autem appellatur ἀξίωμα ; quod est quasi effatum), aut verum esse, aut falsum. Quid igitur? hæc vera, an falsa sunt? « Si te mentiri dicis, idque verum dicis, mentiris et verum dicis. » Hæc scilicet inexplicabilia esse

nous disons que ces choses ne sont ni comprises ni perçues.

XXX. Mais passons par là-dessus. Je vous le demande : si ces propositions ne peuvent être expliquées, s'il n'est aucun jugement qui vous mette à même de prononcer sur leur vérité ou leur fausseté, que devient votre définition : *On entend par proposition ce qui est vrai ou faux ?* Après avoir posé des prémisses, j'en déduirai des propositions, dont les unes seront admissibles et les autres inadmissibles, parce qu'elles seront opposées aux premières. Ainsi, que pensez-vous de cette conclusion : *Si vous dites qu'il fait jour à présent, et que ce soit vrai, il s'en suit qu'il fait jour ?* Vous approuvez certainement ce genre d'argumentation, et la conséquence vous paraît très-juste. Aussi cette forme est-elle la première que vous donnez dans votre enseignement. Vous approuverez donc toute conclusion déduite de la même manière, ou votre art est nul. Voyons donc si vous approuverez aussi cet argument : *Si vous dites que vous mentez, et que ce soit vrai, vous mentez ; or, vous dites que vous mentez, et c'est vrai ; donc vous mentez.* Comment n'approuveriez-vous pas ce raisonnement, après avoir approuvé celui qui précède ? Ce sont là des objections de Chrysippe, et que Chrysippe n'a point réfutées. Que ferait-il en présence de cette conclusion : *S'il fait jour, il fait jour ; or, il fait jour ; donc il fait jour ?* Il l'adopterait sans doute. L'enchaîne-

---

dicitis. Quod est odiosius, quam illa, quæ nos incomprehensa, et non percepta dicimus.

XXX. Sed hæc omitto. Illud quæro, si ista explicari non possunt, nec eorum ullum judicium invenitur, ut respondere possitis, veræne, an falsa sint : ubi est illa definitio, « Effatum esse id, quod aut verum, aut falsum sit? » Rebus sumptis, adjungam, ex his sequendas esse alias, alias improbandas, quæ sint in genere contrario. Quo modo igitur hoc conclusum esse judicas : « Si dicis nunc lucere, et verum dicis ; lucet igitur ? » Probatis certe genus, et rectissime conclusum dicitis. Itaque in docendo, cum primum concludendi modum traditis, [Aut], quidquid igitur eodem modo concluditur, probabitis ; aut ars ista nulla est. Vide ergo, hanc conclusionem probaturusne sis : « Si dicis te mentiri, verumque dicis, mentiris. Dicis autem te mentiri, verumque dicis. Mentiris igitur. » Qui potes hanc non probare, quum probaveris ejusdem generis superiorem ? Hæc Chrysippea sunt ; ne ab ipso quidem dissoluta. Quid enim faceret huic conclusioni : « Si lucet, lucet ; lucet autem ; lucet igitur ? »

ment même des propositions, quand vous avez admis les premières, vous force à admettre la dernière. En quoi le syllogisme précédent diffère-t-il de celui-ci : *Si vous mentez, vous mentez ; or, vous mentez ; donc vous mentez ?* Vous déclarez pourtant ne pouvoir ni approuver ni improuver cette conclusion. Pourquoi pouviez-vous plutôt admettre l'autre ? Si l'art, si les règles, si la méthode, si la force de l'argumentation ont quelque valeur, elle doit être la même dans les deux exemples.

Mais voici leur dernière ressource : ils demandent qu'on excepte ces propositions inexplicables. Qu'ils s'adressent à quelque tribun du peuple ; moi, je ne leur accorderai jamais cette exception. Épicure, qui méprise et tourne en ridicule toute la dialectique, ne leur accorde pas même la vérité de cette alternative : *Ou Hermachus vivra demain, ou il ne vivra pas ;* tandis que les dialecticiens établissent que toutes les propositions disjonctives qui procèdent par *oui ou non*, sont non-seulement vraies, mais encore nécessaires. Remarquez comme il est sur ses gardes, ce philosophe d'un esprit épais, à vous en croire : Si j'accorde, dit-il, que l'une des deux propositions soit nécessaire, il sera nécessaire aussi que demain Hermachus vive, ou qu'il ne vive point ; or, il n'y a point de telle nécessité dans la nature des choses. Que les dialecticiens, c'est-à-dire Antiochus et les stoïciens, com-

---

Cederet scilicet. Ipsa enim ratio connexi, quum concesseris superius, cogit inferius concedere. Quid ergo hæc ab illa conclusione differt : « Si mentiris, mentiris ; mentiris autem ; mentiris igitur ? » Hoc negas te posse nec approbare nec improbare. Qui igitur magis illud? Si ars, si ratio, si via, si vis denique conclusionis valet, eadem est in utroque.

Sed hoc extremum eorum est : postulant, ut excipiantur hæc inexplicabilia. Tribunum aliquem censeo videant : a me istam exceptionem nunquam impetrabunt. Etenim quum ab Epicuro, qui totam dialecticam et contemnit, et irridet, non impetrent, ut verum esse concedat, quod ita effabimur, « Aut vivet cras Hermachus, aut non vivet, » quum dialectici sic statuant, omne, quod ita disjunctum sit, quasi, « aut etiam, aut non, » non modo verum esse, sed etiam necessarium : vide, quam sit cautus is, quem isti tardum putant. Si enim, inquit, alterutrum concessero necessarium esse : necesse erit, cras Hermachum aut vivere, aut non vivere. Nulla autem est in natura rerum talis necessitas. Cum hoc igitur dialectici pugnent, id est Antiochus et stoici ; to-

battent contre Épicure; car il renverse toute la dialectique. Si, en effet, deux propositions contradictoires, en d'autres termes, dont l'une est affirmative et l'autre négative, peuvent être fausses en même temps, il n'y a plus de proposition vraie. Mais, avec moi, qu'auraient-ils à démêler, puisque je reconnais leurs principes? Carnéade, quand s'offrait une discussion de ce genre, avait coutume de dire en plaisantant : « Si j'ai bien conclu, ma cause est gagnée; si mon argument est vicieux, Diogène me rendra ma mine. » C'était ce stoïcien qui lui avait enseigné la dialectique; et les dialecticiens recevaient une mine pour honoraires. Ainsi je suis les routes que m'a tracées Antiochus. Ayant trouvé vrai ce raisonnement, *S'il fait jour, il fait jour*, parce que j'ai appris que toute connexion qui repose sur l'identité est vraie, je ne vois pas pourquoi je ne trouverais point la même connexion entre ces idées, *Si vous mentez, vous mentez*. Ou j'admettrai l'un et l'autre argument; ou, si je repousse le second, je repousserai aussi le premier.

XXXI. Mais, pour sortir de ces subtilités et de toutes ces discussions tortueuses, pour montrer qui nous sommes, développons enfin l'ensemble du système de Carnéade, et l'échafaudage d'Antiochus s'écroulera tout entier. Je ne dirai rien dont on puisse me soupçonner d'être l'inventeur; j'emprunterai tout de Clitomaque, qui vécut avec Carnéade jusqu'à sa vieillesse,

---

tam enim evertit dialecticam. Nam si e contrariis disjunctio (contraria autem ea dico, quum alterum ait, alterum negat), si talis disjunctio falsa potest esse, nulla vera est. Mecum vero quid habent litium, qui ipsorum disciplinam sequor? Quum aliquid ejusmodi inciderat, sic ludere Carneades solebat : « Si recte conclusi, teneo ; sin vitiose, minam Diogenes reddet ; » ab eo enim stoico dialecticam didicerat ; hæc autem merces erat dialecticorum. Sequor igitur eas vias, quas didici ab Antiocho ; nec reperio, quomodo judicem, « Si lucet, lucet, » verum esse, ob eam causam, quod ita didici, omne, quod ipsum ex se connexum sit, verum esse ; non judicem, « Si mentiris, mentiris, » eodem modo esse connexum. Aut igitur hoc, et illud ; aut nisi hoc, ne illud quidem judicabo.

XXXI. Sed, ut omnes istos aculeos, et totum tortuosum genus disputandi relinquamus, ostendamusque, qui simus; jam explicata tota Carneadis sententia, Antiochia ista corruent universa. Nec vero quidquam ita dicam, ut quisquam id fingi suspicetur ; a Clitomacho sumam, qui usque ad senectutem cum

homme d'une sagacité vraiment carthaginoise, et, de plus, rempli d'ardeur et d'application pour l'étude. Nous avons de lui quatre livres sur la suspension d'assentiment. Ce que je vais dire est extrait du premier.

Carnéade suppose deux espèces d'aperceptions : dans la première, il distingue celles qui sont perceptibles et celles qui ne le sont point ; dans la seconde, celles qui sont probables et celles qui ne le sont point. Tout ce qu'on dit contre les sens et contre l'évidence se rapporte à la première espèce. Carnéade ne voit rien à objecter à la seconde. Il en conclut que nulle aperception n'est perceptible, mais que beaucoup sont probables. En effet, il serait contre nature qu'il n'y eût rien de probable : un tel principe entraînerait, Lucullus, ce bouleversement total de la vie, dont vous nous faisiez le tableau. On admettra donc souvent comme probable le témoignage des sens, pourvu qu'on n'oublie pas qu'il n'offre alors aucun caractère qui ne puisse se reproduire, absolument semblable, dans une aperception fausse. Par conséquent, quelle que soit l'idée qui se présente sous une apparence probable, si rien ne vient combattre cette probabilité, le sage s'en servira ; et c'est à de telles idées qu'il subordonnera toute sa conduite. Le sage que vous donnez pour modèle en fait autant : il suit souvent des probabilités, des idées non

---

Carneade fuit, homo et acutus, ut Pœnus, et valde studiosus ac diligens. Et quatuor ejus libri sunt de sustinendis assensionibus. Hæc autem, quæ jam dicam, sunt sumpta de primo.

Duo placet esse Carneadi genera visorum : in uno hanc divisionem, Alia visa esse, quæ percipi possint ; alia quæ non possint ; in altero autem, Alia visa esse probabilia, alia non probabilia. Itaque, quæ contra sensus, contraque perspicuitatem dicantur, ea pertinere ad superiorem divisionem ; contra posteriorem nihil dici oportere. Quare ita placere, tale visum nullum esse, ut perceptio consequeretur ; ut autem probatio, multa. Etenim contra naturam esset, si probabile nihil esset : et sequitur omnis vitæ ea, quam tu, Luculle, commemorabas, eversio. Itaque et sensibus probanda multa sunt, teneatur modo illud, non inesse in his quidquam tale, quale non etiam falsum, nihil ab eo differens, esse possit. Sic, quidquid acciderit specie probabile, si nihil se offeret, quod sit probabilitati illi contrarium, utetur eo sapiens ; ac sic omnis ratio vitæ gubernabitur. Etenim is quoque, qui a vobis sapiens inducitur, multa sequitur probabilia, non comprehensa, neque percepta, neque assensa

comprises, non perçues, non approuvées, mais vraisemblables. Ne pas adopter cette règle, ce serait rendre la vie impossible ; car, quoi? le sage, en montant sur un vaisseau, est-il sûr et certain de naviguer selon son désir? Comment le pourrait-il être? Mais s'il part d'ici pour Pouzzoles, qui n'est qu'à trente stades, sur un bon navire, avec un bon pilote, et par un temps serein comme celui-ci, il lui paraîtra probable qu'il doit arriver sans accident; sur des aperceptions de ce genre, il se réglera pour agir et pour ne point agir ; il trouvera la neige blanche, plus accommodant en cela qu'Anaxagore, qui non-seulement le niait, mais qui, sachant que l'eau est noire avant que de se condenser, ne voulait pas même que la neige qui en résulte parût blanche. Quelle que soit l'idée qui frappe le sage, si elle porte un caractère probable que rien ne démente, il cédera à l'impression; car il n'est point sculpté dans le roc, ni taillé dans le chêne le plus dur. Il a un corps, une âme ; il cède aux impulsions de la volonté, aux impressions des sens : en sorte que bien des choses lui paraissent vraies, mais sans avoir cette marque caractéristique et spéciale, qui déterminerait la perception. S'il refuse son assentiment, c'est parce qu'il peut exister quelque erreur semblable à la vérité qui est sous ses yeux. Nous ne sommes pas plus hostiles aux sens que les stoïciens, qui disent que bien des choses sont fausses et très-différentes de ce qu'elles paraissent aux sens.

sed similia veri : quæ nisi probet, omnis vita tollatur. Quid enim? conscendens navem sapiens, num comprehensum animo habet atque perceptum, se ex sententia navigaturum ? qui potest? Sed si jam ex hoc loco proficiscatur Puteolos, stadia triginta, probo navigio, bono gubernatore, hac tranquillitate, probabile videatur, se illuc venturum esse salvum. Hujusmodi igitur visis consilia capiet et agendi, et non agendi, faciliorque erit, ut albam esse nivem probet, quam erat Anaxagoras, qui id non modo ita esse negabat, sed sibi, quia sciret aquam nigram esse, unde illa concreta esset, albam ipsam esse, ne videri quidem. Et quæcumque res cum sic attinget, ut sit visum illud probabile, neque ulla re impeditum, movebitur. Non enim est e saxo sculptus, aut e robore dolatus. Habet corpus ; habet animum ; movetur mente; movetur sensibus, ut ei multa vera videantur, neque tamen habere insignem illam et propriam percipiendi notam ; eoque sapientem non assentiri, quia possit ejusdem modi exsistere falsum aliquod, cujusmodi hoc verum. Neque nos contra sensus aliter dicimus, ac stoici; qui multa falsa esse dicunt, longeque aliter se habere, ac sensibus videantur.

XXXII. S'il en est ainsi, et qu'une seule fois le témoignage des sens soit faux, il se trouvera sur-le-champ quelqu'un [1] qui déclarera les sens incapables de rien percevoir. Ainsi, sans que nous ouvrions la bouche, en vertu de deux principes, l'un d'Épicure et l'autre de vous-mêmes, la perception et la compréhension disparaissent. Quel est le principe d'Épicure? Si une seule aperception des sens est fausse, rien ne peut être perçu. Quel est le vôtre? Certaines aperceptions sensibles sont fausses. Que s'ensuit-il? Quand je me tairais, la conclusion parlerait elle-même : rien ne peut être perçu. Je n'admets pas, dit Lucullus, la proposition d'Épicure. Querellez-vous donc avec lui, puisqu'il vous est diamétralement opposé; et non avec moi, puisque certainement je m'accorde à dire avec vous que les sens sont sujets à l'erreur. Au reste, ce qui m'étonne le plus, c'est que de telles attaques viennent d'Antiochus, qui connaissait parfaitement ce que j'ai dit tout à l'heure. Quoique chacun nous blâme, selon sa fantaisie, d'avancer que rien ne peut être perçu, nous ne sommes certainement pas si répréhensibles. Quand nous reconnaissons que certaines choses sont probables, vous trouvez que ce n'est pas assez. Je veux le croire; mais en faut-il plus pour échapper à ces reproches que vous avez accumulés contre moi : « Vous ne voyez donc rien? vous n'entendez rien? il n'y a rien de clair pour vous? »

XXXII. Hoc autem si ita sit, ut unum modo sensibus falsum videatur præsto est, qui neget, rem ullam percipi posse sensibus. Ita, nobis tacentibus, ex uno Epicuri capite, altero vestro, perceptio et comprehensio tollitur. Quod est caput Epicuri? Si ullum sensibus visum, falsum est, nihil percipi potest. Quod vestrum? Sunt falsa sensus visa. Quid sequitur? ut taceam, conclusio ipsa loquitur, nihil posse percipi. Non concedo, inquit, Epicuro. Certa igitur cum illo, qui a te totus diversus est, noli mecum, qui hoc quidem certe, falsi esse aliquid in sensibus, tibi assentior. Quanquam nihil mihi tam mirum videtur, quam ista dici, ab Antiocho quidem maxime, cui erant, quæ paulo ante dixi, notissima. Licet enim hæc quivis arbitratu suo reprehendat, quod negemus rem ullam percipi posse, certe levior reprehensio est. Quod tamen dicimus, esse quædam probabilia, non videtur hoc satis esse vobis. Ne sit ; illa certe debemus effugere, quæ a te vel maxime agitata sunt : « Nihil igitur cernis? nihil audis? nihil tibi est perspicuum? »

[1] Épicure; voy. chap. xxv.

J'ai expliqué un peu plus haut, sur la foi de Clitomaque, comment Carnéade rendait compte de son probabilisme. Apprenez maintenant de quelle manière cette question est présentée par Clitomaque lui-même, dans le livre qu'il a dédié au poëte Lucilius, après en avoir adressé un autre sur le même sujet à L. Censorinus, qui fut consul avec M. Manilius. Il s'exprime à peu près en ces termes; je les ai retenus, parce que ce livre contient l'idée première et les développements de la question qui nous occupe.

Les académiciens, dit-il, pensent que les choses diffèrent en ce que les unes sont probables, les autres ne le sont point. Mais cela ne suffit pas pour qu'on dise que les unes sont perceptibles et les autres non; parce que maintes choses sont à la fois fausses et probables, et que rien de faux ne peut être perçu ni connu. On se trompe grandement, ajoute Clitomaque, quand on accuse l'Académie de nous enlever nos sens. Les académiciens n'ont jamais nié la couleur, la saveur et le son; ils soutiennent seulement que ces sensations ne portent point en elles un caractère propre de vérité et de certitude qui ne puisse se retrouver ailleurs.

Après cette exposition, Clitomaque ajoute qu'on entend de deux manières la maxime : *Le sage suspend son adhésion.* D'a-

---

Explicavi paulo ante, Clitomacho auctore, quo modo ista Carneades diceret. Accipe, quemadmodum eadem dicantur a Clitomacho, in eo libro, quem ad C. Lucilium scripsit poetam, quum scripsisset iisdem de rebus ad L. Censorinum, eum, qui consul cum M. Manilio fuit. Scripsit igitur his fere verbis ; sunt enim mihi nota, propterea quod earum ipsarum rerum, de quibus agimus, prima institutio et quasi disciplina illo libro continetur ; sed scriptum est ita.

Academicis placere, esse rerum ejusmodi dissimilitudines, ut aliae probabiles videantur, aliae contra; id autem non esse satis, cur alia percipi posse dicas, alia non posse ; propterea quod multa falsa probabilia sint; nihil autem falsi perceptum et cognitum possit esse. Itaque, ait, vehementer errare eos, qui dicant, ab Academia sensus eripi, a quibus nunquam dictum sit, aut colorem, aut saporem, aut sonum nullum esse ; illud sit disputatum, non inesse in his propriam, quae nusquam alibi esset, veri et certi notam.

Quae quum exposuisset, adjungit, dupliciter dici « assensus sustinere sapien-

près la première, le sage ne donne son assentiment à rien; d'après la seconde, il retient sa réponse, sans déclarer s'il approuve ou improuve, sans nier, sans affirmer positivement. Clitomaque admet la première acception, et ne donne jamais son assentiment; il adopte aussi la seconde, et, s'attachant à la probabilité seule, il répond oui ou non, selon qu'elle se présente ou ne se présente pas. Et pour qu'on ne soit point choqué de ce qu'un philosophe qui sur toutes choses retient son assentiment soit capable de mouvement et d'action, il nous laisse les aperceptions qui excitent à agir, et celles à l'aide desquelles nous pouvons, quand on nous interroge, répondre dans un sens ou dans l'autre, en ne suivant que les apparences, pourvu toutefois que nous ne donnions pas notre assentiment. Il ne faut pas cependant regarder comme probables toutes les aperceptions de ce genre, mais seulement celles que rien ne trouble. Si nous ne vous faisons agréer ces idées, accusez-les d'être fausses; au moins elles ne sont certainement pas odieuses. Nous ne vous dérobons pas la lumière; seulement, lorsque vous dites que vous percevez et comprenez une chose, nous disons, si elle est probable, qu'elle nous semble être vraie.

XXXIII. En produisant et en constituant ainsi la doctrine de la probabilité, de cette probabilité sans entrave, sans obstacles, libre, pure de tout mélange, vous voyez assurément, Lucullus,

---

tem : » uno modo, quum hoc intelligatur, omnino eum rei nulli assentiri; altero, quum se a respondendo, ut aut approbet quid, aut improbet, sustineat, ut neque neget aliquid, neque aiat. Id quum ita sit, alterum placere, ut nunquam assentiatur; alterum tenere, ut, sequens probabilitatem, ubicumque hæc aut occurrat, aut deficiat, aut etiam, aut non, respondere possit. Nec ut placeat, eum, qui de omnibus rebus contineat se ab assentiendo, moveri tamen, et agere aliquid : reliquit ejusmodi visa, quibus ad actionem excitemur; item ea, quæ interrogati in utramque partem respondere possimus, sequentes tantummodo, quod ita visum sit, dum sine assensu; neque tamen omnia ejusmodi visa approbari, sed ea, quæ nulla re impediantur. Hæc si vobis non probamus, sint falsa sane, invidiosa certe non sunt. Non enim lucem eripimus; sed ea, quæ vos percipi comprehendique, eadem nos, si modo probabilia sint, videri dicimus.

XXXIII. Sic igitur inducto et constituto probabili, et eo quidem expedito, soluto, libero, nulla re implicato, vides profecto, Luculle, jacere jam illud

qu'on renverse votre défense de la certitude. Le sage dont je parle considérera des mêmes yeux que le vôtre, le ciel, la terre, la mer; il recevra par les mêmes sens les idées que la sensibilité vous révèle. Cette mer, en ce moment où le zéphyr s'élève, lui paraîtra, comme à vous, d'une couleur empourprée. Cependant il ne donnera pas son assentiment à cette apparence, parce que nous avons vu ces vagues tout à l'heure azurées, ce matin jaunâtres, et que maintenant la partie éclairée par le soleil blanchit, brille, étincelle, et diffère de celle qui la touche. Quand même vous pourriez nous donner la raison de tous ces changements, vous ne pourriez pas soutenir que ce qui a d'abord frappé vos yeux était vrai.

Si nous ne percevons rien, vous demandez d'où vient la mémoire.[1]; car nous ne pouvons nous rappeler les idées qu'autant que nous les avons comprises. Quoi! Polyénus, qui fut, dit-on, un grand mathématicien, oublia-t-il la géométrie, lorsque, devenu disciple d'Épicure, il considéra cette science comme fausse? Le faux cependant ne saurait être perçu; telle est votre manière de voir. Si donc il n'y a de mémoire que pour les choses perçues et comprises, il faut que nous ayons perçu et compris tout ce que nous nous rappelons. Or, rien de faux n'est

---

tuum perspicuitatis patrocinium. Iisdem enim hic sapiens, de quo loquor, oculis, quibus iste vester, cœlum, terram, mare intuebitur; iisdem sensibus reliqua, quæ sub quemque sensum cadunt, sentiet. Mare illud, quod nunc, Favonio nascente, purpureum videtur, idem huic nostro videbitur, nec tamen assentietur; quia nobismet ipsis modo cæruleum videbatur, mane flavum ; quodque nunc, quia a sole collucet, albescit, et vibrat, dissimileque est proximo ei continenti, ut, etiam si possis rationem reddere, cur id eveniat, tamen non possis id verum esse, quod videbatur oculus, defendere.

Unde memoria, si nihil percipimus (sic enim quærebas), quod meminisse visa, nisi comprehensa, non possumus? Quid? Polyænus, qui magnus mathematicus fuisse dicitur, is posteaquam, Epicuro assentiens, totam geometriam falsam esse credidit, num illa etiam, quæ sciebat, oblitus est? Atqui, falsum quod est, id percipi non potest, ut vobismet ipsis placet. Si igitur memoria, perceptarum comprehensarumque rerum est, omnia, quæ quisque meminit, habet ea comprehensa atque percepta. Falsi autem comprehendi nihil potest :

Voy. chap. vii et xii.

compris; et comme Scyron se souvient de tous les dogmes d'Épicure, il en résulte qu'ils sont tous vrais. Je ne m'y oppose pas; mais vous, il faut, ou que vous accordiez qu'il en est ainsi, ce que vous ne voulez point, ou que vous me laissiez la mémoire, en reconnaissant qu'elle peut exister, même sans compréhension et sans perception.

Que deviendront alors les arts? Quels arts? ceux qui avouent eux-mêmes reposer moins sur la science que sur des conjectures? ou ceux qui s'en tiennent aux apparences, et n'ont pas, comme l'art que vous possédez, le moyen de discerner le vrai du faux?

Mais vous élevez deux difficultés qui résument toute la question. D'abord vous déclarez impossible qu'un homme ne donne jamais son assentiment. Il est pourtant manifeste que cela se peut, puisque Panétius, le premier à peu près des stoïciens, du moins à mon avis, dit qu'il doute d'une chose que tous les stoïciens, excepté lui, regardent comme très-certaine, c'est-à-dire de la vérité des augures, des oracles, des songes, des prédictions, et que, sur ce sujet, il suspend son assentiment. Ce que Panétius fait pour des choses que ses maîtres croyaient certaines, pourquoi le sage ne le ferait-il pas pour les autres? y a-t-il quelque motif en vertu duquel il soit loisible d'improuver ou d'approuver, et non pas de douter? Vous vous arrêtez

---

et omnia meminit Scyron Epicuri dogmata; vera igitur illa sunt nunc omnia. Hoc per me licet. Sed tibi aut concedendum est, ita esse, quod minime vis; aut memoriam mihi remittas, oportet, et facile esse ei locum, etiam si comprehensio perceptioque nulla sit.

Quid fiet artibus? Quibus? iisne, quæ ipsæ fatentur, conjectura se plus uti, quam scientia; an iis, quæ tantum id, quod videtur, sequuntur, nec habent istam artem vestram, qua vera, et falsa dijudicent?

Sed illa sunt lumina duo, quæ maxime causam istam continent. Primum enim negatis fieri posse, ut quisquam nulli rei assentiatur. At id quidem perspicuum est, quum Panætius, princeps prope, meo quidem judicio, stoicorum, ea de re dubitare se dicat, quam omnes, præter eum, stoici certissimam putant, vera esse aruspicum auspicia, oracula, somnia, vaticinationes, seque ab assensu sustineat. Quod is potest facere de iis rebus, quas illi, a quibus ipse didicit, certas habuerint; cur id sapiens de reliquis [rebus] facere non possit? An est aliquid, quod positum vel improbare, vel approbare possit; du

7.

à votre gré dans les sorites ; pourquoi le sage, en d'autres circonstances, n'en ferait-il pas autant, surtout quand il peut, en s'abstenant de donner son adhésion, suivre une vraisemblance que rien n'obscurcit?

Votre seconde objection consiste à déclarer incapable d'agir celui qui ne donne son assentiment à rien [1]. Il faut d'abord, dites-vous, *apercevoir*, ce qui déjà contient l'assentiment ; car les stoïciens disent que *sensation* est *assentiment*. Le désir vient après, et l'action suit le désir. Enlevez l'aperception, et vous enlevez tout le reste.

XXXIV. Sur ce sujet, on a dit et écrit bien des choses pour et contre ; mais la question peut être résolue en un moment. A mon avis, jamais l'activité ne se déploie plus énergiquement qu'en luttant contre les aperceptions, en résistant à l'opinion, en se retenant sur la pente glissante de l'assentiment ; et je pense comme Clitomaque, lorsqu'il écrit que Carnéade a exécuté un travail digne d'Hercule, et triomphé d'un monstre farouche et cruel, en arrachant de nos âmes l'assentiment, c'est-à-dire l'opinion et la légèreté. Cependant laissons de côté ce moyen de défense, et dites-moi ce qui empêchera d'agir l'homme qui prend pour guide la probabilité dégagée d'obstacles. Ce qui l'empêchera? dit Lucullus, c'est qu'il pose en principe que le probable

---

bitare non possit? An tu in soritis poteris hoc, quum voles; ille in reliquis rebus non poterit eodem modo insistere, præsertim quum possit sine assensione ipsam verisimilitudinem non impeditam sequi?

Alterum est, quod negatis actionem ullius rei posse in eo esse, qui nullam rem assensu suo comprobet. Primum enim videri oportet, in quo sit etiam assensus. Dicunt enim stoici, sensus ipsos assensus esse ; quos quoniam appetitio consequatur, actionem sequi ; tolli autem omnia, si visa tollantur.

XXXIV. Hæc de re in utramque partem et dicta sunt, et scripta multa ; sed brevi res potest tota confici. Ego enim etsi maximam actionem puto repugnare visis, obsistere opinionibus, assensus lubricos sustinere, credoque Clitomacho ita scribenti, Herculis quemdam laborem exantlatum a Carneade, quod, ut feram et immanem belluam, si ex animis nostris assensionem, id est opinationem et temeritatem extraxisset, tamen, ut ea pars defensionis relinquatur, quid impediet actionem ejus, qui probabilia sequitur, nulla re impediente? Hoc, inquit, ipsum impediet, quod statuet, ne id quidem, quod probet, posse per-

[1] Voy. chap. xii.

ne peut être perçu. Le même motif vous empêchera donc de vous embarquer, de semer, de vous marier, d'avoir des enfants, de faire mille autres choses dans lesquelles la probabilité seule peut vous guider.

Néanmoins vous reprenez une objection triviale et cent fois réfutée, pour l'employer, non pas comme Antipater, mais, à ce que vous dites [1], d'une manière plus pressante. En effet, on a repris Antipater d'avoir soutenu que celui qui dit, *Rien ne peut être compris*, doit reconnaître au moins que cette maxime peut être comprise. Antiochus lui-même trouvait cet argument grossier et contradictoire : c'est une inconséquence de dire, *Rien ne peut être compris*, si cette proposition même est comprise. Il pense qu'il aurait fallu plutôt presser Carnéade de la manière suivante : Le sage n'admet aucun dogme qui ne soit compris, perçu, connu, vous devez donc avouer que ce dogme du sage, *Rien ne peut être perçu*, a été nécessairement perçu ; comme si le sage n'avait pas d'autres dogmes, et qu'il pût vivre sans dogmes. Mais, comme les autres sont probables et non perçus, il en est de même de celui-ci : *Rien ne peut être perçu* ; car si, pour celui-ci, il avait une marque qui entraînât la certitude, il se servirait du même signe pour les autres ; n'en ayant pas, il s'en rapporte à la probabilité. Aussi ne s'attendait-il pas à être

cipi. Jam istuc te quoque impediet et in navigando, et in conserendo, in uxore ducenda, in liberis procreandis, plurimisque in rebus, in quibus nihil sequere, præter probabile.

Et tamen illud usitatum, et sæpe repudiatum refers, non ut Antipater, sed, ut ais, pressius. Nam Antipatrum reprehensum, quod diceret, consentaneum esse ei, qui affirmaret, nihil posse comprehendi, id ipsum saltem dicere posse comprehendi : quod ipsi Antiocho pingue videbatur, et sibi ipsum contrarium. Non enim potest convenienter dici, nihil comprehendi posse, si ipsum comprehendi posse dicatur. Illo modo potius putat urgendum fuisse Carneadem : Quum sapientis nullum decretum esse possit, nisi comprehensum, perceptum, cognitum ; ut hoc ipsum decretum, quod sapientis esset, « nihil posse percipi, » fateretur esse perceptum, proinde quasi sapiens nullum aliud decretum habeat et sine decretis vitam agere possit. Sed ut illa habet probabilia, non percepta, sic hoc ipsum nihil posse percipi. Nam si in hoc haberet cognitionis notam, eadem uteretur in cæteris. Quam quoniam non habet, utitur probabilibus. Itaque non metuit, ne confundere omnia videatur, et incerta red-

[1] Voy.

accusé de tout confondre, de rendre tout incertain [1]. Interrogez-le sur le devoir, et sur beaucoup d'autres choses dans lesquelles il est versé, exercé; il ne répondra pas, comme sur le nombre pair ou impair des étoiles, qu'il n'en sait rien. Dans les choses incertaines, il n'y a point de probabilité; mais là où elle se montre, le sage n'est embarrassé ni pour agir, ni pour répondre.

Vous n'avez pas omis, Lucullus, une autre objection d'Antiochus; et je ne m'en étonne pas, car elle a fait du bruit : Antiochus disait que Philon en avait été fort embarrassé. Quand vous prenez, dit-il [2], cette proposition : *Il y a des aperceptions fausses*, et cette autre : *Elles ne diffèrent en rien des vraies*, vous ne faites pas attention que j'accorde la première, parce que je reconnais quelque différence entre les aperceptions; tandis que cette différence est niée par la seconde, qui déclare les aperceptions fausses semblables aux vraies : quoi de plus contradictoire? L'objection serait juste, si nous supprimions tout à fait la vérité ; loin de là, nous discernons et le vrai et le faux; mais ils se présentent à nous revêtus de probabilité, et non avec un signe qui détermine la perception.

XXXV. Il me semble que, jusqu'ici, j'ai argumenté avec trop de sécheresse. Quand nous avons un vaste champ où la discus-

---

dere. Non enim, quemadmodum, si quæsitum ex eo sit, stellarum numerus par, an impar sit : item, si de officio, multisque aliis de rebus, in quibus versatus exercitatusque sit, nescire se dicat. In incertis enim nihil est probabile; in quibus autem est, in his non deerit sapienti, nec quid faciat, nec quid respondeat.

Ne illam quidem prætermisisti, Luculle, reprehensionem Antiochi (nec mirum ; in primis enim est nobilis), qua solebat dicere Antiochus Philonem maxime perturbatum. Quum enim sumeretur unum, esse quædam falsa visa alterum, nihil ea differre a veris, non attendere, superius illud ea re a se esse concessum, quod videretur esse quædam in visis differentia : eam tolli altero, quo neget visa a falsis vera differre ; nihil tam repugnare. Id ita esset, si nos verum omnino tolleremus. Non facimus ; nam tam vera, quam falsa cernimus. Sed probandi species est ; percipiendi signum nullum habemus.

XXXV. Ac mihi videor nimis etiam nunc agere jejune. Quum sit enim cam-

[1] Voy. chap. x.
[2] Voy. chap. xiv.

sion peut s'élancer en liberté, pourquoi l'étouffer entre les défilés et les broussailles du stoïcisme? Si j'avais affaire à un péripatéticien qui me dit : « On peut percevoir l'impression qui vient du vrai, » et qui n'ajoutât pas cette grande clause : « Et qui est telle, qu'elle ne saurait venir du faux; » avec un homme de bonne foi j'agirais sans détour, et je ne contesterais pas beaucoup. Et même, quand j'avance que rien ne peut être compris, s'il répliquait que le sage opine quelquefois, je ne contredirais point, autorisé par l'exemple de Carnéade, qui n'est pas trop hostile à cette idée. Maintenant que puis-je faire? Je demande : que peut-on comprendre? On me répond, et ce n'est ni Aristote, ni Théophraste, ni même Xénocrate ou Polémon; c'est un philosophe plus récent encore : « Une vérité telle qu'elle ne puisse être fausse. » Je ne trouve rien de ce genre; il faudra donc que je donne mon assentiment à l'inconnu; en d'autres termes, que j'opine. Les péripatéticiens et la vieille académie me le permettent; vous vous y opposez, et surtout Antiochus, dont l'autorité est puissante sur moi, soit parce que je l'ai aimé comme il m'aimait lui-même, soit parce que je le juge comme le philosophe de notre temps le plus poli et le plus spirituel. Je lui demande d'abord à quel titre il est de cette académie à la-

pus, in quo possit exsultare oratio, cur eam in tantas angustias, et in stoicorum dumeta compellimus? Si enim mihi cum peripatetico res esset, qui id percipi posse diceret, « quod impressum esset e vero; » neque adhiberet illam magnam accessionem, « quo modo imprimi non posset a falso : » cum simplici homine simpliciter agerem, nec magnopere contenderem; atque etiam, si, quum ego nihil dicerem posse comprehendi, diceret ille, sapientem interdum opinari, non repugnarem, præsertim ne Carneade quidem huic loco valde repugnante ; nunc quid facere possum? Quæro enim, quid sit, quod comprehendi possit. Respondet mihi non Aristoteles, aut Theophrastus, ne Xenocrates quidem, aut Polemo, sed qui minor etiam : « tale verum, quale falsum esse non possit. » Nihil ejusmodi invenio. Itaque incognito nimirum assentiar, id est opinabor. Hoc mihi et peripatetici, et vetus academia concedit : vos negatis, Antiochus in primis, qui me valde movet, vel quod amavi hominem, sicut ille me; vel quod ita judico, politissimum et acutissimum omnium nostræ memoriæ philosophorum. A quo primum quæro, quo tandem modo sit ejus academiæ, cujus esse se profitetur? Ut omittam alia, hæc duo

quelle il fait profession d'appartenir. Sans parler du reste, les deux propositions dont il s'agit : *On ne perçoit que ce qui est vrai; et tel que le faux ne saurait être; Le sage n'opine jamais*, ont-elles été émises par un seul philosophe de la vieille académie, par un seul péripatéticien ? Par aucun. Ni l'une ni l'autre ne fut vivement défendue avant Zénon. Moi, je juge vraie l'une et l'autre, et je ne parle pas ainsi par égard pour la circonstance ; je dis franchement ce que je pense.

XXXVI. Voici une prétention que je ne puis souffrir. Tandis que vous me défendez d'adhérer à l'inconnu, jugeant qu'un tel assentiment est ce qu'il y a au monde de plus honteux et de plus inconsidéré, vous avez assez de confiance en vous, pour exposer la science de la sagesse, pour dévoiler la nature de toutes les choses, pour former les mœurs, constituer la limite du bien et du mal, décrire tous les devoirs, déterminer la vie que je dois suivre, et, en même temps, vous engager à me transmettre les moyens naturels et artificiels de raisonner et de concevoir ! Quand j'embrasserai ces innombrables objets, m'amènerez-vous au point de ne jamais faillir, de n'être jamais dupe de l'opinion ? Quelle est enfin l'école où vous me conduirez, si vous m'arrachez à celle-ci ? Il y aurait un peu de présomption à répondre que c'est la vôtre ; cependant vous répondrez nécessairement ainsi, et vous ne serez pas le seul : chacun voudra

---

de quibus agitur, quis unquam dixit, aut veteris academiæ, aut peripateticorum ? vel id solum percipi posse, quod esset verum tale, quale falsum esse non posset ; vel sapientem nihil opinari ? Certe nemo. Horum neutrum ante Zenonem magnopere defensum est. Ego tamen utrumque verum puto, nec dico temporis causa, sed ita plane probo.

XXXVI. Illud ferre non possum. Tu, quum me incognito assentiri vetes, idque turpissimum esse dicas, et plenissimum temeritatis, tantum tibi arroges, ut exponas disciplinam sapientiæ, naturam rerum omnium evolvas, mores fingas, fines bonorum malorumque constituas, officia describas, quam vitam ingrediar, definias ; idemque etiam disputandi et intelligendi judicium dicas te et artificium traditurum, perficies, ut ego ista innumerabilia complectens, nusquam labar ? nihil opiner ? Quæ tandem ea est disciplina, ad quam me deducas, si ab hac abstraxeris ? Vereor, ne subarroganter facias, si dixeris tuam. Atqui ita dicas, necesse est. Neque vero tu solus, sed me ad suam quis-

m'entraîner dans son parti. Supposons que je résiste aux péripatéciens qui prétendent avoir une certaine parenté avec les orateurs, et qui disent que des hommes illustres, formés par leurs leçons, ont souvent gouverné la république; supposons que je tienne bon contre les épicuriens, parmi lesquels je compte tant d'amis, tant d'hommes de bien étroitement unis entre eux; comment agirai-je envers le stoïcien Diodote, qui fut mon maître dès mon enfance, qui vit avec moi depuis tant d'années, qui habite chez moi, que j'admire, que je chéris, qui méprise les idées d'Antiochus? Notre système, direz-vous, est le seul vrai. Certainement, s'il est vrai, c'est le seul; car plusieurs systèmes différents ne peuvent être vrais. Nous reprochera-t-on notre vanité, quand nous craignons de faillir? ou plutôt n'accusera-t-on pas d'orgueil ceux qui s'imaginent que seuls ils savent tout? Non, me répondra Lucullus, je ne dis pas que c'est moi qui sais tout, je dis que c'est le sage. Fort bien; il sait néanmoins ce que vous enseignez. D'abord, comment un homme qui n'est pas sage enseigne t-il la sagesse? Mais ne parlons pas de nous-mêmes; parlons du sage, auquel doit (je l'ai dit souvent) se rapporter toute notre discussion.

L'étude de la sagesse a été divisée en trois parties par la plupart des auteurs et par nous-mêmes. Commençons, si vous voulez, par les recherches qui ont pour objet la nature des choses,

---

que rapiet. Age, restitero peripateticis, qui sibi cum oratoribus cognationem esse, qui claros viros a se instructos dicant rempublicam sæpe rexisse; sustinuero epicureos, tot meos familiares, tam bonos, tam inter se amantes viros : Diodoto quid faciam stoico, quem a puero audivi? qui mecum vivit tot annos, qui habitat apud me, quem et admiror, et diligo, qui ista Antiochea contemnit? Nostra, inquies, sola vera sunt. Certe sola, si vera; plura enim vera discrepantia esse non possunt. Utrum igitur nos impudentes, qui labi nolumus; an illi arrogantes, qui sibi persuaserint, scire se solos omnia? Non me quidem, inquit, sed sapientem dico scire. Optime : nempe ista scire, quæ sunt in tua disciplina. Hoc primum quale est, a non sapiente explicari sapientiam? Sed discedamus a nobismet ipsis, de sapiente loquamur, de quo (ut sæpe jam dixi) omnis hæc quæstio est.

In tres igitur partes et a plerisque, et a nobismet ipsis distributa sapientia est. Primum ergo, si placet, quæ de natura rerum sunt quæsita, videamus;

toutefois après quelques mots de préambule. Est-il un homme assez enflé d'erreur pour se flatter de connaître la nature? Je ne tiens pas compte de ces systèmes fondés sur des conjectures, qui, tiraillés en tous sens dans les discussions, n'admettent point la nécessité de persuader. Que les géomètres y prennent garde aussi, eux qui aspirent non-seulement à persuader, mais à contraindre, et qui prouvent tout ce qu'ils exposent. Je ne leur demande pas raison de ces abstractions qui servent de point de départ aux mathématiciens, et qu'on ne peut leur contester sans les arrêter tout court : le *point* est ce qui n'a aucune étendue ; la *surface* est comme le niveau d'un plan qui n'a pas d'épaisseur ; la *ligne* est une longueur sans largeur. Quand j'accorderais la vérité de ces définitions, si je demande le serment, pensez-vous que votre sage jurera que le soleil est beaucoup plus grand que la terre, avant qu'Archimède ait développé devant lui les calculs par lesquels il démontre ce fait? S'il le jure, il méprise le soleil, qu'il regarde comme un dieu. S'il n'ajoute point foi aux démonstrations géométriques qui enseignent avec une sorte de tyrannie, comme vous le dites, certainement il sera bien éloigné de croire aux arguments des philosophes. Si pourtant il y croit, lesquels préférera-t-il? Rien n'empêche d'expliquer tous les systèmes des physiciens ; mais le travail serait

---

vel, ut illud ante. Estne quisquam tanto inflatus errore, ut sibi se illa scire persuaserit? Non quæro rationes eas, quæ ex conjectura pendent, quæ disputationibus huc et illuc trahuntur, nullam adhibent persuadendi necessitatem Geometræ provideant, qui se profitentur non persuadere, sed cogere; et qu omnia vobis, quæ describunt, probant. Non quæro ex his illa initia mathematicorum, quibus non concessis, digitum progredi non possunt : punctum esse, quod magnitudinem nullam habeat; extremitatem, et quasi libramentum, in quo nulla omnino crassitudo sit; lineamentum, longitudinem latitudine carentem. Hæc quum vera esse concessero, si adjiciam jusjurandum, sapientemne prius, quam Archimedes, eo inspectante, rationes omnes descripserit eas, quibus efficitur, multis partibus solem majorem esse, quam terram, juraturum putas? Si fecerit, solem ipsum, quem deum censet esse, contempserit. Quod si geometricis rationibus non est crediturus, quæ vim afferunt in docendo, vos ipsi ut dicitis, ne ille longe aberit, ut argumentis credat philosophorum ; aut, si est crediturus, quorum potissimum? Omnia physicorum licet expli-

long. Quel est cependant celui qu'il suivra? Supposez un homme qui veut devenir sage, qui ne l'est pas encore; quelle doctrine, quelle école choisira-t-il? Quelque parti qu'il prenne, il choisira avant d'être sage. Mais, eût-il un esprit divin, quel est celui des physiciens qui, seul entre tous, obtiendra son approbation? Il n'en peut préférer qu'un. Je n'examine pas le nombre infini des questions : voyons seulement le système qu'il adoptera sur les principes des choses, sur les éléments dont tout se compose ; c'est là l'objet d'une grande controverse entre d'illustres philosophes.

XXXVII. A leur tête, Thalès, un des sept sages, à qui les six autres cédèrent, dit-on, le premier rang, a soutenu que l'eau est le principe de tout. Mais il n'a pu le persuader à Anaximandre, son ami et son concitoyen, car celui-ci fait naître tout de la matière infinie. Ensuite, Anaximène, disciple d'Anaximandre, avance que l'air est infini, mais que tout ce qui en provient est fini; et il en fait naître la terre, l'eau, le feu, qui ont donné naissance à tous les êtres. Anaxagore prétend que la matière est infinie, qu'elle se compose de molécules très-petites et semblables entre elles : ces molécules, confuses dans le principe, ont été mises en ordre par l'intelligence divine. Xénophane, un peu plus ancien, prétend que tout ce qui existe ne forme qu'un être, qu'il

care ; sed longum est. Quære tamen, quem sequatur. Finge aliquem nunc fieri sapientem, nondum esse, quam potissimum sententiam eliget et disciplinam? Etsi quamcumque eliget, insipiens eliget. Sed sit ingenio divino, quem unum e physicis potissimum probabit? Nec plus uno poterit. Non persequor quæstiones infinitas, tantum de principiis rerum, e quibus omnia constant, videamus quem probet. Est enim inter magnos homines summa dissensio.

XXXVII. Princeps Thales, unus e septem, cui sex reliquos concessisse primas ferunt, ex aqua dixit constare omnia. At hoc Anaximandro, populari et sodali suo, non persuasit. Is enim infinitatem naturæ dixit esse, e qua omnia gignerentur. Post ejus auditor Anaximenes, infinitum aera ; sed ea, quæ ex eo orirentur, definita ; gigni autem terram, aquam, ignem, tum ex his omnia. Anaxagoras, materiam infinitam; sed ex ea particulas, similes inter se, minutas ; eas primum confusas, postea in ordinem adductas a mente divina. Xenophanes paulo etiam antiquior, unum esse omnia, neque id esse mutabile

est immuable, qu'il est Dieu, qu'il n'a point eu de commencement, qu'il est éternel et de figure sphérique. Parménide croit que le feu est le principe unique, qu'il meut la terre, et qu'il l'a formée. Leucippe veut que ce soit le plein et le vide ; sur ce point Démocrite est du même avis ; pour le reste il est plus riche en instruction. Empédocle s'en tient aux quatre éléments vulgaires et connus ; Héraclite rapporte tout au feu ; Melissus pense que ce qui existe est infini, immuable, a toujours été, et doit toujours être ; Platon croit que, de cette matière qui se prête à toutes les modifications, Dieu a créé le monde pour être éternel. Les pythagoriciens attribuent l'origine de toutes choses aux nombres et aux principes des mathématiques.

Entre tous ces philosophes, votre sage, je le crois, en choisira un pour guide, et les autres, tant et de si grands hommes, rejetés et condamnés, se retireront. Quelque sentiment qu'il approuve, son esprit l'embrassera avec autant de certitude que les impressions sensibles ; et comme il est sûr qu'il fait jour à présent, il ne le sera pas moins, puisqu'il est stoïcien, que ce monde est sage, qu'il est doué d'une intelligence qui l'a formé et s'est formée elle-même, qui règle, meut et gouverne tout. Il sera même persuadé que le soleil, la lune, toutes les étoiles, la terre, la mer, sont des dieux, parce que dans tous ces vastes corps se glisse et se répand une certaine intelligence, source de

---

et id esse Deum, neque natum unquam, et sempiternum, conglobata figura. Parmenides, ignem, qui moveat terram, quæ ab eo formetur. Leucippus, plenum, et inane. Democritus huic in hoc similis, uberior in cæteris. Empedocles, hæc pervulgata et nata quatuor ; Heraclitus, ignem, Melissus, hoc, quod esset infinitum, et immutabile, et fuisse semper, et fore. Plato ex materia in se omnia recipiente mundum esse factum censet a deo sempiternum. Pythagorei, ex numeris, et mathematicorum initiis proficisci volunt omnia.

Ex his eliget vester sapiens unum aliquem, credo, quem sequatur ; cæteri tot viri et tanti, repudiati ab eo, condemnatique discedent. Quamcumque vero sententiam probaverit, eam sic animo comprehensam habebit, ut ea, quæ sensibus ; nec magis approbabit nunc lucere, quam, quoniam stoicus est, hunc mundum esse sapientem, habere mentem, quæ et se, et ipsum fabricata sit, et omnia moderetur, moveat, regat. Erit ei persuasum etiam, solem, lunam, stellas omnes, terram, mare, deos esse, quod quædam animalis intel-

vie ; enfin il sera sûr qu'un jour ce monde entier doit être la proie d'un vaste embrasement.

XXXVIII. Supposons tout cela vrai (vous le voyez, j'avoue qu'il y a de la vérité), je nie encore que ces idées soient comprises et perçues. En effet, lorsque votre sage stoïcien aura prononcé ses sentences syllabe par syllabe, viendra tout à coup Aristote, répandant, comme un vaste fleuve, les trésors de son éloquence. Ce prétendu sage, dira-t-il, est dans le délire ; le monde n'a jamais pris naissance ; jamais résolution nouvelle du créateur n'enfanta soudainement ce magnifique ouvrage, dont toutes les parties sont si bien coordonnées que nulle force ne pourrait amener les secousses, les révolutions dont vous le menacez ; que toute la durée des temps ne le ferait point vieillir ; que rien enfin n'en saurait dissoudre et détruire l'admirable ensemble. Il nous faudra repousser ce système, et défendre le précédent, comme votre tête et votre honneur ; tandis que, à moi, vous ne me laissez pas seulement le droit de douter. Cependant, sans parler de l'imprudence de ceux qui donnent leur assentiment à la légère, combien ne dois-je pas estimer la liberté de me soustraire au joug qui pèse sur vous ! Pourquoi Dieu, qui, à vous entendre, a tout fait pour nous, a-t-il créé tant de serpents et de vipères ? Pourquoi a-t-il disséminé sur la terre et sur les mers tant de fléaux destructeurs ? Vous soutenez que le fini et

---

ligentia per omnia ea permeet et transeat ; fore tamen aliquando, ut omnis hic mundus ardore deflagret.

XXXVIII. Sint ista vera (vides enim jam me fateri aliquid esse veri), comprehendi ea tamen et percipi, nego. Quum enim tuus iste stoicus sapiens syllabatim tibi ista dixerit ; veniet, flumen orationis aureum fundens, Aristoteles, qui illum desipere dicat : neque enim ortum esse unquam mundum, quod nulla fuerit, novo consilio inito, tam præclari operis inceptio, et ita eum esse undique aptum, ut nulla vis tantos queat motus, mutationemque moliri, nulla senectus diuturnitate temporum exsistere, ut hic ornatus unquam dilapsus occidat. Tibi hoc repudiare, illud autem superius, sicut caput et famam tuam, defendere necesse erit : mihi ne, ut dubitem quidem, relinquatur ? Ut omittam levitatem temere assentientium, quanti libertas ipsa æstimanda est, non mihi necesse esse, quod tibi est ? Cur Deus, omnia nostri causa quum faceret (sic enim vultis), tantam vim natricum viperarumque fecerit ? Cur mortifera tam multa [perniciosa] terra marique disperserit ? Negatis hæc tam polite,

la perfection du travail attestent l'industrie d'un dieu, dont vous ravalez la majesté jusqu'à lui faire fabriquer les abeilles et les fourmis; en sorte qu'il y aurait apparemment, parmi les dieux, un Myrmécide chargé de ces menus ouvrages. Sans un dieu, dites-vous, rien ne peut exister. Voilà que Straton de Lampsaque vient à la traverse, et dispense la divinité d'un si grand travail. Quand les prêtres des dieux sont exempts de toute charge, il est bien plus juste que les dieux eux-mêmes le soient. Straton n'a pas besoin de leur secours pour former le monde. Il enseigne que tout a été fait par la nature, mais non pas, comme le dit un autre philosophe, au moyen de corpuscules raboteux, polis, dentelés, crochus, unis au sein du vide ; ce sont, ajoute Straton, des rêves de Démocrite, plus occupé de chimères que de science; mais lui, considérant tour à tour chacune des parties du monde, il montre que tout ce qui est ou se fait, est ou a été produit par des poids et des mouvements naturels. Oui, Straton délivre Dieu d'un grand travail, et moi d'une grande crainte ; car qui pourrait penser que Dieu veille sur lui, sans trembler jour et nuit devant sa puissance suprême ? Et si quelque malheur arrive (à qui n'en arrive-t-il pas ?), qui ne craindrait de l'avoir mérité? Toutefois, je ne m'attache ni à l'opinion de Straton, ni à la vôtre ; c'est tantôt celle-ci, tantôt celle-là qui me paraît plus probable.

tamque subtiliter effici potuisse sine divina aliqua solertia, cujus quidem vos majestatem deducitis usque ad apium formicarumque perfectionem ; ut etiam inter deos Myrmecides aliquis, minutorum opusculorum fabricator fuisse videatur. Negas sine deo posse quidquam. Ecce tibi e transverso Lampsacenus Strato, qui det isti deo immunitatem magni quidem muneris Sed quum sacerdotes deorum vacationem habeant, quanto est æquius habere ipsos deos? Negat opera deorum se uti ad fabricandum mundum. Quæcumque sint, docet omnia esse effecta natura, nec, ut ille, qui asperis, et lævibus, et hamatis uncinatisque corporibus concreta hæc esse dicat, interjecto inani. Somnia censet hæc esse Democriti, non docentis, sed optantis. Ipse autem, singulas mundi partes persequens, quidquid aut sit, aut fiat, naturalibus fieri, aut factum esse docet ponderibus et motibus. Sic ille et Deum opere magno liberat, et me timore. Quis enim potest (quum existimet a Deo se curari) non et dies, et noctes divinum numen horrere? et, si quid adversi acciderit (quod cui non accidit?), extimescere, ne id jure evenerit? Nec Straton tamen assentior ; nec vero tibi. Modo hoc, modo illud probabilius videtur.

XXXIX. Tous ces secrets, ô Lucullus, sont cachés et enveloppés dans d'épaisses ténèbres. L'esprit humain n'a point de vue qui puisse percer la voûte céleste, pénétrer dans le sein de la terre. Nous ne connaissons pas notre corps : quelle est la disposition, quelle est la nature de ses parties? nous l'ignorons. Voilà pourquoi les médecins, à qui il importe de le savoir, ont ouvert le corps pour mettre au jour ce qu'il contient. Et cependant, disent les empiriques, ces mystères n'en sont pas mieux connus, parce qu'il peut arriver que les parties découvertes et mises à nu éprouvent de l'altération. Mais quoi! pouvons-nous, par le même procédé, disséquer, ouvrir, diviser la nature des choses, pour voir si la terre est solidement assise, et comme attachée par de profondes racines, ou si elle est suspendue dans l'espace? Xénophane dit que la lune est habitée, que c'est une terre couverte de villes et de montagnes. Tout cela paraît prodigieux ; néanmoins, comme il n'aurait pu jurer qu'il en est ainsi, je ne jurerais point, moi, qu'il en est autrement. Vous dites même qu'au-dessous de notre pays, sur l'autre côté de la terre, il y a des hommes dont les pieds sont placés directement sous les nôtres, et dans un sens opposé : vous les appelez antipodes. Pourquoi vous emporter contre moi qui ne méprise point cette opinion, plus violemment que contre ceux qui ne peuvent vous entendre sans vous accuser de folie? Hicétas de Syracuse, au rapport de

---

XXXIX. Latent ista omnia, Luculle, crassis occultata et circumfusa tenebris, ut nulla acies humani ingenii tanta sit, quæ penetrare in cœlum, terram intrare possit. Corpora nostra non novimus ; qui sint situs partium, quam vim quæque pars habeat, ignoramus. Itaque medici ipsi, quorum intererat ea nosse, aperuerunt, ut viderentur. Nec eo tamen aiunt empirici notiora esse illa ; quia possit fieri, ut patefacta et detecta mutentur. Sed ecquid nos eodem modo rerum naturas persecare, aperire, dividere possumus, ut videamus, terra penitusne defixa sit, et quasi radicibus suis hæreat, an media pendeat? Habitari ait Xenophanes in luna, eamque esse terram multarum urbium et montium. Portenta videntur ; se tamen neque ille, qui dixit, jurare posset ita se rem habere ; neque ego, non ita. Etiam dicitis, esse e regione nobis, e contraria parte terræ, qui adversis vestigiis stent contra nostra vestigia, quos antipodas vocatis ? Cur mihi magis succensetis, qui ista non aspernor, quam eis, qui, quum audiunt, desipere vos arbitrantur? Hicetas Syracusius, ut ait Theo-

Théophraste, croyait que le ciel, le soleil, la lune, les étoiles, en un mot tous les corps célestes, sont immobiles; que, dans l'univers, rien n'est en mouvement excepté la terre, qui, tournant sur son axe avec une extrême vitesse, présente les mêmes apparences que si elle restait immobile au milieu du mouvement des cieux. Plusieurs pensent que Platon, dans le *Timée*, exprime cette opinion, mais un peu obscurément. Et vous, Épicure, dites-moi, pensez-vous que le soleil soit aussi petit que vous le dites? Moi?... mais vous, le croyez-vous aussi grand que vous le supposez? Il se moque de vous, comme vous vous moquez de lui. Socrate et Ariston de Chio sont à l'abri de ces railleries : ils pensent qu'on ne peut savoir rien de semblable. Mais je reviens à l'âme et au corps. Connaissons-nous suffisamment la nature des nerfs et des veines? Savons-nous ce que c'est que l'âme? où elle est? enfin si nous en avons une, ou si, comme il semblait à Dicéarque, nous n'en avons point? et, supposé qu'elle existe, savons-nous si elle a trois parties, comme le voulait Platon, la raison, la colère, la concupiscence, ou si elle est simple et une? Admettons qu'elle soit simple et une : est-elle un feu, un souffle ou du sang? est-elle, comme dit Xénocrate, un nombre sans corps, ce qu'on peut difficilement concevoir? Enfin, quelle que soit sa nature, est-elle périssable ou immortelle? car on argumente beaucoup pour et contre.

phrastus, cœlum, solem, lunam, stellas, supera denique omnia, stare censet neque præter terram, rem ullam in mundo moveri, quæ quum circum axem se summa celeritate convertat et torqueat, eadem effici omnia, quasi stante terra cœlum moveretur. Atque hoc etiam Platonem in Timæo dicere quidam arbitrantur, sed paulo obscurius. Quid tu, Epicure? Loquere. Putas solem esse tantulum? Egone? vobis quidem tantum? Sed et vos ab illo irridemini; et ipsi illum vicissim eluditis. Liber igitur a tali irrisione Socrates, liber Aristo Chius, qui nihil istorum sciri putat posse. Sed redeo ad animum, et corpus. Satisne tandem ea nota sunt nobis, quæ nervorum natura sit, quæ venarum tenemusne, quid animus sit? ubi sit, denique, sitne, an, ut Dicæarcho visum est, ne sit quidem ullus? si est, tresne partes habeat, ut Platoni placuit, rationis, iræ, cupiditatis; an simplex, unusque sit? si unus et simplex, utrum sit ignis, an anima, an sanguis? an, ut Xenocrates, numerus nullo corpore? quod intelligi, quale sit, vix potest. Et, quidquid est, mortale sit, an æternum? nam utramque in partem multa dicuntur

XL. Parmi ces hypothèses, il y en a une qui paraît certaine à votre sage; le nôtre n'en rencontre pas même une probable : tant la force des raisons opposées se contre-balance! Si vous agissez avec plus de modestie, et si vous m'accusez, non de ne pas me rendre à vos arguments, mais de ne me rendre à aucun, je ne résisterai plus, et je choisirai celui en qui je dois avoir confiance. Qui préférerai-je? qui? Démocrite? car toujours, vous le savez, j'ai été partisan de la noblesse. A l'instant je serai accablé de vos invectives : Comment! me direz-vous, vous penseriez qu'il y a du vide, tandis que tout est tellement plein et serré, que la place abandonnée par un corps en mouvement est à l'instant occupée par un autre? Vous admettriez des atomes qui, en se combinant, produiraient des êtres qui leur ressemblent si peu? Vous croiriez que, pour faire de merveilleux ouvrages, il n'a point fallu une intelligence? Et lorsqu'un seul monde vous offre un spectacle si admirable, vous voudriez qu'il y eût encore d'innombrables mondes au-dessus, au-dessous, à droite, à gauche, devant, derrière, les uns semblables au nôtre, les autres différents? Croiriez-vous aussi que, comme nous sommes maintenant à Baules, et que nous voyons Pouzzoles, de même il est dans d'autres lieux, pareils à ceux-ci, une infinité d'hommes dont les noms, les dignités, les actions, l'esprit, l'extérieur, l'âge, sont les mêmes que les nôtres, et qui discutent

---

XL. Horum aliquid vestro sapienti certum videtur; nostro, ne quid maxime quidem probabile sit, occurrit : ita sunt in plerisque contrariarum rationum paria momenta. Sin agis verecundius, et me accusas, non quod tuis rationibus non assentiar, sed quod nullis, vincam animum, cuique assentiar, deligam. Quem potissimum? quem? Democritum? semper enim (ut scitis) studiosus nobilitatis fuit. Urgebar jam omnium vestrum convicio. Tune aut inane quidquam putes esse, quum ita completa et conferta sint omnia, ut et quod movebitur corporum cedat, et qua quodque cesserit, aliud illico subsequatur aut atomos ullas, e quibus quidquid efficiatur, illarum sit dissimillimum? aut sine aliqua mente rem ullam effici posse præclaram? et, quum in uno mundo ornatus hic tam sit mirabilis, innumerabiles, supra, infra, dextra, sinistra, ante, post, alios dissimiles, alios ejusdemmodi mundos esse? et, ut nos nunc sumus ad Baulos, Puteolosque videmus ; sic innumerabiles paribus in locis esse, eisdem nominibus, honoribus, rebus gestis, ingeniis, formis, ætatibus,

sur le même sujet? Et si maintenant, ou pendant le sommeil, il nous semble voir quelque chose en esprit, croirez-vous que des images venues de l'extérieur pénètrent dans l'âme à travers le corps? Ah! n'affirmez jamais de telles choses, ne donnez pas votre assentiment à ces rêveries; mieux vaut n'avoir point d'opinion arrêtée, que d'en avoir de si absurdes.

En me parlant ainsi, vous n'avez donc pas l'intention de me faire approuver un système. A l'exiger il y aurait de la présomption, je dirai même de l'insolence, puisque vos opinions ne me paraissent pas seulement probables. Vous admettez la divination, je la regarde comme nulle; vous dites que le destin règle tout, et moi je le méprise. Je ne pense pas même que ce monde ait été construit par la sagesse divine, ou, pour mieux dire, j'ignore s'il en est ainsi.

XLI. Mais pourquoi chercher à me rendre odieux? Me permettrez-vous enfin d'ignorer ce que j'ignore? ou bien, les stoïciens pourront-ils disputer entre eux, tandis que je ne pourrais discuter contre eux? Zénon et presque tous les stoïciens regardent l'Éther comme le Dieu suprême, doué d'une intelligence par laquelle tout est régi. Cléanthe qui appartient, pour ainsi dire, à l'aristocratie du stoïcisme, Cléanthe, disciple de Zénon, pense que le Soleil est le souverain et le maître de toutes choses. Ainsi le désaccord de vos sages nous réduit à

eisdem de rebus disputantes? et, si nunc, aut si etiam dormientes, aliquid animo videre videamur, imagines extrinsecus in animos nostros per corpus irrumpere? Tu vero ista ne asciveris, neve fueris commentitiis rebus assensus. Nihil sentire est melius, quam tam prava sentire.

Non ergo id agitur ut aliquid assensu meo comprobem. Quæ tu vide, ne impudenter etiam postules, non solum arroganter, præsertim quum ista tua mihi ne probabilia quidem videantur. Nec enim divinationem, quam probatis, ullam esse arbitror; fatumque illud etiam, quo omnia contineri dicitis, contemno. Ne exædificatum quidem hunc mundum divino consilio existimo; atque haud scio, an ita sit.

XLI. Sed cur rapior in invidiam? licetne per vos nescire, quod nescio? an stoicis ipsis inter se disceptare, mihi cum iis non licebit? Zenoni, et reliquis fere stoicis Æther videtur summus deus, mente præditus, quo omnia reguntur. Cleanthes, qui quasi majorum est gentium stoicus, Zenonis auditor, Solem dominari, et rerum potiri putat. Itaque cogimur dissensione sapientum,

gnorer notre souverain, puisque nous ne savons si c'est au Soleil ou à l'Éther qu'il faut obéir. La grandeur du Soleil (car, tout radieux en ce moment, il semble fixer sur moi ses regards) m'invite à faire souvent mention de lui. Vous, au contraire, vous parlez de cette grandeur comme si vous l'aviez mesurée à la toise, pauvres architectes, que je ne crois point capables d'une telle opération! Eh bien, lequel de nous (j'adoucis l'expression) montre le plus de réserve? est-il permis d'en douter? Cependant je ne pense pas qu'il faille rejeter tout à fait ces questions de physique. L'examen et la contemplation de la nature sont pour l'âme et pour l'intelligence un aliment naturel. Cette étude nous élève; il nous semble planer dans une région supérieure, le monde est à nos pieds. L'esprit plein de pensées hautes et célestes, nous méprisons cette vie terrestre où tout est si frêle, si petit. Dans la recherche seule de ces phénomènes admirables et profondément cachés, se trouve déjà un charme puissant; mais si quelque chose de vraisemblable s'offre à l'observateur, alors surtout son âme est remplie de la volupté la plus digne de l'homme. Notre sage, comme le vôtre, sondera donc ces mystères : seulement le vôtre ira jusqu'à approuver, croire, affirmer; le nôtre craindra d'opiner inconsidérément, et croira avoir obtenu un beau succès, si, dans de telles recherches, il a trouvé quelque chose de vraisemblable.

dominum nostrum ignorare; quippe qui nesciamus, Soli, an Ætheri serviamus. Solis autem magnitudo (ipse enim hic radiatus me intueri videtur) admonet, ut crebro faciam mentionem sui. Vos ergo hujus magnitudinem quasi decempeda (hinc enim me quasi malis architectis mensuræ vestræ nego hoc) permensi refertis. Ergo credere dubium est, uter nostrum sit, leniter ut dicam, verecundior? Neque tamen istas quæstiones physicorum exterminandas puto. Est enim animorum ingeniorumque naturale quoddam quasi pabulum, consideratio contemplatioque naturæ : erigimur; elatiores fieri videmur; humana despicimus; cogitantesque supera atque cœlestia, hæc nostra, ut exigua et minima, contemnimus. Indagatio ipsa rerum tum maximarum, tum etiam occultissimarum, habet oblectationem. Si vero aliquid occurret, quod verisimile videatur, humanissima completur animus voluptate. Quæret igitur hæc et vester sapiens, et hic noster; sed vester, ut assentiatur, credat, affirmet; noster, ut vereatur temere opinari, præclareque agi secum putet, si in ejusmodi rebus, verisimile quod sit, invenerit.

Passons maintenant à la connaissance des biens et des maux. Mais, auparavant, j'ai encore quelques mots à dire. Ceux qui, sur ces questions de physique, sont si affirmatifs, me paraissent ne pas assez considérer que, par là, ils se privent de l'autorité attachée à des idées plus claires; car ils ne sont pas plus décidés à croire et à affirmer que maintenant il fait jour, qu'à soutenir que le chant de la corneille est un ordre ou une défense du ciel; et si, après avoir mesuré cette statue, ils assurent qu'elle est haute de six pieds, ils assureront de même que le soleil, qu'ils ne peuvent mesurer, surpasse de dix-huit fois au moins le volume de la terre. De là sort cette conclusion : S'il est impossible de percevoir l'étendue du soleil, celui qui ne connaît pas les autres choses mieux qu'il ne connaît l'étendue du soleil ne connaît réellement pas ces choses ; or, il ne nous est pas donné de percevoir l'étendue du soleil; donc, celui dont toutes les connaissances supposent cette perception ne connaît rien. On me répond qu'on peut percevoir la grandeur du soleil. Je ne dis pas que non, pourvu qu'on m'accorde que le reste est perçu et compris de la même manière. Nos adversaires ne prétendront point qu'une chose est plus ou moins comprise qu'une autre, puisque, d'après leur définition, il n'y a qu'une seule manière de comprendre quoi que ce soit.

XLII. Reprenons la question déjà posée : Qu'avons-nous de

Veniamus nunc ad bonorum malorumque notionem. Sed paululum ante dicendum est. Non mihi videntur considerare, quum physica ista valde affirmant, earum etiam rerum auctoritatem, si quæ illustriores videantur, amittere. Non enim magis assentiuntur, neque approbant, lucere nunc quam, quum cornix cecinerit, tum aliquid eam aut jubere, aut vetare ; nec magis affirmabunt, signum illud, si erunt mensi, sex pedum esse, quam solem, quem metiri non possunt, plus quam duodeviginti partibus majorem esse, quam terram. Ex quo illa conclusio nascitur : Si, sol quantus sit, percipi non potest, qui cæteras res eodem modo, quo magnitudinem solis, approbat, is eas res non percipit. Magnitudo autem solis percipi non potest. Qui igitur approbat, quasi percipiat, nullam rem percipit. Responderint, posse percipi, quantus sol sit. Non repugnabo; dummodo eodem pacto cætera percipi comprehendique dicant. Nec enim possunt dicere, aliud alio magis, minusve comprehendi, quoniam omnium rerum una est definitio comprehendendi.

XLII. Sed, quod cœperam : Quid habemus in rebus bonis et malis explo-

certain sur les biens et les maux? il faut ici fixer la limite qui détermine le suprême degré des biens et des maux. N'est-ce pas sur ce sujet que les plus grands hommes sont surtout en guerre? Je néglige les systèmes qui paraissent abandonnés; je ne parle point d'Herillus qui place le souverain bien dans la connaissance et la science; disciple de Zénon, il s'éloignait beaucoup de son maître, et fort peu de Platon. L'école de Mégare fut célèbre : j'ai lu que Xénophane, nommé tout à l'heure, en fut le chef. Parménide et Zénon vinrent après lui : de ces philosophes la secte des éléates a pris son nom. Ensuite parut un disciple de Socrate, Euclide de Mégare, qui fit donner à la même école le nom de mégarique. Ces philosophes définissaient le bien ce qui est un, toujours semblable, toujours identique : ils devaient aussi beaucoup à Platon. Les érétriens, ainsi appelés de Ménédème d'Érétrie, plaçaient le bien suprême dans l'âme, dans cette vue intérieure qui saisit le vrai. La doctrine des précédents était à peu près la même, mais avec plus de développement et d'élégance. Si nous dédaignons les érétriens, et si nous les regardons comme déjà mis de côté, nous devons certainement traiter avec moins de mépris ceux dont je vais parler : Ariston, disciple de Zénon, adopta en réalité ce que son maître n'avait fait qu'énoncer en belles paroles : Qu'il n'y a qu'un seul bien, la vertu;

---

rati? nempe fines constituendi sunt, ad quos et bonorum et malorum summa referatur. Qua de re est igitur inter summos viros major dissensio? et omitto illa, quæ relicta jam videntur, et Herillum, qui in cognitione et scientia summum bonum ponit, qui quum Zenonis auditor esset, vides quantum ab eo dissenserit, et quam non multum a Platone. Megaricorum fuit nobilis disciplina, cujus, ut scriptum video, princeps Xenophanes, quem modo nominavi; deinde eum secuti, Parmenides et Zeno ; itaque ab his eleatici philosophi nominabantur. Post Euclides, Socratis discipulus, Megareus; a quo iidem illi megarici dicti, qui id bonum solum esse dicebant, quod esset unum, et simile, et idem semper. Hi quoque multa a Platone. A Menedemo autem, quod is Eretria fuit, eretriaci appellati : quorum omne bonum in mente positum, et mentis acie, qua verum cerneretur. Illi similia, sed, opinor, explicata uberius et ornatius. Hos si contemnimus, et jam abjectos putamus ; illos certe minus despicere debemus, Aristonem, qui, quum Zenonis fuisset auditor, reprobavit ea, quæ ille verbis, Nihil esse bonum, nisi virtutem ; neque malum, nisi quod

un seul mal, ce qui est contraire à la vertu. Cette importance que Zénon avait attribuée aux choses moyennes, Ariston la déclara nulle ; pour lui, le souverain bien, en présence de ces choses, consiste à n'être affecté ni pour ni contre, ce qu'il appelle *indifférence*. Suivant Pyrrhon, le sage ne sent pas même les choses moyennes ; il nomme cet état de l'âme *apathie*.

Omettons donc tous ces systèmes, pour ne nous occuper que des suivants, qui ont été longtemps et opiniâtrément défendus. La fin que nous devons nous proposer est la volupté, selon quelques-uns, parmi lesquels se distingue Aristippe, disciple de Socrate et chef des cyrénaïques. Ensuite se présente Épicure, dont la doctrine est plus connue aujourd'hui, et qui ne s'accorde pas avec les cyrénaïques au sujet de la volupté. Calliphon nous assigne pour fin l'honnête uni à la volupté ; Hiéronyme veut que ce soit l'absence de tout malaise ; Diodore, à cette condition, joint l'honnête : ces deux derniers sont péripatéticiens. Vivre honnêtement en jouissant des biens que la nature met au premier rang, tel est le principe moral de la vieille académie, comme l'indiquent les écrits de Polémon, dont Antiochus est le partisan zélé. Aristote et ses sectateurs se rapprochent de cette solution. Carnéade mettait aussi en avant ce principe, que le souverain bien consiste à jouir des avantages que la nature dé-

---

virtuti esset contrarium, in mediis ea momenta, quæ Zeno voluit, nulla esse censuit. Huic summum bonum est, in his rebus neutram in partem moveri ; quæ ἀδιαφορία ab ipso dicitur. Pyrrho autem, ea ne sentire quidem sapientem ; quæ ἀπάθεια nominatur.

Has igitur tot sententias ut omittamus, hæc nunc videamus, quæ diu multumque defensa sunt. Alii voluptatem, finem esse voluerunt : quorum princeps Aristippus, qui Socratem audierat ; unde cyrenaici. Post Epicurus, cujus est disciplina nunc notior ; neque tamen cum cyrenaicis de ipsa voluptate consentiens. Voluptatem autem, et honestatem finem esse Callipho censuit ; vacare omni molestia, Hieronymus ; hoc idem cum honestate, Diodorus. Ambo hi peripatetici. Honeste autem vivere, fruentem rebus iis, quas primas homini natura conciliet, et vetus academia censuit, ut indicant scripta Polemonis, quem Antiochus probat maxime ; et Aristoteles, ejusque amici nunc proxime videntur accedere. Introducebat etiam Carneades, non quo probaret, sed ut opponeret stoicis summum bonum esse, frui iis rebus, quas primas natura

signe comme les premiers, non qu'il l'approuvât, mais pour l'opposer aux stoïciens. L'honnête que l'on atteint en se conformant au vœu de la nature, est le bien suprême, d'après Zénon, fondateur et chef du stoïcisme.

XLIII. Il est clair qu'à chacun de ces souverains biens que j'a énumérés correspond un souverain mal qui en est le contraire. C'est à vous maintenant que je le demande, lequel adopterai-je? Seulement qu'on ne me fasse point cette réponse ignorante et absurde : « Celui que vous voudrez, pourvu que vous en adoptiez un. » On ne peut rien dire de plus inconsidéré. Voyons : je veux m'attacher aux stoïciens. Aurai-je la permission, je ne dis pas d'Aristote, génie presque unique, à mon gré, en philosophie, mais d'Antiochus lui-même, qui, malgré son titre d'académicien, était, à peu de chose près, un pur stoïcien? Nous voilà donc déjà au milieu d'un conflit; car il faut que le vrai sage appartienne au Portique ou à la vieille académie ; il ne peut être à la fois de l'une et de l'autre école : elles sont en guerre, non pour les limites, mais pour le domaine entier. En effet, la définition du souverain bien embrasse toute la conduite de la vie ; être en dissidence sur cette définition, c'est donc l'être aussi sur toute la conduite de la vie. Puisque ces philosophes sont tellement en désaccord, ils ne peuvent être sages l'un et l'autre ; il faut qu'un seul le soit. Est-ce le disciple de Polémon? alors le stoïcien a tort, lui qui adhère à l'erreur : rien, selon vous, n'est plus in-

---

conciliavisset. Honestum autem, quod ducatur a conciliatione naturæ, Zeno statuit finem esse bonorum ; qui inventor et princeps stoicorum fuit.

XLII. Jam illud perspicuum est, omnibus iis finibus bonorum, quos exposui, malorum fines esse contrarios. Ad vos nunc refero, quem sequar ? modo ne quis illud tam ineruditum absurdumque respondeat : « Quemlibet, modo aliquem. » Nihil potest dici inconsideratius. Cupio sequi stoicos. Licetne (omitto per Aristotelem, meo judicio in philosophia prope singularem) per ipsum Antiochum ? qui appellabatur academicus ; erat quidem, si perpauca mutavisset, germanissimus stoicus. Erit igitur res jam discrimine. Nam aut stoicus constituatur sapiens, aut veteris academiæ. Utrumque non potest. Est enim inter eos non de terminis, sed de tota possessione contentio. Nam omnis ratio vitæ definitione summi boni continetur ; de qua qui dissident, de omni ratione vitæ dissident. Non potest igitur uterque esse sapiens, quoniam tantopere dissentiunt, sed alter. Si Polemoneus, peccat stoicus, rei falsæ assentiens ; vos qu

8.

digne du sage. Est-ce Zénon qui dit vrai? il faut tourner le reproche contre la vieille académie et les péripatéticiens. Je ne donnerai donc mon assentiment ni à l'un ni à l'autre, tant que je ne saurai lequel des deux est le plus sage. Quoi! lorsque Antiochus lui-même diffère en plusieurs points des stoïciens qu'il aime, n'indique-t-il pas que de telles opinions ne sauraient être approuvées du sage? Il plaît aux stoïciens que toutes les fautes soient égales; mais Antiochus réprouve énergiquement cette maxime. Permettez-moi de considérer quel sentiment je dois suivre. Décidez-vous, dit-on; prenez un parti quelconque. Comment? les raisons, de part et d'autre, me paraissent ingénieuses et de force égale : ne dois-je pas me garder de commettre un crime? car, Lucullus, vous avez appelé crime [1] la violation d'un dogme. Je me retiens donc afin de ne point adhérer à l'inconnu, dogme qui m'est commun avec vous.

Voici un dissentiment bien plus grave encore. Zénon place dans la vertu seule le bonheur de la vie. Qu'en pense Antiochus? La vie heureuse, dit-il, vient de la vertu; mais non pas la vie la plus heureuse. Le premier est un dieu qui pense que la vertu ne manque de rien; le second un faible mortel qui croit qu'il est, outre la vertu, beaucoup de biens chers et indispensables à l'homme. Mais je crains que l'un n'attribue à la vertu plus que

---

dem nihil dicitis a sapiente tam alienum esse. Sin vera sunt Zenonis, eadem in veteres academicos peripateticosque dicenda. Hic igitur, neutri assentiens, si nunquam, uter est prudentior? Quid? quum ipse Antiochus dissensit quibusdam in rebus ab iis, quos amat stoicis, nonne indicat, non posse illa probanda esse sapienti? Placet stoicis, omnia peccata esse paria. At hoc Antiocho vehementissime displicet. Liceat tandem mihi considerare, utram sententiam sequar. Præcide, inquit; statue aliquando quidlibet. Quid? quæ dicuntur quidem, et acuta mihi videntur in utramque partem et paria; nonne caveam, ne scelus faciam? scelus enim dicebas esse, Luculle, dogma prodere. Contineo igitur me, ne incognito assentiar; quod mihi tecum et dogma commune.

Ecce multo major etiam dissensio. Zeno in una virtute positam beatam vitam putat. Quid Antiochus? Etiam, inquit, beatam, sed non beatissimam. Deus ille, qui nihil censuit deesse virtuti; homuncio hic, qui multa putat præter virtutem homini partim cara esse, partim etiam necessaria. Sed ille, vereor

[1] Voy. chap. IX.

la nature ne permet, surtout depuis les réfutations de Théophraste, où la grâce se joint à l'éloquence; et j'ai peur que l'autre ne soit en opposition avec lui-même, en disant qu'il est des maux qui tiennent au corps et à la fortune, et que cependant l'homme plongé dans ces maux peut être heureux s'il est sage. Tiré en deux sens contraires, je trouve plus de probabilité, tantôt ici, tantôt là; et pourtant, si l'un des deux n'a raison, je désespère de la vertu.

XLIV. Sur ce principe, direz-vous, ils ne sont pas d'accord. Mais quoi! pouvons-nous adopter comme vraies les idées mêmes sur lesquelles ils s'accordent? par exemple, que l'âme du sage n'est jamais agitée par les désirs, transportée par la joie? passe, prenons cette opinion pour probable; en sera-t-il de même de celle-ci : Le sage n'éprouve ni crainte ni affliction? Le sage ne craindrait-il rien? ne s'affligerait-il pas, même en voyant sa patrie en ruine? La conséquence est dure, mais nécessaire pour Zénon, qui, outre l'honnête, ne reconnaît aucun bien. Pour vous, Antiochus, il n'en est point ainsi : outre l'honnête, vous admettez beaucoup de biens; outre le déshonnête, beaucoup de maux que le sage doit craindre quand ils viennent, déplorer quand ils sont venus. Mais je le demande, l'ancienne académie a-t-elle jamais posé cette maxime : Le sage ne doit être ni agité

---

ne virtuti plus tribuat, quam natura patiatur, præsertim Theophrasto multa diserte copioseque dicente. Et hic, metuo, ne vix sibi constet; qui quum dicat esse quædam et corporis, et fortunæ mala, tamen eum, qui in his omnibus sit, beatum fore censet, si sapiens sit. Distrahor; tum hoc mihi probabilius, tum illud videtur; et tamen, nisi alterutrum sit, virtutem jacere plane puto.

XLIV. Verum in his discrepant. Quid? illa, in quibus consentiunt, num pro veris probare possumus? sapientis animum nunquam nec cupiditate moveri, nec lætitia efferri. Age, hæc probabilia sane sint; num etiam illa? nunquam timere, nunquam dolere. Sapiensne non timeat? nec, si patria deleatur, non doleat? Satis durum, sed Zenoni necessarium; cui, præter honestum, nihil est in bonis : tibi vero, Antioche, minime; cui, præter honestatem, multa bona; præter turpitudinem, multa mala videntur; quæ et venientia metuat sapiens necesse est, et venisse doleat. Sed quæro, quando ista fuerint ab academia vetere decreta, ut animum sapientis commoveri et conturbari nega-

ni troublé? Elle approuvait des états intermédiaires, et, dans toute émotion, elle respectait la limite fixée par la nature. Nous avons tous lu le traité *sur le Deuil*, par Crantor, de l'ancienne académie; il n'est pas long, mais c'est un livre d'or, et digne d'être appris littéralement, comme Panétius le recommande à Tubéron. Les mêmes philosophes disaient encore que c'est pour notre utilité que la nature a mis en nos âmes ces émotions : la crainte, pour nous tenir sur nos gardes; la miséricorde et les peines du cœur, pour nous porter à la clémence; la colère même, pour aiguiser notre courage. Que ce soit vrai ou faux, c'est ce que nous examinerons une autre fois. Mais je ne vois pas comment vos impitoyables doctrines auraient fait irruption dans la vieille académie. Je ne saurais accepter vos idées; elles n'ont pourtant rien qui me répugne, car la plupart des étranges maximes du stoïcisme, qu'on nomme paradoxes, viennent de Socrate. Mais où en trouve-t-on la trace dans Xénocrate, dans Aristote? songez que, pour vous, ces deux philosophes n'en font qu'un. Auraient-ils jamais dit que les sages seuls sont rois riches, beaux? que tout ce qu'il y a au monde appartient au sage? qu'il n'y a que le sage qui soit consul, préteur, général, que sais-je? peut-être quinquévir? enfin, que le sage seul est citoyen, homme libre, et que ceux qui manquent de sagesse sont tous des étrangers, des exilés, des esclaves, des furieux?

rent? Mediocritates illi probabant, et in omni permotione naturalem volebant esse quemdam modum. Legimus omnes Crantoris, veteris academici, de Luctu. Est enim non magnus, verum aureolus, et, ut Tuberoni Panætius præcipit, ad verbum ediscendus libellus. Atque illi quidem etiam utiliter a natura, dicebant, permotiones istas animis nostris datas : metum, cavendi causa ; misericordiam ægritudinemque, clementiæ ; ipsam iracundiam, fortitudinis quasi cotem esse dicebant : recte, secusne, alias viderimus. Atrocitas quidem ista tua quo modo in veterem academiam irruperit, nescio. Illa vero ferre non possum, non quo mihi displiceant; sunt enim Socratica pleraque mirabilia stoicorum, quæ παράδοξα nominantur ; sed ubi Xenocrates, ubi Aristoteles ista tetigit? hos enim quasi eosdem esse vultis. Illi unquam dicerent, sapientes solos reges, solos divites, solos formosos? omnia, quæ ubique essent, sapientis esse? neminem consulem, prætorem, imperatorem, nescio, anne quinquevirum quidem quemquam, nisi sapientem? Postremo, solum civem, solum liberum? insipientes omnes, peregrinos, exsules, servos, furiosos? denique

Auraient-ils dit que les lois de Lycurgue et de Solon, que nos lois des Douze-Tables ne sont lois que pour le sage? qu'il n'y a de villes et de cités qu'autant qu'elles sont peuplées de sages? Si vous avez embrassé les doctrines d'Antiochus, votre ami, il faut, Lucullus, défendre toutes ces assertions comme vos remparts; pour moi, je les défendrai avec une juste mesure, c'est-à-dire autant qu'il me paraîtra convenable.

XLV. J'ai lu dans Clitomaque, qu'au moment où Carnéade et le stoïcien Diogène attendaient au Capitole pour être présentés au sénat, A. Albinus, alors préteur, sous le consulat de P. Scipion et de M. Marcellus, et qui fut consul avec votre aïeul, Albinus, dis-je, homme savant, comme le prouve l'histoire qu'il a écrite en grec, s'adressa en plaisantant à Carnéade : « Je ne suis point, à votre avis, un préteur, parce que je ne suis point un sage; Rome n'est point une ville, ses habitants ne sont point des citoyens. » Carnéade lui répondit : « C'est l'avis de ce stoïcien. » Aristote ou Xénocrate, qu'Antiochus prétendait suivre, n'auraient point douté qu'Albinus fût préteur, Rome une ville, et ses habitants des citoyens. Mais notre ami était, comme je l'ai dit, complétement stoïcien, en dépit de quelques hésitations.

Vous craignez pour moi que je ne me laisse glisser à l'*opinion*, et que je n'adopte et n'approuve quelque chose d'inconnu, ce que vous condamnez. Eh bien, quel conseil me don-

---

scripta Lycurgi, Solonis, Duodecim Tabulas nostras, non esse leges? ne urbes denique, aut civitates, nisi quæ essent sapientium? Hæc tibi, Luculle, si es assensus Antiocho, familiari tuo, tam sunt defendenda, quam mœnia ; mihi autem, bono modo ; tantum, quantum videbitur.

XXLV. Legi apud Clitomachum, quum Carneades et stoicus Diogenes ad senatuum in Capitolio starent, A. Albinum, qui tum, P. Scipione et M. Marcello cosss., prætor esset, cum, qui cum avo tuo, Luculle, consul fuit, sane doctum hominem, ut indicat ipsius historia, scripta græce, jocantem dixisse Carneadi : « Ego tibi, Carneade, prætor esse non videor, quia sapiens non sum ; nec hæc urbs, nec in ea civitas. » Tum ille : « Huic stoico non videris. » Aristoteles, aut Xenocrates, quos Antiochus sequi volebat, non dubitavisset, quin et prætor ille esset, et Roma urbs, et eam civitas incoleret. Sed ille noster est plane, ut supra dixi, stoicus, perpauca balbutiens.

Vos autem mihi veremini, ne labar ad opinionem, et aliquid adsciscam et comprobem incognitum ; quod minime vultis. Quid consilii datis? Testatur

nez-vous? Chrysippe soutient souvent qu'il n'y a sur le bien suprême que trois sentiments qui puissent se défendre ; il élague et retranche la multitude des autres. La fin de l'homme, dit-il, est l'honnête, ou la volupté, ou l'un et l'autre à la fois. Ceux qui veulent que le souverain bien consiste à rester exempt de tout malaise, se tiennent dans le voisinage de la volupté, tout en évitant d'en prononcer le nom odieux. On en peut dire autant de ceux qui unissent la volupté avec l'honnête, et il en est à peu près de même de ceux qui ajoutent à l'honnête les premiers avantages de la nature.

Ainsi Chrysippe ne laisse que trois opinions qu'on puisse soutenir avec probabilité. Je veux bien le croire, quoiqu'il soit difficile de me détacher de la fin dernière de Polémon, des péripatéticiens et d'Antiochus, et que jusqu'ici je ne sache rien de plus probable ; cependant je vois avec quelle douceur la volupté caresse nos sens, et je me laisse aller à approuver Épicure ou Aristippe. La vertu me rappelle, ou plutôt sa main puissante me retient : « Ces passions, dit-elle, sont faites pour la brute ; moi, j'élève l'homme jusqu'à la divinité. » Je pourrais prendre un milieu ; et puisque Aristippe, comme si nous n'avions pas d'âme, ne s'occupe que du corps ; puisque Zénon, comme si nous n'avions pas de corps, ne s'occupe que de l'âme, je pour-

---

sæpe Chrysippus, tres solas esse sententias, quæ defendi possint, de finibus bonorum ; circumcidit et amputat multitudinem. Aut enim honestatem esse finem, aut voluptatem, aut utrumque. Nam qui summum bonum dicant id esse, si vacemus omni molestia, eos invidiosum nomen voluptatis fugere, sed n vicinitate versari. Quod facere eos etiam, qui illud idem cum honestate conjungerent ; nec multo secus eos, qui ad honestatem prima naturæ commoda adjungerent. Ita tres relinquit sententias, quas putet probabiliter posse defendi.

Sit sane ita : quanquam a Polemonis, et peripateticorum, et Antiochi finibus non facile divellor, neque quidquam habeo adhuc probabilius ; verumtamen video, quam suaviter voluptas sensibus nostris blandiatur. Labor eo, ut assentiar Epicuro, aut Aristippo. Revocat virtus, vel potius reprehendit manu ; pecudum illos motus esse dicit ; hominem jungit deo. Possum esse medius, ut, quoniam Aristippus, quasi animum nullum habeamus, corpus solum tuetur ; Zeno, quasi corporis simus expertes, animum solum complectitur ; ut Cal-

raüs suivre Calliphon, dont Carnéade défendait le sentiment avec tant de chaleur, qu'on aurait cru qu'il l'adoptait. Clitomaque affirmait pourtant n'avoir jamais pu deviner quel était, sur ce point, l'avis de Carnéade. Mais si je voulais suivre Calliphon, la vérité même, la pure et sévère raison ne m'arrêterait-elle point? Quoi! lorsque l'honnête consiste à mépriser la volupté, vous tenterez l'union monstrueuse de la volupté et de l'honnête, de la brute et de l'homme?

XLVI. Il ne reste donc plus que deux athlètes aux prises, l'honnête et la volupté. Chrysippe, selon moi, n'a pas dû balancer longtemps entre eux. Suivez l'un des principaux rivaux, que de ruines! vous détruisez surtout la sympathie qui unit le genre humain, les affections de famille, l'amitié, la justice et les autres vertus qui, pour exister, doivent être désintéressées. En effet, être poussé au devoir par la volupté comme par un salaire, ce n'est pas vertu, c'est une imitation trompeuse, une hypocrisie de vertu. Écoutez d'autre part ceux qui prétendent ne pas comprendre le mot même *honnête*, à moins que nous n'appelions ainsi ce qui procure une bonne réputation dans le monde; ceux qui disent que la source de tous les biens est dans le corps; c'est là, pour eux, la règle, la loi, la volonté de la nature : qui s'en écarte n'aura jamais de guide à suivre dans la vie. Pensez-vous

---

liphontem sequar, cujus quidem sententiam Carneades ita studiose defensitabat, ut eam probare etiam videretur. Quanquam Clitomachus affirmabat, nunquam se intelligere potuisse, quid Carneadi probaretur. Sed si ipsum [finem] velim sequi, nonne ipsa veritas, et gravis et recta ratio mihi obversetur? Tu; quum honestas in voluptate contemnenda consistat, honestatem cum voluptate, tanquam hominem cum bellua, copulabis?

XLVI. Unum igitur par, quod depugnet, reliquum est, voluptas cum honestate. De quo Chrysippo fuit, quantum ego sentio, non magna contentio. Alterum si sequare, multa ruunt, et maxime communitas cum hominum genere, caritas, amicitia, justitia, reliquæ virtutes; quarum esse nulla potest, nisi erit gratuita. Nam quæ voluptate quasi mercede aliqua, ad officium impellitur, ea non est virtus, sed fallax imitatio simulatioque virtutis. Audi contra illos, qui nomen honestatis a se ne intelligi quidem dicant, nisi forte, quod gloriosum sit in vulgus, id honestum velimus dicere; fontem omnium bonorum in corpore esse; hanc normam, hanc regulam, hanc præscriptionem esse naturæ, a qua qui aberravisset, eum nunquam, quid in vita sequeretur, habiturum. Ni-

que j'entende ces maximes sans en être ébranlé? Elles font sur moi autant d'impression que sur vous, Lucullus; ne me croyez pas moins homme que vous-même. La seule différence, c'est que vous, dès que l'impression est reçue, vous y acquiescez, vous y adhérez, vous l'approuvez, vous voulez qu'elle soit vraie, certaine, comprise, perçue, arrêtée, ferme, invariable; il n'y a pas de raisonnement qui puisse détruire, ébranler votre conviction : moi, au contraire, je pense qu'il n'est aucune idée qui, si je l'approuve, ne m'expose à approuver le faux, puisque nulle différence ne distingue le vrai du faux, surtout puisque la dialectique n'a rien à voir dans cette distinction.

Vous voyez que j'arrive enfin à la troisième partie de la philosophie. Autre est le principe logique de Protagoras, qui pense que le vrai est, pour chacun, ce qui lui paraît tel; autre celui des cyrénaïques, qui prétendent qu'on ne peut être sûr que des mouvements intérieurs; autre celui d'Épicure, qui fait reposer tout jugement sur la sensation, sur les idées sensibles, sur la volupté. Platon veut que le discernement du vrai et la vérité même, placés hors du domaine des opinions et des sens, n'appartiennent qu'à la pensée et à l'intelligence. Notre Antiochus accepte-t-il un de ces principes? Lui! pas même ceux de ses pères en philosophie. Où suit-il Xénocrate, dont nous avons des

---

hil igitur me putatis, hæc, et alia innumerabilia quum audiam, moveri? Tum moveor, quam tu, Luculle; neque me minus hominem, quam te putaveris. Tantum interest, quod es commotus, acquiescis, assentiris, approbas; verum illud, certum, comprehensum, perceptum, ratum, firmum, fixum vis; deque eo nulla ratione neque pelli, neque moveri potes; ego nihil ejusmodi esse arbitror, cui si assensus sim, non assentiar sæpe falso, quoniam vera a falsis nullo discrimine separantur, præsertim quum judicia ista dialecticæ nulla sint.

Venio enim jam ad tertiam partem philosophiæ. Aliud judicium Protagoræ est, qui putet id cuique verum esse, quod cuique videatur; aliud cyrenaicorum, qui, præter permotiones intimas, nihil putant esse judicii; aliud Epicuri, qui omne judicium in sensibus, et in rerum notitiis, et in voluptate constituit. Plato autem omne judicium veritatis, veritatemque ipsam, abductam ab opinionibus et a sensibus, cogitationis ipsius et mentis esse voluit. Numquid horum probat noster Antiochus? Ille vero ne majorum quidem suorum. Ubi enim aut Xenocratem sequitur, cujus libri sunt de ratione loquendi

livres nombreux et estimés sur les règles du langage? où suit-il Aristote, dont rien n'égale la pénétration et l'élégance? Il ne fait jamais un pas sans Chrysippe.

XLVII. Nous, qu'on appelle académiciens, abusons-nous de la gloire de ce nom? De quel droit nous forcerait-on à suivre des philosophes qui ne s'accordent point? Prenons un exemple : les dialecticiens enseignent, dans leurs éléments, à juger de la vérité ou de la fausseté des propositions conjonctives, comme, « S'il fait jour, il fait clair. » Que de contestations à ce sujet! Diodore pense d'une manière, Philon d'une autre, Chrysippe d'une autre encore. Que dis-je? Chrysippe n'est-il pas, sur maintes questions aux prises avec Cléanthe, son maître? Les deux principaux dialecticiens, Antipater et Archidemus, ces opinateurs intarissables, ne sont-ils pas en guerre sur mille choses? Pourquoi donc, Lucullus, me dévouer à la haine, me citer en quelque sorte devant le peuple, et, à l'exemple des tribuns séditieux, ordonner qu'on ferme les boutiques? car, dans quel but nous accusez-vous de supprimer les arts, sinon pour ameuter contre nous les artisans? Si pourtant ils s'assemblent de toutes parts, il nous sera facile de les lancer sur vous. Pour vous signaler à leur haine, je révélerai d'abord à tous ceux qui se réuniront, que vous les traitez d'exilés, d'esclaves, d'insensés. Je passerai ensuite aux outrages qui concernent, non la multi-

---

multi, et multum probati? aut ipsum Aristotelem, quo profecto nihil est acutius, nihil politius? A Chrysippo pedem nunquam.

XLVII. Qui ergo academici appellamur, an abutimur gloria nominis? aut cur cogimur eos sequi, qui inter se dissident? In hoc ipso, quod in elementis dialectici docent, quo modo judicare oporteat, verum, falsumne sit, si quid ita conexum est, ut hoc : « Si dies est, lucet; » quanta contentio est? Aliter Diodoro, aliter Philoni, Chrysippo aliter placet. Quid? cum Cleanthe, doctore suo, quam multis rebus Chrysippus dissidet? Quid? duo vel principes dialecticorum, Antipater et Archidemus, opiniosissimi homines, nonne multis in rebus dissentiunt? Quid me igitur, Luculle, in invidiam, et tanquam in concionem vocas? et quidem, ut seditiosi tribuni solent, occludi tabernas jubes? Qui enim spectat illud, quum artificia tolli quereris a nobis, nisi ut opifices concitentur? Qui si undique omnes convenerint, facile contra vos incitabuntur. Expromam primum illa invidiosa, quod eos omnes, qui in concione stabunt, exules, servos, insanos esse dicatis; deinde ad illa veniam, quæ jam non ad mul-

tude, mais vous-mêmes ici présents; car vous ne savez rien, c'est Zénon, c'est Antiochus, qui le déclarent. Comment? direz-vous; nous soutenons que, même sans être sage, on comprend bien des choses. Mais vous dites aussi que personne ne sait rien, excepté le sage, et Zénon le démontrait par un geste. Lorsque, les doigts étendus, il présentait l'intérieur de la main : « Voilà, disait-il, l'image de l'aperception. » Ensuite, repliant un peu les doigts, il ajoutait : « Tel est l'assentiment. » Alors, serrant les doigts et fermant le poing, il disait : « Vous voyez l'emblème de la compréhension. » De cette similitude, il avait emprunté le nom de κατάληψις, inconnu jusque-là, et qu'il donna à cet acte de l'esprit. Enfin, mettant la main gauche sur la droite, et se tenant le poing étroitement et fortement serré : « Voilà, disait-il, la science que personne ne possède, excepté le sage. » Mais ceux qui sont sages ou l'ont été, quels sont-ils? les stoïciens ne le disent point. Ainsi maintenant, vous, Catulus, vous ignorez qu'il fait jour; et vous, Hortensius, que nous sommes dans votre maison de campagne.

Une telle accusation serait-elle moins redoutable que la vôtre? Il est vrai qu'elle n'est pas trop ingénieuse, et que vous nous attaquiez avec plus de finesse. Mais, comme vous nous disiez qu'en supprimant la compréhension on détruit les arts, et que vous n'accordiez pas à la probabilité assez de force pour les faire

titudinem, sed ad vosmet ipsos, qui adestis, pertinent. Negat enim vos Zeno, negat Antiochus, scire quidquam. Quo modo? inquies; nos enim defendimus etiam insipientem multa comprehendere. At scire negatis quemquam rem ullam, nisi sapientem. Et hoc quidem Zeno gestu conficiebat. Nam, quum extensis digitis adversam manum ostenderat, « Visum, inquiebat, hujusmodi est. » Deinde, quum paulum digitos constrinxerat, « Assensus hujusmodi. » Tum quum plane compresserat, pugnumque fecerat, comprehensionem illam esse dicebat. Qua ex similitudine etiam nomen ei rei, quod ante non fuerat, κατάληψιν imposuit. Quum autem lævam manum admoverat, et illum pugnum arcte vehementerque compresserat, scientiam talem esse dicebat, cujus compotem, nisi sapientem, esse neminem. Sed, qui sapientes sint, aut fuerint, ne ipsi quidem solent dicere. Ita tu nunc, Catule, lucere nescis; nec tu, Hortensi, in tua villa nos esse.

Num minus hæc invidiose dicuntur? Nec tamen nimis eleganter; illa subtilius. Sed, quo modo tu, si nihil comprehendi posset, artificia concidere dicebas, neque mihi dabas, id, quod probabile esset, satis magnam vim habere ad ar-

naître, je vous renvoie votre argument, et je réplique que, sans la science, les arts ne peuvent exister. Zeuxis, Phidias ou Polyclète auraient-ils souffert qu'on les accusât de ne rien savoir, eux qui ont déployé une si rare habileté? Si pourtant on leur eût expliqué la force que vous prêtez au mot *science*, ils se seraient apaisés; ils se seraient même réconciliés avec nous, dès qu'ils auraient appris que nous supprimons ce qui n'est point, que nous laissons subsister ce qui leur suffit.

Notre doctrine est encore confirmée par la prudence de nos ancêtres, qui ont voulu d'abord que chacun prêtât serment *d'après le sentiment de son cœur*; en second lieu, qu'on ne fût responsable que *pour l'avoir violé à bon escient*, parce que l'erreur involontaire est fréquente dans la vie; ensuite, qu'en rendant témoignage, on dît *je présume*, même pour ce qu'on aurait vu soi-même; enfin, que les juges assermentés, après avoir achevé l'information, prononçassent, non que le fait avait eu lieu, mais qu'*il leur semblait*.

XLVIII. Mais puisque le batelier, par ses signes, et le zéphyr, par son murmure, nous avertissent, Lucullus, qu'il est temps de nous embarquer; puisque, aussi bien, j'en ai dit assez, il faut terminer mon discours. Une autre fois cependant, lorsque nous reviendrons sur ces recherches, nous nous attacherons aux graves dissentiments des hommes les plus distingués, à l'obscu-

---

tes, sic ego nunc tibi refero, artem sine scientia esse non posse. An pateretur hoc Zeuxis, aut Phidias, aut Polycletus, nihil se scire, quum in his esset tanta solertia? Quod si eos docuisset aliquis, quam vim habere diceretur scientia, desinerent irasci, ne nobis quidem succenserent, quum didicissent id tollere nos, quod nusquam esset, quod autem satis esset ipsis, relinquere.

Quam rationem majorum etiam comprobat diligentia : qui primum jurare « ex sui animi sententia » quemque voluerunt; deinde ita teneri, « si sciens falleret, » quod inscientia multa versaretur in vita ; tum, qui testimonium diceret, ut « arbitrari » se diceret, etiam quod ipse vidisset; quæque jurat judices cognovissent, ut ea non esse facta, sed ut « videri » pronuntiarent.

XLVIII. Verum, quoniam non solum nauta significat, sed etiam Favonius ipse insusurrat, navigandi nobis, Luculle, tempus esse, et quoniam satis multa dixi, est mihi perorandum. Posthac tamen, quum hæc quæremus, potius de dissensionibus tantis summorum virorum disseramus, de obscuritate naturæ

rité de la nature, à l'erreur de tant de philosophes si divisés sur la question des biens et des maux, en sorte que la vérité étant une, mille systèmes célèbres doivent s'écrouler ; voilà des sujets bien préférables aux illusions des yeux et des autres sens, au sorite, au *menteur*, à tous ces filets que les stoïciens ont tissus contre eux-mêmes !

Alors Lucullus reprit : Je ne regrette point que nous ayons eu cet entretien. Souvent nous aurons occasion de nous réunir, et surtout dans nos maisons de Tusculum : nous pourrons alors, quand il nous plaira, renouveler nos discussions. — Fort bien, dis-je : vous, Catulus, vous, Hortensius, qu'en pensez-vous ? — Moi ! répondit Catulus, j'en reviens à l'avis de mon père, qu'il disait être celui de Carnéade, je pense que rien ne peut être perçu ; mais je crois que le sage donnera son assentiment à des idées non perçues, c'est-à-dire qu'il opinera, toutefois en sachant bien qu'il opine, et que rien ne saurait être compris ni perçu. Grâce à cette ἐποχή, prenant pour guide en toutes choses la probabilité, je tiens fortement à cette autre maxime, que rien n'est perceptible. — J'ai votre avis, et je suis loin de le blâmer ; mais que vous en semble, Hortensius ? — Je pense, dit-il en riant, qu'il faut suspendre le jugement. — Je vous tiens,

---

deque errore tot philosophorum, qui de bonis contrariisque rebus tantopere discrepant, ut, quum plus uno verum esse non possit, jacere necesse sit tot tam nobiles disciplinas ; quam de oculorum sensuumque reliquorum mendaciis, et de sorite, aut pseudomeno : quas plagas ipsi contra se stoici texuerunt.

Tum Lucullus, Non moleste, inquit, fero, nos hæc contulisse. Sæpius enim congredientes nos, et maxime in Tusculanis nostris, si quæ videbuntur, requiremus. — Optime, inquam. Sed quid Catulus sentit ? quid Hortensius ? — Tum Catulus, Egone ? inquit. Ad patris revolvor sententiam, quam quidem ille Carneadeam esse dicebat, ut percipi nihil putem posse ; assensurum autem non percepto, id est opinaturum sapientem existimem, sed ita, ut intelligat se opinari, sciatque nihil esse, quod comprehendi et percipi possit : per ἐποχὴν illam omnium rerum comprobans, illi alteri sententiæ, nihil esse, quod percipi possit, vehementer assentior. — Habeo, inquam, sententiam tuam, nec eam admodum aspernor. Sed tibi quid tandem videtur, Hortensi ? — Tum ille

répondis-je; car c'est là le propre jugement de l'Académie.

L'entretien étant ainsi terminé, Catulus resta chez Hortensius, et nous descendîmes vers nos barques.

---

ridens, Tollendum. — Teneo te, inquam. Nam ista Academiæ est propria sententia.

Ita sermone confecto, Catulus remansit; nos ad naviculas nostras descendimus.

DES VRAIS BIENS
ET DES VRAIS MAUX

TRADUCTION DE M. STIÉVENART
ANCIEN DOYEN DE LA FACULTÉ DES LETTRES DE DIJON

SOIGNEUSEMENT REVUE
PAR M. J.-P. CHARPENTIER

INTRODUCTION

L'an de Rome 708, Cicéron, retiré dans la solitude de ses magnifiques *villas*, cherchait à se consoler des maux de sa patrie, veuve de Caton et asservie par César, et à détourner sa pensée de la mort de Tullia, sa fille bien-aimée, et de la joie insultante que cette perte avait inspirée à Publilia, jeune épouse que le sexagénaire avait prise et répudiée dans l'espace de quelques mois. Aux chagrins du citoyen, du père et de l'époux, il opposa les études du philosophe. Alors parut le traité *des Vrais biens et des Vrais maux*, à côté du livre de la *Consolation*, de l'*Hortensius* et des *Académiques*.

Pourquoi suis-je sur cette terre? Telle est la première question que s'adresse tout homme qui veut un peu philosopher avec lui-même. Là-dessus les anciens avaient bâti l'idée d'un *bien suprême*, auquel doit aspirer dans ce monde toute créature humaine : c'était là, pour eux, le *but final* de la vie, τὰ τέλη, *fines*. Mais chaque école, ayant son système, avait aussi son but, son bien suprême; et l'une des questions les plus vitales de la morale restait, comme tant d'autres, en proie à d'interminables disputes. Nous verrons tout à l'heure pourquoi ce problème était insoluble.

Dans le traité *de Finibus*, Cicéron s'est proposé de passer en revue et de discuter les principales opinions qui avaient survécu de son temps. Il en trace lui-même le plan dans une lettre à Atticus (liv. XIII, lett. xix) : « Les dialogues que j'ai faits depuis peu sont aristotéliques; c'est du moins cette opinion qui domine entre toutes les autres. Dans ces cinq livres περὶ Τέλων, que je viens d'achever, je fais expliquer la doctrine des épicuriens par L. Torquatus, celle des stoïciens par M. Caton, et celle des péripatéticiens par M. Pison. J'ai choisi des personnages qui ne sont plus, afin de ne point faire de jaloux. »

« Dans les cinq livres de Cicéron *sur la Nature du bien et du mal*, on peut dire de lui ce que Voltaire disait de Bayle, qu'il s'était fait l'avocat général des philosophes; mais non pas ce que Voltaire ajoute de Bayle, qu'il ne donne jamais ses conclusions; car on connaît très-bien celles de Cicéron, soit qu'il parle lui-même, comme lorsqu'il défend le probabilisme académique et attaque les dogmes d'Épicure et de Zénon, soit qu'il donne la parole à quelqu'un des personnages qu'il introduit... Il s'agit ici de la grande question du *souverain bien*; et, si l'on ne trouve nulle part un résultat entièrement satisfaisant, c'est qu'il était impossible d'en obtenir sur ce qui n'existe pas. C'est le premier inconvénient (et il est capital) de ces interminables controverses des anciens. Aucun ne s'est aperçu qu'ils cherchaient tous ce qu'on ne peut pas trouver, puisqu'il est de toute impossibilité que le souverain bien soit dans un ordre de choses où tout est nécessairement imparfait. Cela nous paraît aujourd'hui si simple, que personne ne s'avise plus d'en douter; mais il est très-commun d'ignorer, ce qui est pourtant une vérité de fait, que si les modernes ont absolument renoncé à cette question, qui n'a cessé d'agiter pendant tant de siècles les écoles anciennes, c'est depuis que le législateur de l'Évangile eut appris à l'homme que le bonheur n'était point de ce monde, et qu'il ne fallait pas l'y chercher. » (La Harpe, *Cours de littérature*, Ire partie, liv. III, chap. II, sect. III.)

DES VRAIS BIENS ET DES VRAIS MAUX

ADRESSÉ A BRUTUS

LIVRE PREMIER

I. Je n'ignorais pas, Brutus, qu'en confiant à la langue latine des sujets déjà traités en grec par des philosophes d'un génie élevé et d'un rare savoir, j'allais exposer mon travail à des reproches de plus d'une espèce. Les uns, sans être entièrement dépourvus de connaissances, proscrivent la philosophie. Les autres n'y voient rien de si blâmable, pourvu qu'on s'y adonne avec modération : toutefois ils ne veulent pas qu'on y consacre tant de soins et tant de travail. D'autres critiques se présente-

DE FINIBUS BONORUM ET MALORUM

AD BRUTUM

LIBER PRIMUS

I. Non eram nescius, Brute, quum, quæ summis ingeniis, exquisitaque doctrina philosophi græco sermone tractavissent, ea latinis litteris mandaremus, ore, ut hic noster labor in varias reprehensiones incurreret. Nam quibusdam, et iis quidem non admodum indoctis, totum hoc displicet, philosophari. Quidam autem non id tam reprehendunt, si remissius agatur; sed tantum studium, tamque multam operam ponendam in eo non arbitrantur. Erunt etiam,

ront, qui, savants dans la langue grecque et dédaigneux de la nôtre, diront qu'ils aiment mieux prendre la peine de lire les moralistes grecs. Quelques-uns, enfin, je le prévois, me rappelleront à d'autres études : ce genre d'écrire, diront-ils, quel qu'en soit l'agrément, est au-dessous de votre rang et de votre caractère. A toutes ces objections, je pense qu'il est bon de répondre en peu de mots. J'ai déjà, il est vrai, suffisamment répondu aux détracteurs de la philosophie dans le traité où je l'ai défendue de mes louanges et de mes efforts, contre les accusations et les reproches d'Hortensius. Ce livre ayant paru obtenir vos suffrages et ceux des hommes que je regardais comme de vrais connaisseurs, j'ai entrepris d'aller plus loin, pour ne pas me montrer capable d'exciter la curiosité du lecteur, mais incapable de l'enchaîner. Quant à ceux qui demandent de la modération à l'homme que la philosophie a su charmer, ils exigent une retenue très-difficile dans une étude qui, une fois commencée, ne connaît plus de bornes ni de repos. Ainsi, ceux qui repoussent entièrement la philosophie sont, pour ainsi dire, plus équitables que ceux qui tracent des limites à une matière qui n'en admet pas, et qui veulent de la modération dans une étude d'autant plus estimée qu'on la pousse plus loin. Pouvons-nous, en effet, atteindre la sagesse? il ne suffira pas d'en faire la conquête, il faudra en jouir. Cette investigation est-elle pé-

et hi quidem eruditi græcis litteris, contemnentes latinas, qui se dicant in græcis legendis operam malle consumere. Postremo aliquos futuros suspicor, qui me ad alias litteras vocent : genus hoc scribendi, etsi sit elegans, personæ tamen, et dignitatis esse negent. Contra quos omnes dicendum breviter existimo. Quanquam philosophiæ quidem vituperatoribus satis responsum est eo libro, quo a nobis philosophia defensa et collaudata est, quum esset accusata et vituperata ab Hortensio. Qui liber quum et tibi probatus videretur, et iis, quos ego posse judicare arbitrarer plura suscepi, veritus, ne movere hominum studia viderer, retinere non posse. Qui autem, si maxime hoc placeat moderatius tamen id volunt fieri, difficilem quamdam temperantiam postulant in eo, quod semel admissum coerceri reprimique non potest : ut propemodum justioribus utamur illis, qui omnino avocent a philosophia, quam his, qui rebus infinitis modum constituant, in reque eo meliore, quo major sit, mediocritatem desiderent. Sive enim ad sapientiam perveniri potest, non paranda nobis solum ea, sed fruenda etiam est. Sive hoc difficile est, tamen

nible? comme elle a pour but la vérité, vous ne devez pas vous arrêter que vous ne l'ayez trouvée : quelle honte de manquer de courage dans ses poursuites, quand l'objet que l'on cherche est la suprême beauté ! Si le plaisir d'écrire a tant de charmes pour moi, qui pourrait être assez jaloux pour me l'envier ? si c'est un pénible labeur, où est l'homme qui peut empêcher autrui d'exercer sa pensée ? C'est dans une intention bienveillante que le *Chrémès* de Térence s'oppose à ce que son nouveau voisin

> Ou sillonne la terre, ou porte un lourd fardeau ;

car ce n'est pas d'une occupation libérale, c'est d'une corvée d'esclave qu'il veut le détourner. Ils sont loin de là, ces indiscrets conseillers que choque une étude, à mes yeux, pleine d'attraits.

II. Il est plus difficile de répondre à ceux qui disent ne faire aucun cas des traités traduits en latin ; et ici mon étonnement est extrême. Quoi ! pour le développement des sujets les plus graves, ils ne peuvent souffrir l'idiome de leur patrie, tandis que de simples tragédies latines, traduites du grec, mot pour mot, ne sont pas pour eux une lecture désagréable ! Est-il, en effet, un homme assez ennemi du nom romain, pour mépriser, pour rejeter la *Médée* d'Ennius, ou l'*Antiope* de Pacuvius, et pour

---

nec modus est ullus investigandi veri, nisi inveneris ; et quærendi defatigatio turpis est, quum id, quod quæritur, sit pulcherrimum. Etenim si delectamur, quum scribimus, quis est tam invidus, qui ab eo nos abducat ? sin laboramus, quis est, qui alienæ modum statuat industriæ ? Nam, ut Terentianus Chremes non inhumanus, qui novum vicinum non vult

> Fodere, aut arare, aut aliquid ferre denique ;

non enim illum ab industria, sed ab illiberali labore deterret : sic isti curiosi, quos offendit noster minime nobis injucundus labor.

II. His igitur est difficilius satisfacere, qui se latina scripta dicunt contemnere ; in quibus hoc primum est in quo admirer : cur in gravissimis rebus non delectet eos patrius sermo, quum iidem fabellas latinas, ad verbum de græcis expressas, non inviti legant. Quis enim tam inimicus pæne nomini romano est, qui Ennii Medeam, aut Antiopam Pacuvii spernat, aut rejiciat ? qui

oser dire que ces mêmes pièces le charment dans Euripide ? Qui ? moi, dira-t-il, que je lise les *Jeunes camarades* de Cécilius, ou l'*Andrienne* de Térence, plutôt que l'une et l'autre comédie dans Ménandre ? Pourquoi pas ? mon avis diffère tellement du vôtre, que, bien que Sophocle ait admirablement écrit son *Électre*, je crois pouvoir lire encore la méchante version qu'en a faite Attilius. Licinius a beau appeler, à juste titre, ce dernier un écrivain de fer, c'est encore un écrivain qui soutient la lecture. Oui, affecter pour tous nos poëtes une ignorance absolue, c'est pousser à l'extrême ou l'insouciance ou la délicatesse.

A mes yeux, il n'est instruit qu'à demi, celui qui ne connaît pas notre littérature. Quoi ! ces vers :

Plût au ciel que les bois, etc.....

nous plaisent autant que dans le grec; et les idées de Platon sur la vertu, sur le bonheur, vous déplairont énoncées en latin ? Il y a plus : si ne nous bornant pas au simple rôle de traducteur, j'expose les doctrines des Grecs en y ajoutant, avec mon opinion, le tour de style qui m'est propre, pourquoi préférera-t-on les écrits de la Grèce à ceux qui ont de l'éclat et de l'originalité ? Prétendront-ils que toutes les matières ont été traitées par les Grecs ? Je répondrai : Pourquoi, sur un même

---

se iisdem Euripidis fabulis delectari dicat? Synephebos ego, inquit, potius Cæcilii, aut Andriam Terentii, quam utramque Menandri legam? A quibus tantum dissentio, ut, quum Sophocles vel optime scripserit Electram, tamen male conversam Attilii mihi legendam putem. De quo Licinius ferreum scriptorem : verum, opinor; scriptorem tamen, ut legendus sit. Rudem enim esse omnino in nostris poetis, aut inertissimæ segnitiæ est, aut fastidii delicatissimi.

Mihi quidem nulli satis eruditi videntur, quibus nostra ignota sunt. An,

Utinam ne in nemore.....

nihilominus legimus, quam hoc idem græcum; quæ autem de bene, beateque vivendo a Platone disputata sunt, hæc explicari non placebit latine? Quod si nos non interpretum fungimur munere, sed tuemur ea, quæ dicta sunt ab his, quos probamus, eisque nostrum judicium, et nostrum scribendi ordinem adjungimus, quid habent, cur græca anteponant iis, quæ et splendide dicta sint, neque sint conversa de Græcis? Nam si dicent, ab illis has res esse tractatas : ne ipsos quidem Græcos est cur tam multos legant, quam legendi

sujet, lisez-vous tant d'écrivains grecs différents? Chrysippe, par exemple, a-t-il rien omis en parlant du stoïcisme? Nous lisons cependant, sur cette doctrine, Diogène, Antipater, Mnésarque, Panétius, beaucoup d'autres, et surtout notre ami Posidonius. Et Théophraste, le lit-on avec moins de plaisir, lorsqu'il disserte sur les matières traitées avant lui par Aristote? Et les épicuriens? ne se donnent-ils pas carrière sur des sujets déjà développés, et par Épicure, et par les anciens? Que si les Grecs sont lus par les Grecs, quand ils ne font que présenter diversement un même système, pourquoi les Latins ne trouveront-ils pas des lecteurs romains?

III. Quand je me bornerais à traduire Platon ou Aristote, comme nos poëtes ont traduit les tragédies grecques, serait-ce donc rendre un faible service à mes concitoyens, que de leur faire ainsi connaître ces divins génies? mais je ne l'ai point encore fait, sans toutefois m'interdire pour l'avenir cette liberté. Oui, selon l'occasion, je ferai passer dans notre langue quelques morceaux empruntés surtout aux deux philosophes que je viens de nommer; ainsi agit Ennius à l'égard d'Homère, et Afranius envers Ménandre. Je ne veux pas, comme Lucilius, restreindre le nombre de mes lecteurs. Ah! plutôt, que ne puis-je compter parmi eux Persius, et surtout Scipion l'Africain et Rutilius, critiques si redoutés de ce poëte, qu'il disait : « Je n'écris que

---

sunt. Quid enim est a Chrysippo prætermissum in stoicis? legimus tamen Diogenem, Antipatrum, Mnesarchum, Panætium, multos alios, in primisque familiarem nostrum Posidonium. Quid Theophrastus? mediocriterne delectat, quum tractat locos ab Aristotele ante tractatos? Quid epicurei? num desistunt de iisdem, de quibus et ab Epicuro scriptum est, et ab antiquis, ad arbitrium suum scribere? Quod si Græci leguntur a Græcis, iisdem de rebus alia ratione compositis, quid est cur nostri a nostris non legantur?

III. Quanquam si plane sic verterem Platonem, aut Aristotelem, ut verterunt nostri poetæ fabulas, male, credo, mererer de meis civibus, si ad eorum cognitionem divina illa ingenia transferrem. Sed id neque feci adhuc, nec mihi tamen, ne faciam, interdictum puto. Locos quidem quosdam, si videbitur, transferam, et maxime ab iis, quos modo nominavi, quum inciderit, ut id apte fieri possit : ut ab Homero Ennius, Afranius a Menandro solet. Nec vero, ut noster Lucilius, recusabo quo minus omnes mea legant. Utinam esset ille Persius! Scipio vero, et Rutilius multo etiam magis, quorum ille judi-

pour les Tarentins, les habitants de Consente et de la Sicile! »
C'est là une de ces plaisanteries qui lui sont ordinaires. Mais, de
son temps, il n'y avait pas assez de savants dont le jugement pût
l'inquiéter; et d'ailleurs, ces ouvrages, d'une consistance légère,
offrent une exquise urbanité, mais peu de savoir. Pour moi,
quel lecteur redouterais-je, puisque c'est à vous, digne rival des
Grecs en philosophie, que j'ose dédier mon livre? Je ne vous
l'adresse, il est vrai, qu'en retour du don inestimable pour moi
de votre traité *de la Vertu*. Mais l'aversion habituelle de quelques personnes pour les ouvrages latins vient, je crois, de
ce qu'il leur est tombé sous la main des livres sans goût, sans
agrément, mal écrits en grec, et encore plus mal traduits. Je
suis de leur avis, pourvu qu'ils m'accordent que les originaux
eux-mêmes ne méritent pas plus les honneurs de la lecture. Mais
les choses excellentes présentées avec un style châtié, soutenu,
élégant, pourquoi ne les pas lire? Voudrait-on passer tout à
fait pour Grec, et copier cet Albucius, que le préteur Scévola
salua en grec à Athènes? Dans le récit de cette anecdote, Lucilius a mis beaucoup de grâce et de sel; il fait dire à Mucius

> Rome, la Sabinie, et l'armée, et le Pont,
> De vingt titres pompeux décoraient votre nom :
> Mais vous les rejetez; et, citoyen d'Athènes,
> Vous renoncez, Titus, à la gloire romaine!

cium reformidans, « Tarentinis ait se, et Consentinis, et Siculis scribere. »
Facete is quidem, sicut alias ; sed nec tam docti tunc erant, ad quorum judicium elaboraret; et sunt illius scripta leviora, ut urbanitas summa appareat,
doctrina mediocris. Ego autem quem timeam lectorem, quum ad te, ne Græcis
quidem cedentem in philosophia, audeam scribere? Quanquam a te ipso id
quidem facio provocatus gratissimo mihi libro, quem ad me de Virtute mi-
sisti. Sed ex eo credo quibusdam usuvenire, ut abhorreant a Latinis, quod in-
ciderint in inculta quædam et horrida, de male Græcis latine scripta dete-
rius. Quibus ego assentior, dummodo de iisdem rebus ne Græcos quidem le-
gendos putent. Res vero bonas, verbis electis, graviter, ornateque dictas, quis
non legat? nisi qui se plane Græcum dici velit : ut a Scævola est prætore sa-
lutatus Athenis Albucius. Quem quidem locum cum multa venustate, et omni
sale idem Lucilius ; apud quem præclare Scævola,

> Græcum te, Albuci, quam Romanum, atque Sabinum,
> Municipem Ponti, Tritanni, centurionum,
> Præclarorum hominum, ac primorum, signiferumque,

Je suis Grec, dites-vous. Eh bien, soit ! un préteur
Dans Athènes vous dit : Χαῖρε ! Chaque licteur
Répète, en longs échos, le salut hellénique.
De sa haine voilà l'origine comique.

Mucius avait raison. Je me demanderai toujours avec étonnement d'où vient cet étrange dédain pour une des gloires de la patrie. Ce sujet serait ici déplacé; toutefois je suis convaincu, et j'ai soutenu souvent que non-seulement la langue latine n'est point pauvre, comme on se l'imagine, mais qu'elle est même plus riche que la langue grecque. Je n'ose me citer moi-même, mais voyez nos bons orateurs, nos bons poëtes : depuis qu'ils ont eu des modèles à imiter, pour s'exprimer avec abondance, avec grâce, les termes leur ont-ils jamais manqué ?

IV. Pour moi, qui, au milieu des travaux, des fatigues, des périls du forum, crois n'avoir pas déserté le poste où m'a placé le peuple romain, je dois sans doute, de tous les efforts dont je suis capable, travailler aussi à éclairer mes concitoyens par mes veilles. Je ne m'arrêterai pas à combattre ceux qui préfèrent la lecture des Grecs, pourvu que réellement ils les lisent, et ne nous en imposent pas. Du moins, je ne serai pas inutile à ceux qui voudront cultiver les deux littératures, ni à ceux qui, contents de connaître la langue de leur patrie, ont peu regret à celle des Grecs.

Maluisti dici. Græce ergo prætor Athenis,
Id quod maluisti, te, quum ad me accedi, saluto :
Χαῖρι, inquam, Tite ! Lictores, turma omni, cohorsque,
Χαῖρι, Tite ! hinc hostis mi Albucius, hinc inimicus.

Sed jure Mucius. Ego autem satis mirari non queo, unde hoc sit tam insolens domesticarum rerum fastidium. Non est omnino hic docendi locus; sed ita sentio, et sæpe disserui, latinam linguam non modo non inopem, ut vulgo putarent, sed locupletiorem etiam esse, quam græcam. Quando enim, vel nobis dicam, aut oratoribus bonis, aut poetis, postea quidem quam fuit quem imitarentur, ullus orationis vel copiosæ, vel elegantis ornatus defuit ?

IV. Ego vero, quum forensibus operis, laboribus, periculis, non deseruisse mihi videar præsidium, in quo a populo romano locatus sim, debeo profecto, quantumcumque possim, in eo quoque elaborare, ut sint opera, studio, labore meo doctiores cives mei, nec cum istis tantopere pugnare, qui græca legere malint, modo legant illa ipsa, nec simulent; et iis servire, qui vel utrisque litteris uti velint, vel, si suas habent, illas non magnopere desiderent

Pour les Romains qui voudraient me voir consacrer ma plume à d'autres sujets, qu'ils soient plus équitables, et qu'ils considèrent que j'ai déjà écrit beaucoup, plus même qu'aucun de mes compatriotes, et que j'écrirai peut-être encore davantage, si les dieux prolongent mes jours. De plus, quiconque s'appliquera à lire mes traités philosophiques se convaincra qu'il n'est point de lecture préférable à celle-là. Est-il, en effet, dans la vie, des recherches plus dignes de nos soins que celles de la philosophie, et surtout que la question qui fait l'objet spécial de cet ouvrage : quelle est la fin, le but auquel il faut rapporter toutes les vertus, toutes les bonnes actions, tous les généreux sentiments? Qu'est-ce que la nature doit, ou rechercher comme le plus grand des biens, ou éviter comme le plus grand des maux? Quand, sur cette matière, les opinions des plus savants hommes sont partagées, peut-on regarder comme au-dessous du rang où me place l'opinion publique, l'investigation de la vérité la plus importante pour la conduite de toute la vie?

« L'enfant d'une esclave doit-il être assimilé aux fruits d'une terre? » telle est la question qu'auront discutée deux grands personnages de la république, P. Scévola et M. Manilius, et sur laquelle M. Brutus aura combattu leur opinion ; et comme c'est une question subtile et assez usuelle, on lit, on lira toujours avec plaisir leurs dissertations et d'autres du même genre ; et on

Qui autem alia malunt scribi a nobis, æqui esse debent, quod et scripta multa sunt, sic ut plura nemini e nostris, et scribentur fortasse plura, si vita suppetet ; et tamen qui diligenter hæc, quæ de philosophia litteris mandamus, legere assueverit, judicabit nulla ad legendum his esse potiora. Quid est enim n vita tantopere quærendum, quam quum omnia in philosophia, tum id, quod his libris quæritur, quid sit finis, quid extremum, quid ultimum, quo sint omnia bene vivendi, recteque faciendi consilia referenda? quid sequatur natura, ut summum ex rebus expetendis? quid fugiat, ut extremum malorum? Qua de re quum sit inter doctissimos magna dissensio, quis alienum putet ejus esse dignitatis, quam mihi quisque tribuit, quod in omni munere vitæ optimum et verissimum sit, exquirere?

An, « partus ancillæ sitne in fructu habendus, » disseretur inter principes civitatis, P. Scævolam, M. Manilium, ab hisque M. Brutus dissentiet, quod et acutum genus est, et ad usus civium non inutile ; nosque ea scripta, reliquaque ejusdem generis et legimus libenter, et legemus : hæc, quæ vitam con-

négligera ce qui embrasse le cours entier de la vie? Leurs études, je le veux, ont plus de cours parmi le vulgaire; mais les nôtres sont plus fécondes. D'ailleurs j'avoue que la décision appartient au lecteur. Néanmoins, j'ai, dans ce traité, développé, je pense, dans presque toute son étendue la question sur la nature des biens et des maux; et, non content d'émettre mon avis, j'ai rassemblé les opinions professées par toutes les écoles philosophiques.

V. Commençons par le plus aisé. J'examinerai d'abord le système d'Épicure, si répandu; et je l'exposerai avec autant de soin que le pourraient faire ses partisans. La vérité, voilà le but de nos recherches, et non le plaisir de triompher d'un adversaire. J'entendis un jour défendre avec ardeur la doctrine d'Épicure sur la volupté par L. Torquatus, dont les connaissances sont universelles; et je lui répondis en présence de C. Triarius, jeune homme aussi sage qu'éclairé. Ils étaient venus l'un et l'autre me voir à ma campagne de Cumes. La conversation tomba d'abord sur les lettres, que tous deux aimaient avec ardeur. Torquatus me dit ensuite : Puisque vous voilà débarrassé d'affaires, vous m'apprendrez sans doute, je ne dis pas ce qui donne de la haine contre notre célèbre Épicure (car en cela vous n'imitez pas ses adversaires), mais pourquoi vous

---

tinent omnem negligentur? Nam, ut sint illa vendibiliora, hæc uberiora certe sunt. Quanquam id quidem licebit iis existimare, qui legerint. Nos autem hanc omnem quæstionem de finibus bonorum et malorum, fere a nobis explicatam esse his litteris arbitramur, in quibus, quantum potuimus, non modo quid nobis probaretur, sed etiam quid a singulis philosophiæ disciplinis diceretur, persecuti sumus.

V. Ut autem facillimis ordiamur, prima veniat in medium Epicuri ratio, quæ plerisque notissima est : quam a nobis sic intelliges expositam, ut ab ipsis, qui eam disciplinam probant, non soleat accuratius explicari. Verum enim invenire volumus, non tanquam adversarium aliquem convincere. Accurate autem quondam a L. Torquato, homine omni doctrina erudito, defensa est Epicuri sententia de voluptate; a meque ei responsum, quum C. Triarius, in primis gravis et doctus adolescens, ei disputationi interesset. Nam quum ad me in Cumanum salutandi causa uterque venisset, pauca primo inter nos de litteris, quarum summum erat in utroque studium; deinde Torquatus : Quoniam nacti te, inquit, sumus aliquando otiosum, certe audiam, quid sit, quod Epicurum nostrum, non tu quidem oderis, ut fere faciunt, qui ab eo dissen-

n'approuvez pas un philosophe que je vois seul sur la route de la vérité, par qui l'esprit humain s'est affranchi des plus grandes erreurs, et qui nous a donné tous les préceptes nécessaires au bonheur et à la vertu. Si donc, ni vous, ni notre ami Triarius ne le trouvez à votre goût, c'est, je pense, parce qu'il a dédaigné les ornements que Platon, Aristote et Théophraste ont semés dans leurs écrits; car on ne me persuadera pas que son sentiment ne soit le vôtre.

Voyez, Torquatus, lui dis-je, quelle est votre erreur! Le style de ce philosophe ne me déplaît nullement : il s'exprime d'une manière aussi claire que facile. Un philosophe montre-t-il de l'éloquence? je ne la repousse point ; ce talent lui manque-t-il? je ne l'exige pas. C'est sur le fond même des choses que, dans plus d'un endroit, Épicure est loin de me satisfaire. Cependant, autant de têtes, autant d'opinions ; je puis donc me tromper. Mais en quoi ne vous satisfait-il pas? reprit Torquatus, car, pourvu que vous ayez bien compris ce qu'il dit, je vous crois un juge équitable. A moins, répondis-je, que vous ne soupçonniez de mensonge envers moi Phèdre et Zénon, que j'allais entendre, et dont le zèle est la seule chose qui m'ait plu, toute la doctrine d'Épicure m'est assez connue. J'ai même assisté souvent à leurs leçons avec Atticus. Mon ami, qui les ad-

tiunt, sed certe non probes, cum, quem ego arbitror unum vidisse verum, maximisque erroribus animos hominum liberavisse, et omnia tradidisse, quæ pertinerent ad bene beateque vivendum ; sed existimo te, sicut nostrum Triarium, minus eo delectari, quod ista Platonis, Aristotelis, Theophrasti orationis ornamenta neglexerit. Nam illuc quidem adduci vix possum, ut ea, quæ senserit ille, tibi non vera videantur.

Vide quantum, inquam, fallare, Torquate. Oratio me istius philosophi non offendit. Nam et complectitur verbis, quod vult, et dicit plane, quod intelligam : et tamen a philosopho, si afferat eloquentiam, non aspernor ; si non habeat, non admodum flagitem. Re mihi non æque satisfacit, et quidem locis pluribus. Sed quot homines, tot sententiæ : falli igitur possumus. Quamobrem tandem, inquit, non satisfacit? te enim judicem æquum puto; modo, quæ dicat ille, bene noris. Nisi mihi Phædrum, inquam, mentitum, aut Zenonem putas (quorum utrumque audivi, quum mihi nihil sane præter sedulitatem probarent), omnes mihi Epicuri sententiæ satis notæ sunt. Atque eos, quos nominavi, cum Attico nostro frequenter audivi ; quum miraretur ille quidem

mirait tous deux, aimait particulièrement Phèdre. Chaque jour nous nous entretenions sur ce qu'ils avaient dit, et jamais la controverse ne roulait sur le sens des paroles, mais sur l'assentiment aux idées.

VI. Mais enfin, ajouta-t-il, je veux savoir pourquoi vous n'approuvez pas Épicure. D'abord, lui répondis-je, la physique, objet favori de ses prétentions, lui est entièrement étrangère. Il ajoute quelque chose à Démocrite, il lui fait de rares changements, et avec tant de malheur qu'il gâte à mes yeux ce qu'il veut corriger. A l'en croire, les atomes (ainsi appelle-t-il de petits corpuscules indivisibles à cause de leur solidité) sont incessamment portés de telle sorte dans le vide infini, où il ne peut y avoir ni haut, ni bas, ni milieu, que, venant à s'accrocher dans leurs tourbillons continuels, ils forment tout ce que nous voyons. Il veut aussi que le principe moteur ne leur soit pas étranger, mais qu'il leur ait été propre de toute éternité.

Lorsqu'il suit Démocrite, ses erreurs sont moins graves. Mais, si, sur une foule de questions, je repousse l'opinion de l'un et de l'autre, je désapprouve encore plus leur système de la nature. Bien que la nature renferme deux principes, la matière dont tout est fait, et ce qui détermine la forme de chaque être, ils n'ont parlé que de la matière, et ont gardé le silence sur la cause

---

utrumque, Phædrum autem etiam amaret, quotidieque inter nos ea, quæ audiebamus, conferebamus ; neque erat unquam controversia, quid ego intelligerem, sed quid probarem.

VI. Quid igitur est? inquit : audire enim cupio, quid non probes. Principio, inquam, in physicis, quibus maxime gloriatur, primum totus est alienus. Democrito adjicit, perpauca mutans, sed ita, ut ea, quæ corrigere vult, mihi quidem depravare videatur. Ille atomos quas appellat, id est corpora individua, propter soliditatem, censet in infinito inani, in quo nihil nec summum, nec infimum, nec medium, nec ultimum, nec citimum sit, ita ferri, ut concursionibus inter se cohærescant; ex quo efficiantur ea, quæ sint, quæque cernantur, omnia : eumque motum atomorum nullo a principio, sed ex æterno tempore intelligi convenire.

Epicurus autem, in quibus sequitur Democritum, non fere labitur. Quanquam utriusque quum multa non probo, tum illud in primis, quod quum in rerum natura duo quærenda sint, unum, quæ materia sit, ex qua quæque res efficiatur; alterum quæ vis sit quæ quidque efficiat : de materia disseruerunt ;

efficiente. Cette faute leur est commune ; mais voici les erreurs propres à Épicure.

Il pense que les atomes sont emportés directement en bas par leur propre poids, et que ce mouvement est naturel à tous les corps. L'habile philosophe va plus loin : songeant que, si tous les atomes se portaient toujours en bas, par la perpendiculaire, jamais un atome ne toucherait l'autre, il a subtilement imaginé un mouvement imperceptible de déclinaison, par le moyen duquel ces molécules, venant à se rencontrer, s'embrassent, s'accouplent, adhèrent l'une à l'autre, et composent l'univers. Il n'y a ici qu'une fiction puérile, qui ne peut même être favorable à son système. En effet, son imagination seule donne aux atomes cette direction légèrement oblique, dont, à la honte de sa physique, il n'allègue aucune cause ; elle seule aussi leur ôte sans motif le mouvement direct de haut en bas qu'il avait établi dans tous les corps. Et cependant, avec tant d'hypothèses gratuites, il n'a pas atteint son but ; car, si tous les atomes ont également un mouvement de déclinaison, jamais leur union ne sera possible. Si une partie seulement en est douée, d'abord, c'est leur assigner sans preuve des emplois différents, que de donner à ceux-ci un mouvement direct, et un mouvement oblique à

---

vim, et causam efficiendi reliquerunt. Sed hoc commune vitium : illæ Epicuri propriæ ruinæ.

Censet enim, eadem illa individua, et solida corpora ferri suo deorsum pondere ad lineam : hunc naturalem esse omnium corporum motum. Deinde ibidem homo acutus, quum illud occurreret, si omnia deorsum e regione ferrentur, et, ut dixi, ad lineam, nunquam fore, ut atomus altera alteram posset attingere ; itaque attulit rem commentitiam : declinare dixit atomum perpaulum, quo nihil posset fieri minus. Ita effici complexiones, et copulationes, et adhæsitationes atomorum inter se ; ex quo efficeretur mundus, omnesque partes mundi, quæque in eo essent. Quæ quum res tota ficta sit pueriliter, tum ne efficit quidem quod vult. Nam et ipsa declinatio ad libidinem fingitur (ait enim declinare atomum sine causa) : quum nihil turpius physico, quam fieri sine causa quidquam dicere, et illum motum naturalem omnium ponderum, ut ipse constituit, e regione inferiorem locum petentium, sine causa eripuit atomis ; nec tamen id, cujus causa hæc finxerat, assecutus est. Nam si omnes atomi declinabunt, multæ unquam cohærescent ; sin aliæ declinabunt, aliæ suo nutu recte ferentur, primum erit hoc quasi provincias atomis dare,

ceux-là ; et de plus, il n'en sera pas moins impossible que cette rencontre fortuite d'atomes produise jamais l'ordre et la beauté de l'univers. Ce dernier reproche s'applique aussi à Démocrite. C'est même, pour un physicien, une absurdité de croire à l'indivisibilité des infiniment petits. Jamais Épicure n'eût adopté cette chimère, s'il eût mieux aimé apprendre la géométrie de Polyène, son ami, que de la lui faire désapprendre.

Démocrite, habile géomètre, croit que le soleil est d'une grandeur immense; Épicure lui donne environ deux pieds, et il le suppose un peu plus ou un peu moins grand que nous ne le voyons. Il dénature ainsi tout ce qu'il change. Du reste, c'est à Démocrite qu'il emprunte et les atomes, et le vide, et les images ou apparences, dont la rencontre produit non-seulement le phénomène de la vision, mais celui de la pensée; c'est aussi de lui qu'il a pris l'idée d'un infini incommensurable, et de ces myriades de mondes qui éclosent et périssent à tout moment. Je réprouve toutes ces fictions ; mais je vois avec peine que Démocrite, loué par tant d'autres, soit blâmé par celui-là même qui l'a exclusivement pris pour guide.

VII. Destinée à former, à diriger le raisonnement, la logique est la seconde des sciences philosophiques. Ici, votre Épicure est entièrement dénué de ce qui peut être utile. Il supprime les

---

quæ recte, quæ oblique ferantur ; deinde eadem illa atomorum, in quo etiam Democritus hæret, turbulenta concursio hunc mundi ornatum efficere non poterit. Ne illud quidem physici, credere aliquid esse minimum : quod profecto nunquam putavisset, si a Polyæno, familiari suo, geometriam discere maluisset, quam illam etiam ipsum dedocere.

Sol Democrito magnus videtur, quippe homini erudito, in geometriaque perfecto. Huic bipedalis fortasse ; tantum enim esse censet, quantus videtur, vel paulo aut majorem, aut minorem. Ita, quæ mutat, ea corrumpit ; quæ sequitur, sunt tota Democriti : atomi, inane, imagines, quæ idola nominant, quorum incursione non solum videamus, sed etiam cogitemus ; infinitio ipsa, quam ἀπειρίαν vocant, tota ab illo est ; tum innumerabiles mundi, qui et oriantur, et intereant quotidie. Quæ etsi mihi nullo modo probantur, tamen Democritum laudatum a cæteris, ab hoc, qui eum unum secutus est, nollem vituperatum.

VII. Jam in altera philosophiæ parte, quæ est quærendi, ac disserendi, quæ λογικὴ dicitur, iste vester plane, ut mihi quidem videtur, inermis ac nudus

définitions; distinguer, diviser, conclure, réfuter un argument captieux, répandre la lumière sur un raisonnement ambigu, il n'enseigne rien de tout cela. Il donne aux sens le droit de tout juger; et il pense que, dès qu'ils ont pris l'erreur pour la vérité, il devient impossible de prononcer avec certitude sur rien.

Passons à la troisième partie de la philosophie, à la morale, règle suprême de conduite. Que voyez-vous de grand, d'élevé, dans le but que présente Épicure à toutes les actions de l'homme? Après avoir établi qu'il n'est que deux choses que la nature cherche et redoute, la volupté et la douleur, c'est uniquement à cela qu'il prétend rapporter tous nos désirs et toutes nos aversions. Fondée par Aristippe, cette doctrine a été encore mieux soutenue par l'école cyrénaïque que par Épicure. Toutefois, rien ne semble plus indigne d'un homme qu'une telle opinion; et la nature, selon moi, nous a faits pour quelque chose de plus grand. Peut-être suis-je dans l'erreur, mais je ne crois pas que le Romain qui, le premier, porta le nom de Torquatus, ait arraché à l'ennemi son collier par volupté, ni que le même sentiment l'ait porté à combattre, dans son troisième consulat, contre les Latins sur le Véséris. Et quand il fit tomber la hache sur la tête de son fils, de combien de plaisirs ne se priva-t-il pas,

---

est. Tollit definitiones; nihil de dividendo ac partiendo docet; non, quo modo efficiatur concludaturque ratio, tradit; non, qua via captiosa solvantur, ambigua distinguantur, ostendit. Judicia rerum in sensibus ponit : quibus si semel aliquid falsi pro vero probatum sit, sublatum esse omne judicium veri et falsi putat.

[In tertia vero parte, quæ est de vita et moribus, in constitutione finis, sit generosum sapit, atque magnificum.] Confirmat illud vel maxime, quod ipsa natura, ut ait ille, adsciscat et reprobet, id est voluptatem et dolorem. Ad hæc, et quæ sequamur, et quæ fugiamus, refert omnia. Quod quanquam Aristippi est, a cyrenaicisque melius liberiusque defenditur, tamen ejusmodi esse judico, ut nihil homine videatur indignius. Ad majora enim quædam nos natura genuit et conformavit, ut mihi quidem videtur. Ac fieri potest, ut errem; sed ita prorsus existimo, neque cum Torquatum, qui hoc primus cognomen invenerit, aut torquem illum hosti detraxisse, ut aliquam ex eo perciperet corpore voluptatem, aut cum Latinis consulatu tertio conflixisse apud Veserim propter voluptatem. Quod vero securi filium percusserit, privavisse se etiam

en préférant ainsi aux sentiments les plus vifs de la nature, ce qu'il croyait devoir à la majesté de l'empire? T. Torquatus, le collègue de Cn. Octavius au consulat, avait émancipé son fils pour qu'il passât, par l'adoption, dans la famille de D. Silanus; il voulut que ce jeune homme se défendît lui-même en sa présence contre les députés de Macédoine, qui l'accusaient de concussion; les deux parties entendues, il prononça que son fils ne lui paraissait pas avoir porté dans le commandement l'intégrité de ses aïeux, et il lui défendit de paraître à l'avenir devant lui. Dites-moi, est-ce un sentiment de volupté qui l'animait alors? Mais laissons à part les périls, les travaux, les douleurs même auxquelles tout bon citoyen s'expose pour la patrie et sa famille; laissons la privation absolue de jouissances, la résolution de braver tous les tourments, plutôt que de manquer jamais au devoir, et abordons des preuves plus légères en apparence, mais qui ne parlent pas moins haut. Torquatus, et vous, Triarius, quel charme vous attache à l'étude des lettres, aux recherches historiques? Quel plaisir trouvez-vous à feuilleter sans cesse les poëtes, et à retenir tant de vers? Et n'allez pas dire : Cette occupation est pour moi une vive jouissance. De même, les belles actions charmaient le cœur des Torquatus. Ce n'est point là ce que répond Épicure, telle ne sera pas non plus votre réponse, ni

---

videtur multis voluptatibus, quum ipsi naturæ patrioque amori prætulerit jus majestatis atque imperii. Quid? T. Torquatus, is qui consul cum Cn. Octavio fuit, quum illam severitatem in eo filio adhibuit, quem in adoptionem D. Silano emancipaverat, ut eum, Macedonum legatis accusantibus, quod pecunias prætorem in provincia cepisse arguerent, causam apud se dicere juberet, reque ex utraque parte audita, pronuntiaret, eum non talem videri fuisse in imperio, quales ejus majores fuissent, et in conspectu suum venire vetuit : numquid videtur tibi de voluptatibus suis cogitavisse? Sed ut omittam pericula, labores, dolorem etiam, quem optimus quisque pro patria et pro suis suscipit, ut non modo nullam captet, sed etiam prætereat omnes voluptates, dolores denique quosvis suscipere malit, quam deserere ullam officii partem, ad ea, quæ hoc non minus declarant, sed videntur leviora, veniamus. Quid tibi, Torquate? quid huic Triario litteræ, quid historiæ, cognitioque rerum, quid poetarum evolutio, quid tanta tot versuum memoria voluptatis affert? Nec mihi illud dixeris : Hæc enim ipsa mihi sunt voluptati. Et erant illa Torquatis. Nunquam hoc ita defendit Epicurus; neque vero tu, Triari, aut quis-

celle de tout homme de sens versé dans ces matières ; de là, enfin, ne provient pas la foule si nombreuse des épicuriens. Il faut remonter à d'autres causes : la plus puissante est sans doute cet appât qui attire la multitude, lorsqu'elle s'imagine qu'Épicure prétend qu'une chose juste et honnête trouve en elle-même le principe de la volupté qu'elle produit. Entraînés par un sentiment honorable, ces hommes ne voient pas que tout son système serait renversé, s'il en était ainsi. Épicure, en effet, convient-il que les actions louables sont agréables par elles-mêmes, sans aucun rapport aux sens ? Il en résultera que la vertu et la science doivent aussi par elles-mêmes exciter nos désirs, et il repousse cette conséquence. Dans tout ceci, je ne puis donc approuver Épicure. Que de choses, d'ailleurs, il me laisse désirer en lui ! et une connaissance plus approfondie des sciences (car il est bien superficiel, vous en ferez vous-même l'aveu, dans ce qui fait le fond d'une instruction solide) ; et le soin de ne pas détourner les hommes de l'étude, dégoût qu'il n'a pas pu cependant vous inspirer.

VIII. J'avais tenu ce langage, bien plus pour les faire parler eux-mêmes que pour mon propre compte. Triarius répondit avec un léger sourire : Vous venez de retrancher, ou peu s'en faut, Épicure du rang des philosophes ; car, quel autre mérite lui laissez-vous, que celui d'être intelligible à votre esprit,

quam eorum, qui aut saperet aliquid, aut ita didicisset. Et, quod quæritur sæpe, cur tam multi sint epicurei : sunt aliæ quoque causæ, sed multitudinem hoc maxime allicit, quod ita putat dici ab illo, recta et honesta quæ sint, ea facere ipsa per se lætitiam, id est voluptatem. Homines optimi non intelligunt, totam rationem everti, si ita se res habeat. Nam si concederetur, etiamsi ad corpus nihil referatur, ita sua sponte, et per se esse jucunda, per se esset et virtus, et cognitio rerum, quod minime ille vult, expetenda. Hæc igitur Epicuri non probo, inquam. De cætero vellem equidem, aut ipse doctrinis fuisset instructior (est enim, quod ita tibi videri necesse est, non satis politus iis artibus, quas qui tenent, eruditi appellantur), aut ne deterruisset alios a studiis, quanquam te quidem video minime esse deterritum.

VIII. Quæ quum dixissem, magis ut illum provocarem, quam ut ipse loqierer, tum Triarius leniter arridens : Tu quidem, inquit, totum Epicurum pæne philosophorum choro sustulisti. Quid ei reliquisti, nisi te, quoquo modo

quelle que soit son élocution? Toute sa physique est d'emprunt; encore, telle qu'elle est, n'a-t-elle pas votre assentiment, et il a gâté tout ce qu'il a voulu corriger. Pour la dialectique, il en ignore le secret; et, en plaçant le bien suprême dans la volupté, premièrement il a eu la vue bien courte; en second lieu, il n'a rien dit qui lui fût propre, car, avant lui, Aristippe avait mieux exprimé la même doctrine. Vous mettez le comble à tous ces reproches par celui d'ignorance.

Il est impossible, repris-je, ô Triarius, de ne pas déclarer pourquoi on diffère d'opinion avec un autre. Qui m'empêcherait, en effet, d'être épicurien, si j'approuvais ce système, dont l'étude est un jeu? Accordons le droit de réfutation réciproque à ceux que sépare un dissentiment philosophique; seulement, bannissons l'aigreur, la colère, l'emportement, l'opiniâtreté, qui sont si indignes du philosophe.

Je suis de votre avis, dit Torquatus. On ne peut pas discuter sans blâmer le sentiment de son adversaire; mais ce qui n'est pas permis, c'est le courroux et l'entêtement. Au reste, si vous le permettez, j'aurais quelque chose à vous répondre. Pensez-vous, lui répliquai-je, que j'aurais parlé de la sorte, si je ne consentais à vous entendre? Eh bien, reprit-il, aimez-vous mieux parcourir toute la doctrine d'Épicure, ou porter votre examen sur

---

oqueretur, intelligere, quid diceret? Aliena dixit in physicis, nec ea ipsa, quæ tibi probarentur. Si qua in his corrigere voluit, deteriora fecit. Disserendi artem nullam habuit. Voluptatem quum summum bonum diceret, primum in eo ipso parum vidit; deinde hoc quoque alienum, nam ante Aristippus, et ille melius. Addidisti ad extremum, etiam indoctum fuisse.

Fieri, inquam, o Triari, nullo pacto potest, ut non dicas, quid non probes ejus, a quo dissentias. Quid enim me prohiberet epicureum esse, si probarem, quæ ille diceret? quum præsertim illa perdiscere, ludus esset. Quamobrem dissentientium inter se reprehensiones non sunt vituperandæ; maledicta, contumeliæ, tum iracundiæ, contentiones, concertationesque [in disputando] pertinaces, indignæ mihi philosophia videri solent.

Tum Torquatus, Prorsus, inquit, assentior; neque enim disputari sine reprehensione, nec cum iracundia, aut pertinacia, recte disputari potest. Sed ad hæc, nisi molestum est, habeo quæ velim. At me, inquam, nisi te audire vellem, censes hæc dicturum fuisse? Utrum igitur percurri omnem Epicuri di-

la seule volupté, objet de ces débats? Choisissez, lui répondis-je. Arrêtons-nous donc, dit-il, sur ce point unique, dont l'importance est si haute. Plus tard, nous nous occuperons de la physique; je vous prouverai cette déclinaison des atomes, et la grandeur du soleil; et vous verrez qu'Épicure a relevé et corrigé de nombreuses erreurs dans le système de Démocrite. Aujourd'hui je ne parlerai que de la volupté : n'attendez de moi rien de nouveau, mais seulement des raisons qui, j'en ai la confiance, auront votre assentiment. Non, lui dis-je, vous ne me trouverez point opiniâtre : si vous pouvez me persuader, je me soumettrai sans répugnance. Je vous persuaderai, ajouta-t-il, pourvu que cette droiture que vous me montrez ne se démente pas. Mais je préfère une dissertation suivie aux interruptions fréquentes des interrogations. Comme il vous plaira, lui dis-je. Alors il entra ainsi en matière.

IX. Je suivrai d'abord la méthode du fondateur de cette doctrine, et je définirai le sujet de notre discussion, non que je le croie mal connu de vous, mais afin de procéder avec ordre. Que cherchons-nous? quel est le bien suprême? Tous les philosophes nous disent : C'est celui auquel tous les autres biens doivent se rapporter, et qui ne se rapporte à aucun autre. Épicure le place dans la volupté : voilà, selon lui, le souverain bien, comme il

---

sciplinam placet; an de una voluptate quæri, de qua omne certamen est? Tuo vero id quidem, inquam, arbitratu. Sic faciam igitur, inquit : unam rem explicabo, eamque maximam. De physicis alias, et quidem tibi et declinationem istam atomorum, et magnitudinem solis probabo, et Democriti errata, ab Epicuro reprehensa, et correcta permulta. Nunc dicam de voluptate; nihil scilicet novi, ea tamen, quæ te ipsum probaturum esse confidam. Certe, inquam, pertinax non ero; tibique, si mihi probabis ea, quæ dices, libenter assentiar. Probabo, inquit, modo ista sis æquitate, quam ostendis. Sed uti oratione perpetua malo, quam interrogare, aut interrogari. Ut placet, inquam. Tunc dicere exorsus est.

IX. Primum igitur, inquit, sic agam, ut ipsi auctori hujus disciplinæ placet : constituam, quid, et quale sit id, de quo quærimus, non quod ignorare vos arbitrer, sed ut ratione et via procedat oratio. Quærimus igitur, quid sit extremum, quid ultimum bonorum : quod omnium philosophorum sententia, tale debet esse, ut ad id omnia referri oporteat; ipsum autem nusquam. Hoc Epicurus in voluptate ponit; quod summum bonum esse vult, summumque

n'est pas, pour lui, de mal plus grand que la douleur. Voici sa manière de le prouver. Tout animal, dès sa naissance, a le goût de la volupté, et s'y complaît comme dans un très-grand bien; il hait la douleur, et la repousse de tout son pouvoir, comme un très-grand mal; et il agit ainsi lorsqu'il n'est pas encore dépravé, tant qu'il conserve le jugement sain que la nature lui a donné. Tous les raisonnements, toutes les preuves sont donc inutiles pour démontrer que la volupté est à rechercher, que la douleur est à craindre. Cela se sent, comme on sent que le feu est chaud, que la neige est blanche, que le miel est doux; et il serait superflu de rechercher bien loin des arguments; il suffit d'énoncer le fait. Car la distance est grande entre une proposition qui exige des preuves, et celle qui n'a besoin que d'être exposée. Les idées abstraites, et comme enveloppées de nuages, appellent le secours de l'étude qui les dégagera, les rendra claires; mais les autres se saisissent à la première vue. Otez à l'homme tous les sens, il ne lui restera rien pour juger de quoi que ce soit : rien pour discerner ce qui est conforme ou contraire à la nature, rien, sinon les sens. Est-il donc capable de former une perception, d'arrêter un jugement qui le conduise à rechercher autre chose que la volupté, à fuir autre chose que la douleur? Il est des épicuriens qui poussent l'argument plus loin : Nos sens, disent-ils, ne sont pas les seuls juges de ce qui est bon, et de ce

---

malum, dolorem, idque instituit docere sic : Omne animal, simul atque natum sit, voluptatem appetere, eaque gaudere, ut summo bono; dolorem aspernari, ut summum malum, et, quantum possit, a se repellere ; idque facere nondum depravatum, ipsa natura incorrupte atque integre judicante. Itaque negat opus esse ratione, neque disputatione, quam ob rem voluptas expetenda, fugiendus dolor sit. Sentiri hoc putat, ut calere ignem, nivem esse albam, dulce mel : quorum nihil oportere exquisitis rationibus confirmari; tantum satis esse admonere. Interesse enim inter argumentum conclusionemque rationis et inter mediocrem animadvertionem atque admonitionem : altera occulta quædam et quasi involuta aperiri; altera prompta et aperta judicari. Etenim quoniam detractis de homine sensibus, reliqui nihil est : necesse est, quid aut ad naturam, aut contra sit, a natura ipsa judicari. Ea quid percipit, et quid judicat, quo aut petat, aut fugiat aliquid, præter voluptatem, et dolorem? Sunt autem quidam e nostris, qu hæc subtilius velint tradere, et negant satis esse, quid bonum sit, aut quid ma-

qui est mauvais; l'esprit, la raison, nous font aussi connaître que, par elle-même, la volupté est désirable, et la douleur un objet d'aversion : ainsi, recherche de la première, fuite de la seconde, voilà le résultat des impressions naturelles de notre intelligence. D'autres enfin, et je suis de leur avis, à la vue de tant de philosophes qui soutiennent que la douleur n'est pas plus un mal que la volupté n'est un bien, nous disent : Ne vous reposez pas sur la bonté de votre cause; raisonnez, discutez, cherchez des preuves solides, et parlez ensuite de la volupté et de la douleur.

X. Mais je veux vous montrer clairement l'erreur de ceux qui blâment la volupté et qui louent la douleur. Développons, pour cela, nos idées, et reproduisons tout ce qu'a dit là-dessus l'inventeur de la vérité, le sage qui a bâti l'édifice de notre bonheur. Personne, dit-il, ne méprise, ne hait, ne fuit la volupté parce que c'est la volupté, mais parce qu'elle cause de grandes douleurs à l'homme qui ne sait pas en user modérément. Personne, non plus, n'aime, ne recherche la douleur comme douleur, mais bien parce qu'il n'est pas rare que le travail et la peine fassent naître une grande volupté. Descendons jusqu'aux détails : qui de nous ne fait point un exercice pénible pour en

---

lum, sensu judicari; sed animo etiam ac ratione intelligi posse, et voluptatem ipsam per se esse expetendam, et dolorem ipsum per se esse fugiendum. Itaque aiunt, hanc quasi naturalem atque insitam in animis nostris inesse notionem, ut alterum esse appetendum, alterum aspernandum sentiamus. Alii autem (quibus ego assentior), quum a philosophis compluribus permulta dicantur, cur nec voluptas in bonis sit numeranda, nec in malis dolor, non existimant oportere nimium nos causæ confidere, sed et argumentandum, et accurate disserendum, et rationibus conquisitis, de voluptate, et dolore disputandum putant.

X. Sed ut perspiciatis unde omnis iste natus sit error, voluptatem accusantium, doloremque laudantium, totam rem aperiam; eaque ipsa, quæ ab illo nventore veritatis, et quasi architecto beatæ vitæ dicta sunt, explicabo. Nemo enim ipsam voluptatem, quia voluptas sit, aspernatur, aut odit, aut fugit; sed quia consequuntur magni dolores eos, qui ratione voluptatem sequi nesciunt. Neque porro quisquam est, qui dolorem ipsum, quia dolor sit, amet, consectetur, adipisci velit; sed quia nonnunquam ejusmodi tempora incidunt, ut labore et dolore magnam aliquam quærat voluptatem. Ut enim ad minima veniam, quis nostrum exercitationem ullam corporis suscipit laboriosam, nisi ut

retirer quelque sorte d'utilité? Trouveriez-vous si blâmable ou l'homme qui rechercherait une volupté dont l'effet ne saurait être funeste, ou celui qui éviterait une douleur d'où ne sortirait aucun plaisir? au contraire, nous blâmerons, nous croirons dignes de toute notre aversion ceux qui, séduits et corrompus par les attraits de la volupté du moment, s'aveuglent sur les maux et les chagrins où leur passion va les jeter. Non moins coupables sont ceux qui, par mollesse, je veux dire par le soin de fuir la peine et la douleur, trahissent leurs devoirs. L'explication de cette différence ne présente ni difficultés, ni longueurs. Sommes-nous tout à fait libres? rien ne s'oppose-t-il à notre penchant pour le plaisir? nous pouvons alors nous abandonner à la volupté, et repousser la douleur; mais survient-il un de ces moments où les devoirs sociaux et la nécessité des affaires commandent? souvent il faut rompre avec la volupté, et ne se point refuser à la peine. Renoncer à de légers plaisirs pour en savourer de plus grands, supporter des douleurs passagères pour en éviter de plus cruelles, telle est la règle que s'imposera le sage.

Tel est mon système; et pourquoi hésiterais-je de rapporter à ces principes la vie des Torquatus, mes ancêtres? Votre amitié pour moi leur a prodigué les éloges; mais, songez-y, vous

---

aliquid ex ea commodi consequatur? Quis autem vel eum jure reprehenderit, qui in ea voluptate velit esse, quam nihil molestiæ consequatur, vel illum, qui dolorem eum fugiat, quo voluptas nulla pariatur? At vero eos et accusamus, et justo odio dignissimos ducimus, qui blanditiis præsentium voluptatum deliniti atque corrupti, quos dolores et quas molestias excepturi sint, occæcati cupiditate non provident; similique sunt in culpa, qui officia deserunt mollitia animi, id est laborum et dolorum fuga. Et harum quidem rerum facilis est et expedita distinctio. Nam libero tempore, quum soluta nobis est eligendi optio, quumque nihil impedit, quo minus id, quod maxime placeat, acere possimus, omnis voluptas assumenda est, omnis dolor repellendus. Temporibus autem quibusdam, et aut officiis debitis, aut rerum necessitatibus sæpe eveniet, ut et voluptates repudiandæ sint, et molestiæ non recusandæ. Itaque earum rerum hic tenetur a sapiente delectus, ut aut rejiciendis voluptatibus majores alias consequatur, aut perferendis doloribus asperiores repellat.

Hanc ego quum teneam sententiam, quid est cur verear, ne ad eam non possim accommodare Torquatos nostros? quos tu paulo ante quum memori-

ne m'avez pas séduit; mon zèle à vous réfuter ne s'en ralentira point. Comment, je vous prie, interprétez-vous leur conduite? Quoi! vous pensez que, faisant abnégation de leur avantage personnel, ils se sont élancés à travers les bataillons ennemis, et ont sévi contre leurs propres enfants? La brute même, dans toute sa fougue, ne fait rien dont le motif soit impénétrable; et c'est sans raison que de si grands hommes auront, à vous entendre, fait de si grandes choses! Je chercherai bientôt quelle intention a pu les diriger · en attendant, je pose en fait que le principe de ces actions d'éclat, s'il en existe un, n'est pas la seule vertu. Torquatus arrache à l'ennemi son collier, mais il se couvre de son bouclier pour éviter la mort; il affronte un grand péril, mais l'armée le voit. Et quel est le prix de cet exploit? la gloire, l'amour de Rome, gages inébranlables de sécurité pour le reste de ses jours. Il condamne son fils à la mort : si c'est sans motif, je voudrais n'être pas descendu d'un homme si dur et si cruel. Si son but est de sacrifier les sentiments de la nature au besoin de rétablir la discipline militaire et d'enchaîner l'armée à son devoir dans une guerre périlleuse, il pourvoit par là au salut de ses concitoyens; et les sauver, il le sait, c'est se sauver lui-même. Ce raisonnement s'étend bien loin; il ouvre à l'élo-

---

ter, tum etiam erga nos amice et benivole collegisti. Nec me tamen laudandis majoribus meis corrupisti, nec segniorem ad respondendum reddidisti. Quorum facta quemadmodum, quæso, interpretaris? Siccine eos censes aut in armatum hostem impetum fecisse, aut in liberos, et in sanguinem suum tam crudeles fuisse, nihil ut de utilitatibus, nihil ut de commodis suis cogitarent? At id ne feræ quidem faciunt, ut ita ruant, itaque turbent, ut earum motus et impetus quo pertineant, non intelligamus. Tu tam egregios viros censes tantas res gessisse sine causa? Quæ fuerit causa, mox videro; interea hoc teneho : si ob aliquam causam ista, quæ sine dubio præclara sunt, fecerint, virtutem his ipsam per se causam non fuisse. Torquem detraxit hosti. Et quidem se texit, ne interiret. At magnum periculum adiit. In oculis quidem exercitus. Quid ex eo consecutus est? Laudem et caritatem : quæ sunt vitæ sine metu degendæ præsidia firmissima. Filium morte multavit. Si sine causa, nollem me ab eo ortum, tam importuno, tamque crudeli. Sin ut dolore suo sanciret militaris imperii disciplinam, exercitumque in gravissimo bello animadversionis metu contineret, saluti prospexit civium, qua intelligebat con

quence, à la vôtre surtout, une vaste carrière : ardent admirateur des anciens, vous citez les grandes actions des hommes célèbres, vous nous dites qu'ils n'y furent excités par aucun intérêt particulier, mais par le noble attrait de la vertu; mais tout ceci se trouve renversé par l'alternative que je viens de poser : ou qu'on ne se dérobe à aucune volupté que dans la vue d'une volupté plus grande, ou qu'on ne s'expose à aucune douleur que pour éviter une douleur plus cruelle.

XI. Mais c'est assez parler en ce moment des faits qui ont illustré et couvert de gloire les grands hommes : nous démontrerons bientôt, en son lieu, la tendance générale des vertus vers la volupté.

Pour préserver les ignorants de l'erreur, définissons maintenant la volupté; par là aussi nous prouverons la gravité réelle, la sévérité, la retenue d'une secte que l'on se figure voluptueuse et sensuelle. Quelle est la volupté que nous cherchons? Est-ce seulement celle qui chatouille la nature par je ne sais quelle douceur secrète, et qui excite des sensations agréables? Non, car l'absence de la douleur est aussi pour nous une volupté très-grande. Dès que la douleur se retire, nous éprouvons de la joie : or tout ce qui inspire la joie est volupté, comme tout ce qui

tineri suam. Atque hæc ratio late patet. In quo enim maxime consuevit jactare vestra se oratio, tua præsertim, qui studiose antiqua persequeris, claris et fortibus viris commemorandis, eorumque factis non emolumento aliquo, sed ipsius honestatis decore, laudandis, id totum evertitur eo delectu rerum, quem modo dixi, constituto, ut aut voluptates omittantur, majorum voluptatum adipiscendarum causa, aut dolores suscipiantur, majorum dolorum effugiendorum gratia.

XI. Sed de clarorum hominum factis illustribus et gloriosis, satis hoc loco dictum sit. Erit enim jam de omnium virtutum cursu ad voluptatem proprius disserendi locus.

Nunc autem explicabo, voluptas ipsa quæ, qualisque sit, ut tollatur error omnis imperitorum, intelligaturque ea, quæ voluptaria, delicata, mollis habeatur disciplina, quam gravis, quam continens, quam severa sit. Non enim hanc solam sequimur, quæ suavitate aliqua naturam ipsam movet, et cum jucunditate quadam percipitur sensibus ; sed maximam illam voluptatem habemus, quæ percipitur, omni dolore detracto. Nam quoniam, quum privamur dolore, ipsa liberatione et vacuitate omnis molestiæ gaudemus; omne autem id, quo gaudemus, voluptas est, ut omne id, quo offendimur, dolor : doloris

blesse est douleur ; c'est donc avec raison que le nom de volupté a été donné à l'absence d'une douleur quelconque. Si, lorsqu'on a chassé la soif et la faim par le boire et le manger, la volupté est une conséquence du besoin satisfait, c'en est une aussi, dans toutes les autres choses, que de ne sentir aucune douleur. Voilà pourquoi Épicure n'admet pas de milieu entre la douleur et la volupté ; et cette absence de toute sensation pénible, que quelques-uns ont regardée comme intermédiaire, il en fait lui, non-seulement un plaisir, mais un plaisir extrême. Quiconque, dit-il, se rend bien compte de ce qui l'affecte, reconnaît en soi-même le sentiment du plaisir ou celui de la douleur. Il pense que l'absence de toute douleur est le dernier terme où puisse aller la volupté, qui peut bien être modifié diversement, mais qui jamais ne s'élèvera plus haut. Mon père se jouait quelquefois des stoïciens avec une grâce délicate : il me disait un jour qu'à Athènes, dans le Céramique, il y a une statue de Chrysippe assis et avançant la main. Ce geste exprime une question qui préoccupe agréablement l'esprit du philosophe. « Votre main, dans l'attitude où elle est, disait un stoïcien, désire-t-elle quelque chose? Non, sans doute. Mais si la volupté était un bien, ne la désirerait-elle pas? Je le crois. La volupté n'est donc pas un bien. » Ce n'est point ce langage qu'aurait tenu la statue, disait mon père, si la parole lui avait été donnée ; c'est contre Aris-

---

omnis privatio recte nominata est voluptas. Ut enim quum cibo et potione fames sitisque depulsa est, ipsa detractio molestiæ consecutionem affert vouptatis, sic in omni re doloris amotio successionem efficit voluptatis. Itaque non placuit Epicuro, medium esse quiddam inter dolorem et voluptatem. Illud enim ipsum, quod quibusdam medium videtur, quum omni dolore caret, non modo voluptatem esse, verum etiam summam voluptatem. Quisquis enim sentit, quemadmodum sit affectus, eum necesse est aut in voluptate esse, aut n dolore. Omni autem privatione doloris putat Epicurus terminari summam voluptatem : ut postea variari voluptas, distinguique possit, augeri, amplificarique non possit. At etiam Athenis, ut a patre audiebam, facete et urbane stoicos irridente, statua est in Ceramico, Chrysippi sedentis, porrecta manu : quæ manus significet, illum in hac esse rogatiuncula delectatum : « Num quidnam manus tua sic affecta, quemadmodum affecta nunc est, desiderat? Nihil sane. At, si voluptas esset bonum, desideraret? Ita credo. Non est igitur voluptas bonum. » Hoc ne statuam quidem dicturam pater aiebat, si loqui pos-

tippe et les cyrénaïques que porte cette conclusion, et non contre Épicure; car si le chatouillement des sens délicieusement caressés était l'unique volupté, ce serait trop peu pour la main de ne point éprouver de douleur sans mouvement de plaisir. Si l'absence de toute douleur est, comme l'affirme Épicure, la volupté suprême, d'abord il est bien constant que votre main, posée ainsi, ne désire rien; mais ensuite on s'est trompé quand on a prétendu que, si la volupté était un bien, elle en aurait le désir : comment, en effet, désirer ce qu'on possède? Exempte de douleur, votre main ne sent-elle pas, par cela même, une impression de plaisir?

XII. La volupté est le bien suprême : on peut voir maintenant cette vérité sans nuages. Tel homme jouit des plaisirs sans cesse renaissants de l'âme et du corps; aucune douleur, aucune crainte ne le trouble : peut-on citer un plus grand bonheur, un état plus désirable? Nous lui supposons, comme conséquence nécessaire, une âme inébranlable, le mépris de la mort et de la douleur; de la première, parce qu'elle prive de tout sentiment; de la seconde, parce que, durable, elle est légère; grande, elle dure peu, et qu'ainsi l'excès trouve son contre-poids dans la courte durée, et la longueur dans le peu de souffrance. L'homme dont nous parlons a d'autres avantages : la crainte des dieux ne

---

set. Conclusum est enim contra cyrenaicos satis acute : nihil ad Epicurum. Nam si ea sola voluptas esset, quæ quasi titillaret sensus, ut ita dicam, et ad eos cum suavitate afflueret et illaberetur, nec manus esse contenta posset ulla vacuitate doloris sine jucundo motu voluptatis. Sin autem summa voluptas est, ut Epicuro placet, nihil dolere : primum tibi recte, Chrysippe, concessum est, nihil desiderare manum, quum ita esset affecta; secundum non recte, si voluptas esset bonum, fuisse desideraturam. Idcirco enim non desideraret, quia, quod dolore caret, id in voluptate est.

XII. Extremum autem esse bonorum voluptatem, ex hoc facile perspici potest. Constituamus aliquem magnis, multis, perpetuis fruentem et animo et corpore voluptatibus, nullo dolore nec impediente, nec impendente : quem tandem hoc statu præstabiliorem, aut magis expetendum possumus dicere? Inesse enim necesse est in eo, qui ita sit affectus, et firmitatem animi, nec mortem, nec dolorem timentis, quod mors sensu careat; dolor in longinquitate, levis; in gravitate, brevis soleat esse : ut ejus magnitudinem celeritas, diuturnitatem allevatio consoletur. Ad ea quum accedit, ut neque divinum

trouble pas son repos ; par la puissance constante des souvenirs, il sait encore jouir des voluptés passées. Que pourriez-vous, je le répète, ajouter à tant de félicité ? Tel autre, au contraire, plie sous le poids des douleurs de l'esprit et du corps ; il n'espère pas les voir un jour allégées ; jamais il ne goûta le plaisir ; jamais il ne l'attendit : figurez-vous, s'il est possible, un état plus misérable. Si une vie abreuvée de douleur est ce qu'il faut craindre le plus, c'est sans doute aussi le pire des maux ; et, par la même raison, le plus grand des biens sera de vivre dans la volupté. La volupté, voilà le seul but où notre esprit puisse s'arrêter ; la douleur, voilà l'unique objet de nos craintes et de nos chagrins. Ainsi le veut la nature : par la volupté seule elle nous attire ; elle ne nous repousse que par la douleur. Enfin la volupté est la source de tous nos désirs, comme de la douleur découlent toutes nos craintes ; et d'après ce principe, il est évident que toutes nos actions les plus honorables se rapportent au plaisir. Or tous les philosophes nous disent que le bien suprême est ce qui, ne se rapportant à rien, constitue le terme auquel toute chose aboutit ; il faut donc m'accorder que la volupté est le souverain bien.

XIII. De quelle erreur seraient désabusés, en écoutant Épi-

---

numen horreat, nec præteritas voluptates effluere patiatur, earumque assidua recordatione lætetur : quid est, quod huc possit, quod melius sit, accedere ? Statue contra aliquem confectum tantis animi corporisque doloribus, quanti in hominem maximi cadere possunt, nulla spe proposita, fore levius aliquando, nulla præterea nec præsenti, nec exspectata voluptate : quid eo miserius dici, aut fingi potest ? Quod si vita doloribus referta, maxime fugienda est, summum profecto malum est, vivere cum dolore. Cui sententiæ consentaneum est, ultimum esse bonorum cum voluptate vivere. Nec enim habet nostra mens quidquam, ubi consistat, tanquam in extremo ; omnesque et metus, et ægritudines ad dolorem referuntur ; nec præterea est res ulla, quæ sua natura aut sollicitare possit, aut angere. Præterea et appetendi, et refugiendi, et omnino rerum gerendarum initia proficiscuntur aut a voluptate, aut a dolore. Quod quum ita sit, perspicuum est, omnes rectas res atque laudabiles eo referri, ut cum voluptate vivatur. Quoniam autem id est vel summum bonum, vel ultimum, vel extremum, quod Græci τέλος nominant, quod ipsum nullam ad aliam rem, ad id autem res referentur omnes, fatendum est summum esse bonum jucunde vivere.

XIII. Id qui in una virtute ponunt, et, splendore nominis capti, quid natura

cure, les philosophes qui placent ce bien dans la vertu, et qui, éblouis par ce beau nom, ne comprennent pas les besoins de la nature! La vertu! elle est, j'en fais l'aveu, belle et sans prix; mais, dites-moi, la trouveriez-vous digne de vos louanges et de vos vœux, si elle ne produisait la volupté? Ce n'est pas pour la médecine même qu'on fait cas de la science du médecin, mais pour la santé qu'elle procure. Dans un pilote, est-ce l'art de la navigation que l'on estime? non, c'est l'utilité qu'on en retire. Il en est de même de la sagesse, qui est l'art de la vie : inutile, qui en voudrait? si on la désire, c'est uniquement parce qu'elle nous met en possession de la volupté. Vous entendez de quelle volupté je veux parler : que le sens quelquefois fâcheux de ce terme ne décrédite point mes paroles. En effet, l'ignorance de ce qui est bon ou mauvais est le principal tourment de la vie; l'erreur en ces matières prive souvent l'homme des plus vifs plaisirs, et le livre à des peines intolérables. Opposons-y la sagesse : seule, dissipant autour de nous les craintes funestes, les désirs vicieux, et nous arrachant le bandeau des fausses opinions, la sagesse peut nous conduire sûrement à la volupté. Il n'y a qu'elle qui bannisse ces chagrins, qui éloigne de nous ces craintes et leurs angoisses. A son école, on vit tranquille, parce qu'elle éteint le feu des cupidités; car les vices sont insatiables; ils

postulet, non intelligunt, errore maximo, si Epicurum audire voluerint, liberabuntur. Istæ enim vestræ eximiæ, pulchræque virtutes, nisi voluptatem efficerent, quis eas aut laudabiles, aut expetendas arbitraretur? Ut enim medicorum scientiam non ipsius artis, sed bonæ valetudinis causa probamus; et gubernatoris ars, quia bene navigandi rationem habet, utilitate, non arte laudatur : sic sapientia, quæ ars vivendi putanda est, non expeteretur, si nihil efficeret; nunc expetitur, quod est tanquam artifex conquirendæ et comparandæ voluptatis. Quam autem dicam voluptatem, jam videtis, ne invidia verbi labefactetur oratio mea. Nam quum ignoratione rerum bonarum, et malarum, maxime hominum vita vexetur, ob eumque errorem et voluptatibus maximis sæpe priventur, et gravissimis animi doloribus torqueantur, sapientia est adhibenda, quæ et terroribus, cupiditatibusque detractis, et omnium falsarum opinionum temeritate dempta, certissimam se nobis ducem præbeat ad voluptatem. Sapientia enim est una, quæ mœstitiam pellat ex animis, quæ nos exhorrescere metu non sinat : qua præceptrice, in tranquillitate vivi potest, omnium cupiditatum ardore restincto. Cupiditates enim sunt insatiabiles : quæ

perdent, non-seulement les particuliers, mais les familles entières, et même les États. De là tant de haines, de discordes, de séditions, de guerres. Encore, si, dans leur fureur, les cupidités ne causaient tant de ravages qu'au dehors! Mais non, dans notre propre cœur elles se combattent, et sont continuellement en guerre. Le moyen qu'avec elles la vie ne soit pas remplie d'amertume? Il n'y a donc que le sage qui, extirpant la crainte frivole et l'erreur, et se renfermant dans les bornes de la nature, puisse vivre exempt de crainte et de chagrin. Or quoi de plus utile et de plus favorable au bonheur que la division qu'a faite Épicure des cupidités; les unes naturelles et nécessaires, les autres naturelles, mais sans nécessité : les dernières enfin n'ayant ni l'un ni l'autre caractère? Pour la satisfaction des nécessaires, il ne faut ni peines ni dépenses; les naturelles n'en demandent pas même beaucoup, parce que les choses dont la nature se contente sont aisées à acquérir, et ont leurs limites. Les cupidités superflues sont seules infinies.

XIV. Que si l'erreur et l'ignorance troublent la vie de l'homme, si la sagesse est le seul rempart contre les assauts des passions et les terreurs de toute espèce, la seule école où nous apprenions à supporter les injures du sort, à connaître tous les che-

---

non modo singulos homines, sed universas familias evertunt; totam etiam labefactant sæpe rempublicam. Ex cupiditatibus odia, dissidia, discordiæ, seditiones, bella nascuntur. Nec hæ sese foris solum jactant, nec tantum in alios cæco impetu incurrunt, sed intus etiam in animis inclusæ inter se dissident atque discordant. Ex quo vitam amarissimam necesse est effici : ut sapiens solus, amputata circumcisaque inanitate omni et errore, naturæ finibus contentus, sine ægritudine possit, et sine metu vivere. Quæ est enim aut utilior, aut ad bene vivendum aptior partitio, quam illa, qua est usus Epicurus? qui unum genus posuit earum cupiditatum, quæ essent et naturales, et necessariæ ; alterum, quæ naturales essent, nec tamen necessariæ; tertium, quæ nec naturales, nec necessariæ. Quarum ea ratio est, ut necessariæ nec opera multa, nec impensa expleantur. Ne naturales quidem multa desiderant, propterea quod ipsa natura divitias, quibus contenta sit, et parabiles, et terminatas habet. Inanium autem cupiditatum nec modus ullus, nec finis inveniri potest.

XIV. Quod si vitam omnem perturbari videmus errore et inscitia sapientiamque esse solam, quæ nos a libidinum impetu, et formidinum terrore vindicet, et ipsius fortunæ modice ferre doceat injurias, et omnes monstret vias,

mins qui mènent à un paisible repos, pourquoi ne pas dire hautement que c'est à cause de la volupté qu'il faut rechercher la sagesse, et à cause de leurs funestes conséquences qu'il faut éviter l'ignorance et la folie? Par la même raison, j'affirme que la tempérance ne doit point être désirée pour elle-même, mais pour le calme qu'elle procure à l'âme, pour la douce union des cœurs, qui est son ouvrage ; car j'appelle tempérance cette vertu qui nous fait régler sur la raison et nos appétits et nos répugnances. Tout n'est pas fait encore, quand elle nous a aidés à discerner ce qu'il faut faire ou éviter : sachons de plus nous attacher à notre choix. Mais que d'hommes, incapables d'embrasser fortement une résolution, et séduits par une vaine image de plaisir, se laissent emporter au vent des passions, sans prendre garde au naufrage! De là vient que, pour une volupté passagère, inutile, dont la privation ne leur eût rien coûté, ils tombent dans de grandes maladies, dans l'infortune, dans l'opprobre, souvent même sous la vindicte des lois. Mais celui qui n'admet le plaisir qu'en excluant ses suites funestes, celui dont la volonté est assez ferme pour résister à la volupté dès que sa raison lui a ordonné de s'en abstenir, celui-là, dans le mépris du plaisir, trouve le plaisir suprême. Il sait aussi souffrir une légère douleur pour en éviter une plus grande. Concluez donc

quæ ad quietem et tranquillitatem ferant, quid est, cur dubitemus dicere, et sapientiam propter voluptatem expetendam, et insipientiam propter molestias esse fugiendam? Eademque ratione ne temperantiam quidem propter se expetendam esse dicemus, sed quia pacem animis afferat, et eos quasi concordia quadam placet ac leniat. Temperantia est enim, quæ in rebus aut expetendis, aut fugiendis, rationem ut sequamur, monet. Nec enim satis est judicare, quid faciendum, non faciendumve sit ; sed stare etiam oportet in eo, quod sit judicatum. Plerique autem, quod tenere atque servare id, quod statuerunt, non possunt, victi et debilitati, objecta specie voluptatis, tradunt se libidinibus constringendos, nec, quid eventurum sit, provident, ob eamque causam propter voluptatem et parvam, et non necessariam, et quæ vel aliter pararetur, et qua etiam carere possent sine dolore, tum in morbos graves, tum in damna, tum in dedecora incurrunt; sæpe etiam legum judiciorumque pœnis obligantur. Qui autem ita frui volunt voluptatibus, ut nulli propter eas dolores consequantur; et qui suum judicium retinent, ne voluptate victi faciant id, quod sentiant non esse faciendum, hi voluptatem maximam adipiscuntur, prætermittenda voluptate. Iidem etiam dolorem sæpe perpetiuntur, ne, si id non

que l'intempérance n'est point en elle-même une chose à craindre, et que, dans la tempérance, ce n'est point l'ennemie des voluptés que nous embrassons, mais la vertu qui nous en promet de plus douces encore.

XV. Même raisonnement pour la force d'âme. En effet, si la fatigue du travail, si la souffrance des douleurs ne sont point à rechercher pour elles-mêmes, il en est ainsi de la patience, des soins assidus, des veilles, de l'activité si digne d'éloges, du courage enfin. Mais que ne bravons-nous pas pour vivre exempts d'inquiétudes et de craintes, pour affranchir de la peine, autant qu'il est en nous, notre âme et notre corps! Et comme la crainte de la mort remplit la vie de trouble ; comme c'est être misérable que de succomber à la douleur, ou de la supporter avec faiblesse ; comme cette pusillanimité a fait abandonner par beaucoup d'hommes leurs parents, leurs amis, par quelques-uns leur patrie, par le plus grand nombre eux-mêmes, une âme forte et haute rejette toute idée pénible par le mépris de cette mort qui replace l'homme dans le néant où il était avant de naître, par une attitude fière contre la douleur ; car elle sait que la mort met un terme aux maux les plus grands, que les maux légers nous laissent souvent du relâche, et que, pour les autres, nous en sommes maîtres, les supportant, si nous les trouvons

---

faciant, incidant in majorem. Ex quo intelligitur, nec intemperantiam propter se fugiendam esse, temperantiamque expetendam, non quia voluptates fugiat, sed quia majores consequatur.

XV. Eadem fortitudinis ratio reperietur ; nam neque laborum perfunctio, neque perpessio dolorum, per se ipsa allicit ; nec patientia, nec assiduitates, nec vigiliæ, nec ea ipsa, quæ laudatur, industria, ne fortitudo quidem ; sed ista sequimur, ut sine cura, metuque vivamus, animumque et corpus, quantum efficere possimus, molestia liberemus. Ut enim mortis metu omnis quietæ vitæ status perturbatur ; et ut , succumbere doloribus, eosque humili animo imbecilloque ferre, miserum est ; ob eamque debilitatem animi, multi parentes, multi amicos, nonnulli patriam, plerique autem se ipsos penitus perdiderunt : sic robustus animus et excelsus omni est liber cura et angore, quum et mortem contemnit, qua qui affecti sunt, in eadem causa sunt, qua antequam nati ; et ad dolores ita paratus est, ut meminerit, maximos morte finiri, parvos multa habere intervalla requietis, mediocrium nos esse dominos : ut, si

tolérables; et, dans le cas contraire, déposant ce fardeau, et sortant de la vie comme d'un théâtre. Il est donc clair que le blâme ou l'éloge ne s'adressent pas à la timidité, à la faiblesse, à l'intrépidité, à la force, considérées en elles-mêmes; mais qu'on repousse les premières, parce que la douleur est leur inséparable compagne, et qu'avec les secondes, c'est la volupté qu'appellent nos vœux.

XVI. Parlons maintenant de la justice, et nous n'aurons omis aucune vertu. Ici encore notre langage sera le même. La sagesse, la tempérance, la force, avons-nous dit, s'unissent si intimement à la volupté, qu'elles en sont inséparables : même pensée s'applique à la justice, qui, non contente de ne nuire à personne, contribue encore à calmer les esprits, et par sa vertu propre, et par l'espoir que tous les besoins d'une nature non corrompue seront satisfaits. Que la témérité, la licence, la lâcheté s'emparent d'un cœur : passions turbulentes, elles l'agitent, elles sont ses bourreaux; de même, l'injustice, par sa seule présence, bouleverse l'âme où elle réside. Médite-t-elle un funeste dessein : malgré les ténèbres dont elle s'enveloppe, elle ne comptera jamais sur un éternel secret. Le méchant ne peut cacher ses actions : le soupçon, l'opinion publique, la renommée sont sur ses traces; vient ensuite l'accusateur, le juge; plus d'un

---

tolerabiles sint, feramus; sin minus, æquo animo e vita, quum ea non placeat, tanquam e theatro, exeamus. Quibus rebus intelligitur, nec timiditatem ignaviamque vituperari, nec fortitudinem patientiamque laudari suo nomine, sed illas rejici, quia dolorem pariant; has optari, quia voluptatem.

XVI. Justitia restat, ut de omni virtute sit dictum; sed similia fere dici possunt. Ut enim sapientiam, temperantiam, fortitudinem copulatas esse docui cum voluptate, ut ab ea nullo modo nec divelli, nec distrahi possint, sic de justitia judicandum est; quæ non modo nunquam nocet cuiquam, sed contra semper alit aliquid tum vi sua atque natura, quod tranquillet animos; tum spe, nihil earum rerum defuturum, quas natura non depravata desideret. Quemadmodum temeritas, et libido, et ignavia semper animam excruciant, et semper sollicitant, turbulentæque sunt, sic injustitia cujus in mente consedit, hoc ipso, quod adest, turbulenta; et si vero molita quippiam est, quamvis occulte fecerit, nunquam tamen confidet id fore semper occultum. Plerumque improborum facta primo suspicio insequitur; deinde sermo atque fama; tum

enfin, comme sous votre consulat, est son propre dénonciateur.
S'il est des hommes qui croient s'être assez endurcis contre le
cri de l'humanité, la pensée du ciel les fait frémir; et les soins
qui les dévorent, les inquiétudes qui les déchirent nuit et jour,
ils les regardent comme un supplice que les dieux immortels
leur envoient. L'utilité, le plaisir qui résulterait d'une méchante
action, peut-il donc alléger les peines de la vie autant que cette
action même les aggrave et par les remords de la conscience,
et par la crainte de la punition des lois, et par la haine publique? Il est, je le sais, des hommes qui, au faîte de la fortune et
des honneurs, environnés de plaisirs, impuissants à satisfaire
leurs cupidités par des moyens iniques, sentent que leur feu
devient chaque jour plus ardent; mais il ne faut pas instruire
ces gens-là, il les faut enchaîner. C'est donc à être justes, équitables, sincères, que la véritable raison invite tous les hommes
d'un esprit droit. Et que ceux qui n'ont ni esprit ni ressource
ne croient pas trouver leur intérêt dans l'injustice; pour eux
le succès est impossible, je veux dire le succès durable. Mais
l'homme qui a reçu en partage le génie ou la fortune est intéressé à faire le bien : de là naît l'estime publique, et cet amour
de nos semblables, repos si doux de la vie. Et pourquoi de tels
hommes seraient-ils injustes? Les appétits naturels sont si faci-

accusator, tum judex ; multi etiam, ut te consule, ipsi se indicaverunt. Quod
si qui satis sibi contra hominum conscientiam septi esse et muniti videntur,
deorum tamen numen horrent, easque ipsas sollicitudines, quibus eorum
animi noctes atque dies exeduntur, a diis immortalibus supplicii causa im-
portari putant. Quæ autem tanta ex improbe factis ad minuendas vitæ molestias accessio fieri potest, quanta ad augendas, quum conscientia factorum,
tum pœna legum, odioque civium? Et tamen in quibusdam neque pecuniæ modus est, neque honoris, neque imperii, nec libidinum, nec epularum, nec reliquarum cupiditatum, quas nulla præda unquam improbe parta minuit, potius inflammat : ut coercendi magis, quam dedocendi esse videantur. Invitat
igitur vera ratio bene sanos ad justitiam, æquitatem, fidem. Neque homini
infanti atque impotenti injuste facta conducunt, qui nec facile efficere possit,
quod conetur, nec obtinere, si effecerit : et opes vel fortunæ, vel ingenii, li-
beralitati magis conveniunt; qua qui utuntur, benivolentiam sibi conciliant,
et, quod aptissimum est ad quiete vivendum, caritatem ; præsertim quum
omnino nulla sit causa peccandi. Quæ enim cupiditates a natura proficiscun-

les à contenter sans nuire à personne ! Les autres désirs ne conduisent à rien qui soit digne de nos vœux : le devoir est donc de leur résister; car dans l'injustice il y a toujours plus à perdre qu'à gagner. Ce n'est donc point pour elle-même, c'est pour les avantages qu'elle amène à sa suite, que nous devons rechercher l'équité. Quel plaisir d'être aimé et estimé de tout le monde ! Combien nos jours s'écoulent alors et plus tranquilles et plus doux ! Les inconvénients extérieurs ne sont donc pas, selon nous, ce qui interdit l'injustice à l'homme ; c'est plutôt cette inquiétude qui harcèle sans cesse ceux qui s'y abandonnent. Or, si les vertus mêmes, pour lesquelles les autres philosophes sont si prodigues d'éloges, ne peuvent avoir pour fin dernière que la volupté; si, d'après la nature, la volupté est le seul attrait qui nous séduise à la vertu, cette même volupté est incontestablement le plus grand de tous les biens, et vivre heureux n'est autre chose que de vivre dans la volupté.

XVII. Je vais développer en peu de mots ce qui s'attache étroitement à cette doctrine si vraie et si solide.

L'erreur consiste-t-elle à prendre la volupté pour le bien le plus précieux, et la douleur pour le mal le plus cruel? non, c'est à ignorer ce qui peut causer ou la vraie volupté, ou la vraie

---

tur, facile explentur sine ulla injuria; quæ autem inanes sunt, his parendum non est. Nihil enim desiderabile concupiscunt, plusque in ipsa injuria detrimenti est, quam in iis rebus emolumenti, quæ pariuntur injuria. Itaque ne justitiam quidem recte quis dixerit per se ipsam optabilem, sed quia jucunditatis vel plurimum afferat. Nam diligi et carum esse, jucundum est, propterea, quia tutiorem vitam, et voluptatem efficit pleniorem. Itaque non ob ea solum incommoda, quæ eveniunt improbis, fugiendam improbitatem putamus, sed multo etiam magis, quod cujus in animo versatur, nunquam sinit eum respirare, nunquam acquiescere. Quod si ne ipsarum quidem virtutum laus, in qua maxime cæterorum philosophorum exsultat oratio, reperire potest exitum, nisi dirigatur ad voluptatem, voluptas autem est sola, quæ nos vocet ad se et alliciat suapte natura, non potest esse dubium, quin id sit summum atque extremum bonorum omnium ; beateque vivere nihil aliud sit, nisi cum voluptate vivere.

XVII. Huic certæ stabilique sententiæ quæ sint conjuncta, explicabo brevi.

Nullus in ipsis error est finibus bonorum et malorum, id est in voluptate, aut in dolore ; sed in his rebus peccant, quum, e quibus hæc efficiantur, igno-

douleur. Des plaisirs ou des peines du corps viennent cependant, je l'avoue, les peines et les plaisirs de l'esprit ; et j'accorde ce que vous disiez tantôt, qu'il est impossible aux philosophes nombreux mais inhabiles qui pensent autrement, d'asseoir solidement leur opinion. La volupté de l'esprit inspire, il est vrai, de la joie, et sa tristesse cause de la douleur ; mais ces affections viennent du corps, et c'est au corps qu'elles se rapportent ; et je n'en reconnais pas moins que les voluptés et les peines morales sont plus grandes que les peines corporelles. Par le corps, en effet, nous ne pouvons être affectés que des choses présentes ; par l'esprit, nous sentons et celles qui ne sont plus et celles qui sont encore à naître. Bien que l'âme souffre à la fois de ses propres peines et de celles du corps, c'est toujours un cruel surcroît de douleur, que de se figurer que notre mal n'aura point de fin. Vous pouvez transporter cet argument à la volupté : elle a bien plus de charmes, quand nous ne craignons pas qu'elle s'épuise. Il est donc maintenant évident qu'un extrême plaisir ou une peine extrême de l'âme contribue encore plus au bonheur ou à l'infortune que les mêmes impressions bornées aux sens. Nous ne prétendons pas, au reste, que la volupté retirée, vienne aussitôt le chagrin, si même cette volupté ne cède la place à la douleur. Loin de là, l'absence de cette der-

---

rant. Animi autem voluptates et dolores nasci fatemur e corporis voluptatibus et doloribus. Itaque concedo quod modo dicebas, cadere causa, si qui e nostris aliter existimant : quos quidem video esse multos, sed imperitos. Quanquam autem et lætitiam nobis voluptas animi, et molestiam dolor afferat, eorum tamen utrumque et ortum esse e corpore, et ad corpus referri ; nec ob eam causam non multo majores esse et voluptates, et dolores animi, quam corporis. Nam corpore nihil, nisi præsens, et quod adest, sentire possumus ; animo autem, et præterita, et futura. Ut enim æque doleamus animo, quum corpore dolemus, fieri tamen permagna accessio potest, si aliquod æternum et infinitum impendere malum nobis opinemur. Quod idem licet transferre in voluptatem, ut ea major sit, si nihil tale metuamus. Jam illud quidem perspicuum est, maximam animi aut voluptatem, aut molestiam plus aut ad beatam, aut ad miseram vitam afferre momenti, quam eorum utrumvis, si æque diu sit in corpore. Non placet autem, detracta voluptate, ægritudinem statim consequi, nisi in voluptatis locum dolor forte successerit ; at contra,

nière nous semble un motif de joie, lors même que cette absence ne serait accompagnée d'aucune volupté sensible ; et par là on peut comprendre quel vif plaisir il y a dans l'éloignement de la douleur. Mais si l'attente d'un bien qu'on espère donne de la joie, le souvenir d'un bien dont on a joui ne rend pas moins heureux. Les fous se font un tourment des maux qui ne sont plus ; les sages, par le charme des souvenirs, jouissent encore de leurs plaisirs passés. Or nous avons en nous-mêmes la puissance d'ensevelir en quelque sorte le malheur dans un éternel oubli, et de réveiller avec délices la pensée du bonheur. Fixé attentivement sur le passé, notre esprit fait naître pour nous le chagrin du sein des souvenirs amers, la joie des réminiscences du plaisir.

XVIII. O route du bonheur facile, infaillible, ouverte à tous les hommes ! Si vivre sans douleur et sans chagrin, si jouir des plaisirs les plus vifs et de l'âme et des sens, est le sort le plus digne d'envie, nous reprochera-t-on d'avoir rien omis de ce qui peut charmer l'existence, et conduire à ce bien suprême, but de nos efforts ? Écoutez la voix de cet Épicure que vous dites esclave de la volupté ; il vous crie : Il n'est point de bonheur sans sagesse, sans honneur, sans justice ; il n'est point d'honneur, de justice, de sagesse sans bonheur. En effet, ce bonheur est impossible pour un État déchiré par les factions, pour une mai-

---

gaudere nosmet omittendis doloribus, etiam si voluptas ea, quæ sensum moveat, nulla successerit. Eoque intelligi potest, quanta voluptas sit non dolere. Sed ut iis bonis erigimur, quæ exspectamus, sic lætamur, quæ recordamur Stulti autem malorum memoria torquentur ; sapientes bona præterita, grata recordatione renovata, delectant. Est autem situm in nobis, ut et adversa quasi perpetua oblivione obruamus, et secunda jucunde ac suaviter meminerimus. Sed quum ea, quæ præterierunt, acri animo et attento intuemur, tunc fit, ut ægritudo sequatur, si illa mala sint ; lætitia, si bona.

XVIII. O præclaram beate vivendi, et apertam, simplicem, et directam viam ! Quum enim certe nihil homini possit melius esse, quam vacare omni dolore et molestia, perfruique maximis et animi et corporis voluptatibus, videtisne, quam nihil prætermittatur, quod vitam adjuvet, quo facilius id, quod propositum est, summum bonum consequamur ? Clamat Epicurus, iis, quem vos nimis voluptatibus esse deditum dicitis, non posse jucunde vivi, nisi sapienter, honeste, justeque vivatur ; nec sapienter, honeste, juste, nisi jucunde. Neque enim civitas in seditione beata esse potest, nec discordia dominorum

son dont les maîtres sont divisés; comment donc une âme qui n'est pas d'accord avec elle-même pourrait-elle goûter une volupté pure? Tant que des passions ennemies se la disputeront, il n'est pour elle ni calme ni repos. Que si les maladies corporelles privent la vie des plus douces jouissances, quel tourment ne seront pas les maladies de l'esprit? J'entends par là ces désirs effrénés et insatiables des richesses, de la gloire, de la domination et des voluptés sensuelles; ajoutez-y les chagrins amers, les cruels soucis qui rongent le cœur de l'insensé qui ne veut pas comprendre que ce qui n'est pas une douleur physique et présente, ou ce qui n'en est pas la cause immédiate, ne doit pas nous tourmenter, et comptez le petit nombre de ceux que l'une de ces maladies ne rend pas infailliblement malheureux. Vient ensuite la crainte de la mort, qui est pour quelques hommes le rocher de Tantale, toujours suspendu sur leurs têtes, et la superstition, qui ne laisse pas un moment de repos à ceux qui ont bu à sa coupe fatale. C'est peu; le charmant souvenir des biens passés, la jouissance de ceux qu'ils possèdent, ne sont rien pour eux; et ils tremblent à toute heure dans la crainte d'un avenir dont l'incertitude les tient dans de continuelles angoisses. Mais s'aperçoivent-ils que tous leurs travaux ont été stériles pour la fortune, pour la puissance, pour la

---

domus : quo minus animus a se ipse dissidens, secumque discordans, gustare partem ullam liquidæ voluptatis et liberæ potest. Atqui pugnantibus et contrariis studiis consiliisque semper utens, nihil quieti videre, nihil tranquilli potest. Quod si corporis gravioribus morbis vitæ jucunditas impeditur, quanto magis animi morbis impediri necesse est? Animi autem morbi sunt cupiditates immensæ et inanes, divitiarum, gloriæ, dominationis, libidinosarum etiam voluptatum. Accedunt ægritudines, molestiæ, mœrores, qui animos exedunt conficiuntque curis hominum non intelligentium nihil dolendum esse animo; quod sit a dolore corporis præsenti futurove sejunctum. Nec vero quisquam stultus non horum morborum aliquo laborat. Nemo igitur est eorum non miser. Accedit etiam mors, quæ, quasi saxum Tantalo, semper impendet; tum superstitio, qua qui est imbutus, quietus esse nunquam potest. Præterea bona præterita non meminuerunt, præsentibus non fruuntur, futura modo exspectant; quæ quia certa esse non possunt, conficiuntur et angore, et metu maximeque cruciantur, quum sero sentiunt, frustra se aut pecuniæ studuisse, aut imperiis, aut opibus, aut gloriæ. Nullas enim consequuntur vo-

gloire, et que tous les laborieux plaisirs placés devant eux par l'imagination leur échappent sans retour? alors surtout leur supplice est intolérable. D'autres hommes, à l'esprit faible et rétréci, vont désespérant de tout; combien d'autres, méchants, envieux, intraitables, portent leurs coups dans l'ombre, et, dans leur humeur morose, déchirent la réputation d'autrui! Ceux-ci abandonnent leur cœur à de frivoles amours, à la turbulence, à l'audace, à l'injustice, à l'emportement; ceux-là joignent à la légèreté l'intempérance et un esprit versatile. Pour de tels hommes, la souffrance est sans terme. Que d'insensés, parmi lesquels il n'en n'est pas un qui connaisse le bonheur! Mais aussi, où est le sage qui ne soit vraiment heureux? et nous l'affirmons à meilleur droit que les philosophes du Portique. Le seul vrai bien, disent-ils, est un je ne sais quoi qu'ils appellent *l'honnête*, mot brillant, mais vide de sens. Forte d'un tel appui, la vertu, à les entendre, ne cherche aucun autre bien, et suffit au bonheur.

XIX. Toutefois, lorsque les stoïciens professent cette doctrine, nous ne la combattons pas, nous allons même jusqu'à leur applaudir; car voici le portrait tracé par Épicure de l'homme que la sagesse mène au bonheur. Borné dans ses désirs, méprisant la mort, il pense juste sur les dieux immortels et ne les craint pas; vaut-il mieux pour lui quitter la vie que d'y rester? il n'hé-

---

luptates, quarum potiendi spe inflammati, multos labores, magnosque susceperant. Ecce autem alii minuti et angusti, aut omnia semper desperantes, aut malivoli, invidi, difficiles, lucifugi, maledici, monstrosi; alii autem etiam amatoriis levitatibus dediti, alii petulantes, alii audaces, protervi, iidem intemperantes, et ignavi, nunquam in sententia permanentes. Quas ob causas in eorum vita nulla est intercapedo molestiæ. Igitur neque stultorum quisquam beatus, neque sapientium non beatus. Multoque hoc melius nos veriusque quam stoici. Illi enim negant bonum quidquam esse, nisi nescio quam illam umbram, quod appellant honestum, non tam solido, quam splendido nomine ; virtutem autem nixam hoc honesto, nullam requirere voluptatem, atque ad beate vivendum se ipsa esse contentam.

XIX. Sed possunt hæc quadam ratione dici, non modo non repugnantibus, verum etiam approbantibus nobis. Sic enim ab Epicuro sapiens semper beatus inducitur. Finitas habet cupiditates; negligit mortem; de diis immortalibus sine ullo metu vera sentit; non dubitat, si ita melius sit, migrare de vita. His

site pas. Derrière un tel rempart, il est toujours dans la volupté. Pas un moment où, chez lui, le plaisir ne l'emporte sur la douleur. Que de charmes dans le souvenir du passé ! que de jouissance dans le présent ! quelle sécurité pour l'avenir ! étranger à tous les vices, à toutes les erreurs que je viens d'énumérer, il éprouve un ineffable plaisir à comparer sa vie avec celle de tant d'insensés. Lui survient-il des douleurs? il sait en faire la compensation : jamais elles ne sont assez poignantes pour ne pas laisser encore plus à jouir qu'à souffrir.

Épicure dit encore très-bien que la fortune a peu de prise sur le sage ; que l'ascendant de la raison suffit pour diriger les plus graves affaires; et que, dans l'immensité des âges, il est impossible de savourer une volupté plus délicieuse que le sage pendant sa courte carrière.

Quant à votre dialectique, elle n'est bonne selon lui, ni pour vivre plus heureux, ni pour raisonner plus juste; mais il a donné beaucoup d'importance à la physique. Que nous enseigne la première de ces deux sciences? la force des mots, la nature du discours, les conséquences vraies ou fausses; la physique au contraire nous instruit des choses, et alors, libres de toute superstition, méprisant la mort, nous ne sommes plus troublés par

---

rebus instructus semper est in voluptate, neque enim tempus est ullum, quo non plus habeat voluptatum, quam dolorum. Nam et præterita grate meminit, et præsentibus ita potitur, ut animadvertat, quanta sint ea, quamque jucunda ; neque pendet ex futuris, sed exspectat illa, fruitur præsentibus, ab iisque vitiis, quæ paulo ante collegi, abest plurimum ; et, quum stultorum vitam cum sua comparat, magna afficitur voluptate. Dolores autem, si qui incurrunt, nunquam vim tantam habent, ut non plus habeat sapiens, quod gaudeat, quam quod angatur.

Optime vero Epicurus, quod exiguam dicit fortunam intervenire sapienti, maximasque ab eo, et gravissimas res consilio ipsius et ratione administrari ; neque majorem voluptatem ex infinito tempore ætatis percipi posse, quam ex hoc percipiatur, quod videamus esse finitum.

In dialectica autem vestra nullam vim existimavit esse, nec ad melius vivendum, nec ad commodius disserendum. In physicis plurimum posuit. Ea scientia, et verborum vis, et natura orationis, et consequentium repugnantiumve ratio potest perspici : omnium autem rerum natura cognita, levamur superstitione, liberamur mortis metu, non conturbamur ignoratione rerum,

cette ignorance qui enfante tant de terreurs. La morale même gagnera à la connaissance des vraies intentions de la nature. Alors embrassant cette règle qui semble un don du ciel, et la prenant pour arbitre souverain de tous nos jugements, aucun autre langage ne nous fera changer d'opinion. Si, au contraire, la connaissance de la nature nous manque, nous ne pourrons jamais défendre les jugements des sens. C'est dans leurs impressions que toutes les perceptions de l'intelligence trouvent leur origine. Si le rapport des sens est fidèle, comme Épicure l'enseigne, la vraie connaissance des choses est possible. Mais ceux qui récusent leur témoignage, et nient qu'ils puissent nous transmettre de véritables perceptions, ceux-là ne se feront jamais comprendre. Enfin, retranchez la connaissance de la nature, la conduite de la vie n'a plus de base. Là seulement l'âme se raffermit contre la peur de la mort et contre la superstition. Rien ne calme l'esprit comme de pénétrer dans les secrets de la nature ; analyser le caractère des passions, c'est apprendre à les fuir ; car cette règle (et je l'ai démontré tout à l'heure) rend le jugement droit, et nous apprend à distinguer la vérité de l'erreur.

XX. Reste une chose qui est étroitement liée à la question que

---

e qua ipsa horribiles exsistunt sæpe formidines. Denique etiam morati melius erimus, quum didicerimus, quæ natura desideret. Tum vero, stabilem scientiam rerum tenebimus, servata illa, quæ quasi delapsa de cœlo est ad cognitionem omnium, regula, ad quam omnia judicia rerum dirigentur, nunquam ullius oratione victi sententia desistemus. Nisi autem rerum natura perspecta erit, nullo modo poterimus sensuum judicia defendere. Quidquid porro animo cernimus, id omne oritur a sensibus. Qui si omnes veri erunt, ut Epicuri ratio docet, tum denique poterit aliquid cognosci et percipi : quos qui tollunt, et nihil posse percipi dicunt, ii, remotis sensibus, ne id ipsum quidem expedire possunt, quod disserunt. Præterea, sublata cognitione et scientia, tollitur omnis ratio et vitæ degendæ, et rerum gerendarum. Sic e physicis, et fortitudo sumitur contra mortis timorem, et constantia contra metum religionis; et sedatio animi, omnium rerum occultarum ignoratione sublata ; et moderatio, natura cupiditatum, generibusque earum explicatis ; et (ut modo docui) cognitionis regula, et, judicio ab eadem illa constituto, veri a falso distinctio traditur.

XX. Restat locus huic disputationi vel maxime necessarius, de amicitia,

je traite : c'est l'amitié, qui, selon vous, ne peut plus exister dès que la volupté est reconnue pour le premier des biens. Mais ici, écoutez le langage d'Épicure : « De tous les trésors que la sagesse peut amasser pour le bonheur, l'amitié est le plus grand, le plus inépuisable, le plus doux. » La doctrine que professait sa bouche était sanctionnée par sa vie et par ses mœurs : mérite bien grand, si nous en croyons les anciennes fables, qui, en remontant d'Oreste jusqu'à Thésée, nous présentent à peine trois couples d'amis. Mais Épicure, dans une seule maison de peu d'étendue, en avait réuni une troupe nombreuse ; et comme chacun de ses amis retrouvait dans les autres l'affection qu'il leur inspirait ! Cet exemple est, encore aujourd'hui, suivi par tous les épicuriens. Mais revenons aux choses : ce ne sont pas les hommes qui doivent nous occuper.

Je trouve, dans l'école d'Épicure, trois manières différentes d'envisager l'amitié. Selon quelques-uns, les voluptés qui intéressent nos amis ne sont pas pour nous à rechercher par elles-mêmes, comme celles qui nous concernent : système qui ébranle un peu l'amitié, mais qu'on peut soutenir, et auquel il me semble facile de répondre. Comme la vertu, disaient-ils, l'amitié est la compagne inséparable de la volupté. Les jours d'un homme isolé sont menacés de dangers, d'alarmes sans fin : la raison même nous porte donc à nous faire des amis. Est-on parvenu à

---

quam, si voluptas summum sit bonum, affirmatis nullam omnino fore; de qua Epicurus quidem ita dicit : « omnium rerum, quas ad beate vivendum sapientia comparaverit, nihil esse majus amicitia, nihil uberius, nihil jucundius. » Neque vero hoc oratione solum, sed multo magis vita, et factis, et moribus comprobavit. Quod quam magnum sit, fictæ veterum fabulæ declarant ; in quibus tam multis, tamque variis, ab ultima antiquitate repetitis, tria vix amicorum paria reperiuntur, ut ad Orestem pervenias, profectus a Theseo. At vero Epicurus una in domo, et ea quidem angusta, quam magnos, quantaque amoris conspiratione consentientes tenuit amicorum greges ? Quod fit etiam nunc ab epicureis. Sed ad rem redeamus. De hominibus dici non necesse est.

Tribus igitur modis video esse a nostris de amicitia disputatum. Alii, quum eas voluptates, quæ ad amicos pertinerent, negarent esse per se ipsas tam expetendas, quam nostras expeteremus (quo loco videtur quibusdam stabilitas amicitiæ vacillare) tuentur tamen eum locum, seque facile, ut mihi videtur, expediunt. Ut enim virtutes, de quibus ante dictum est, sic amicitiam negant

s'en entourer, le cœur tranquille et rassuré ne peut plus se détacher de l'espérance du plaisir que promet leur affection. Les haines, les jalousies, les témoignages de mépris repoussent le plaisir ; de même, rien ne l'attire plus vivement et ne l'entretient avec plus de constance qu'une amitié mutuelle, commerce si doux pour le présent, promesse de bonheur et de force pour l'avenir. Puis donc qu'il est impossible d'être heureux sans amis, et d'entretenir longtemps l'amitié si, dans nos amis, nous ne chérissons pas d'autres nous-mêmes, il résulte de là qu'on a pour eux une tendresse sans réserve, et que cette union de l'amitié et de la volupté nous rend heureux de la joie d'un ami, et malheureux de sa peine. Ainsi, le sage confondra toujours dans un même sentiment et les intérêts de ses amis et les siens ; et tout ce qu'il ferait pour se procurer à lui-même du plaisir, il le fera avec empressement pour leur en procurer. Voilà dans quel sens doit s'appliquer à l'amitié cette maxime, que la volupté est inséparable de la vertu. Et, là-dessus, Épicure dit encore : « La même connaissance qui nous a raffermis contre la crainte d'un mal durable ou sans fin, nous montre l'amitié comme l'asile le plus sûr, comme le plus fort rempart. »

---

posse a voluptate discedere. Nam quum solitudo, et vita sine amicis, insidiarum et metus plena sit, ratio ipsa monet amicitias comparare ; quibus partis confirmatur animus, et a spe pariendarum voluptatum sejungi non potest. Atque ut odia, invidiæ, despicationes, adversantur voluptatibus, sic amicitiæ, non modo fautrices fidelissimæ, sed etiam effectrices sunt voluptatum tam amicis, quam sibi ; quibus non solum præsentibus fruuntur, sed etiam spe eriguntur consequentis ac posteri temporis. Quod quia nullo modo sine amicitia firmam et perpetuam jucunditatem vitæ tenere possumus, neque vero ipsam amicitiam tueri, nisi æque amicos, et nosmet ipsos diligamus, idcirco et hoc ipsum efficitur in amicitia, et amicitia cum voluptate connectitur. Nam et lætamur amicorum lætitia æque atque nostra ; et pariter dolemus angoribus. Quodcirca eodem modo sapiens erit affectus erga amicum, quo in se ipsum ; quosque labores propter suam voluptatem susciperet, eosdem suscipiet propter amici voluptatem ; quæque de virtutibus dicta sunt, quemadmodum hæ semper voluptatibus inhærent, eadem de amicitia dicenda sunt. Præclare enim Epicurus his pæne verbis : « Eadem, inquit, scientia confirmavit animum, ne quod aut sempiternum, aut diuturnum timeret malum ; quæ perspexit, in hoc ipso vitæ spatio, amicitiæ præsidium esse firmissimum. »

Intimidés par vos reproches, et craignant de réduire l'amitié au néant, s'ils avançaient que la volupté seule doit la faire rechercher, d'autres épicuriens font une distinction ingénieuse. Ils consentent à regarder la volupté comme formant les nœuds de l'amitié ; mais, disent-ils, quand ces nœuds ont été serrés par l'habitude, l'amitié seule agit et se fait sentir ; alors, abstraction faite de l'intérêt personnel, on chérit ses amis pour eux-mêmes. N'aime-t-on pas les maisons, les temples, les villes, les lieux d'exercice, les promenades que l'on fréquente ? Ne s'attache-t-on pas aux chevaux qu'on monte d'ordinaire, aux chiens qui chassent avec nous ? Et l'habitude ne produirait pas le même effet à l'égard des hommes !

D'autres, enfin, disent qu'il existe entre les hommes sages une sorte de contrat par lequel ils s'engagent à aimer leurs amis autant qu'eux-mêmes. Nous comprenons la possibilité d'une telle stipulation, nous en sommes souvent témoins, et il est évident qu'une amitié parfaite et cimentée de la sorte est le plus grand charme de la vie. De toutes ces opinions, on peut conclure que, loin d'anéantir ce sentiment, en mettant le bien suprême dans la volupté, l'amitié deviendrait, sans cela, impossible entre les hommes.

XXI. Je me résume. Si les principes que je viens de déve-

Sunt autem quidam epicurei timidiores paulo contra vestra convicia, sed tamen satis acuti, qui verentur, ne, si amicitiam propter nostram voluptatem expetendam putemus, tota amicitia quasi claudicare videatur. Itaque primos congressus, copulationesque, et consuetudinum instituendarum voluntates fieri propter voluptatem ; quum autem usus progrediens familiaritatem effecerit, tum amorem efflorescere tantum, ut, etiamsi nulla sit utilitas ex amicitia, tamen ipsi amici propter se ipsos amentur. Etenim, si loca, si fana, si urbes, si gymnasia, si campum, si canes, si equos, si ludicra exercendi aut venandi consuetudine, adamare solemus, quanto id in hominum consuetudine facilius fieri poterit, et justius ?

Sunt autem, qui dicant, fœdus quoddam esse sapientum, ut ne minus quidem amicos, quam se ipsos diligant. Quod et fieri posse intelligimus, et sæpe id videmus, et perspicuum est, nihil ad jucunde vivendum reperiri posse, quod conjunctione tali sit aptius. Quibus ex omnibus judicari potest, non modo non impediri rationem amicitiæ, si summum bonum in voluptate ponatur, sed sine hoc institutionem amicitiæ omnino non posse reperiri.

XXI. Quapropter si ea, quæ dixi, sole ipso illustriora et clariora sunt ; si

lopper le disputent à la clarté du soleil ; s'ils sont puisés dans la nature ; si tout notre système est confirmé par le témoignage des sens, qu'il est impossible de récuser ; si l'enfant au berceau, si la bête même, inspirés par le seul instinct, nous crient que le plaisir seul est le bonheur, que la seule douleur rend malheureux, quelle reconnaissance ne devons-nous pas au philosophe qui, docile à la voix de la nature, a pénétré le sens de ces paroles, au point de faire marcher le sage dans la route de la paix et de la félicité ? Épicure vous paraît peu savant ; mais c'est qu'il dédaignait toute science qui n'apprend pas à l'homme à être plus heureux. Aurait-il imité l'exemple de Triarius et le mien ? aurait-il consenti à dépenser son temps à la lecture des poëtes, amusement frivole et fait pour l'enfance ? ou, comme Platon, se serait-il consumé à l'étude de la musique, de la géométrie, des nombres, de l'astronomie : travaux qui, fondés sur de faux principes, ne conduisent personne à la vérité, ou, du moins, ne nous sont d'aucun secours pour arriver au bonheur ? se serait-il appliqué à toutes ces vagues théories, pour divorcer avec l'art de bien vivre, si laborieux et si fécond en résultats. Non, Épicure n'était point ignorant. Donnez ce nom à ceux qui croient devoir prolonger jusque dans leurs vieux jours les études qui pouvaient sans honte occuper leur enfance.

omnia dixi, hausta e fonte naturæ ; si tota oratio nostra omnem sibi fidem sensibus confirmat, id est incorruptis atque integris testibus ; si infantes pueri, mutæ etiam bestiæ, pæne loquuntur, magistra ac duce natura, nihil esse prosperum nisi voluptatem, nihil asperum nisi dolorem ; de quibus neque depravate judicant, neque corrupte, nonne ei maximam gratiam habere debemus, qui hac exaudita quasi voce naturæ, sic eam firme graviterque comprehenderit, ut omnes bene sanos in viam placatæ, tranquillæ, quietæ, beatæ vitæ deduceret ? Qui quod tibi parum videtur eruditus, ea causa est, quod nullam eruditionem esse duxit, nisi quæ beatæ vitæ disciplinam juvaret. An ille tempus aut in poetis evolvendis, ut ego, et Triarius, te hortatore, fecimus, consumeret ? in quibus nulla solida utilitas, omnisque puerilis est delectatio : aut se, ut Plato, in musicis, geometria, numeris, astris, contereret ? quæ et a falsis initiis profecta, vera esse non possunt ; et, si essent vera, nihil afferrent, quo jucundius, id est quo melius viveremus. Eas ergo artes persequeretur, vivendi artem tantam, tamque operosam, et perinde fructuosam relinqueret ? Non ergo Epicurus ineruditus, sed ii indocti, qui, quæ pueros non didicisse turpe est, ea putent usque ad senectutem esse discenda.

Après avoir dit ces mots, J'ai, ajouta Torquatus, exprimé mon opinion. Quel était mon but? de connaître votre jugement. Jamais, jusqu'à ce jour, ne s'était présentée à moi l'occasion de disserter à loisir sur cette doctrine.

Quæ quum dixisset, Explicavi, inquit, sententiam meam, et eo quidem consilio, tuum judicium ut cognoscerem. Quæ mihi facultas, ut id meo arbitratu facerem, ante hoc tempus nunquam est data.

LIVRE DEUXIÈME

I. Tous deux, les yeux fixés sur moi, semblaient attendre mes paroles : Je commence, leur dis-je, par vous prier de ne me pas regarder comme un philosophe qui va faire une leçon publique : prétention qui m'a toujours paru peu honorable, même dans un philosophe. Le véritable père de la philosophie, Socrate, en agit-il jamais ainsi ? Il laissait cet usage à ceux que l'on appelait alors sophistes. Ce fut Gorgias le Léontin qui donna l'exemple de provoquer les questions du public, c'est-à-dire de demander sur quelle matière on voulait l'entendre discourir : tentative audacieuse, que je taxerais d'impudence, si cette manie n'avait aussi gagné nos philosophes. Mais nous voyons dans Platon comme Socrate se joue et du sophiste que je viens de nommer, et de tous les autres. Lui, au contraire, questionnait ses interlocuteurs ; et c'est ainsi qu'il leur faisait produire au dehors leurs sentiments pour les réfuter à son gré. Après Socrate, cette coutume fut négligée ;

LIBER SECUNDUS

I. Hic quum uterque me intueretur, seseque ad audiendum significaret paratos : Primum, inquam, deprecor, ne me, tanquam philosophum, putetis scholam vobis aliquam explicaturum ; quod ne in ipsis quidem philosophis magnopere unquam probavi. Quando enim Socrates, qui parens philosophiæ jure dici potest, quidquam tale fecit ? Eorum erat iste mos, qui tum sophistæ nominabantur : quorum e numero primus est ausus Leontinus Gorgias in conventu poscere quæstionem, id est jubere dicere, qua de re quis vellet audire. Audax negotium ; dicerem impudens, nisi hoc institutum postea translatum ad philosophos nostros esset. Sed et illum, quem nominavi, et cæteros sophistas, ut e Platone intelligi potest, lusos videmus a Socrate : is enim percunctando atque interrogando elicere solebat eorum opiniones, quibuscum disserebat, ut ad ea, quæ ii respondissent, si quid videretur, diceret. Qui mos quum a posterioribus non esset retentus, Arcesilas eum revocavit ; instituitque, ut

mais Arcésilas la renouvela, et exigea de ses auditeurs les plus curieux, qu'au lieu de le questionner, ils exposassent d'abord leurs opinions. Son tour venu, il répondait ; mais ceux qui venaient l'entendre demeuraient libres de défendre contre lui leurs sentiments tant que cela leur était possible. A l'école des autres philosophes, la question faite, l'auditeur se tait ; et aujourd'hui encore, tel est l'usage de l'Académie. Celui qui vient pour s'éclairer a-t-il dit, par exemple, « Il me semble que la volupté est le souverain bien ? » la proposition contraire est développée dans un discours continu. On reconnaît sans peine qu'en énonçant ainsi un jugement, l'auditeur ne prétend pas exprimer son opinion personnelle, mais en provoquer la réfutation. Notre marche est plus simple. Torquatus a dit et motivé son sentiment. Son langage sans interruption m'a vivement charmé ; toutefois, il me semble que, dans les disputes où l'on insiste sur chaque chose en particulier, et où l'on sait ce que chacun admet ou rejette, la conclusion qui se tire des points accordés est bien plus facile, et que, par là, on parvient plus sûrement au but. Le discours qui coule comme un torrent a beau entraîner avec lui toutes les idées importantes, vous ne retenez rien, tout vous échappe ; il n'est point de digues pour arrêter ce flux rapide de paroles.

II. Toute discussion réglée et méthodique doit avoir pour

ii, qui se audire vellent, non de se quærerent, sed ipsi dicerent, qui sentirent. Quod quum dixissent, ille contra. Sed qui audiebant, quoad poterant, defendebant sententiam suam. Apud cæteros autem philosophos, qui quæsivit aliquid, tacet. Quod quidem jam fit etiam in Academia. Ubi enim is, qui audire vult, ita dixit, « Voluptas mihi videtur esse summum bonum ; » perpetua oratione contra disputatur : ut facile intelligi possit, eos, qui aliquid sibi videri dicant, non ipsos in ea sententia esse, sed audire velle contraria. Nos commodius agimus. Non enim solum Torquatus dixit, quid sentiret, sed etiam cur ; ego autem arbitror, quanquam admodum delectatus sum ejus oratione perpetua, tamen commodius, quum in rebus singulis insistas, et intelligas, quid quisque concedat, quid abnuat, ex rebus concessis concludi, quod velis, et ad exitum perveniri. Quum enim fertur, quasi torrens, oratio, quamvis multa cujusquemodi rapiat, nihil tamen teneas, nihil apprehendas ; nusquam orationem rapidam coerceas.

II. Omnis autem in quærendo, quæ via quadam et ratione habetur, oratio,

première loi de fixer, comme font les jurisconsultes, le point à juger, et d'établir nettement l'état de la question. Épicure applaudit au choix qu'a fait Platon de cette marche dans son *Phèdre*, et il pense qu'elle est applicable à toutes les discussions. Toutefois une conséquence nécessaire de cette méthode lui a échappé. Il exclut toute définition; mais, sans cette précaution, est-il possible que des personnes qui discutent s'entendent bien sur l'objet de leurs débats? et nous-mêmes, nous entendrons-nous? Ce que nous cherchons, c'est le souverain bien : or, sans un examen préliminaire du sens que nous attachons à ce mot, pouvons-nous savoir ce que c'est? Ce coup d'œil attentif sur les choses cachées, qui révèle la nature de chacune d'elles, est ce que nous appelons définition : plus d'une fois vous avez vous-même défini sans y penser. Car ce but de toutes nos actions, le plus grand des biens, le bien suprême, vous le définissiez ce à quoi se rapporte tout ce qu'on fait, et qui ne se rapporte à rien. Définition excellente. La nature même du bien, vous l'auriez, au besoin définie, et vous auriez dit que le bien est l'objet de nos appétits naturels, qu'il consiste dans ce qui nous est ou avantageux, ou utile, ou agréable. Puisque vous ne repoussez pas entièrement les définitions, puisque vous en faites quand bon vous semble, je voudrais vous entendre

---

præscribere primum debet (ut quibusdam in formulis, ea res agetur), ut, inter quos disseritur, conveniat, quid sit id, de quo disseratur. Hoc positum in Phædro a Platone probavit Epicurus, sensitque in omni disputatione id fieri oportere. Sed quod proximum fuit, non vidit; negat enim definiri rem placere : sine quo fieri interdum non potest, ut inter eos, qui ambigunt, conveniat, quod sit id, de quo agatur : velut in hoc ipso, de quo nunc disputamus. Quærimus enim finem bonorum : possumusne scire, hoc quale sit, nisi contulerimus inter nos, quum finem bonorum dixerimus, quid finis, quid etiam sit ipsum bonum? Atqui hæc patefactio quasi rerum opertarum, quum quid quidque sit, aperitur, definitio est : qua tu etiam imprudens utebare nonnunquam. Nam hunc ipsum sive finem, sive extremum, sive ultimum definiebas, id esse, quo omnia, quæ recte fierent, referrentur, neque id ipsum usquam referretur. Præclare hoc quidem. Bonum ipsum etiam quid esset, fortasse, si opus fuisset, definisses : aut, quod esset natura appetendum ; aut, quod prodesset ; aut, quod juvaret ; aut, quod liberet modo. Nunc idem, nisi moles-

définir la volupté; car c'est là le texte de toute notre discussion.

Est-il un homme, dit Torquatus, qui ne sache pas ce que c'est que la volupté, ou qui, pour en mieux avoir l'intelligence, demande qu'on définisse ce mot?

Cet homme, lui répliquai-je, je dirais que c'est moi, si je ne croyais avoir acquis là-dessus des idées vraies et précises. Mais non, cet homme, c'est Épicure : il n'en sait rien, il vacille; et ce philosophe qui nous dit souvent : « Appliquez-vous surtout à mettre en évidence la force des termes, » n'entend pas toujours bien le sens du mot volupté.

III. Voilà qui est excellent! reprit-il avec un sourire; celui qui a dit que la volupté est le but de tous nos désirs, le plus grand des biens, le bien suprême, celui-là ne saurait pas ce que c'est que la volupté! — Cette ignorance, dis-je à mon tour, pèse ou sur Épicure, ou sur le genre humain. — Comment l'entendez-vous ? — C'est que, selon tous les hommes, la volupté est ce qui excite agréablement les sens, ce qui les remplit de quelque sensation délicieuse. — Eh bien, dit-il, cette sorte de volupté est-elle donc ignorée d'Épicure? — Non, il ne l'ignore pas toujours; parfois même, il ne la connaît que trop; car il affirme ne pouvoir comprendre d'autre bonheur réel et possible que le boire et

---

tum est, quoniam tibi non omnino displicet definire, et id facis quum vis; velim definias quid sit voluptas : de quo omnis hæc quæstio est.

Quasi quis, inquit, sit, qui, quid sit voluptas, nesciat; aut qui, quo magis id intelligat, definitionem aliquam desideret.

Me ipsum esse dicerem, inquam, nisi mihi viderer habere bene cognitam voluptatem, et satis firme conceptam animo atque comprehensam. Nunc autem dico, ipsum Epicurum nescire, et in eo nutare; cumque, qui crebro dicat, diligenter oportere exprimi, quæ vis subjecta sit vocibus, non intelligere interdum, quid sonet hæc vox voluptatis, id est quæ res huic voci subjiciatur.

III. Tunc ille ridens, Hoc vero, inquit, optimum, ut is, qui finem rerum expetendarum voluptatem esse dicat, id extremum, id ultimum bonorum; id ipsum, quid sit, quale sit, nesciat. — Atqui, inquam, aut Epicurus, quid sit voluptas, aut omnes mortales, qui ubique sunt, nesciunt. — Quonam, inquit, modo?—Quia voluptatem hanc esse sentiunt omnes, quam sensus accipiens movetur, et jucunditate quadam perfunditur.—Quid ergo? istam voluptatem, inquit, Epicurus ignorat? — Non semper, inquam. Nam interdum nimis etiam novit, quippe qui testificetur, ne intelligere quidem se posse, ubi sit; aut quid

le manger, ou le plaisir des oreilles, ou les voluptés impures. N'est-ce pas là son langage? — Vous me parlez, répondit Torquatus, comme si je devais en rougir, ou que je ne puisse pas vous montrer quel sens Épicure attache à ces expressions. — Vous le pouvez sans peine, repris-je, je n'en doute pas; je suis également certain que vous avez épousé sans honte les opinions d'un homme qui est le seul, à ma connaissance, qui ait osé s'appeler lui-même sage. Métrodore, en effet, ne s'arrogea pas lui-même ce titre si honorable ; seulement, quand Épicure le lui donna, il ne le refusa point. Les sept sages reçurent ce nom des suffrages unanimes de la Grèce et non d'eux-mêmes. Au reste, j'affirme que, dans l'endroit présenté tout à l'heure, Épicure a pris le mot de volupté dans l'acception que lui donnent tous les hommes. Car ce que chacun appelle en grec ἡδονή, en latin *voluptas*, exprime un mouvement agréable qui réjouit les sens. — Que demandez-vous donc de plus? répliqua-t-il. — Je vous le dirai, repris-je, et plutôt pour mon instruction que pour blâmer ou vous ou Épicure. — Mais aussi, répondit Torquatus, je trouverai un plaisir plus doux à m'éclairer qu'à reprendre.

Je dis alors : Connaissez-vous ce souverain bien auquel Hiéronyme le Rhodien dit qu'il faut tout rapporter ? — Je le connais, répondit-il : c'est, selon lui, l'absence de la douleur. — Mais,

sit ullum bonum, præter illud, quod cibo, et potione, et aurium delectatione, et obscena voluptate capiatur. An hæc ab eo non dicuntur ? — Quasi vero me pudeat, inquit, istorum; aut non possim, quemadmodum ea dicantur, ostendere. — Ego vero non dubito, inquam, quin facile possis; nec est, quod te pudeat sapienti assentiri qui se unus, quod sciam, sapientem profiteri sit ausus. Nam Metrodorum non putant ipsum professum ; sed, quum appellaretur ab Epicuro, repudiare tantum beneficium noluisse. Septem autem illi non suo, sed populorum suffragio omnium nominati sunt. Verum hoc loco sumo, verbis his eamdem certe vim voluptatis Epicurum nosse, quam cæteros. Omnes enim jucundum motum, quo sensus hilarentur, græce ἡδονήν, latine voluptatem vocant. — Quid est igitur, inquit, quod requiras ? — Dicam, inquam, et quidem discendi causa magis, quam quo te, aut Epicurum reprehensum velim. — Ego quoque, inquit, didicerim libentius, si quid attuleris, quam te reprehenderim.

Tenesne igitur, inquam, Hieronymus Rhodius quod dicat esse summum bonum, quo putet omnia referri oportere ? — Teneo, inquit; finem illi videri,

sur la volupté, quel est son sentiment? — Il nie qu'elle soit désirable par elle-même. — Ainsi, d'après son opinion, autre est d'éprouver du plaisir, autre d'être exempt de douleur. — Et c'est là, répliqua-t-il, sa grande erreur : je l'ai en effet démontré, l'absence de toute douleur est le dernier période de la volupté. — Plus tard, lui dis-je, j'examinerai ce qu'il faut entendre par absence de douleur; en attendant, vous ne serez pas assez opiniâtre pour méconnaître l'énorme distance qu'il y a entre jouir et ne pas souffrir. — Eh bien, blâmez mon entêtement ; car je vois là deux choses identiques. — Dites-moi, l'homme qui a soif trouve-t-il du plaisir à boire ? — Qui le niera jamais ? — La soif apaisée, le plaisir est-il le même ? — Non, son espèce seule a changé. A-t-on étanché sa soif, on est dans une volupté permanente; est-on dans l'action de l'étancher, la volupté qu'on éprouve est en mouvement. — Pourquoi donnez-vous le même nom à des choses si dissemblables ? — J'ai dit tout à l'heure que, du moment où la douleur cesse, la volupté peut bien varier, mais qu'elle ne s'accroît jamais. L'avez-vous déjà oublié ? — Non pas : votre langage était très-correct, mais peu clair ; car le mot latin *varietas* s'emploie proprement en parlant de plusieurs couleurs, et s'applique par métaphore à une multitude d'objets différents. On le dit d'un morceau de poésie ou d'éloquence, des mœurs,

---

nihil dolere. —Quid? idem iste de voluptate quid sentit?—Negat esse eam, inquit, propter se ipsam expetendam.—Aliud igitur esse censet gaudere, aliud non dolere.— Et quidem, inquit, vehementer errat. Nam, ut paulo ante docui, augendæ voluptatis finis est, doloris omnis amotio. — Non dolere, inquam, istud quam vim habeat, postea videro; aliam vero vim voluptatis esse, aliam nihil dolendi, nisi valde pertinax fueris, concedas necesse est.—Atqui reperies, inquit, in hoc quidem pertinacem ; dici enim nihil potest verius. — Estne quæso, inquam, sitienti in bibendo voluptas ? — Quis istud, inquit, posset negare? — Eademne, inquam, quæ restincta siti ?— Immo alio genere. Restincta enim sitis stabilitatem voluptatis habet, inquit; illa autem voluptas ipsius restinctionis in motu est.— Cur igitur, inquam, res tam dissimiles eodem nomine appellas — Quid paulo ante, inquit, dixerim, nonne meministi, quum omnis dolor detractus esset, variari, non augeri voluptatem? —Memini vero, inquam. Sed tu istuc dixisti bene latine, parum plane. Varietas enim latinum verbum est, idque proprie quidem in disparibus coloribus dicitur; sed transfertur in multa disparia. Varium poema, varia oratio, varii mores, varia fortuna. Voluptas

de la fortune, et on l'emploie aussi pour parler de la volupté que des causes diverses font éprouver. Est-ce cette variété-là que vous voulez désigner? Je vous comprends, et ici vos explications sont superflues. Mais il m'est impossible de démêler ce que vous entendez par variété, quand vous avancez qu'être sans douleur, c'est jouir d'une volupté très-grande, et que manger, par exemple, d'un mets qui plaît, c'est sentir une volupté en mouvement. Voilà bien une volupté variée; mais je ne vois pas d'augmentation dans celle qui est l'absence de la douleur, et je ne comprends pas pourquoi vous donnez à celle-ci le nom de volupté.

IV. Eh! reprit-il, quoi de plus doux que de ne point souffrir? — Je vous l'accorde; aussi bien, ce n'est pas encore là ce qui m'occupe; mais en résulte-t-il l'identité entre la volupté et l'indolence? — Oui, sans doute, et l'identité la plus complète. — Puisque vous placez aussi le bien suprême dans l'absence de la douleur, pourquoi ne vous renfermez-vous pas dans la preuve de cette proposition? et quel besoin d'introduire la volupté au milieu des vertus, comme une courtisane dans une assemblée de femmes chastes? La volupté, direz-vous, n'a rien d'odieux que le nom, et vous ne comprenez pas ce qu'Épicure entend par là. Chaque fois qu'on me tient un tel langage, et cela n'est pas

---

etiam varia dici solet, quum percipitur ex multis dissimilibus rebus dissimiles efficientibus voluptates. Eam si varietatem diceres, intelligerem, ut, etiam non dicente te, intelligo. Ista varietas quæ sit, non satis perspicio, quod ais, quum dolore careamus, tum in summa voluptate nos esse : quum autem vescamur iis rebus, quæ dulcem motum afferant sensibus, tum esse in motu voluptatem, qui faciat varietatem voluptatum ; sed non augeri illam non dolendi voluptatem. Quam cur voluptatem appelles nescio.

IV. An potest, inquit ille, quidquam esse suavius, quam nihil dolere?— Immo sit sane nihil melius, inquam (nondum enim id quæro), num propterea idem voluptas est, quod, ut ita dicam, indolentia?— Plane idem, inquit; et maxima quidem, qua fieri nulla major potest. — Quid dubitas igitur, inquam, summo bono a te ita constituto, ut id totum in non dolendo sit, id tenere unum, id tueri, id defendere? Quid enim necesse est, tanquam meretricem in matronarum cœtum, sic voluptatem in virtutum consilium adducere? Invidiosum nomen est, infame, suspectum. Itaque hoc frequenter dici solet a vobis, non intelligere nos, quam dicat Epicurus voluptatem. Quod quidem mihi si quando dictum est (est autem dictum non parum sæpe), etsi satis clemens sum in

rare, j'avoue qu'en dépit de ma modération dans la dispute, je me sens surprendre par un léger mouvement de colère. Qui? moi! je ne comprends pas le mot grec ἡδονή, le mot latin *voluptas!* A laquelle de ces deux langues suis-je donc étranger? Comment, d'ailleurs, l'ignorerais-je, tandis que tous ceux qui ont voulu se livrer à l'épicuréisme l'ont compris sur-le-champ? Vos sages ne prouvent-ils pas à merveille que la science est inutile pour parvenir à la philosophie? A l'exemple des vieux Romains, qui tirèrent Cincinnatus de la charrue pour l'élire dictateur, c'est parmi les Grecs les plus simples et les plus grossiers que vous prenez vos disciples. De tels auditeurs comprendront le langage d'Épicure, et il sera inintelligible pour moi! Mais je le comprends, et en voici la preuve : *voluptas,* dans notre langue, est, je le répète, l'exacte traduction de son ἡδονή. Il nous arrive parfois de trouver difficilement chez nous le mot qui répond exactement au mot grec; ici point d'incertitude : le terme *voluptas* est le représentant le plus fidèle de l'expression ἡδονή. Par là tous les hommes entendent deux choses, la joie de l'âme, les sensations corporelles qui nous charment. Par exemple, un jeune homme dans Trabea donne le nom de *joie* à un plaisir très-vif de l'esprit, et dans Cécilius un autre personnage s'écrie : « Je suis joyeux de toutes les joies! »

disputando, tamen interdum soleo subirasci. Egone non intelligo, quid sit ἡδονή græce, latine voluptas? Utram tandem linguam nescio? Deinde, qui fit, ut ego nesciam, sciant omnes, quicumque epicurei esse voluerunt? quod vestri quidem vel optime disputant, nihil opus esse, eum, qui philosophus futurus sit, scire litteras. Itaque, ut majores nostri ab aratro abduxerunt Cincinnatum illum, ut dictator esset, sic vos de Pelasgis omnibus colligitis bonos illos quidem viros, sed certe non pereruditos. Ergo illi intelligunt, quid Epicurus dicat, ego non intelligo? Ut scias me intelligere, primum idem esse voluptatem dico, quod ille ἡδονήν. Et quidem sæpe quærimus verbum latinum par græco, et quod idem valeat : hic nihil fuit, quod quæreremus. Nullum inveniri potest, quod magis idem declaret latine, quod græce ἡδονή, quam declarat voluptas. Huic verbo omnes, qui ubique sunt, qui latine sciunt, duas res subjiciunt, lætitiam in animo, commotionem suavem jucunditatis in corpore. Nam et ille apud Trabeam, voluptatem animi nimiam, « lætitiam » dicit, eamdem, quam ille Cæcilianus, qui « omnibus lætitiis lætum esse se » narrat.

Remarquons pourtant une différence : on applique le mot *volupté* même à l'esprit : usage vicieux, si j'en crois les stoïciens. Cette volupté, disent-ils, n'est autre chose qu'une enflure d'esprit, contraire à la raison, dans l'homme qui croit jouir d'un grand bien, mais les mots *joie* et *gaieté* ne se disent point proprement du corps; tandis que, de l'aveu de tous ceux qui parlent bien, volupté se dit des plaisirs excités par quelque sensation agréable. Transportez, si vous voulez, ce plaisir à l'esprit; car *jucundum* vient de *juvare*, qui s'applique à tous les deux ; pourvu que vous conveniez qu'entre celui qui dit :

> Rien n'égale ma joie, elle ravit mes sens;

et celui qui dit :

> De quels feux mon cœur est la proie !

dont l'un est transporté de joie, et l'autre déchiré de douleur, il y a un troisième personnage qui prononce ces mots :

> Quoique notre union soit si nouvelle encore

et que ce dernier n'éprouve ni joie ni douleur. Avouez aussi qu'entre l'homme qui jouit des plaisirs sensuels longtemps convoités, et celui que de cruelles douleurs mettent au supplice, il y a place pour celui qui n'est dans aucun de ces deux états.

Sed hoc interest, quod voluptas dicitur etiam in animo ; vitiosa res, ut stoici putant, qui eam sic definiunt : sublationem animi sine ratione, opinantis se magno bono frui : non dicitur lætitia, nec gaudium in corpore. In eo autem voluptas, omnium latine loquentium more, ponitur, quum percipitur ea, quæ sensum aliquem moveat, jucunditas. Hanc quoque jucunditatem, si vis, transfer in animum ; juvare enim in utroque dicitur, ex eoque jucundum, modo intelligas, inter illum qui dicat,

> Tanta lætitia auctus sum, ut mihi non constem ;

et cum, qui,

> Nunc demum mihi animus ardet ;

quorum alter lætitia gestiat, alter dolore crucietur : esse illum medium,

> Quanquam hæc inter nos super notitia admodum est,

qui nec lætetur, nec angatur ; itemque inter eum, qui potiatur expetitis corporis voluptatibus, et eum, qui crucietur summis doloribus, esse eum, qui utroque careat.

V. Eh bien, m'accorderez-vous que je comprends assez le sens des termes, et qu'il n'est pas nécessaire que j'aille étudier le grec ou le latin? Prenez-y garde; si je n'entendais pas le langage d'Épicure, la faute en serait peut-être à lui; car je crois savoir assez bien le grec : pourquoi emploie-t-il des mots inintelligibles? Dans deux circonstances seulement cette obscurité est permise : quand elle est calculée, comme chez Héraclite, qui fut surnommé le *ténébreux*, parce qu'il avait enveloppé de nuages ses leçons sur la nature; ou bien, quand l'obscurité, inhérente au sujet qu'on traite plutôt qu'aux paroles, arrête notre intelligence, comme dans le *Timée* de Platon. Épicure s'est, je crois, exprimé le plus clairement qu'il lui a été possible; d'ailleurs, il n'a parlé ni de choses obscures, comme les physiciens, ni, comme les mathématiciens, de choses subtiles, mais d'un sujet clair et accessible à toutes les intelligences. Toutefois vous ne niez pas que je comprenne le sens du mot volupté; vous niez l'acception dans laquelle Épicure l'employait. Puisqu'il en est ainsi, ce n'est plus moi qui suis un ignorant; c'est lui qui a eu le tort de se faire un langage à part et de mépriser l'usage. A-t-il voulu donner dans le sens d'Hiéronyme, qui soutient que le souverain bien est de vivre sans douleur? il devait le placer, non dans la volupté, mais dans la douleur absente, comme ce philosophe qui a le bon esprit de se comprendre. Pense-t-il qu'il faut y join-

---

V. Satisne igitur videor vim verborum tenere; an sum etiam nunc vel græce loqui, vel latine docendus? Et tamen vide, ne, si ego non intelligam, quid Epicurus loquatur, quum græce, ut videor, luculenter sciam; sit aliqua culpa ejus, qui ita loquatur, ut non intelligatur. Quod duobus modis sine reprehensione fit : si aut de industria facias, ut Heraclitus, cognomento qui σκοτεινὸς perhibetur, quia de natura nimis obscure memoravit; aut quum rerum obscuritas, non verborum, facit, ut non intelligatur oratio : qualis est in Timæo Platonis. Epicurus autem, ut opinor, nec non vult, si possit, plane et aperte loqui; nec de re obscura, ut physici, aut artificiosa, ut mathematici, sed de illustri et facili, etiam in vulgus pervagata, loquitur. Quanquam non negatis nos intelligere, quid sit voluptas, sed quid ille dicat. E quo efficitur, non ut nos non intelligamus, quæ vis sit istius verbi, sed ut ille suo more loquatur, nostrum negligat. Si enim idem dicit, quod Hieronymus, qui censet, summum bonum esse, sine ulla molestia vivere, cur mavult dicere voluptatem, quam vacuitatem doloris, ut ille facit, qui, quid dicat, intelligit? Sin autem volup-

dre ce plaisir qu'il appelle *volupté en mouvement* (car c'est le nom qu'il donne à une sensation agréable, et il désigne l'absence de la douleur par les mots *volupté stationnaire*)? Je ne vois plus son but; car, pour l'homme qui se connaît lui-même, je veux dire qui se replie sur ses propres sensations, où est le moyen de regarder comme identiques l'absence de la douleur et celle de la volupté? Non, Torquatus, c'est faire violence à nos sens que de vouloir arracher de notre esprit la notion attachée aux termes consacrés par l'usage. Qui ne voit pas qu'il y a trois états dans notre nature : l'un, de volupté; l'autre, de douleur; le troisième, neutre, qui est le nôtre en ce moment? Car je crois que vous n'éprouvez tous deux ni volupté, comme le convive assis à un festin; ni douleur, comme ceux qui souffrent. Quoi! entre ces deux états, vous ne voyez pas cette multitude qui ne sent ni plaisir ni malaise? — Nullement, répondit Torquatus : tout homme sans douleur goûte, je le répète, la volupté et la volupté suprême. — Un homme qui n'a pas soif, repris-je, verse à boire à celui qui est altéré, et qui boit; d'après vous, tous deux éprouvent donc le même plaisir?

VI. Trêve de questions, dit Torquatus; dès le commencement c'est ce que j'ai demandé, dans la méfiance de cette dialectique captieuse. — C'est donc en orateur, répondis-je, et non en dialec-

---

tatem putat adjungendam eam, quæ sit in motu (sic enim appellat hanc dulcem, in motu, illam nihil dolentis, in stabilitate) : quid tendit, quum efficere non possit, ut cuiquam, qui ipse notus sibi sit, hoc est qui suam naturam sensumque perspexerit, vacuitas doloris, et voluptas idem esse videatur? Hoc est vim afferre, Torquate sensibus : extorquere ex animis cognitiones verborum, imbuti quibus sumus. Quis enim est, qui non videat, hæc esse in natura rerum tria? unum, quum in voluptate sumus; alterum, quum in dolore; tertium hoc, in quo nunc quidem sumus ; credo idem vos, nec in dolore, nec in voluptate esse : ut in voluptate sit, qui epuletur; in dolore, qui torqueatur. Tu autem inter hæc tantam multitudinem hominum interjectam non vides, nec lætantium, nec dolentium? — Non prorsus, inquit, omnesque, qui sine dolore sint, in voluptate, et ea quidem summa, esse dico. — Ergo in eadem voluptate eum, qui alteri misceat mulsum, ipse non sitiens, et, eum, qui illud sitiens bibat?

VI. Tum ille, Finem, inquit, interrogandi, si videtur? quod quidem ego a principio ita me malle dixeram, hoc ipsum providens, dialecticas captiones.

12.

ticien, que vous voulez m'entendre parler? — Sans doute; est-ce que le discours suivi ne sied pas aussi bien à la philosophie qu'à l'éloquence? — Voici l'opinion du stoïcien Zénon : il a, comme Aristote, distribué en deux parties tout ce qui regarde le discours : la rhétorique, qu'il comparait à la main ouverte, parce que la pensée de l'orateur se développe davantage; et la dialectique, qu'il comparait à la main fermée, parce que le langage du dialecticien est plus précis. Je vous obéirai donc, et j'emploierai, si je puis, l'éloquence; non celle du barreau, qui, pour l'intelligence de la multitude, s'interdit de creuser bien avant dans les questions, mais l'éloquence philosophique. Mais, Torquatus, avec ce mépris pour l'art qui, seul, apprend à bien connaître l'état d'une question, à en bien juger, à en bien discourir; avec cette aversion pour les distinctions dans les choses qu'on enseigne, votre Épicure, à mes yeux, ne peut se soutenir : j'en trouve la preuve dans ce que nous disions à l'instant.

Vous dites avec lui que la volupté est le souverain bien. Définissons donc ce que c'est que la volupté : autrement, le voile qui couvre l'objet de nos recherches ne tombera jamais. Si Épicure nous eût donné cette explication, il n'hésiterait pas autant. Alors, ou il soutiendrait, comme Aristippe, la volupté qui caresse délicieusement les sens, et que la brute même appellerait vo-

— Rhetorice igitur, inquam, nos mavis, quem dialectice disputare?— Quasi vero, inquit, perpetua oratio, rhetorum solum, non etiam philosophorum sit.— Zenonis est, inquam, hoc stoici: omnem vim loquendi, ut jam ante Aristoteles, in duas tributam esse partes; rhetoricam, palmæ; dialecticam, pugni similem esse dicebat, quod latius loquerentur rhetores, dialectici autem compressius. Obsequar igitur voluntati tuæ; dicamque, si potero, rhetorice, sed hac rhetorica philosophorum, non nostra illa forensi, quam necesse est, quum populariter loquatur, esse interdum paulo hebetiorem. Sed dum dialecticam, Torquate, contemnit Epicurus, quæ una continet omnem et perspiciendi, quid in quaque re sit, scientiam, et judicandi, quale quidque sit, et ratione ac via disputandi, ruit in dicendo, ut mihi quidem videtur, nec ea, quæ docere vult, ulla arte distinguit : ut hæc ipsa, quæ modo loquebamur.

Summum a vobis bonum voluptas dicitur. Aperiendum est igitur, quid sit voluptas; aliter enim explicari, quod quæritur, non potest. Quam si explicavisset, non tam hæsitaret. Aut enim eam voluptatem tueretur, quam Aristippus, id est qua sensus dulciter ac jucunde movetur; quam etiam pecudes, si

lupté, si la voix lui était donnée; ou, s'il aimait mieux parler à sa manière que comme

Le peuple de Minerve, ou le Grec de Mycènes,

et tous les Grecs cités dans ce passage, il ne donnerait le nom de volupté qu'à l'absence de la douleur, et mépriserait la volupté d'Aristippe; ou enfin, admettant l'une et l'autre, comme il fait, il joindrait la douleur absente à la volupté positive, et verrait dans leur union le bien suprême. Des philosophes nombreux, et du premier ordre, ont reconnu à la fois deux souverains biens : Aristote, par exemple, a joint le bonheur avec la pratique de la vertu: à une vie honorable, Calliphon ajoute la volupté, Diodore l'absence de la douleur; et, si Épicure avait adopté le sentiment d'Hiéronyme, si conforme à l'ancienne opinion d'Aristippe, il aurait fait un pareil rapprochement. Pour eux, dans la divergence de leurs opinions, ils ont établi deux souverains biens différents; et comme l'un et l'autre parlent très-bien grec, Aristippe, qui met le bien suprême dans la volupté, n'y a jamais placé l'absence de la douleur; et Hiéronyme, qui le fait consister dans la douleur absente, loin d'employer comme synonymes les termes volupté et indolence, ne range pas même la volupté parmi les choses qui méritent nos désirs.

---

loqui possent, appellarent voluptatem ; aut, si magis placeret suo more loqui, quam ut

Omnes Danai Mycenenses, attica pubes,

reliquique Græci, qui hoc anapæsto citantur; hoc non dolere solum voluptatis nomine appellaret, illud Aristippeum contemneret ; aut, si utrumque probaret, ut probat, conjungeret doloris vacuitatem cum voluptate, et duobus ultimis uteretur. Multi enim et magni philosophi hæc ultima bonorum juncta fecerunt, ut Aristoteles, qui virtutis usum cum vitæ perfectæ prosperitate conjunxit: Callipho adjunxit ad honestatem, voluptatem ; Diodorus ad eamdem honestatem addidit vacuitatem doloris. Idem fecisset Epicurus, si sententiam hanc, quæ nunc Hieronymi est, conjunxisset cum Aristippi vetere sententia. Illi enim inter se dissentiunt ; propterea singulis finibus utuntur, et, quum uterque græce egregie loquatur, nec Aristippus, qui voluptatem summum bonum dicit, in voluptate ponit non dolere, neque Hieronymus, qui summum bonum statuit non dolere, voluptatis nomine unquam utitur, pro illa indolentia ; quippe qui ne in expetendis quidem rebus numeret voluptatem.

VII. Ici, en effet, il y a non-seulement deux mots, mais deux choses : autre est d'être exempt de souffrir, autre d'éprouver de la volupté. Vous vous obstinez cependant à comprendre sous un même terme deux idées bien distinctes; et, ce qui est plus intolérable, ce qui est impossible, vous faites violence à deux choses pour les amalgamer en une seule. Puisque Épicure admet l'une et l'autre, il devait les proposer séparément. Loin de là, jamais il ne les distingue par les termes. Parle-t-il de cette volupté nommée ainsi par le vulgaire, et à laquelle il donne de si fréquents éloges : il déclare sans hésiter qu'il ne soupçonne pas même l'existence d'un bien qui diffère de la volupté d'Aristippe. Tel est son langage dans l'endroit où il traite exclusivement du souverain bien. Dans un autre livre, où il a, dit-on, recueilli de courtes maximes comme des oracles de sagesse, il a écrit ce passage qui vous est sans doute connu, Torquatus; car où est parmi vous celui qui n'a pas dans la mémoire les *Maximes fondamentales* d'Épicure, d'une gravité sentencieuse, qui révèlent en peu de mots tout le secret du bonheur? Ma traduction est-elle fidèle? écoutez-moi : « Si ce qui donne de la volupté aux hommes épris de ces charmes les affranchissait de la crainte des dieux, de celle de la mort et de la douleur; s'ils apprenaient à mettre des bornes à leur cupidité, nous ne serions nullement fondés à

VII. Duæ sunt enim res quoque, ne tu verba solum putes. Unum est, sine dolore esse ; alterum, cum voluptate. Vos ex his tam dissimilibus rebus non modo nomen unum (nam id facilius paterer), sed etiam rem unam ex duabus facere conamini : quod fieri nullo modo potest. Hic, qui utramque probat, ambobus debuit uti, sicut facit re ; neque tamen dividit verbis. Quum enim eam ipsam voluptatem, quam eodem nomine omnes appellamus, laudat locis plurimis, audet dicere, ne suspicari quidem se ullum bonum sejunctum ab illo Aristippeo genere voluptatis ; atque ibi hoc dicit, ubi omnis ejus est oratio de summo bono. In alio vero libro, in quo breviter comprehensis gravissimis sententiis, quasi oracula edidisse sapientiæ dicitur, scribit his verbis, quæ nota tibi profecto, Torquate, sunt. Quis enim vestrum non edidicit Epicuri κυρίας δόξας, id est quasi maxime ratas? quia gravissimæ sint ad beate vivendum breviter enuntiatæ sententiæ. Animadverte igitur, rectene hanc sententiam interpreter : « Si ea, quæ sunt luxuriosis efficientia voluptatum, liberarent eos deorum, et mortis, et doloris metu, docerentque, qui essent fines cupiditatum, nihil haberemus quod reprehenderemus, quum undique com-

les blâmer : environnés de plaisirs, ils seraient sans douleur et de l'âme et du corps ; ils seraient donc exempts de mal. ».

Ici Triarius ne put se contenir. De grâce, Torquatus, dit-il, Épicure tient-il ce langage ? et, s'il parlait de la sorte, ce n'était pas, je crois, par ignorance, mais pour tirer un aveu de Torquatus. — Oui, dit ce dernier sans embarras et avec confiance, ce sont les propres paroles d'Épicure ; mais sa pensée vous échappe. — Si son expression et sa pensée sont différentes, repris-je, sans doute j'ignore ce qu'il pense ; mais il ne s'ensuit pas que je ne comprenne point ce qu'il dit. Lorsqu'il avance que les voluptueux ne sont point dignes de blâme, pourvu qu'ils soient sages, il dit une absurdité ; autant vaudrait dire qu'il ne faut point blâmer les parricides, pourvu qu'ils modèrent leurs passions, et qu'ils ne craignent ni les dieux, ni la mort, ni la douleur. Mais pourquoi ne parler que des voluptueux, et supposer des gens qui, vivant voluptueusement, trouveraient grâce devant un si grand philosophe, pourvu qu'ils fussent en garde sur tout le reste ? Toi-même, ô Epicure ! ne blâmerais-tu pas l'homme qui passe sa vie à la poursuite de toutes les sortes de voluptés, puisque l'absence de la douleur suffit, dis-tu, à la volupté suprême ? Parmi ces hommes à la vie dissipée, nous en trouverons d'assez peu superstitieux pour manger dans les bassins sacrés, et crai-

---

plerentur voluptatibus, nec haberent ulla ex parte aliquid aut dolens, aut ægrum, id est autem malum. »

Hoc loco tenere se Triarius non potuit. Obsecro, inquit, Torquate, hæc dicit Epicurus, quod mihi quidem visus est, quum sciret, velle tamen confitentem audire Torquatum. At ille non pertimuit, saneque fidenter, Istis quidem ipsis verbis, inquit ; sed quid sentiat, non videtis.—Si alia sentit, inquam, alia loquitur, nunquam intelligam quid sentiat ; sed plane dicit quod intelligam : idque si ita dicit, non esse reprehendendos luxuriosos, si sapientes sint, dicit absurde ; similiter et si dicat, non reprehendendos parricidas, si nec cupidi sint, nec deos metuant, nec mortem, nec dolorem. Et tamen, quid attinet luxuriosis ullam exceptionem dare, aut fingere aliquos, qui quum luxuriose viverent, a summo philosopho non reprehenderentur, eo nomine duntaxat cætera caverent ? Sed tamen nonne reprehenderes, Epicure, luxuriosos ob eam ipsam causam, quod ita viverent, ut persequerentur cujusquemodi voluptates, quum esset præsertim, ut ais tu, summa voluptas, nihil dolere ? Atqui repe-

gnant si peu la mort, qu'à toute heure ils fredonnent ce passage de l'*Hymnis* :

> Six mois, six mois de bonne vie,
> Et donnons le reste à Pluton.

La douleur est une maladie dont la boîte à recettes d'Épicure leur fournit le remède; le voici : « Est-elle grande? elle passe; durable? elle est légère. » Il est un point qui m'embarrasse : comment le voluptueux prescrira-t-il des limites à ses passions?

VIII. Que sert donc de dire : « Si les voluptueux mettaient des bornes à leur cupidité, je ne trouverais rien à blâmer en eux? » N'est-ce pas dire, « Je ne blâmerais point les débauchés, s'ils n'étaient débauchés? » A ce compte, je ne blâmerais pas non plus les méchants, s'ils étaient gens de bien. Aux yeux de ce juge sévère, la sensualité n'est pas condamnable par elle-même. Et, pour dire vrai, Torquatus, il est conséquent en pensant ainsi, si la volupté est le bien par excellence; car j'écarte de ma pensée ces esclaves des sens dont la bouche inonde la table, qu'on emporte du festin, et qui, le lendemain, surchargent de mets un estomac encore en travail : gourmands qui se vantent de n'avoir jamais vu ni coucher ni lever le soleil; et qui, après avoir dévoré leur patrimoine, sont réduits à l'indigence. Dans l'esprit de per-

---

riemus asotos primum ita non religiosos, ut edant de patella; deinde ita mortem non timentes, ut illud in ore habeant ex Hymnide,

> Mihi sex menses satis sunt vitæ : septimum Orco spondeo;

am doloris medicamenta illa Epicurea, tanquam de narthecio promant : « Si gravis, brevis; si longus, levis. » Unum nescio, quo modo possit, si luxuriosus sit, finitas cupiditates habere.

VIII. Quid ergo attinet dicere, « Nihil haberem, quod reprehenderem, si finitas cupiditates haberent? » Hoc est dicere, « Non reprehenderem asotos, si non essent asoti. » Isto modo, ne improbos quidem, si essent boni viri. Hic homo severus luxuriam per se ipsam reprehendendam non putat! Et, hercule, Torquate, ut verum loquamur, si voluptas summum bonum est, rectissime non putat. Nolim enim mihi fingere asotos, ut soletis, qui in mensam vomant, et qui de conviviis auferantur, crudique postridie se rursus ingurgitent; qui solem, ut aiunt, nec occidentem unquam viderint, nec orientem; qui consumptis patrimoniis egeant. Nemo nostrum istius generis asotos ju-

sonne les sensuels de cette espèce ne passent pour heureux. Mais parlez-moi de ces voluptueux de bonne compagnie et de bon goût, qui ont des cuisiniers, des pâtissiers d'élite, ce qu'il y a de plus délicat en poissons, en volaille, en gibier; qui savent éviter les indigestions; qui, comme dit Lucilius,

> . . . . . Boivent des vins exquis,
> Par la neige avec art domptés et rafraîchis,
> Sans altérer les sucs de la liqueur vermeille,

et qui savourent tous les plaisirs sans lesquels Épicure s'écrie qu'il ne connaît point de bonheur ; joignez-y de jeunes et beaux esclaves, pour servir à table ; et que les tapis, l'argenterie, l'airain de Corinthe, le lieu même, soient dignes de ce luxe. La vie sensuelle de ces hommes est-elle heureuse? je le nierai toujours. Il ne résulte pas de là que la volupté ne soit plus volupté, mais j'en conclus qu'elle n'est pas le souverain bien. Si Lélius, qui, jeune encore, avait été disciple du stoïcien Diogène, et, plus tard, de Panétius, fut appelé sage, ce n'est pas qu'il fût entièrement insensible aux impressions agréables (depuis quand le bon goût de l'esprit exclut-il celui du palais?), c'est qu'il faisait peu de cas d'un tel bonheur.

> Pour te priser oseille, on n'a qu'à te connaître,

cunde putat vivere. Mundos, elegantes, optimis cocis, pistoribus, piscatu, aucupio, venatione, his omnibus exquisitis, vitantes cruditatem;

> . . . . quibu' vinum
> Defusum e pleno sict, hir siphone,

ut ait Lucilius,

> cui nil
> Pompsit, nix et sacculus abstulerit;...
> . . . . . . adhibentes ludos,

et quæ sequuntur, illa ; quibus detractis, clamat Epicurus se nescire quid sit bonum ; adsint etiam formosi pueri, qui ministrent ; respondeat his vestis, argentum, Corinthium, locus ipse : hos ego asotos bene quidem vivere, aut beate, nunquam dixerim. Ex quo efficitur, non ut voluptas ne sit voluptas, sed ut voluptas non sit summum bonum. Nec ille, qui Diogenem stoicum adolescens, post autem Panætium audierat; Lælius, eo dictus est sapiens quod non intelligeret, quid suavissimum esset (nec enim sequitur, ut cui cor sapiat, ei non sapiat palatum); sed quia parvi id duceret.

> O lapathe, ut jactare necesse est, cognitu' cui sis!

> S'écria tout à coup le sage Lélius ;
> Et vous, dit-il, Gallonius,
> Des gloutons le chef et le maître,
> Vous vivez d'esturgeons, de morceaux délicats ;
> Tout votre bien s'épuise en bonne chère ;
> Mais jamais vous n'avez su faire
> Un véritable bon repas.

Ne plaçant point le bien suprême dans la volupté, Lélius ne regarde pas comme heureux à table celui pour qui la volupté est tout. Ce n'est pas le friand plaisir de Gallonius qu'il nie, c'est son bonheur. En homme sage et austère, il distingue la volupté de ce qui est bon. Concluons que faire un repas véritablement bon, c'est manger avec plaisir ; mais que manger avec plaisir n'est pas nécessairement faire un véritable bon repas. A table, Lélius était toujours heureux. Comment cela ? Lucilius va répondre :

> Chaque mets arrivait bien préparé, bien cuit.

Mais quels étaient les plus friands ?

> De ses sages amis l'entretien.

Ensuite ?

> L'appétit.

> In quo Læliu' clamores sophos ille solebat
> Edere, compellans gumias ex ordine nostros.

Præclare Lælius, et recte σοφός, illudque vere :

> O Publi, o gurges, Galloni, es homo miser, inquit ;
> Cœnasti in vita nunquam bene, quum omnia in ista
> Consumis squilla, atque acipensere cum decumano.

Is hæc loquitur, qui in voluptate nihil ponens, negat eum bene cœnare, qui omnia ponat in voluptate, et tamen non negat, libenter unquam cœnasse Gallonium ; mentiretur enim ; sed bene. Ita graviter et severe voluptatem secernit a bono. Ex quo illud efficitur, qui bene cœnent, omnes libenter cœnare ; qui libenter, non continuo bene. Semper Lælius bene. Quid bene ? Dicet Lucilius,

> . . . . Cocto,
> Condito.

Sed cedo caput cœnæ :

> Sermone bono.

Quid ex eo ?

> Si quæri', libenter.

Il ne se mettait à table que pour satisfaire tranquillement les besoins de la nature. Il a donc raison de parler ainsi de Gallonius, dont la gourmandise se donnait carrière, sans faire, pour cela, un bon repas. Pourquoi? parce que les choses bonnes ont le caractère de la raison, de la frugalité, de la vertu : or, Gallonius soupait en homme intempérant, en vil glouton. Le goût de l'oseille n'était donc pas, pour le palais de Lélius, préférable à celui de l'esturgeon ; mais il dédaignait les raffinements de la sensualité. Le ferait-il, si pour lui la volupté était le bien suprême?

IX. Éloignons donc la volupté, si nous voulons que, dans nos actions, dans nos paroles, la sagesse soit possible. Même à table, il n'est pas permis d'appeler la volupté le souverain bien : comment mériterait-elle ce nom dans le reste de la vie?

Mais pourquoi Épicure range-t-il les cupidités en trois classes, les naturelles, les nécessaires et celles qui ne sont ni nécessaires ni naturelles? Cette division est inexacte. Il n'y a que deux sortes de cupidités, et il en fait trois : est-ce là diviser? non, c'est mettre en pièces. S'il avait établi deux genres de cupidités, les unes naturelles, les autres inutiles ; s'il eût ajouté qu'entre les premières il y en a de nécessaires et de non nécessaires, ce serait chose jugée. C'est ce que font ceux qui savent ce qu'Épicure a dédaigné d'apprendre. Dans une division, il faut toujours distinguer l'espèce du genre. Mais faisons-lui cette con-

---

Veniebat enim ad cœnam, ut animo quieto satiaret desideria naturæ. Recte ergo is negat, unquam bene cœnasse Gallonium ; recte, miserum, quum præsertim in eo omne studium consumeret. Quem libenter cœnasse nemo negat. Cur igitur non bene ? quia quod bene, id recte, frugaliter, honeste ; ille porro male, prave, nequiter, turpiter cœnabat. Non igitur nec lapathi suavitatem acipenseri Gallonii Lælius anteponebat, sed suavitatem ipsam negligebat. Quod non faceret, si in voluptate summum bonum poneret.

IX. Semovenda est igitur voluptas, non solum ut recta sequamini, sed etiam ut loqui deceat frugaliter. Possumusne igitur in vita summum bonum dicere, quum id ne in cœna quidem po se videamur?

Quo modo autem philosophus loquitur tria genera cupiditatum, naturales, et necessarias ; naturales, non necessarias ; nec naturales, nec necessarias ? Primum divisit ineleganter. Duo enim genera quæ erant, fecit tria. Hoc est non dividere, sed frangere rem. Qui si diceret, cupiditatum esse duo genera, naturales, et inanes ; naturalium quoque item duo, necessarias, et non necessarias ; confecta res esset. Qui hæc didicerunt quæ ille contemnit, sic solent :

cession : aussi bien, la justesse des termes n'est rien à ses yeux, et son langage confond tout. Qu'il parle à sa mode, pourvu qu'il pense bien. Il est une chose pourtant que je tolère, mais sans l'approuver : c'est qu'un philosophe propose de mettre des bornes aux passions. Peut-on en donner à la cupidité? Il faut la trancher dans ses racines. Convoiter quelque chose, n'est-ce pas mériter la qualification d'homme cupide? Autrement, il y aurait donc une mesure pour l'avarice, pour l'adultère, pour la débauche. Quelle philosophie que celle qui ne détruit pas le vice, mais croit faire assez de le régler! Toutefois, dans cette division, j'approuve le fond des choses ; ma critique ne porte que sur les termes. Qu'Épicure appelle donc désirs naturels ce qu'il nomme cupidités, et qu'il réserve ce dernier mot pour d'autres choses : par ce moyen, quand il en viendra à l'avarice, à l'intempérance, à tous les principaux vices, il aura le droit de leur faire le procès. Mais je n'insiste pas ; il se met si souvent à l'aise pour le choix des expressions! Sans doute, un philosophe aussi grand, aussi célèbre, doit avoir le privilége de développer ses dogmes avec une libre audace.

Le mal est qu'en s'attachant avec ardeur à ce que l'on nomme vulgairement volupté, il tombe parfois dans un tel embarras, qu'il n'y a rien de si honteux qu'il ne puisse, ce semble, faire

---

vitiosum est enim in dividendo, partem in genere numerare. Sed hoc sane concedamus. Contemnit enim disserendi elegantiam, confuse loquitur. Gerendus est mos, modo recte sentiat. Et quidem illud non nimium probo; et tantum patior, philosophum loqui de cupiditatibus finiendis. An potest cupiditas finiri? tollenda est, atque extrahenda radicitus. Quis est enim, in quo sit cupiditas, quin recte cupidus dici possit? Ergo et avarus erit, sed finite ; et adulter, verum habebit modum; et luxuriosus eodem modo. Qualis ista philosophia est, quæ non interitum afferat pravitatis, sed sit contenta mediocritate vitiorum? Quanquam in hac divisione rem ipsam prorsus probo ; elegantiam desidero. Appellet hæc desideria naturæ : cupiditatis nomen servet alio, ut, quum de avaritia, quum de intemperantia, quum de maximis vitiis loquetur, eam tanquam capitis accuset. Sed hæc quidem liberius ab eo dicuntur, et sæpius. Quod equidem non reprehendo : est enim tanti philosophi, tamque nobilis, audacter sua decreta defendere.

Sed tamen ex eo, quod eam voluptatem quam omnes gentes hoc nomine appellant, videtur amplexari sæpe vehementius, in magnis interdum versatur

sans témoins. Ensuite, après qu'il en a rougi (tant est grande la force de la nature!), il se réfugie dans cette proposition : La volupté est à son comble chez l'homme qui n'éprouve point de douleur. Mais l'état d'indolence ne s'appelle point volupté. — Je me soucie peu des termes, répond-il. — Mais ces deux choses diffèrent totalement. — Je trouverai, dira-t-il encore, des auditeurs moins fâcheux, moins vétilleux que vous, et je leur persuaderai sans peine tout ce que je voudrai. — Mais, si l'absence de la douleur est une excessive volupté, pourquoi ne pas dire aussi que la privation du plaisir est une extrême douleur? — C'est, dit-il, parce que l'opposé de la douleur n'est pas la volupté, mais l'absence de la douleur.

X. Mais, en plaçant la volupté dans les jouissances du goût, de l'ouïe, et dans d'autres sensations que la décence défend de désigner, il ne voit pas, ce philosophe grave et sévère, que lui-même nous prouve avec force que cette même volupté, unique élément de bonheur à ses yeux, n'est pas même chose désirable : en effet, d'après ses propres paroles, être sans douleur, c'est n'avoir rien à désirer. Quelle étrange contradiction! S'il eût étudié l'art des définitions, des divisions, s'il connaissait la force

angustiis, ut, hominum conscientia remota, nihil tam turpe sit, quod voluptatis causa non videatur esse facturus. Deinde, ubi erubuit (vis enim est permagna naturæ), confugit illuc, ut neget accedere quidquam posse ad voluptatem nihil dolentis. At iste non dolendi status non vocatur voluptas. — Non laboro, inquit, de nomine. — Quid, quod res alia tota est? — Reperiam multos, vel innumerabiles potius, non tam curiosos, nec tam molestos, quam vos estis : quibus, quidquid velim, facile persuadeam. — Quid ergo dubitamus, quin, si non dolere voluptas sit summa, non esse in voluptate dolor sit maximus? cur id non ita fit? — Quia dolori non voluptas contraria est, sed doloris privatio.

X. Hoc vero non videt, maximo argumento esse, voluptatem illam, qua sublata, neget se intelligere omnino, quid sit bonum (eam autem ita persequitur, quæ palato percipiatur, quæ auribus; cætera addit, quæ si appelles, bonos præfandus sit); hoc igitur, quod solum bonum severus et gravis philosophus novit, idem non videt ne expetendum quidem esse, quod ad eam voluptatem hoc eodem auctore non desideremus, quum dolore careamus. Quam hæc sunt contraria! Hic si definire, vel dividere didicisset, si loquendi vim, si denique consuetudinem verborum teneret, nunquam in tantas salebras incidisset. Nunc

et l'usage des termes, il aurait évité ce mauvais pas. Mais, vous le voyez, il donne le nom de volupté à une chose qui ne l'avait jamais reçu, à l'indolence; et l'idée très-différente de celle-là, l'idée à laquelle tous les hommes attachent le nom de volupté, il veut l'identifier avec la première. Son dédain pour ses plaisirs, qu'il nomme volupté en mouvement, semble parfois si grand, qu'on croirait entendre parler M. Curius; quelquefois il les loue jusqu'à dire qu'il ne soupçonne pas même la possibilité de quelque autre bien. A un tel langage ce n'est pas une réfutation philosophique qu'il faut opposer, c'est la flétrissure du censeur; car, ici, le vice ne s'arrête pas au langage, il passe dans les mœurs. Que la luxure se donne des bornes, dit-il, qu'elle soit exempte de crainte, je ne la blâmerai pas : doctrine qui semble chercher des disciples; c'est comme s'il disait aux hommes : Faites-vous philosophes pour devenir esclaves du plaisir.

Il remonte, je crois, à la naissance des animaux, pour découvrir la source du souverain bien. A peine né, l'animal aime la volupté, il se porte vers elle comme vers un bien, il fuit la douleur comme un mal. Alors, il n'est point encore dépravé, et son jugement sur le bien, sur le mal, est parfait. Tel a été votre langage, Torquatus; tel est celui de votre secte. Comme ici l'erreur se multiplie! Comment l'enfant, qui ne sait que crier, discernera-t-il ce qui est, par excellence, bon ou mauvais? est-ce par la volupté stationnaire, ou par la volupté en mouve-

---

vides, quid faciat. Quam nemo unquam voluptatem appellavit, et hanc in motu voluptatem, quæ duo sunt, unum facit : sic enim has suaves, et quasi dulces voluptates appellat. Interdum ita extenuat, ut M. Curium putes loqui : interdum ita laudat, ut, quid præterea sit bonum, neget se posse ne suspicari quidem. Quæ jam oratio non a philosopho aliquo, sed a censore opprimenda est. Non est enim vitium in oratione solum, sed etiam in moribus. Luxuriam nons reprehendit, modo sit vacua infinita cupiditate, et timore. Hoc loco discipulo quærere videtur, ut, qui asoti esse velint, philosophi ante fiant.

A primo, ut opinor, animantium ortu petitur origo summi boni. Simul atque natum animal est, gaudet voluptate, et eam appetit, ut bonum; aspernatur dolorem, ut malum. De malis autem et bonis, ab iis animalibus, quæ nondum depravata sint, ait optime judicari. Hæc et tu ita posuisti, et verba vestra sunt. Quam multa vitiosa! summum enim bonum et malum vagiens

ment, technologie que, grâce au ciel, nous enseigne Épicure? Si c'est par la volupté stationnaire, la nature, et on l'accorde, ne peut vouloir alors que sa propre conservation. Si c'est, comme vous le dites, par la volupté en mouvement, quel est le plaisir infâme qui ne sera pas permis? Et même ce nouveau-né ne débute point par la volupté suprême, que vous faites consister dans l'absence de la douleur.

Cet exemple des enfants, des bêtes, dans lesquelles il se plait à contempler la nature, Épicure ne l'a jamais appliqué pour prouver qu'elle nous apprend à désirer la volupté de l'indolence. Quel souhait peut exciter une telle volupté? quelle impression l'état de pure privation peut-il laisser dans l'esprit? Ici, l'erreur d'Hiéronyme est énorme : seule la volupté sensible produira cet effet. Ainsi, par l'exemple de l'enfant et de la brute, Épicure veut-il prouver que le penchant à la volupté est naturel? il parle toujours de la volupté en mouvement, et jamais de cette volupté stationnaire qui n'est que la douleur absente. Or, affirmer que la vie prélude par une sorte de volupté, et placer le souverain bien dans une autre, n'est-ce pas se contredire?

XI. Le jugement de la brute n'est rien pour moi. Je veux qu'il n'ait point été dépravé, mais il peut être faux. Sans avoir été courbé à dessein, un bâton tortu est souvent produit par l'arbre;

---

puer utra voluptate dijudicabit, stante, an movente? quoniam, si diis placet, ab Epicuro loqui discimus. Si stante, hoc natura videlicet vult, salvam esse se; quod concedimus : si movente, quod tamen dicitis, nulla turpis voluptas erit, quæ prætermittenda sit. Et simul non proficiscitur animal illud modo natum, a summa voluptate, quæ est a te posita in non dolendo.

Nec tamen argumentum hoc Epicurus a parvis petivit, aut etiam a bestiis, quæ putat esse specula naturæ, ut diceret, ab his, duce natura, hanc voluptatem expeti nihil dolendi. Neque enim hæc movere potest appetitum animi; nec ullum habet ictum, quo pellat animum status hic non dolendi. Itaque in hoc eodem peccat Hieronymus. At ille pellit, qui permulcet sensum voluptate. Itaque Epicurus semper hoc utitur, ut probet voluptatem natura expeti, quod ea voluptas, quæ in motu sit, et parvos ad se alliciat, et bestias, non illa stabilis, in qua tantum inest nihil dolere. Qui igitur convenit, ab alia voluptate dicere naturam proficisci, in alia summum bonum ponere?

XI. Bestiarum vero nullum judicium puto. Quamvis enim depravatæ non sint, parvæ tamen esse possunt. Ut bacillum aliud est inflexum et incurvatum

ainsi, l'instinct de la bête peut recevoir une altération, non de l'éducation, mais de lui-même. D'ailleurs, ce n'est point à la volupté, mais à sa propre conservation, que la nature porte d'abord l'enfant; dès sa naissance, il aime son individu et tout ce qui le compose, d'abord, les deux éléments constitutifs de son être, l'âme et le corps; ensuite leurs diverses parties, car, dans l'âme comme dans le corps, il y en a sans doute qui occupent le premier rang. Parvient-il à en avoir le discernement, ses appétits le portent à satisfaire les premiers goûts de la nature, et à repousser ce qui leur est contraire. Il est bien difficile de décider si ces premiers mouvements de la nature sont accompagnés d'un sentiment de volupté; mais le comble de la folie est de croire que, quand cela serait ainsi, la volupté fût au-dessus de tout, préférable même aux facultés de l'âme, des sens, à la conservation du corps et à la santé : or, voilà la véritable source de toutes les discussions sur les vrais biens et les vrais maux. Les biens désignés plus haut étaient réputés les plus grands par Polémon, et, avant lui, par Aristote : de là, l'opinion de l'ancienne Académie et du péripatétisme, qui mettaient le souverain bien à vivre selon la nature, c'est-à-dire à donner à la nature la vertu pour compagne. A la vertu Calliphon ajoute la volupté, Diodore l'absence de la douleur; et c'est à tous ces

---

de industria, aliud ita natum : sic ferarum natura non est illa quidem depravata mala disciplina, sed natura sua. Nec vero, ut voluptatem expetat, natura movet infantem; sed tantum ut se ipse diligat, ut integrum se, salvumque velit. Omne enim animal, simul ut ortum est, et se ipsum, et omnes partes suas diligit; duasque, quæ maximæ sunt, in primis amplectitur, animum, et corpus; deinde utriusque partes. Nam sunt et in animo præcipua quædam, et in corpore : quæ quum leviter agnovit, tunc discernere incipit, ut ea, quæ prima [data] sunt natura, appetat, aspernaturque contraria. In his primis naturalibus voluptas insit, necne, magna quæstio est. Nihil vero putare esse, præter voluptatem, non membra, non sensus, non ingenii motum, non integritatem corporis, non valetudinem, summæ mihi videtur inscitiæ. Atque ab isto capite fluere necesse est omnem rationem bonorum et malorum. Polemoni, etiam ante Aristoteli, ea prima visa sunt, quæ paulo ante dixi. Ergo nata est sententia veterum academicorum et peripateticorum, ut finem bonorum dicerent, secundum naturam vivere, id est virtute adhibita, frui primis a natura datis. Callipho ad virtutem nihil adjunxit, nisi voluptatem; Diodorus, nisi va-

objets réunis que les uns ou les autres ont attaché le souverain bien. Aristippe le voit dans la volupté ; le Portique, dans la conformité à la nature qui n'appartient qu'à la vertu et à l'honnêteté, et que cette secte définit ainsi : « Vivre avec une telle intelligence des choses qui arrivent naturellement, qu'on puisse choisir celles qui sont conformes à la nature, et rejeter celles qui la combattent. » Nous comptons ainsi trois définitions qui excluent l'honnête ; celle d'Aristippe ou d'Épicure, celle d'Hiéronyme et celle de Carnéade ; et trois qui ajoutent à l'honnête quelque chose : celles de Polémon, de Calliphon, de Diodore. Une seule enfin, celle de Zénon, n'admet que l'honnête ou la vertu ; car on a rejeté depuis longtemps les systèmes de Pyrrhon, d'Ariston, d'Hérillus. Les autres, conséquents avec eux-mêmes ont fait concorder la fin avec le principe. Chez Aristippe, c'est la volupté ; chez Hiéronyme, l'absence de la douleur ; chez Carnéade, la jouissance des biens naturels.

XII. Si Épicure, qui élève la volupté au-dessus de tout, désigne celle d'Aristippe, il a dû voir le premier des biens dans ce qui l'est aux yeux de ce philosophe. A-t-il dans la pensée la volupté d'Hiéronyme, c'est celle-là, non celle d'Aristippe, qu'il doit regarder comme le bien par excellence.

Quand il avance que, d'après le jugement même des sens, la

---

cuitatem doloris. His omnibus, quos dixi, consequentes sunt fines bonorum. Aristippo simplex voluptas ; stoicis consentire naturæ ; quod esse volunt e virtute, id est honeste vivere : quod ita interpretantur, « vivere cum intelligentia earum rerum, quæ natura evenirent, eligentem ea, quæ essent secundum naturam, rejicientemque contraria. » Ita tres sunt fines expertes honestatis : unus Aristippi, vel Epicuri ; alter Hieronymi ; Carneadis tertius : tres, in quibus honestas cum aliqua accessione, Polemonis, Calliphontis, Diodori. Una simplex, cujus Zeno auctor, posita in decore tota, id est in honestate. Nam Pyrrho, Aristo, Herillus, jam diu abjecti. Reliqui sibi constituerunt ut extrema cum initiis convenirent, ut Aristippo, voluptas ; Hieronymo, doloris vacuitas ; Carneadi, frui principiis naturalibus, esset extremum.

XII. Epicurus autem quum in prima commendatione voluptatem dixisset, si eam, quam Aristippus, idem tenere debuit ultimum bonorum, quod ille ; sin eam, quam Hieronymus, fecisset idem, ut voluptatem illam, non Aristippi, in prima commendatione poneret.

Nam, quod ait, sensibus ipsis judicari, voluptatem bonum esse, dolorem

volupté est un bien, et la douleur un mal, il attribue aux sens plus d'autorité que les lois ne leur en accordent. Dans les débats privés, nous sommes juges ; mais nous ne pouvons prononcer que sur les matières de notre compétence. En vain le juge, en prononçant une sentence, ajoute ces mots : « S'il m'appartient d'en juger : » car, si la cause est hors de ses attributions, rien n'est jugé, quand même il ne s'exprimerait pas ainsi. Or sur quoi prononcent les sens ? sur le doux, l'amer, le poli, le rude, la distance, l'immobilité, le mouvement, la forme ronde ou carrée. Quelle sentence prononcera donc la raison, aidée de cette science des choses divines et humaines, pour laquelle le mot sagesse semble fait, et des vertus auxquelles la raison donne un empire universel, et qui, chez vous, escortent la volupté comme de viles complaisantes ? Dans ses arrêts, la volupté sera exclue du trône du souverain bien, et n'y siégera plus auprès de l'honnêteté. Même condamnation sera portée sur l'absence de la douleur. Elle rejettera aussi la doctrine de Carnéade, et flétrira tout système qui placerait le bien suprême ou dans la volupté, ou dans la douleur négative, ou dans toute autre chose également étrangère à l'honnête. Ainsi, son examen ne portera plus que sur deux opinions : le seul bien, selon la première, c'est la vertu ; le seul mal, c'est le vice ; le reste est trop peu de chose

---

malum : plus tribuit sensibus, quam nobis leges permittunt. Privatarum litium judices sumus. Nihil enim possumus judicare, nisi quod est nostri judicii. In quo frustra judices solent, quum sententiam pronuntiant, addere, « Si quid mei judicii est : » si enim non fuit eorum judicii, nihilo magis, hoc non addito, illud est judicatum. Quid judicant sensus? dulce, amarum, lene, asperum ; prope, longe ; stare, movere ; quadratum, rotundum. Quam igitur pronuntiabit sententiam ratio, adhibita primum divinarum humanarumque rerum scientia, quæ potest appellari rite sapientia ; deinde adjunctis virtutibus, quas ratio rerum omnium dominas, tu voluptatum satellites et ministras esse voluisti? quarum adeo omnium sententia pronuntiabit, primum de voluptate, nihil esse ei loci ; non modo ut sola ponatur in summi boni sede, quam quærimus, sed ne illo quidem modo, ut ad honestatem applicetur. De vacuitate doloris eadem sententia erit. Rejicietur etiam Carneades ; nec ulla de summo bono ratio aut voluptatis, non dolendive particeps, aut honestatis expers, probabitur. Ita relinquet duas, de quibus etiam atque etiam consideret. Aut enim statuet, nihil esse bonum, nisi honestum ; nihil malum, nisi

pour mériter notre empressement ou notre aversion, et il faut laisser à l'occasion le soin de le choisir ou de le rejeter. La préférence de la raison pourra se porter sur l'opinion qui place le bonheur auprès de la vertu, et enrichit la vie de tous ces biens primitifs que la nature donne et permet. Mais son choix sera plus éclairé si elle commence par examiner à fond la différence de ces deux opinions : est-elle dans les choses ou dans les mots?

XIII. Je vais donc aussi suivre cette route où la raison m'appelle. Autant qu'il est en moi, j'abrégerai les disputes. Je dis d'abord que l'opinion qui sépare la vertu du souverain bien doit être retranchée de la philosophie. Écartons surtout celle d'Aristippe et de tous les cyrénaïques, qui n'ont pas rougi de placer le bien suprême dans les plaisirs sensuels. Ils n'ont pas compris que, comme la nature a produit le cheval pour la course, le bœuf pour le labourage, le chien pour la chasse, elle a aussi fait naître l'homme, ce dieu mortel, pour la pensée et pour l'action, suivant l'expression d'Aristote. Abaissant cet être divin au niveau de la brute, ils ont prétendu qu'il ne naissait que pour manger et se reproduire. C'est, à mon sens, le plus haut degré de l'absurde. Quels reproches mérite cet Aristippe, qui a regardé ce

turpe; cætera aut omnino habere momenti, aut tantum, ut nec expetenda, nec fugienda, sed eligenda modo, aut rejicienda sint : aut anteponet eam, quam quum honestate ornatissimam, tum etiam ipsis initiis naturæ, et totius perfectione vitæ locupletatam videbit. Quod eo liquidius faciet, si perspexerit, rerum inter eas, verborumne sit controversia.

XIII. Hujus ego nunc auctoritatem sequens, idem faciam. Quantum enim potero, minuam contentiones; omnesque simplices sententias eorum, in quibus nulla inest virtutis adjunctio, omnino a philosophia semovendas putabo : primum Aristippi, cyrenaicorumque omnium; quos non est veritum, in ea voluptate, quæ maxime dulcedine sensum moveret, summum bonum ponere, contemnentes istam vacuitatem doloris. Hi non viderunt, ut ad cursum equum, ad arandum bovem, ad indagandum canem, sic hominem ad duas res, ut ait Aristoteles, ad intelligendum et ad agendum esse natum, quasi mortalem deum : contraque, ut tardam aliquam et languidam pecudem, ad pastum et ad procreandi voluptatem, sic hoc divinum animal ortum esse voluerunt. Quo nihil mihi videtur absurdius. Atque hæc contra Aristippum, qui

que tout le monde entend par la volupté, je ne dis pas comme le bien suprême, mais comme le seul bien véritable! Votre secte n'embrasse pas cette opinion, qui est, je l'ai dit, entachée d'un grand vice. En effet, l'organisation et l'intelligence de l'homme montrent assez qu'il est né pour autre chose que la volupté des sens. N'écoutons pas davantage Hiéronyme, pour qui la douleur négative est le souverain bien, opinion que vous professez quelquefois et même trop souvent. En effet, quand même la douleur serait un mal, l'éloignement de ce mal ne suffirait pas au bonheur. Laissons dire à Ennius :

> C'est un assez grand bien que l'absence du mal.

Pour nous, mesurons le bonheur, non-seulement sur cette absence, mais sur l'acquisition du vrai bien ; et poursuivons-le avec ardeur, sans oublier qu'il ne repose ni dans les molles voluptés d'Aristippe, [ni dans la douleur absente d'Hiéronyme, mais dans la pratique des actions vertueuses, et dans les plus sages méditations. On peut appliquer à l'opinion de Carnéade ce que je viens de dire du souverain bien d'après ces deux philosophes, quoique le but principal de Carnéade ne fût pas de soutenir son sentiment personnel, mais de combattre les stoïciens, contre lesquels il était en guerre. Telle est, en effet, selon lui, la nature du souverain bien, que, réuni à la vertu, il serait digne d'être admis, et pourrait même embellir la vie du bonheur le plus doux :

eam voluptatem non modo summam, sed solam etiam ducit, quam omnes unam appellamus voluptatem. Aliter autem vobis placet. Sed ille, ut dixi, vitiose. Nec enim figura corporis, nec ratio excellens ingenii humani significat, ad hanc unam rem natum hominem, ut frueretur voluptatibus. Nec vero audiendus Hieronymus cui summum bonum est idem, quod vos interdum, vel potius nimium sæpe dicitis, nihil dolere. Non enim, si malum dolor est, carere eo malo satis est ad bene vivendum. Hoc dixerit potius Ennius,

> Nimium boni est, cui nihil est mali.

Nos beatam vitam non depulsione mali, sed adeptione boni judicemus ; nec eam cessando, sive gaudentem, ut Aristippus; sive non dolentem, ut hic, sed agendo aliquid, considerandove quæramus. Quæ possunt eadem contra Carneadeum illud summum bonum dici : quod is non tam, ut probaret, protulit, quam ut stoicis, quibuscum bellum gerebat, opponeret. Id autem ejusmodi est, ut, additum ad virtutem, auctoritatem videatur habiturum, et expleturum

or voilà le point qu'il faut débattre. Ceux qui rangent à côté de la vertu ou la volupté qu'elle méprise, ou l'absence de la douleur, qui, pour n'avoir rien de répréhensible, n'est pas pour cela un bien du premier ordre, ceux-là lui donnent une bien faible escorte : est-ce la peine de se montrer si avares envers la vertu ? Comme s'ils devaient, à leurs frais, pourvoir à son entretien, ils l'habillent pauvrement, ils la meublent pièce à pièce, au lieu de lui fournir à la fois tout ce que demande primitivement la nature. Pyrrhon et Ariston comptaient pour rien ces principes naturels, et ne voyaient pas même de différence entre l'état de maladie et la santé : aussi depuis longtemps sont-ils exclus de la discussion. A force de réduire tout à la seule vertu, jusqu'à lui ôter le choix des choses, et ne lui laisser ni origine ni fondement, ils ont étouffé la vertu même dans leurs embrassements. Herillus, qui a voulu tout renfermer dans la science, eut pour objet un bien positif, mais non le plus grand des biens, ni un bien qui pût régler la vie entière. On l'a donc aussi rejeté : Chrysippe est le dernier qui soit entré avec lui dans la lice.

XIV. Vous y êtes encore, vous ; car, pour les académiciens, on n'a pas de prise sur eux, puisqu'ils n'affirment rien, comme s'ils étaient sans espoir dans la recherche du vrai, et qu'ils se

---

cumulate vitam beatam : de quo omnis hæc quæstio est. Nam qui ad virtutem adjungunt vel voluptatem, quam unam virtus minimi facit ; vel vacuitatem doloris, quæ etiam si malo caret, tamen non est summum bonum, accessione utuntur non ita probabili ; nec tamen, cur id tam parce, tamque restricte faciant, intelligo. Quasi enim emendum eis sit, quod addant ad virtutem, primum vilissimas res addunt ; deinde singulas potius, quam omnia, quæ prima natura approbavisset [ea cum voluptate conjungerent]. Quæ quum Aristoni et Pyrrhoni omnino visa sunt pro nihilo, ut inter optime valere, et gravissime ægrotare, nihil prorsus dicerent interesse, recte jam pridem contra eos desitum est disputari. Dum enim in una virtute sic omnia esse voluerunt, ut eam rerum selectione exspoliarent, nec ei quidquam, aut unde oriretur, darent, aut ubi niteretur, virtutem ipsam, quam amplexabantur, sustulerunt. Herillus autem ad scientiam omnia revocans, unum quoddam bonum vidit ; sed nec optimum, nec quo vita gubernari possit. Itaque hic ipse jam pridem est rejectus. Post enim Chrysippum non sane est disputatum.

XIV. Restatis igitur vos. Nam cum academicis incerta luctatio est, qui nihil affirmant, et quasi desperata cognitione certi, id sequi volunt, quodcumque

bornassent à suivre à la trace le vraisemblable. Mais contre Épicure l'embarras est d'autant plus grand, qu'il joint ensemble deux sortes de voluptés, vivement soutenues par lui, par ses amis et par une armée de défenseurs. Je ne sais comment il s'est fait que leur parti s'est appuyé sur le peuple, ce juge le moins compétent et le plus redoutable. Toutefois, ne pas les réfuter serait abdiquer tout sentiment de vertu, d'honneur, de véritable gloire. Ainsi écartons tous les autres systèmes, et disputons contre vous, Torquatus; ou plutôt, que la vertu lutte contre la volupté. Aux yeux clairvoyants de l'ingénieux Chrysippe, cette lutte n'était pas une bagatelle, c'était un combat à outrance, qui allait décider de la vie du souverain bien. Or, si je démontre la réalité de quelque chose d'honnête, qui mérite d'être recherché en soi, je renverserai, je pense, par là tout votre système. Essayons-le donc d'abord en peu de mots, comme le temps l'exige ; puis j'aborderai tous vos arguments, Torquatus, si ma mémoire me les rappelle.

Qu'entendons-nous par *l'honnête*? ce qui mérite par soi-même nos éloges, abstraction faite de toute utilité, de toute vue intéressée. Bien que cette définition en donne une idée assez juste, on le connaît encore mieux par le témoignage universel, et par l'exemple de tant d'hommes vertueux, qui, sans autre mobile

---

verisimile videatur. Cum Epicuro autem hoc est plus negotii, quod e duplici genere voluptatis conjunctus est, quodque et ipse, et amici ejus, et multi postea defensores ejus sententiæ fuerunt; et nescio quomodo is, qui auctoritatem minimam habet, maximam vim, populus cum illis facit. Quos nisi arguimus, omnis virtus, omne decus, omnis vera laus deserenda est. Ita cæterorum sententiis semotis, relinquitur non mihi cum Torquato, sed virtuti cum voluptate certatio. Quam quidem certationem homo et acutus, et diligens Chrysippus, non contemnit, totumque discrimen summi boni in eadem comparatione positum putat. Ego autem existimo, si honestum aliquid ostendero, quod sit ipsum vi sua, propter seque expetendum, jacere vestra omnia. Itaque eo, quale sit, breviter, ut tempus postulat, constituto, accedam ad omnia tua, Torquate, nisi memoria forte defecerit.

Honestum igitur id intelligimus, quod tale est, ut, detracta omni utilitate, sine ullis præmiis fructibusve, per se ipsum possit jure laudari. Quod quale sit, non tam definitione, qua sum usus, intelligi potest, quanquam aliquantum potest, quam communi omnium judicio, et optimi cujusque studiis atque factis : qui permulta ob eam unam causam faciunt, quia decet, quia rectum, quia

que le beau, le juste et l'honnête, ont fait bien des choses dont ils n'espéraient évidemment aucun avantage. Quel est le principe de la supériorité de l'homme sur la brute ? c'est ce noble présent de la nature, la raison ; cette intelligence vive et perçante, qui examine, qui pénètre plusieurs choses à la fois ; cette sagacité d'esprit qui discerne les causes et les effets, qui établit les rapports, qui joint les objets séparés, qui unit l'avenir avec le présent, et embrasse le cours entier de la vie. Par la raison, l'homme se rapproche de l'homme, se conforme aux manières, au langage, aux coutumes de la société, en sorte que, de l'amitié de ses parents et de sa famille, il passe à celle de ses compatriotes, et s'étend par degrés à celle du genre humain. L'homme, écrivait Platon à Archytas, doit penser qu'il n'est pas né seulement pour lui ; il se doit encore aux siens et à sa patrie ; et la portion de lui-même dont il peut disposer se réduit à peu de chose. La nature a aussi mis en lui le besoin de la vérité : j'en vois la preuve dans ces loisirs que nous employons à la recherche des mystères célestes. De là notre amour pour tout ce qui est vrai, pour la bonne foi, la sincérité, la constance ; de là notre aversion pour tout ce qui est faux et trompeur, comme la fraude, le parjure, la malignité, l'injustice. Enfin la raison a en elle-même je ne sais quelle force sublime et fière, plus faite pour com-

---

honestum est; etsi nullum consecuturum emolumentum vident. Homines enim, etsi aliis multis, tamen hoc uno a bestiis plurimum differunt, quod rationem habent a natura datam mentemque, et acrem, et vigentem, celerrimeque multa simul agitantem, et ita dicam, sagacem, quæ et causas rerum, et consecutiones videat, et similitudines transferat, et disjuncta conjungat, et cum præsentibus futura copulet, omnemque complectatur vitæ consequentis statum. Eademque ratio fecit hominem hominum appetentem, cumque his natura, et sermone, et usu congruentem : ut profectus a caritate domesticorum ac suorum, serpat longius, et se implicet primum civium, deinde omnium mortalium societate ; atque, ut ad Archytam scripsit Plato, non sibi se soli natum meminerit, sed patriæ, sed suis, ut perexigua pars ipsi relinquatur. Et quoniam eadem natura cupiditatem ingenuit homini veri inveniendi, quod facillime apparet, quum vacui curis, etiam quid in cœlo fiat, scire avemus : his initiis inducti omnia vera diligimus, id est fidelia, simplicia, constantia ; tum vana, falsa, fallentia, odimus, ut fraudem, perjurium, malitiam, injuriam. Eadem ratio habet in se quiddam amplum atque magnificum, ad imperandum magis, quam ad paren-

mander que pour obéir, pour qui tous les accidents de la vie sont, je ne dis pas supportables, mais bien légers : véritable puissance de l'âme, qui n'a peur de rien, ne cède à personne, et demeure invincible. A ces trois divisions de l'honnête se joint un quatrième genre de beauté, l'ordre et la proportion, qu'on transporte des objets sensibles aux choses morales. Sa conformité avec les trois premières vertus règle nos discours et nos actions de manière que l'on évite la témérité, qu'on ne hasarde contre personne ni une parole insultante ni un fait nuisible, et qu'on se garde de rien faire ou de rien dire qui semble indigne de l'homme.

XV. Voilà, Torquatus, le portrait achevé de l'honnêteté : elle consiste dans les quatre vertus dont vous avez vous-même parlé. Votre Épicure prétend ne savoir ce que c'est, et ne pas comprendre ceux qui mesurent le souverain bien sur l'honnête. A l'en croire, celui qui rapporte tout à cet objet, sans y joindre la volupté, parle à vide (ce sont ses propres termes); enfin, ce mot d'honnêteté a pour lui un sens impénétrable. Consultons l'usage, dit-il; qu'appelle-t-on honnête? ce que l'opinion publique estime glorieux. Or cette gloire, ajoute-t-il, flattera quelquefois plus que certaines voluptés; mais c'est toujours pour la volupté qu'on

---

dum accommodatum; omnia humana non tolerabilia solum, sed etiam levia ducens; altum quiddam et excelsum, nihil timens, nemini cedens, semper invictum. Atque his tribus generibus honestorum notatis, quartum sequitur, et in eadem pulchritudine, et aptum ex illis tribus : in quo inest ordo et moderatio. Cujus similitudine perspecta in formarum specie ac dignitate, transitum est ad honestatem dictorum atque factorum. Nam ex his tribus laudibus, quas ante dixi, et temeritatem reformidat, et non audet cuiquam aut dicto protervo, aut facto nocere; vereturque quidquam aut facere, aut loqui, quod parum virile videatur.

XV. Habes undique expletam et perfectam, Torquate, formam honestatis : quæ tota his quatuor virtutibus, quæ a te quoque commemoratæ sunt, continetur. Hanc se tuus Epicurus omnino ignorare dicit, quam, aut qualem esse velint, qui honestate summum bonum metiantur. Si enim ad honestatem omnia referantur, neque in ea voluptatem] dicant inesse, ait, eos inani voce sonare (his enim ipsis verbis utitur), neque intelligere, neque videre, sub hac voce honestatis quæ sit subjicienda sententia. Ut enim consuetudo loquitur, id solum dicitur honestum, quod est populari fama gloriosum. Quod, inquit, quanquam voluptatibus quibusdam est sæpe jucundius, tamen expetitur prop-

la recherchera. Mesurez-vous maintenant la distance qui sépare nos opinions? Un illustre philosophe, qui a tout remué dans la Grèce, dans l'Italie, chez les nations barbares, affirme ne pas comprendre l'honnête séparé du plaisir, et voit leur union tout au plus dans les éloges que donne le bruit populaire ; et moi, je condamne cela même comme une honte, affirmant que, si parfois la honte ne s'y joint pas, ce n'est pas grâce aux applaudissements de la multitude. La vertu, la justice, la gloire sont choses honorables par elles-mêmes, et non par les éloges d'un peuple : en dépit de l'ignorance et du silence des hommes, elles mériteraient encore, pour leur propre beauté, nos éloges et notre estime. Aussi, cet irrésistible ascendant a-t-il arraché à Épicure un aveu que vous avez fait vous-même : on ne peut, dit-il, vivre avec plaisir, si l'on ne vit avec honneur. Avec plaisir, avec honneur, sont-ce là des expressions synonymes? autant vaudrait dire qu'on ne peut vivre honnêtement si l'on ne vit honnêtement. Ou bien, veut-il dire : Si l'on n'est pas loué du public? cela signifierait que, sans l'admiration populaire, il n'est pas d'agréments dans la vie ; et alors, quelle honte ! de l'opinion des fous dépendrait le bonheur des sages. Qu'entend donc ici Épicure par le mot *honnête?* ou rien du tout, ou une chose digne d'éloges par elle-même ; car, s'il n'entend que les jouissances de la volupté, quel éloge accorder à ce que le marché peut fournir?

ter voluptatem. Videsne quam sit magna dissensio? Philosophus nobilis, a quo non solum Græcia et Italia, sed etiam omnis barbaria commota est, honestum quid sit, si id non est in voluptate, negat se intelligere : nisi forte illud, quod multitudinis rumore laudetur. Ego autem hoc etiam turpe esse sæpe, judico ; et, si quando turpe non sit, tamen non esse non turpe, quum id a multitudine laudetur. Quod si sit ipsum per se rectum atque laudabile, non ob eam causam tamen illud dici honestum esse, quia laudetur a multis, sed quia tale sit, ut, vel se ignorarent id homines, vel si obmutuissent, sua tamen pulchritudine esset specieque laudabile. Itaque idem natura victus, cui obsisti non potest, dicit alio loco id, quod a te etiam paulo ante dictum est, non posse jucunde vivi, nisi etiam honeste. Quid nunc, honeste, dicitur? idemne, quod jucunde? Ergo ita, non posse honeste vivi, nisi honeste vivatur. An, nisi populari fama? Sine ea igitur jucunde negat posse vivi. Quid turpius, quam sapientis vitam ex insipientium sermone pendere? Quid ergo hoc loco intelligit honestum? Certe nihil, nisi quod possit ipsum propter se jure laudari. Nam si prop-

Sans doute, il n'attache pas non plus au sens de ce mot l'approbation populaire, il n'exige pas cette approbation comme une condition du bonheur, puisqu'il en fait une de l'honnêteté ; et, dans cette expression, il n'a pu comprendre que ce qui est juste, droit, louable par sa nature, par son essence, par soi-même.

XVI. Aussi, Torquatus, lorsque vous disiez qu'Épicure proclame l'impossibilité d'une vie agréable sans honnêteté, sans sagesse, sans justice, vous preniez à mes yeux un air triomphant. L'élévation des idées renfermées dans ces mots paraissait se communiquer à votre langage ; vous étiez pressant, et, me regardant avec une noble assurance, vous sembliez dire : Vous le voyez, il est des moments où Épicure loue aussi l'honnête et le juste. Qu'ils allaient bien dans votre bouche, ces termes sans lesquels il n'y aurait plus ni philosophie, ni philosophes ! Oui, ces mots, si peu familiers à Épicure, sagesse, force, justice, tempérance, sont l'attrait qui a poussé vers l'étude de la philosophie tant de génies éminents.

« La vue, dit Platon, est le sens le plus subtil : toutefois l'œil ne saurait apercevoir la sagesse. Oh ! quels transports elle exciterait dans nos cœurs, si elle était visible ! » Pourquoi ? est-ce parce qu'elle est un ingénieux artisan de voluptés ? Pourquoi loue-t-on aussi la justice ? et d'où vient cet adage usé : « Avec

---

ter voluptatem : quæ est ista laus quæ possit e macello peti ? Non is vir est, ut, quum honestatem eo loco habeat, ut sine ea jucunde neget posse vivi, illud honestum, quod populare sit, sentiat, et sine eo jucunde neget vivi posse ; aut quidquam aliud honestum intelligat, nisi quod sit rectum, ipsumque per se, sua vi, sua sponte, sua natura laudabile.

XVI. Itaque, Torquate, quum diceres, clamare Epicurum, non posse jucunde vivi, nisi honeste, et sapienter, et juste viveretur, tu ipse mihi gloriari videbare. Tanta vis inerat in verbis, propter earum rerum, quæ significabantur his verbis, dignitatem, ut altior fieres, ut interdum insisteres, ut nos intuens, quasi testificarere, laudari honestatem et justitiam aliquando ab Epicuro. Quam te decebat iis verbis uti, quibus si philosophi non uterentur, philosophia omnino non egeremus ! Istorum enim verborum amore, quæ perraro appellantur ab Epicuro, sapientiæ, fortitudinis, justitiæ, temperantiæ, præstantissimis ingeniis homines se ad philosophiæ studium contulerunt.

« Oculorum, inquit Plato, est in nobis sensus acerrimus : quibus sapientiam non cernimus. Quam illa ardentes amores excitaret sui, si videretur ! » Cur tandem ? an quod ita callida est, ut optime possit architectari voluptates ? Cur

lui les ténèbres? » Appliqué d'abord à une seule chose, ce mot a un sens très-étendu ; il signifie que, quoi que nous fassions, nous devons considérer les choses mêmes, et non le témoignage des hommes.

Les méchants, avez-vous dit, sont tourmentés non-seulement par leur remords, mais encore par la loi pénale, qui les épouvante, soit pour le présent, soit pour l'avenir. Quel faible raisonnement! Il ne fallait pas supposer, comme exemple, un homme timide, sans caractère, toujours prêt à se faire un complice de ses terreurs. Mais imaginez un homme adroit, qui rapporte tout à ses fins, un fourbe au cœur corrompu, qui excelle à tromper furtivement, sans témoin, sans complice. Pensez-vous que je fasse allusion au préteur L. Tubulus, qui, jugeant des assassins, reçut leur argent avec une impudence si peu déguisée, que le tribun P. Scévola dénonça, l'année suivante, l'affaire au peuple, et proposa de faire des poursuites? En vertu d'un plébiscite, le sénat ayant ordonné à Cn. Cépion, consul, de faire informer, Tubulus, n'osant se défendre, se bannit lui-même sur-le-champ. Le crime était trop avéré.

XVII. Ne citons donc pas un homme qui n'est que méchant ; proposons plutôt un méchant habile, comme fut Q. Pompée dans le traité de Numance. Écartons l'homme à qui tout fait peur, et

---

justitia laudatur? aut unde est hoc contritum vetustate proverbium : « Quicum in tenebris? Hoc dictum in una re, latissime patet : ut in omnibus factis, re, non teste moveamur.

Sunt enim levia et perinfirma, quæ dicebantur a te, quum animi conscientia improbos excruciari, tum etiam pœnæ timore; qua aut afficiantur, aut semper sint in metu, ne afficiantur aliquando. Non oportet timidum, aut imbecillo animo fingi ; non bonum illum virum, qui, quidquid fecerit, ipse se cruciet, omniaque formidet ; sed omnia callide referentem ad utilitatem, acutum, versutum, veteratorem, facile ut excogitet, quo modo occulte, sine teste, sine ullo conscio fallat. An tu me de L. Tubulo putas dicere ? qui, quum prætor quæstionem inter sicarios exercuisset, ita aperte cepit pecunias ob rem judicandam, ut anno proximo P. Scævola, tribunus plebis, ferret ad plebem, vellentne de ea re quæri. Quo plebiscito, decreta a senatu est consuli quæstio Cn. Cœpioni. Profectus in exsilium Tubulus statim, nec respondere ausus. Erat enim res aperta.

XVII. Non igitur de improbo, sed callide improbo quærimus, qualis Q. Pompeius in fœdere numantino infitiando fuit, nec vero omnia timente; sed pri-

parlons de l'homme pour qui les remords ne sont rien, parce qu'il sait les étouffer. Il s'en faut de beaucoup que la perversité cachée se laisse découvrir; au contraire, le méchant qui ourdit sa trame dans les ténèbres, fera éclater contre le crime une indignation hypocrite; et c'est par là que les fourbes sont habiles. J'assistai un jour à une consultation que faisait P. Sextilius Rufus : il se prétendait héritier de Q. Fadius Gallus, dont le testament portait qu'il avait prié Sextilius de faire passer toute la succession à sa fille Fadia. Sextilius le niait, et sa dénégation était sûre de l'impunité; car qui l'aurait pu convaincre? aucun de nous ne le croyait, et il était plus vraisemblable que le mensonge était du côté de celui qui avait intérêt à mentir, que du côté d'un homme qui attestait avoir prié Sextilius d'un service dont il avait dû le prier. Sextilius rappelait aussi son serment de fidélité à la loi Voconia : ce serment, disait-il, le liait, à moins qu'on ne l'en dégageât. J'étais fort jeune alors, mais il y avait à cette assemblée de très-graves personnages, et aucun n'opina pour que Fadia reçût plus que la part accordée par cette loi. Sextilius devint ainsi le maître d'un immense héritage; mais, s'il eût suivi le principe qui place toujours la vertu avant l'intérêt, il n'en aurait pas retenu un sesterce. Eh bien, pensez-vous qu'il en ait du remords, de l'inquiétude? rien moins; cette

---

mum qui animi conscientiam non curet, quam scilicet comprimere nihil est negotii. Is enim, qui occultus et tectus dicitur, tantum abest, ut se indicet, perficiet etiam, ut dolere alterius improbe facto videatur : quid est enim aliud, esse versutum? Memini me adesse P. Sextilio Rufo, quum is ad amicos rem ita deferret, se esse hæredem Q. Fadio Gallo; cujus in testamento scriptum esset, se ab eo rogatum, ut omnis hæreditas ad filiam perveniret. Id Sextilius factum negabat. Poterat autem impune : quis enim redargueret? Nemo nostrum credebat, eratque verisimilius, hunc mentiri, cujus interesset, quam illum, qui id se rogasse scripsisset, quod debuisset rogare. Addebat etiam, se in legem Voconiam juratum contra eam facere non audere, nisi aliter amicis videretur. Aderamus nos quidem adolescentes, sed etiam multi amplissimi viri : quorum nemo censuit plus Fadiæ dandum, quam posset ad eam lege Voconia pervenire. Tenuit permagnam Sextilius hæreditatem : unde, si secutus esset eorum sententiam, qui honesta et recta emolumentis omnibus et commodis anteponerent, ne nummum quidem unum attigisset. Num igitur eum postea censes anxio animo aut sollicito fuisse? nihil minus, contraque,

succession le rendit opulent, et sa joie fut au comble : car il faisait grand cas de l'argent, je veux dire de celui qui s'acquiert non-seulement sans violer la loi, mais par la loi. Vous-mêmes, à vos périls, ne devez-vous pas chercher à vous enrichir? L'or n'est-il pas l'instrument des plaisirs les plus nombreux, les plus vifs? Regardant la justice et la vertu comme désirables par elles-mêmes, nos philosophes enseignent qu'il n'est pas de danger auquel on ne doive s'exposer pour elle : par la même raison, les vôtres, pour qui la volupté est la règle de tout, doivent tout braver pour l'amour de la volupté. L'affaire est-elle importante, l'héritage est-il considérable? plus d'or pourra payer plus de plaisirs ; et, si votre Épicure est fidèle à ses principes sur le souverain bien, que fera-t-il? ce que fit Scipion, lorsque, guidé par la gloire, il repoussa Annibal en Afrique. Pour accomplir ce projet, à quels périls il exposa sa tête ; c'est que le but de tous ses efforts était l'honneur et non le plaisir. Ainsi votre sage, alléché par quelque grand profit, pour se satisfaire, luttera, s'il le faut, contre la fortune. Son attentat demeure-t-il caché, il s'en applaudira ; est-il pris sur le fait, il méprisera les châtiments, car il est armé d'avance contre la mort, contre l'exil, même contre la douleur, que vous regardez comme intolérable, quand vous voyez en elle le supplice des méchants, mais qui devient

---

illa hæreditate dives ; ob eamque rem lætus. Magni enim æstimabat pecuniam, non modo non contra leges, sed etiam legibus partam ; quæ quidem vel cum periculo est quærenda vobis : est enim effectrix multarum et magnarum voluptatum. Ut igitur illis, qui, recta et honesta quæ sunt, ea statuunt per se expetenda, adeunda sunt quævis pericula, decoris honestatisque causa ; sic vestris, qui omnia voluptate metiuntur, pericula adeunda sunt, ut adipiscantur magnas voluptates, si magna res, magna hæreditas agetur, quum pecunia voluptates pariantur plurimæ ; idemque erit Epicuro vestro faciendum, si suum finem bonorum sequi volet, quod Scipioni, magna gloria proposita, si Annibalem in Africam retraxisset. Itaque quantum adiit periculum? ad honestatem enim ille omnem conatum suum referebat, non ad voluptatem. Sic vester sapiens magno aliquo emolumento commotus, animi causa, si opus fuerit, dimicabit. Occultum facinus esse potuerit : gaudebit. Deprehensus, omnem pœnam contemnet. Erit enim instructus ad mortem contemnendam, ad exsilium, ad ipsum etiam dolorem : quem quidem vos,

supportable à vos yeux, quand vous faites à votre sage une part toujours plus large dans le plaisir que dans la douleur.

XVIII. Allons plus loin : le méchant dont nous parlons est non-seulement habile, mais aussi puissant que Crassus, qui n'usait du moins que de son bien ; aussi puissant que notre Pompée, dont l'équité mérite notre reconnaissance ; car, malgré son ferme attachement à la justice, il pourrait être injuste impunément. Comptez le nombre des injustices qui sont à l'abri de tout reproche. Votre ami mourant vous a prié de rendre sa succession à sa fille, mais il n'en a rien écrit, comme a fait Fadius, et il n'en a parlé à personne ; que ferez-vous ? Pour vous, Torquatus, vous la rendriez ; Épicure, qui sait ? aurait peut-être ce courage, que montra ce Sext. Peduceus, modèle de savoir et de vertu, dont les honorables sentiments revivent dans son fils. Un noble chevalier romain de Nursia, C. Plotius, lui avait, sans condition connue, laissé toute sa fortune : il se présenta chez sa veuve, qui ignorait les dispositions de Plotius, les lui apprit, et remit l'héritage entre ses mains. Puisque telle aurait été votre conduite, Torquatus, je vous adresse cette question : Ne sentez-vous pas tout ce qu'il y a de fort dans la loi naturelle, puisque vous, qui rapportez tout à votre avantage, ou, pour emprunter vos paroles,

---

quum improbis pœnam proponitis, impatibilem facitis ; quum sapientem semper boni plus habere vultis, tolerabilem.

XVIII. Sed finge non solum callidum eum, qui aliquid improbe faciat, verum etiam præpotentem, ut M. Crassus fuit; qui tamen solebat uti suo bono : ut hodie est noster Pompeius, cui recte facienti gratia est habenda ; esse enim quamvis vellet justus, iniquus poterat impune. Quam multa vero injuste fieri possunt, quæ nemo possit reprehendere ? Si te amicus tuus moriens rogaverit, ut hæreditatem reddas suæ filiæ, nec usquam id scripserit, ut scripsit Fadius, nec cuiquam dixerit, quid facies ? Tu quidem reddes ; ipse Epicurus fortasse redderet : ut Sext. Peducæus, Sext. F., is qui hunc nostrum reliquit, effigiem et humanitatis et probitatis suæ filium, tum doctus, tum omnium vir optimus et justissimus, quum sciret nemo, cum rogatum a C. Plotio, equite romano splendido, Nursino, ultro ad mulierem venit, eique nihil opinanti viri mandatum exposuit, hæreditatemque reddidit. Sed ego ex te quæro (quoniam idem tu certe fecisses), nonne intelligis, eo majorem vim esse naturæ, quod ipsi vos, qui omnia ad vestrum commodum, et, ut ipsi dicitis, ad voluptatem

à la volupté, vous feriez des choses pour lesquelles vous suivriez, non la volupté, mais le devoir, et où la droite nature l'emporterait sur une raison dépravée? Si vous saviez, dit Carnéade, qu'un serpent se tînt caché quelque part, et qu'un homme qui n'en sait rien, et dont la mort vous serait avantageuse, voulût s'asseoir dessus, vous vous rendriez coupable en ne l'en prévenant pas : l'impunité cependant était assurée à votre silence ; car qui pourrait vous convaincre d'avoir connu le danger? Mais en voilà trop là-dessus. Si l'équité, la loyauté, la justice n'ont pas leur principe dans la loi naturelle, si leur but commun est l'intérêt, il est clair que l'homme de bien est une chimère. Lélius, dans mon traité *de la République*, discute assez longuement ces questions.

XIX. Appliquez-les à la modestie, à la tempérance, qui modère les passions et les soumet à la raison. Est-ce respecter la pudeur que de se livrer en secret à un plaisir honteux? et certaines choses ne sont-elles pas honteuses de leur nature, même sans que l'infamie s'y attache? Ont-ils fait d'avance ce calcul des voluptés, les héros, lorsqu'ils marchent au combat, et prodiguent leur sang à la patrie? Leur cœur n'est-il pas plutôt embrasé, entraîné par l'enthousiasme? Ah! si ce Torquatus, aux ordres inflexibles, pouvait nous entendre, qui de nous deux le charmerait davantage, ou moi, qui disais que, dans sa conduite, il fit

---

referatis, tamen ea faciatis, e quibus appareat, non voluptatem vos, sed officium sequi, plusque rectam naturam, quam rationem pravam valere? Si scieris, inquis Carneades, aspidem occulte latere utpiam, et velle aliquem imprudentem super eam assidere, cujus mors tibi emolumentum factura sit, improbe feceris, nisi monueris, ne assideat : sed impune tamen ; scisse enim te quis coarguere possit? Sed nimis multa : perspicuum est enim, nisi æquitas, fides, justitia proficiscantur a natura, et si omnia hæc ad utilitatem referantur, virum bonum non posse reperiri. Deque his rebus satis multa in nostris de Republica libris sunt dicta a Lælio.

XIX. Transfer idem ad modestiam, vel temperantiam, quæ est moderatio cupiditatum, rationi obediens. Satisne ego pudori consulat, si quis sine teste libidini pareat? an est aliquid per se ipsum flagitiosum, etiam si nulla comitetur infamia? quid fortes viri? voluptatumque calculis subductis, prœlium ineunt, sanguinem pro patria profundunt ; an quodam animi ardore atque impetu concitati? Utrum tandem censes, Torquate, Imperiosum illum, si nostra verba audiret, tuamne de se orationem libentius auditurum fuisse, an meam,

toujours abstraction de lui-même, et ne vit que la patrie; ou vous, qui souteniez le contraire? Employant un langage plus clair, vous auriez affirmé que la volupté fut sa règle unique : comment eût-il supporté un tel langage? que vous en semble?

Eh bien, j'accorde que Torquatus ait consulté son intérêt; car, appliqué à un si grand homme, ce mot me semble préférable à celui de volupté. Mais P. Decius, son collègue, qui, le premier, porta le consulat dans sa famille, fixait-il sa pensée sur la volupté, lorsqu'il se dévoua et s'élança, bride abattue, au milieu des troupes latines? La volupté! en quel lieu, en quel moment aurait-il pu en jouir, lui qui volait à une mort certaine, avec plus d'ardeur qu'Épicure n'en demande dans la poursuite du plaisir! Si cette action n'eût pas été digne de tous les éloges, elle n'aurait trouvé d'imitateurs ni dans son fils, consul pour la quatrième fois, ni dans cet autre consul, son petit-fils, qui fit la guerre à Pyrrhus, et mourut dans le combat, troisième victime de sa race sacrifiée à la république. J'abrége ces exemples. Les Grecs m'en fournissent peu : Léonidas, Épaminondas et trois ou quatre autres. Mais, si je me mettais à recueillir les nôtres, j'amènerais la volupté à demander des chaînes à la vertu. D'ailleurs, la journée n'y suffirait pas. J'ai fait comme A. Varius :

quum ego dicerem, nihil eum fecisse sua causa, omniaque reipublicæ, tu contra nihil, nisi sua? Si vero id etiam explanare velles, apertiusque diceres, nihil eum fecisse, nisi voluptatis causa; quo modo eum tandem laturum fuisse existimes?

Esto : fecerit, si ita vis, Torquatus propter suas utilitates; malo enim dicere, quam voluptates, in tanto præsertim viro : num etiam ejus collega P. Decius, princeps in ea familia consulatus, quum se devovebat, et equo admisso in mediam aciem Latinorum irruebat, aliquid de voluptatibus suis cogitabat? Nam ubi eam caperet, aut quando, quum sciret confestim esse moriendum, eamque mortem ardentiore studio peteret, quam Epicurus voluptatem petendam putat? Quod quidem ejus factum nisi esset jure laudatum, non esset imitatus quarto consulatu suo filius; neque porro ex eo natus, cum Pyrrho bellum gerens, consul cecidisset in prœlio; seque e continenti genere tertiam victimam reipublicæ præbuisset. Contineo me ab exemplis. Græcis hoc modicum est : Leonidas, Epaminondas, tres aliqui, aut quatuor. Ego, si nostros colligere cœpero, perficiam illud quidem, ut se virtuti tradat constringendam voluptas. Sed dies me deficiet : et, ut A. Varius, qui est habitus judex durior,

des témoins avaient été produits dans une affaire devant ce juge rigide; on en voulait présenter encore d'autres : « Ou voilà assez de témoins, dit-il au juge qui siégeait près de lui, ou le mot *assez* n'a pas de sens pour moi. » De même, j'ai cité assez de témoignages illustres. Mais vous, ô Torquatus! digne rejeton de vos aïeux, est-ce la volupté qui vous porta, dans vos jeunes années, à arracher le consulat à P. Sylla? Vous le fîtes donner à votre père, Romain d'un grand caractère : quel consul! quel citoyen, en tout temps, et surtout après son consulat! Moi-même, fort de son exemple, j'ai veillé sur la chose publique plus que sur mes intérêts privés.

Mais qu'il faisait beau vous entendre, mettant d'un côté un homme au sein des voluptés, sans douleur ni pour le présent ni dans l'avenir; et de l'autre, un homme livré tout entier aux souffrances les plus cruelles, sans soulagement, sans espérance; puis demandant où serait le mortel plus heureux que le premier, plus misérable que le second; et concluant enfin que la douleur était le plus cruel des maux, la volupté le plus doux des biens!

XX. Votre mémoire ne peut se rappeler Thorius Balbus, de Lanuvium. Dans sa vie sensuelle, il n'est pas de volupté possible, de raffinements imaginables dont il ne jouit. Riche amateur des plaisirs, il mettait dans leur choix un goût délicat. La supersti-

---

dicere consessori solebat, quum, datis testibus, alii tamen citarentur, « Aut hoc testium satis est, aut nescio, quid satis sit ; » sic a me satis datum est testium. Quid enim? te ipsum, dignissimum majoribus tuis, voluptasne induxit, ut adolescentulus eriperes P. Sullæ consulatum? quem quum ad patrem tuum retulisses, fortissimum virum, qualis ille vel consul, vel civis quum semper, tum post consulatum fuit? Quo quidem auctore nos ipsi ea gessimus, ut omnibus potius, quam ipsis nobis consuluerimus.

At quam pulchre dicere videbare, quum ex altera parte ponebas cumulatum aliquem plurimis et maximis voluptatibus, nullo, nec præsenti, nec futuro dolore; ex altera autem, cruciatibus maximis, toto corpore, nulla nec adjuncta, nec sperata voluptate; et quærebas, quis aut hoc miserior, aut superiore illo beatior foret? deinde concludebas, summum malum esse dolorem, summum bonum voluptatem?

XX. L. Thorius Balbus fuit, Lanuvinus, quem meminisse tu non potes. Is ita vivebat, ut nulla tam exquisita posset inveniri voluptas, qua non abundaret. Erat et cupidus voluptatum, et cujusvis generis ejus intelligens, et co-

tion lui était tellement étrangère, qu'il prenait en pitié tous les sacrifices et tous les temples de sa patrie; et il craignait si peu la mort qu'il s'est fait tuer dans une bataille, en combattant pour notre république. La limite qu'il imposait à ses désirs, ce n'était pas la distinction établie par Épicure, c'était la satiété. Toutefois, soigneux de sa santé, il excitait, par un exercice modéré, la faim et la soif qui devaient assaisonner ses repas; tous ses mets étaient délicats, et d'une digestion facile; son vin, d'un goût exquis, était bu sans excès nuisible. Il admettait d'ailleurs toutes ces jouissances hors desquelles Épicure ne voit pas de bonheur possible. Exempt d'infirmités, il pouvait supporter la douleur sans faiblesse, quoique plus disposé à consulter les médecins que les philosophes. Teint frais, santé robuste, tous les moyens de plaire, vie enfin que tous les plaisirs semblaient se disputer, rien ne lui manquait. Par une conséquence nécessaire de votre système, vous voyez là un homme heureux. Mais moi, savez-vous qui je lui préfère? je n'ose vous le dire. La vertu prendra la parole à ma place : à votre fortuné mortel elle préférera, sans hésiter, M. Regulus. D'après sa seule parole, engagée à un ennemi, revenu de Rome à Carthage, il fut livré au supplice des veilles et de la faim : eh bien! la vertu le proclame plus heureux que Thorius buvant la tête couronnée de roses.

---

piosus; ita non superstitiosus, ut illa plurima in sua patria sacrificia et fana contemneret; ita non timidus ad mortem, ut in acie sit ob rempublicam interfectus. Cupiditates non Epicuri divisione finiebat, sed sua satietate. Habebat tamen rationem valetudinis : utebatur iis exercitationibus, ut ad cœnam et esuriens et sitiens veniret ; eo cibo, qui et suavissimus esset, et idem facillimus ad concoquendum ; vino, et ad voluptatem et ne nocerct. Cætera illa adhibebat, quibus demptis negat se Epicurus intelligere, quid sit bonum. Aberat omnis dolor : qui si adesset, nec molliter ferret ; et tamen medicis plus, quam philosophis uteretur. Color egregius, integra valetudo, summa gratia, vita denique conferta voluptatum omnium varietate. Hunc vos beatum; ratio quidem vestra sic cogit. At ego, huic quem anteponam, non audeo dicere : dicet pro me ipsa virtus ; nec dubitabit isti vestro beato M. Regulum anteponere. Quem quidem, quum sua voluntate, nulla vi coactus, præter fidem, quam dederat hosti, ex patria Carthaginem revertisset, tum ipsum, quum vigiliis et fame cruciaretur, clamat virtus beatiorem fuisse, quam potantem in rosa Thorium.

Regulus avait dirigé des guerres importantes, géré deux fois le consulat, obtenu les honneurs du triomphe : à toute cette gloire il trouvait moins d'éclat que dans la situation extrême qu'il avait généreusement embrassée par un sentiment d'honneur ; et cet état, si misérable à nos yeux, avait ses délices pour le grand homme souffrant. C'est que le bonheur n'est pas seulement dans la joie, dans les plaisirs, dans les ris, dans les jeux, folâtres compagnons de la frivolité : la fermeté, la constance sont le bonheur des âmes sérieuses. Lucrèce, que le fils d'un roi venait d'outrager, en appela aux Romains et se donna la mort. Grâce à l'indignation du peuple soulevé à la voix de Brutus, Rome brisa ses fers; et, pour honorer la mémoire de cette Romaine, dès la première année, et son époux et son père furent élevés au consulat. Soixante ans après cette conquête de la liberté, un homme du peuple, Virginius, tua lui-même sa propre fille, plutôt que de l'abandonner à la brutalité d'Appius Claudius, alors tout-puissant.

XXI. De deux choses l'une, Torquatus : ou condamnez ces actions, ou cessez d'être l'avocat de la volupté. La misérable cause que celle qui ne s'appuie ni sur le témoignage ni sur les éloges d'aucun grand homme ! Pour témoins, pour partisans de la nôtre, nous produisons des personnages célèbres dont toute la vie a été consacrée à de glorieux travaux, et qui ne voulaient pas con-

Bella magna gesserat; bis consul fuerat; triumpharat : nec tamen sua illa superiora, tam magna, neque tam præclara ducebat, quam illum ultimum casum, quem propter fidem constantiamque susceperat : qui nobis miserabilis videtur audientibus, illi perpetienti erat voluptarius. Non enim hilaritate, nec lascivia, nec risu, aut joco, comite levitatis, sed sæpe etiam tristes firmitate et constantia sunt beati. Stuprata per vim Lucretia a regis filio, testata cives, se ipsa interemit. Hic dolor, populi Romani duce et auctore Bruto, causa civitati libertatis fuit; ob ejusque mulieris memoriam primo anno et vir, et pater ejus, consul est factus. Tenuis L. Virginius, unusque de multis, sexagesimo anno post libertatem receptam, virginem filiam sua manu occidit, potius, quam ea Appii Claudii libidini, qui tum erat summo in imperio, dederetur.

XXI. Aut hæc tibi, Torquate, sunt vituperanda, aut patrocinium voluptatis quæ nec testes ullos e claris viris, nec laudatores poterit adhibere ? Ut enim nos ex annalium monumentis testes excitamus eos, quorum omnis vita consumpta est in laboribus gloriosis, qui voluptatis nomen audire non possint ;

naître la volupté, même de nom; mais, pour appuyer vos disputes, l'histoire est muette. Jamais, dans l'école d'Épicure, je n'entendis citer Lycurgue, Solon, Miltiade, Thémistocle, Épaminondas, noms qui sont dans la bouche de tous les autres philosophes. Et aujourd'hui que nous traitons aussi ces matières, Atticus pourra tirer de son trésor d'érudition des exemples aussi imposants. Ne vaut-il pas mieux en toucher quelque chose que de remplir d'énormes volumes du nom de la seule Themista? C'est là une allure des Grecs : nous tenons d'eux la philosophie et toutes les nobles études ; mais, après tout, il est des libertés qu'ils s'arrogent et nous interdisent. Un combat est livré entre le Portique et l'école d'Aristote. L'unique bien est dans l'honnête, dit le stoïcien ; le péripatéticien affirme qu'il faut élever aux cieux ce qui est honnête, mais qu'il ne laisse pas d'y avoir encore d'autres biens, soit en nous, soit hors de nous : honorable combat, dispute glorieuse, qui n'a pour objet que la vertu. Au lieu de cela, dispute-t-on contre les épicuriens ; il faut entendre raisonner longuement sur les plaisirs obscènes, sujet fréquent des leçons du maître. Croyez-moi, Torquatus, un tel système ne vous semblera plus soutenable dès que votre réflexion se sera tournée sur vous-même, sur vos pensées, sur vos goûts. Vous rougirez, dis-je, devant cette image tracée avec tant de justesse

---

sic in vestris disputationibus historia muta est. Nunquam audivi in Epicuri schola Lycurgum, Solonem, Miltiadem, Themistoclem, Epaminondam nominari; qui in ore sunt cæterorum omnium philosophorum. Nunc vero, quoniam hæc nos etiam tractare cœpimus, suppeditabit nobis Atticus noster de thesauris suis, quos, et quantos viros [habere testium sat est]! Nonne melius est de his aliquid, quam tantis voluminibus de Themista loqui? Sint ista Græcorum, quanquam ab his philosophiam et omnes ingenuas disciplinas habemus; sed tamen est aliquid, quod nobis non liceat, liceat illis. Pugnant stoici cum peripateticis. Alteri negant quidquam esse bonum, nisi quod honestum sit. Alteri, plurimum se, et longe longeque plurimum tribuere honestati, sed tamen et in corpore, et extra, esse quædam bona. Et certamen honestum, et disputatio splendida : omnis est enim de virtutis dignitate contentio. At cum tuis quum disseras, multa sunt audienda etiam de obscenis voluptatibus, de quibus ab Epicuro sæpissime dicitur. Non potes ergo ista tueri, Torquate, mihi crede, si te ipse, et tuas cogitationes, et studia perspexeris. Pudebit te, inquam, il-

par Cléanthe. Figurez-vous, disait-il, à ses auditeurs, la Volupté personnifiée par la peinture : magnifiquement vêtue, parée comme une reine, elle est assise sur un trône ; près d'elle sont les Vertus, ses suivantes, dont l'unique fonction est de la servir, et de s'approcher de son oreille (si l'art du peintre pouvait exprimer ce mouvement) pour l'avertir de s'abstenir de tout ce qui peut blesser les esprits des hommes ou causer quelque douleur. Nous autres Vertus, lui disent-elles, nous naissons vos esclaves ; vous servir, voilà notre seul devoir.

XXII. Vous répondez d'un air triomphant qu'Épicure n'admet pas de bonheur pour une vie déshonnête ; mais ne veux-je donc savoir que ce qu'il affirme ou ce qu'il nie ? ce que je cherche, c'est ce que doit dire, pour être conséquent, un homme qui met le souverain bien dans la volupté. Comment me prouverez-vous que Thorius, C. Hirrius Postumius, Orata, leur maître à tous, n'aient pas vécu très-agréablement ? Épicure lui-même ne voit rien de répréhensible dans une vie voluptueuse, pourvu qu'on n'ait pas la faiblesse de s'abandonner au désir ou à la crainte. Il promet un remède à l'un et à l'autre : c'est promettre toute licence à la volupté. Otez ces deux passions du cœur de l'homme de plaisir, je n'y trouve, dit-il, plus rien à blâmer. En soumet-

lius tabulæ, quam Cleanthes, sane commode, verbis depingere solebat. Jubebat eos, qui audiebant, secum ipsos cogitare pictam in tabula Voluptatem pulcherrimo vestitu, et ornatu regali, in solio sedentem ; præsto esse Virtutes, ut ancillulas, quæ nihil aliud agerent, nullum suum officium ducerent, nisi ut Voluptati ministrarent, et eam tantum ad aurem admonerent (si modo id pictura intelligi posset), ut caveret, ne quid perficeret imprudens, quod offenderet animos hominum, aut quidquam, e quo oriretur aliquis dolor. Nos quidem Virtutes sic natæ sumus, ut tibi serviremus ; aliud negotii nihil habemus.

XXII. At negat Epicurus (hoc enim vestrum lumen est), quemquam, qui honeste non vivat, jucunde posse vivere. Quasi ego id curem, quid ille aiat, aut neget. Illud quæro, quid ei, qui in voluptate summum bonum ponat, consentaneum sit dicere. Quid affers, cur Thorius, C. Hirrius Postumius, cur omnium horum magister, Orata, non jucundissime vixerit ? Ipse negat, ut ante dixi, luxuriosam vitam reprehendendam, nisi plane fatui sint, id est nisi aut cupiant, aut metuant. Quarum ambarum rerum quum medicinam pollicetur, luxuriæ licentiam pollicetur. His enim rebus detractis, negat se reperire in asotorum vita, quod reprehendat. Non igitur potestis voluptate omnia diri-

tant tout à la règle de la volupté, il est donc inévitable que vous abandonniez la vertu ; car s'abstenir de l'injustice par intérêt personnel, ce n'est pas mériter le nom d'homme juste. Vous connaissez le vers :

> N'est point pieux qui ne l'est que par crainte.

Gardez-vous de croire qu'il soit une vérité plus évidente que celle-là. N'être juste que par crainte, ce n'est pas justice. Que la peur disparaisse, l'iniquité reviendra. Or, on cessera de craindre, si l'on peut être injuste en secret, ou assez puissant pour soutenir son injustice. Certainement on aimera mieux paraître homme de bien sans l'être, que de l'être et de ne le paraître pas. Il est donc incontestable qu'à une justice vraie et solide vous substituez son masque, et que vous semblez formuler ce précepte : Mépriser l'infaillible témoignage de la conscience, obéir aux erreurs de l'opinion.

La même observation peut s'appliquer aux autres vertus ; vous les élevez toutes sur la volupté : c'est les fonder en l'air. Comment, d'après cette doctrine, pourrions-nous reconnaître dans l'illustre Torquatus un vrai courage? C'est un plaisir pour moi (bien que, par là, dites-vous, je ne puisse vous séduire), oui, c'est un plaisir de citer votre famille et votre nom. J'ai toujours devant les yeux A. Torquatus, cet homme vertueux qui

---

gentes, aut tueri, aut retinere virtutem. Nam nec vir bonus ac justus haberi debet, qui, ne malum habeat, abstinet se ab injuria. Nosti, credo, illud :
> Nemo pius est, qui pietatem.....

Cave quidquam putes esse verius. Nec enim dum metuit, justus est : et certe, si metuere destiterit, non erit. Non metuet autem, sive celare poterit, sive opibus magnis, quidquid fecerit, obtinere ; certeque malet existimari bonus vir, ut non sit, quam esse, ut non putetur. Ita, quod certissimum est, pro vera certaque justitia, simulationem nobis justitiæ tradidis ; præcipitisque quodam modo, ut nostram stabilem conscientiam contemnamus, aliorum errantem opinionem aucupemur.

Quæ dici eadem de cæteris virtutibus possunt, quarum omnium fundamenta vos in voluptate, tanquam in aqua, penitis. Quid enim? fortemne possumus dicere eumdem illum Torquatum? Delector enim, quanquam te non possum, ut ais, corrumpere ; delector, inquam, et familia vestra, et nomine. Et hercule mihi vir optimus, nostrique amantissimus, A. Torquatus versatur

m'honora de son amitié. Vous savez sans doute, comme tout le monde quels éclatants témoignages je reçus de son attachement. Ils devraient pourtant m'être moins chers, si je croyais cet attachement inspiré par son intérêt, et non par le mien, à moins que vous ne conveniez que l'intérêt de chaque homme consiste à bien faire. Si vous le dites, j'ai gagné ; car, dans cette discussion, mon seul but est de prouver que le bien qu'on fait est à lui-même sa récompense. Mais ce n'est pas là ce que veut votre sage ; il veut tirer de la volupté de tout, comme un salaire exigé. Je reviens à l'ancien Torquatus. Est-ce dans la vue de la volupté qu'il combattit contre le Gaulois, auprès du Téveron ? en lui arrachant ce collier auquel il dut son surnom, se proposait-il autre chose que de se conduire en homme de cœur ? dès lors il cesserait de l'être à mes yeux. Ah! si l'honneur, la modestie, la chasteté, en un mot la tempérance, ne se maintiennent que par la crainte de la punition ou de l'infamie ; si leur propre sainteté n'est pas la garantie de leur durée, est-il un adultère, une débauche si honteuse à laquelle on ne s'abandonnera pas, dès qu'on aura pour soi le secret, l'impunité, la pleine licence ?

Mais voici quelque chose de plus grave, Torquatus, et vous en jugerez. Avec votre nom, vos talents, votre gloire, vous n'oseriez pas avouer à la face des hommes les principes de vos actions et

---

ante oculos, cujus quantum studium et quam insigne fuerit erga me temporibus illis, quæ nota sunt omnibus, scire necesse est utrumque vestrum. Quæ mihi ipsi, qui volo et esse, et haberi gratus, grata non essent, nisi eum perspicerem mea causa mihi amicum fuisse, non sua : nisi hoc dicis, sua, quod interest omnium recte facere. Si id dicis, vicimus. Id enim volumus, id contendimus, ut officii fructus sit ipsum officium. Hoc ille tuus non vult, omnibusque ex rebus voluptatem, quasi mercedem, exigit. Sed ad illum redeo. Si voluptatis causa cum Gallo apud Anienem depugnavit provocatus, et ex ejus spoliis sibi et torquem, et cognomen induit, ullam aliam ob causam, nisi quod ei talia facta digna viro videbantur ; fortem non puto. Jam si pudor, si modestia, si pudicitia, si, uno verbo, temperantia, pœnæ aut infamiæ metu coercebuntur, non sanctitate sua se tuebuntur, quo adulterium, quo stuprum, quo libido non se proripiet ac projiciet, aut occultatione proposita, aut immunitate, aut licentia ?

Quid ? illud, Torquate, quale tandem videtur ? te ista nomine, ingenio, gloria, quæ facis, quæ cogitas, quæ contendis, quo referas, cujus rei causa perfi-

de vos pensées, votre plan, votre but, enfin ce que vous jugez le plus honorable dans la vie. Revêtu d'une magistrature, vous monterez à la tribune : là, il vous faudra exposer d'avance les règles de votre juridiction ; peut-être même, fidèle à un antique usage, direz-vous quelque chose de vos ancêtres et de vous : eh bien, proclamerez-vous alors que, dans toute votre magistrature, vous ne ferez rien que pour l'amour de la volupté ; que la volupté seule a toujours été votre guide? Vous allez me dire : Me croyez-vous assez insensé pour tenir ce langage à l'ignorant vulgaire? J'entends : du moins, parlez ainsi dans le tribunal ; ou, si vous craignez encore cet auditoire, dites-le dans le sénat. Vous n'en ferez rien ; et pourquoi, si ce n'est à cause de la honte inséparable d'un tel langage? Triarius et moi, nous sommes donc seuls dignes de cette basse confidence?

XXIII. Mais soit, c'est le mot de volupté qui manque de noblesse ; peut-être aussi ne le comprenons-nous pas. Parfois, en effet, vous nous reprochez de ne pas discerner nettement ce que vous appelez volupté ; comme si cette idée était si difficile à saisir et si obscure! Lorsque vous parlez d'atomes et d'intermondes, choses de néant, qui ne peuvent exister, je vous comprends ; et la volupté, que les moineaux mêmes connaissent, je ne la comprendrais pas? Il y a plus : je veux vous faire avouer que j'ai la perception non-seulement de la volupté en général,

cere, quæ conaris, velis, quod optimum denique in vita judices, non audere in conventu dicere? Quid enim mereri velis jam, quum magistratum inieris, et in concionem adscenderis (est enim tibi edicendum, quæ sis observaturus in jure dicendo : et fortasse etiam, si tibi erit visum, aliquid de majoribus tuis, et de te ipso dices, more majorum), quid mercaris igitur, ut te dicas in eo magistratu omnia voluptatis causa facturum esse, teque nihil fecisse in vita nisi voluptatis causa? An me, inquis, tam amentem putas, ut apud imperitos isto modo loquar? An tu eadem ista dic in judicio, aut, si coronam times, dic in senatu. Nunquam facies. Cur, nisi quod turpis est oratio? Mene ergo, et Triarium, dignos existimas, apud quos turpiter loquare?

XXIII. Verum, esto. Verbum ipsum voluptatis non habet dignitatem, nec nos fortasse intelligimus. Hoc enim identidem dicitis, non intelligere nos, voluptatem quam dicatis. Rem videlicet difficilem et obscuram. Individua quum dicitis, et intermundia, quæ nec sunt ulla, nec possunt esse, intelligimus : voluptas, quæ passeribus nota est omnibus, a nobis intelligi non potest? Quid, si efficio, ut fateare, me non modo, quid sit voluptas, scire (est

qui est une impression agréable des sens, mais encore de ce que votre école entend par la volupté. J'entends par là et celle que vous appelez *volupté en mouvement*, dont les modifications sont diverses, et celle qui s'élève au plus haut degré, que vous placez dans l'absence de la douleur, et que vous nommez *volupté stable*. Admettons qu'il s'agisse de cette dernière. Où est l'assemblée au sein de laquelle vous oseriez dire que toutes vos actions n'ont d'autre but que d'écarter la douleur ? Si ce langage vous paraît trop peu honorable, dites que, dans toute votre magistrature, dans toute votre vie, vous ne ferez rien que pour votre propre utilité, rien qui ne tourne à votre avantage, rien enfin que pour l'amour de vous-même. N'entendez-vous pas d'ici les clameurs de l'assemblée ? Ne voyez-vous pas s'évanouir toutes vos espérances pour le consulat qui vous attend ? Quoi! vous suivrez dans le secret de votre cœur, vous dévoilerez à vos amis des principes que vous rougiriez de professer en public! En compensation, vous avez toujours à la bouche, comme les péripatéticiens et les stoïciens, les mots de *devoir*, d'*équité*, de *noblesse d'âme*, de *droiture*, d'*honneur* ; vous promettez une conduite « digne de l'empire, digne du peuple romain ; pour la république, braver tous les périls ; mourir pour la patrie : » voilà votre langage aux tribunaux, dans le sénat : nous sommes ébahis, stupides admirateurs, et vous en riez en vous-même : car, parmi tous ces

---

enim jucundus motus in sensu), sed etiam, quid eam tu velis esse? Tum enim eam ipsam vis, quam modo ego dixi ; et nomen imponis, in motu ut sit, et faciat aliquam varietatem ? tum aliam quamdam summam voluptatem, cui addi nihil possit ; eam tum adesse, quum dolor omnis absit, eamque stabilem appellas. Sit sane ista voluptas. Dic in quovis conventu, te omnia facere, ne doleas. Si ne hoc quidem satis ample, satis honeste dici putas ; dic te omnia et in isto magistratu, et in omni vita, utilitatis tuæ causa facturum, nihil nisi quod expediat, nihil denique nisi tua causa : quem clamorem concionis, aut quam spem consulatus ejus, qui tibi paratissimus est, futuram putes? Eamne rationem sequare, qua tecum ipse, et cum tuis utare, profiteri autem, et in medium proferre non audeas? At vero illa, quæ peripatetici, quæ stoici dicunt, semper tibi in ore sunt. In judiciis, in senatu, « officium, æquitatem, fidem, recta, honesta, digna imperio, digna populo Romano, omnia pericula pro republica, mori pro patria : » hæc quum loqueris, nos barones stupemus ; tu videlicet tecum ipse rides. Nam inter ista tam magnifica verba, tamque

mots si nobles, si pompeux, vous ne laissez pas une place pour celui de volupté ; vous ne semblez admettre ni cette volupté que vous appelez *en mouvement*, et que toute la ville, toute la campagne, tout ce qui parle notre langue, appelle volupté aussi bien que vous, ni celle qui est *stable*, et que personne, avant vous, ne s'était avisé de nommer volupté.

XXIV. Songez-y, vous ne devez pas parler comme nous, et penser à votre manière. Vous mentiriez à vous-même si vous composiez votre visage, votre démarche, pour paraître plus grave ; et vous composerez votre langage au point de dire ce que vous ne pensez pas ! vous changerez de sentiments comme d'habits, portant ceux-ci chez vous, étalant ceux-là au forum ! sur votre front on lira le mensonge, et vous renfermerez au dedans de vous la vérité ! Soyez-en juge : cela est-il bien ? A mon sens, il n'y a d'opinions vraies que celles qui sont honorables, louables, glorieuses, qu'on peut avouer dans le sénat, devant le peuple, en toutes sortes d'assemblées ; par là un homme n'est pas exposé à penser sans honte ce qu'il a honte de dire.

Mais l'amitié, où trouvera-t-elle une place ! Peut-on être ami d'un autre sans l'aimer pour lui-même ? Aimer, d'où nous est venu le mot d'amitié, est-ce autre chose que de vouloir combler quelqu'un de biens, lors même que rien ne nous en reviendrait ? Ce sera encore chose utile pour moi, direz-vous, de sentir cette

præclara, non habet ullum voluptas locum, non modo illa, quam in motu esse dicitis, quam omnes urbani, rustici, omnes, inquam, qui latine loquuntur, voluptatem vocant ; sed ne hæc quidem stabilis, quam, præter vos, nemo appellat voluptatem.

XXIV. Vide, ne non debeas verbis nostris uti, sententiis tuis. Quod si vultum tibi, si incessum fingeres, quo gravior viderere, non esses tui similis : verba tu fingas, et ea dicas, quæ non sentias, aut etiam, ut vestitum, sic sententiam habeas aliam domesticam, aliam forensem, ut in fronte ostentatio sit, intus veritas occultetur ? Vide, quæso, rectumne sit. Mihi quidem eæ veræ videntur opiniones, quæ honestæ, quæ laudabiles, quæ gloriosæ, quæ in senatu, quæ apud populum, quæ in omni cœtu concilioque proferendæ sint : ne id non pudeat sentire, quod pudeat dicere.

Amicitiæ vero locus ubi esse potest, aut quis amicus esse cuiquam, quem non ipsum amet propter ipsum ? Quid autem est amare, e quo nomen ductum amicitiæ est, nisi velle bonis aliquem affici quam maximis, etiamsi ad se ex iis nihil redeat ? Et quidem prodest, inquis, mihi eo esse animo. Immo vider

amitié-là. Non ; mais votre avantage consisterait à la faire paraître. L'éprouver est impossible, à moins que vous n'aimiez réellement. Or, comment pourrez-vous aimer, si ce n'est pas l'amitié même qui est entrée dans votre cœur? Loin d'elle tout principe intéressé ; elle n'a sa source qu'en elle-même. Mais, dites-vous, c'est à l'utilité que je m'attache. Eh bien, votre amitié subsistera tant que l'intérêt marchera à sa suite. L'utilité a formé ses nœuds : qu'elle disparaisse, ils vont se rompre. Que ferez-vous, si l'amitié vous devient inutile? La rejetterez-vous? quelle amitié! Continuerez-vous à aimer? quelle inconséquence! Vous le savez, vous avez soutenu que l'amitié n'est désirable que pour notre intérêt propre. Mais je m'exposerais à la haine en abandonnant mon ami. Pourquoi, si ce n'est parce que la chose est d'elle-même honteuse? Si, dans la crainte de quelque désavantage, vous conservez votre ami, pour vous dégager de liens inutiles, vous désirerez sa mort. Je vais plus loin : votre fortune doit souffrir de votre affection pour lui ; il faut vous donner de grandes peines, exposer votre vie : vos regards ne se porteront-ils pas alors sur vous-même? Ne songerez-vous pas que chacun est né pour soi et pour son plaisir? Vous donnerez-vous en otage à un tyran pour votre ami, comme fit ce pythagoricien auprès du tyran de Sicile? Nouveau Pylade, direz-vous que vous êtes Oreste, afin de mourir à sa place? Nouvel Oreste, démen-

---

fortasse. Esse enim, nisi eris, non potes. Qui autem esse poteris, nisi te amor ipse ceperit? quod non subducta utilitatis ratione effici solet, sed ipsum a se oritur, et sua sponte nascitur. At enim sequor utilitatem. Manebit ergo amicitia tam diu, quam diu sequetur utilitas, et, si utilitas amicitiam constituet, tollet eadem. Sed quid ages tandem, si utilitas ab amicitia (ut fit sæpe) defecerit? Relinquesne? quæ ista amicitia est? Retinebis? qui convenit? Quid enim de amicitia statueris, utilitatis causa expetenda, vides. Ne in odium veniam, si amicum destitero tueri. Primum cur ista res digna odio est, nisi quod est turpis? Quod si, ne quo incommodo afficiare, non relinques amicum, tamen, ne sine fructu alligatus sis, ut moriatur, optabis. Quod si non modo utilitatem tibi nullam afferet, sed jacturæ rei familiaris erunt faciundæ, labores suscipiendi, adeundum vitæ periculum : ne tum quidem te respicies, et cogitabis sibi quemque natum esse, et suis voluptatibus? Vadem te ad mortem tyranno dabis pro amico, ut pythagoreus ille fecit siculo tyranno? aut Pylades quum sis, dices te esse Orestem, ut moriare pro amico? aut si esses

tirez-vous Pylade, et vous nommerez-vous? et, si vous n'y pouvez réussir, solliciterez-vous la faveur de périr avec lui?

XXV. Sans doute, Torquatus, vous feriez tout cela : car il n'est, je crois, rien de louable dont la crainte de la douleur ou de la mort puisse vous détourner. Mais ce que je cherche ici, c'est la conduite conforme à vos principes, et non à votre grand caractère. L'opinion que vous soutenez, les préceptes que vous avez appris, que vous approuvez, anéantissent l'amitié, bien qu'Épicure l'élève jusqu'aux cieux. Mais lui-même, dites-vous, a été fidèle dans ses amitiés. Qui lui refuse le titre d'homme de bien, plein de douceur et d'humanité? Ce n'est pas sur ses mœurs que nous discutons, c'est sur sa doctrine. Laissons aux Grecs le travers d'accabler d'injures ceux dont ils ne partagent pas le sentiment. Mais, s'il est certain qu'Épicure ait été ami constant, ce que je n'affirme pas, il ne s'en est pas moins trompé. Il n'a cependant pas manqué d'approbateurs. Avec raison peut-être ; mais le témoignage de la multitude n'est pas d'un grand poids : dans quel art, en effet, dans quel genre d'étude, dans quelle science, comme dans la vertu même, n'est-il pas rare d'exceller? Épicure a été homme de bien; il y a toujours eu, il y a encore beaucoup d'épicuriens fermes dans leurs amitiés, graves et constants dans toute leur conduite, et se réglant, non

---

Orestes, Pyladem refelleres, te indicares? et, si id non probares, quo minus ambo una necaremini, non precarere.

XXV. Faceres tu quidem, Torquate, hæc omnia. Nihil enim arbitror magna laude dignum, quod te prætermissurum credam aut mortis, aut doloris metu. Non quæritur autem, quid naturæ tuæ consentaneum sit ; sed quid disciplinæ. Ratio ista, quam defendis, præcepta, quæ didicisti, quæ probas, funditus evertunt amicitiam : quamvis eam Epicurus, ut facit, in cœlum efferat laudibus. At coluit ipse amicitias. Quasi quis illum neget et bonum virum, et comem, et humanum fuisse. De ingenio ejus in his disputationibus, non de moribus quæritur. Sit ista in Græcorum levitate perversitas, qui maledictis insectantur eos, a quibus de veritate dissentiunt. Sed quamvis comis in amicitiis tuendis fuerit, tamen, si hæc vera sunt (nihil enim affirmo), non satis acutus fuit. At multis se probavit. Et quidem jure fortasse ; sed tamen non gravissimum est testimonium multitudinis. In omni enim arte, vel studio, vel quavis scientia, ut in ipsa virtute, optimum quidque rarissimum. Ac mihi quidem, quod et ipse bonus vir fuit, et multi epicurei fuerunt, et hodie sunt et in amicitiis fideles, et in omni vita constantes, et graves, nec voluptate, sed

sur la volupté, mais sur le devoir : eh bien, c'est pour moi une nouvelle preuve de l'ascendant de la vertu et de l'impuissance de la volupté. En effet, il est des hommes dont l'opinion est réfutée par leur vie. Assez d'autres passent pour dire mieux qu'ils ne font ; ceux-ci, à mes yeux, font mieux qu'ils ne disent.

XXVI. Mais tout cela ne touche point à la question. Examinons ce que vous avez dit sur l'amitié. Il m'a semblé n'y reconnaître qu'une maxime d'Épicure : que l'amitié est inséparable de la volupté, et qu'elle doit être cultivée, parce qu'en elle seule on trouve sûreté, sécurité, plaisir. J'y ai suffisamment répondu. Vous avez avancé ensuite une proposition plus honorable, qui jamais, que je sache, ne fut professée par Épicure ; vous avez dit : d'abord c'est pour son propre intérêt qu'on se fait des amis ; puis, l'amitié une fois affermie par l'habitude, c'est pour eux qu'on les aime, sans aucun retour sur la volupté. Que d'objections pourraient s'élever ici ! Mais non, je prends ce qu'on me donne. Si c'est trop peu pour les épicuriens, c'est assez pour moi. Les voilà donc qui avouent qu'on peut faire bien sans l'attente, sans la recherche du plaisir.

De plus, d'après vos allégations, d'autres, parmi vous, disent que les gens sages s'obligent, par une espèce de traité, à reporter sur leurs amis les mêmes sentiments dont ils sont animés

---

officio consilia moderantes, hoc videtur major vis honestatis, et minor voluptatis. Ita enim vivunt quidam, ut eorum vita refellatur oratio. Atque ut cæteri existimantur dicere melius, quam facere : sic hi mihi videntur facere melius, quam dicere.

XXVI. Sed hæc nihil sane ad rem. Illa videamus, quæ a te de amicitia dicta sunt. E quibus unum mihi videbar ab ipso Epicuro dictum cognoscere : amicitiam a voluptate non posse divelli, ob eamque rem colendam esse, quod sine ea tuto, et sine metu vivi non posset, nec jucunde quidem posset. Satis est ad hoc responsum. Attulisti aliud humanius horum recentiorum, nunquam dictum ab ipso illo, quod sciam : primo utilitatis causa amicum expeti ; quum autem usus accessisset, tum ipsum amari propter se, etiam omissa spe voluptatis. Hoc etsi multis modis reprehendi potest, tamen accipio quod dant. Mihi enim satis est, ipsis non satis. Nam aliquando posse recte fieri dicunt, nulla exspectata, nec quæsita voluptate.

Posuisti etiam, dicere alios, fœdus quoddam inter se facere sapientes, et quemadmodum sint in se ipsos animati, eodem modo sint erga amicos ; id et

pour eux-mêmes ; que cela est possible, que cela se fait souvent, et que rien n'est plus propre à la volupté. S'ils ont pu faire un pareil traité, qu'ils jurent donc aussi d'aimer, sans nul intérêt, et pour elles-mêmes, la justice, la tempérance, toutes les vertus. Si notre amitié n'a pour fondement que l'utilité matérielle qui en revient ; si elle n'a pas en elle-même sa source, sa force, son principe, son attrait, est-il douteux que nous ne préférions nos terres, nos domaines, à nos amis? Rappelez encore ici, vous le pouvez, les belles louanges qu'Épicure adresse à l'amitié. Je ne cherche pas ce qu'il dit, mais ce que son système lui permet de dire.

C'est par intérêt qu'on se fait des amis! Croyez-vous donc que Triarius puisse vous être plus utile que vos greniers de Pouzzoles? Ramassez tous vos arguments rebattus. Des amis nous protégent! mais n'êtes-vous pas assez protégé par vous-même, par les lois, par vos liaisons? Le mépris ne saurait vous atteindre. Pour la haine et l'envie, vous y échapperez facilement : Épicure donne là-dessus des préceptes. Mais vous qui faites un si noble usage de vos grands biens, vous n'avez pas besoin, pour votre défense, de cette amitié de Pylade ; la bienveillance publique sera votre rempart. Mais ne faut-il pas, direz-vous, quelque con-

fieri posse, et sæpe esse actum, et ad voluptates percipiendas maxime pertinere. Hoc fœdus facere, si potuerunt, faciunt etiam illud, ut æquitatem, modestiam, virtutes omnes per se ipsas gratis diligant. At vero si fructibus, et emolumentis, et utilitatibus amicitias colemus, si nulla caritas erit, quæ faciat amicitiam ipsam sua sponte, vi sua, ex se, et propter se expetendam, dubium est, quin fundos et insulas amicis anteponamus? Licet hic rursus ea commemores, quæ optimis verbis ab Epicuro de laudibus amicitiæ dicta sunt. Non quæro, quid dicat, sed quid convenienter possit rationi et sententiæ suæ dicere.

Utilitatis causa amicitia est quæsita. Num igitur utiliorem tibi hunc **Triarium** putas esse posse, quam tua sint Puteolis granaria? Collige omnia, quæ soletis. Præsidium amicorum. Satis est tibi in te, satis in legibus, satis et in mediocribus amicitiis præsidii. Jam contemni non poteris. Odium autem et invidiam facile vitabis : ad eas enim res ab Epicuro præcepta dantur. Et tamen, tantis vectigalibus ad liberalitatem utens, etiam sine hac Pyladea amicitia, multorum te benivolentia præclare et tuebere, et munies. At quicum joca, seria, ut dicitur, quicum arcana, quicum occulta omnia? Tecum optime ;

fident de toutes nos idées gaies ou tristes, en un mot de tous nos secrets? Confiez-les à vous-même, ou bien à un ami ordinaire. Supposons néanmoins que tout cela soit utile : quelle comparaison à faire, pour l'utilité, avec cette immense fortune? Ainsi, vous le voyez : si vous fondez l'amitié sur l'amitié même, il n'est rien de plus excellent; mais, si vous lui donnez l'intérêt pour base, les revenus de vos domaines l'emporteront sur les liaisons les plus intimes. Je veux que vous aimiez ma personne, et non ce que vous espérez de moi, pour que nous devenions véritablement amis.

XXVII. Mais c'est trop s'attacher à démontrer l'évidence. Après avoir prouvé que la vertu et l'amitié sont impossibles, si l'on rapporte tout à la volupté, il ne reste pas grand'chose à dire. Toutefois pour que chaque objection ait sa réponse, examinons aussi en peu de mots le reste de votre discours.

Puisque le but de la philosophie est le bonheur, et que le bonheur seul porte les hommes à cette étude; puisque, tandis que d'autres placent ce bonheur dans un autre objet, vous le faites consister dans la volupté, comme tout malheur est pour vous dans la douleur, examinons d'abord ce que vous entendez par vivre heureusement. Vous m'accorderez, je pense, que si le bonheur n'est pas une chimère, il doit dépendre entièrement du sage. Un bonheur qu'on pourrait perdre ne serait pas le vrai

---

deinde etiam cum mediocri amico. Sed fac ista esse non opportuna : quid ad utilitatem tantæ pecuniæ? Vides igitur, si amicitiam sua caritate metiare, nihil esse præstantius; sin emolumento, summas familiaritates prædiorum fructuosorum merce de superari. Me igitur ipsum ames oportet, non mea, si veri amici futuri sumus.

XXVII. Sed in rebus apertissimis, nimium longi sumus : perfecto enim et concluso, neque virtutibus, neque amicitiis usquam locum esse, si ad voluptatem omnia referantur; nihil præterea magnopere dicendum. Attamen, ne cui loco non videatur esse responsum, pauca etiam nunc dicam ad reliquam orationem tuam.

Quoniam igitur omnis summa philosophiæ ad beate vivendum refertur, idque unum expetentes homines se ad hoc studium contulerunt, beate autem vivere alii in alio, vos in voluptate ponitis; item contra, omnem infelicitatem in dolore, id primum videamus, beate vivere vestrum quale sit. Atque hoc dabitis, ut opinor, si modo sit aliquid, esse beatum, id oportere totum poni in potestate sapientis. Nam, si amitti vita beata potest, beata esse non potest.

bonheur. Or, on ne peut pas espérer de jouir toujours d'un bonheur périssable et fragile, ni se défier toujours de la perpétuité de son bonheur, sans songer qu'on deviendrait malheureux en le perdant. Comme le bonheur et les alarmes sont incompatibles, comme une vie heureuse ne fut jamais celle dont une partie seulement a éprouvé le bonheur; comme celui qui appréhende le malheur ne peut jamais être entièrement heureux, il en résulte que, placer le bonheur dans la volupté, c'est le rendre impossible. Mais lorsque, par la sagesse, on s'est rendu la vie heureuse, elle est aussi stable que la sagesse même dont elle est l'ouvrage; et alors il n'est plus nécessaire d'attendre la fin de la vie pour prononcer sur le bonheur, comme, dans Hérodote, Solon l'enseigne à Crésus.

Vous disiez : Épicure prétend que la longueur du temps n'importe pas au bonheur, et qu'une volupté de quelques instants n'est pas moindre en elle-même que celle qui dure toujours. Étrange contradiction ! Il met le bien suprême dans la volupté, et il refuse à la volupté une intensité plus grande dans un temps infini que dans un intervalle borné. Pour celui qui voit dans la vertu le souverain bien, il est fondé à dire que la perfection du bonheur n'est autre que la perfection de la vertu, et qu'ainsi le temps n'ajoute rien au premier des biens. Mais celui qui rap-

Quis enim confidit semper sibi illud stabile et firmum permansurum, quod fragile et caducum sit? qui autem diffidet perpetuitati bonorum suorum, timeat necesse est, ne aliquando, amissis illis, sit miser. Beatus autem esse in maximarum rerum timore nemo potest. Nemo igitur esse beatus potest. Neque enim in aliqua parte, sed in perpetuitate temporis vita beata dici solet; neque appellatur omnino vita beata, nisi confecta, atque absoluta; nec potest quisquam alias beatus esse, alias miser. Qui enim existimabit posse se miserum esse, beatus non erit. Nam quum semel est suscepta beata vita, tam permanet, quam ipsa illa effectrix beatæ vitæ sapientia; neque exspectat ultimum tempus ætatis : quod Crœso scribit Herodotus præceptum a Solone.

At enim, quemadmodum tute dicebas, negat Epicurus diuturnitatem quidem temporis ad beate vivendum aliquid afferre, nec minorem voluptatem percipi in brevitate temporis, quam si illa sit sempiterna. Hæc dicuntur inconstantissime. Quum enim summum bonum in voluptate ponat, negat infinito tempore ætatis voluptatem fieri majorem, quam finito atque modico. Qui bonum omne in virtute ponit, is potest dicere, perfici beatam vitam perfectione virtutis : negat enim summo bono afferre incrementum diem. Qui autem

porte le bonheur à la volupté ne peut, sans être inconséquent, avancer la même chose. La durée n'ajoutant rien, selon lui, à la volupté, ne rendra pas non plus la douleur plus vive; et si la douleur s'augmente par la durée, il faut nécessairement qu'il en soit de même pour la volupté, et qu'elle devienne par là plus désirable. Pourquoi donc Épicure appelle-t-il toujours le Dieu suprême bienheureux, éternel? L'effet de l'éternité mis à part, Jupiter n'est en rien plus heureux qu'Épicure : tous deux, en effet, jouissent du même souverain bien, qui est la volupté. Mais Épicure est sujet à la douleur. La douleur! elle n'est rien pour lui. N'a-t-il pas dit que, quand même on le brûlerait, il s'écrierait : « Quelles délices! » En quoi donc Dieu l'emporte-t-il sur lui, si l'éternité ne lui donne pas l'avantage? Et que peut-il y avoir de meilleur dans toute l'éternité, que de savourer une volupté sans fin? Mais à quoi bon toute cette pompe de langage, quand on se dément soi-même? Le bonheur, dites-vous, réside dans la volupté corporelle; j'ajouterai, et même dans celle de l'esprit, pourvu que celle-ci, comme vous le prétendez, dépende de l'autre. Eh bien, cette volupté, qui pourra l'assurer pour toujours au sage? Les choses qui donnent de la volupté ne dépendent pas de lui, dès que vous ne placez pas le bonheur dans la sagesse, mais dans les biens que, selon vous, la sagesse doit acquérir pour la volupté. Or ces biens, étrangers à la sagesse,

voluptate vitam effici beatam putabit, qui sibi is conveniet, si negabit voluptatem crescere longinquitate? Igitur ne dolorem quidem. An dolor longissimus quisque miserrimus; voluptatem non optabiliorem diuturnitas facit? Quid est igitur, cur ita semper Deum appellet Epicurus beatum et æternum? Dempta enim æternitate nihilo beatior Jupiter, quam Epicurus : uterque enim summo bono fruitur, id est voluptate. At enim hic etiam dolore. At eum nihil facit : ait enim se, si uratur, « quam hoc suave! » dicturum. Qua igitur re a Deo vincitur, si æternitate non vincitur? In quo quid est boni præter summam voluptatem, et eam sempiternam? Quid ergo attinet gloriose loqui, nisi constanter loquare? In voluptate corporis (addam, si vis, animi, dum ea ipsa, ut vultis, sit quod et in corpore) situm est vivere beate. Quid? istam voluptatem perpetuam quis potest præstare sapienti? Nam quibus rebus efficiuntur voluptates, hæ non sunt in potestate sapientis; non enim in ipsa sapientia positum est beatum esse, sed in iis rebus, quas sapientia comparat ad voluptatem : totum

sont le jouet du hasard. Alors c'est la fortune qui règle souverainement le bonheur ; et cependant Épicure a dit « que la fortune n'est rien pour le sage. »

XXVIII. C'est peu de chose que tout cela, direz-vous. « Le sage est assez riche des biens de la nature ; » Épicure nous enseigne que ces biens sont toujours sous notre main. Cela est vrai, et je ne repousse pas cette opinion ; mais ici je relève encore une contradiction. Se nourrir des choses les plus viles, dit Épicure, ne boire que de l'eau, ou jouir de tout le luxe de la table, peu importe pour le degré de volupté. S'il avançait que, pour vivre heureusement, il ne faut pas rechercher de quoi l'on vit, je me rangerais à son avis, je lui applaudirais même, car il serait dans le vrai. Que Socrate, foulant aux pieds la volupté, dise que le boire et le manger n'ont pas de meilleur assaisonnement que la soif et la faim, je l'écoute ; mais je n'écoute pas un homme qui, rapportant tout à la volupté, parle comme Pison Frugi, et vit comme Gallonius ; car je ne puis voir dans son langage l'expression de sa pensée. Il dit que les biens naturels sont à notre portée, parce que la nature se contente de peu. Sans doute, si la volupté n'était pas votre trésor. Lorsque Épicure dit ensuite « que les plus vils aliments sont aussi agréables que les plus exquis, » il manque à la fois de goût et de jugement.

---

autem id externum ; et quod externum, id in casu est. Ita fit beatæ vitæ domina fortuna : quam Epicurus ait « exiguam intervenire sapienti. »

XXVIII. Age, inquies : ista parva sunt. « Sapientem locupletat ipsa natura ; » cujus divitias Epicurus parabiles esse docuit. Hæc bene dicuntur ; ne ego repugno : sed inter sese ipsa pugnant. Negat enim, tenuissimo victu, id est contemptissimis escis et potionibus, minorem voluptatem percipi, quam rebus exquisitissimis ad epulandum. Huic ego, si negaret quidquam interesse ad beate vivendum, quali uteretur victu concederem ; laudarem etiam : verum enim diceret ; idque Socratem, qui voluptatem nullo loco numerat, audio dicentem, cibi condimentum esse famem, potionis sitim. Sed, qui ad voluptatem omnia referens, vivit ut Gallonius, loquitur ut Frugi ille Piso, non audio. Nec enim eum, quod sentiat, dicere existimo. Naturales divitias dixit parabiles esse, quod parvo esset natura contenta. Certe, nisi voluptatem tanti æstimaretis. « Non minor, inquit, voluptas percipitur ex vilissimis rebus, quam ex pretiosissimis. » Hoc est non modo cor non habere, sed ne palatum quidem.

Aux contempteurs de la volupté, je permets de dire qu'ils ne préfèrent pas un esturgeon à un hareng; mais un homme pour qui la volupté est le premier des biens doit se prononcer, non d'après la raison, mais d'après les sens, et il doit regarder comme meilleur ce qui les flatte le plus.

Mais j'accorde que les grandes voluptés soient à bon marché, pour rien même, s'il est possible; je veux que le cresson, nourriture des anciens Perses, selon Xénophon, soit aussi savoureux que les mets de Syracuse, si fortement blâmés par Platon; je veux enfin que la volupté soit d'une acquisition aussi facile qu'il vous plaira : que dirons-nous de la douleur, dont les tourments sont si cruels que, si elle est le plus grand des maux, il est impossible que la vie, dans les souffrances extrêmes, soit heureuse? Métrodore, cet autre Épicure, a écrit : « Celui-là est heureux qui joint à une bonne constitution la certitude qu'elle ne s'altérera pas. » Mais qui peut s'assurer d'être en santé jusqu'à la fin, je ne dis pas d'une année, mais d'un jour? On craindra donc toujours le plus grand des maux, la douleur, même absente; car elle peut survenir. Or, dans la vie heureuse, est-il une place pour la crainte d'un mal extrême?

Épicure, dit Métrodore, a donné le secret de ne pas se soucier de la douleur. D'abord le mépris d'un très-grand mal est une

---

Qui enim voluptatem ipsam contemnunt, iis licet dicere, se acipenserem menæ non anteponere. Cui vero in voluptate summum bonum est, huic omnia sensu, non ratione sunt judicanda, eaque dicenda optima, quæ sunt suavissima.

Verum, esto : consequatur summas voluptates, non modo parvo, sed per me nihilo, si potest; sit voluptas non minor in nasturtio illo, quo vesci Persas esse solitos scribit Xenophon, quam in Syracusanis mensis, quæ a Platone graviter vituperantur; sit, inquam, tam facilis, quam vultis voluptatis comparatio : quid de dolore dicemus? cujus tanta tormenta sunt, ut in his beata vita, si modo dolor summum malum est, esse non possit. Ipse enim Metrodorus, pæne alter Epicurus, beatum esse describit his fere verbis : « Quum corpus bene constitutum sit, et sit exploratum, ita futurum. » An id exploratum cuiquam potest esse, quo modo esse habiturum sit corpus non dico ad annum, sed ad vesperam? Dolor igitur, id est summum malum, metuetur semper, etiamsi non aderit : jam enim adesse poterit. Qui potest igitur habitare in beata vita summi mali metus?

Traditur, inquit, ab Epicuro ratio negligendi doloris. Jam ipsum absurdum

absurdité. Mais quelle est donc cette merveilleuse recette? « Une très-grande douleur est de courte durée. » Premièrement, qu'entendez-vous par courte durée? et ensuite, par une très-grande douleur? Quoi! une douleur semblable ne peut pas durer plusieurs jours! Prenez garde qu'elle ne soit persévérante pendant plusieurs mois, à moins que vous n'entendiez parler d'une douleur dont le premier accès nous emporte. Mais qui craint une pareille douleur? Ah! calmez plutôt celle dont j'ai vu tourmenté Cn. Octavius, mon ami, fils de Marcus, le meilleur et le plus aimable des hommes. Ses souffrances ne furent pas d'une seule fois, d'un seul jour, moins aiguës et prolongées. A quelles tortures il était en proie, grands dieux! lorsqu'un feu dévorant semblait avoir pénétré dans tout son corps! Mais la douleur n'est pas le souverain mal : aussi Octavius n'était pas malheureux, il était souffrant. Le malheur eût été de vivre au sein des voluptés, dans le vice et l'infamie.

XXIX. Ainsi, dites-vous qu'une grande douleur est courte, et que de longues souffrances sont légères? je ne vous comprends pas; car j'ai vu souffrir vivement et longuement. Il existe un calmant qui rend la douleur plus tolérable que ne font tous vos remèdes ; mais son usage vous est interdit, à vous qui n'aimez point la vertu pour elle-même. Ce sont les préceptes, j'ai presque dit les lois que la force d'âme dicte aux hommes pour les

---

maximum malum negligi. Sed quæ tandem ista ratio est? « Maximus dolor, inquit, brevis est. » Primum quid tu dicis, breve? deinde dolorem quem maximum? Quid enim? summus dolor plures dies manere non potest? vide ne etiam menses. Nisi forte eum dicis, qui simul atque arripuit, interfuit. Quis istum dolorem timet? illum mallem levares, quo optimum atque humanissimum, Cn. Octavium, M. filium, familiarem meum, confici vidi; nec vero semel, nec ad breve tempus, sed et sæpe plane, et diu. Quos ille, dii immortales! quum omnes artus ardere viderentur, cruciatus perferebat? Nec tamen miser esse, quia summum id malum non erat, tantummodo laboriosus videbatur. At miser, si in vitiosa et flagitiosa vita afflueret voluptatibus.

XXIX. Quod autem magnum dolorem brevem, longinquum levem esse dicitis, id non intelligo, quale sit. Video enim et magnos, et eosdem bene longinquos dolores : quorum alia toleratio est verior ; qua uti vos non potestis, qui honestatem ipsam per se non amatis. Fortitudinis quædam præcepta sunt, ac pæne leges, quæ effeminari virum vetant in dolore. Quamobrem turpe putan-

empêcher d'être amollis par la douleur. Elles nous apprennent combien il est honteux, non pas de se plaindre, soulagement parfois nécessaire, mais de fatiguer de nos cris, comme Philoctète, les rochers de Lemnos :

> Ses plaintes, ses sanglots, ses longs gémissements
> Répandent dans les airs l'horreur de ses tourments.

Qu'Épicure se mette à sa place, s'il peut,

> Lorsque, livrant son corps aux plus cuisantes peines,
> Le noir venin de l'hydre a passé dans ses veines.

Qu'Épicure soit Philoctète, et se dise : Si la douleur est vive, elle dure peu. Mais dix ans sont déjà écoulés depuis qu'il gémit dans sa caverne. Longue, elle est légère ; elle a ses intervalles, ses moments de relâche. Fort bien ; mais sont-ils fréquents ? Et puis, quel est donc ce misérable soulagement qu'accompagnent et le souvenir récent des douleurs passées, et la crainte déchirante de leur retour prochain ? Qu'il meure, dit-il. Ce serait peut-être le meilleur ; mais que devient ce principe, que le sage éprouve toujours plus de plaisir que de douleur? S'il en est ainsi, n'est-ce pas un attentat que le conseil de mourir? Dites-lui plutôt : Il est indigne d'un homme de plier, de succomber sous le poids de la douleur ; car je ne vois que du verbiage dans

---

dum est, non dico dolere (nam id quidem est interdum necesse), sed saxum illud lemnium clamore Philoctetæo funestare :

> Quod ejulatu, questu, gemitu, fremitibus
> Resonando, multum flebiles voces referi.

Huic Epicurus comparet se, si potest,

> Cui viperino morsu venæ viscerum
> Veneno imbutæ tetros cruciatus cient.

Sit Epicurus Philocteta : si gravis dolor, brevis. At jam decimum annum in spelunca jacet. Si longus, levis ; dat enim intervalla, et relaxat. Primum non sæpe ; deinde quæ est ista relaxatio, quum et præteriti doloris memoria recens est, et futuri atque impendentis torquet timor? Moriatur, inquit. Fortasse id optimum, sed ubi illud, Plus semper voluptatis? Si enim ita est, vide ne facinus facias, quum mori suadeas. Potius ergo illa dicantur, turpe esse viro debilitari dolore, frangi, succumbere. Nam ista vestra, Si gravis brevis; si

ces maximes : Grande, elle dure peu ; longue, elle est légère. Vertu, grandeur d'âme, patience, force, voilà les remèdes de la douleur.

XXX. Sans aller plus loin, écoutez les aveux d'Épicure mourant, et mesurez la différence qui sépare ses actions de ses dogmes. ÉPICURE A HERMARQUE, SALUT. « C'est dans un jour de bonheur, et en même temps au dernier jour de ma vie, que je vous écris cette lettre. J'éprouve des douleurs de vessie et d'entrailles si vives, qu'elles ne peuvent le devenir davantage. » Voilà un homme malheureux, si la douleur est le plus grand des maux. Cela est incontestable. Mais écoutons-le lui-même : « Tout cela est pourtant compensé par cette joie qu'apporte à mon âme le souvenir de mes dogmes et de mes découvertes. Vous, cependant, donnez-moi un noble gage de votre attachement pour moi et pour la philosophie depuis votre jeunesse : ayez soin des enfants de Métrodore. » Non, à une pareille mort, je ne préfère plus ni celle d'Épaminondas, ni celle de Léonidas. Vainqueur des Lacédémoniens à Mantinée, et se sentant mourir d'une grave blessure, le premier il dit en revenant à lui : Mon bouclier est-il sauvé ? — Oui, lui répondirent ses amis en pleurs. — Les ennemis sont-ils en fuite ? — Oui, lui dirent-ils encore ; et, content de cette réponse, il ordonna qu'on arrachât le javelot

---

longus, levis, dictata sunt. Virtutis, magnitudinis animi, patientiæ, fortitudinis fomentis dolor mitigari solet.

XXX. Audi, ne longe abeam, moriens quid dicat Epicurus ; et intellige, facta ejus cum dictis discrepare. EPICURUS HERMARCHO S. « Quum ageremus, inquit, vitæ beatum, et eumdem supremum diem, scribebamus hæc : tanti autem morbi aderant vesicæ et viscerum, ut nihil ad eorum magnitudinem posset accedere. » Ecce miserum hominem, si dolor summum malum est. Dici aliter non potest. Sed audiamus ipsum : « Compensabatur tamen, inquit, cum his omnibus animi lætitia, quam capiebam memoria rationum, inventorumque nostrorum. Sed tu, ut dignum est tua erga me et erga philosophiam voluntate ab adolescentulo suscepta, fac ut Metrodori tueare liberos. » Non ego jam Epaminondæ, non Leonidæ mortem hujus morti antepono : quorum alter quum vicisset Lacedæmonios apud Mantineam, simulque ipse gravi vulnere exanimari se videret ; ut primum dispexit, quæsivit, salvusne esset clypeus ? Quum salvum esse flentes sui respondissent : rogavit, essentne fusi hostes ? Quumque id quoque, ut cupiebat, audivisset, evelli jussit eam, qua erat trans-

dont il était percé, et les flots de sang qui s'échappèrent le firent expirer dans la joie et dans la victoire. Léonidas, roi de Sparte, n'avait que trois cents hommes avec lui pour disputer le passage des Thermopyles à l'armée innombrable des Perses ; il le disputa, et préféra une glorieuse mort à une fuite honteuse. La mort des grands capitaines a quelque chose d'éclatant : d'ordinaire les philosophes meurent dans leur lit. Toutefois Épicure veut couvrir de gloire ses derniers instants. « Mes cruelles douleurs, dit-il, sont compensées par ma joie. » Je reconnais, ô Épicure ! les paroles d'un philosophe ; mais ce que vos opinions vous dictaient, vous l'avez oublié. Si la vérité réside dans ces dogmes dont le souvenir vous donne de la joie ; si la raison se trouve dans vos découvertes, dans vos écrits, vous ne pouvez vous réjouir, puisque rien en vous ne peut plus être rappelé au plaisir du corps, et que vous avez toujours dit que c'est au corps seul qu'on rapporte la joie et la douleur. « J'ai, dit-il, la joie du passé. » De quel passé ? S'il se rapporte au corps, je vois vos douleurs compensées à vos yeux par vos découvertes, et non par le souvenir de vos plaisirs corporels. S'il a rapport à l'esprit, vous êtes en contradiction avec vous-même ; car vous avez toujours nié l'existence d'un plaisir purement spirituel. Mais pourquoi recommandez-vous ensuite les enfants de Métrodore ?

---

fixus, hastam. Ita multo sanguine profuso, in lætitia et in victoria est mortuus. Leonidas autem, rex Lacedæmoniorum, se in Thermopylis, trecentosque eos, quos eduxerat Sparta, quum esset proposita aut fuga turpis, aut gloriosa mors, opposuit hostibus. Præclaræ mortes sunt imperatoriæ : philosophi autem in suis lectulis plerumque moriuntur. Refert tamen, quod sibi videtur esse morienti magna laus : « Compensabatur, inquit, cum summis doloribus lætitia. » Audio equidem philosophi vocem, Epicure ; sed quid tibi dicendum sit, oblitus es. Primum enim, si vera sunt ea, quorum recordatione te gaudere dicis, hoc est si vera sunt tua scripta et inventa, gaudere non potes. Nihil enim jam habes, quod ad corpus referas. Est autem a te semper dictum, nec gaudere quemquam, nisi propter corpus, nec dolere. « Præteritis, inquit, gaudeo. » Quibusnam præteritis ? Si ad corpus pertinentibus, rationes tuas te video compensare cum istis doloribus, non memoriam corpore perceptarum voluptatum. Si autem ad animum ; falsum est, quod negas animi ullum esse gaudium, quod non referatur ad corpus. Cur deinde Metrodori liberos com-

15.

Et, dans cette attention que je trouve si bienveillante et si fidèle, quelle part faites-vous pour le corps?

XXXI. De quelque côté que se tourne votre école, Torquatus, elle ne trouvera rien, dans cette admirable lettre d'Épicure, qui s'accorde avec ses maximes. Loin de là, il s'y réfute lui-même; sa probité, ses mœurs ont triomphé de ses écrits. Le soin qu'il a de recommander de jeunes enfants, le tendre souvenir de l'amitié, l'attention aux devoirs de la vie à l'instant de la mort, sont, chez lui, la preuve d'une probité naturelle et gratuite que n'excitait point la volupté, que l'espoir des récompenses n'avait pas aiguillonnée. Ainsi, pour preuve décisive que le juste et l'honnête sont désirables par eux-mêmes, trouvons-nous un témoignage plus grand que ces soins empressés d'un mourant? Mais si, après avoir traduit la lettre d'Épicure mot à mot, je crois devoir la louer, malgré sa discordance avec la doctrine de ce philosophe; d'un autre côté, son testament est, à mes yeux, non-seulement fort éloigné du grave caractère de l'ami de la sagesse, mais bien différent encore de ses propres dogmes. En effet, il a souvent et longuement écrit, parfois aussi avec précision, dans le livre cité plus haut, « que la mort n'est rien pour nous, parce que ce qui est en dissolution n'a nul sentiment, et que ce qui est dépourvu de sentiment est nul pour nous. » Ici

---

mendas? quid ex isto tuo egregio officio, et tanta fide (sic enim existimo), ad corpus refers?

XXXI. Huc et illuc, Torquate, vos versetis licet : nihil in hac præclara epistola scriptum ab Epicuro congruens et conveniens decretis ejus reperietis. Ita redarguitur ipse a sese, vincunturque scripta ejus probitate ipsius ac moribus. Nam ista commendatio puerorum, memoria et caritas amicitiæ, summorum officiorum in extremo spiritu conservatio, indicat, innatam esse homini probitatem gratuitam, non invitatam voluptatibus, nec præmiorum mercedibus evocatam. Quod enim testimonium majus quærimus, quæ honesta et recta sint, ipsa esse optabilia per sese, quum videamus tanta officia morientis? Sed, ut epistolam laudandam arbitror eam, quam modo totidem fere verbis interpretatus sum (quanquam ea cum summa ejus philosophi nullo modo congruebat) : sic ejus testamentum non solum a philosophi gravitate, sed etiam ab ipsius sententia judico discrepare. Scripsit enim, et multis sæpe verbis, et breviter apteque, in eo libro, quem modo nominavi, « mortem nihil ad nos pertinere : quod enim dissolutum sit, id esse sine sensu ; quod autem sine sensu sit, id ni-

même il pouvait s'exprimer avec plus de grâce et de justesse, car il ne dit pas assez clairement ce qu'il entend par état de dissolution ; toutefois je ne laisse pas de saisir sa pensée. Mais, puisque cette dissolution, c'est-à-dire la mort, éteint tout sentiment, puisqu'il ne reste plus rien de nous-mêmes, je demande pourquoi Épicure ordonne avec tant de soin « qu'Amynomaque et Timocrate, ses héritiers, donnent tous les ans, au mois de gamélion, tout ce qu'il faudra pour célébrer le jour de sa naissance, d'après l'avis d'Hermarque ; et que chaque mois, tous les vingtièmes de la lune, ils fassent les frais d'un banquet pour ceux avec qui il avait philosophé, et pour honorer sa mémoire et celle de Métrodore. » C'est là, j'en conviens, la conduite d'un homme sensible et aimable, mais non d'un philosophe, et surtout d'un physicien, comme il en avait la prétention : un tel homme supposer un jour de naissance dont le retour est annuel ! Quoi ! le jour écoulé peut-il revenir ? certainement non. Est-ce un jour tout pareil ? pas davantage ; à moins que l'on n'entende par là le retour des astres au même point après une révolution de quelques milliers d'années. Le jour natal est donc une chimère. Mais tel est le nom qu'on lui donne. Ne le savais-je pas ? Admettons qu'il y en ait un : le célébrera-t-on pour obéir au testament d'un homme qui a prononcé d'un ton d'oracle qu'après

---

hil omnino ad nos pertinere. » Hoc ipsum elegantius poni, meliusque potuit. Nam quod ita positum est, quod dissolutum sit, id esse sine sensu, id ejusmodi est, ut non satis plane dicat, quid sit dissolutum. Sed tamen intelligo, quid velit. Quæro autem, quid sit, quod, quum dissolutione, id est morte, sensus omnis exstinguatur, et quum reliqui nihil sit omnino, quod pertineat ad nos, tam accurate, tamque diligenter caveat et sanciat, « ut Amynomachus et Timocrates, hæredes sui, de Hermarchi sententia dent, quod satis sit ad diem agendum natalem suum quotannis, mense gamelione ; itemque omnibus mensibus, vicesimo die lunæ, dent ad eorum epulas, qui una secum philosophati sint, ut et sui, et Metrodori memoria colatur. » Hæc ego non possum dicere non esse hominis quamvis et belli, et humani ; sapientis vero nullo modo, physici præsertim, quem se ille vult, putare ullum esse cujusquam diem natalem. Quid ? verene potest esse dies sæpius, qui semel fuit ? certe non potest. An ejusdemmodi ? ne id quidem, nisi quum multa annorum intercesserint millia, ut omnium siderum eodem, unde profecta sint, fiat ad unum tempus reversio. Nullus est igitur cujusquam dies natalis. At habetur. Et ego id scilicet nesciebam ? Sed, ut sit, etiamne post mortem coletur ; idque testamento cavebit is,

la mort nous n'avons plus de part à rien ? Où trouver ici le philosophe dont le génie avait plané sur des sphères innombrables, et sur des myriades de mondes sans fin et sans rivages ? Démocrite ordonna-t-il jamais rien d'aussi inconséquent ? Je ne parle point des autres, mais de lui seul, parce qu'il fut le principal guide d'Épicure. S'il fallait absolument marquer un jour, pourquoi préférer celui de sa naissance à celui qui le vit sage pour la première fois ? Il ne serait pas devenu sage, direz-vous, s'il n'était venu au monde. Ni pareillement, si sa grand'mère n'y fût venue. Laissons les ignorants, Torquatus, vouloir qu'après leur mort on célèbre leur mémoire par des festins. Et comment ces festins-là se passent-ils ! A quelles délicates plaisanteries ne vous exposent-ils pas ! Je n'en dis rien, car je hais les querelles. Je ne ferai qu'une réflexion : il vous convenait mieux de célébrer spontanément le jour natal d'Épicure qu'à lui d'en ordonner par testament la célébration.

XXXII. Mais reprenons notre sujet : c'est la douleur, matière dont nous a détournés la lettre d'Épicure. Voici le raisonnement qu'on peut faire. Celui qui est dans le plus grand des maux ne peut, tant que cet état dure, être heureux. Or le sage est toujours heureux, et il ne laisse pas d'être parfois dans la douleur. Donc la douleur n'est pas le plus grand des maux. Que signifient ces maximes : « Les jouissances ne sont pas écoulées pour le sage;

qui vobis quasi oraculum ediderit, nihil ad nos pertinere post mortem? Hæc non erant ejus, qui innumerabiles mundos, infinitasque regiones, quarum nulla esset ora, nulla extremitas, mente peragravisset. Numquid tale Democritus? ut alios omittam, hunc appello, quem ille unum secutus est. Quod s dies notandus fuit, eumne potius, quo natus, an eum, quo sapiens factus est? Non potuit, inquies, fieri sapiens, nisi natus esset. Et isto modo ne si avia quidem ejus nata non esset. Res tota, Torquate, non doctorum hominum, velle post mortem epulis celebrari memoriam sui nominis. Quos quidem dies quemadmodum agatis, et in quantam hominum facetorum urbanitatem incurratis, non dico. Nihil opus est litibus. Tantum dico, magis fuisse vestrum agere Epicuri diem natalem, quam illius, testamento cavere, ut ageretur.

XXXII. Sed, ut ad propositum revertamur (de dolore enim quum diceremus, ad istam epistolam delati sumus), nunc totum illud concludi sic licet. Qui in summo malo est, is tum, quum in eo est, non est beatus. Sapiens autem semper beatus est, et est aliquando in dolore. Non est igitur summum malum dolor. Jam illud quale tandem est : « Bona præterita non effluere sapienti, mala

pour les maux, il faut en perdre le souvenir? » La mémoire dépend-elle donc de nous? Simonide, ou quelque autre, promettait à Thémistocle de lui révéler le secret de diriger la mémoire : « J'aimerais mieux, répondit ce grand homme, l'art de l'oubli; car il est des souvenirs qui se réveillent malgré moi, et je ne suis pas maître d'oublier ce que je voudrais. » Ingénieuse réponse. Au fond, le souvenir et l'oubli dépendent si peu de nous, que ce serait une tyrannie philosophique de défendre de se souvenir. Un tel ordre, prenez-y garde, rappelle ceux de votre Manlius, ou quelque chose de plus absolu encore : puis-je faire l'impossible? Mais le souvenir des maux passés n'a-t-il pas son charme? Quelques-uns de nos proverbes sont plus vrais que vos dogmes; car le peuple dit : « Douleur passée est un plaisir. » Voici un vers plein de sens d'Euripide, que vous connaissez, et que je traduirai si je puis :

Il est doux de songer aux maux qu'on a soufferts.

Mais revenons aux plaisirs passés. Parlez-vous de plaisirs capables de consoler C. Marius banni, dénué de tout, et caché dans un marais, tels que le souvenir de ses trophées? Je vous écoute et vous approuve ; car le bonheur complet, le bonheur final ne se trouverait jamais dans la vie d'un homme sage, s'il venait à perdre entièrement la mémoire de ce qu'il a fait de louable.

meminisse non oportere? » Primum in nostrane potestate est, quid meminerimus? Themistocles quidem, quum ei Simonides, an quis alius, artem memoriæ polliceretur : « Oblivionis, inquit, mallem; nam memini etiam quæ nolo, oblivisci non possum quæ volo. » Magno hic ingenio. Sed res se tamen hic habet, ut nimis imperiosi philosophi sit, vetare meminisse. Vide, ne ista sint Manliana vestra, aut majora etiam, si imperes, quod facere non possim. Quid, si etiam jucunda memoria est præteritorum malorum? ut proverbia nonnulla veriora sint, quam vestra dogmata. Vulgo enim dicitur, « jucundi acti labores. » Nec male Euripides (concludam, si potero, latine; græcum enim hunc versum nostis omnes) :

Suavis laborum est præteritorum memoria.

Sed ad bona præterita redeamus. Quæ si a vobis talia dicerentur, qualibus C. Marius uti poterat, ut expulsus, egens, in palude demersus, tropæorum recordatione levaret dolorem suum, audirem, et plane probarem. Nec enim absolvi beata vita sapientis, nec ad exitum perduci poterit, si prima quæque

Mais vous, vous ne placez le bonheur que dans le souvenir des voluptés, et des voluptés corporelles. Essayez d'en admettre d'autres : dès lors vous êtes dans l'erreur en assignant aux sens une part dans tous les plaisirs de l'âme. Si une volupté corporelle fait encore plaisir quand elle est passée, je ne comprends pas pourquoi Aristote s'égaye tant au sujet de l'épitaphe où Sardanapale, roi d'Assyrie, se vante d'avoir fait descendre avec lui toutes ses voluptés dans sa tombe. Même durant sa vie, dit ce philosophe, il n'a pu recevoir l'impression de ces plaisirs que pendant le court instant de leur durée : comment donc a-t-il pu les sentir encore après la mort? Les plaisirs du corps sont donc fugitifs et s'envolent sans retour; souvent même, au lieu d'un souvenir agréable, ils laissent après eux le repentir. Plus heureux était Scipion l'Africain, lorsqu'il adressait ces mots à sa patrie :

> Cessez, Rome, cessez......

et le reste, qui n'est pas moins admirable :

> Mes travaux, mes dangers ont fondé votre gloire.

C'est dans ses travaux passés qu'il puise sa joie ; vous voulez, vous, que nous trouvions la nôtre dans le souvenir des voluptés. Son âme évoque des réminiscences entièrement étrangères au corps : le corps est tout pour vous.

bene ab eo consulta, atque facta, ipsius oblivione obruentur. Sed vobis voluptatum perceptarum recordatio vitam beatam facit, et quidem corpore perceptarum. Nam si quæ sunt aliæ, falsum est, omnes animi voluptates esse e corporis societate. Corporis autem voluptas si etiam præterita delectat, non intelligo, cur Aristoteles Sardanapali epigramma tantopere derideat : in quo ille rex Assyriæ glorietur, se omnes secum libidinum voluptates abstulisse. Quod enim ne vivus quidem, inquit, diutius sentire poterat, quam dum fruebatur, quo modo id potuit mortuo permanere? Fluit igitur voluptas corporis, et prima quæque avolat, sæpiusque relinquit causas pœnitendi, quam recordandi. Itaque beatior Africanus cum patria illo modo loquens,

> Desine, Roma, tuos hostes......

reliquaque præclare :

> Namque tibi monumenta mei peperere labores.

Laboribus hic præteritis gaudet : tu jubes voluptatibus. Hic se ad ea revocat, e quibus nihil unquam retulerat ad corpus : tu totus hæres in corpore.

XXXIII. Mais comment pouvez-vous soutenir cette proposition, que tous les plaisirs et toutes les douleurs de l'âme tiennent aux plaisirs et aux douleurs des sens? Quoi! Torquatus! car je n'oublie pas à qui je parle, n'y a-t-il donc que les choses corporelles qui vous fassent plaisir? Rien ne vous en procure-t-il par soi-même? Laissons de côté gloire, honneur, beauté même de la vertu, dont nous avons parlé plus haut. Voici des choses bien plus légères. Quand vous composez un poëme ou un discours; quand vous écrivez, quand vous lisez; lorsque vous compulsez les annales de tous les peuples; que dis-je? une statue, un tableau, un beau lieu, une fête, une chasse, la maison de plaisance de Lucullus (je ne dis pas la vôtre, car vous m'échapperiez, vous diriez qu'il y a ici quelque chose de corporel), tout cela enfin, le rapportez-vous aux sens, ou ne contient-il pas quelque chose qui vous charme par sa vertu propre?

Ou vous serez le plus opiniâtre des hommes, si vous persistez à attribuer au corps toutes ces choses; ou, si vous renoncez à cette opinion, il vous faut rejeter tout le système d'Épicure sur la volupté.

L'âme, dites-vous encore, a des plaisirs et des peines supérieurs aux peines et aux plaisirs du corps, parce qu'elle embrasse le présent, le passé et l'avenir, tandis que le corps ne jouit que du présent. Mais comment prouveriez-vous que celui qui se ré-

---

XXXIII. Illud autem ipsum qui obtineri potest, quod dicitis, omnes animi et voluptates et dolores ad corporis voluptates et dolores pertinere? Nihilne te delectat unquam ¡(video, quicum loquar), te igitur, Torquate, ipsum per se nihil delectat? Omitto dignitatem, honestatem, speciem ipsam virtutum, de quibus ante dictum est; hæc leviora ponam : poema, orationem quum aut scribis, aut legis; quum omnium factorum, quum regionum conquiris historiam ; signum, tabula, locus amœnus, ludi, venatio, villa Luculli (nam si tuam dicerem, latebram haberes : ad corpus diceres pertinere); sed ea, quæ dixi, ad corpusne refers, an est aliquid, quod te sua sponte delectet?

Aut pertinacissimus fueris, si in eo perstiteris, ad corpus ea, quæ dixi, referre; aut deserueris totam Epicuri voluptatem, si negaveris.

Quod vero a te disputatum est, majores esse voluptates et dolores animi, quam corporis, quia trium temporum particeps animus sit, corpore autem præsentia solum sentiantur : qui probari potest, ut is, qui propter me aliquid,

jouit de quelque chose pour l'amour de moi en ressente plus de joie que moi-même? La volupté de l'esprit, à vous entendre, se puise dans la volupté du corps, et elle est plus vive; et c'est ainsi, selon vous, qu'on a plus de plaisir à féliciter un autre qu'à jouir soi-même. Mais vous, qui placez le bonheur de votre sage dans l'avantage d'avoir des voluptés d'esprit plus vives en tout que celles des sens, vous ne voyez pas quelle objection vous faites naître. Par là vous donnez aussi au sage des peines morales bien plus grandes que toutes les douleurs corporelles. Ainsi, de toute nécessité, le voilà parfois très-misérable, celui auquel vous attribuez un bonheur continuel : bonheur impossible, tant que vous rapporterez tout au plaisir et à la douleur.

Il faut donc, Torquatus, chercher pour l'homme quelque autre souverain bien. Laissons la volupté à la brute, dont vous invoquez ici le témoignage. Il y a plus : la nature, en portant la brute à faire beaucoup de choses pénibles, comme de mettre au monde et d'élever ses petits, ne montre-t-elle pas qu'elle lui a proposé quelque autre chose que la seule volupté? Il en est qui se plaisent aux courses, aux voyages; d'autres volent par bandes et semblent imiter la société humaine. Nous voyons, chez quelques familles d'oiseaux, des traces de piété, de connaissance, de mémoire, même de discipline. Les bêtes auront donc en elles des

---

plus, quam ego ipse, gaudeat? Animi voluptas oritur propter voluptatem corporis, et major est animi voluptas, quam corporis : ita fit, ut gratulator lætior sit, quam is, cui gratuletur. Sed, dum efficere vultis beatum sapientem, quum maximas animo voluptates percipiat, omnibusque partibus majores, quam corpore, quid occurrat, non videtis. Animi enim quoque dolores percipiet omnibus partibus majores, quam corporis. Ita miser sit aliquando necesse est is, quem vos beatum semper vultis esse. Nec vero id, dum omnia ad voluptatem doloremque referetis, efficietis unquam.

Quare aliud aliquid, Torquate, hominis summum bonum reperiendum est. Voluptatem bestiis concedamus; quibus vos de summo bono testibus uti soletis. Quid, si etiam bestiæ multa faciunt, duce sua quæque natura, partim indulgenter vel cum labore, ut in gignendo, in educando perfacile appareat, aliud quiddam iis propositum, non voluptatem? partim cursu, et peregrinatione lætantur; congregatione aliæ cœtum quodam modo civitatis imitantur. Videmus in quodam volucrium genere nonnulla indicia pietatis, cognitionem, memoriam; in multis etiam disciplinam videmus. Ergo in bestiis erunt secreta

images de la vertu humaine, distinctes de la volupté; et, dans le cœur de l'homme, l'amour de la volupté sera la seule vertu? et nous dirons que l'homme, ce roi de la nature, n'a reçu en naissant aucun noble attribut qui lui soit propre?

XXXIV. Ah! s'il fallait tout rapporter à la volupté, de combien les bêtes l'emporteraient sur nous! Sans frais, sans travaux, la nature leur fournit tout ce qui soutient l'existence, et le travail de l'homme arrache avec peine à la terre sa nourriture. Non, je ne croirai jamais que le souverain bien des hommes et des bêtes soit le même. Si, pour nous comme pour elles, la volupté est l'unique objet, qu'est-il besoin de ces longues et hautes études, de ce concours de nobles connaissances, de ce cortége de vertus? Je crois entendre Xerxès, après avoir réuni une flotte si nombreuse, et tant de troupes de cavalerie et d'infanterie, après avoir jeté un pont sur la mer et percé le mont Athos, voyagé à pied sur les flots et navigué à travers la terre, se trouvant au milieu de la Grèce envahie de tous côtés par ses armes, répondre à quelqu'un qui lui aurait demandé la cause d'une si grande expédition et d'une guerre si formidable : Je suis venu chercher du miel du mont Hymette. Ne trouverait-on pas une disproportion énorme entre ce frivole motif et d'aussi prodigieux efforts? Nous avons travaillé à perfectionner le sage

---

a voluptate humanarum quædam simulacra virtutum : in ipsis hominibus virtus, nisi voluptatis causa, nulla erit? et homini, qui cæteris animantibus plurimum præstat, præcipui a natura nihil datum esse dicemus?

XXXIV. Nos vero, si quidem in voluptate sunt omnia, longe multumque superamur a bestiis; quibus ipsa terra fundit ex sese pastus varios, varieque abundantes nihil laborantibus ; nobis autem aut vix, aut ne vix quidem, suppetunt multo labore quærentibus. Nec tamen ullo modo summum pecudis bonum, et hominis, idem mihi videri potest. Quid enim tanto opus est instrumento in optimis artibus comparandis, quid tanto concursu honestissimorum studiorum, tanto virtutum comitatu, si ea nullam ad aliam rem, nisi ad voluptatem conquiruntur? Ut, si Xerxes, quum tantis classibus, tantisque equestribus et pedestribus copiis, Hellesponto juncto, Athone perfosso, maria ambulavisset, terramque navigasset, si, quum tanto impetu in Græciam venisset, causam ejus quis ex eo quæreret tantarum copiarum, tantique belli, mel se auferre ex Hymetto voluisse diceret, certe sine causa videretur tanta conatus : sic nos sapientem, plurimis et gravissimis artibus atque virtutibus in-

par la vertu et la science, non pour qu'il traverse la mer à pied, comme Xerxès, ni pour qu'il ouvre une montagne à ses flottes, mais pour lui faire embrasser par la pensée l'immensité des cieux, des terres et des mers : dirons-nous, après cela, qu'il n'a en vue que la volupté? ne serait-ce pas dire qu'il n'a tant fait que pour conquérir un peu de miel? Croyez-moi, Torquatus, nous sommes nés pour quelque chose de plus noble et de plus grand. Examinez toutes les facultés de l'âme : elle conserve la mémoire d'une multitude d'objets ; elle en pénètre la conséquence par une intuition presque divine ; elle applique à ses désirs la règle de la bienséance et de la pudeur ; elle observe la justice par respect pour la société humaine ; dans les travaux, dans les périls, inébranlable, elle méprise la douleur et la mort. Voilà pour l'âme. Considérez ensuite toute la structure du corps humain, et vous verrez que nos sens, nos organes semblent faits pour tenir compagnie à la vertu, pour la servir. Si, pour le corps même, il est bien des choses préférables à la volupté, comme la beauté, la force, l'agilité, la santé, n'en sera-t-il pas ainsi, à plus forte raison, de l'âme, dans laquelle est descendu un rayon céleste, selon la pensée des anciens sages? Si le bien suprême était, comme vous le dites, la volupté, il faudrait souhaiter de pouvoir passer les jours et les nuits dans la continuelle jouis-

---

structum et ornatum, non, ut illum, maria pedibus peragrantem, classibus montes, sed omne cœlum, totamque cum universo mari terram mente complexum, voluptatem petere si dicemus, mellis causa dicemus tanta molitum. Ad altiora quædam et magnificentiora, mihi crede, Torquate, nati sumus ; nec id ex animi solum partibus, in quibus inest memoria rerum innumerabilium (inde quidem infinita inest conjectura consequentium, non multum a divinatione differens, inest moderator cupiditatis pudor, inest ad humanam societatem justitiæ fida custodia, inest [in] perpetiendis laboribus adeundisque periculis firma et stabilis doloris mortisque contemptio). Ergo hæc in animis : tu autem etiam membra ipsa sensusque considera ; qui tibi, ut reliquæ corporis partes, non comites solum virtutum, sed ministri etiam videbuntur. Quid, si in ipso corpore multa voluptati præponenda sunt, ut vires, valetudo, velocitas, pulchritudo, quid tandem in animis censes? in quibus doctissimi illi veteres inesse quiddam cœleste et divinum putaverunt. Quod si esset in voluptate summum bonum, ut dicitis, optabile esset, in voluptate maxima,

sance de toutes les voluptés capables de charmer les sens, et de les enivrer de plaisir. Mais quel est l'homme, digne de ce nom, qui voulût consumer tout un jour dans de pareils plaisirs? Les cyrénaïques ne s'y refuseraient pas. Vous êtes plus retenus; ils sont plus conséquents.

Interrogeons les arts : je ne parle pas des premiers de tous, sans lesquels la vie humaine est plongée, selon l'expression de nos ancêtres, dans l'inertie. Croyez-vous que tant d'hommes de génie, sans compter Homère, Archiloque et Pindare, croyez-vous que Phidias, Polyclète, Zeuxis, aient assigné la volupté pour but à leur art? Voilà donc un artiste qui, pour exécuter de belles figures, se proposera un objet plus noble qu'un grand citoyen qui voudra faire de belles actions! Quelle est la source d'une erreur si étrange et si commune? n'est-ce pas que celui qui a prononcé que le souverain bien consistait dans la volupté n'a pas consulté cette partie de l'âme où résident la raison et la sagesse, mais celle qui est le siége turbulent des passions, c'est-à-dire la partie la plus débile de la substance immatérielle? Je vous le demande, en effet : s'il est des dieux, et votre école les admet, comment peuvent-ils être heureux, puisqu'ils ne jouissent d'aucune volupté corporelle? et, s'ils sont heureux sans ce genre de plaisir, pourquoi ne pas admettre aussi chez le sage un bonheur spirituel?

nullo intervallo interjecto, dies noctesque versari, quum omnes sensus dulcedine omni quasi perfusi moverentur. Quis est autem dignus nomine hominis, qui unum diem totum velit esse in isto genere voluptatis? Cyrenaici quidem non recusant. Vestri hæc verecundius : illi fortasse constantius.

Sed lustremus animo non has maximas artes, quibus qui carebant, inertes a majoribus nominabantur : sed quæro, num existimes, non dico Homerum, Archilochum, Pindarum, sed Phidiam, Polycletum, Zeuxin, ad voluptatem artes suas direxisse? Ergo opifex plus sibi proponet ad formarum, quam civis excellens ad factorum pulchritudinem? Quæ autem est alia causa erroris tanti, tam longe lateque diffusi, nisi quod is, qui voluptatem summum bonum esse decernit, non cum ea parte animi, in qua inest ratio atque consilium, sed cum cupiditate, id est cum animi levissima parte deliberat? Quæro enim de te : si sunt dii, ut vos etiam putatis, qui possunt esse beati, quum voluptates corpore percipere non possint? aut si sine eo genere voluptatis beati sunt, cur similem animi usum in sapiente esse nolitis?

XXXV. Lisez, Torquatus, les éloges, non des héros d'Homère, non ceux de Cyrus, d'Agésilas, d'Aristide, de Thémistocle, de Philippe, d'Alexandre, mais ceux de nos Romains, ceux de votre maison : vous ne verrez personne qui ait été loué pour son raffinement dans l'art des voluptés. Ce n'est pas là ce que portent les inscriptions de nos monuments. Nous lisons sur une de nos portes : *A celui que la voix publique a reconnu pour avoir été le premier des Romains.* Croyez-vous que tout le monde ait désigné Calatinus comme le premier citoyen de Rome, parce qu'il était le plus habile artisan de voluptés? Où sont les jeunes hommes dont le grand caractère nous donne de brillantes espérances? Les chercherons-nous parmi ceux qui nous paraissent disposés à tout sacrifier à l'idole de l'intérêt et du plaisir? Ne voyez-vous pas quelle horrible confusion résulterait de pareils principes? adieu, bienfaisance ; adieu, cœurs reconnaissants : tous les nœuds sont rompus. Ne rendre service que dans son propre intérêt, ce n'est plus bienfait, c'est trafic ; et quelle reconnaissance doit-on à celui qui ne fait rien que pour soi ? Toutes les autres vertus tomberont aussi dans le mépris, si l'on couronne la volupté ; et, si la vertu descend de son haut rang, il ne sera pas facile de prouver que les actions honteuses ne peuvent jamais être reprochées au sage. Je n'épuiserai pas mon sujet : il est inépuisable ;

XXXV. Lege laudationes, Torquate, non eorum, qui sunt ab Homero laudati, non Cyri, non Agesilai, non Aristidis, non Themistoclis, non Philippi, non Alexandri ; lege nostrorum hominum, lege vestræ familiæ : neminem videbis ita laudatum, ut artifex callidus comparandarum voluptatum diceretur. Non elogia monumentorum id significat, velut hoc ad portam : UNO ORE CUI PLURIMÆ CONSENTIUNT GENTES, POPULI PRIMARIUM FUISSE VIRUM. Idne consensisse de Calatino plurimas gentes arbitramur, primarium populi fuisse, quod præstantissimus fuisset in conficiendis voluptatibus? Ergo in iis adolescentibus bonam spem esse dicemus, et magnam indolem, quos suis commodis inservituros, et quidquid ipsis expediat, facturos arbitramur? Nonne videmus, quanta perturbatio rerum omnium consequatur? quanta confusio? Tollitur beneficium ; tollitur gratia : quæ sunt vincula concordiæ. Nec enim, si tuam ob causam cuiquam commodes, beneficium illud habendum est, sed fœneratio ; nec gratia deberi videtur ei, qui suam ob causam commodaverit. Maximas vero virtutes jacere omnes necesse est, voluptate dominante. Sunt etiam turpitudines plurimæ, quæ, nisi honestas natura plurimum valeat, cur non cadant in sapientem, non est facile defender. Ac, ne plura complectar (sunt

mais j'ajouterai : la vertu, pour mériter nos éloges, doit fermer la porte à la volupté. Ici, Torquatus, n'attendez rien de moi, descendez dans votre cœur, sondez-en tous les replis, et demandez-vous ce que vous aimeriez le mieux, ou d'une vie tranquille passée dans le sein de la volupté, sans nulle douleur, même sans crainte de la douleur, comme parle votre école, en supposant l'impossible ; ou d'une vie utile au monde, dans laquelle vous tendriez une main secourable à tous les malheureux, dussiez-vous subir toutes les douleurs qu'Hercule a souffertes dans ses travaux. Tel est le langage de nos pères, même en parlant d'un dieu, pour exprimer qu'il ne faut pas reculer devant la peine. J'exigerais de vous une réponse, si je ne craignais pas de vous entendre dire qu'Alcide lui-même rapportait à la volupté tant d'efforts entrepris pour le salut des peuples.

Après que j'eus ainsi parlé : Je sais à qui rendre compte de cet entretien, me dit Torquatus ; et, bien que je puisse vous présenter moi-même quelques objections, j'aime mieux confier ce soin à nos amis, mieux préparés que moi. — Vous voulez peut-être, lui dis-je, désigner par là Syron et Philodème, ces hommes de vertu et de science. — Vous avez deviné ma pensée, reprit-il. — Eh bien, faites comme il vous plaira, repartis-je ; mais il serait plus convenable que Triarius prononçât son jugement sur notre

---

enim innumerabilia), bene laudata virtus voluptatis aditus intercludat necesse est. Quod jam a me exspectare noli. Tute introspice in mentem tuam ipse, eamque omni cogitatione pertractans, percunctare ipse te, perpetuisne malis voluptatibus perfluens in ea, quam sæpe usurpabas, tranquillitate degere omnem ætatem sine dolore, assumpto etiam illo, quod vos quidem adjungere soletis, sed fieri non potest, sine doloris metu? an quum de omnibus gentibus bene mererere, quum opem indigentibus salutemque ferres, vel Herculis perpeti ærumnas : sic enim majores nostri labores non fugiendos, tristissimo tamen verbo ærumnas etiam in deo nominaverunt. Exigerem ex te, cogeremque, ut responderes, nisi vererer, ne Herculem ipsum ea, quæ pro salute gentium summo labore gessisset, voluptatis causa gessisse diceres.

Quæ quum dixissem, Habeo, inquit Torquatus, ad quos ista referam ; et, quanquam aliquid ipse poteram, tamen invenire malo paratiores familiares nostros. — Credo, Syronem dicis et Philodemum, quum optimos viros, tum doctissimos homines. — Recte, inquit, intelligis. — Age sane, inquam. Sed erat æquius, Triarium aliquid de nostra dissensione judicare. — Immo, inquit arridens, ini-

dispute.—Non pas, du moins, sur cette matière, répondit Torquatus en souriant. Vous attaquez, vous, avec ménagement ; mais d'ici, il nous harcèle en vrai stoïcien. — Mon audace, dit alors Triarius, sera plus grande encore à l'avenir. Je vais m'armer de tout ce que je viens d'entendre; mais je n'attaquerai que quand vous aurez achevé de vous munir auprès des philosophes que vous nommez. Ces derniers mots terminèrent notre promenade et notre discussion.

quum, hac quidem de re. Tu enim ista lenius; hic stoicorum more nos vexat — Tum Triarius, Posthac quidem, inquit, audacius. Nam hæc ipsa mihi erunt in promptu, quæ modo audivi ; nec ante aggrediar, quam te ab istis, quos dicis instructum videro. Quæ quum essent dicta, finem fecimus et ambulandi, et disputandi.

LIVRE TROISIÈME

I. Si la volupté plaidait elle-même sa cause, et n'empruntait pas la voix d'avocats aussi opiniâtres, je crois, Brutus, qu'accablée sous les preuves que contient le livre précédent, elle céderait à la vertu. Sans doute elle rougirait de disputer davantage contre sa noble rivale, de préférer l'agréable à l'honnête, et de placer les plaisirs sensuels au-dessus de la dignité et de la force de l'âme. Ainsi, congédions-la avec ordre de se renfermer dans ses limites : que ses caresses, que ses prestiges ne nous troublent pas dans une discussion aussi grave ; car nous avons à chercher en quoi consiste le souverain bien : c'est là ce que nous voulons trouver, puisque la volupté s'en éloigne, et que l'on peut reproduire à peu près les mêmes arguments contre ceux qui le font consister dans l'absence de la douleur. Surtout, ne reconnaissons pas de souverain bien sans vertu : en est-il un qui puisse lui être préféré? Aussi,

LIBER TERTIUS

I. Voluptatem quidem, Brute, si ipsa pro se loquatur, nec tam pertinaces habeat patronos, concessuram arbitror, convictam superiore libro, dignitati. Etenim sit impudens, si virtuti diutius repugnet, aut si honestis jucunda anteponat, aut pluris esse contendat dulcedinem corporis titillantem, ex eaque natam lætitiam, quam gravitatem animi atque constantiam. Quare illam quidem dimittamus, et suis se finibus tenere jubeamus, ne blanditiis ejus illecebrisque impediatur disputandi severitas. Quærendum est enim, ubi sit illud summum bonum, quod reperire volumus, quoniam et voluptas ab eo remota est, et eadem fere contra eos dici possunt, qui vacuitatem doloris finem bonorum esse voluerunt. Nec vero ita ullum probetur summum bonum, ut virtute careat; qua nihil potest esse præstantius. Itaque quanquam in eo sermone

quoique j'aie été assez pressant contre Torquatus, il faudra encore plus de force et plus de vigueur pour réfuter les stoïciens. Toutes ces discussions sur la volupté n'exigent ni finesse ni profondeur; car ses défenseurs ne sont ni bien subtils, ni bien exercés à la dispute, et leurs adversaires n'ont pas beaucoup de peine à les réfuter. Épicure même dit qu'il ne faut point disputer sur la volupté, parce que les sens en sont les seuls juges; il ajoute qu'il ne sert de rien de la prouver, et qu'il suffit d'indiquer son existence. Voilà pourquoi la dispute entre Torquatus et moi a été toute simple. Il n'a rien dit d'obscur, rien d'embarrassé, et il me semble qu'il n'y a pas eu moins de clarté dans ma réponse. Mais, pour les stoïciens, vous savez combien leur méthode de discussion est subtile, ou plutôt épineuse, surtout pour nous autres Romains, réduits parfois à créer des mots, à imposer à de nouvelles idées des noms nouveaux. L'homme instruit ne s'en étonnera cependant pas, s'il réfléchit que, dans un art quelconque, encore peu répandu, il faut, pour expliquer ce qui lui est propre, hasarder les termes nécessaires. Ainsi, les dialecticiens et les physiciens de la Grèce se servent de mots inconnus à leurs compatriotes. Géomètres, musiciens, grammairiens, ont aussi leur langue à part. L'art même du rhéteur, mis en

---

qui cum Torquato est habitus, non remissi fuimus, tamen hæc acrior est cum stoicis parata contentio. Quæ enim de voluptate dicuntur, ea nec acutissime, nec abscondite disseruntur. Neque enim qui defendunt eam, versuti in disserendo sunt, nec qui contra dicunt, causam difficilem repellunt. Ipse etiam dicit Epicurus, ne argumentandum quidem esse de voluptate, quod sit positum ejus judicium in sensibus, ut commoneri nos satis sit, nihil attinet doceri. Quare illa nobis simplex fuit in utramque partem disputatio. Nec enim in Torquati sermone quidquam implicatum, aut tortuosum fuit, nostraque, ut mihi videtur, dilucida oratio. Stoicorum autem non ignoras quam sit subtile, vel spinosum potius, disserendi genus : idque quum Græcis, tum magis nobis, quibus etiam verba parienda sunt imponendaque nova novis rebus nomina. Quod quidem nemo mediocriter doctus mirabitur, cogitans, in omni arte, cujus usus vulgaris communisque non sit, multam novitatem nominum esse, quum constituantur earum rerum vocabula, quæ in quaque arte versentur. Itaque dialectici, et physici verbis utuntur iis, quæ ipsi Græciæ nota non sunt. Geometræ vero, musici, grammatici, etiam more quodam loquuntur suo.

pratique sur nos places, et presque populaire, ne laisse pas d'employer les termes réservés pour son usage.

II. Mais laissons là les professions littéraires, les arts libéraux : les ouvriers, les artisans seraient-ils capables de quelque travail, s'ils n'avaient un vocabulaire inconnu de nous, et qui n'est en vogue que parmi eux? L'agriculture, qui tient si peu de compte de l'élégance, en multipliant ses inventions, a multiplié ses termes nouveaux. Quels droits n'a donc pas ici le philosophe! Son art, étant l'art même de la vie, ne peut se contenter du langage de nos discussions civiles. Les stoïciens ont été les plus novateurs des philosophes; mais Zénon même, leur chef, a porté l'invention dans les mots plutôt que dans les choses. Si maniant un idiome plus riche, dit-on, que le nôtre, la Grèce n'a pas blâmé ses savants de se servir d'expressions insolites pour exprimer des notions encore peu répandues, quel droit n'ai-je pas à une concession semblable, moi qui, le premier dans Rome, ose aborder une pareille matière? Mais si, en dépit de quelques murmures poussés, non-seulement par des Grecs, mais par ceux de nos compatriotes plus jaloux de passer pour Grecs que pour Romains, il m'est arrivé d'avancer que notre langue, loin d'être stérile, est plus féconde que la langue grecque, c'est maintenant qu'il faut essayer de le prouver, je ne dis pas dans les arts des

---

Item ipsæ rhetorum artes, quæ sunt totæ forenses atque populares, verbis tamen in docendo quasi privatis utuntur ac suis.

II. Atque, ut omittam has artes elegantes et ingenuas, ne opifices quidem tueri sua artificia possent, nisi vocabulis uterentur nobis incognitis, usitatis sibi. Quin etiam agricultura, quæ abhorret ab omni politiore elegantia, tamen eas res, in quibus versatur, nominibus notavit novis. Quo magis hoc philosopho faciendum est. Ars est enim philosophia vitæ; de qua disserens arripere verba de foro non potest. Quanquam ex omnibus philosophis stoici plurima novaverunt. Zeno quoque eorum princeps non tam rerum inventor fuit, quam novorum verborum. Quod si in ea lingua, quam plerique uberiorem putant, concessum a Græcia est, ut doctissimi homines de rebus non pervulgatis, inusitatis verbis uterentur, quanto id nobis magis est concedendum, qui ea nunc primum audemus attingere? Etsi, quod sæpe diximus, et quidem cum aliqua querela non Græcorum modo, sed etiam eorum, qui se Græcos magis, quam nostros haberi volunt, nos non modo non vinci a Græcis verborum copia, sed esse in ea etiam superiores, elaborandum est, ut hoc non in nostris solum ar

T. XVI. 16

Romains, mais dans ceux que la Grèce nous a transmis. Quant à différents termes, tels que *philosophie*, *rhétorique*, *dialectique*, *grammaire*, *géométrie*, *musique*, bien que nous eussions pu les remplacer par des équivalents latins, comme nos pères les ont adoptés, nous pouvons les regarder comme entrés dans le domaine de notre langue.

Voilà pour les mots; quant au fond de la doctrine, je crains souvent, Brutus, d'être blâmé de vous adresser un écrit sur ces matières, à vous qui êtes si profondément versé dans tout ce que la philosophie a de meilleur. Sans doute, si mon but était de vous instruire, je mériterais ce blâme ; mais que je suis loin d'une pareille prétention ! Si je vous dédie ces ouvrages, ce n'est pas pour vous apprendre ce qui est si familier, mais c'est que j'aime à m'appuyer sur un nom tel que le vôtre, et que je vois en vous un juste appréciateur, un juge éclairé de ces travaux qui sont communs entre nous. Vous m'écouterez donc avec cette attention bienveillante qui vous est habituelle ; vous prononcerez dans une discussion que j'ai eue avec votre oncle, le plus grand des mortels.

Un jour que j'étais à ma terre de Tusculum, voulant consulter quelques livres de la bibliothèque du jeune Lucullus, je vins moi-même les chercher, selon mon usage. J'y trouvai M. Caton, dont j'ignorais la présence dans ces lieux. Il était assis dans la biblio-

tibus, sed etiam in illorum ipsorum consequamur. Quanquam ea verba, quibus ex instituto veterum utimur pro latinis, ut ipsa philosophia, ut rhetorica, dialectica, grammatica, geometria, musica, quanquam latine ea dici poterant, tamen; quoniam usu percepta sunt, nostra ducamus.

Atque hæc quidem de rerum nominibus. De ipsis rebus autem sæpenumero, Brute, vereor ne reprehendar, quum hæc ad te scribam, qui quum in philosophia, tum in optimo genere philosophiæ tantum processeris. Quod si facerem quasi te erudiens, jure reprehenderer. Sed ab eo plurimum absum , neque, ut ea cognoscas, quæ tibi notissima sunt, ad te mitto, sed quia facillime in nomine tuo acquiesco, et quia te habeo æquissimum eorum studiorum, quæ mihi communia tecum sunt, existimatorem et judicem. Attendes igitur, ut soles, diligenter, eamque controversiam dijudicabis, quæ mihi fuit cum avunculo tuo, divino ac singulari viro.

Nam, in Tusculano quum essem, vellemque e bibliotheca pueri Luculli quibusdam libris uti, veni in ejus villam, ut eos ipse, ut solebam, inde promerem. Quo quum venissem, M. Catonem, quem ibi esse nescieram, vidi in bi-

thèque, et entouré d'une multitude de traités de l'école stoïcienne. Son avidité pour la lecture était, vous le savez, insatiable. Souvent, sans se soucier de vains reproches, dans le sénat même, pendant que les membres de ce corps s'assemblaient, il se mettait à lire, et ne dérobait rien, par là, aux soins qu'il devait à la chose publique. Aussi, dans le loisir dont il jouissait au milieu de ses livres, avec quelle ardeur il semblait les dévorer ! A cette rencontre, imprévue pour tous deux, il se leva aussitôt ; et après les premiers compliments : Que venez-vous faire ici ? dit-il ; vous arrivez sans doute de votre maison de campagne ? si je vous y avais cru, c'est moi qui serais allé vous voir. Hier, lui dis-je, dès que les jeux furent commencés, je sortis de la ville, et je vins le soir chez moi. Je me suis rendu ici pour y prendre quelques livres. Quelque jour Caton, il faudra que notre jeune Lucullus ait fait connaissance avec cette foule d'écrivains. J'aimerais mieux qu'il prît plaisir à ces livres qu'à toutes les autres beautés de cette somptueuse demeure. J'exprime ce vœu, quoique vous soyez particulièrement chargé du soin de l'instruire et de le rendre semblable à son père, à notre Cépion, et à vous, à qui il appartient de si près. L'intérêt que je lui porte n'est pas sans motif ; il est fondé sur le souvenir de Cépion, son aïeul, que j'ai toujours beaucoup estimé, et qui, selon moi, serait maintenant un de nos plus grands citoyens, s'il vivait, et sur les

---

bliotheca sedentem, multis circumfusum stoicorum libris. Erat enim, ut scis, in eo inexhausta aviditas legendi, nec satiari poterat, quippe qui ne reprehensionem quidem vulgi inanem reformidans, in ipsa curia soleret legere sæpe, dum senatus cogeretur, nihil opere reipublicæ detrahens ; quo magis tum in summo otio, maximaque copia quasi helluari libris, si hoc verbo in tam clara re utendum est, videbatur. Quod quum accidisset, ut alter alterum nec opinato videremus, surrexit statim. Deinde prima illa, quæ in congressu solemus : Quid tu, inquit, huc ? A villa enim, credo : et, si ibi te esse scissem, ad te ipse venissem. Heri, inquam, ludis commissis, ex urbe profectus veni ad vesperum. Causa autem fuit huc veniendi, ut quosdam hinc libros promerem : et quidem, Cato, totam hanc copiam jam Lucullo nostro notam esse oportebit. Nam his libris eum malo, quam reliquo ornatu villæ delectari. Est enim mihi magnæ curæ, quanquam hoc quidem proprium tuum munus est, ut ita erudiatur, ut et patri, et Cæpioni nostro, et tibi tam propinquo respondeat. Laboro autem non sine causa ; nam et avi ejus memoria moveor (nec enim ignoras, quanti fecerim Cæpionem ; qui, ut opinio mea fert,

égards dus à Lucullus, cet homme supérieur qu'unissaient à moi l'amitié et une grande conformité de sentiments. C'est bien, dit Caton, de conserver chèrement la mémoire de deux hommes qui vous ont recommandé leur famille dans leurs testaments : je vous applaudis d'aimer cet enfant. Quant à ce que vous appelez mes fonctions de précepteur, je ne m'y refuse pas; mais je vous y associe. J'ajouterai même que je crois avoir reconnu dans le jeune Lucullus des indices de talents et de sentiments honorables; mais, vous le voyez, son âge est encore tendre. Je le vois bien, répondis-je, et c'est aussi à cet âge que doit commencer la culture de son esprit : préparé par là de bonne heure aux grandes choses, il s'y élèvera sans effort. Oui, reprit Caton, nous en parlerons souvent ensemble, et nous agirons de concert. Mais asseyons-nous, s'il vous plaît. C'est ce que nous fîmes.

III. Il reprit ainsi : Quels livres venez-vous donc chercher ici, vous qui en possédez une si riche collection? Ce sont, lui dis-je, quelques traités d'Aristote, que je voudrais lire pendant que j'en ai le loisir, ce qui, vous le savez, ne nous arrive guère. Combien je voudrais, dit-il, vous voir pencher plutôt vers les stoïciens ! Si quelqu'un doit croire que la vertu est le seul bien véritable, c'est vous. Mais, repris-je, puisque le fond de notre doctrine est le même, ne devriez-vous pas, moins qu'un autre, donner à une même chose

---

in principibus jam esset, si viveret), et Lucullus mihi versatur ante oculos, vir quum omnibus excellens, tum mecum et amicitia, et omni voluntate, sententiaque conjunctus. Præclare, inquit, facis, quum et eorum memoriam tenes, quorum uterque tibi testamento liberos suos commendavit, et puerum diligis. Quod autem meum munus dicis, non equidem recuso, sed te adjungo socium. Addo etiam illud, multa jam mihi dare signa puerum et pudoris, et ingenii ; sed ætatem vides. Video equidem, inquam ; sed tamen jam infici debet iis artibus, quas si, dum est tener, combiberit, ad majora veniet paratior. Sic, et quidem diligentius, sæpiusque ista loquemur inter nos, agemusque communiter. Sed resideamus, inquit, si placet. Itaque fecimus.

III. Tum ille : Tu autem, quum ipse tantum librorum habeas, quos hic tandem requiris? Commentarios quosdam, inquam, Aristotelios, quos hic sciebam esse, veni ut auferrem, quos legerem, dum essem otiosus, quod quidem nobis, ut scis, non sæpe contingit. Quam vellem, inquit, te ad stoicos inclinavisses! Erat enim, si cujusquam, certe tuum, nihil præter virtutem in bonis ducere. Vide, ne magis, inquam, tuum fuerit, quum re idem tibi, quod mihi

des noms différents? car, pour les sentiments nous sommes unis; les mots seuls nous séparent. Je n'en crois rien, répliqua-t-il : admettre, comme vous faites, au nombre des biens autre chose que la vertu, dire qu'il est d'autres objets dignes de nos recherches, c'est éteindre, si je puis dire, le flambeau de l'honnêteté, c'est détruire la vertu même. Magnifique langage ! m'écriai-je; mais prenez-y garde, cette pompe des mots vous est commune avec Pyrrhon et Ariston, qui passent le niveau sur toutes choses, et sur lesquels je voudrais connaître votre opinion. — Mon opinion, c'est que les hommes qui ont réuni la probité, la justice, la modération, qui ont été dans la république, que nous avons connus ou par tradition ou par nous-mêmes, et qui ont fait tant d'actions honorables sous la seule influence de l'impulsion naturelle, ont reçu de cette impulsion même une instruction bien préférable aux leçons d'une philosophie qui compte parmi les biens autre chose que la vertu, parmi les maux autre chose que le vice. Les autres sectes philosophiques, d'une manière plus ou moins absolue, soutiennent la même doctrine ; aussi je crois que non-seulement elles ne contribuent point à nous rendre meilleurs, mais que même elles nous corrompent. En effet, niez-vous qu'il y ait rien de bien que ce qui est honnête? dès lors, il devient impossible de prouver que la vertu donne le bonheur.

videretur, non nova te rebus nomina imponere. Ratio enim nostra consentit, oratio pugnat. Minime vero, inquit ille, consentit. Quidquid enim, præter id, quod honestum sit, expetendum esse dixeris, in bonisque numeraveris, et honestum ipsum, quasi virtutis lumen, exstinxeris, et virtutem penitus everteris. Dicuntur ista, Cato, magnifice, inquam ; sed videsne, verborum gloriam tibi cum Pyrrhone et Aristone, qui omnia exæquent, esse communem? de quibus cupio scire, quid sentias. Egone? quæris, inquit, scire, quid sentiam? Quos bonos viros, fortes, justos, moderatos aut audivimus in republica fuisse, aut ipsi vidimus, qui sine ulla doctrina naturam ipsam secuti, multa laudabilia fecerunt; eos melius a natura institutos fuisse, quam institui potuissent a philosophia, si ullam aliam probavissent, præter eam, quæ nihil aliud in bonis habet, nisi honestum ; nihil, nisi turpe, in malis : cæteræ philosophorum disciplinæ, omnino alia magis alia ; sed tamen omnes, quæ rem ullam virtutis expertem in bonis, aut in malis numerent, eas non modo nihil adjuvare arbitror, neque affirmare, quo meliores simus, sed ipsam depravare naturam. Nam si hoc non obtineatur, id solum bonum esse, quod honestum sit ; nullo modo probari possit, beatam vitam virtute effici.

Otez cette doctrine, à quoi la philosophie servira-t-elle? Si le sage peut être malheureux, quelle estime si haute faut-il attacher aux promesses orgueilleuses de la vertu?

IV. Je répondis : Tout ce que vous venez de dire, Caton, vous pourriez le dire encore quand vous seriez sectateur de Pyrrhon ou d'Ariston ; car, vous ne l'ignorez pas, ils plaçaient, je ne dis point le bien suprême, mais le seul, l'unique bien, comme vous l'entendez, dans ce qui est honnête. Il résulte de là (et c'est encore votre doctrine) que le sage jouit d'un bonheur constant. Approuvez-vous donc l'opinion de ces deux philosophes, voulez-vous en faire notre règle? — Nullement ; car, le propre de la sagesse étant de savoir discerner ce qui est conforme à la nature, ceux qui ont, dans cette sphère, tout nivelé, de manière à ne plus laisser de choix, ont, par cela même, chassé la vertu de la terre. Vous raisonnez fort bien, lui dis-je ; mais n'imitez-vous pas leur exemple, quand vous dites que le juste et l'honnête sont les seuls biens, et quand vous ne voyez nulle différence dans tout le reste? Si j'ôtais ici les distinctions, dit-il, vous auriez raison ; mais je les laisse. Comment cela? repris-je ; si la vertu seule, si ce que vous appelez honnête, si ce qui est juste, louable, convenable (je multiplie les termes pour rendre ma pensée plus claire), si cela seul est l'unique bien, que

---

Quod si ita sit, cur opera philosophiæ sit danda, nescio. Si enim sapiens aliquis miser esse possit, næ ego istam gloriosam memorabilemque virtutem non magno æstimandam putem.

IV. Quæ adhuc, Cato, a te dicta sunt, eadem, inquam, dicere posses, si sequerere Pyrrhonem aut Aristonem. Nec enim ignoras, his istud honestum, non summum modo, sed etiam, ut tu vis, solum bonum videri. Quod si ita est, sequitur id ipsum, quod te velle video, omnes semper beatos esse sapientes. Hosne igitur laudas, et hanc eorum, inquam, sententiam sequi nos censes oportere? Minime vero istorum quidem, inquit. Quum enim virtutis hoc proprium sit, earum rerum, quæ secundum naturam sint, habere delectum, qui omnia sic exæquaverunt, ut in utramque partem ita paria redderent, uti nulla selectione uterentur [ejus], virtutem ipsam sustulerunt. Istud quidem, inquam, optime dicis ; sed quæro, nonne tibi faciendum idem sit, nihil dicenti bonum, quod non rectum honestumque sit, reliquarum rerum discrimen omne tollenti? Si quidem, inquit, tollerem ; sed relinquo. Quonam modo, inquam, si una virtus, unum istud, quod honestum appellas, rectum, laudabile, decorum (erit enim notius quale sit, pluribus notatum vocabulis idem

faudra-t-il chercher encore? si le mal ne réside que dans ce qui a un caractère de honte, de malhonnêteté, d'indécence, de méchanceté, de vice, d'indignité (synonymes nombreux, appelés encore par le besoin de la clarté), que peut-il y avoir de plus à éviter? Vous savez fort bien, dit-il, quelle est ma réponse à cette objection, et j'entrevois en vous l'intention de tirer avantage de ma courte réplique ; aussi je ne vous répondrai point séparément sur chaque article. Mais, puisque nos loisirs nous le permettent, je veux bien, à moins que vous ne le jugiez inutile, vous exposer la doctrine entière de Zénon et du Portique. Ce sera pour moi une leçon utile, lui dis-je; elle jettera même de la lumière sur l'objet de nos recherches. Essayons donc, reprit-il, cette tâche pénible, car il y a plus d'une obscurité, plus d'une difficulté à démêler dans la doctrine des stoïciens. Autrefois, même dans la langue grecque, leurs termes philosophiques parurent étranges avant que l'usage les eût rendus familiers : que sera-ce donc si j'en hasarde de nouveaux dans notre langue? N'hésitez pas, lui dis-je. Zénon a bien pu inventer des expressions nouvelles pour exprimer de nouvelles découvertes ; pourquoi donc Caton ne jouirait-il pas du même privilége? Mais il ne sera pas toujours nécessaire de calquer votre langage sur le grec, comme ferait un interprète maladroit, surtout pour les idées qui deviendraient plus intelligibles par

---

declarantibus), id ergo, inquam, si solum est bonum, quid habebis præterea, quod sequare ? Aut, si nihil malum, nisi quod turpe, inhonestum, indecorum, pravum, flagitiosum, fœdum; ut hoc quoque pluribus nominibus insigne faciamus, quid præterea dices esse fugiendum? Non ignoranti, inquit, tibi, qui sim dicturus, sed aliquid, ut ego suspicor, ex mea brevi responsione arripere cupienti, non respondebo ad singula : explicabo potius, quoniam otiosi sumus, nisi alienum putas, totam Zenonis stoicorumque sententiam. Minime id quidem, inquam, alienum; multumque ad ea, quæ quærimus, explicatio tua ista profecerit. Experiamur igitur, inquit, etsi habet hæc stoicorum ratio difficilius quiddam et obscurius. Nam quum in græco sermone hæc ipsa quondam rerum nomina nova tum videbantur, quæ nunc consuetudo diuturna trivit, quid censes in latino fore? Faciendum id quidem est, inquam. Si enim Zenoni licuit, quum rem aliquam invenisset inusitatam, inauditum quoque ei rei nomen imponere, cur non liceat Catoni ? Nec tamen exprimi verbum e verbo necesse erit, ut interpretes indiserti solent, quum sit verbum, quo idem de-

l'emploi des mots d'un usage vulgaire. Pour moi, quand il s'agit de traduire, si je ne puis rendre avec la même brièveté ce qui ne demande aux Grecs qu'une seule expression, je l'exprime en plusieurs termes. Parfois encore j'emploie le mot grec, quand notre langue me refuse un juste équivalent. On dit bien *éphippies, acratophores :* pourquoi ne dirait-on pas *proegmènes, apoproegmènes ?* Cependant les mots *préférés* et *rejetés* pourraient nous suffire. Grand merci du secours que vous m'apportez, me répondit-il. Voilà deux mots dont je me servirai plutôt que des termes grecs. Quand il sera question des autres, si vous me voyez dans l'embarras, vous m'en tirerez. Je ferai de mon mieux, lui dis-je ; mais le succès appartient au courage. Essayez donc, de grâce. Et quelle occupation est au-dessus de celle-là ?

V. Il faut, dit Caton, prendre l'animal à sa naissance. Les philosophes dont j'adopte le système prétendent que, dès qu'il est né, l'instinct le porte à s'aimer, et à aimer la conservation de son être et de tout ce qui s'y rapporte ; et que, par la même impulsion, il répugne à sa destruction et à tout ce qui peut la produire. Voyez, disent-ils, les enfants : avant d'être capables du sentiment de plaisir ou de douleur, ils ont l'appétit de ce qui leur est salutaire, et le dégoût des choses nuisibles. Cela

---

claret, magis usitatum. Equidem soleo etiam, quod uno Græci, si aliter non possum, idem pluribus verbis exponere. Et tamen puto concedi nobis oportere, ut græco verbo utamur, si quando minus occurret latinum, ne hoc ephippiis et acratophoris potius, quam proegmenis et apoproegmenis, concedatur. Quanquam hæc quidem præposita recte, et rejecta, dicere licebit. Bene facis, inquit, quod me adjuvas ; et istis quidem, quæ modo dixisti, utar potius latinis. In cæteris subvenies, si me hærentem videbis. Sedulo, inquam, faciam. Sed fortuna fortes. Quare conare, quæso. Quid enim hoc possumus agere divinius ?

V. Placet his, inquit, quorum ratio mihi probatur, simul atque natum sit animal (hinc enim est ordiendum), ipsum sibi conciliari et commendari ad se conservandum, et ad suum statum, et ad ea, quæ conservantia sunt ejus status, diligenda ; alienari autem ab interitu, iisque rebus, quæ interitum videantur afferre. Id ita esse sic probant, quod, ante quam voluptas aut dolor attigerit, salutaria appetant parvi, aspernenturque contraria. Quod non fie-

serait-il ainsi si leur conservation n'était le premier mobile de leurs affections, leur anéantissement le premier objet de leurs craintes? Il serait même impossible qu'ils éprouvassent alors un seul désir, s'ils n'avaient le sentiment de leur conservation. De là l'origine de l'amour-propre. Presque tout le Portique pense qu'il ne faut pas ranger la volupté parmi les principes naturels qui portent chacun de nous à s'aimer. Je donne tout à fait dans ce sens ; en effet, si naturellement il y avait quelque attrait de volupté dans les premiers objets de nos désirs, il serait à craindre qu'on ne tirât de là des conséquenses fâcheuses et trop fondées. Mais le premier désir que la nature a mis en nous n'est autre chose que la conservation de ses dons ; et, ce qui le prouve suffisamment, c'est que tout homme aime mieux avoir toutes les parties de son corps saines et entières, qu'estropiées ou contrefaites, même sans en perdre l'usage.

Quant aux connaissances, ou, si vous l'aimez mieux, aux perceptions de l'intelligence, la nature, selon notre opinion, nous porte à les rechercher pour elles-mêmes, parce que c'est dans leur sein que réside la vérité, et cette disposition naturelle se trahit dans l'enfant : n'est-il pas charmé lorsque, par la seule force de son raisonnement, il a fait quelqu'une de ces découvertes qui, d'ailleurs, lui importent fort peu? Selon nous en-

---

ret, nisi statum suum diligerent, interitum timerent. Fieri autem non posset, ut appeterent aliquid, nisi sensum haberent sui, eoque se et sui diligerent. Ex quo intelligi debet, principium ductum esse a se diligendi sui. In principiis autem naturalibus diligendi sui, plerique stoici non putant voluptatem esse ponendam. Quibus ego vehementer assentior, ne, si voluptatem natura posuisse in iis rebus videatur, quæ primæ appetuntur, multa turpia sequantur. Satis esse autem argumenti videtur, quamobrem illa, quæ natura prima sunt ascita, natura diligamus; quod est nemo, quin, quum utrumvis liceat, aptas malit et integras omnes partes corporis, quam, eodem usu, imminutas aut detortas habere.

Rerum autem cognitiones, vel, si hæc verba aut minus placent, aut minus intelliguntur, καταλήψεις appellemus licet, eas igitur ipsa propter se asciscendas arbitramur, quod habeant quiddam in se quasi complexum et continens veritatem. Id autem in parvis intelligi potest ; quos delectari videmus, etiamsi eorum nihil intersit, si quid ratione per se ipsi invenerunt. Artes etiam

core, les arts sont dignes par eux-mêmes de notre application : ils sont l'œuvre de l'intelligence, du raisonnement, de la méthode; et rien, disons-nous, ne nous inspire naturellement une aversion plus grande que l'adhésion à l'erreur. De plus, le corps de l'animal se compose de diverses parties : aux unes la nature semble avoir prescrit un emploi particulier ; ce sont les yeux, les pieds, les jambes, les mains et tous les organes intérieurs dont la médecine nous explique les différentes fonctions ; les autres paraissent n'avoir été données pour aucun usage, mais pour servir d'ornement ; je range ici, chez l'homme, la barbe et les mamelles; chez le paon, la queue ; chez le pigeon, les nuances variées de son plumage. Si je vous parle avec sécheresse de tous ces premiers éléments de la nature, c'est que, indépendamment de leur aridité, je ne songe pas à y jeter des fleurs. Quand le sujet que l'on traite est grand, les choses mêmes entraînent les paroles ; et tout le discours en a plus de force et de dignité. Il est vrai, lui répondis-je ; mais que le sujet dont on parle soit solide, et tout ce que l'on en dira clairement me paraîtra bien dit. Quelle prétention puérile que celle qui s'attache à semer l'élégance sur certaines matières ! Que l'homme habile soit clair alors, et qu'il se fasse comprendre, il suffit.

VI. Avançons donc, reprit Caton. Nous nous sommes arrêtés

ipsas propter se assumendas putamus, quum quia sit in his aliquid dignum assumptione, tum quod constent ex cognitionibus, et contineant quiddam in se ratione constitutum et via. A falsa autem assensione magis nos alienatos esse, quam a cæteris rebus, quæ sunt contra naturam, arbitramur. Jam membrorum, id est partium corporis, alia videntur propter eorum usum a natura esse donata, ut manus, crura, pedes, ut ea, quæ sunt intus in corpore, quorum utilitas quanta sit, a medicis etiam disputatur ; alia autem nullam ob utilitatem, quasi ad quemdam ornatum, ut cauda pavoni, plumæ versicolores columbis, viris mammæ atque barba. Hæc dicuntur fortasse jejunius : sunt enim quasi prima elementa naturæ ; quibus ubertas orationis adhiberi vix potest, nec equidem eam cogito consectari ; verumtamen quum de rebus grandioribus dicas, ipsæ res verba rapiunt. Ita fit quum gravior, tum etiam splendidior oratio. Est ut dicis, inquam; sed tamen omne, quod de re bona dilucide dicitur, mihi præclare dici videtur. Istiusmodi autem res dicere ornate velle, puerile est ; plane autem et perspicue expedire posse, docti et intelligentis viri.

VI. Progrediamur igitur, quoniam, inquit, ab his principiis naturæ disces-

aux premiers principes naturels, auxquels la suite se rapportera.
Ces notions établies, nous avons d'abord à faire une division.
Appelons *estimable* (en traduisant ainsi ἄξιον) ce qui est conforme à la nature, ce qui paraît mériter notre choix à cause de l'estime (ἀξία, chez Zénon) qui s'y attache. *Méprisable* sera son contraire. Supposons donc que ce qui est conforme à la nature mérite que nous nous y attachions, et que ce qui est contraire doit être rejeté, le premier devoir naturel de l'homme (je désigne par là le καθῆκον) est de se maintenir dans l'état de sa nature ; le second, de s'attacher à ce qui y est conforme et de fuir ce qui la blesse. De là l'homme passe au choix des autres devoirs ; ce choix, dans ses intentions, doit être durable. Enfin, commence-t-il à discerner le bien, et ce qui mérite ce nom, il arrête définitivement un choix sage, réfléchi, convenable à son être. C'est là sa première inclination. Mais dès que l'intelligence (ἔννοια) agit en lui, dès qu'il saisit l'ordre et les rapports harmoniques de toutes choses, il s'y attache plus qu'aux objets de ses précédentes affections, et le fruit qu'il recueille de sa raison ainsi mise en exercice est de reconnaître que, pour l'homme, le souverain bien, le bien que nous devons estimer et rechercher pour lui-même, n'est autre que l'ὁμολογία des

simus, quibus congruere debent, quæ sequuntur. Sequitur autem prima divisio hæc. Æstimabile esse dicitur ; sic enim, ut opinor, appellemus id, quod aut ipsum secundum naturam sit, aut tale quid efficiat, ut selectione dignum propterea sit, quod aliquod pondus habeat dignum æstimatione, quam ille ἀξίαν vocat : contraque inæstimabile, quod sit superiori contrarium. Initiis igitur ita constitutis, ut ea, quæ secundum naturam sunt, ipsa propter se sumenda sint, contrariaque item rejicienda, primum est officium (id enim appello καθῆκον), ut se conservet in naturæ statu ; deinceps ut ea teneat, quæ secundum naturam sint, pellatque contraria ; qua inventa selectione, et item rejectione, sequitur deinceps cum officio selectio ; deinde ea perpetua, tum ad extremum constans, consentaneaque naturæ, in qua primum inesse incipit et intelligi, quid sit, quod vere bonum possit dici. Prima est enim conciliatio hominis ad ea, quæ sunt secundum naturam. Simul autem cepit intelligentiam, vel notionem potius, quam appellant ἔννοιαν illi, viditque rerum agendarum ordinem, et, ut ita dicam, concordiam, multo eam pluris æstimavit ; quam omnia illa, quæ primum dilexerat ; atque ita cognitione et ratione collegit, ut statueret in eo collocatum summum illud hominis per se laudandum et expetendum bonum, quod quum positum sit in eo, quod ὁμολογίαν stoici ;

stoïciens, c'est-à-dire la convenance. Ce bien suprême doit être le but de toutes nos actions : il suit de là qu'il sera aussi le but de ce qui est honnête. En effet, quoique l'honnête n'occupe que le second rang dans l'ordre successif des biens de la nature, seul il mérite pourtant, par lui-même, par sa dignité propre, nos recherches empressées ; tandis que les premiers biens naturels n'ont en eux-mêmes rien de désirable. Mais les devoirs dont j'ai parlé ayant leur source dans les principes naturels, il faut aussi les y rapporter. Par là on pourra dire avec vérité que tout se rapporte à la conservation des premiers biens de la nature, quoiqu'il ne faille pas les y rapporter comme à un souverain bien ; car, dans les premières inclinations de notre être, il ne peut y avoir d'action moralement bonne ; plus tard seulement, nous l'avons dit, la moralité vient à se former. L'honnête n'en est pas pour cela moins conforme à notre nature ; il excite même dans nos cœurs un désir bien plus vif que tous les premiers biens naturels. Toutefois, ce serait une erreur de croire à l'existence de deux souverains biens. Si vous voulez lancer un javelot ou décocher une flèche, vous ferez tous vos efforts pour atteindre le but auquel vous visez : de même, en affirmant que l'application au maintien des premiers biens de la nature est un devoir, nous voulons par là qu'ils conduisent à la fin qu'on se propose. La vertu est comme le but proposé à

---

nos appellemus convenientiam, si placet ; quum igitur in eo sit id bonum, quo referenda sint omnia [honeste facta], ipsumque honestum, quod in bonis ducitur, quanquam post oritur, tamen id solum vi sua et dignitate expetendum est : eorum autem, quæ sunt prima naturæ, propter se nihil expetendum. Quum vero illa, quæ officia esse dixi, proficiscantur ab initiis naturæ ; ea ad hæc necesse est, ut recte dici possit, omnia officia eo referri, ut adipiscamur principia naturæ ; nec tamen ut hoc sit bonorum ultimum, propterea quod non inest in primis naturæ conciliationibus honesta actio. Consequens enim est, et post oritur, ut dixi. Est tamen ea secundum naturam, multoque nos ad se expetendam magis hortatur, quam superiora omnia. Sed ex hoc primum error tollendus est, ne quis sequi existimet, ut duo sint ultima bonorum. Ut enim si cui sit propositum, collineare hastam aliquo, aut sagittam, sicut nos ultimum in bonis diximus, sic illi facere omnia quæ possit, ut collineet : huic in ejus similitudine omnia sint facienda, ut collineet ; et tamen ut omnia aciat, quo propositum assequatur : sit hoc, quasi ultimum, quale nos sum-

notre adresse : sur elle repose donc tout le prix de la vie; le reste n'est que le moyen soumis à notre choix pour y atteindre.

VII. Les principes naturels sont la source de tous les devoirs : c'est donc aussi de là que doit découler la sagesse. Mais parfois un homme recommandé à quelqu'un en vient à estimer son second protecteur plus que le premier; ainsi, ne nous étonnons pas si les mortels, recommandés à la sagesse par les principes de la nature, s'attachent ensuite à cette même sagesse plus qu'aux principes qui les avaient portés vers elle. Nos membres nous ont été donnés exclusivement pour certaines fonctions déterminées : ainsi le désir de l'âme, appelé par les Grecs ὁρμή, nous a été donné, avec la droite et parfaite raison, non pour suivre toute sorte de genres de vie, mais pour donner à notre conduite un caractère arrêté. Tel geste nous choquerait dans un comédien, tel mouvement dans un danseur : l'un et l'autre doivent soumettre à une règle fixe toutes les parties de leur art. L'on ne doit donc pas se jeter au hasard dans la première carrière qui se présente à nous, mais on doit adopter un genre de vie unique, dont la première condition est la conformité ou la convenance avec la nature. Loin de nous l'idée que la sagesse ressemble à la navigation, à la médecine : elle a plus d'analogie avec les deux autres arts dont je parlais tout à l'heure, en ce que leur production est toute renfermée en eux-mêmes. Il y

---

mum in vita bonum dicimus; illud autem, ut feriat, quasi seligendum, non expetendum.

VII. Quum autem omnia officia a principiis naturæ proficiscantur, ab iisdem necesse est proficisci ipsam sapientiam. Sed quemadmodum sæpe fit, ut is, qui commendatus sit alicui, pluris eum faciat, cui commendatus sit, quam illum, a quo sit; sic minime mirum est, primo nos sapientiæ commendari ab initiis naturæ, post autem ipsam sapientiam nobis cariorem fieri, quam illa sint, a quibus ad hanc venerimus. Atque ut membra nobis ita data sunt, ut ad quamdam rationem vivendi data esse appareant : sic appetitio animi, quæ ὁρμή græce vocatur, non ad quodvis genus vitæ, sed ad quamdam formam vivendi videtur data; itemque et ratio, et perfecta ratio. Ut enim histrioni actio, saltatori motus, non quivis, sed certus quidam est datus : sic vita agenda est certo genere quodam, non quolibet; quod genus conveniens consentaneumque dicimus. Nec enim gubernationi, aut medicinæ similem sapientiam esse arbitramur, sed actioni illi potius, quam modo dixi, et saltationi, ut in ipsa arte insit, non foris petatur extremum, id est artis effectio; et tamen

a néanmoins une différence : ce qui est bien fait dans chacun de ces deux arts n'en comprend pas toutes les parties ; au lieu que, dans la sagesse, les actions droites et vertueuses, les κατορθώ-μaτα des Grecs, comprennent tout ce que renferme la vertu. C'est que la sagesse est le seul art qui ait l'avantage de tout contenir dans son sein. Il y a donc erreur à comparer le but que se proposent le médecin et le navigateur, dont l'art est stérile en soi-même, avec le but de la sagesse, qui comprend en elle-même tout ce qu'elle produit. Seule, la sagesse embrasse la justice, la magnanimité, et cette force d'âme qui nous élève dans une région inaccessible aux événements de la vie. Mais nul ne pourra parvenir à ces vertus, s'il n'est pas convaincu que la seule vraie différence entre les choses, c'est l'honneur ou la honte.

VIII. Voyons maintenant avec quelle admirable simplicité tout cela découle des principes établis plus haut. *Le but* de la sagesse (passez-moi plusieurs synonymes pour exprimer le τέλος des Grecs ; peut-être l'appellerai-je aussi *la fin*), le but de la sagesse est, avons-nous dit, de vivre conformément à la nature. Il suit de là rigoureusement que la vie du sage est toujours complétement heureuse ; que rien ne l'embarrasse, ne l'arrête, ne lui fait sentir un besoin. La vertu est le seul bien.

est etiam alia cum his ipsis artibus sapientiæ dissimilitudo ; propterea quod in illis, quæ recte facta sunt, non continentur tamen omnes partes, e quibus constant. Quæ autem nos aut recta, aut recte facta dicamus, si placet, illi autem appellant κατορθώματα, omnes numeros virtutis continent. Sola enim sapientia in se tota conversa est : quod idem in cæteris artibus non fit. In ,cite autem medicinæ et gubernationis ultimum cum ultimo sapientiæ comparatur. Sapientia enim et animi magnitudinem complectitur, et justitiam, et ut omnia, quæ homini accidant, infra se esse judicet : quod idem in cæteris artibus non contingit. Tenere autem virtutes eas ipsas, quarum modo mentionem feci, nemo poterit, nisi statuerit, nihil esse, quod intersit, aut differat aliud ab alio, præter honesta, et turpia.

VIII. Videamus nunc, quam sint præclare illa iis, quæ jam posui, consequentia. Quum enim hoc sit extremum (sentis enim, credo, me jam diu, quod τέλος græcus dicat, id dicere tum extremum, tum ultimum, tum summum : licebit etiam finem pro extremo, aut ultimo dicere), quum ergo hoc sit extremum, congruenter naturæ convenienterque vivere, necessario sequitur, omnes sapientes semper feliciter, absolute, fortunate vivere, nulla re impe-

Cette vérité, qui n'est pas moins applicable au bonheur de toute la vie qu'à la doctrine que j'expose, pourrait ouvrir à l'éloquence une magnifique carrière, où elle s'élèverait aux pensées les plus sublimes, au langage le plus pompeux ; mais j'aime mieux les conclusions courtes et vives des stoïciens. Voici leur argument : « Tout ce qui est bon est louable ; tout ce qui est louable est honnête ; donc tout ce qui est bon est honnête. » Cette conséquence vous semble-t-elle rigoureusement déduite? oui, sans doute ; car vous voyez qu'elle est tirée des deux premières propositions. Des deux membres qui donnent cette conclusion, c'est d'ordinaire le premier qui est contesté ; car on admet sans peine le second, « tout ce qui est louable est honnête. » Mais n'est-il pas absurde de dire qu'il existe un bien qui n'est pas désirable ; que ce bien, reconnu désirable, ne plaît point ; qu'il plaît sans mériter notre choix ; qu'il est digne d'être choisi sans s'attirer pour cela notre approbation, ce qui signifie, en d'autres termes, sans être louable et moralement bon? Concluons de là que l'honnêteté et le bien ne sont qu'un. Je demande ensuite qui pourrait se glorifier d'une vie misérable, ou ne se pas glorifier d'une vie heureuse? Cette dernière seule nous élèvera donc à nos propres yeux ; d'où je conclus qu'une vie heureuse est digne

---

diri, nulla prohiberi, nulla egere. Quod autem continet non magis eam disciplinam, de qua loquor, quam vitam fortunasque nostras, id est ut, quod honestum sit, id solum bonum judicemus : potest id quidem fuse et copiose, et omnibus electissimis verbis, gravissimisque sententiis [rhetorice] et augeri, et ornari ; sed consectaria me stoicorum brevia, et acuta delectant. Concluduntur igitur eorum argumenta sic : « Quod est bonum, omne laudabile est. Quod autem laudabile est, omne honestum est. Bonum igitur quod est, honestum est. » Satisne hoc conclusum videtur? Certe. Quod enim efficiebatur ex his duobus, quæ erant sumpta, in eo vides esse conclusum. Duorum autem, e quibus effecta conclusio est, contra superius dici solet, non omne bonum esse laudabile. Nam quod laudabile sit, honestum esse conceditur. Illud autem perabsurdum, bonum esse aliquid, quod non expetendum sit ; aut expetendum, quod non placens ; aut, si id, non etiam diligendum. Ergo et probandum. Ita etiam laudabile. Id autem honestum. Ita fit, ut, quod bonum sit, id etiam honestum sit. Deinde quæro, quis aut de misera vita possit gloriari, aut non de beata? De sola igitur beata. Ex quo efficitur, gloriatione, ut ita dicam, dignam esse beatam vitam : quod non possit quidem nisi honestæ vitæ jure contingere.

de gloire. Or la vraie gloire n'appartient qu'à la vertu : donc une vie vertueuse est le bonheur. Pour mériter la louange, il faut posséder des qualités morales assez élevées pour nous faire regarder comme heureux : il suit de là que la vie de l'homme éminemment vertueux est une vie très-heureuse. Et, puisque la bonté morale fait le bonheur, il n'y a rien de bien que ce qui est moralement bon. Qui pourrait soutenir aussi que l'homme d'un courage ferme et élevé peut mériter ce titre, et voir un mal dans la douleur? Celui qui met la mort au nombre des maux, je le condamne à la craindre; ainsi, celui qui voit dans une chose quelconque un mal véritable, ne peut la mépriser; or, comme sur ce fait il n'y a qu'une voix, il s'ensuit que l'homme magnanime, l'homme de cœur et de résolution, foule aux pieds tous les accidents de l'humanité. Par la même voie on arrive à reconnaître que le seul mal c'est le vice. Le mortel dont je fais ici le portrait, cet être excellent, ferme, intrépide, pour qui le malheur n'est rien, cet homme que nous voulons former et que nous cherchons, doit avoir une noble confiance en lui-même, jeter un regard assuré sur le passé, le présent et l'avenir, et concevoir de lui une haute idée, certain comme il est qu'entre le mal et le sage il y [a une barrière insurmontable. Voilà encore une preuve qui place le seul bien, le seul bonheur dans la vertu.

Ita fit, ut honesta vita, beata vita sit. Et quoniam is, cui contingit, ut jure laudetur, habet insigne quiddam ad decus et ad gloriam, ut ob ea, quæ tanta sint, beatus dici jure possit : idem de vita talis viri rectissime dicitur. Ita, si beata vita honestate cernitur, quod honestum est, id bonum solum habendum est. Quod vero negari nullo modo possit, quem unquam stabili, et firmo, et magno animo, quem fortem virum dicimus effici posse, nisi constitutum sit, non esse malum dolorem? Ut enim qui mortem in malis ponit, non potest eam non timere; sic nemo ulla in re potest id, quod malum esse decernit, non cu; rare, idque contemnere : quo posito, et omnium assensu approbato, illud assumitur, eum, qui magno sit animo, atque forti, omnia, quæ cadere in hominem possint, despicere, et pro nihilo putare. Quæ quum ita sint, effectum est, nihil esse malum, quod turpe non sit. Atque iste vir altus et excellens, magno animo, vere fortis, infra se omnia humana ducens, is, inquam, quem efficere volumus, quem quærimus certe, et confidere sibi debet, et suæ vitæ et actæ et consequenti, et bene de se judicare, statuens nihil mali posse incidere sapienti. Ex quo intelligitur idem illud, solum bonum esse, quod honestum sit; idque esse beate vivere, honeste, id est cum virtute vivere.

IX. Je le sais, même entre les philosophes qui regardent comme purement spirituel le souverain bien, il y a beaucoup d'opinions différentes. Mais, parmi plusieurs qui me semblent fausses, celle qui le fait consister dans les plaisirs de l'intelligence joints aux délices de la vertu, est, à mon avis, fort préférable, non-seulement aux trois systèmes qui, séparant la vertu du souverain bien, l'ont établi ou dans la volupté, ou dans l'absence de la douleur, ou dans les premiers biens de la nature; mais aussi aux trois autres qui, croyant devoir donner un appui à la vertu, lui ont ajouté quelqu'une des trois choses que je viens de désigner. Du reste, sont égaux en absurdité et les philosophes aux yeux de qui la science est le bien suprême, et ceux qui, mettant le niveau sur toutes choses, disent que le bonheur est impossible au sage, s'il sent dans son cœur des préférences : semblables à ces académiciens qui pensent, dit-on, que le souverain bien, que le premier devoir du sage est de se méfier des apparences et de ne prononcer sur rien. Il est aisé de réfuter les uns et les autres; mais ne perdons pas de temps à prouver l'évidence. N'est-il pas évident, en effet, que, si entre les choses qu'admet la nature et celles qu'elle repousse il n'y a pas de choix à faire, on réduit à rien la prudence, but de tant d'efforts, objet de tant de louanges? Écartons donc ces

---

IX. Nec vero ignoro varias philosophorum fuisse sententias, eorum dico, qui summum bonum, quod ultimum appello, in animo ponerent. Quos quanquam vitiose quidam secuti sunt, tamen non modo his tribus, qui virtutem a summo bono segregaverunt, quum aut voluptatem, aut vacuitatem doloris, aut prima natura in summis bonis ponerent, sed etiam alteris tribus, qui mancam fore putaverunt, sine aliqua accessione, virtutem, ob eamque rem trium earum rerum, quas supra dixi, singuli singulas addiderunt : his tamen omnibus eos antepono, cuicuimodi sunt, qui summum bonum in animo, atque in virtute posuerunt. Sed sunt tamen perabsurdi et ii, qui, cum scientia vivere, ultimum bonorum, et qui nullam rerum differentiam esse dixerunt, atque ita sapientem beatum fore, nihil aliud alii momento ullo anteponentem : ut quidam academici constituisse dicuntur, extremum bonorum, et summum munus esse sapientis, obsistere visis, assensusque suos firme sustinere. Illis singulis copiose responderi solet. Sed quæ perspicua sunt, longa esse non debent. Quid autem apertius, quam, si selectio nulla sit ab iis rebus, quæ contra naturam sint, earum rerum quæ sint secundum naturam, tollatur omnis ea, quæ quæratur, laudeturque prudentia? Circumscriptis igitur iis sententiis, quas

tristes systèmes, et les opinions qui leur ressemblent: il nous restera à conclure que le bien suprême réside dans une intelligence si nette des choses de la nature, qu'on puisse sans erreur choisir celles qui lui conviennent, et rejeter celles qui lui sont ennemies, c'est-à-dire vivre conformément à la nature. Dire qu'un objet d'art, en général, est artistement fait, c'est parler d'une opération extérieure de l'art, d'une production au dehors; enfin de ce que les Grecs appellent ἐπιγεννηματικόν. Il n'en est pas ainsi de la science du sage. Une chose est sagement faite, s'il y a sagesse dans le mobile intérieur de l'action. Tout ce qui part de l'âme du sage doit être la sagesse dans sa plénitude : pourquoi? c'est que le sage a en lui-même le seul bien qui soit digne de nos efforts. Trahir sa patrie, outrager ses parents, piller les temples, sont des actions visibles qui constituent le péché; de même, c'est pécher contre la sagesse que d'éprouver, même dans le secret de l'âme, crainte, affection, sentiments déréglés. Et, comme ce qui constitue l'immoralité d'une action, ce n'est pas son résultat, mais bien son principe; ainsi tout ce qui est selon la vertu, même sans être réalisé au dehors par des faits, doit être jugé bon et droit.

X. Dans cette conversation, nous avons souvent employé le mot de bien : il faut l'expliquer. Les sens divers qu'y attachent

---

posui, et iis, quæ similes earum sunt, relinquitur, ut summum bonum sit, vivere, scientiam adhibentem earum rerum, quæ natura eveniant, seligentem, quæ secundum naturam, et, si quæ etiam contra naturam sint, rejicientem, id est convenienter congruenterque naturæ vivere. Sed in cæteris artibus quum dicitur artificiose, posterum quodam modo, et consequens putandum est : quod illi ἐπιγεννηματικόν appellant. Quod autem in quo sapienter dicimus, id a primo rectissime dicitur. Quidquid enim a sapiente proficiscitur, id continuo debet expletum esse omnibus suis partibus. In eo enim positum est id, quod dicimus esse expetendum. Nam ut peccatum est, patriam prodere, parentes violare, fana depeculari, quæ sunt in effectu : sic timere, sic mœrere, sic in libidine esse, peccatum est, etiam sine effectu. Verum ut hæc non in posteris et in consequentibus, sed in primis continuo peccata sunt : sic ea, quæ proficiscuntur a virtute, susceptione prima, non perfectione, recte sunt judicanda.

X. Bonum autem, quod in hoc sermone toties usurpatum est, id etiam defi

nos philosophes diffèrent peu entre eux et tendent au même but. Je me range à l'avis de Diogène le Stoïcien, qui définit le bien, « ce qui de sa nature est absolu et parfait. » Il ajoute, comme conséquence de cette idée, que l'utile joint à l'honnête (traduisons ainsi son ὠφέλημα) est un état moral qui émane de la nature de l'absolu. Or les notions des choses se forment dans notre entendement, ou par leur usage, ou par le rapprochement que l'esprit en fait, ou par la perception de leurs ressemblances, ou par les réflexions de la raison. Ce dernier procédé est celui qui a fait découvrir la nature du bien. Au-dessus des choses qui sont selon la nature, élevons l'esprit par la réflexion : il parviendra à l'intuition complète de ce même bien. Est-ce l'adjonction, est-ce l'accroissement, est-ce la comparaison avec un autre objet, qui constitue ce bien? non, il est par lui-même; sa vertu propre nous fait sentir ce qu'il est. Ainsi, à la saveur du miel, on reconnaît qu'il est doux : est-il besoin, pour cela, de le comparer avec une autre saveur? Le bien dont nous parlons est donc au-dessus de toute estime ; il s'y élève par sa propre vertu, sans que l'on ait égard à la grandeur du prix qui peut s'y attacher. Généralement, l'estime, l'ἀξία des Grecs, n'est ni un bien ni un mal : ainsi, quelque grande qu'elle puisse être, sa nature ne change point. Mais cette remarque cesse d'être vraie quand l'estime s'applique à la vertu; car alors la vertu lui commu-

nitione explicetur. Sed eorum definitiones paulum oppido inter se differunt, et tamen eodem spectant. Ego assentior Diogeni, qui bonum definierit, id, quod esset natura absolutum. Id autem sequens, illud etiam quod prodesset (ὠφέλημα enim sic appellemus), motum, aut statum esse dixit, e natura absoluti. Quumque rerum notiones in animis fiant, si aut usu aliquid cognitum sit, aut conjunctione, aut similitudine, aut collatione rationis, hoc quarto, quod extremum posui, boni notitia facta est. Quum enim ab iis rebus, quæ sunt secundum naturam, adscendit animus collatione rationis, tum ad notionem boni pervenit. Hoc autem ipsum bonum, non accessione, neque crescendo, aut cum cæteris comparando, sed propria vi sua et sentimus, et appellamus bonum. Ut enim mel, etsi dulcissimum est, suo tamen proprio genere saporis, non comparatione cum aliis, dulce sentitur : sic bonum hoc, de quo agimus, est illud quidem plurimi æstimandum; sed ea æstimatio genere valet, non magnitudine. Nam quum æstimatio, quæ ἀξία dicitur, neque in bonis numerata sit, neque rursus in malis, quantumcumque eo addideris, in suo genere manebit. Alia est igitur propria æstimatio virtutis; quæ genere, non

nique sa moralité. Parlons des troubles de l'âme. La Grèce les appelle πάθη, et je les nommerais volontiers *maladies*, si ce terme avait une extension suffisante; mais l'on n'a jamais appelé *maladie* ou la compassion, ou la colère, que les Grecs nomment πάθος. Les troubles de l'âme que j'appelle ainsi d'un nom général pris en mauvaise part, rendent la vie des fous misérable et dure; et ce n'est pas un sentiment naturel qui les provoque dans notre cœur. On en compte quatre principaux, qui se subdivisent : ce sont la tristesse, la crainte, le désir, et ce que les Grecs appellent physiquement et moralement ἡδονή, *volupté*; mais je préfère l'appeler *joie*, parce que c'est l'élan accompagné de plaisir d'une âme qui laisse éclater au dehors ses impressions. La nature n'est pas la source de ces troubles ; ils sont l'ouvrage de l'opinion, de la mobilité de l'esprit : ainsi le sage ne doit pas les connaître.

XI. Oui, disent avec nous une foule de philosophes, tout ce qui est moralement bon mérite par soi-même nos recherches. En effet, retranchons les trois écoles qui excluent la vertu du souverain bien, c'est une opinion adoptée par toutes les sectes philosophiques, et au premier rang par le Portique : ne voir le bien que là où est l'honnête. Il n'est point de thèse plus aisée à

---

crescendo, valet. Nec vero perturbationes animorum, quæ vitam insipientium miseram acerbamque reddunt, quas Græci πάθη appellant (poteram ego verbum ipsum interpretans, morbos appellare; sed non conveniret ad omnia : quis enim misericordiam, aut ipsam iracundiam, morbum solet dicere? At illi dicunt πάθος. Sit igitur perturbatio, quæ nomine ipso vitiosa declarari videtur) : nec hæ perturbationes vi aliqua naturali moventur; omnesque sunt genere quatuor, partibus plures, ægritudo, formido, libido, quamque stoici communi nomine corporis et animi ἡδονήν appellant, ego malo lætitiam appellare, quasi gestientis animi elationem voluptariam. Perturbationes autem nulla naturæ vi commoventur; omniaque ea sunt opiniones, ac judicia levitatis : itaque his sapiens semper vacabit.

XI. Omne autem, quod honestum sit, id esse propter se expetendum, commune nobis est cum multorum aliorum philosophorum sententiis. Præter enim tres disciplinas, quæ virtutem a summo bono excludunt, cæteris omnibus philosophis hæc est tuenda sententia, maxime tamen his [stoicis], qui nihil aliud in bonorum numero, nisi honestum, esse voluerunt. Sed hæc quidem

soutenir. Y a-t-il, y eut-il jamais un homme d'une avidité assez grande, d'une licence assez effrénée, pour ne pas de beaucoup mieux aimer acquérir sans attentat l'objet de ses vœux les plus ardents, que d'en jouir par un crime auquel l'impunité serait assurée? Quelle utilité nous proposons-nous de retirer de l'étude des mystères de la nature, des principes du mouvement, des révolutions du ciel? Où est l'homme à éducation grossière, où est l'ennemi de l'étude des sciences naturelles et des choses qui méritent d'être connues, dont l'humeur sauvage aille jusqu'à leur fermer l'oreille, les compter pour rien, à moins qu'elles ne lui procurent un autre avantage que celui de s'éclairer? Au récit des grandes actions, des paroles remarquables, des généreux sentiments de nos aïeux, des deux Scipion, de celui de mes ancêtres dont vous rappelez sans cesse la gloire, et de tant d'autres hommes illustres, modèles de toutes les vertus, est-il un seul homme dont l'âme ne soit pénétrée de l'émotion la plus délicieuse? En est-il un seul parmi ceux à qui la naissance et l'éducation ont donné un cœur élevé, qui ne s'indigne d'une action honteuse, bien qu'elle ne le blesse en rien? Comment voir sans répugnance un homme dont la vie est désordonnée; sans haine celui que l'opprobre a flétri; sans aversion, des gens sordides, vains, légers, futiles? Si nous ne pensions qu'il faut

---

est perfacilis et perexpedita defensio. Quis est enim, aut quis unquam fuit aut avaritia tam ardenti, aut tam effrenatis cupiditatibus, ut eamdem illam rem, quam adipisci scelere quovis velit, non multis partibus malit ad sese, etiam omni impunitate proposita, sine facinore, quam illo modo pervenire? Quam vero utilitatem, aut quem fructum petentes, scire cupimus, illa, quæ occulta nobis sunt, quo moveantur, quibusque de causis ea versentur in cœlo? Quis autem tam agrestibus institutis vivit, aut quis contra studia naturæ tam vehementer obduruit, ut a rebus cognitu dignis abhorreat, easque sine voluptate, aut utilitate aliqua non requirat, et pro nihilo putet? Aut quis est, qui majorum, aut Africanorum, aut ejus, quem tu in ore semper habes, proavi mei, cæterorumque virorum fortium, atque omni virtute præstantium, facta, dicta, consilia cognoscens, nullo animo afficiatur voluptate? Quis autem honesta in familia institutus, et educatus ingenue, non ipsa turpitudine, etiamsi eum læsura non sit, offenditur? Quis animo æquo videt eum, quem impure ac flagitiose putet vivere? quis non odit sordidos, vanos, leves, futiles? Quid

fuir le vice à cause de la honte qui s'y attache, comment, au milieu des ténèbres complices, s'abstiendrait-on d'actes infâmes? Comment en détourner les autres, si cette honte ne suffisait pour les retenir? Que de raisons encore à alléguer ici! mais à quoi bon m'y étendre? Au premier rang des vérités évidentes, ne doit-on pas placer celle qui proclame que tout ce qui est moralement bon mérite par soi-même nos recherches, comme la honte du vice doit nous détourner d'elle par sa propre laideur?

Il est donc établi que le beau moral est le seul vrai bien. Hâtons-nous d'ajouter qu'il faut nécessairement se persuader que l'honnête est d'un prix beaucoup plus haut que tous ces biens médiocres qui peuvent venir à sa suite. Quand nous disons : Évitez la folie, la témérité ; ne soyez ni injustes, ni intempérants, à cause des malheurs où ces vices nous plongent, nous ne tenons point un langage contraire à notre principe fondamental, de ne voir le mal que dans le vice. En effet, quel rapport y a-t-il entre ces malheurs et le corps? Ils ne se rapportent qu'aux actions honteuses qui naissent de ce que les Grecs appellent κακία, et auxquelles le mot *vice* me paraît plus applicable que celui de *malice*.

XII. Oui, Caton, dis-je à mon tour, ce sont là les termes propres, et j'y vois l'image fidèle de vos pensées. On dirait, que grâce

---

autem dici poterit, si turpitudinem non ipsam per se fugiendam esse statuemus, quo minus homines tenebras et solitudinem nacti, nullo dedecore se abstineant, nisi eos per se fœditate sua turpitudo ipsa deterreat? Innumerabilia dici possunt in hanc sententiam : sed non necesse est. Nihil est enim, de quo minus dubitari possit, quam et honesta expetenda per se, et eodem modo turpia per se esse fugienda.

Constituto autem illo, de quo ante diximus, quod honestum sit, id esse solum bonum, intelligi necesse est, pluris id, quod honestum sit, æstimandum esse, quam illa media, quæ ex eo comparentur. Stultitiam autem, et temeritatem, et injustitiam, et intemperantiam quum dicimus esse fugienda propter eas res, quæ ex ipsis eveniant, non ita dicimus, ut cum illo, quod positum est, solum id esse malum, quod turpe sit, hæc pugnare videatur oratio : propterea quod ea non ad corporis incommodum referuntur, sed ad turpes actiones, quæ oriuntur e vitiis. Quas enim Græci κακίας appellant, vitia malo, quam malitias nominare.

XII. Næ tu, inquam, Cato, verbis illustribus, et id, quod vis, declarantibus.

à vos soins, la philosophie s'essaye dans la langue des Romains, et que vous donnez parmi nous une nouvelle patrie à cette noble étrangère qui craignait de se mêler à nos entretiens, surtout pour énoncer des doctrines où les idées et les mots présentent des subtilités minutieuses. Je connais des savants qui, dans toutes les langues, parleraient assez bien de philosophie, mais qui rejettent les divisions et les définitions, parce qu'ils n'approuvent, disent-ils, que les idées auxquelles la nature donne une sanction tacite; et alors tout coule de source, expressions et idées. Aussi mon attention à vous écouter est profonde, et tous les mots que vous attachez à vos pensées, je les grave dans ma mémoire, parce que j'aurais peut-être à m'en servir à mon tour. Abordons un exemple : je crois que vous vous conformez avec beaucoup de tact au génie de notre idiome en opposant les vices aux vertus. Vice (*vitium*) exprime tout ce qui mérite le blâme (*vituperabile*); et la racine de *vituperari* est peut-être *vitium*. En traduisant κακία par *malice*, vous auriez désigné dans notre langue un vice particulier, tandis que le contraire de *vertu* est exprimé, dans toute sa généralité, par le mot *vice*.

XIII. Ceci posé, reprit Caton, nous avons à rappeler une grande discussion dans laquelle n'ont pas brillé les péripatéticiens, peu habiles à manier l'arme de la dialectique et à soutenir les

---

Itaque mihi videris latine docere philosophiam, et ei quasi civitatem dare : quæ quidem adhuc peregrinari Romæ videbatur, nec offerre sese nostris sermonibus; et ista maxime, propter limatam quamdam et rerum, et verborum tenuitatem. Scio enim esse quosdam, qui quavis lingua philosophari possint, nullis tamen partitionibus, nullis definitionibus utantur, ipsique dicant, ea se modo probare, quibus natura tacita assentiatur. Itaque in rebus minime obscuris non multus est apud eos disserendi labor. Quare attendo te studiose, et quæcumque rebus iis, de quibus hic sermo est, nomina imponis, memoriæ mando. Mihi enim erit iisdem istis fortasse jam utendum. Virtutibus igitur rectissime mihi videris, et ad consuetudinem nostræ orationis, vitia posuisse contraria. Quod enim vituperabile est per se ipsum, id eo ipso vitium nominatum puto, vel etiam a vitio dictum vituperari. Sin κακίαν malitiam dixisses, ad aliud nos unum certum vitium consuetudo latina traduceret. Nunc omni virtuti vitium contrario nomine opponitur.

XIII. Tum ille, His igitur ita positis, inquit, sequitur magna contentio; quam tractatam a peripateticis mollius (est enim eorum consuetudo dicendi

assauts de l'argumentation ; mais où se déploya l'ardeur de votre Carnéade, qui, avec sa longue habitude de la discussion et sa rare éloquence, soutint jusqu'au bout, et d'une manière presque persuasive, qu'entre l'école du Portique et celle d'Aristote, toute la question du bien et du mal moral ne présentait de différence que dans les mots. A mes yeux, l'opposition de leurs systèmes sur ce point est évidente; et les stoïciens, selon moi, s'éloignent encore bien plus des péripatéticiens par les idées que par les termes : en effet, ceux-ci prétendent que tout ce qu'ils désignent par le mot de *bien* contribue au bonheur de la vie ; et, dans un sens contraire, les nôtres affirment que l'idée du bonheur ne se compose pas nécessairement de tout ce qui mérite quelque part dans notre estime.

Il y a plus, la douleur est rangée parmi les maux par les péripatéticiens : or, ne résulte-t-il pas de là que le sage appliqué à la torture est incapable de bonheur? Nous, au contraire, nous ne voyons pas un mal dans la douleur ; aussi, par une conséquence de notre principe, nous reconnaissons pour le sage la possibilité d'être heureux même sur le chevalet. L'opinion seule, et non la nature, décide de l'intensité de la douleur ; et, ce qui le prouve, c'est que le citoyen qui souffre pour sa patrie trouve les mêmes douleurs bien plus légères que celui qui les

---

non satis acuta, propter ignorationem dialecticæ) Carneades tuus egregia quadam exercitatione in dialecticis, summaque eloquentia, rem in summum discrimen adduxit : propterea quod pugnare non destitit, in omni hac quæstione quæ de bonis et malis appelletur, non esse rerum stoicis cum peripateticis controversiam, sed nominum. Mihi autem nihil tam perspicuum videtur, quam has sententias eorum philosophorum re inter se magis, quam verbis dissidere : majorem multo inter stoicos et peripateticos rerum esse aio discrepantiam, quam verborum. Quippe quum peripatetici omnia, quæ ipsi bona appellent, pertinere dicant ad beate vivendum ; nostri vero, quod æstimatione omnino aliqua dignum sit, complecti beatam vitam non putent.

An vero certius quidquam potest esse, quam illorum ratione, qui dolorem in malis ponunt, non posse sapientem beatum esse, quum equuleo torqueatur? Eorum autem, qui dolorem in malis non habent, ratio certe cogit, uti in omnibus tormentis conservetur beata vita sapienti. Etenim si dolores eosdem tolerabilius patiuntur, qui excipiunt eos pro patria, quam qui leviore de causa,

endure pour un motif moins noble. Nous ne pouvons même pas ici partager l'opinion des péripatéticiens qui distinguent des biens de trois sortes, et qui disent : On devient plus heureux à mesure que l'on est plus favorisé de la fortune. Loin de là, nous professons la doctrine diamétralement opposée. Nous n'avons garde de penser, comme eux, que les commodités corporelles puissent ajouter au bonheur du sage : même dans les biens naturels du premier ordre, nous ne voyons pas le moyen de rendre la vie plus susceptible de bonheur ou d'estime, plus digne de faire naître un désir. Or les commodités corporelles y doivent contribuer moins encore. Il est vrai, si la sagesse, si la santé méritent nos recherches, réunies, elles les mériteront plus encore que séparées ; mais, si l'une et l'autre sont dignes d'estime, elles n'en seront pas plus dignes toutes deux ensemble que la sagesse seule. La santé, je l'avoue, nous paraît mériter quelque estime ; mais nous ne la comptons pas pour cela au nombre des biens, et nous avons la ferme conviction que la vertu plane au-dessus des choses même les plus estimables. Professant une opinion opposée, les péripatéticiens sont obligés de dire qu'une action moralement bonne, exempte de douleur, est plus à rechercher que la même action que la douleur accompagne. Nous ne pensons pas ainsi : la suite montrera de quel côté est la

---

opinio facit, non natura, vim doloris aut majorem, aut minorem. Ne illud quidem est consentaneum, ut, si, quum tria genera bonorum sint, quæ sententia est peripateticorum, eo beatior quisque sit, quo sit corporis, aut externis bonis plenior, ut hoc idem approbandum sit nobis, ut qui plura habeat quæ in corpore magni æstimantur, sit beatior. Illi enim corporis commodis compleri vitam beatam putant : nostri nihil minus. Nam quum ita placeat, ne eorum quidem bonorum, quæ nos bona naturæ appellemus, frequentia beatiorem vitam fieri, aut magis expetendam, aut pluris æstimandam, certe minus ad beatam vitam pertinet multitudo corporis commodorum. Etenim si et sapere, expetendum sit, et valere, conjunctum utrumque magis expetendum sit, quam sapere solum; neque tamen, si utrumque sit æstimatione dignum, pluris sit conjunctum, quam sapere ipsum separatum. Nam qui valetudinem æstimatione aliqua dignam judicamus, neque tamen eam in bonis ponimus, iidem censemus, nullam esse tantam æstimationem, ut ea virtuti anteponatur. Quod peripatetici non tenent : quibus dicendum est, quæ et honesta actio sit, et sine dolore, eam magis esse expetendam, quam si esset eadem actio

vérité : mais, au fond, quelle distance plus grande pourrait s'étendre ici entre eux et nous?

XIV. La lueur d'un flambeau disparaît devant l'éclat du soleil ; une goutte d'eau salée se perd dans l'abîme des mers ; une obole ajoutée aux trésors de Crésus, un pas de plus ajouté au chemin d'ici à l'Inde, ne sont rien. De même, le souverain bien étant, dans son essence, tel que le présentent les stoïciens, il faut absolument que toute cette estime accumulée sur les choses corporelles soit éclipsée par la majesté de la vertu. Voici une autre analogie : l'opportunité, l'εὐκαιρία des Grecs, ne devient pas plus grande par l'effet du temps, parce que des limites précises la circonscrivent toujours ; de même, une disposition juste et droite, une κατόρθωσις, que je ne confonds pas avec κατόρθωμα, *action pleine de droiture;* une telle disposition, ou, si vous voulez, une telle convenance, enfin le bien même qui consiste dans la conformité avec la nature, n'est pas susceptible de plus ou de moins. Comment, plutôt que l'opportunité, pourrait-il recevoir du temps un développement nouveau? Aussi, qu'une vie heureuse soit longue ou qu'elle soit courte, peu importe au stoïcien ; elle n'est ni plus ni moins désirable à ses yeux. Voici la comparaison qu'il établit à ce sujet : le mérite d'un cothurne consiste à s'adapter avec justesse à la jambe : or mille cothurnes bien faits ne seront pas

cum dolore. Nobis aliter videtur : recte secusne, postea. Sed potestne rerum major esse dissensio?

XIV. Ut enim obscuratur et effunditur luce solis lumen lucernæ; et ut interit magnitudine maris Ægæi stilla muriæ; et ut in divitiis Crœsi, teruncii accessio, et gradus unus in ea via, quæ est hinc in Indiam : sic, quum sit is bonorum finis, quem stoici dicunt, omnis ista rerum in corpore sitarum æstimatio, splendore virtutis et magnitudine obscuretur, et obruatur, atque intereat necesse est. Et quemadmodum opportunitas (sic enim appellamus εὐκαιρίαν) non fit major productione temporis (habent enim suum modum quæcumque opportuna dicuntur) ; sic recta effectio (κατόρθωσιν enim ita appello, quoniam recte factum κατόρθωμα), recta igitur effectio, item convenientia, denique ipsum bonum, quod in eo positum est, ut naturæ consentiat, crescendi accessionem nullam habet. Ut enim opportunitas illa, sic hæc de quibus dixi, non fiunt temporis productione majora : ob eamque causam stoicis non videtur optabilior, nec magis expetenda beata vita, si sit longa, quam si brevis; utunturque simili. Ut si cothurni laus illa esset, ad pedem apte convenire, neque multi cothurni paucis anteponerentur, nec majores minoribus :

mieux faits ni plus précieux qu'un seul cothurne qui a le même mérite; qu'ils soient grands, qu'ils soient petits, qu'importe? Eh bien, il en est de même du souverain bien, toujours renfermé dans la limite des convenances et de l'à-propos ; le plus et le moins, soit dans le nombre, soit dans la durée, n'y font rien. L'objection est facile à détruire. Si la bonne santé, dit-on, est plus estimable durable que passagère, la sagesse est d'autant plus précieuse qu'on en jouit plus longtemps. Tenir ce langage, ce n'est pas comprendre que le mérite de la santé est dans la durée, et celui de la vertu dans l'opportunité. Ainsi nos adversaires pourraient, avec autant de raison, dire qu'une agonie, qu'un accouchement sont d'autant meilleurs qu'ils durent davantage. Ils ne distinguent pas les choses dont la brièveté fait le mérite, de celles qui valent à proportion de leur durée. Une autre erreur, dans laquelle tombent naturellement ceux qui rêvent l'extension possible du souverain bien, c'est de croire qu'un homme sage ou vicieux puisse être plus sage ou plus vicieux qu'un autre. Pour nous, qui ne croyons pas l'augmentation du souverain bien possible, nous nous interdisons un tel langage. L'homme qui se noie en est-il moins noyé parce qu'il flotte sur l'eau plutôt que de rester plongé au fond? A l'approche du temps où s'ouvrent les yeux du chien, celui de ces animaux qui compte quelques jours y voit-il plus que celui

---

sic quorum omne bonum convenientia atque opportunitate finitur, nec plura paucioribus, nec longinquiora brevioribus anteponentur. Nec vero satis acute dicunt : Si bona valetudo pluris æstimanda sit longa, quam brevis, sapientiæ quoque usus longissimus quisque sit plurimi. Non intelligunt, valetudinis æstimationem spatio judicari; virtutis, opportunitate : ut videantur qui illud dicant, iidem hoc esse dicturi : bonam mortem et bonum partum, meliorem longum esse, quam brevem. Non vident, alia brevitate pluris æstimari, alia diuturnitate. Itaque consentaneum est his, quæ dicta sunt, ratione illorum, qui illum bonorum finem, quod appellamus extremum, quod ultimum, crescere putent posse, iisdem placere, esse alium alio etiam sapientiorem, itemque alium magis alio vel peccare, vel recte facere. Quod nobis non licet discere, qui crescere bonorum finem non putamus. Ut enim qui demersi sunt in aqua, nihilo magis respirare possunt, si non longe absunt a summo, ut jam jamque possint emergere, quam si etiam tum essent in profundo; nec

qui vient de naître ? Non, sans doute. Il en est de même de l'homme : celui qui en est à ses premiers pas dans la carrière de la vertu, est aussi éloigné du but que celui qui n'en n'a pas fait un seul.

XV. Je comprends ce que l'on trouvera d'étrange dans cette doctrine ; mais, les principes posés plus haut étant d'une vérité incontestable, et les propositions précédentes s'y rattachant étroitement, la vérité de ces dernières en résulte nécessairement. Bien que les stoïciens ne reconnaissent nulle progression à l'égard du vice et de la vertu, ils croient cependant que l'un et l'autre peuvent s'étendre et se dilater. Quant aux richesses, Diogène voit en elles non-seulement des guides qui peuvent mener au plaisir et à la santé, mais encore le véritable principe de l'un et de l'autre ; tandis que, dirigeant aussi nos pas vers la vertu et les arts, elles ne peuvent cependant jamais les contenir. Comme elles comprennent, dit-il, plaisir et santé, il s'ensuit que, si la santé, si le plaisir sont un bien, les richesses en sont un aussi. La même conséquence ne peut être déduite quand on établit le bien dans la vertu seule, car ce qui n'est pas un bien est incapable d'en contenir un. Par la même raison, ajoute Diogène, les richesses ne peuvent renfermer les arts, enfants de la pensée. Mais quand cela serait vrai des arts, même chose ne s'ensuivrait pas

catulus ille, qui jam appropinquat, ut videat, plus cernit, quam is, qui modo est natus : ita qui processit aliquantum ad virtutis aditum, nihilominus in miseria est, quam ille, qui nihil processit.

XV. Hæc mirabilia videri intelligo. Sed quum certe superiora firma ac vera sint, his autem ea consentanea et consequentia, ne de eorum quidem veritate est dubitandum. Sed quanquam negent, nec virtutes, nec vitia crescere ; attamen utrumque eorum fundi quodam modo, et quasi dilatari putant. Divitias autem Diogenes censet non eam modo vim habere, ut quasi duces sint ad voluptatem et ad valetudinem bonam, sed etiam ut eas contineant : non idem facere eas in virtute, neque in cæteris artibus, ad quas esse dux pecunia potest, continere autem non potest. Itaque si voluptas, aut si bona valetudo sit in bonis, divitias quoque in bonis esse ponendas : at, si sapientia bonum sit, non sequi, ut etiam divitias bonum esse dicamus ; nec ab ulla re, quæ non sit in bonis, id, quod sit in bonis, contineri potest ; ob eamque causam, quia cognitiones comprehensionesque rerum, e quibus efficiuntur artes, appetitiones movent, quum divitiæ non sint in bonis, nulla ars divitiis contineri potest. Quod si de artibus concedamus, virtutis tamen non sit eadem ratio, propterea

relativement à la vertu ; pourquoi ? c'est que la vertu exige une méditation plus sérieuse et des actes plus réitérés que les arts; de plus, la carrière qu'elle parcourt n'offre que sagesse, fermeté, égalité d'âme, tandis que la vie de l'artiste est bien loin de ressembler à celle-là.

Expliquons ensuite en quoi les choses peuvent différer. Rejeter cette différence, ce serait faire de la vie humaine un chaos, à l'exemple d'Ariston. En effet, à quoi servira la sagesse, dès que, toute distinction s'effaçant, il ne restera plus de choix à faire ? Après avoir suffisamment établi que le beau moral est le seul vrai bien, et le vice le seul mal véritable, Zénon montra qu'entre ce qui fait le bonheur ou le malheur de l'homme viennent se placer des éléments intermédiaires, dignes les uns d'estime, les autres de mépris, et d'autres encore, qui n'ont aucun de ces deux caractères ; que, parmi les premiers, il en est qui, dans leurs contraires, trouvent un motif suffisant pour leur être préférés, comme la santé, une bonne constitution, l'absence de la douleur, la gloire, les richesses, mais qu'il n'en est pas de même des autres ; que, parmi les principes méprisables, les uns portent en eux-mêmes la cause qui les fait rejeter, comme la douleur, la maladie, l'inertie des organes, la pauvreté, l'infamie ; tandis que les autres n'offrent pas cette particularité. De là ces

quod hæc plurimæ commentationis et exercitationis indigeat ; quod idem in artibus non sit : et quod virtus stabilitatem, firmitatem, constantiam totius vitæ complectatur, nec eadem hæc in artibus esse videamus.

Deinceps explicatur differentia rerum : quam si non ullam esse diceremus, confunderetur omnis vita, ut ab Aristone ; nec ullum sapientiæ munus, aut opus inveniretur, quum inter res eas, quæ ad vitam degendam pertinerent, nihil omnino interesset, neque ullum delectum adhiberi oporteret. Itaque quum esset satis constitutum, id solum esse bonum, quod esset honestum, et id malum solum, quod turpe : tum inter illa, quæ nihil valerent ad beate miserове vivendum, aliquid tamen, quo differrent, esse voluerunt, ut essent eorum alia æstimabilia, alia contra, alia neutrum. Quæ autem æstimanda essent, eorum in aliis satis esse causæ, quamobrem quibusdam anteponerentur, ut in valetudine, ut in integritate sensuum, ut in doloris vacuitate, ut gloriæ, divitiarum, similium rerum ; alia autem non esse ejusmodi. Itemque eorum, quæ nulla æstimatione digna essent, partim satis habere causæ, quamobrem rejicerentur, ut dolorem, morbum, sensuum amissionem, paupertatem, ignominiam, similia horum : partim non. Itemque hinc esse illud exortum, quod

termes de προηγμένον et d'ἀποπροηγμένον, dont Zénon fut obligé de doter sa langue, déjà si riche : privilége que nous n'avons pas dans notre idiome si pauvre, que je m'étonne de voir préféré par vous au luxe dont brille le langage des Grecs. Mais la force de ces mots se fera mieux sentir peut-être quand nous aurons suivi pas à pas le chef du Portique dans la carrière qui aboutit à cette innovation.

XVI. Voici le langage de Zénon : à la cour d'un roi, on ne dit pas que le souverain approche de la dignité royale (car c'est ici le vrai sens de προηγμένος); mais, en parlant des personnages les plus considérables après le monarque, ont dit qu'ils approchent plus ou moins de son trône. Il en est de même de la vie. Ce qui y tient le premier rang n'est pas ce qu'on appelle approchant ou plus proche : cette désignation s'applique aux objets du second ordre; tous peuvent s'appeler littéralement *préférés* ou *préposés*, tandis que ceux qui en sont le moins près peuvent s'appeler *éloignés* ou *rejetés*. La pensée une fois saisie, ne faisons plus la guerre aux mots. Tout ce qui est bien, disons-nous, occupe la première place : il faut, par cela même, que ce que nous nommons *approchant* ou *préféré* ne soit ni bien ni mal. C'est donc, selon nous, chose indifférente; c'est un objet auquel se rattache une médiocre estime ; car ce que l'on désigne par

---

Zeno προηγμένον, contraque quod ἀποπροηγμένον nominavit, quum uteretur in lingua copiosa factis tamen nominibus, ac novis; quod nobis in hac inopi lingua non conceditur : quanquam tu hanc copiosiorem etiam dicere soles. Sed non alienum est, quo facilius vis verbi intelligatur, rationem hujus verbi faciendi Zenonis exponere.

XVI. Ut enim, inquit, nemo dicit, in regia regem ipsum quasi productum esse ad dignitatem (id enim est προηγμένον), sed eos, qui in aliquo honore sint, quorum ordo proxime accedit, ut secundus sit ad regium principatum : sic in vita non ea, quæ primario loco sunt, sed ea, quæ secundum locum obtinent, προηγμένα, id est producta nominentur. Quæ vel ita appellemus (id erit verbum e verbo), vel promota, et remota ; vel, ut dudum diximus, præposita, vel præcipua; et illa, rejecta. Re enim intellecta, in verborum usu faciles esse debemus. Quoniam autem omne, quod est bonum, primum locum tenere dicimus, necesse est, nec bonum esse, nec malum hoc; quod præpositum, vel præcipuum nominamus. Itaque id definimus, quod sit indifferens, cum æstimatione

le mot ἀδιάφορον, je l'appelle *indifférent*. Comment, entre le bien et le mal, n'y aurait-il pas un moyen terme, ou conforme, ou contraire à la nature? Parmi ces objets intermédiaires, comment n'y aurait-il rien qui fût digne de quelque estime, et, par suite, de préférence? Tout prouve donc la sagesse de cette distinction; et voici la comparaison qu'emploient nos stoïciens pour la rendre plus lumineuse. Quand vous jetez un dé, quelle est votre intention? c'est de le faire abattre sur un certain point. Or la manière de pousser aura en elle quelque chose de subordonné et de préposé à cette fin; mais sera-t-elle la fin? non. Notre but est le bien, et il en est de même des choses que nous considérons comme préposées à ce but : elles s'y rapportent, mais elles ne sont pas identiques avec lui.

Vient ensuite le classement que font les stoïciens de deux ordres de biens. Dans le premier, ils placent ceux qu'ils nomment τελικά, et que j'appelle appartenant au souverain bien; car, à défaut d'un seul mot, j'emploie une périphrase; ils rangent dans le second ordre les biens qu'ils désignent par le mot ποιητικά, *efficients*, et ceux auxquels ces deux dénominations peuvent s'appliquer. La première classe ne renferme que les actions moralement bonnes; les biens *efficients*, que l'amitié. La sagesse cependant contient en elle-même, selon eux, ces deux sortes de

---

mediocri. Quod enim illi ἀδιάφορον dicunt, id mihi ita occurrit, ut indifferens dicerem. Neque enim illud fieri poterat ullo modo, ut nihil relinqueretur in mediis, quod aut secundum naturam esset, au contra; nec, quum id relinqueretur, nihil in his poni, quod satis æstimabile esset, nec hoc posito, non aliqua esse præposita. Recte igitur hæc facta distinctio est, atque etiam ab iis, quo facilius res perspici possit, hoc simile ponitur. Ut enim, inquiunt, si hoc fingamus esse quasi finem et ultimum, ita jacere talum, ut rectus assistat; qui ita talus erit jactus, ut cadat rectus, præpositum quiddam habebit ad finem; qui (aliter, contra; neque tamen illa præpositio tali ad eum, quem dixi, finem pertinebit : sic ea, quæ sunt præposita, referuntur illa quidem ad finem; sed ad ejus vim, naturamque nihil pertinent.

Sequitur illa divisio, ut bonorum alia sint ad illud ultimum pertinentia (sic enim appello, quæ τελικά dicuntur; nam hoc ipsum instituamus, ut placuit, pluribus verbis dicere, quod uno non poterimus, ut res intelligatur), alia autem efficientia, quæ Græci ποιητικά, alia utrumque. De pertinentibus, nihil est bonum, præter actiones honestas; de efficientibus, nihil præter amicum.

biens. Disposée à agir toujours conformément à la nature, la sagesse, disent-ils, appartient au bien suprême; cause et principe fécond d'actions vertueuses, on peut l'appeler *efficiente*.

XVII. Venons aux choses qui, selon notre langage, sont préposées ou préférées : les unes ont ce caractère par elles-mêmes, d'autres par l'effet qu'elles produisent, d'autres enfin, par ces deux raisons à la fois. Parmi les premières, rangeons la physionomie, l'extérieur, le maintien ; car, là aussi, il peut y avoir matière à préférence, à exclusion. Entre les choses que fait préférer l'effet produit par elles, je vois les richesses ; dans la troisième série enfin, qui a un caractère mixte, l'activité des organes et la santé. Quant à la bonne réputation (mot que je préfère à celui de gloire pour traduire εὐδοξία), selon Chrysippe et Diogène, si l'on en retranchait l'utilité, elle ne vaudrait pas la peine de la ramasser, et j'adopte tout à fait leur opinion. Mais, à leur suite, vinrent les stoïciens qui, intimidés par les objections de Carnéade, dirent que, par elle-même, la bonne réputation méritait nos préférences et notre choix; qu'un homme favorisé par la nature et par l'éducation se devait à lui-même de rechercher l'estime de sa famille et de tous les gens de bien, abstraction faite des vues d'intérêt. C'est, disent-ils, pour l'a-

---

Sed et pertinentem et efficientem sapientiam volunt esse. Nam quia sapientia est conveniens actio, est illo pertinenti genere, quod dixi. Quod autem honestas actiones affert et efficit, ideo efficiens dici potest.

XVII. Hæc, quæ præposita dicimus, partim sunt per se ipsa præposita, partim quod aliquid efficiunt, partim utrumque. Per se, ut quidam habitus oris et vultus, ut status, ut motus : in quibus sunt et præponenda quædam, et rejicienda ; alia ob eam rem præposita dicuntur, quod ex se aliquid efficiant, ut pecunia ; alia autem ob utramque rem, ut integri sensus, ut bona valetudo. De bona autem fama (quam enim appellant εὐδοξίαν, aptius est hoc loco bonam famam appellare, quam gloriam), Chrysippus quidem et Diogenes, detracta utilitate, ne digitum quidem, ejus causa, porrigendum esse dicebant ; quibus ego vehementer assentior. Qui autem post eos fuerunt, quum Carneadem sustinere non possent, hanc, quam dixi, bonam famam, ipsam propter se præpositam, et sumendam esse dixerunt, esseque hominis ingenui et liberaliter educati, velle bene audire a parentibus, a propinquis, bonis etiam viris, idque propter rem ipsam, non propter usum : dicuntque, ut liberis

mour de nos enfants, même de ceux qui viendront au monde quand nous aurons fermé les yeux, que nous voudrions veiller sur leur bien-être : eh bien, par la même raison, sans intérêt pour nous personnellement, assurons-nous une réputation honorable, qui nous suive au delà du tombeau.

Le beau moral, voilà le seul bien que nous reconnaissons : ainsi ce qu'on appelle devoir n'est compté par nous ni parmi les biens, ni parmi les maux. Toutefois, il est convenable de s'en acquitter; car les probabilités sont tellement en leur faveur, les motifs qui nous portent à les croire justes ont tant de poids, qu'on peut dire sur quelle nécessité leur accomplissement est fondé. Or le devoir est un acte dont la nature est telle, qu'on peut en rendre raison d'une manière probable. Il suit de là que c'est quelque chose d'intermédiaire, qui n'a rang ni parmi les biens, ni parmi les maux. Et comme, dans le nombre de ces objets neutres, il en est d'usuels dans la société, gardons-nous bien de les exclure. Cette classe comprend aussi certain genre d'action, tel que la raison veut qu'on fasse cette action. Or, s'accomplir sous l'influence de la raison est le propre du devoir. Ne plaçons donc le devoir ni sur la ligne des biens ni sur celle des maux.

XVIII. Relativement à ces objets intermédiaires, le sage doit

consultum velimus, etiam si postumi futuri sint, propter ipsos; sic futuræ post mortem famæ tamen esse propter rem, etiam detracto usu, consulendum.

Sed quum, quod honestum sit, id solum bonum esse dicamus, consentaneum tamen est, fungi officio, quum id officium nec in bonis ponamus, nec in malis. Est enim aliquid in his rebus probabile, et quidem ita, ut ejus ratio reddi possit. Ergo ut etiam probabiliter acti ratio reddi possit. Est autem officium, quod ita factum est, ut ejus facti probabilis ratio reddi possit. Ex quo intelligitur, officium medium quoddam esse, quod neque in bonis ponatur, neque in contrariis. Quoniamque in iis rebus, quæ neque in virtutibus sunt, neque in vitiis, est tamen quiddam, quod usui possit esse, tollendum id non est. Est autem ejus generis actio quoque quædam, et quidem talis, ut ratio postulet agere aliquid et facere eorum. Quod autem ratione actum sit, id officium appellamus. Est igitur officium ejus generis, quod nec in bonis ponatur, nec in contrariis.

XVIII. Atque perspicuum etiam illud est, in istis rebus mediis aliquid agere

évidemment prendre un parti : or, quand le sage agit, il le fait par une détermination de son jugement, et comme son jugement est infaillible, les choses mitoyennes comprennent le devoir. Autre preuve de la même vérité : il y a quelque chose que nous disons être justement fait ; cette justice même n'est autre que la perfection du devoir. Il y a aussi un devoir moins parfait. Rendre un dépôt avec justice est une bonne action ; le rendre simplement est un devoir : cette circonstance, *avec justice*, constitue la moralité du fait ; mais je ne vois qu'un devoir rigoureux dans la reddition pure et simple du dépôt. De plus, entre les objets de la classe intermédiaire, les uns méritent nos recherches, les autres nos dédains : il en résulte que tout ce qui est de cette classe appartient aux devoirs communs. Tous les hommes sont portés par la nature à s'aimer ; et sous ce rapport, le fou est, aussi bien que le sage, enclin à adopter ce qui est conforme à la nature et à rejeter ce qui la combat : il existe donc quelque devoir commun et au sage et à l'insensé ; donc le devoir fait partie des choses mitoyennes. Mais, comme de là naissent tous les devoirs, on a raison de dire que toutes nos pensées doivent s'y rapporter, celles principalement qui roulent sur le choix entre la vie et la mort. Pour l'homme qui, dans sa position sociale, voit plus d'éléments conformes à la nature, c'est

---

sapientem. Judicat igitur, quum agit, officium illud esse ; quod quoniam nunquam fallitur in judicando, erit in mediis rebus officium : quod efficitur etiam hac conclusione rationis. Quoniam enim videmus esse quiddam, quod recte factum appellemus (id autem est perfectum officium) ; erit autem etiam inchoatum : ut, si juste depositum reddere, in recte factis sit ; in officiis ponatur, depositum reddere : illo enim addito, juste, facit recte factum ; per se autem ipsum reddere, in officio ponitur : quoniamque non dubium est, quin in his, quæ media dicimus, sit aliud sumendum, aliud rejiciendum ; quidquid ita fit, aut dicitur, communi officio continetur. Ex quo intelligitur, quoniam se ipsos omnes natura diligunt, tam insipientem, quam sapientem, sumpturum, quæ secundum naturam sint, rejecturumque contraria. Ita est quoddam commune officium sapientis, et insipientis. Ex quo efficitur, versari in his quæ media dicamus. Sed quum ab his omnia proficiscantur officia, non sine causa dicitur, ad ea referri omnes nostras cogitationes ; in his et excessum e vita, et in vita mansionem. In quo enim plura sunt, quæ secundum naturam

un devoir de vivre; pour celui qui en réunit, ou probablement en réunira bientôt plus de contraires à cette même nature, c'est la mort qui est un devoir. Quitter la vie est donc quelquefois une obligation pour le sage, bien qu'il soit toujours heureux; et parfois le fou, dont la misère est de tous les instants, devra rester attaché à la vie. En effet, il n'y a, de part et d'autre, ni bien ni mal que relativement à la situation personnelle de chaque homme, et le sage en est juge compétent : cette matière est du ressort de la sagesse, et sur les raisons de vivre ou de mourir, elle doit prononcer souverainement d'après la règle que nous venons de tracer. Ni l'homme que la vertu attache à la vie, ni celui qui est sans vertu, ne doivent désirer la mort. Mais souvent il est du devoir d'un sage, quoique toujours heureux, de quitter la vie, s'il peut le faire à propos, puisque c'est là vivre conformément à la nature, et que cette conformité fait tout notre bonheur; et c'est pour cela que la sagesse veut que le sage la quitte elle-même, si elle le commande. Quant aux fous, bien que toujours misérables, comme le vice n'a pas le droit de les pousser à une mort volontaire, qu'ils demeurent dans la vie, si la nature les a doués d'avantages assez nombreux pour la leur rendre chère. Également malheureux, soit qu'ils vivent, soit qu'ils meurent, comme ce n'est pas la durée qui fait leur mi-

sunt, hujus officium est in vita manere; in quo autem aut sunt plura contraria, aut fore videntur, hujus officium est, e vita excedere. E quo apparet, et sapientis esse aliquando officium excedere e vita, quum beatus sit; et stulti manere in vita, quum sit miser. Nam bonum illud, et malum, quod sæpe jam dictum est, postea consequitur. Prima autem illa naturæ, sive secunda, sive contraria, sub judicium sapientis et delectum cadunt; estque illa subjecta quasi materia sapientiæ. Itaque et manendi in vita et migrandi ratio, omnibus iis rebus, quas supra dixi, metienda. Nam neque iis, qui virtute retinentur in vita, neque iis, qui sine virtute sunt, mors est oppetenda. At sæpe officium est sapientis, descicere a vita, quum sit beatissimus; si id opportune facere possit; quod est convenienter naturæ vivere. Sic enim censet, opportunitatis esse beate vivere. Itaque a sapientia præcipitur, se ipsam, si usus sit, sapiens ut relinquat. Quamobrem quum vitiorum ista vis non sit, ut causam afferant mortis voluntariæ, perspicuum est, etiam stultorum, qui iidem miseri sint, officium esse, manere in vita, si sint in majore parte earum rerum, quas secundum naturam esse dicimus. Et quoniam excedens e vita, et manens, æque miser est, nec diuturnitas magis ei vitam fugiendam facit, non

sère, on dit avec raison que, si la nature leur permet de jouir de biens considérables, leur devoir est de vivre.

XIX. Il faut bien comprendre aussi, dit le Portique, que l'amour d'un père pour son fils lui est inspiré par la nature, et que là est le berceau de la société humaine. La configuration même de tous les membres du corps montre bien toute l'attention qu'a apportée la nature à tout ce qui appartient à la génération. Comment concevoir qu'elle eût pris tant de soin de la formation des enfants, et qu'elle n'eût aucun souci de leur éducation? La force de la nature se fait ici remarquer, même chez la brute. N'est-ce pas sa voix que la brute entend, et qui la soutient dans toutes ses douleurs, dans toutes ses fatigues, lorsqu'elle porte ses petits, lorsqu'elle s'en délivre, lorsqu'elle les nourrit? Il est évident que l'aversion pour la douleur nous vient de la nature; il ne l'est pas moins que, si nous aimons ceux qui sont sortis de nous, c'est aussi par son influence. C'est encore elle qui unit l'homme à l'homme; en sorte que tout mortel, par cela seul qu'il est une fraction de l'humanité, ne doit point être étranger à son semblable. De même que, dans le corps, il y a des membres qui ne semblent faits que pour eux, comme les yeux, les oreilles, et d'autres qui servent à l'usage des autres membres, comme les pieds et les mains; il est aussi

---

sine causa dicitur, iis, qui pluribus naturalibus frui possint, esse in vita manendum.

XIX. Pertinere autem ad rem arbitrantur, intelligi, natura fieri, ut liberi a parentibus amentur : a quo initio profectam communem humani generis societatem persequimur. Quod primum intelligi debet, figura, membrisque corporum; quæ ipsa declarant procreandi a natura habitam esse rationem. Neque vero hæc inter se congruere possent, ut natura et procreari vellet, et diligi procreatos non curaret. Atque etiam in bestiis vis naturæ inspici potest : quarum in fœtu et in educatione laborem quum cernimus, naturæ ipsius vocem videmur audire. Quare ut perspicuum est, natura nos a dolore abhorrere : sic apparet, a natura ipsa, ut eos, quos genuerimus, amemus, impelli. Ex hoc nascitur, ut etiam communis hominum inter homines naturalis sit commendatio, ut oporteat hominem ab homine ob id ipsum, quod homo sit, non alienum videri. Ut enim in membris alia sunt tanquam sibi nata, ut oculi, ut aures; aliqua etiam cæterorum membrorum usum adjuvant, ut crura, ut manus : sic

des bêtes féroces qui semblent nées pour elles seules. Mais ce petit poisson qu'on appelle *pinne*, qui ne quitte jamais sa large coquille, et celui qui en sort de temps en temps comme pour aller à la découverte, et y rentre comme pour l'avertir, nommé par cette raison *pinnotère*; et les fourmis, les abeilles, les cigognes, tous ces animaux ne font-ils pas quelque chose les uns pour les autres? Cet esprit d'association a tout son développement dans l'homme, cet être appelé par la nature à former des sociétés, des peuples, des villes. L'univers, selon la doctrine stoïque, est régi par la providence des dieux : il est, si je puis dire, la grande patrie des Immortels et des hommes; et chacun est partie constitutive de ce vaste tout. De là, la loi qui exige le sacrifice de notre bien-être personnel à l'utilité générale. Soumis aux lois civiles, qui placent le salut public avant le salut des particuliers, le sage, instruit de ses devoirs sociaux, aura plus à cœur le bien général de l'humanité que celui de qui que ce soit, sans excepter même le sien. Pour son bien-être particulier, pour sa conservation individuelle, abandonner ce qui fait le salut de tous, c'est être aussi coupable que le misérable qui trahit sa patrie. Honneur donc au citoyen qui brave la mort pour la république! il sent au fond du cœur que notre patrie doit nous être plus chère que nous-même. Mais qu'il est hideux,

immanes quædam bestiæ sibi solum natæ sunt; at illa, quæ in concha patula pinna dicitur; isque, qui enat e concha, qui, quod eam custodiat, pinnoteres vocatur, in eamque quum se recipit, includitur, ut videatur monuisse, ut caveret; itemque formicæ, apes, ciconiæ, aliorum etiam causa quædam faciunt. Multo magis hæc conjunctio est hominis. Itaque natura sumus apti ad cœtus, concilia, civitates. Mundum autem censent regi numine deorum, eumque esse quasi communem urbem, et civitatem hominum, et deorum; et unumquemque nostrum ejus mundi esse partem. Ex quo illud natura consequi, ut communem utilitatem nostræ anteponamus. Ut enim leges omnium salutem singulorum saluti anteponunt : sic vir bonus, et sapiens, et legibus parens, et civilis officii non ignarus, utilitati omnium plus, quam unius alicujus, aut suæ consulit. Nec magis vituperandus est proditor patriæ, quam communis utilitatis, aut salutis desertor, propter suam utilitatem, aut salutem. Ex quo fit, ut laudandus sit is, qui mortem oppetat pro republica, quod deceat, cariorem esse patriam nobis, quam nosmet ipsos. Quoniamque illa vox inhumana et scelerata ducitur, eorum, qui negant se recusare, quo minus, ipsis mortuis, terrarum

l'égoïsme de celui qui s'écrie avec le poëte grec : Après moi, que tout périsse ! Le devoir de penser à ceux qui entreront après nous dans la vie, l'obligation de pourvoir d'avance à leur bien-être pour eux-mêmes, sont d'une vérité incontestable.

XX. A cette disposition si naturelle au cœur humain se rattache l'origine des testaments et des dernières dispositions des mourants. S'il est constant que jamais homme n'acceptera l'abondance de tous les plaisirs, à condition de vivre seul, nous devons reconnaître que nous sommes nés pour la société, et pour former tous les anneaux de cette vaste chaîne. La fortune, qui a mis en nous cet instinct puissant, nous porte aussi à offrir aux hommes tous les services dont nous sommes capables, surtout en répandant les lumières et la sagesse des bons conseils. Notre penchant, non-seulement à apprendre, mais aussi à enseigner, est si fort, que vous ne trouveriez pas facilement un homme qui ne soit empressé à communiquer ce qu'il sait. Cette même nature, qui arme le taureau d'un courage et d'une ardeur indomptables pour défendre sa jeune famille contre le lion, inspire aux hommes les plus robustes et les plus intrépides le désir de protéger leurs semblables : tels furent Hercule et Bacchus. Que donnons-nous à entendre, lorsque nous appelons Jupiter très-bon, très-grand, sauveur, hospitalier, conservateur? nous

---

omnium deflagratio consequatur : quod vulgari quodam versu græco pronuntiari solet ; certe verum est, etiam iis, qui aliquando futuri sint, esse propter ipsos consulendum.

XX. Ex hac animorum affectione testamenta, commendationesque morientium natæ sunt. Quodque nemo in solitudine vitam agere velit, ne cum infinita quidem voluptatum abundantia, facile intelligitur, nos ad conjunctionem congregationemque hominum, et ad naturalem communitatem esse natos. Impellimur autem natura, ut prodesse velimus quam plurimis, in primisque docendo, rationibusque prudentiæ tradendis. Itaque non facile est invenire, qui, quod sciat ipse non tradat alteri : ita non solum ad discendum propensi sumus, verum etiam ad docendum. Atque ut tauris natura datum est, ut pro vitulis contra leones summa vi impetuque contendant : sic ii, qui valent opibus, atque id facere possunt, ut de Hercule et de Libero accepimus, ad servandum genus hominum natura incitantur. Atque etiam, Jovem quum optimum et maximum dicimus, quumque eumdem Salutarem, Hospitalem,

exprimons par là que le salut de l'humanité dépend de sa main puissante. Mais si nous devenons lâchement infidèles à nous-mêmes, de quel droit demanderons-nous aux Immortels de nous aimer, de veiller sur nous? La nature, qui nous a appris à nous servir de nos membres, avant de savoir pour quel usage elle nous les a donnés, nous rapproche, même à notre insu, pour cimenter la société civile. S'il n'en était pas ainsi, quelle justice, quelle bonté seraient possibles? Voilà donc les liens de droit naturel qui unissent l'homme à l'homme; mais n'allons pas conclure de là qu'il en existe entre l'homme et la brute. Chrysippe a dit avec raison que toute la nature se rapporte à l'homme, et l'homme à la société, au bonheur de son espèce; et qu'il peut ainsi, sans injustice, disposer des bêtes pour son usage. D'après la nature de chacun de ses membres, le genre humain est lié par une espèce de droit civil : l'observer est donc justice; le violer, iniquité. Mais dans un théâtre, malgré le caractère public du lieu, on dit que chaque spectateur occupe la place qui lui est propre : de même, dans une cité, dans cet univers, commune patrie de tous les hommes, chaque individu conserve ses droits personnels, sa propriété exclusive. Né pour défendre et conserver ses semblables, d'après l'ordre de la nature, le sage ne refuse pas de s'occuper des affaires publiques,

Statorem; hoc intelligi volumus, salutem hominum in ejus esse tutela. Minime autem convenit, quum ipsi inter nos abjecti neglectique simus, postulare, ut diis immortalibus cari simus, et ab his diligamur. Quemadmodum igitur membris utimur prius, quam didicimus, cujus ea utilitatis causa habeamus : sic inter nos natura ad civilem communitatem conjuncti et consociati sumus. Quod ni ita se haberet, nec justitiæ ullus esset, nec bonitati locus. Et quo modo hominum inter homines juris esse vincula putant, sic homini nihil juris esse cum bestiis. Præclare enim Chrysippus, cætera nata esse hominum causa [et deorum]; eos autem, communitatis et societatis suæ : ut bestiis homines uti ad utilitatem suam possint sine injuria. Quoniamque ea natura esset hominis, ut ei cum genere humano quasi civile jus intercederet : qui id conservaret, eum justum; qui migraret, injustum fore. Sed quemadmodum, theatrum quum commune sit, recte tamen dici potest, ejus esse eum locum, quem quisque occuparit : sic in urbe mundove communi non adversatur jus, quo minus suum quidque cujusque sit. Quum autem ad tuendos, conservandosque homines hominem natum esse videamus, consentaneum est huic naturæ, ut sapiens velit gerere et administrare rempublicam; atque, ut e natura

et prend une femme afin de devenir père. Des amours saintement réglées paraissent, même à quelques philosophes, convenir à la vie du sage. La doctrine et la vie des cyniques peuvent aussi, disent quelques auteurs, ne pas être en discordance avec ses principes ; mais plus d'un philosophe repousse cette opinion.

XXI. Mais que faut-il, selon les stoïciens, pour entretenir parmi les hommes l'esprit de société ? Il faut établir la communauté des avantages et des charges, qu'ils nomment ὠφελήματα et βλάμματα, et qu'ils regardent non-seulement comme communs, mais comme égaux. Communauté, mais non égalité, voilà ce qu'ils exigent pour les avantages et les charges d'une autre espèce, appelés par eux εὐχρηστήματα et δυσχρηστήματα. En effet, les choses utiles ou nuisibles sont bonnes ou mauvaises, et nécessairement égales ; mais les choses avantageuses ou onéreuses ne comportent pas plus l'égalité que la classe des objets préférés et rejetés, à laquelle elles appartiennent. Les avantages peuvent être communs, mais non les actions bonnes ou mauvaises. Le Portique adopte l'amitié, parce qu'elle est du nombre des choses avantageuses. Les uns disent, il est vrai, que le sage doit aimer son ami autant que lui-même ; les autres, qu'il est naturel à chaque homme de se préférer à autrui ; mais tous les stoïciens conviennent que le

---

vivat, uxorem adjungere, et velle ex ea liberos procreare. Ne amores quidem sanctos a sapiente alienos esse arbitrantur. Cynicorum autem rationem atque vitam alii cadere in sapientem dicunt, si quis ejusmodi forte casus inciderit, ut id faciendum sit ; alii nullo modo.

XXI. Ut vero conservetur omnis homini erga hominem societas, conjunctio, caritas : et emolumenta et detrimenta; quæ ὠφελήματα et βλάμματα appellant, communia esse voluerunt; quorum altera prosunt, nocent altera. Nec solum ea communia, verum etiam paria esse dixerunt. Incommoda autem et commoda (εὐχρηστήματα et δυσχρηστήματα appello) communia esse voluerunt, paria noluerunt. Illa enim, quæ prosunt, aut quæ nocent, aut bona sunt, aut mala : quæ sint paria necesse est. Commoda autem, aut incommoda in eo genere sunt, quæ præposita, et rejecta dicimus. Ea possunt paria non esse. Sed emolumenta communia esse dicuntur; recte autem facta, et peccata, non habentur communia. Amicitiam autem adhibendam esse censent, quia sit ex eo genere, quæ prosunt. Quanquam autem in amicitia alii dicant, æque caram esse sapienti rationem amici, ac suam ; alii autem sibi cuique cariorem suam : tamen hi quoque posteriores fatentur, alienum esse a justitia, ad quam nati

sacrifice de l'intérêt des autres à notre intérêt propre est un attentat contre l'équité naturelle. Tous aussi nous disent : Cultivez l'amitié, pratiquez la justice, mais sans aucune vue intéressée ; car alors un nouvel intérêt survenant pourrait étouffer l'une et l'autre. Si ce n'est pas pour elles seules que vous les recherchez, il n'y aura jamais pour vous ni justice ni amitié véritables. Ce qu'on nomme le droit, disent-ils encore, est né de la nature même ; et le sage est très-éloigné non-seulement d'offenser personne, mais même de nuire le moins du monde à qui que ce soit. Ils regardent aussi comme défendues par la morale ces ligues où l'on met les haines en commun, et rien n'égale la force et la vérité de leur doctrine, lorsqu'ils montrent la liaison indissoluble du juste et de l'utile, lorsqu'ils voient la bonté morale dans toute action équitable et juste, et, d'autre part, la justice et l'équité dans toute action moralement bonne.

Aux vertus qui ont fait le sujet de cet entretien, ils joignent la dialectique et la physique ; ils vont même jusqu'à leur appliquer ce mot de vertus. La dialectique le mérite, disent-ils, parce que, grâce à elle, nous refusons notre adhésion à l'erreur, nous sommes prémunis contre le sophisme, et capables d'appuyer de preuves solides notre opinion sur le bien et sur le mal. Si cet art ne nous guidait, ils croient que l'on s'écarterait facilement du

---

esse videamur, detrahere quid de aliquo, quod sibi assumat. Minime vero probatur huic disciplinæ, de qua loquor, aut amicitiam, aut justitiam propter utilitates adsciscí, aut probari. Eædem enim utilitates poterunt eas labefactare atque pervertere. Etenim nec justitia, nec amicitia esse omnino poterunt, nisi ipsæ per se expetantur. Jus autem, quod ita dici appellarique possit, id esse natura ; alienumque esse a sapiente non modo injuriam cui facere, verum etiam nocere. Nec vero rectum est cum amicis, aut bene meritis consociare aut conjungere injuriam, gravissimeque et verissime defenditur nunquam æquitatem ab utilitate posse sejungi, et, quidquid æquum justumque esset, id etiam honestum ; vicissimque, quidquid esset honestum, id justum etiam atque æquum fore,

Ad easque virtutes, de quibus disputatum est, dialecticam etiam adjungunt, et physicam ; easque ambas virtutum nomine appellant : alteram, quod habeat rationem, ne cui falso assentiamur, neve unquam captiosa probabilitate fallamur, eaque, quæ de bonis et malis diceremus, ut tenere tuerique possimus.

sentier de la vérité pour tomber dans le mensonge. Si donc, en toutes choses, être téméraire et ignorant, c'est être vicieux, la science qui nous garantit de ce double écueil est honorée avec raison par eux comme une vertu.

XXII. La physique aussi a mérité cette noble désignation. En effet, l'homme qui veut conformer sa vie aux lois de la nature doit commencer par étudier l'univers et la loi qui le régit. Comment, d'ailleurs, fixer son opinion avec sûreté sur le bien et le mal, si l'on n'a une entière connaissance et de la nature, et de la vie même des dieux, si l'on ignore les convenances réelles ou possibles qui unissent l'homme au grand système du monde, si l'on n'est imbu de ces antiques adages de la sagesse qui nous disent : « Obéis au temps ; suis Dieu ; connais-toi toi-même ; évite l'excès. » Sans la science de la nature, le mérite prodigieux de ces maximes devient nul pour nous. Il faut aussi la connaître à fond pour comprendre quel solide appui elle prête à la justice et à l'amitié. Enfin, sans cette étude, sérieusement entreprise, un voile nous cachera toujours le caractère que doit avoir la piété et la reconnaissance envers les Immortels.

Mais je voulais faire quelques pas dans la carrière, et je m'aperçois que je l'ai presque parcourue, entraîné par le merveilleux ensemble de ce système, et par l'ordre si beau qui découle

---

Nam sine hac arte quemvis arbitrantur a vero abduci, fallique posse. Recte igitur, si omnibus in rebus temeritas ignoratioque vitiosa est, ab his ea, quæ tollit hæc, virtus nominata est.

XXII. Physicæ quoque non sine causa tributus idem est honos, propterea quod, qui convenienter naturæ victurus sit, ei et proficiscendum est ab omni mundo, et ab ejus procuratione. Nec vero potest quisquam de bonis et de malis vera judicare, nisi omni cognita ratione naturæ, et vitæ etiam deorum, et utrum conveniat, necne, natura hominis cum universa ; quæque sunt vetera præcepta sapientium, qui jubent « tempori parere, et sequi Deum, et se noscere, et nihil nimis. » Hæc sine physicis quam vim habeant (et habent maximam), videre nemo potest. Atque etiam ad justitiam colendam, ad tuendas amicitias et reliquas caritates quid natura valeat, hæc una cognitio potest tradere. Nec vero pietas adversus deos, nec quanta his gratia debeatur, sine explicatione naturæ intelligi potest.

Sed jam sentio me esse longius provectum, quam proposita ratio postularet. Verum admirabilis compositio disciplinæ, incredibilisque rerum traxit

de ces enseignements. Vous-même, au nom du ciel, n'en êtes-vous pas charmé ? Soit dans les productions de la nature, cette ingénieuse ouvrière, soit dans les chefs-d'œuvre de l'art, où trouver un tout dont les parties, mieux liées, soient dans un rapport plus harmonieux ? Y a-t-il ici disparate entre ce qui précède et ce qui suit, et réciproquement ? Dans cet assemblage de parties admirablement faites l'une pour l'autre, changez une seule lettre, le système entier va être ébranlé. Mais non, ce changement est impossible. Qu'elle est noble, qu'elle est imposante, cette constante égalité d'âme du sage ! Que le flambeau de la raison lui montre le seul vrai bien dans le beau moral, il suffit ; dès lors son bonheur est assuré, immuable ; et les titres les plus pompeux, objet de la dérision des ignorants, lui appartiennent tous. Le nom de roi est à lui plus qu'à ce Tarquin qui ne sut régner ni sur lui-même ni sur les autres ; plus que Sylla, cet esclave de trois vices effroyables, l'intempérance, l'avarice et la cruauté, il mérite d'être appelé maître du peuple ou dictateur ; riche, plus que ce Crassus qui, pauvre au milieu de ses trésors, voulut franchir l'Euphrate et faire une guerre injuste. Oui, tout appartient à celui qui seul sait faire usage de tout. Oui, le sage est beau ; car les traits de l'esprit sont fort au-dessus de ceux du visage. Oui le sage est seul libre ; car il ne connaît aucun joug, ni celui de l'homme, ni

---

ordo. Quæ, per deos immortales ! nonne miraris? Quid enim aut in natura, qua nihil est aptius, nihil descriptius, aut in operibus manu factis tam compositum, tamque compactum et coagmentatum inveniri potest? quid posterius priori non convenit? quid sequitur, quod non respondeat superiori? quid non sic aliud ex alio nectitur, ut non, si unam litteram moveris, labent omnia? Nec tamen quidquam est, quod moveri possit. Quam gravis vero, quam magnifica, quam constans conficitur persona sapientis! Qui, quum ratio docuerit, quod honestum esset, id esse solum bonum, semper sit necesse est beatus, vereque omnia ista nomina possideat, quæ irrideri ab imperitis solent. Rectius enim appellabitur rex, quam Tarquinius, qui nec se, nec suos regere potuit; rectius magister populi (is enim est dictator), quam Sulla, qui trium pestiferorum vitiorum, luxuriæ, avaritiæ, crudelitatis magister fuit; rectius dives quam Crassus, qui, nisi eguisset, nunquam Euphratem nulla belli causa transire voluisset. Recte ejus omnia dicentur, qui scit uti solus omnibus. Recte etiam pulcher appellabitur : animi enim lineamenta sunt pulchriora, quam corporis. Recte solus liber, nec dominationi cujusquam parens, neque obe-

celui des passions. Il est invincible : enchaînez son corps, l'aurez-vous vaincu ? non ; car son âme échappe à vos fers. Pour prononcer sur son bonheur, il n'est pas même nécessaire d'attendre son dernier jour, comme un des sept sages dit autrefois peu sagement à Crésus. Si ce prince avait jamais goûté le bonheur véritable, il en eût encore savouré les douceurs sur ce bûcher où Cyrus le fit monter. Si donc le sage seul a des droits au bonheur, si tous les amis de la vertu sont heureux, y a-t-il sur la terre un objet plus digne de notre culte que la philosophie, plus céleste que la vertu ?

diens cupiditati. Recte invictus, cujus, etiamsi corpus constringatur, animo tamen vincula injici nulla possint. Neque exspectet ultimum tempus ætatis, ut tum denique judicetur, beatusne fuerit, quum extremum vitæ diem morte confecerit : quod ille unus e septem sapientibus non sapienter Crœsum monuit. Nam si beatus unquam fuisset, beatam vitam usque ad illum a Cyro exstructum rogum pertulisset. Quod si ita est, ut neque quisquam, nisi bonus vir, et omnes boni beati sint, quid philosophia magis colendum, aut quid est virtute divinius.

LIVRE QUATRIÈME

I. Après avoir ainsi parlé, Caton se tut. Avec quelle mémoire, lui dis-je, vous avez exposé tant de questions, avec quelle netteté un système par soi-même si obscur; aussi est-on réduit ou à renoncer à toute réfutation, ou à demander du loisir pour la préparer. En effet, cette doctrine, dont la fausseté est loin d'être évidente pour moi, est fondée et construite avec une solidité apparente qui déconcerte d'abord, et empêche de réunir toutes les forces nécessaires pour l'attaquer. C'est bien à vous, reprit Caton, à m'alléguer une pareille excuse! vous que j'ai vu répliquer à votre partie le même jour, selon la nouvelle loi, et ne demander que trois heures pour prendre vos conclusions! Non, non, je n'accorderai aucune remise pour cette cause : vous en avez gagné d'aussi épineuses. Entrez donc en matière : ce sujet a été si souvent traité, et par d'autres et par vous-même, que les paroles ne peuvent vous manquer. Loin de moi,

LIBER QUARTUS

I. Quæ quum dixisset, finem ille. Ego autem, Næ tu, inquam, Cato, ista exposuisti tam multa memoriter, tam obscura dilucide. Itaque aut omittamus contra omnino velle aliquid, aut spatium sumamus ad cogitandum : tam enim diligenter, etsi minus vere (nam nondum id quidem audeo dicere), sed tamen accurate non modo fundatam, verum etiam exstructam disciplinam non est facile perdiscere. Tum ille, Ain, tandem, inquit, quum ego te hac nova lege videam eodem die accusatori respondere, et tribus horis perorare, id hac me causa tempus dilaturum putas? quæ tamen a te agetur non melior, quam illæ sunt, quas interdum obtines. Quare istam quoque aggredere, tractatam præsertim et ab aliis, et a te ipso sæpe, ut tibi deesse non possit oratio. Tum ego,

lui répondis-je, la hardiesse d'attaquer sans préparation les stoïciens; non pas que j'abonde dans leur sens, mais je ne sais quelle honte m'arrête : ils disent tant de choses qui échappent à mon intelligence! Il est vrai, repartit Caton, leur système contient plus d'une obscurité; toutefois, la faute n'en est pas à eux; elle est à la nature des choses. Mais les péripatéticiens, dis-je à mon tour, expriment quelquefois les mêmes idées : d'où vient que tout est si clair dans leur langage? Les mêmes idées! reprit-il : je me suis donc bien mal exprimé si vous n'avez vu ici qu'une dispute de mots. — Démontrez qu'il y a, sous cette dissidence, autre chose, et je me fais stoïcien. — Je croyais la chose faite. Eh bien, réfutez d'abord ce que j'ai avancé : le reste aura son tour plus tard. — Non pas : pour examiner cette question, je la prendrai au même point que vous : quoi de plus juste que la demande de rester libre dans ma réponse? — Accordé. J'aurais préféré vous voir commencer par ce point; mais les débats doivent être libres.

II. Les anciens disciples de Platon, dis-je alors, les Speusippe, les Aristote, les Xénocrate, puis les disciples de ces derniers, Polémon et Théophraste, me paraissent avoir élevé leur système sur des bases assez larges et assez solides. Était-ce la peine que Zénon, après avoir longtemps fréquenté l'école de Polémon, se séparât de lui et de tous les philosophes qui avaient professé

Non mehercule soleo temere contra stoicos; non quo illis admodum assentiar, sed pudore impedior : ita multa dicunt, quæ vix intelligam. Obscura, inquit, quædam esse confiteor ; nec tamen ab illis ita dicuntur de industria ; sed inest in rebus ipsis obscuritas. Cur igitur easdem res, inquam, peripateticis dicentibus, verbum nullum est, quod non intelligatur ? Easdemne res ? inquit; an parum disserui, non verbis stoicos a peripateticis, sed universa re et tota sententia dissidere? — Atqui, inquam, Cato, si istud obtinueris, traducas me ad te totum licebit. — Putabam equidem satis, inquit, me dixisse. Quare ad ea primum, si videtur ; sin aliud quid voles, postea. — Immo isto quidem, inquam, loco, nisi iniquum postulo, respondere arbitratu meo. — Ut placet, inquit ; etsi enim illud erat aptius, æquum cuique concedere.

II. Existimo igitur, inquam, Cato, veteres illos Platonis auditores, Speusippum, Aristotelem, Xenocratem ; deinde eorum, Polemonem, Theophrastum, satis et copiose, et eleganter habuisse constitutam disciplinam, ut non esset causa Zenoni, quum Polemonem audisset, cur et ab eo ipso, et a superioribus dissi-

les mêmes principes! Indiquez-moi donc, de grâce, les changements que vous désirez y apporter; car je n'opposerai pas une réponse à chacune de vos propositions, ne vous y attendez pas : c'est l'ensemble de leur doctrine que je vais confronter avec la vôtre. Les hommes, en général, ont une disposition manifeste aux qualités naturelles indispensables à l'humanité, telles que la justice, la tempérance et toutes les vertus de cette classe, qui ne diffèrent, comme les arts, que par leur application; leur penchant pour elles a tous les caractères du zèle le plus noble, de la plus ardente émulation; le besoin de savoir est pour eux une passion qui naît et se développe avec eux-mêmes; la vie de société, la communauté d'existence, voilà leur vocation; et plus l'esprit de l'homme s'élève, plus, chez lui, ces vérités brillent avec éclat. Ces observations ont été faites par tous nos philosophes. De là, la division de la philosophie en trois parties principales, division que Zénon a reproduite. Suspendons tout examen sur la partie qui concerne les mœurs et le souverain bien, objet unique de cette discussion. J'insiste, pour le moment, sur un seul fait : c'est que les premiers péripatéticiens et les philosophes de l'ancienne académie, unis quant au fond, divers seulement par le langage, ont traité avec autant de solidité que d'abondance des droits et des devoirs du citoyen, contenus, chez les Grecs, dans le mot de *politique*.

deret, quorum fuit hæc institutio. In qua animadvertas velim, quid putes mutandum, nec exspectes, dum ad omnia dicam, quæ a te dicta sunt. Universa enim illorum ratione cum tota vestra configendum puto. Qui quum viderent, ita nos esse natos, ut et communiter ad eas virtutes apti essemus, quæ notæ illustresque sunt, justitiam dico, temperantiam, cæterasque generis ejusdem; quæ omnes similes artium reliquarum, materia tantum ad meliorem partem et tractatione different; easque ipsas virtutes viderent nos magnificentius appetere et ardentius; habere etiam insitam quamdam, vel potius innatam cupiditatem scientiæ, natosque esse ad congregationem hominum, et ad societatem communitatemque generis humani, eaque in maximis ingeniis maxime elucere, totam philosophiam tres in partes diviserunt. Quam partitionem a Zenone retentam esse videmus. Quarum quum una sit, qua mores conformari putantur; differo eam partem, quæ quasi stirps est hujus quæstionis : qui sit enim finis bonorum, mox; hoc loco tantum dico, a veteribus peripateticis academicisque, qui, re consentientes, vocabulis differebant, eum locum, quem civilem recte appellaturi videmur, Græci πολιτικόν, graviter et copiose esse tractatum

III. Que de traités ils ont publiés et sur la république, et sur les lois! que de graves préceptes! quels modèles d'éloquence! La précision, la justesse dominent dans toutes leurs discussions philosophiques; ils font l'usage le plus heureux de ces définitions, de ces divisions qui se trouvent aussi chez vos écrivains, mais qui, employées par eux, n'éclaircissent rien : du côté des nôtres, au contraire, quelle clarté! quelles lumières! Leur sujet s'élève-t-il, ils montent, pour ainsi dire, avec lui. A-t-on jamais rien écrit d'aussi noble, d'aussi imposant sur la justice, sur la force, sur l'amitié, sur la conduite de toute la vie, sur la philosophie, sur la direction des affaires publiques, sur la tempérance? Vous ne les voyez pas livrés au travail ingrat de cueillir des épines, de dépouiller des os, comme les stoïciens : ils savent appliquer aux grandes pensées une élocution noble, aux petites des termes clairs. Aussi, quel charme dans leur parole, soit qu'ils consolent, soit qu'ils encouragent, soit qu'ils adressent aux plus grands hommes des avertissements et des conseils! Tous les sujets peuvent se ranger dans deux classes : ils présentent ou une question générale, abstraction faite des personnes et des temps, ou une question spéciale de fait, de droit, de définition, qui admet les temps et les personnes. Habiles également dans ces deux genres d'écrits, ils nous en ont donné une foule d'un mérite

---

III. Quam multa illi de republica scripserunt? quam multa de legibus? quam multa non solum præcepta in artibus, sed etiam exempla in orationibus bene dicendi reliquerunt? Primum enim ipsa illa, quæ subtiliter disserenda erant, polite apteque dixerunt, quum definientes, tum partientes; ut vestri etiam; sed vos squalidius; illorum, vides, quam niteat oratio. Deinde ea, quæ requirebant orationem ornatam et gravem, quam magnifice sunt dicta ab illis? quam splendide? de justitia, de fortitudine, de amicitia, de ætate degenda, de philosophia, de capessenda republica, de temperantia, de fortitudine, hominum spinas vellentium, ut stoici, nec ossa nudantium, sed eorum, qui grandia ornate vellent, enucleate minora dicere. Itaque quæ sunt eorum consolationes? quæ cohortationes? quæ etiam monita et consilia, scripta ad summos viros? Erat enim apud eos, ut est rerum ipsarum natura, sic dicendi exercitatio, duplex. Nam quidquid quæritur, id habet aut generis ipsius sine personis temporisque, aut, iis adjunctis, facti, aut juris, aut nominis controversiam. Ergo in utroque exercebantur, eaque disciplina effecit tantam illorum utroque in genere dicendi copiam. Totum genus hoc et Zeno, et ab eo qui sunt,

éminent. Zénon et ses sectateurs n'ont rien fait de semblable : était-ce un parti pris de ne pas suivre cet exemple? était-ce impuissance? Cléanthe, il est vrai, et même Chrysippe ont écrit une rhétorique; mais leurs préceptes ne nous rendraient savants que dans l'art de nous taire. Vous le voyez vous-même : ils ne veulent point parler leur langue, ils en forgent une nouvelle. Mais quel faste et quelle prétention! Le monde, disent-ils, est la cité de l'homme. Leur but est d'échauffer les âmes; mais à quoi cela mène-t-il? à faire croire à l'habitant du promontoire de Circé que sa modeste ville est l'univers. Ils veulent mettre le feu aux âmes! ils l'éteindraient plutôt, s'il y était. Vous avez dit, en peu de mots, que chez le sage seul il y a richesse, dictature, royauté : ce langage est noble et beau ; pourquoi? c'est que vous l'avez emprunté aux rhéteurs. Mais quelle faiblesse, chez vos stoïciens, quand ils parlent de la majesté de la vertu, bien qu'ils prétendent qu'elle contient en elle-même tous les éléments du bonheur! Ils vous pressent avec de petites questions comme avec des aiguilles ; et, quand vous avez dit oui, l'âme n'a rien entendu, il n'y a rien de changé en vous, et vous partez comme vous étiez venu. Les pensées sont vraies, importantes du moins; mais la sécheresse de l'expression les altère et les affaiblit.

IV. Voici le tour de la dialectique et de la physique. Laissons

---

aut non potuerunt, aut noluerunt, certe reliquerunt. Quanquam scripsit artem rhetoricam Cleanthes, Chrysippus etiam, sed sic, ut, si quis obmutescere concupierit, nihil aliud legere debeat. Itaque vides, quo modo loquantur. Nova verba fingunt; deserunt usitata. At quanta conantur? Mundum hunc omnem, oppidum esse nostrum. Incendit igitur eos, qui audiunt. Vides, quantam rem agas : ut, Circeis qui habitat, totum hunc mundum, suum municipium esse existimet. Quid? ille incendat? restinguet citius, si ardentem acceperit. Ista ipsa, quæ tu breviter, regem, dictatorem, divitem, solum esse sapientem, a te quidem apte ac rotunde : quippe; habes enim a rhetoribus. Illorum vero ista ipsa quam exilia de virtutis vi? quam tantam volunt esse, ut beatum per se efficere possit. Pungunt, quasi aculeis, interrogatiunculis angustis. Quibus etiam qui assentiuntur, nihil commutantur animo, et iidem abeunt, qui venerant : res enim fortasse veræ, certe graves, non ita tractantur, ut debent, sed aliquanto minutius.

IV. Sequitur disserendi ratio, cognitioque naturæ. Nam de summo bono

encore un moment de côté la morale et le souverain bien : ce sera bientôt l'objet spécial de notre discussion. Dans ces deux sciences, Zénon n'avait pas un changement à opérer. Tout y semble exact et complet. Peut-on citer une partie importante de la dialectique que les anciens n'aient approfondie? Définitions, règles pour bien définir, divisions dont la place est marquée après les définitions, ils ont donné sur tout cela des préceptes et des modèles. Ils traitent aussi des contraires; ensuite, ils parlent successivement des genres et des espèces. Un argument complet est précédé, chez eux, de propositions lucides et manifestes ; après cela, ils renouent la chaîne des antécédents et des conséquents, et la conclusion amène la proposition vraie qu'il s'agit de prouver. Nous leur devons plus d'une sorte d'arguments qui, tous, donnent également des conclusions vraies; nous leur devons aussi de ne pas prendre des interrogations sophistiques pour une solide argumentation. Il y a plus : en mille endroits, n'ont-ils pas affirmé qu'il ne faut ni abandonner la raison pour les sens, ni les sens pour la raison, mais que leurs témoignages doivent se servir de mutuel contrôle? Tous les préceptes de la dialectique enseignés dans nos écoles ne sont-ils pas leur ouvrage? Sur ces matières, Chrysippe s'est exercé beaucoup plus que le chef du chef du Portique, et après lui : eh bien, qu'a-t-il fait de

---

mox, ut dixi, videbimus, et ad id explicandum disputationem omnem conferemus. In iis igitur partibus duabus nihil erat, quod Zeno commutare gestiret. Res enim præclare se habent, et quidem in utraque parte. Quid enim ab antiquis ex eo genere, quod ad disserendum valet, prætermissum est? qui et definierunt plurima, et definiendi artes reliquerunt : quodque est definition adjunctum, ut res in partes dividatur, id et fit ab illis, et, quemadmodum fieri oporteat, traditur. Item de contrariis : a quibus ad genera, formasque generum devenerunt. Jam argumenti, ratione conclusi, caput esse faciunt ea, quæ perspicua dicunt; deinde ordinem sequuntur ; tum, quid verum sit in singulis, extrema conclusio est. Quanta autem ab illis varietas argumentorum, ratione concludentium, eorumque cum captiosis interrogationibus dissimilitudo? Quid, quod pluribus locis quasi denuntiant, ut neque sensuum fidem sine ratione, nec rationis sine sensibus exquiramus, atque ut eorum alterum ab altero separemus? Quid? ea, quæ dialectici nunc tradunt et docent, nonne ab illis instituta sunt et inventa? De quibus etsi a Chrysippo maxime est elaboratum, tamen a Zenone minus multo, quam ab antiquis. Ab hoc au-

mieux que ses devanciers? absolument rien : il y a même des matières auxquelles il n'a pas touché. Tout ce qui se rattache à la perfection dans l'art de s'énoncer et de raisonner consiste en deux choses principales, invention et disposition : sur la dernière, le Portique nous a laissé des préceptes, comme l'école d'Aristote ; mais la première, traitée avec une admirable perfection par les péripatéticiens, n'a pas même été effleurée par le stoïcisme. Cette école ne paraît pas soupçonner l'existence des sources d'où l'on peut tirer, comme d'un trésor, les idées et les preuves, tandis que les péripatéticiens en ont enseigné l'art et la méthode : par là, il n'est plus nécessaire de repasser continuellement dans sa mémoire les idées des maîtres, et d'avoir toujours ses cahiers entre les mains. Savoir la place où chaque pensée est en dépôt, connaître le moyen d'y atteindre, c'est pouvoir exploiter facilement une mine aussi riche, et s'armer pour les discussions même les plus épineuses. Sans doute, quelques esprits privilégiés, sans autre guide que le talent, parviennent à une riche et abondante éloquence; mais il est plus sûr encore de se laisser diriger par l'art que par la nature : autre chose est de s'élever à l'élégance du langage poétique, autre chose de coordonner toutes ses idées dans une disposition lumineuse.

V. Même remarque est applicable à la physique. Les uns et les autres se sont livrés à cette étude, non pas seulement, comme veut Épicure, parce qu'elle affranchit de la peur de mourir et

---

tem quædam non melius, quam veteres; quædam omnino relicta. Quumque duæ sint artes, quibus perfecte ratio et oratio compleatur, una inveniendi, altera disserendi; hanc posteriorem et stoici, et peripatetici, priorem autem illi egregie tradiderunt; hi omnino ne attigerunt quidem. Nam e quibus locis, quasi thesauris, argumenta depromerentur, vestri ne suspicati quidem sunt; superiores autem artificio et via tradiderunt. Quæ quidem res efficit, ne necesse sit, iisdem de rebus semper quasi dictata decantare, neque a commentariolis suis discedere. Nam qui sciet, ubi quidque positum sit, quaque eo veniat, is, etiam si quid obrutum erit, poterit eruere, semperque esse in disputando suus. Quod etsi ingeniis magnis præditi quidam dicendi copiam sine ratione consequuntur, ars tamen est dux certior, quam natura. Aliud est enim poetarum more verba fundere; aliud ea, quæ dicas, ratione et arte distinguere.

V. Similia dici possunt de explicatione naturæ, qua hi utuntur, et vestri, neque vero ob duas modo causas, quod Epicuro videtur, ut pellatur mortis et

des craintes de la superstition, mais parce que la connaissance des choses célestes donne je ne sais quelle élévation de pensées à l'homme qui les contemple ; qu'elle inspire de la grandeur d'âme à ceux qui observent tant de merveilles, et qu'elle porte à la justice, quand on est parvenu à y entrevoir une providence, une volonté supérieure qui gouverne tout, et qui est tellement la loi suprême de l'univers, que la raison, conforme à la nature divine, est appelée par les philosophes la règle absolue, la véritable loi. L'étude de la nature, les lumières dont elle éclaire notre esprit font naître en nous une douce et secrète volupté, qui seule, dans les loisirs d'une vie innocente, pourrait suffire au bonheur. Dans cette partie, les stoïciens n'ont presque fait que suivre pas à pas leurs prédécesseurs : comme eux, ils admettent des dieux et quatre éléments. Une question très-ardue partage les esprits : c'est celle d'une cinquième essence, regardée comme l'origine de l'intelligence et de la raison. A cette question se rattache celle de la nature de l'âme. L'âme est en feu, disait Zénon ; et, sur plusieurs autres points, il se fraya une route nouvelle ; mais, sur la question la plus haute, celle de l'univers, mû par un modérateur suprême, par une main intelligente, il se rangea du côté des opinions établies. Les stoïciens ont eu peu d'idées nouvelles : combien n'en doit-on pas aux philosophes qui sont venus avant eux ! Que de découvertes et sur la naissance

---

religionis metus; sed etiam modestiam quamdam cognitio rerum cœlestium affert iis, qui videant, quanta sit etiam apud deos moderatio, quantus ordo; et magnitudinem animi, deorum opera et facta cernentibus ; justitiam etiam, quum cognitum habeas, quod sit summi rectoris et domini numen, quod consilium, quæ voluntas : cujus ad naturam apta ratio, vera illa et summa lex a philosophis dicitur. Inest in eadem explicatione naturæ insatiabilis quædam e cognoscendis rebus voluptas : in qua una, confectis rebus necessariis, vacui negotiis, honeste ac liberaliter possumus vivere. Ergo in hac ratione tota de maximis fere rebus stoici illos secuti sunt, ut et deos esse, et quatuor ex rebus omnia constare dicerent. Quum autem quæreretur res admodum difficilis, num quinta quædam natura videretur esse, ex qua ratio et intelligentia oriretur, in quo etiam de animis, cujus generis essent, quæreretur, Zeno id dixit esse ignem, nonnulla deinde aliter, sed ea pauca ; de maxima autem re, eodem modo, divina mente atque natura mundum universum atque ejus maximas partes administrari. Materiam vero rerum et copiam, apud hos, exilem; apud illos uberrimam reperiemus. Quam multa ab his conquisita et col-

de l'animal, et sur sa conformation, et sur la durée de son existence! Combien d'autres sur les productions fossiles et minérales! N'ont-ils pas dévoilé le pourquoi et le comment d'une infinité de choses? Et, par ces aperçus hardis, ne nous ont-ils pas mis sur la voie pour pénétrer dans la nature intime de chaque être? Je ne vois donc point, jusqu'à présent, que Zénon eût un motif réel pour fonder sa secte. Sur quelques points, il s'écartait des doctrines du péripatétisme, mais il n'en était pas moins disciple d'Aristote. Ainsi, dans la physique, Épicure n'est, à mes yeux, qu'un autre Démocrite. J'aperçois bien quelques changements; mais, fussent-ils plus nombreux, presque tous ses dogmes principaux demeureraient la propriété de son prédécesseur. Vos philosophes qui ont fait de semblables emprunts auprès des inventeurs de tant de vérités, devraient se montrer un peu plus reconnaissants.

VI. Nous abordons cette thèse du souverain bien, qui s'étend à toutes les branches de la morale. Ici, Zénon a-t-il apporté quelque découverte assez importante pour le décider à faire école à part, et à imiter le fils ingrat qui abandonne son père? Vous avez donné une explication détaillée de ce qu'on entend par souverain bien; vous vous êtes attaché à la définition des stoïciens. Mais permettez, Caton, que je présente aussi mon explication, pour que nous puissions mieux connaître ce que Zénon est venu

---

lecta sunt de omnium animantium genere, ortu, membris, ætatibus? quam multa de rebus iis, quæ gignuntur e terra? quam multæ, quamque de rebus variis et causæ, cur quidque fiat, et demonstrationes, quemadmodum quæque fiant? qua ex omni copia, plurima et certissima argumenta sumuntur ad cujusque rei naturam explicandam. Ergo adhuc, quantum equidem intelligo, causa non videtur fuisse mutandi nominis. Non enim, si omnia non sequebatur, idcirco non erat ortus illinc. Equidem etiam Epicurum, in physicis quidem, Democritum puto : pauca mutat, vel plura sane. At quum e plurimis eadem dicit, tum certe de maximis. Quod idem quum vestri faciant, non satis magnam tribuunt inventoribus gratiam.

VI. Sed hæc hactenus. Nunc videamus, quæso, de summo bono, quod continet philosophiam, ecquid tandem attulerit, quamobrem ab inventoribus, tanquam a parentibus, dissentiret. Hoc igitur loco, quanquam a te, Cato, diligenter est explicatus finis hic bonorum (qui continet philosophiam), et quis a stoicis, et quemadmodum diceretur, tamen ego quoque exponam, ut perspicia-

ajouter aux notions de l'école avec laquelle il a divorcé. Les péripatéticiens, entre autres Polémon, ont dit : Vivre selon la nature, voilà le souverain bien. Viennent ensuite les stoïciens, qui, dans cette définition, distinguent trois choses : d'abord, vivre en réglant sa conduite sur la connaissance des choses naturelles. C'est là, selon eux, le sens de ces paroles de Zénon qui étaient tout à l'heure dans votre bouche : Vivre selon la nature. Second sens : vivre en observant tous les devoirs que vous appelez mitoyens ; cette interprétation est loin de coïncider avec la première qui, en supposant le κατόρθωμα, c'est-à-dire la droiture ou le caractère parfait de l'action, est le propre du sage ; tandis que celle-ci, embrassant même les devoirs du premier ordre, s'appliquera également aux insensés. Troisième sens : vivre avec jouissance de tout ou de presque tout ce qui est dans la nature : cette explication comprend les choses qui ne sont pas dans notre dépendance. En effet, les éléments du bien suprême sont alors une vie vertueuse, et les choses conformes à la nature, qui ne sont pas en notre pouvoir. Ainsi, le souverain bien, tel qu'on l'entend par cette dernière interprétation, et la vie qui s'y conforme, ne peuvent appartenir qu'au sage, puisque la vertu est leur compagne. Voilà, d'après l'aveu des stoïciens eux-mêmes, le bien que Xénocrate et Aristote placent au premier rang. Leurs

---

mus, si poterimus, quidnam a Zenone novi sit allatum. Quum enim superiores e quibus planissime Polemo, secundum naturam vivere, summum bonum esse dixissent, his verbis tria significari stoici dicunt. Unum ejusmodi, vivere adhibentem scientiam earum rerum, quæ natura evenirent : hunc ipsum Zenonis aiunt finem esse, declarantem illud, quod a te dictum est : Convenienter naturæ vivere. Alterum significare idem, ut si diceretur, officia omnia media, aut pleraque servantem, vivere. Hoc sic expositum dissimile est superiori. Illud enim rectum est, quod κατόρθωμα dicebas, contingitque sapienti soli : hoc autem inchoati cujusdam officii est non perfecti ; quod cadere in nonnullos insipientes potest. Tertium autem, omnibus, aut maximis rebus iis, quæ secundum naturam sint, fruentem, vivere, hoc non est positum in nostra actione. Completur enim et ex eo genere vitæ, quod virtute finitur, et ex iis rebus, quæ secundum naturam sunt, neque sunt in nostra potestate. Sed hoc summum bonum, quod tertia significatione intelligitur, eaque vita, quæ ex summo bono degitur, quia conjuncta ei virtus est, in sapientem solum cadit ; isque finis bonorum, ut ab ipsis stoicis scriptum videmus, a Xenocrate

expressions se rapprochent, lorsqu'ils désignent cette institution naturelle et primitive dont vous vous êtes occupé en ouvrant la discussion.

VII. La conservation des êtres dans chaque espèce, est, disent-ils, le but de la nature. De là l'origine des arts, surtout de l'art de la vie : ils nous aident, et à conserver les dons de la nature, et à conquérir de nouveaux biens. Ils distinguent aussi deux natures dans l'homme, l'âme et le corps ; ils enseignent que l'un et l'autre sont, par eux-mêmes, des biens ; puis ils établissent que nous devons rechercher pour elles-mêmes les bonnes qualités du corps, aussi bien que celles de l'âme. Toutefois, plaçant cette dernière beaucoup au-dessus de son compagnon, ils préfèrent, par une conséquence nécessaire, les biens spirituels à ceux de la matière. Persuadés aussi que la sagesse doit être la gardienne et la tutrice de tout l'homme, et que la nature doit trouver en elle une aide et une associée, ils lui ont reconnu la puissance modératrice sur cet être composé de deux éléments divers. Cette division posée, ils sont entrés dans les détails. Les biens corporels ne présentaient pas la moindre difficulté : ils ont donc porté toutes leurs investigations sur ceux de l'âme. Qu'y ont-ils trouvé? d'abord les premiers principes de la justice. Nul, avant eux, n'avait enseigné que la tendresse d'un

---

atque ab Aristotele constitutus est. Itaque ab his constitutio illa prima naturæ a qua tu quoque ordiebare, his prope verbis exponitur.

VII. Omnis natura vult esse conservatrix sui, ut et salva sit, et in genere conservetur suo. Ad hanc rem aiunt artes quoque requisitas, quæ naturam adjuvarent ; in quibus ea numeretur in primis, quæ est vivendi ars, ut tueatur quod a natura datum sit, quod desit, acquirat : iidemque diviserunt naturam hominis in animum, et corpus. Quumque eorum unumquodque per se expetendum esse dixissent, virtutes quoque utriusque eorum per se expetendas esse dicebant : quum autem animum quadam infinita laude anteponerent corpori, virtutes quoque animi bonis corporis anteponebant. Sed quum sapientiam totius hominis custodem et procuratricem esse vellent, quæ esset naturæ comes et adjutrix, hoc sapientiæ munus esse dicebant, ut eum tueretur, qui constaret ex animo et corpore ; in utroque juvaret cum atque contineret. Atque ita re primo simpliciter collocata, reliqua subtilius persequentes, corporis bona facilem quamdam rationem habere censebant : de animi bonis accuratius exquirebant. In primisque reperiebant, in his inesse justitiæ semina : primique ex

père et d'une mère pour ses enfants était purement spontanée ; que la nature avait, dans le principe, formé les nœuds de l'hymen ; que ces premières institutions avaient fondé et développé les liaisons, les amitiés entre les membres d'une même famille. Bientôt, partis de ces principes, ils ont interrogé chaque vertu sur son origine et sur ses progrès. Alors s'est montrée à eux la magnanimité, qui nous arme contre les coups du sort en soumettant au sage tout ce que la vie humaine a de plus relevé, et en élevant au-dessus des injures de la fortune un esprit imbu des maximes de la sagesse antique. Tous les principes semés par la nature dans le cœur humain ont, disent-ils, porté l'homme à l'acquisition de certains biens, comme à la vie contemplative, à l'étude des mystères de ce monde : curiosité qui naît et vit en nous. De là aussi le désir de cultiver notre intelligence ; de là le goût de la discussion. Seul, parmi tous les animaux, doué du sentiment de la honte et de la pudeur, porté à la sociabilité par instinct, capable d'éviter tout ce qui n'est ni moralement bon ni convenable, l'homme, ont-ils dit encore, trouve, dans ces principes naturels de véritables germes qui se développent et peuvent produire des fruits de tempérance, d'équité, de modestie, de toutes les vertus.

omnibus philosophis a natura tributum esse docuerunt, ut ii, qui procreati essent, a procreatoribus amarentur, et id, quod temporum ordine antiquius est, ut conjugia virorum et uxorum natura conjuncta esse dicerent ; qua ex stirpe orirentur amicitiæ cognationum. Atque ab his initiis profecti, omnium virtutum et originem, et progressionem persecuti sunt. Ex quo magnitudo quoque animi exsistebat, qua facile posset repugnari obsistique fortunæ, quod maximæ res essent in potestate sapientis. Varietates autem injuriasque fortunæ facile veterum philosophorum præceptis instituta vita superabat. Principiis autem a natura datis, amplitudines quædam bonorum excitabantur, partim profectæ a contemplatione rerum occultiorum, quod erat insitus menti cognitionis amor, ex quo etiam rationis explicandæ disserendique cupiditas consequebatur. Quodque hoc solum animal natum est pudoris ac verecundiæ particeps, appetensque conjunctionem hominum ac societatem, animadvertensque in omnibus rebus, quas ageret, aut diceret, ne quid ab eo fieret, nisi honeste et decore ; his initiis, ut ante dixi, tanquam seminibus, a natura datis, temperantia, modestia, justitia, et omnis honestas perfecte absoluta est.

VIII. Je viens d'exposer en substance la doctrine des philosophes dont je parle. Après vous avoir esquissé cet aperçu, Caton, je cherche encore pourquoi, disciple de ces grands hommes, Zénon a rompu avec leur enseignement ; je me demande quelles propositions méritaient sa censure. A-t-il quitté cette école, parce que l'on y professe que toute la nature tend à se conserver et qu'elle fait une loi à chaque animal de sa propre conservation? est-ce parce que le but de tous les arts étant de se conformer à la nature, elle prononce qu'il en doit être de même de l'art de vivre? enfin que, l'homme étant composé d'une âme et d'un corps, l'un et l'autre de ces éléments constitutifs, et les qualités qui leur sont propres, sont, par leurs avantages réels, dignes de nos recherches? Blâme-t-il cette préférence donnée aux qualités morales? condamne-t-il toute cette belle doctrine sur la prudence, sur la connaissance de la nature, sur la société, enfin sur la tempérance, la modestie, la grandeur d'âme, en un mot, sur le beau moral? J'en appelle aux stoïciens eux-mêmes : toute cette théorie n'est-elle pas admirable? n'est-il pas vrai qu'elle ne motive en rien la désertion de Zénon? Mais ces motifs, ils les chercheront ailleurs.

Je crois les entendre dire : L'antiquité avait accrédité de grandes erreurs, et Zénon les proscrivit, parce que la vérité était son idole. Est-il, en effet, une absurdité plus palpable, une ex-

VIII. Habes, inquam, Cato, formam eorum, de quibus loquor, philosophorum. Qua exposita, scire cupio, quæ causa sit, cur Zeno ab hac antiqua institutione desciverit ; quidnam horum ab eo non sit probatum. Quodne omnem naturam conservatricem sui dixerint ? an quod omne animal ipsum sibi commendatum, ut se et salvum in suo genere, incolumeque vellet ? an, quum omnium artium finis is esset, quid natura maxime quæreret, idem statui debere de totius arte vitæ ? an quod, quum animo constaremus et corpore, et hæc ipsa, et eorum virtutes per se esse sumendas ? An vero displicuit ea, quæ tributa est animi virtutibus, tanta præstantia ? an quæ de prudentia, de cognitione rerum, de conjunctione generis humani, quæque ab eisdem de temperantia, de modestia, de magnitudine animi, de omni honestate dicuntur ? Fatebuntur stoici, hæc omnia dicta esse præclare ; neque eam causam Zenoni desciscendi fuisse. Alia quædam dicent.

Credo, magna antiquorum esse peccata, quæ ille, veri investigandi cupidus, nullo modo ferre potuerit. Quid enim perversius, quid intolerabilius, quid

travagance plus monstrueuse que de mettre au rang des biens la santé, l'absence de toute douleur, l'activité de tous les organes? N'est-il pas plus vrai de dire qu'entre tout cela et l'état opposé la différence est nulle ? Non, ce ne sont pas là des biens, mais des choses à préférer. Quelle était encore la folie des anciens d'affirmer que, par eux-mêmes, les avantages corporels sont désirables ! Désirables ? non ; mais préférables, à la bonne heure ! Il en est ainsi de toute la vie, qui ne consiste que dans la vertu. Une existence abondamment pourvue de tous ces biens naturels n'en serait pas plus à désirer ; c'est tout au plus si elle mériterait quelque préférence. Enfin, quoique la vertu suffise à la perfection du bonheur, il peut encore manquer quelque chose au sage placé à ce haut degré de félicité : voilà pourquoi douleurs, maladies, infirmités, sont toujours pour lui des objets d'aversion.

IX. Quelle vigueur de conception ! quel puissant motif pour faire école à part ! Mais continuons. Nous trouvons ensuite (vous l'avez dit vous-même) que, dans l'injustice, dans l'erreur, dans le vice, quel qu'il soit, tout est de niveau ; que toutes les fautes sont égales, et que tous ceux qui, par un heureux naturel, et grâce à l'étude, auraient fait de grands progrès dans la vertu sans y être tout à fait parvenus, sont aussi misérables que

---

stultius, quam bonam valetudinem, quam dolorum omnium vacuitatem, quam integritatem oculorum reliquorumque sensuum, ponere in bonis potius, quam dicere, nihil omnino inter eas res, iisque contrarias, interesse ? Ea enim omnia, quæ illi bona dicerent, præposita esse, non bona; itemque illa, quæ in corpore excellerent, stulte antiquos dixisse per se esse expetenda ; et sumenda potius, quam expetenda. Eademque de omni vita, quæ in una virtute consisteret : illam vitam, quæ etiam cæteris rebus, quæ essent secundum naturam, abundaret, magis expetendam non esse, sed magis sumendam quumque ipsa virtus efficiat ita beatam vitam, ut beatior esse non possit, tamen quædam deesse sapientibus, tum, quum sint beatissimi ; itaque eos id agere, ut a se dolores, morbos, debilitates repellant.

IX. O magnam vim ingenii, causamque justam, cur nova exsisteret disciplina ! Perge porro. Sequentur enim, quæ tu scientissime complexus es, omnem insipientiam, et injustitiam, alia vitia similia esse, omniaque peccata esse paria, eosque, qui natura, doctrinaque longe ad virtutem processissent, nisi eam plene consecuti essent, summe esse miseros, neque inter eorum vitam,

les plus grands scélérats. Ainsi, le sublime Platon a-t-il manqué d'atteindre la véritable sagesse : Platon fut aussi méprisable, aussi malheureux que le plus méchant des hommes. A merveille! cela s'appelle corriger, réformer l'ancienne philosophie. Mais cette réforme, pourrons-nous l'appliquer utilement à la ville, au forum, au sénat? Trouvera-t-on supportable l'auteur prétendu d'un nouveau plan de vie austère, qui ne ferait que changer les noms des choses, qui se contenterait d'appliquer des mots différents à ce qui est un dans le fond, et qui, réuni au reste des hommes par la pensée, embrasserait toutes les opinions reçues, qu'il se contenterait d'habiller à sa manière. Un avocat plaide la cause d'un accusé : dans sa péroraison, s'avisera-t-il de dire aux juges : l'exil, la confiscation ne sont pas un mal? ce sont des choses à rejeter, mais non à éviter? magistrats, fermez vos cœurs à la pitié? Annibal est aux portes de Rome : il a lancé un javelot par-dessus les remparts ; le peuple est assemblé : quel orateur aura l'impudence de dire : Romains, désabusez-vous; être fait prisonnier, être vendu, être tué dans sa patrie asservie, ce ne sont pas là des maux? Quand le sénat décerna le triomphe à Scipion l'Africain, aurait-il pu mentionner dans le décret *la vertu, le bonheur* de ce grand homme, si l'idéal du sage possède seul et le bonheur et la vertu? Quelle est donc cette philosophie qui, devant le peuple,

---

et improbissimorum, quidquam omnino interesse : ut Plato, tantus ille vir, si sapiens non fuerit, nihilo melius, quam quivis improbissimus, nec beatius vixerit. Hæc videlicet est correctio philosophiæ veteris et emendatio. Quæ omnino aditum habere nullum potest in urbem, in forum, in curiam. Quis enim ferre posset ita loquentem eum, qui se auctorem vitæ graviter et sapienter agendæ profiteretur, nomina rerum commutantem ; quumque idem sentiret, quod omnes, quibus rebus eamdem vim tribueret, alia nomina imponentem, verba modo mutantem, de opinionibus nihil detrahentem ? Patronusne causæ, in epilogo pro reo dicens, negaret esse malum exsilium, publicationem bonorum ? hæc rejicienda esse, non fugienda ? nec misericordem judicem esse oportere ? In concione autem si loqueretur, si Annibal ad portas venisset, murumque jaculo trajecisset, negaret esse in malis capi, venire, interfici, patriam amittere ? An senatus, quum triumphum Africano decerneret ; QUOD EJUS VIRTUTE, AUT FELICITATE, posset dicere, si neque virtus in ullo, nisi in sapiente, nec felicitas vere dici potest ? Quæ est igitur ista phi-

emprunte le langage du peuple, et qui, chez elle, a son idiome à part, de manière pourtant que son vocabulaire ne change rien à la nature des choses, qui demeurent les mêmes sous des termes différents? Les richesses, le pouvoir, la santé, je les appelle des biens ; vous dites, vous, que ce sont des choses à préférer : eh ! qu'importe cette différence, si vous et moi nous n'en faisons pas plus de cas l'un que l'autre? Aussi un philosophe profond et spirituel, digne à tant de titres d'être l'ami de Scipion et de Lélius, Panétius, en écrivant à Q. Tubéron sur la souffrance dans les douleurs, ne nie pas que la douleur ne soit un mal, proposition qu'il aurait dû mettre en avant, s'il eût été possible de la prouver : que fait-il? il se contente de définir la douleur, il dit combien elle répugne aux goûts naturels, et il enseigne la résignation. Ce grand homme était stoïcien : son opinion ne condamne-t-elle pas la raideur inflexible du langage de son école ?

X. Mais rapprochons-nous de ce que vous avez dit vous-même, Caton; la doctrine que vous professez et celle que je lui préfère sont en face l'une de l'autre : il faut les confronter. Plusieurs principes vous sont communs avec les anciens : qu'ils soient accordés entre nous. Ceux qui nous divisent seront seuls, si vous le voulez, l'objet de cet examen. Eh bien, j'y consens, dit-il ; descendons dans les profondeurs de ce sujet, serrons-le

losophia, quæ, communi more, in foro loquitur; in libello, suo? præsertim quum, quod illi verbis suis significent, in eo nihil novetur, de ipsis rebus nihil mutetur, eædem res maneant alio modo. Quid enim interest, divitias, opes, valetudinem, bona dicas, anne præposita, quum ille, qui ista bona dicit, nihilo plus his tribuat, quam tu, qui eadem illa præposita nominas? Itaque homo in primis ingenuus et gravis, dignus illa familiaritate Scipionis et Lælii, Panætius, quum ad Q. Tuberonem de dolore patiendo scriberet, quod esse caput debebat, si probari posset, nusquam posuit, non esse malum dolorem ; sed quid esset, et quale, quantumque in eo inesset alieni, deinde quæ ratio esset perferendi : cujus quidem, quoniam stoicus fuit, sententia, condemnata mihi videtur esse immanitas ista verborum.

X. Sed, ut propius ad ea, Cato, accedam, quæ a te dicta sunt, pressius agamus ; eaque, quæ modo dixisti, cum iis conferamus, quæ tuis antepono. Quæ sunt igitur communia vobis cum antiquis, his sic utamur, quasi concessis : quæ in controversiam veniunt, de iis, si placet, disseramus. Mihi vero, inquit,

de près, selon votre expression. Après tout, ce que vous venez de dire sent un peu l'apparat : vous me réservez sans doute quelque chose de mieux. Moi ? repris-je, oh! non; mais j'essayerai. Cependant, si tout ne satisfait pas votre goût, dans les idées qui vont s'offrir à moi, vous trouverez bon que je fasse aussi la part du public. Rappelons d'abord ce principe, que la nature nous a confiés à nous-mêmes, et que le premier désir qu'elle nous donne est celui de notre conservation. Ce point arrêté entre nous, interrogeons-nous sur ce que nous sommes : c'est le moyen de nous conserver tels que nous devons être. Or que sommes-nous? des hommes, des êtres composés d'âme et de corps, et soumis à un mode d'existence déterminé. Aimer cet être composé d'un corps et d'une âme est notre loi, notre penchant primordial : de là, pour le rendre heureux, la nécessité de le diriger vers un bien supérieur à tout autre. Si les premières impressions de la nature sont vraies, ce bien doit consister à nous procurer, autant qu'il est en nous, les choses qui sont selon la nature. Voilà, selon nos philosophes, la fin de l'homme; ils en abrégent l'expression : Vivez selon la nature, disent-ils; c'est là le plus grand des biens.

XI. Maintenant, je demande à votre école, ou plutôt à vous-même, comme au plus habile, comment, partis tous deux du même point et des mêmes principes, vous faites que vivre mo-

---

placet agi subtilius, et, ut ipse dixisti, pressius. Quæ enim adhuc protulisti, popularia sunt : ego autem a te elegantiora desidero. A mene tu? inquam. Sed tamen enitar, et, si minus mihi multa occurrent, non fugiam ista popularia. Sed primum positum sit, nosmet ipsos commendatos esse nobis, primamque ex natura hanc habere appetitionem, ut conservemus nosmet ipsos. Hoc convenit : sequitur illud, ut animadvertamus, qui simus ipsi, ut nos, quales oportet esse, servemus. Sumus igitur homines ; ex animo constamus et corpore ; quæ sunt cujusdammodi : nosque oportet, ut prima appetitio naturalis postulat, hæc diligere, constituereque ex his finem illum summi boni atque ultimi, quem, si prima vera sint, ita constitui necesse est. Earum rerum, quæ sint secundum naturam, quam plurima et quam maxima adipisci. Hunc igitur finem illi tenuerunt, quodque ego pluribus verbis, illi brevius. Secundum naturam vivere. Hoc his bonorum videtur extremum.

XI. Age nunc isti doceant, vel tu potius (quis enim ista melius?), quonam modo ab iisdem principiis profecti, efficiatis, ut honeste vivere (id est enim

ralement bien, c'est-à-dire, suivant vous, vivre selon la vertu, selon la nature, soit pour vous le bien le plus précieux? comment, en quel lieu vous êtes-vous soudain dégagé de votre corps, de toutes les autres choses qui, placées en nous par la main de la nature, ne dépendent pas de nous, enfin du devoir même? Ce dépôt que, selon vous, la nature nous a confié, et qui est notre propre individu, comment la sagesse l'a-t-elle sitôt oublié? Dans l'étude du souverain bien, appliqué, non pas à l'homme, mais à un pur esprit (passez-moi une fiction qui peut mener à la vérité), le bien que vous regardez comme tel serait regardé comme incompatible avec son sujet. Cet esprit pur demanderait encore le bien-être qui lui est propre et l'absence de toute douleur. Sa conservation, la permanence de ses qualités essentielles, exciteraient ses désirs; et vivre selon la nature serait son bien par excellence. Or j'entends encore par là jouir de toutes ou de presque toutes les choses qui seraient conformes à la nature. Supposez, si vous voulez, un animal sans corps : encore faudra-t-il que cette substance abstraite ait la perception de choses équivalentes aux choses corporelles. Ainsi, dans la recherche du souverain bien, un seul but pourrait lui être proposé, et c'est celui que j'ai signalé. Parmi les animaux, dit Chrysippe, les uns excellent par le corps, les autres par l'intelligence, d'autres enfin par ces deux sortes de facultés à la fois.

vel ex virtute, vel naturæ congruenter vivere), summum bonum sit, et quonam modo, aut quo loco corpus subito derueritis, omniaque ea, quæ quum secundum naturam sint, absint a nostra potestate ; ipsum denique officium. Quæro igitur, quo modo hæ tantæ commendationes a natura profectæ, subito a sapientia relictæ sint. Quod si non hominis summum bonum quæreremus, sed cujusdam animantis ; is autem esset nihil, nisi animus (liceat enim fingere aliquid ejusmodi, quo verum facilius reperiamus), tamen illi animo non esset hic vester finis. Desideraret enim valetudinem, vacuitatem doloris; appeteret etiam conservationem sui, earumque rerum custodiam ; finemque sibi constitueret, secundum naturam vivere : quod est, ut dixi, habere ea quæ secundum naturam sint, vel omnia, vel plurima et maxima. Cujuscumque enim modi animal constitueris, necesse est, etiamsi id sine corpore sit, ut fingimus, tamen esse in animo quædam similia eorum, quæ sint in corpore : ut nullo modo, nisi ut exposui, constitui possit finis bonorum. Chrysippus autem exponens differentias animantium, ait alias earum corpore excellere, alias autem animo, nonnullas valere utraque re ; deinde disputat, quod cu-

Cette distinction établie, il se demande quel sera, pour chaque animal, son but et sa fin. De là, passant à l'homme, qu'il a classé parmi les animaux chez qui l'esprit prédomine, il conclut que, pour cet être, ce n'est pas la simple supériorité morale, c'est la vie purement intellectuelle qui constitue le bien suprême.

XII. Voici cependant le seul cas où le souverain bien pourrait s'élever sur l'unique base de la vertu : c'est celui d'un être qui ne serait que pur esprit, et auquel nous ôterions tout ce qui est selon la nature, même la santé. Mais une telle abstraction échappe à la pensée, et implique contradiction. Il y a dans l'humanité des traits qui sont comme effacés par la prééminence des facultés de l'âme : est-ce là ce que Chrysippe a voulu dire? mon opinion est la sienne. En parlant des voluptés, Épicure établit la même distinction : il est, dit-il, des plaisirs si fugitifs, que les grandes voluptés semblent les étouffer. Mais gardons-nous de ranger dans cette classe une infinité d'avantages corporels, importants soit par leur nature, soit par leur durée. Sans doute, il y en a qui paraissent imperceptibles, et qu'importe qu'ils nous échappent? qu'importe qu'on en jouisse? c'est votre image de la lumière d'un flambeau ajoutée à celle du soleil, c'est, comme vous le disiez, une obole de plus dans les trésors du roi de Lydie. Même les choses réellement estimables peu-

jusque generis animantis statui deceat extremum. Quum autem hominem in eo genere posuisset, ut ei tribueret animi excellentiam, summum bonum id constituit, non ut excellere animo, sed uti nihil esse, præter animum, videretur.

XII. Uno autem modo in virtute sola summum bonum recte poneretur, si quod esset animal, quod totum ex mente constaret : id ipsum tamen sic, ut ea mens nihil haberet in se, quod esset secundum naturam ; ut valetudo est. Sed id ne cogitari quidem potest, quale sit, ut non repugnet ipsum sibi. Sin dicit obscurari quædam, nec apparere, quia valde parva sint, nos quoque concedimus. Quod dicit Epicurus de voluptate, quæ minimæ sint voluptates, eas obscurari sæpe et obrui. Sed non sunt in eo genere tantæ commoditates corporis, tamque productæ temporibus, tamque multæ. Itaque, in quibus, propter earum exiguitatem, obscuratio consequitur ; sæpe accidit, ut nihil interesse nostra fateamur, sint illa, necne sint : ut in sole, quod a te dicebatur, lucernam adhibere nihil interest, aut teruncium addere Crœsi pecu-

vent, dans la vie, ne pas jouer un rôle important. Tel homme a goûté dix ans de bonheur : ajoutez-y un mois; cette accession sera considérable pour lui, parce qu'il y a là augmentation réelle dans la durée de la prospérité. Mais, si vous la supprimez, vous ne lui ôtez pas son bonheur pour cela. Tels sont les biens du corps : ils ajoutent au bonheur de la vie quelque chose qui n'est pas indigne de nos soins; et les stoïciens se moquent, quand ils disent que, si à une vie vertueuse on ajoutait une bouteille ou une étrille de plus, le sage devrait choisir la vie où ces choses-là seraient ajoutées, et que cependant il n'en serait pas plus heureux. Il faut siffler une semblable comparaison, et non la réfuter sérieusement. Qui ne rirait, avec raison, d'un homme qui calculerait ainsi sur une bouteille? Mais, au contraire, ne croirait-on pas toujours devoir une vive reconnaissance à celui qui nous délivrerait ou d'une paralysie, ou d'une violente douleur? Supposons un sage appliqué sur le chevalet, par l'ordre d'un tyran : sans doute son front ne sera pas aussi serein que si son malheur était d'avoir perdu une bouteille. D'ailleurs, il comprend que la lutte est engagée entre lui et un terrible ennemi, la douleur : alors, athlète généreux, il ramasse tout son courage; la force, la patience, voilà ses armes pour soutenir d'aussi rudes assauts. Mais il ne s'agit pas d'ajouter ici au sou-

niæ. Quibus autem in rebus obscuratio tanta non sit, fieri tamen potest, ut id ipsum, quod interest, non sit magnum. Ut ei, qui jucunde vixerit annos decem, si æque vita jucunda menstrua addatur, quia momentum aliquod habeat ad jucundum accessio, bonum sit : sin autem id non concedatur, non continuo vita beata tollitur. Bona autem corporis huic sunt, quod posterius posui, similiora. Habent enim accessionem dignam, in qua elaboretur : ut mihi in hoc stoici jocari videantur interdum, quum ita dicant, si ad illam vitam, quæ cum virtute degatur, ampulla aut strigilis accedat, sumpturum sapientem eam vitam potius, quo hæc adjecta sint, nec beatiorem tamen ob eam causam fore. Hoc simile tandem est non risu potius, quam oratione ejiciendum? Ampulla enim sit, necne sit, quis non jure optimo irrideatur, si laboret? At vero gravitate membrorum et cruciatu dolorum si quis quem levet, magnam ineat gratiam; nec, si ille sapiens ad tortoris equuleum a tyranno ire cogatur similem habeat vultum, ac si ampullam perdidisset; sed, ut magnum et difficile certamen iniens, quum sibi cum capitali adversario, dolore, depugnandum videret, excitaret omnes rationes fortitudinis ac patientiæ, quarum præsidio iniret illud difficile, ut dixi, magnumque prœlium. Deinde non quære-

verain bien un grain de sable, un atome; il s'agit d'un avantage suffisant pour combler la mesure. Dans une existence toute charnelle, qu'importe une volupté de plus? cependant, quelque faible que vous la supposiez, elle ne laisse pas de faire partie de cette existence. Une obole vient se perdre dans l'abîme des richesses de Crésus; mais enfin c'est une obole de plus. S'agit-il du bonheur, j'accorde qu'il en sera de même des biens conformes à la nature; mais ajoutons-les à la somme du bonheur.

XIII. Sommes-nous d'accord sur ce point, que la nature inspire à l'homme le désir des choses qui sont conformes à elle-même; dès lors il faut que, réunies, ces choses forment un tout assez considérable. Que restera-t-il à faire? à raisonner sur leur excellence, leur rang, leur influence sur le bonheur, et même sur les avantages secondaires, à peine sensibles dans cette foule.

Mais faut-il appuyer beaucoup sur un principe avoué de tout le monde, que tout être a l'appétit de ce qui est en rapport avec sa nature, et que là tendent ses vœux? Tout ce qui est dans la nature s'aime : où est l'animal prêt à renoncer à son individu, à quelqu'une de ses parties, à ses facultés, à son mouvement, à son état, enfin à un seul des attributs que la nature lui a départis? vit-on jamais un être quelconque abjurer la loi fonda-

---

mus, quid obscuretur, aut intereat, quia sit admodum parvum ; sed quid tale sit, ut expleat summam. Una voluptas e multis obscuratur in illa vita voluptaria ; sed tamen ea, quamvis parva sit, pars est ejus vitæ, quæ posita est in voluptate. Nummus in Crœsi divitiis obscuratur : pars est tamen divitiarum. Quare obscurentur etiam hæc, quæ secundum naturam esse dicimus, in vita beata : sint modo partes beatæ vitæ.

XIII. Atqui, si, ut convenire debet inter nos, est quædam appetitio naturalis ea, quæ secundum naturam sunt, appetens, eorum omnium est aliqua summa facienda. Quo constituto, tum licebit otiose ista quærere, de magnitudine rerum, de excellentia, quanta in quoque sit ad beate vivendum, de istis ipsis obscurationibus, quæ propter exiguitatem vix, aut ne vix quidem appareant.

Quid, de quo nulla dissensio est ? Nemo enim est, qui aliter dixerit, quin omnium naturarum simile esset id, ad quod omnia referuntur : quod est ultimum rerum appetendarum. Omnis enim est natura diligens sui. Quæ est enim, quæ se unquam deserat, aut partem aliquam sui, aut ejus partis habi-

mentale de son existence? non : de la naissance à la mort, chacun est fidèle à cette loi. Par quelle singularité la nature de l'homme est-elle la seule qui ait abandonné l'homme? au lieu de placer le souverain bien dans l'homme tout entier, pourquoi, par l'oubli complet du corps, ne le fait-elle résider que dans une fraction de l'homme? que devient alors cet axiome universel, avoué des stoïciens mêmes, que la fin naturelle que nous cherchons est la même pour tous les êtres? Il faudrait, pour qu'elle le fût, que, dans les autres natures, ce fût aussi ce qu'il y a de meilleur dans chacune : telle serait, en effet, la fin des stoïciens. Pourquoi donc ne changez-vous pas les principes naturels? pourquoi reconnaître que l'animal, dès sa naissance, est porté à s'aimer, à protéger son être? Vous devriez plutôt dire qu'il ne s'attache qu'à la partie la plus noble de sa nature, que c'est là ce qu'il veut conserver, et qu'en général, dans chaque être, l'instinct naturel ne pousse qu'à la conservation de ses attributs les plus hauts. Mais comment ce que vous qualifiez ainsi peut-il être tel, si, dans tout le reste, il n'y a rien, selon vous, qu'on doive appeler bien? S'il s'y rencontre un avantage digne de notre empressement, pourquoi, de tout ce qu'il y a de bien en l'homme, ou de la partie la plus nombreuse, la plus haute, ne

---

tum, aut vim, aut ullius earum rerum, quæ secundum naturam sint, aut motum, aut statum? Quæ autem natura suæ primæ institutionis oblita est? Nulla profecto, quin suam vim retineat a primo ad extremum. Quomodo igitur evenit, ut hominis natura sola esset, quæ hominem relinqueret, quæ obliviscerctur corporis, quæ summum bonum non in toto homine, sed in parte hominis poneret! Quomodo autem, quod ipsi etiam fatentur, constatque inter omnes, conservabitur, ut simile sit omnium naturale illud ultimum, de quo quæritur? Tum enim esset simile, si in cæteris quoque naturis id cuique esset ultimum, quod in quaque excelleret. Tale enim visum esset ultimum stoicorum. Quid dubitas igitur mutare principia naturæ? quid enim dicis, omne animal, simul atque sit ortum, applicatum esse ad se diligendum esseque in se conservando occupatum? Quin potius ita dicis, omne animal applicatum esse ad id, quod in eo sit optimum, et in ejus unius occupatum esse custodia, reliquasque naturas nihil aliud agere, nisi ut id conservent, quod in quaque optimum sit? Quomodo autem optimum, si bonum præterea nullum est? Sin autem reliqua appetenda sunt, cur, quod est ultimum rerum appetendarum, id non aut ex omnium earum, aut ex plurimarum et maxima-

formez-vous pas l'objet que l'homme doit rechercher? Phidias pouvait commencer et achever la même statue; mais il pouvait aussi mettre la dernière main à la statue ébauchée par un autre ciseau. Voilà le rôle de la sagesse. Elle n'a pas fait l'homme, elle l'a reçu des mains de la nature, comme une sublime ébauche; c'est à elle à le perfectionner, mais sur le modèle conçu par la nature. Or voyons comment la nature a dégrossi l'homme, et quel est, dans le travail de ce chef-d'œuvre, la part de la sagesse. N'y a-t-il rien à achever en l'homme que le mouvement et l'esprit, je veux dire la raison? dans toute sa vie, son unique objet sera la vertu, qui est la raison parfaite. Le corps seul demande-t-il encore des soins, l'objet de l'homme changera : ce sera la santé, l'absence de la douleur, la beauté, tous les avantages corporels. Mais c'est l'homme tout entier, dont le bien suprême est l'objet de nos investigations.

XIV. Pourquoi donc ne pas porter cet examen sur le tout de l'homme? On convient généralement que l'œuvre de la sagesse est de former l'homme : partant de là, les uns (vous le voyez, j'attaque aussi d'autres adversaires que les stoïciens), les uns, dis-je, voient le bien suprême de l'homme dans ce qui ne dépend pas de lui : parlent-ils de l'homme? parlent-ils de la brute? Les autres, au contraire, mettant le corps au néant, ne s'occu-

---

rum appetitione concluditur? ut Phidias potest a primo instituere signum, idque perficere, potest ab alio inchoatum accipere, et absolvere. Huic est sapientia similis. Non enim ipsa genuit hominem, sed accepit a natura inchoatum. Hanc intuens, debet institutum illud, quasi signum absolvere. Qualem igitur natura hominem inchoavit? et quod est munus, quod opus sapientiæ? quid est, quod ab ea absolvi et perfici debeat? Si nihil in eo perficiendum est, præter motum ingenii quemdam, id est rationem : necesse est, huic ultimum esse, ex virtute vitam fingere. Rationis enim perfectio, est virtus. Si nihil, nisi corpus, summa erunt illa, valetudo, vacuitas doloris, pulchritudo, et cætera. Nunc de hominis summo bono quæritur.

XIV. Quid ergo dubitamus in tota ejus natura quærere, quid sit effectum? Quum enim constet inter omnes, omne officium, munusque sapientiæ, in hominis cultu esse occupatum, alii (ne me existimes contra stoicos solum dicere) eas sententias afferunt, ut summum bonum in eo genere ponant, quod sit extra nostram potestatem, tanquam de animali aliquo loquantur : alii contra, quasi nullum corpus sit homini, ita, præter animum, nihil curant,

pent que de l'âme, quoique l'âme ne soit pas chose vaporeuse et éthérée, propriétés inintelligibles pour moi, et qu'enfermée dans cette masse de chair et de sang, la vertu seule ne lui suffise pas, et qu'elle désire aussi écarter la douleur. De l'un et de l'autre côté, je crois voir des gens qui négligeraient la main gauche pour ne défendre que la droite, ou qui, passionnés pour les seules facultés intellectuelles, exclusifs comme Herillus, laisseraient de côté l'action. Négliger ainsi une partie des choses, n'en choisir qu'une à laquelle on s'attache étroitement, n'est-ce pas se créer un système avorté, estropié? Pour être complet, il faut que le système, appliqué à la recherche du souverain bien, protége à la fois toutes les parties et du corps et de l'âme. Nous avouons que la vertu est le plus bel apanage de l'humanité; nous voyons cette humanité parfaite dans le sage, et, jaloux d'aller plus loin, vous autres stoïciens, vous nous éblouissez par l'éclat de la vertu. Le chien, le cheval, tous les animaux enfin, ont quelque chose en quoi ils excellent; ce n'est pas assez, il leur faut encore l'absence de la douleur et la santé. Il en est de même de l'homme, chez qui la vertu est le point culminant. Mais, à mon sens, vous ne suivez pas la trace de la nature, vous n'interrogez pas ses progrès. Lorsque l'épi se développe, elle cesse de nourrir la tige; mais elle est loin d'en agir

---

quum præsertim ipse quoque animus non inane nescio quid sit (neque enim id possum intelligere); sed in quodam genere corporis, ut ne is quidem virtute una contentus sit, sed appetat vacuitatem doloris. Quamobrem utrique idem faciunt, ut si lævam partem negligerent, dexteram tuerentur, aut ipsius animi, ut fecit Herillus, cognitionem amplexarentur, actionem relinquerent. Eorum enim omnium, multa prætermittentium, dum eligant aliquid, quod sequantur, quasi curta sententia. At vero illa perfecta atque plena eorum, qui quum de hominis summo bono quærerent, nullam in eo neque animi, neque corporis partem vacuam tutela reliquerunt. Vos autem, Cato, quia virtus, ut omnes fatemur, altissimum locum in homine et maxime excellentem tenet, et quod eos, qui sapientes sunt, absolutos et perfectos putamus, aciem animorum nostrorum virtutis splendore præstringitis. In omni enim animante est summum aliquid atque optimum, ut in equis, in canibus; quibus tamen et dolore vacare opus est, et valere. Sic igitur in homine perfectio ista, in eo potissimum, quod est optimum, id est in virtute laudatur. Itaque mihi non satis videmini considerare, quod iter sit naturæ, quæque progressio. Non enim, quod facit in frugibus, ut, quum ad spicam perduxerit ab herba, relin-

ainsi à l'égard de l'homme, lorsqu'elle a commencé à faire fleurir en lui la raison. Ouvrière persévérante, elle ne perd jamais de vue ce qu'elle a déposé dans son être ; après avoir ajouté la raison au sens, elle n'abandonne pas les sens. La vigne a besoin de culture. Eh bien, permettez-moi à mon tour d'amener la lumière à la suite de la fiction : le but de cette culture est de maintenir en bon état toutes les parties de la vigne. Je suppose donc que cette culture vienne à se joindre à la nature même de l'arbuste : elle voudra, je crois, tout ce qui, comme auparavant, pourrait servir à bien entretenir la vigne ; et, néanmoins, elle se préférerait à toutes les parties de la vigne, où elle ne trouverait rien de si excellent qu'elle. De même, tant que les sens sont seuls unis à la nature de l'homme, ils ont soin de la conserver en se conservant eux-mêmes ; mais la raison s'élève-t-elle, elle saisit le sceptre, elle règne, et son empire s'exerce sur tous ces premiers dons de la nature. Son action sur eux est continue : gardienne vigilante, elle gouverne et conserve à la fois tous les biens de l'homme. Qu'elles sont donc choquantes, ces contradictions des stoïciens ! Le désir naturel, nommé par eux ὁρμή, le devoir, la vertu même, doivent, disent-ils, conserver en nous ce qui est conforme à la nature. Mais arrivent-ils à la recherche du souverain bien, ils sautent par-dessus tout ce qu'ils ont dit ; au lieu d'une étude, ils nous en imposent deux ; au lieu de se

---

quat, et pro nihilo habeat herbam, idem facit in homine, quum cum ad rationis habitum perduxerit. Semper enim ita assumit aliquid, ut ea, quæ prima dederit, ne deserat? Itaque sensibus rationem adjunxit ; et, ratione effecta, sensus non relinquit. Ut si cultura vitium, cujus hoc munus est, ut efficiat, ut vitis cum partibus suis omnibus quam optime se habeat (sed sic intelligamus : licet enim, ut vos quoque soletis fingere aliquid docendi causa), si igitur illa cultura vitium in vite insit ipsa, cætera, credo, velit, quæ ad colendam vitem attinebunt, sicut antea ; se autem omnibus vitis partibus præferat, statuatque nihil esse melius in vite, quam se : similiter sensus, quum accessit ad naturam, tuetur illam quidem, sed etiam tuetur se ; quum autem assumpta ratio est, tanto in dominatu locatur, ut omnia illa prima naturæ hujus tutelæ subjiciantur. Itaque non discedit ab eorum curatione, quibus præposita vitam omnem debet gubernare : ut mirari satis eorum inconstantiam non possimus. Naturalem enim appetitionem, quam vocant ὁρμήν, itemque officium, ipsam etiam virtutem, tuentem esse volunt earum rerum, quæ secundum naturam sunt ; quum autem ad summum bonum volunt perve-

renfermer dans un seul objet, ils veulent que nos recherches ne s'attachent qu'à tels et tels avantages, et que, pour les autres, nous nous contentions de ne pas les repousser.

XV. Je pressens vos objections : la vertu, dites-vous, n'a plus de base, si le bonheur est compatible avec ce qui lui est étranger. C'est tout le contraire. La vertu est impossible, si notre bonheur n'est pas l'unique but de tout ce qu'elle rejette comme de tout ce qu'elle choisit. En effet, s'il nous arrive de ne pas veiller sur nous-mêmes, nous tomberons dans les désordres et dans les rêveries d'Ariston, et nous oublierons quels principes nous avons donnés à la vertu. Si notre mémoire nous les rappelle, sans que nous en fassions l'application au souverain bien, en quoi serons-nous moins frivoles qu'Herillus? Nous serons dans la nécessité de nous proposer deux plans de conduite, comme ce philosophe croit avoir trouvé deux biens suprêmes, qu'il faut joindre ensemble s'ils sont vrais. Mais la distance entre eux est telle, qu'il n'y a pas d'espoir pour leur réunion. Est-il une invention plus fausse, plus déplorable? Le résultat est donc contraire à vos paroles : sans le maintien des dons primitifs de la nature, dont la fin est une, il ne peut y avoir de vertu; car l'objet de la vertu est de protéger la nature, non de la détruire. Toutefois, à vous entendre, vigilante pour une partie des dons naturels, la vertu n'a aucun souci de l'autre.

nire, transiliunt omnia, et duo nobis opera pro uno relinquunt, ut alia sumamus, alia appetamus, potius quam uno fine utrumque concludant.

XV. At enim jam dicitis, virtutem non posse constitui, si ea, quæ extra virtutem sint, ad beate vivendum pertineant. Quod totum contra est. Introduci enim virtus nullo modo potest, nisi omnia, quæ leget, quæque rejiciet, unam referantur ad summam. Nam si omnino nos negligimus, in Aristonea vitia et peccata incidemus, obliviscemurque, quæ virtuti ipsi principia dederimus. Sin ea non negligemus, neque tamen ad finem summi boni referemus, non multum ab Herilli levitate aberrabimus. Duarum enim vitarum nobis erunt instituta capienda. Facit enim ille duo sejuncta ultima bonorum : quæ, ut essent vera, conjungi debuerunt. Nunc ita separantur, ut disjuncta sint. Quo nihil potest esse perversius. Itaque contra est, ac dicitis ; nam constitui virtus nullo modo potest, nisi ea, quæ sint prima naturæ; ut ad summam pertinentia, tenebit. Quæsita enim virtus est, non quæ relinqueret naturam, sed quæ tueretur. At illa, ut vobis placet, partem quamdam tuetur, reliquam deserit.

Prêtons un moment la parole à l'humanité, voici quel sera son langage : Oui, le désir primitif de l'homme est de se conserver tel que la nature le lance dans la vie ; mais, à l'heure de la naissance, le principal vœu de la nature ne se manifeste pas encore. Apportons ici la lumière, que trouverons-nous ? que la nature nous fait une loi de cultiver tous ses dons ; que, s'il n'y a en elle que la raison, il faut mettre le souverain bien dans la seule vertu. Mais s'il y a de plus un corps, cette découverte nous fera-t-elle rejeter les idées qui sont nées avec nous ? S'éloigner ainsi de la nature, sera-ce se conformer à sa loi ? Partis de l'étude des sens, quelques philosophes sont parvenus à reconnaître dans l'homme quelque chose de plus grand qui le rapproche des dieux ; et les voilà qui abandonnent les sens ! Ainsi font les stoïciens : la beauté de la vertu leur est dévoilée par les désirs mêmes de la nature ; aussitôt ils méconnaissent ces désirs, sans voir qu'ils s'étendent à la fois sur le commencement, le progrès et la fin de l'existence morale, et que les méconnaître, c'est peut-être saper jusque dans ses fondements cette admirable doctrine dont ils veulent élever l'édifice.

XVI. C'est donc, selon moi, une erreur dans laquelle sont plus ou moins tombés les philosophes qui ne voient le souverain bien que dans la vertu. Pyrrhon surtout, qui ne propose

---

Atque ipsa institutio hominis si loqueretur, hæc diceret : Primos suos quasi cœptus appetendi fuisse, ut se conservaret in ea natura, in qua ortus esset. Nondum autem explanatum satis erat, quid maxime natura vellet. Explanetur igitur. Quid ergo aliud intelligetur, nisi ut ne qua pars naturæ negligatur. In qua si nil est præter rationem, sit in una virtute finis bonorum. Sin est etiam corpus, ista explanatio naturæ nempe hoc effecerit, ut ea, quæ ante explanationem tenebamus, relinquamus ? ergo id est convenienter naturæ vivere, a natura discedere ? Ut quidam philosophi, quum, a sensibus profecti, majora quædam ac diviniora vidissent, sensus reliquerunt : sic isti, quum ex appetitione rerum virtutis pulchritudinem adspexissent, omnia quæ propter virtutem ipsam viderant, abjecerunt, obliti, naturam omnem appetendarum rerum ita late patere, ut a principiis permaneret ad fines : neque intelligunt, se rerum illarum pulchrarum atque admirabilium fundamenta subducere.

XVI. Itaque mihi videntur omnes quidem illi errasse qui finem bonorum esse dixerunt, honeste vivere. Sed alius alio magis : Pyrrho scilicet maxime,

pas d'autre but à nos désirs; et, après lui, Ariston qui, n'osant aller jusque-là, a rêvé de soudaines illuminations qui porteraient le sage à désirer tout ce qu'enfanterait sa pensée. Moins fou que Pyrrhon, il admet du moins un désir tel quel; plus fou que tous les autres, il s'est égaré loin des voies de la nature. Le point de contact entre Pyrrhon et Ariston d'un côté, et le Portique de l'autre, c'est que les stoïciens mettent le souverain bien dans la vertu seule; mais, en remontant à la source du devoir, ils ont vu plus juste que Pyrrhon; plus sensés qu'Ariston, ils n'admettent point le désir des objets qui s'offrent à l'imagination. Toutefois, lorsqu'ils séparent les choses conformes à la nature du bien par excellence, ils abandonnent la nature, et je vois peu de distance entre leur système et les conceptions bizarres d'Ariston. Ils reconnaissent, il est vrai, les premiers principes naturels à l'homme, et l'on croit les voir sur la route de la nature, lorsqu'ils font cette concession, et qu'ils donnent aux biens naturels une préférence légitime. Mais, dès que je les entends nier l'influence de ces mêmes biens sur le bonheur, je les vois s'égarer de nouveau.

Jusqu'à présent, je n'ai établi qu'un seul fait, c'est que Zénon a sans sujet secoué l'autorité des anciens. Allons plus loin, à moins que vous n'ayez sur ce point, Caton, quelque réponse à

qui, virtute constituta, nihil omnino, quod appetendum sit, relinquat; deinde Aristo, qui nihil relinquere non est ausus; introduxit autem, quibus commotus sapiens appeteret aliquid, quodcumque in mentem incideret, et quodcumque tanquam occurreret. Is hoc melior, quam Pyrrho, quod vel aliquod genus appetendi dedit; deterior, quam cæteri, quod penitus a natura recessit. Stoici autem, quod finem bonorum in una virtute ponunt, similes sunt illorum; quod autem principium officii quærunt, melius quam Pyrrho; quod ea non occurrentia fingunt, vincunt Aristonem; quod autem ea, quæ ad naturam accommodata, et per se assumenda esse dicunt, non adjungunt ad finem bonorum, desciscunt a natura, et quodam modo sunt non dissimiles Aristonis. Ille enim occurrentia nescio quæ comminiscebatur; hi autem ponunt illi quidem prima naturæ, sed ea sejungunt a finibus, et a summa bonorum : quæ quum proponunt, ut sit aliqua rerum selectio, naturam videntur sequi; quum autem negant; ea quidquam ad beatam vitam pertinere, rursus naturam relinquunt.

Atque adhuc ea dixi, cur causa Zenoni non fuisset, quamobrem a superiorum auctoritate discederet. Nunc reliqua videamus; nisi aut ad hæc, Cato,

m'opposer, ou que vous ne pensiez que j'ai déjà parlé trop longtemps. Ni l'un ni l'autre, me dit-il : achevez ce que vous avez à dire, vous me ferez plaisir ; vos discussions ne seront jamais trop longues pour moi. Tant mieux, repris-je alors : est-il pour moi un bonheur plus désirable que de m'entretenir de la vertu avec Caton, le modèle de toutes les vertus? Mais d'abord, remarquez avec moi que cette imposante maxime de Zénon, base de toutes les vôtres : Il n'y a de bien que ce qui est moral ; la vertu, voilà le bien suprême, vous est commune avec toutes les écoles qui enseignent que la nature est le meilleur des biens ; et que cet autre principe que, si le beau moral n'est compté pour tout, la vertu est impossible, tous ces philosophes l'adoptent également. Je trouve une chose étrange dans la dispute que Zénon eut avec Polémon : partant des mêmes principes que ce philosophe, dont il avait reçu le dogme des premiers dons de la nature, ne devait-il pas déclarer ce qui l'arrêtait, avouer le motif de ses doutes, plutôt que d'appliquer à ses idées particulières le langage d'autrui, de les formuler avec les maximes de ceux qui méconnaissent même la main de la nature dans les plus grands biens de cette vie, et de mentir ainsi à sa pensée ?

XVII. Je suis loin, toutefois, d'approuver les stoïciens, qui, après avoir démontré, disent-ils, que le beau moral est le seul vrai bien, ajoutent : Conformez-vous à la nature ; par ce choix,

dicere aliquid vis, aut non jam longiores sumus. Neutrum vero, inquit ille ; nam et a te perfici istam disputationem volo, nec tua mihi oratio longa videri potest. Optime, inquam. Quid enim mihi potest esse optatius, quam cum Catone, omnium virtutum auctore, de virtutibus disputare? Sed primum illud vide, gravissimam illam vestram sententiam, quæ familiam ducit, honestum quod sit, id esse solum bonum ; honesteque vivere, bonorum finem, communem fore vobis cum omnibus, qui una virtute constituunt finem bonorum ; quodque dicitis, informari non posse virtutem, si quidpiam, nisi quod honestum sit, numeretur, idem dicetur ab illis, quos modo nominavi. Mihi autem æquius videbatur, Zenonem cum Polemone disceptantem, a quo, quæ essent principia naturæ, acceperat, a communibus initiis progredientem, videre, ubi primum insisteret, et unde causa controversiæ nasceretur, non stantem cum iis, qui ne dicerent quidem sua summa bona esse a natura profecta, uti iisdem argumentis, quibus illi uterentur, iisdemque sententiis.

XVII. Minime vero illud probo, quod quum docuistis, ut vobis videmini, solum bonum esse, quod honestum sit, tum rursum dicitis, initia proponi necesse esse

la vertu se formera. Pourquoi placer la vertu dans ce choix d'une manière si exclusive que le souverain bien a besoin alors d'un autre appui? car il faut inévitablement faire entrer dans la somme du bien suprême toute chose à prendre, ou à choisir, ou à désirer ; et cela d'une manière si complète, que le possesseur de toutes ces choses n'ait plus de vœux à former. Voyez comme ceux qui font tout consister dans la volupté sont prononcés sur ce qu'ils doivent ou faire ou éviter ! On sait à point nommé quel est le but de tous leurs projets ; on sait quel bien ils poursuivent, de quel mal ils se détournent. Que le souverain bien soit celui que je soutiens maintenant, vous verrez aussitôt quels devoirs, quelles actions en découlent. Mais vous, dont la vertu est l'unique objet, pourriez-vous me montrer la source de toutes vos actions? non ; et ici votre embarras est égal à celui de ces hommes qui disent : Les élans de la pensée, les caprices de l'imagination, voilà notre règle. C'est alors que vous revenez à la nature. Mais cette nature vous répondra : O hommes! quelle erreur est la vôtre! pourquoi chercher ailleurs le souverain bien? pourquoi me demander le principe qui dirigera votre conduite? ce principe régulateur ne peut différer du terme où cette conduite doit tendre. Ariston a vu son système réprouvé ; pourquoi? parce qu'il prétendait qu'une chose ne diffère point d'une autre ; que la seule différence réelle se trouvait entre le vice et la

apta et accommodata naturæ, quorum ex selectione virtus possit exsistere. Non enim in selectione virtus ponenda erat, ut id ipsum, quod erat bonorum ultimum, aliud aliquid acquireret. Nam omnia, quæ sumenda, quæque legenda aut optanda sunt, inesse debent in summa bonorum, ut is, qui eam adeptus sit, nihil præterea desideret. Videsne, ut, quibus summa est in voluptate, perspicuum sit, quid iis faciendum sit, aut non faciendum ? ut nemo dubitet, eorum omnia officia quo spectare, quid sequi, quid fugere debeant. Sit hoc ultimum bonorum, quod nunc a me defenditur : apparet statim, quæ sint officia, quæ actiones. Vobis autem, quibus nihil est aliud propositum, nisi rectum atque honestum, unde officii, unde agendi principium nascatur, non reperictis. Hoc igitur quæritis omnes, et ii qui, quodcumque in mentem veniat, aut quodcumque occurrat, se sequi dicent ; et vos ad naturam revertimini. Quibus natura jure responderit, non esse verum, aliunde finem beate vivendi, a se principia rei gerendæ peti ; esse enim unam rationem, qua et principia rerum agendarum, et ultima bonorum continerentur ; atque, ut Aristonis esset explosa sententia, dicentis, nihil differre aliud ab alio, nec esse res ullas, præter virtutes

vertu. Eh bien, l'erreur de Zénon est semblable à celle-là : il se trompe de même, en regardant la vertu comme le seul instrument du souverain bien. En avançant cette opinion, n'ajoute-t-il pas que, dans toutes les choses conformes à mes lois, il doit y avoir je ne sais quel attrait qui vous porte vers elles? comme si ce désir ne se rapportait pas nécessairement à la conquête du bien par excellence! Mais, avec quelle déraison le stoïcien affirme d'un ton dogmatique qu'après avoir découvert l'essence du souverain bien, il retourne à la nature pour lui demander le principe d'action, c'est-à-dire le principe du devoir! Ce qui nous porte à désirer un objet conforme à la nature, est-ce donc l'action qui émane de nous? ou plutôt, le principe et de nos désirs et de nos actions ne repose-t-il pas dans la conformité à la nature?

XVIII. Abordons maintenant vos conclusions courtes et incisives, et d'abord ce syllogisme, chef-d'œuvre de brièveté : « Tout ce qui est bon est louable; tout ce qui est louable est moral; donc, tout ce qui est bon est moral. » Voilà une arme bien redoutable! Eh! qui jamais vous accordera le premier point? Cette concession faite, le second vous serait inutile : en effet, si tout ce qui est bon est louable, il sera par cela même moral. Mais, cette prémisse, tous les philosophes la nient, excepté peut-être Pyrrhon, Ariston, et d'autres de cette trempe, que vous réprou-

---

et vitia, inter quas quidquam omnino interesset, sic errare Zenonem, qui nulla in re, nisi virtute (aut vitio) propensionem, ne minimi quidem momenti, ad summum bonum adipiscendum esse diceret; et quum ad beatam vitam nullum momentum ea res haberet, ad appetitionem autem rerum, esse in his momenta diceret, quasi vero hæc appetitio non ad summi boni adeptionem pertineret. Quid autem minus consentaneum est, quam quod aiunt, cognito summo bono, reverti se ad naturam, ut ab ea petant agendi principium, id est officii? Non enim actionis aut officii ratio impellit ad ea, quæ secundum naturam sunt, appetenda; sed ab his et appetitio, et actio commovetur.

XVIII. Nunc venio ad illa tua brevia, quæ consectaria esse dicebas; et primum illud, quo nihil potest esse brevius : « Bonum omne laudabile; laudabile autem omne honestum; igitur omne bonum honestum. » O plumbeum pugionem! Quis enim tibi illud primum concesserit? Quo quidem concesso, nihil opus est secundo : si enim omne bonum laudabile est, omne honestum est. Quis tibi ergo istud dabit, præter Pyrrhonem, Aristonem, eorumve simi-

vez. Aristote, Xénocrate, et tous les péripatéticiens ne reconnaîtront jamais une telle proposition, puisque, parmi les choses bonnes, ils placent santé, force, richesses, gloire, qui ne sont pas pour eux des choses louables. Et cependant, s'ils ne font pas consister le souverain bien dans la vertu seule, ils la préfèrent de beaucoup à toute autre chose. D'après cela, que feront, selon vous-même, Épicure, Hiéronyme, qui ne comprennent pas même la vertu dans le souverain bien? que feront les partisans de Carnéade? Cette concession, l'espérez-vous de Calliphon et de Diodore, qui composent leur souverain bien et du beau moral, et d'une forte dose d'éléments tout à fait étrangers? Auriez-vous donc la fantaisie de prendre pour accordé ce qu'on vous refuse, et de jeter au hasard une conclusion arbitraire? Vous n'aimez pas le sorite; en voici cependant un de votre façon : « Tout ce qui est bon est désirable; tout ce qui est désirable est à rechercher; tout ce qui est à rechercher est louable, etc., etc. » Prenons haleine ici. Non, je ne vous accorderai pas davantage que tout ce qui est à rechercher soit louable. Voici encore un de vos arguments, sans conclusion réelle, sans vivacité, sans force : « Une vie heureuse est digne de gloire. » La vertu est la seule chose dont il soit permis de se glorifier. Ce point sera accordé à Zénon par Polémon, par son maître, par tous ceux de la même école, et généralement par ceux qui préfèrent

les ? quos tu non probas. Aristoteles, Xenocrates, tota illa familia, non dabit, quippe qui valetudinem, vires, divitias, gloriam, multa alia, bona esse dicant, laudabilia non dicant. Et hi quidem ita non sola virtute finem bonorum contineri putant, ut rebus tamen omnibus virtutem anteponant. Quid censes eos esse facturos, qui omnino virtutem a bonorum fine segregaverunt, Epicurum, Hieronymum, illos etiam, si qui Carneadeum finem tueri volunt? Jam aut Callipho, aut Diodorus, quomodo poterunt tibi istud concedere, qui ad honestatem aliud adjungant, quod ex eodem genere non sit? Placet igitur tibi, Cato, quum res sumpseris non concessas, ex illis efficere, quod velis? Jam ille sorites, quo nihil putatis esse vitiosius : « Quod bonum sit, id esse optabile; quod optabile, id esse expetendum, quod expetendum, laudabile; deinde reliqui gradus. » Sed ego in hoc resisto. Eodem enim modo tibi nemo dabit, quod expetendum sit, id esse laudabile. Illud vero minime consectarium, sed in primis hebes illorum, « gloriatione dignam esse beatam vitam, » quod non possit sine honestate contingere, ut jure quisquam glorietur. Dabit hoc Zenoni Polemon, etiam magister ejus, et tota illa gens, et reliqui, qui,

la vertu à tout, mais qui ne laissent pas d'y ajouter quelque chose pour faire le souverain bien. Si la vertu est digne de gloire (et quel bien en est plus digne qu'elle? rien ne s'élève à sa hauteur), l'homme qui, possédant telle vertu, n'aura pas les autres, pourra jouir du bonheur ; mais ce bonheur ne le portera pas à reconnaître la vertu comme bien unique. Pour les philosophes qui croient le souverain bien possible sans vertu, qui sait s'ils conviendront qu'il soit permis de se glorifier du bonheur qu'elle procure, quoiqu'ils tirent parfois vanité des jouissances sensuelles? Ainsi, des propositions que nul ne vous accorde, ou qui, accordées, ne conclueraient pas en votre faveur, voilà vos preuves!

XIX. Dans la recherche du souverain bien, il serait, je crois, bien plus honorable et pour la philosophie et pour nous d'appliquer la réforme, non à nos paroles, mais à notre vie, à notre conduite, à nos sentiments. Ces arguments laconiques et tranchants qui vous charment, changeront-ils jamais l'opinion de personne? On écoute, on est impatient d'apprendre pourquoi la douleur n'est point un mal. Or que disent les stoïciens? la douleur est chose dure, fâcheuse, haïssable, contraire à la nature, difficile à supporter ; mais, ajoutent-ils, elle n'est pas un mal, puisqu'elle ne contient ni fraude, ni improbité, ni malice, ni faute, ni honte. Je suppose à l'auditeur assez de sang-froid

virtutem omnibus rebus multo anteponentes, adjungunt ei tamen aliquid summo in bono finiendo. Si enim virtus digna est gloriatione, ut est, tantumque præstat cæteris rebus, ut dici vix possit : et beatus esse poterit virtute una præditus, carens cæteris, nec tamen illud tibi concedet, præter virtutem, mihi in bonis esse ducendum. Illi autem, quibus summum bonum sine virtute est, non dabunt fortasse, vitam beatam habere, in quo jure possit gloriari, etsi illi quidem etiam voluptates faciunt interdum gloriosas. Vides igitur, te aut ea sumere, quæ non concedantur, aut ea, quæ etiam concessa te nihil juvent.

XIX. Equidem in omnibus istis conclusionibus hoc putarem philosophia, nobisque dignum, et maxime, quum summum bonum quæreremus, vitam nostram, consilia, voluntates, non verba corrigi. Quis enim potest istis, quæ te, ut ais, delectant, brevibus et acutis, auditis, de sententia decedere? Nam, quum ea spectant, et avent audire, cur dolor malum non sit, dicunt illi, asperum esse dolere, molestum, odiosum, contra naturam, difficile toleratu; sed, quia nulla sit in dolore nec fraus, nec improbitas, nec malitia, nec culpa,

20.

pour ne pas rire : quittera-t-il le philosophe, mieux armé contre la douleur? Mais, dites-vous, où est le moyen de fortifier son âme, si l'on voit un mal dans la douleur? Je demande à mon tour comment l'on peut acquérir cette force, si l'on regarde avec vous la douleur comme chose fâcheuse et à peine supportable? Que craint-on ici? est-ce le mot? non, c'est la chose. Toutefois, vous allez répétant que déplacer une lettre de votre système, c'est en ébranler tout l'édifice. Et moi, ce que j'y change, n'est-ce donc qu'une lettre? ce sont des pages entières. Mais supposons cette ordonnance si belle, cette liaison si admirable entre toutes les parties du stoïcisme : quelle en sera l'utilité réelle, si l'édifice pèche par la base? Dès ses premiers pas, Zénon quitte les traces de la nature. Il place d'abord le bien suprême dans l'excellence de l'âme, c'est-à-dire dans la vertu ; il affirme qu'il n'y a rien de bien que ce qui est moral, et que la vertu ne peut subsister si, dans tout le reste des choses, il en est qui soient meilleures ou pires l'une que l'autre; plus tard, dans les conclusions qu'il tire de ces principes, il leur est parfaitement fidèle, j'en conviens; mais la fausseté palpable de ces conclusions proclame hautement celle des principes mêmes. Car, vous le savez, les dialecticiens nous apprennent que, si la

nec turpitudo, non esse illud malum. Hæc qui audierit, ut ridere non curet, discedet tamen nihilo firmior ad dolorem ferendum, quam venerat. Tu autem negas fortem esse quemquam posse, qui dolorem malum putet. Cur fortior sit, si illud, quod tute concedis, asperum, et vix ferendum putabit? Ex rebus enim timiditas, non ex vocabulis nascitur. Et ais, si una littera commota sit fore, tota ut labet disciplina. Utrum igitur tibi litteram videor, an totas paginas commovere? Ut enim sit apud illos, id quod est a te laudatum, ordo rerum conservatus, et omnia inter se apta et connexa (sic enim aiebas); tamen persequi non debemus, si a falsis principiis profecta congruunt ipsa sibi, et a proposito non aberrant. In prima igitur constitutione Zeno tuus a natura recessit ; quumque summum bonum posuisset in ingenii præstantia, quam virtutem vocamus, nec quidquam aliud bonum esse dixisset, nisi quod esset honestum, nec virtutem posse constare, si in cæteris rebus esset quidquam, quod aliud alio melius esset, aut pejus, his propositis tenuit prorsus consequentia. Recte dicis : negare enim non possum. Sed ita falsa sunt ea, quæ consequuntur, ut illa, e quibus hæc nata sunt, vera esse non possint. Docent enim nos, ut scis, dialectici, si ea, quæ rem aliquam consequantur falsa sint, falsam

conclusion d'un argument est fausse, tout l'argument doit être faux : règle si évidente à leurs yeux, qu'ils n'ont pas jugé à propos de l'appuyer sur une démonstration. « Si telle chose est, telle autre est aussi ; or, cette dernière n'est pas ; donc, la première n'est pas davantage : » voilà leur formule. Aussi, détruire vos conséquences, c'est détruire vos prémisses. Or, ces conséquences, que sont-elles ? « Tous ceux qui ne sont pas sages sont également misérables ; tout sage est extrêmement heureux ; toutes les bonnes actions sont égales ; toutes les fautes également graves ! » Au premier aspect, tout cela éblouit ; mais regarde-t-on encore, on ne voit plus rien. Le sens commun y répugne ; la nature proteste ; la vérité réclame contre cet absurde niveau auquel Zénon veut tout soumettre.

XX. Ensuite, votre petit Phénicien (vous le savez, la Phénicie est la patrie commune de tous vos clients de Cittium), en homme rusé, voyant sa cause presque perdue, parce que la nature plaidait contre lui, se mit à retourner ses expressions. Ces choses, qui sont des biens pour nous, il permit qu'on les regardât comme conformes à notre nature ; et il reconnut que le sage, l'heureux par excellence, serait encore plus heureux, s'il possédait aussi tout ce que ce philosophe appelle convenances naturelles. Platon, d'après ces nouveaux aveux, s'il n'avait pas été sage, ne serait pas descendu à la condition du tyran Denys :

illam ipsam esse, quam sequantur. Ita fit illa conclusio non solum vera, sed ita perspicua, ut dialectici ne rationem quidem reddi putent oportere : « Si illud, hoc ; non autem hoc ; igitur ne illud quidem. » Sic, consequentibus vestris sublatis, prima tolluntur. Quæ sequuntur igitur ? « Omnes, qui non sint sapientes, æque miseros esse ; sapientes omnes summe beatos esse ; recte facta omnia æqualia ; omnia peccata paria. » Quæ quum magnifice primo dici viderentur, considerata minus probantur. Sensus enim cujusque, et natura rerum, atque ipsa veritas clamabat quodam modo, non posse adduci, ut inter eas res, quas Zeno exæquaret, nihil interesset.

XX. Postea tuus ille Pœnulus (scis enim Cittisæos, clientes tuos, e Phœnicia profectos), homo igitur acutus, causam non obtinens, repugnante natura, verba versare cœpit : et primum rebus iis, quas nos bonas ducimus, concessit, ut haberentur aptæ, habiles, et ad naturam accommodatæ ; fateríque cœpit, sapienti, hoc est, summe beato commodius tamen esse, si ea quoque habeat, quæ bona non audet appellare, natura ipsa accommodata esse concedit ; negatque, Platonem, si sapiens non sit, eadem esse in causa, qua ty-

pour celui-ci, la mort était le premier des biens, puisqu'il fallait désespérer de le voir jamais sage; quant à l'autre, pouvant espérer, il pourrait vivre. Il divisait les fautes en tolérables et intolérables, selon le nombre et l'importance des devoirs qu'elles violent. Tel insensé, disait-il encore, ne sera jamais sage ; tel autre y parviendrait avec de l'application. Tout ce changement portait sur le langage ; mais la pensée restait la même. L'objet auquel il refusait obstinément le nom de bien était devenu aussi estimable à ses yeux que pour les philosophes qui le qualifient ainsi. Par ce changement de mots, qu'a-t-il donc voulu faire? Avec plus d'adresse encore, il aurait abaissé ces avantages au-dessous de la valeur que leur donne Aristote : par là il aurait paru réformer autre chose que des paroles.

Et le bonheur, but de toute la vie, qu'en dites-vous ? Je vous entends : ce n'est pas dans la jouissance de tout ce que désire la nature, c'est dans la vertu seule que réside le bonheur. Dans toute dispute, il s'agit ou de la chose ou du mot; or, et le mot et la chose seront l'objet de la dispute, si l'on ignore celle-ci, et que l'on se trompe sur celui-là. Supposer qu'il en est autrement, c'est s'astreindre à ne se servir que des termes les plus usités, les plus exacts, les plus intelligibles. Si sur les choses nos devanciers ont pensé juste, il est hors de doute que leur lan-

rannum Dionysium; huic mori optimum esse, propter desperationem sapientiæ ; illi, propter spem, vivere. Peccata autem partim esse tolerabilia, partim nullo modo, propterea quod alia peccata plures, alia pauciores quasi numeros officii præterirent. Jam insipientes alios ita esse, ut nullo modo ad sapientiam possent pervenire; alios, qui possent, si id egissent, sapientiam consequi. Hic loquebatur aliter, atque omnes; sentiebat idem, quod cæteri. Nec vero minoris æstimanda ducebat ea, quæ ipse bona negaret esse, quam illi, qui ea bona esse dicebant. Quid igitur voluit sibi, qui illa mutaverit? Saltem aliquid de pondere detraxisset, et paulo minoris æstimavisset ea, quam peripatetici, ut sentire quoque aliud, non solum dicere videretur.

Quid? de ipsa beata vita, ad quam omnia referuntur, quæ dicitis? Negatis eam esse, quæ expleta sit omnibus iis rebus, quas natura desideret, totamque eam in una virtute ponitis, quumque omnis controversia aut de re soleat, aut de nomine esse; utraque earum nascitur, si aut res ignoratur, aut erratur in nomine. Quorum si neutrum est, opera danda est, ut verbis utamur quam usitatissimis, et quam maxime aptis, id est rem declarantibus. Num igitur dubium est, quin, si in re ipsa nihil peccatur a superioribus, verbis illi

gage est aussi plus clair. Voyons donc leurs opinions; puis, nous pèserons les termes.

XXI. L'âme, disent-ils, sent naître un désir, quand une chose lui paraît selon la nature; or tout ce qui est selon la nature mérite plus ou moins d'estime ; entre les choses où l'on remarque cette conformité, celles qui ne sont ni morales ni louables, n'excitent nullement le désir que nous venons de signaler; quelques-unes enfin, accompagnées de volupté chez les animaux, doivent s'associer à la raison dans l'homme. Mais, ajoutent-ils, les choses convenables sont moralement belles et dignes d'éloges; et celles que nous appellerons naturelles forment avec les premières le complément du bonheur. A l'égard des avantages, ceux qui les nomment des biens n'en font pas plus de cas que Zénon, qui ne les regarde pas comme tels, et ils les mettent bien au-dessous de ce qui est moral et louable. Toutefois, dans le choix entre deux choses moralement bonnes, dont l'une s'unirait à la santé, l'autre à la maladie, le conseil que donnerait la nature n'est pas douteux. Mais ils élèvent si haut le pouvoir de la vertu, que jamais, selon eux, ni la crainte des menaces, ni la séduction des récompenses, ne nous doivent écarter du sentier de la justice; et ils pensent que les choses les plus

commodius utantur? Videamus igitur sententias eorum : tum ad verba redeamus.

XXI. Dicunt appetitionem animi moveri, quum aliquid ei secundum naturam esse videatur; omniaque, quæ secundum naturam sint, æstimatione aliqua digna; eaque pro eo, quantum in quoque sit ponderis, esse æstimanda; quæque secundum naturam sint, partim nihil habere in sese ejus appetitionis, de qua sæpe jam diximus, quæ nec honesta, nec laudabilia dicantur; partim, quæ voluptatem habeant in omni animante, sed in homine rationem etiam; ex iis quæ sint apta, ea honesta, ea pulchra, ea laudabilia; illa autem superiora, naturalia nominantur: quæ, conjuncta cum honestis, vitam beatam perficiunt et absolvunt. Omnium autem eorum commodorum, quibus non illi plus tribuunt, qui illa bona esse dicunt, quam Zeno, qui negat, longe præstantissimum esse, quod honestum esset atque laudabile : sed, si duo honesta proposita sint, alterum cum valetudine, alterum cum morbo; non esse dubium, ad utrum eorum natura nos ipsa deductura sit. Sed tamen tantam vim honestatis esse, tantumque eam rebus omnibus præstare et excellere, ut nullis nec suppliciis, nec præmiis demoveri possit ex eo, quod rectum esse decreverit; omniaque,

dures, les plus fâcheuses, les plus contraires, peuvent être effacées par les vertus que l'on a reçues de la nature? non que ces souffrances soient méprisables ou faciles à supporter (où serait alors le mérite de la vertu?), mais parce qu'il faut comprendre que ce n'est point de ces hasards que dépend le bonheur. Concluons : ce que Zénon appelle estimable, acceptable, naturel, Aristote l'appelle bien ; et il nomme heureuse la vie qui, riche de vertus, est riche encore de ces mêmes biens. Dans le langage de Zénon, il n'y a de bien que ce qui mérite nos désirs, et la première condition du bonheur, c'est la vertu.

XXII. Si la discussion roule sur les choses, vous le voyez, Caton, il ne reste plus de matière à discuter entre nous deux : unis par la pensée, nous ne différons que par les termes, et c'est ce que Zénon ou n'a pas vu, ou n'a pas voulu voir, ébloui qu'il était par un langage pompeux et magnifique. Si sa pensée était fidèlement reproduite par les mots qu'il employait, ne faudrait-il pas réunir en une même école ce philosophe avec Pyrrhon ou Ariston? Mais non, il n'était pas de leur sentiment : pourquoi donc cette affectation qui le séparait des péripatéticiens par les expressions, quand, au fond, il épousait leur système?

Je suppose la vie rendue aux platoniciens et à leurs disciples :

quæ dura, difficilia, adversa videantur, ea virtutibus iis, quibus a natura essemus ornati, obteri posse, non faciles illas quidem, nec contemnendas (quid enim esset in virtute tantum?), sed ut hoc judicaremus, non esse in his partem maximam positam aut beate, aut secus vivendi. Ad summam, ea, quæ Zeno æstimanda, et sumenda, et apta naturæ esse dixit, eadem illi bona appellant; vitam autem beatam illi eam, quæ constaret ex iis rebus, quas dixi, aut plurimis, aut gravissimis. Zeno autem, quod suam, quod propriam speciem habeat, cur appetendum sit, id solum bonum appellat, beatam autem vitam eam solam, quæ cum virtute degatur.

XXII. Si de re disceptari oportet, nulla mihi tecum, Cato, potest esse dissensio. Nihil est enim, de quo aliter tu sentias, atque ego : modo commutatis verbis ipsas res conferamus. Nec hoc ille non vidit ; sed verborum magnificentia est et gloria delectatus : qui si ea, quæ dicit, ita sentiret, ut verba significant, quid inter eum, et vel Pyrrhonem, vel Aristonem interesset? Sin autem eos non probabat, quid attinuit cum iis, quibuscum re concinebat, verbis discrepare?

Quid? si reviviscant platonici illi, et deinceps qui eorum auditores fuerunt,

que leur répondriez-vous s'ils vous disaient : « Quelle a été notre surprise en t'entendant, ô M. Caton, toi l'ami ardent de la sagesse, un juste, un arbitre éclairé, un incorruptible témoin, préférer à notre école ces stoïciens, dont la science fut remise tout entière à Zénon par Polémon, par un disciple de Platon ! Leur langage surprend d'abord l'admiration ; mais si l'on en étudie le sens, est-il rien de plus ridicule ? Applaudissais-tu à nos doctrines, il fallait, comme nous, les revêtir des termes faits pour elles. L'autorité des traditions te semble-t-elle imposante, cesse de préférer à notre école, à notre Platon, un je ne sais quel homme obscur, toi surtout qui ambitionnes le premier rang dans ta patrie : toi que la vertu élève si haut, et qui ne devrais recevoir que de nous les plus sublimes leçons de l'art de gouverner les hommes ! Objet de nos longues méditations, cet art, sur lequel nous avons tant écrit, nous a fait parcourir tous les genres de gouvernements, leurs caractères, leurs révolutions, leurs lois, leurs institutions, leurs coutumes. Et cette éloquence, l'un de tes plus beaux titres à la gloire, talent qui entoure de tant d'éclat les premiers citoyens, a-t-elle un précepte utile, un exemple imposant que tu ne puisses trouver parmi nous ? » A ces paroles quelle réponse pourriez-vous opposer ? Je vous prierais, dit Caton, de répondre pour moi, puisque vous avez fait la question pour eux, ou je m'acquitterais moi-même de ce soin,

et tecum ita loquantur : « Nos quum te, M. Cato, studiosissimum philosophiæ, justissimum virum, optimum judicem, religiosissimum testem audiremus, admirati sumus, quid esset, cur nobis stoicos anteferres, qui de rebus bonis et malis sentirent ea, quæ ab hoc Polemone Zeno cognoverat ; nominibus uterentur iis, quæ prima specie, admirationem, re explicata, risum moverent. Tu autem, si tibi illa probabantur, cur non propriis verbis illa tenebas ? Sin te auctoritas commovebat, nobisne omnibus, et Platoni ipsi, nescio quem illum anteponebas ? præsertim quum in republica princeps esse velles, ad eamque tuendam cum summa tua dignitate maxime a nobis ornari atque instrui posses. Nobis enim ista quæsita, a nobis descripta, notata, præcepta sunt ; omniumque rerum publicarum rectiones, genera, status, mutationes, leges etiam, et instituta, ac mores civitatum perscripsimus. Eloquentiæ vero quæ et principibus maximo ornamento est, et qua te audivimus valere plurimum, quantum tibi ex monumentis nostris addidisses ? » Ea quum dixissent, quid tandem talibus viris responderes ? Rogarem te, inquit, ut diceres pro me tu idem, qui illis orationem dictavisses, vel potius paulum loci mihi, ut his responde-

si vous le permettez; mais, pour le moment, j'aime beaucoup mieux vous entendre; ma réponse aux platoniciens viendra quand j'aurai aussi à vous répondre à vous-même.

XXIII. Voici, je crois, Caton, les vérités par lesquelles vous pourriez leur répondre : Nous estimons, diriez-vous, des hommes de cette autorité et de ce génie; mais, ce qu'ils n'ont pu voir dans des temps si reculés, les stoïciens, depuis, l'ont découvert; il y a plus de précision, plus de fermeté dans le langage de Zénon; ce sont ses disciples qui, les premiers, ont dit que la santé, sans mériter nos recherches, peut être digne de notre choix, non comme un bien, mais comme chose qui n'est pas sans prix, quoique, au fond, ceux qui l'appellent un bien n'en aient pas une plus haute idée. Je m'indignais en voyant ces antiques barbons, comme nous parlons de nos aïeux, croire que, si un sage, un homme vertueux avait, par-dessus le marché, santé, réputation, richesses, il jouirait d'une existence plus désirable et plus heureuse que celui qui, aussi riche en vertus, serait, comme l'Alcméon d'Ennius,

Assiégé de douleurs, exilé, misérable.

Les lumières de ces anciens étaient bien bornées, de croire le premier de ces hommes plus en possession du bonheur que le

rem, dares, nisi et te audire nunc mallem, et istis tamen alio tempore responsurus essem, tum scilicet, quum tibi.

XXIII. Atqui, si verum respondere velles, Cato, hæc erant dicenda : Non eos tibi non probatos, tantis ingeniis homines, tantaque auctoritate; sed te animadvertisse, quas res illi propter antiquitatem parum vidissent, eas a stoicis esse perspectas, eisdemque de rebus hos tum acutius disseruisse, tum sensisse gravius et fortius, quippe qui primum valetudinem bonam expetendam negent esse, eligendam dicant : non quia sit bonum valere, sed quia sit non nihilo æstimandum; neque tamen pluris, quam illis videatur, qui illud non dubitent bonum dicere. Hoc vero te ferre non potuisse, quod antiqui illi, quasi barbati, ut nos de nostris solemus dicere, crediderint, ejus, qui honeste viveret, si idem et bene valeret, bene audiret, copiosus esset, optabiliorem fore vitam, melioremque et magis expetendam, quam illius, qui æque vir bonus, multis modis esset, ut Ennii Alcmæo,

Circumventus morbo, exsilio, atque inopia.

Illi igitur antiqui non tam acute optabiliorem illam vitam putant, præstan-

second! Selon les stoïciens, s'il y a choix, on peut seulement faire une préférence, non pas fondée sur une plus large part de bonheur, mais sur des convenances naturelles plus étendues. Être inégalement fous, ajoutent-ils, c'est être également misérable. Voilà ce qu'ont vu les stoïciens. Mais que leurs devanciers étaient aveugles! ils n'ont pas vu que l'homme souillé de crimes, de parricides, n'était pas plus misérable que l'homme de bien dont la sagesse n'est pas encore parfaite!

Ici, Caton, vous avez présenté des similitudes à l'usage de vos philosophes; mais elles portent sur les choses les plus dissemblables. Vous supposez plusieurs hommes qui se noient et qui veulent se sauver : il est incontestable, dites-vous, que ceux qui approchent le plus de la surface de l'eau vont respirer plus tôt que leurs compagnons d'infortune; mais la respiration leur est encore aussi impossible qu'à ceux qui sont plongés au fond. De même, quelques pas dans la carrière de la vertu ne sont rien : le coureur qui n'a pas touché la borne n'est pas plus avancé que celui de ses rivaux qui en est resté le plus loin. Il y a plus : le petit chien qui approche de l'époque où il peut ouvrir les yeux est encore aussi aveugle que celui dont la naissance date d'un jour : ainsi Platon, qui ne voyait pas la sagesse, était affecté d'une cécité morale égale à celle de Phalaris.

XXIV. Oui, Caton, un tel rapprochement est faux : le mal

---

tiorem, beatiorem. Stoici autem tantummodo præponendam in seligendo, non quo beatior hæc vita sit, sed quod ad naturam accommodatior ; et qui sapientes non sint, omnes æque miseros esse. Stoici hæc videlicet viderunt : illos autem id fugerat superiores [qui arbitrabantur], homines sceleribus et parricidiis inquinatos, nihilo miseriores esse, quam eos, qui, quum caste et integre viverent, nondum perfectam illam sapientiam essent consecuti.

Atque hoc loco similitudines eas, quibus illi uti solent, dissimillimas proferebas. Quis enim ignorat, si plures ex alto emergere velint, propius fore eos quidem ad respirandum, qui ad summam jam aquam appropinquant, sed nihilo magis respirare posse, quam eos, qui sunt in profundo? Nihil ergo adjuvat procedere et progredi in virtute, quo minus miserrimus sis, antequam ad eam perveneris, quoniam in aqua nihil adjuvat; et quoniam catuli, qui jam dispecturi sunt, cæci æque et ii, qui modo nati; Platonem quoque necesse est, quoniam nondum videbat sapientiam, æque cæcum animo ac Phalarim fuisse.

XXIV. Ista similia non sunt, Cato : in quibus quamvis multum processeris,

dont on veut se dégager demeure bien le même jusqu'au moment où l'on s'en débarrasse tout à fait : celui qui est dans l'eau ne respirera que quand il se sera élevé à la surface ; avant de commencer à voir, le jeune chien est aussi aveugle que si ses yeux devaient rester toujours fermés. Mais écoutez une similitude régulière. Tel homme a les yeux malades ; tel autre est atteint de la fièvre ; le temps les soulage tous deux : la convalescence de l'un fait de sensibles progrès ; de jour en jour la vue de l'autre s'éclaircit. Il en est de même de ceux qui s'adonnent à la vertu : ils se traitent pour leurs vices, ils se purgent de leurs erreurs. Vous ne prétendrez pas, je pense, que Tib. Gracchus le père, dont tous les travaux avaient pour but l'affermissement de la république, ne fut pas plus heureux que son fils, qui ne travaillait qu'à la renverser. Toutefois, combien il était loin de la perfection de la vertu ! De quel maître, en quel lieu, dans quel temps en aurait-il pris des leçons ? Mais, passionné pour la vraie gloire, ses progrès dans la vertu furent assurés. Je comparerai votre aïeul Drusus avec C. Gracchus, son contemporain. Toutes les plaies que celui-ci faisait à la patrie, l'autre s'appliquait à les guérir. Et, vous le savez, rien ne rend les hommes si misérables que l'impiété et le crime. Je veux donc que tous ceux qui ne sont pas sages soient misérables, comme ils le sont en effet ; mais ne distinguerez-vous pas le bon citoyen qui se dévoue pour sa patrie, du traître qui a tramé sa perte ? Tout ce que l'on

---

tamen illud in eadem causa est, a quo abesse velis, donec evaseris. Nec enim ille respirat, ante quam emersit, et catuli æque cæci priusquam dispexerunt, ac si ita futuri semper essent. Illa sunt similia : hebes acies est cuipiam oculorum ; corpore alius languescit : hi curatione adhibita levantur in dies ; alter valet plus quotidie ; alter videt. Hi similes sunt omnibus, qui virtuti student ; levantur vitiis, levantur erroribus. Nisi forte censes Tib. Gracchum patrem non beatiorem fuisse, quam filium, quum alter stabilire rempublicam studuerit, alter evertere. Nec tamen ille erat sapiens : quis enim hoc ? aut quando ? aut ubi ? aut unde ? sed quia studebat laudi et dignitati, multum in virtute processerat. Conferam autem avum tuum, Drusum, cum C. Graccho, ejus fere æquali. Quæ hic reipublicæ vulnera imponebat, eadem ille sanabat. Sed nihil est, quod tam miseros faciat, quam impietas, et scelus. Ut jam omnes insipientes sint miseri, quod profecto sunt, non est tamen æque miser, qui patriæ consulit, et is, qui illam exstinctam cupit. Levatio igitur vitiorum

donne à la vertu, on l'ôte donc au vice. Vos philosophes cependant ne veulent pas que, comme la vertu, le vice ait ses degrés : rien de plus curieux que leur raisonnement à ce sujet. En admettant, disent-ils, qu'une chose parfaite puisse encore s'accroître, il faut accorder que la chose contraire est aussi susceptible de progrès. Or la vertu, chose parfaite, ne peut s'accroître ; donc le progrès est impossible dans le vice qui est son contraire. Est-ce là éclaircir le doute par l'évidence? n'est-ce pas plutôt répandre sur l'évidence les nuages du doute? Ce qui est évident, c'est que tous les vices ne sont pas de la même gravité ; ce qui est douteux, c'est que votre souverain bien ne soit capable de progrès. Au lieu de dissiper le doute par l'évidence, vous vous donnez bien de la peine pour embarrasser le connu par l'inconnu. Mais votre embarras à vous-même sera grand, si je continue de suivre la même marche. Tous les vices, selon vous, sont égaux ; pour eux, l'accroissement est impossible, parce qu'on ne peut rien ajouter au souverain bien, c'est-à-dire à la seule vertu qui est leur ennemie. J'affirme, au contraire, qu'il est attesté par l'évidence que tous les vices ne sont pas égaux, et que, par conséquent, il vous faut chercher le souverain bien autre part ; car, si la fausseté d'une chose est palpable, la proposition d'où elle est déduite est fausse également.

magna fit iis, qui habent ad virtutem progressionis aliquantum. Vestri autem progressionem ad virtutem fieri aiunt, levationem vitiorum fieri negant. At, quo nitantur homines acuti argumento ad probandum, operæ pretium est considerare. Quarum, inquit, artium summa crescere potest, earum etiam contrariarum summa poterit augeri. Ad virtutis autem summam accedere nihil potest. Ne vitia quidem igitur crescere poterunt, quæ sunt virtutum contraria. Utrum igitur tandem perspicuisne dubia aperiuntur, an dubiis perspicua tolluntur? Atqui hoc perspicuum est, vitia alia in aliis esse majora : illud dubium, ad id, quod summum bonum dicitis, ecquænam fieri possit accessio. Vos autem quum perspicuis dubia debeatis illustrare, dubiis perspicua conamini tollere. Itaque eadem ratione, qua sum paulo ante usus, hærebitis. Si enim propterea vitia alia aliis majora non sunt, quia ne ad finem quidem bonorum cum, quem vos facitis, quidquam potest accedere, quoniam perspicuum est vitia non esse omnium paria, finis bonorum vobis mutandus est. Teneamus enim illud necesse est, quum consequens aliquod falsum sit, illud, cujus id consequens sit, non posse esse verum.

XXV. Quelle est donc la cause de tous ces embarras? le vaniteux étalage d'un souverain bien. Prétendre qu'il n'en est point hors du beau moral, c'est exiger qu'on abandonne le soin de la santé, de la fortune, de l'état, tout ce qui constitue les devoirs sociaux; c'est vouloir enfin abdiquer même ce beau moral qui est tout pour vous, comme Chrysippe l'a judicieusement remarqué en réfutant Ariston. Voilà la source d'où découlent, dit Attius, ces arguties, ces subtilités, dont la question se hérisse. Otez les devoirs de la vie, quelle prise restera-t-il à la sagesse? Or, s'il n'y a plus de choix à faire, si le niveau a passé sur toutes choses, au point de ne laisser entre elles aucune gradation, les devoirs disparaissent. De là, que résulte-t-il? que les finesses artificieuses de vos stoïciens sont encore pires que celles d'Ariston. Au moins, ce qu'il dit est simple; votre école y met plus de ruse. Demandez à Ariston si l'absence de la douleur, les richesses, la santé, sont des biens; il vous dira que non. Et leurs contraires, Ariston, sont-ils des maux? Pas davantage. Interrogez Zénon; sa réponse sera la même. Étonné de cet accord, vous allez plus loin, vous les consultez tous deux sur la conduite qu'il faut tenir dans la vie, croyant, avec eux, que la maladie et la santé, l'absence ou la présence de la douleur, le moyen de se défendre du froid et la faim, sont choses fort indifférentes :

XXV. Quæ est igitur causa istarum angustiarum? gloriosa ostentatio in constituendo summo bono. Quum enim, quod honestum sit, id solum bonum esse confirmatur, tollitur cura valetudinis, diligentia rei familiaris, administratio reipublicæ, ordo gerendorum negotiorum, officia vitæ. Ipsum denique illud honestum, in quo uno vultis esse omnia, deserendum est. Quæ diligentissime contra Aristonem dicuntur a Chrysippo. Ex ea difficultate illæ fallaciloquæ, ut ait Attius, malitiæ natæ sunt. Quod enim sapientia, ubi pedem poneret, non habebat, sublatis officiis omnibus (officia autem tollebantur, delectu omni et discrimine remoto: quæ enim esse poterant, rebus omnibus sic exæquatis, ut inter eas nihil interesset?) : ex his angustiis ista evaserunt deteriora, quam Aristonis. Illa tamen simplicia; vestra versuta. Roges enim Aristonem, bonane ei videantur hæc, vacuitas doloris, divitiæ, valetudo? neget. Quid? quæ contraria sunt his, malane? nihilo magis. Zenonem roges. Respondeat totidem verbis. Admirantes quæramus ab utroque, quonam modo vitam agere possimus, si nihil interesse nostra putemus, valeamus, ægrine simus; vacemus, an cruciemur dolore; frigus, famem propulsare possimus,

que répondra Ariston? Votre vie, dira-t-il, atteindra la perfection morale : faites seulement tout ce qui vous passera par l'esprit; ne vous inquiétez de rien : vous jouirez de tout, sans rien désirer, sans rien craindre. Que dira Zénon? Je crois l'entendre s'écrier : Quelle erreur monstrueuse ! une telle vie est impossible. Entre la vertu et le vice la distance est immense, elle échappe à la pensée. Entre tout le reste, il n'y a point de différence. Encore, si c'était là tout ! mais non : écoutez le reste, et gardez-vous de rire, s'il est possible. Parmi tant de choses, ajoute Zénon, qui sont de niveau, il en est cependant quelques-unes à choisir, d'autres à rejeter, d'autres à négliger; c'est-à-dire qu'elles méritent de votre part, ou désir, ou aversion, ou insouciance. Mais vous disiez tout à l'heure qu'il n'y a aucune différence entre les unes et les autres. Je ne m'en dédis point : c'est dans les vices et dans les vertus que la différence est absolument nulle. Eh! de grâce, qui ne le savait pas?

XXVI. Mais écoutons encore. Santé, fortune, bien-être physique, ne sont pas des biens; je les appelle προηγμένα, choses à préférer; maladie, indigence, douleur, ne sont pas des maux, mais des choses à rejeter. Pour les premières, je suis loin de dire que je les recherche; pour les secondes, que je les fuis : seulement j'accepte les unes, j'écarte les autres. Mais quel est

necne possimus : Vives, inquit Aristo, magnifice atque præclare; quod erit cumque visum agens, nunquam augere, nunquam cupies, nunquam timebis. Quid Zeno? Portenta hæc esse dicit, nec ea ratione ullo modo posse vivi; sed differre inter honestum, et turpe, nimium quantum, nescio quid immensum ; inter cæteras res nihil omnino interesse. Idem adhuc (audi reliqua, et risum contine, si potes) : Media illa, inquit, inter quæ nihil interest, tamen ejusmodi sunt, ut eorum alia eligenda sint, alia rejicienda, alia omnino negligenda, hoc est ut eorum alia velis, alia nolis, alia non cures. At modo dixeras, nihil in his rebus esse, quod interesset. Et nunc idem dico, inquies, sed ad virtutes et ad vitia nihil interesse. Quis istuc, quæso, nesciebat?

XXVI. Verum audiamus. Ista, inquit, quæ dixisti, valere, locupletem esse, non dolere, bona non dico, sed dicam græce προηγμένα (latine autem producta; sed præposita, aut præcipua malo : sic tolerabilius et mollius); illa autem, egestatem, morbum, dolorem, non appello mala, sed, si libet, rejectanea. Itaque illa non dico me expetere, sed legere; nec optare, sed sumere;

le langage d'Aristote et de tous les élèves de Platon? Ils appellent biens toutes les choses conformes à la nature, et maux, leurs contraires. Ne voyez-vous donc pas que votre Zénon parle comme Ariston, dont il diffère tant par la pensée, et qu'il pense comme Aristote et son école, dont il s'éloigne par le langage? Pourquoi aux mêmes idées ne pas appliquer les mêmes expressions? De grâce, qu'il m'apprenne le moyen de mépriser l'or davantage en le regardant comme préférable, et non comme un bien ; le moyen de mieux braver la douleur, en avouant qu'elle est chose fâcheuse, contraire à la nature, et non qu'elle est un mal. M. Pison, notre ami, raillait avec goût les stoïciens quand il leur disait : Vous ne voulez pas voir un bien dans les richesses; vous les appelez *choses préférables*. A quoi bon? par cette subtilité, corrigez-vous l'avarice? A ne regarder que les mots, *préférable*, songez-y, est plus long que *bien*. Belle raison! direz-vous. Eh bien, je l'accorde ; mais le premier de ces termes semble dire plus que le second. J'ignore l'étymologie de *bien;* mais, à coup sûr, *préférable* exprime un choix. C'est donc beaucoup dire. Compter les richesses parmi les choses à préférer, comme fait Zénon, c'est leur faire plus d'honneur que ne fait Aristote, en les appelant bien, mais non grand bien ; en avouant que ce bien est peu digne de notre empressement, qu'il est même méprisa-

---

contraria autem non fugere, sed quasi secernere. Quid ait Aristoteles, reliquique Platonis alumni? Se omnia, quæ secundum naturam sint, bona appellare? quæ autem contra, mala. Videsne igitur, Zenonem tuum cum Aristone verbis consistere, re dissidere ; cum Aristotele et illis re consentire, verbis discrepare? Cur igitur, quum de re conveniat, non malimus usitate loqui? Aut doceat, paratiorem me ad contemnendam pecuniam fore, si illam in rebus præpositis, quam si in bonis duxero ; fortioremque in patiendo dolore, si eum asperum et difficilem perpessu, et contra naturam esse, quam si malum dixero. Facete M. Piso, familiaris noster, et alia multa, et hoc loco stoicos irridebat. Quid enim aiebat? Bonum negas esse divitias, præpositum esse dicis. Quid adjuvas? avaritiamne minuis? Quod si verbum sequimur, primum longius verbum præpositum, quam bonum. Nihil ad rem. Ne sit sane : at certe gravius. Nam bonum ex quo appellatum sit, nescio : præpositum ex eo credo, quod præponatur aliis. Id mihi magnum videtur. Itaque dicebat plus tribui divitiis a Zenone, qui eas in præpositis poneret, quam ab Aristotele, qui bonum esse divitias fateretur ; sed nec magnum bonum, et præ

ble, comparé à la justice et au beau moral. Passant ainsi en revue le vocabulaire néologique de Zénon, Pison soutenait qu'il y avait, dans les noms appliqués par ce philosophe aux choses où il ne voit pas des biens, plus d'agrément que dans les nôtres, et des idées plus tristes attachées aux mots par lesquels il désigne tout ce qui, selon lui, n'est pas un mal.

XXVII. Ainsi parlait cet homme de bien, votre illustre ami. Je n'ajouterai qu'un mot, et j'ai fini; car je n'achèverais jamais si je m'attachais à réfuter tout ce que vous avez dit.

A ce même abus de mots vous devez vos sceptres, vos empires, votre opulence : et quelle opulence ! tous les trésors de l'univers sont, dites-vous, le patrimoine du sage. Seul beau, seul libre entre les hommes, le sage est encore seul citoyen. Qui n'est sage n'est rien ; c'est moins que rien, c'est un fou : vains paradoxes des Grecs ! emphatiques merveilles pour les Romains ! Mais approchons : qu'y a-t-il donc là de si merveilleux ? Si je vous demandais compte du sens de chaque mot, nos avis se confondraient bientôt. Toutes les fautes sont égales, dites-vous. Aujourd'hui, causant avec Caton, je ne répéterai pas ce que j'ai dit à ce sujet en défendant L. Murena que vous accusiez. Je m'adressais à des ignorants ; la part de la multitude devait être un peu large ; plus de précision est maintenant de rigueur. Toutes

---

rectis honestisque, contemnendum ac despiciendum, nec magnopere expetendum. Omninoque de omnibus istis verbis a Zenone mutatis ita disputabat, et quæ bona negarentur esse ab eo, et quæ mala, illa lætioribus nominibus ab eo appellari quam a nobis, hæc tristioribus.

XXVII. Piso igitur hoc modo, vir optimus, tuique, ut scis, amantissimus. Nos, paucis ad hæc additis, finem faciamus aliquando. Longum est enim ad omnia respondere, quæ a te dicta sunt.

Nam ex iisdem verborum præstigiis et regna nata vobis sunt, et imperia et divitiæ, et tantæ quidem, ut omnia, quæ ubique sint, sapientis esse dicatis. Solum præterea formosum, solum liberum, solum civem : stultorum omnia contraria, quos etiam insanos esse vultis. Hæc $\pi\alpha\rho\acute{\alpha}\delta o\xi\alpha$ illi, nos admirabilia dicamus. Quid autem habent admirationis, quum prope accesseris? Conferam tecum, quam cuique verbo rem subjicias: nulla erit controversia. Omnia peccata paria dicitis. Non ego tecum jam ita loquar, ut iisdem his de rebus, quum L. Murenam, te accusante, defenderem. Apud imperitos tum illa dicta sunt ; aliquid etiam coronæ datum : nunc agendum est subtilius. Peccata paria

les fautes sont égales : comment cela ? C'est que le beau moral, selon vous, est moral par excellence ; c'est que l'excès de la laideur est dans le vice. Quels débats s'élèvent encore ici ! mais allons plus loin, abordons les arguments sur lesquels votre thèse repose. Voilà, dit Zénon, un instrument de musique : le son de toutes ces cordes est si faux, que vous n'en tireriez que des dissonances : donc, toutes les cordes sont également en désaccord. Exemple très-applicable aux fautes graves : toutes en contraste avec l'harmonie de la vertu, elles l'offensent également : donc elles sont toutes égales. Quel jeu sophistique sur des équivoques ! Je veux que toutes les cordes d'un instrument soient mal d'accord : il ne s'ensuit pas que, de la vibration de chacune d'elles au son normal, la distance soit la même. Ainsi tombe votre comparaison. Tous les avares sont avares, sans doute : qui en conclura qu'ils le sont au même degré ? Voici encore une de vos fausses similitudes. Qu'un vaisseau ait un chargement de paille ou d'or : peu importe pour la gravité de la faute que commet le pilote en le laissant échouer. De même, maltraiter son esclave innocent, outrager son père, sont fautes égales. Mais il faut fermer les yeux de l'intelligence pour ne pas voir qu'il est indifférent ici, pour l'art du pilote, que le navire contienne une cargaison d'or ou de paille. Qu'importe la cargaison ? Ne sait-on pas, au contraire, quelle distance il y a d'un esclave à un père ? Donc, ce qui est

quonam modo? Quia nec honesto quidquam honestius, nec turpi turpius. Perge porro : nam de isto magna dissensio est. Illa argumenta propria videamus, cur omnia peccata sint paria. Ut, inquit, in fidibus plurimis, si nulla earum ita contenta numeris sit, ut concentum servare possit, omnes æque incontentæ sint : sic peccata, quia discrepant, æque discrepant ; paria sunt igitur. Hic ambiguo ludimur. Æque enim contingit omnibus fidibus, ut incontentæ sint ; illud non continuo, ut æque incontentæ. Collatio igitur ista te nihil juvat. Nec enim omnes avaritias si æque avaritias esse dixerimus, sequitur etiam, ut æquas esse dicamus. Ecce aliud simile dissimile. Ut enim, inquit gubernator æque peccat, si palearum navem evertit, et si auri : item æque qui parentem, et qui servum injuria verberat. Hoc non videre, cujus generis onus navis vehat, ad gubernatoris artem nihil pertinere ; itaque, aurum, paleamne portet, ad bene, aut ad male gubernandum, nihil interesse ? At quid inter parentem, et servulum intersit, intelligi et potest, et debet. Ergo in gubernando nihil, in officio plurimum interest, quo in genere peccetur. Et, si

nul dans une erreur contre l'art de la navigation devient très-grave dans une faute morale. Et même, la faute du pilote devient moralement plus grande quand, au lieu de paille, le vaisseau porte de l'or ; car tout art exige de l'homme qui l'exerce une prudence, une attention calculée sur les intérêts qu'on lui confie. Il n'y a donc point égalité de fautes, même dans cet exemple.

XXVIII. Mais les stoïciens poussent en avant, loin de reculer. Imbécillité, légèreté, voilà, disent-ils, la cause de toutes nos fautes ; or, chez quiconque n'est pas sage, ces deux travers sont égaux ; les fautes qu'ils commettent sont donc égales. Mais on ne leur accordera jamais que, chez tous les fous, tous les vices soient au même degré ; que la faiblesse, l'irréflexion, se soient manifestées de même chez L. Tubulus et chez P. Scévola, son accusateur ; qu'aucune différence ne se trouve entre les choses sur lesquelles on a failli ; que la gravité des fautes ne se mesure pas sur l'importance des objets. Ainsi (et ce sont mes derniers mots), le tort le plus grave de votre école est d'exiger la concession de deux propositions qui se combattent. En effet, placer le bien dans l'honnête seul, puis regarder comme naturel le désir des choses convenables de la vie, n'est-ce pas se réfuter soi-même ? Attachés aux termes de la première pro-

---

in ipsa gubernatione negligentia est navis eversa, majus est peccatum in auro, quam in palea. Omnibus enim artibus volumus attributum esse eam, quæ communis appellatur prudentia : quam omnes, qui cuique artificio præsunt, debent habere. Ita ne hoc modo paria quidem peccata sunt.

XXVIII. Urgent tamen, et nihil remittunt. Quoniam, inquiunt, omne peccatum, imbecillitatis et inconstantiæ est ; hæc autem vitia in omnibus stultis æque magna sunt, necesse est paria esse peccata. Quasi vero aut concedatur, in omnibus stultis æque magna esse vitia, et eadem imbecillitate et inconstantia L. Tubulum fuisse, qua illum, cujus is condemnatus est rogatione, P. Scævolam ; et quasi nihil inter res quoque ipsas, in quibus peccatur, intersit ; ut, quo hæ majores, minoresve sint, eo, quæ peccentur in his rebus aut majora sint, aut minora. Itaque (jam enim concludatur oratio) hoc uno vitio maxime mihi premi videntur tui stoici, quod se posse putant duas contrarias sententias obtinere. Quid enim est tam repugnans, quam eumdem quod dicere honestum sit, solum id bonum esse, qui dicat, appetitionem rerum ad vivendum accommodatarum, a natura profectam ? Ita quum ea

21.

position, vos philosophes partagent l'erreur d'Ariston ; dégagés de cet embarras, ils soutiennent les maximes du péripatétisme ; mais ils embrassent trop étroitement leurs termes pour s'en séparer ; et, pour ne pas se les laisser arracher l'un après l'autre, les voilà qui se hérissent, et impriment à leurs discours un ton plus rude, à leurs mœurs un caractère plus farouche. Aussi, incapable de plier sous cette inflexible roideur, d'applaudir à des sentiments si durs, d'approuver la sécheresse de tant de discussions scabreuses, Panétius montra bien plus de modération dans sa doctrine, bien plus de clarté dans son langage. Ses écrits même font foi qu'il citait souvent Platon, Aristote, Xénocrate, Théophraste, Dicéarque, philosophes que vous feriez bien, je pense, d'étudier et d'approfondir.

Mais il se fait tard, et il faut que je rentre dans ma maison de campagne. En voilà donc assez pour le moment ; nous reviendrons souvent sur ces matières. Volontiers, dit Caton, car je ne sache pas d'occupation plus noble. Mais avant tout, permettez-moi de vous répondre à mon tour. Il est une chose que vous n'oublierez pas : c'est que, dans le stoïcisme, vous approuvez tout, excepté le langage ; tandis que je n'adopte rien de votre école. C'est me jeter un défi en partant, lui dis-je ; n'importe, nous verrons. A ces mots, nous nous séparâmes.

---

volunt retinere, quæ superiori sententiæ conveniunt, in Aristonem incidunt : quum id fugiunt, re eadem defendunt, quæ peripatetici ; verba tenent mordicus, quæ rursus dum sibi evelli ex ordine nolunt, horridiores evadunt, asperiores, duriores et oratione et moribus. Quam illorum tristitiam atque asperitatem fugiens, Panætius, nec acerbitatem sententiarum, nec disserendi spinas probavit; fuitque in altero genere mitior, in altero illustrior; semperque habuit in ore Platonem, Aristotelem, Xenocratem, Theophrastum, Dicæarchum, ut ipsius scripta declarant. Quos quidem tibi studiose et diligenter tractandos, magnopere censeo.

Sed quoniam advesperascit, et mihi ad villam revertendum est, nunc quidem hactenus : verum hoc idem sæpe faciamus. Nos vero, inquit ille ; nam quid possumus facere melius? Et hanc quidem primam exigam a te operam, ut audias me, quæ a te dicta sunt, refellentem. Sed memento, te, quæ nos sentiamus, omnia probare, ni quod verbis aliter utamur ; mihi autem vestrorum nihil probari. Scrupulum, inquam, abeunti : sed videbimus. Quæ quum essent dicta, discessimus.

LIVRE CINQUIÈME

I. Un jour, Brutus, après avoir, selon ma coutume, entendu Antiochus dans le gymnase de Ptolémée, avec M. Pison, mon frère Quintus, T. Pomponius, et L. Cicéron, mon cousin par la parenté, mais mon frère par l'amitié, nous arrêtâmes le projet d'une promenade d'après-midi à l'Académie, heure où la foule ne s'y porte jamais. Le rendez-vous fut fixé chez Pison : de là, en nous entretenant de divers objets, nous fîmes les six stades de la porte Dipyle à l'Académie. Arrivés dans ce lieu charmant, si digne de sa célébrité, nous y trouvâmes toute la solitude que nous voulions. Est-ce par un effet de la nature, dit alors Pison, ou par une illusion de l'esprit, que l'aspect des lieux où la tradition a placé le séjour des grands hommes nous fait éprouver, comme je le sens maintenant, une émotion plus profonde que la conversation ou la lecture de leurs ouvrages ? Ici, comment

LIBER QUINTUS

I. Quum audivissem Antiochum, Brute, ut solebam, cum M. Pisone, in eo gymnasio, quod Ptolemæum vocatur, unaque nobiscum Q. frater, et T. Pomponius, et L. Cicero, frater noster cognatione patruelis, amore germanus, constituimus inter nos, ut ambulationem postmeridianam conficeremus in Academia, maxime quod is locus ab omni turba id temporis vacuus esset. Itaque ad tempus ad Pisonem omnes. Inde vario sermone sex illa a Dipylo stadia confecimus. Quum autem venissemus in Academiæ non sine causa nobilitata spatia, solitudo erat ea, quam volueramus. Tum Piso, Naturane nobis hoc, inquit, datum dicam, an errore quodam, ut, quum ea loca videamus, in quibus memoria dignos viros acceperimus multum esse versatos, magis moveamur, quam si quando eorum ipsorum aut facta audiamus, aut scriptum

ma pensée ne se fixerait-elle pas sur Platon? c'est ici qu'il venait philosopher avec ses disciples. Quelle magie est attachée à ses jardins, que voilà dans notre voisinage! ils font plus que me rappeler sa mémoire, ils semblent l'évoquer lui-même devant moi. Ici se promenaient Speusippe, Xénocrate et son disciple Polémon, qui allait ordinairement s'asseoir à cet endroit. Même notre cour Hostilie, non pas la nouvelle, qu'on a rapetissée en voulant l'agrandir, mais l'ancien monument de ce nom, ne s'est jamais offerte à ma vue que je n'y aie ramené par la pensée Scipion, Caton, Lélius, et surtout mon aïeul. Enfin, le pouvoir de réveiller vivement les souvenirs appartient tellement aux localités, qu'on a fondé sur elles une mémoire artificielle. Sans doute, il est grand ce pouvoir, dit Quintus : moi-même, pendant que nous venions ici, à la vue de ce bourg de Colone, asile de Sophocle, je me suis senti ému, et j'ai cru voir le poëte; car vous le savez, Sophocle est l'objet favori de mes lectures et de mon admiration. Sa fiction même m'a touché : j'étais attendri par cette grande image d'Œdipe venant en ces lieux, et demandant en vers harmonieux sur quelle terre ses pas l'ont porté. Et moi, dit Pomponius, moi, cet épicurien que vous combattez, je me trouve plus d'une fois avec mon ami Phèdre dans les jardins de mon maître; et, docile à l'antique adage, je n'oublie pas les vi-

---

aliquod legamus? velut ego nunc moveor. Venit enim mihi Platonis in mentem, quem accepimus primum hic disputare solitum : cujus etiam illi hortuli propinqui non memoriam solum mihi afferunt, sed ipsum videntur in conspectu meo ponere. Hic Speusippus, hic Xenocrates, hic ejus auditor Polemo, cujus illa ipsa sessio fuit, quam videmus. Equidem etiam curiam nostram (Hostiliam dico, non hanc novam, quæ mihi minor esse videtur, posteaquam est major) solebam intuens, Scipionem, Catonem, Lælium, nostrum vero in primis avum cogitare. Tanta vis admonitionis inest in locis, ut non sine causa ex his memoriæ ducta sit disciplina. Tum Quintus : Est plane, Piso, ut dicis, inquit. Nam me ipsum huc modo venientem convertebat ad sese Coloneus ille locus, cujus incola Sophocles ob oculos versabatur; quem scis quam admirer, quam eo delecter. Me quidem ad altiorem memoriam Œdipodis huc venientis, et illo mollissimo carmine, quænam essent ipsa hæc loca, requirentis, species quædam commovit, inanis scilicet, sed commovit tamen. Tum Pomponius : At ego, quem vos, ut deditum Epicuro, insectari soletis, sum multum equidem cum Phædro, quem unice diligo, ut scitis, in Epicuri hortis, quos modo præteribamus; sed, veteris proverbii admonitu, vivorum me-

vants; mais en vain je m'efforcerais d'oublier Épicure : le moyen d'y parvenir, lorsque sa figure est chez nos amis, non-seulement en peinture, mais jusque sur leurs vases et sur leurs bagues?

II. Je pris alors la parole : Je crois que notre ami Pomponius veut railler ; ici, surtout, il en a le droit. Sa résidence est si bien fixée à Athènes, qu'il est presque devenu Athénien, et que la postérité l'appellera peut-être Atticus. Mais je pense comme vous, Pison : le lieu que fréquenta un homme illustre tourne plus vivement et plus souvent notre esprit vers lui. Vous vous rappelez ce voyage que je fis avec vous à Métaponte : je voulus, avant d'entrer chez notre hôte, voir le lieu où Pythagore avait passé sa vie, et le siége où il avait coutume de s'asseoir. Bien que nous soyons ici entourés des monuments des grands hommes, c'est avec émotion que mon regard se porte vers cette salle où enseignait Charmadas ; je crois le voir, car je connais ses traits ; et il me semble que le siége même de ce philosophe, privé d'un si grand génie, regrette sa voix éloquente, qu'il n'entend plus. Chacun a dit sa pensée, reprit Pison : je serais curieux de connaître aussi celle du jeune Lucius. Quel plaisir a-t-il senti en visitant le lieu qui fut témoin des combats oratoires de Démosthène et d'Eschine? car chacun est entraîné par ses goûts. Ne m'interrogez pas, répondit-il en rougissant, moi qui suis même

---

mini ; nec tamen Epicuri licet oblivisci, si cupiam, cujus imaginem non modo tabulis nostri familiares, sed etiam in poculis et in annulis habent.

II. Hic ego, Pomponius quidem, inquam, noster jocari videtur, et fortasse suo jure. Ita enim se Athenis collocavit, ut sit pœne unus ex Atticis, ut id etiam cognomen videatur habiturus. Ego autem tibi, Piso, assentior, usu hoc evenire, ut acrius aliquanto et attentius de claris viris, locorum admonitu cogitemus. Scis enim me quodam tempore Metapontum venisse tecum, nec ad hospitem ante devertisse, quam Pythagoræ ipsum illum locum, ubi vitam ediderat, sedemque viderim. Hoc autem tempore, etsi multa in omni parte Athenarum sunt in ipsis locis indicia summorum virorum, tamen ego illa moveor exedra. Modo enim fuit Charmadas : quem videre videor (est enim nota imago), a sedeque ipsa, tanti ingenii magnitudine orbata, desiderari illam vocem puto. Tum Piso, Quoniam igitur aliquid omnes, quid Lucius noster? inquit; an eum locum libenter invisit, ubi Demosthenes et Æschines inter se decertare soliti sunt? suo enim quisque studio maxime ducitur. Et ille, quum erubuisset, Noli, inquit, ex me quærere, qui in Phalericum etiam descenda-

descendu au port de Phalère, où l'on nous assure que Démosthène déclamait au bruit des flots, pour s'habituer à vaincre par sa voix le frémissement du peuple. Tout à l'heure encore, je me suis détourné un peu sur la droite pour voir le tombeau de Périclès. Mais les monuments de ce genre sont innombrables dans Athènes : on ne peut y faire un pas sans fouler aux pieds quelque gloire.

Rien de plus sage que ces recherches, dit Pison, quand on se propose pour modèles les grands hommes qu'elles rappellent; mais, quand leur unique but est de fouiller dans leur passé, je ne vois là qu'une distraction frivole. Vous donc, jeune homme, qui vous lancez avec tant d'ardeur dans la carrière, nous vous exhortons tous à essayer d'atteindre ceux dont vous prenez plaisir à reconnaître les vestiges. Vous le voyez, Pison, dis-je alors, Lucius n'a qu'à se livrer à son penchant : vos conseils cependant me font plaisir. Oui, reprit-il avec cette aménité qui ne le quittait pas, tâchons tous de contribuer aux progrès de sa jeunesse. Qu'il songe surtout à tourner ses études vers la philosophie, tant pour vous imiter, vous qu'il aime, que pour exceller dans l'art oratoire. Mais qu'est-il besoin, Lucius, de vous inviter à suivre le goût qui vous porte vers ces graves études? Je crois que vous ne manquez aucune des leçons d'Antiochus. J'y vais volontiers, répondit-il avec une honnête timidité; mais ne venez-

rim : quo in loco ad fluctum aiunt declamare solitum Demosthenem, ut fremitum assuesceret voce vincere. Modo etiam paulum ad dexteram de via declinavi, ut ad Periclis sepulcrum accederem. Quanquam id quidem infinitum est in hac urbe: quacumque enim ingredimur, in aliquam historiam vestigium ponimus.

Tum Piso, Atqui, Cicero, inquit, ista studia, si ad imitandos summos viros spectant, ingeniosorum sunt; sin tantummodo ad indicia veteris memoriæ cognoscenda, curiosorum. Te autem hortamur omnes, currentem quidem, ut spero, ut eos, quos novisse vis, etiam imitari velis. Hic ego, Etsi facit hic quidem, inquam, Piso (ut vides), ea quæ præcipis, tamen mihi grata est hortatio tua. Tum ille amicissime, ut solebat, Nos vero, inquit, omnes omnia ad hujus adolescentiam conferamus, in primisque ut aliquid suorum studiorum philosophiæ quoque impertiat, vel ut te imitetur, quem amat; vel ut illud ipsum, quod studet, facere possit ornatius. Sed utrum hortandus es nobis, Luci, inquit, an etiam tua sponte propensus es? Mihi quidem Antiochum, quem adis, satis belle videris attendere. Tum ille timide, vel potius vere-

vous pas d'entendre nommer Charmadas? je suis entraîné de ce côté. Antiochus, à son tour, me rappelle, et je ne connais point d'autre maître.

III. J'entreprendrai une chose que la présence de notre ami, dit Pison en me montrant, rendra difficile : je veux essayer de vous faire revenir de la nouvelle académie à l'ancienne, dans laquelle, comme vous le disait Antiochus, on compte non-seulement les académiciens proprement nommés ainsi, Speusippe, Xénocrate, Polémon, Crantor, et quelques autres, mais aussi les anciens péripatéticiens, à la tête desquels est Aristote, que l'on pourrait, si vous exceptez Platon, appeler à bon droit le prince des philosophes. Attachez-vous à eux, je vous y engage. Leurs ouvrages, leurs préceptes vous fourniront tout ce que la philosophie, l'histoire et l'éloquence ont de plus important. Les sujets sur lesquels ils ont écrit sont si nombreux, si variés, qu'on ne peut rien faire de grand sans leur secours. Orateurs, généraux, chefs de républiques, se sont formés à leur école ; et, si nous descendons plus bas, nous trouverons que cet atelier de tous les arts, de toutes les sciences, a donné au monde des mathématiciens, des poëtes, des musiciens, des médecins. Mon opinion est la vôtre, Pison, dis-je alors, et vous le savez. On ne pouvait aborder ce sujet plus à propos, à cause du vif désir qu'éprouve mon cher Lucius de connaître le système de l'ancienne

---

cunde, Facio, inquit, equidem ; sed audistine modo de Charmada? rapior illuc. Revocat autem Antiochus : nec est præterea, quem audiamus.

III. Tum Piso, Etsi hoc, inquit, fortasse non poterit sic abire, quum hic adsit (me autem dicebat), tamen audebo te ab hac academia nova ad veterem illam vocare; in qua, ut dicere Antiochum audiebas, non ii soli numerantur, qui academici vocantur, Speusippus, Xenocrates, Polemo, Crantor, cæterique, sed etiam peripatetici veteres, quorum princeps Aristoteles, quem, excepto Platone, haud scio an recte dixerim principem philosophorum. Ad eos igitur converte te, quæso. Ex corum enim scriptis et institutis quum omnis doctrina liberalis, omnis historia, omnis sermo elegans sumi potest, tum varietas est tanta artium, ut nemo sine eo instrumento ad ullam rem illustriorem satis ornatus possit accedere. Ab his oratores, ab his imperatores, ac rerum publicarum principes exstiterunt. Ut ad minora veniam, mathematici, poetæ, musici, medici denique ex hac, tanquam ex omnium artium officina, profecti sunt. Ad quæ ego, Scis, me, inquam, istud idem sentire, Piso ; sed a te opportune facta mentio est. Studet enim meus audire Cicero, quænam sit

académie et d'Aristote sur le souverain bien. Qui pourrait satisfaire cette curiosité mieux que vous, qui avez vécu plusieurs années avec Staséas de Naples, et qui, depuis quelques mois de séjour à Athènes, vous entretenez souvent sur cette question avec Antiochus? A merveille! dit-il en riant : c'est donc pour cela que vous m'avez amené ici? Eh bien, selon mes forces, je dirai à notre jeune ami tout ce que je sais là-dessus. Un dieu me l'eût-il prédit, je n'aurais pu croire qu'un jour je philosopherais au sein de l'Académie. En cherchant à satisfaire Lucius, j'ai bien peur de vous ennuyer. Qui? moi! lui dis-je; et n'est-ce pas moi qui vous ai fait cette demande? Le même désir fut exprimé par Quintus, par Pomponius, et Pison commença. Sans doute, Brutus, vous connaissez à fond la doctrine d'Antiochus, dont Ariste, son frère, a souvent conféré avec vous : examinez donc si Pison l'a fidèlement reproduite. Voici ses paroles.

IV. Peu de mots m'ont suffi pour montrer l'excellence de la doctrine péripatéticienne. La division en trois parties se trouve aussi dans cette école : physique, logique et morale. Telles ont été dans toutes les parties des sciences naturelles les laborieuses recherches des péripatéticiens, que, pour emprunter le langage des poëtes, on peut dire que les cieux, l'Océan et la terre

---

istius veteris, quam commemoras, academiæ de finibus bonorum, peripateticorumque sententia. Censemus autem te facillime id explanare posse, quod et Stascam Neapolitanum multos annos habueris apud te, et complures jam menses Athenis hæc ipsa te ex Antiocho videmus exquirere. Et ille ridens, Age, age, inquit (satis enim scite me nostri sermonis principium esse voluisti), exponamus adolescenti, si qua forte possumus. Dat enim id nobis solitudo. Quod si quis deus diceret, nunquam putarem, me in Academia, tanquam philosophum, disputaturum. Sed ne, dum huic obsequor, vobis molestus sim. Mihi, inquam, qui te id ipsum rogavi? Tum Quintus et Pomponius quum idem se velle dixissent, Piso exorsus est. Cujus oratio, attende quæso, Brute, satisne videatur Antiochi complexa esse sententiam : quam tibi, qui fratrem ejus Aristum frequenter audieris, maxime probatam existimo. Sic est igitur locutus.

IV. Quantus ornatus in peripateticorum disciplina sit, satis est a me, ut brevissime potui, paulo ante dictum. Sed est forma ejus disciplinæ, sicut fere cæterarum, triplex. Una pars est naturæ; disserendi altera; vivendi tertia. Natura sic ab iis investigata est, ut nulla pars cœlo, mari, terra, ut poetice lo-

n'avaient plus de mystères pour eux. Ils ont fait plus : après
avoir parlé de l'origine de l'univers, et appuyé leurs opinions,
je ne dis pas sur des probabilités, mais sur des démonstrations
géométriques, ils ont, par leurs recherches, ouvert à nos yeux le
trésor des choses mystérieuses. Les animaux, leur naissance,
leurs mœurs, leur conformation ont été l'objet de plusieurs écrits
d'Aristote. La nature des plantes et de presque toutes les productions terrestres a été explorée par Théophraste ; il en a même
examiné les causes et les effets ; et par là il a aussi facilité l'étude des sciences occultes. Les mêmes philosophes nous enseignent le langage, non-seulement de la dialectique, mais de l'éloquence. Aristote, leur chef, nous apprend à parler pour ou contre
chaque chose, non avec la vue d'Arcésilas, qui disputait contre
toute thèse, mais en produisant au jour tous les développements
dont chaque matière est susceptible. Passant à la morale, nous
voyons les règles qu'ils en ont données, règles applicables à la vie
privée et à l'art de gouverner. Dans les villes grecques, dans les
villes barbares, mœurs, coutumes, institutions ont exercé la plume
d'Aristote ; Théophraste nous en fait connaître aussi les lois.
Tous deux ont longuement développé les qualités nécessaires au
chef d'un État, les conditions du meilleur gouvernement ; Théo-

quar, prætermissa sit. Quin etiam, quum de rerum initiis, omnique mundo
locuti essent, ut multa non modo probabili argumentatione, sed etiam necessaria mathematicorum ratione concluderent, maximam materiam ex rebus per se investigatis ad rerum occultarum cognitionem attulerunt. Persecutus est Aristoteles animantium omnium ortus, victus, figuras. Theophrastus
autem stirpium naturas, omniumque fere rerum, quæ e terra gignerentur,
causas atque rationes; qua ex cognitione facilior facta est investigatio rerum
occultissimarum. Disserendique ab iisdem non dialectice solum, sed etiam
oratorie præcepta sunt tradita: ab Aristoteleque principe de singulis rebus in
utramque partem dicendi exercitatio est instituta, ut non contra omnia semper, sicut Arcesilas, diceret, et tamen, ut in omnibus rebus, quidquid ex utraque parte dici posset, expromeret. Quum autem tertia pars bene vivendi præcepta quæreret, ea quoque est ab iisdem non solum ad privatæ vitæ rationem,
sed etiam ad rerum publicarum rectionem relata. Omnium fere civitatum non
Græciæ solum, sed etiam Barbariæ, ab Aristotele, mores, instituta, disciplinas;
a Theophrasto leges etiam cognovimus. Quumque uterque eorum docuisset,
qualem in republica principem esse conveniret, pluribus præterea quum scripsisset, qui esset optimus reipublicæ status, hoc amplius Theophrastus, quæ

phraste a, de plus, traité des révolutions politiques, et de l'art de les diriger selon le besoin des temps et des peuples. Leur vie a été par choix tranquille, éclairée, contemplative; plus rapprochée des habitudes des dieux, cette vie leur a semblé la plus digne du sage; et sur toutes ces idées, ils se sont exprimés avec autant d'éclat que de lucidité.

V. Auteurs de deux sortes d'ouvrages sur le souverain bien, ils destinaient les uns au peuple, et les appelaient *exotériques*; les autres, plus profonds, étaient réservés à leurs disciples. Aussi paraissent-ils plus d'une fois se contredire; mais, pour le fond, ceux du moins que j'ai nommés s'accordent toujours entre eux et avec eux-mêmes. Recherchent-ils si le bonheur dépend du sage, ou si l'adversité peut l'ébranler et le détruire, au premier aspect leurs opinions semblent flottantes. Cela est vrai, surtout du traité de Théophraste sur *la Vie heureuse*, où il fait à la fortune une part bien large. Si telle était son influence, la sagesse serait insuffisante pour le bonheur? opinion relâchée, qui est loin de répondre à la force et à la dignité de la vertu. Il faut donc s'en tenir à Aristote et à Nicomaque son fils. Ces livres de morale si précieux, sont, je le sais, attribués à Aristote; mais pourquoi le fils n'aurait-il pas pu imiter le père? Admet-

essent in republica inclinationes rerum, et momenta temporum, quibus esset moderandum, utcumque res postularet. Vitæ autem degendæ ratio maxime quidem illis placuit quieta, in contemplatione et cognitione posita rerum : quæ quia deorum erat vitæ similima, sapiente visa est dignissima, atque his de rebus et splendida est eorum et illustris oratio.

V. De summo autem bono, quia duo genera librorum sunt, unum populariter scriptum, quod ἐξωτερικὸν appellabant; alterum limatius, quod in commentariis reliquerunt, non semper idem dicere videntur, nec in summa tamen ipsa aut varietas est ulla, apud hos quidem, quos nominavi, aut inter ipsos dissensio. Sed quum beata vita quæratur, idque sit unum, quod philosophia spectare et sequi debeat, sitne ea tota sita in potestate sapientis, an possit aut labefactari, aut eripi rebus adversis, in eo nonnunquam variari inter eos et dubitari videtur. Quod maxime efficit Theophrasti de beata vita liber : in quo multum admodum fortunæ datur. Quod si ita se habeat, non possit beatam præstare vitam sapientia. Hæc mihi videtur delicatior, ut ita dicam, molliorque ratio, quam virtutis vis gravitasque postulat. Quare teneamus Aristotelem, et ejus filium Nicomachum, cujus accurate scripti de moribus libri, dicuntur illi quidem esse Aristotelis; sed non video, cur non potuerit patri similis esse

tons même quelques idées de Théophraste, tout en rejetant ses molles opinions sur la vertu. Qu'ainsi Aristote et Théophraste soient les seuls objets de notre examen. Leurs successeurs sont dignes, j'en conviens, d'être placés au-dessus des philosophes de toutes les autres écoles; mais quelle distance entre eux et leurs maîtres ! La chaîne de la tradition semble ici rompue. Un disciple de Théophraste, Straton, a voulu être physicien; quelques-unes de ses nouvelles idées sont remarquables, mais il n'a presque rien écrit sur la morale. Un style riche de mots, pauvre d'idées, distingue Lycon, son disciple. Héritier de la science de ce dernier, Ariston ne manque ni de charme, ni d'élégance; mais qu'il est loin de la gravité nécessaire à un grand philosophe ! Il a beaucoup écrit, il montre du goût; mais je ne sais comment il manque d'autorité. Franchissons maintenant un long espace, dans lequel nous remarquons le seul Hiéronyme, savant aimable, qu'il ne faut peut-être pas placer dans cette école, puisque l'absence de la douleur est pour lui le souverain bien. S'isoler dans l'opinion sur le souverain bien, c'est former une secte nouvelle en philosophie. Critolaüs a voulu imiter les anciens; un caractère sérieux, l'abondance de ses écrits l'en rapprochent. Il reste au moins fidèle à l'antique doctrine, tandis que son disciple Diodore joint au beau moral l'absence de la douleur. Voici donc encore une autre secte : une telle opinion

---

filius. Theophrastum tamen adhibeamus ad pleraque, dummodo plus in virtute teneamus, quam ille tenuit, firmitatis et roboris. Simus igitur contenti his. Namque horum posteri, meliores illi quidem, mea sententia, quam reliquarum philosophi disciplinarum, sed ita degenerant, ut ipsi ex se nati esse videantur. Primum Theophrasti Strato physicum se voluit. In quo etsi est magnus, tamen nova pleraque, et perpauca de moribus. Hujus Lyco et oratione locuples, rebus ipsis jejunior. Concinnus deinde et elegans hujus Aristo; sed ea, quæ desideratur a magno philosopho, gravitas in eo non fuit. Scripta sane et multa, et polita; sed nescio quo pacto auctoritatem oratio non habet. Præterea multos, in his doctum hominem et suavem Hieronymum : quem jam cur peripateticum appellem, nescio. Summum enim bonum exposuit, vacuitatem doloris. Qui autem de summo bono dissentit, de tota philosophiæ ratione dissentit. Critolaus imitari antiquos voluit ; et quidem est gravitate proximus, et redundat oratio. Attamen is quidem in patriis institutis manet. Diodorus ejus auditor, adjungit ad honestatem, vacuitatem doloris. Hic quoque suus est; de summoque bono dissentiens, dici vere peripateticus non potest. Anti-

n'est pas celle du lycée. Pour Antiochus, notre maître, je crois qu'il s'attache fortement au système des fondateurs de l'école : il prouve l'identité de sa doctrine avec celle d'Aristote et de Polémon.

VI. La préférence du jeune Lucius pour l'étude du souverain bien est donc fondée sur les plus sages motifs : ce principe bien établi répand la lumière sur tous les autres. Dans tout le reste, l'oubli ou l'ignorance ne peut préjudicier qu'à proportion du mérite de chaque chose; mais ignorer ce que c'est que le souverain bien, c'est ignorer toutes les règles de la morale pratique. Lorsqu'on dévie dans ces parages, on ne peut plus savoir à quel port on ira demander un asile. Mais lorsqu'une connaissance approfondie amène à voir la limite des biens et des maux, l'on se regarde comme placé sur la vraie route de la vie, et muni des meilleures règles sur les devoirs.

Il existe donc un centre commun, auquel tout se rapporte : là, les hommes, qui tendent tous au bonheur, peuvent le trouver. Ce centre, où est-il? Chacun le place sur un point différent; il faut donc recourir à la division de Carnéade, adoptée par Antiochus. Après s'être demandé le nombre des opinions réelles et même possibles sur le souverain bien, Carnéade ajoutait qu'il n'est pas un art qui se renferme en lui-même, et que tout art a un objet hors de soi. Il n'est pas nécessaire d'amener ici la lu-

---

quorum autem sententiam Antiochus noster mihi videtur persequi diligentissime : quam eamdem Aristotelis fuisse et Polemonis docet.

VI. Facit igitur Lucius noster prudenter, qui audire de summo bono potissimum velit. Hoc enim constituto in philosophia, constituta sunt omnia. Nam cæteris in rebus sive prætermissum, sive ignoratum est quippiam, non plus incommodi est, quam quanti quæque earum rerum est, in quibus neglectum est aliquid. Summum autem bonum si ignoretur, vivendi rationem ignorari necesse est : ex quo tantus error consequitur, ut, quem in portum se recipiant, scire non possint. Cognitis autem rerum finibus, quum intelligitur quid sit et bonorum extremum, et malorum, inventa vitæ via est, conformatioque omnium officiorum.

Est igitur, quo quidque referatur : ex quo, id quod omnes expetunt, beate vivendi ratio inveniri et comparari potest. Quod quoniam in quo sit, magna dissensio est, Carneadea nobis adhibenda divisio est, qua noster Antiochus libenter uti solet. Ille igitur vidit, non modo quot fuissent adhuc philosophorum de summo bono, sed quot omnino esse possent sententiæ. Negaba

mière par des exemples : l'art et l'objet de l'art sont évidemment deux choses distinctes. Si la médecine est l'art de guérir, le pilotage l'art de bien diriger un vaisseau, la prudence est l'art de vivre : elle aussi a donc son objet hors d'elle-même. Or on convient généralement que cet objet, auquel la prudence veut parvenir, doit convenir à la nature, doit être capable de provoquer dans nos âmes un désir, une appétition, ou, comme disent les Grecs, ὁρμή. Mais quel est ce principe, moteur de nos désirs? voilà sur quoi les philosophes ne s'accordent point. Voilà aussi le seul point de controverse parmi eux, quand ils étudient la nature du souverain bien. En effet, lorsqu'en parlant des biens et des maux véritables, on veut connaître le caractère dominant des uns et des autres, il faut remonter à la source des premiers mouvements et des impressions primitives de la nature. L'a-t-on trouvé, voilà le point de départ pour discuter sur ce qui est, par excellence, bien ou mal.

VII. Les premiers mouvements de la nature en nous, dira l'un, nous portent vers la volupté, nous éloignent de la douleur. Non, dit un autre; ils se bornent à désirer d'être sans douleur, et à la craindre. Un troisième, enfin, commence par ce qu'il appellera les premiers biens naturels : pour le corps, ce sera la con-

---

igitur ullam esse artem, quæ ipsa a se proficisceretur. Etenim semper illud extra est, quod arte comprehenditur. Nihil opus est exemplis hoc facere longius. Est enim perspicuum, nullam artem in se versari, sed esse aliud artem ipsam, aliud quod propositum sit arti. Quoniam igitur, ut medicina valetudinis, navigationis gubernatio, sic vivendi ars est prudentia, necesse est, eam quoque ab alia re esse constitutam et profectam. Constitit autem fere inter omnes, id, in quo prudentia versaretur, et quod assequi vellet, aptum et accommodatum naturæ esse oportere, et tale, ut ipsum per se invitaret et alliceret appetitum animi, quem ὁρμήν Græci vocant. Quid autem sit, quod ita moveat, itaque a natura in primo ortu appetatur, non constat, deque eo est inter philosophos, quum summum bonum exquiritur, omnis dissensio. Totius enim quæstionis ejus, quæ habetur de finibus bonorum et malorum, quum quæritur, in his quid sit extremum et ultimum, fons reperiendus est, in quo sint prima invitamenta naturæ. Quo invento, omnis ab eo, quasi capite, de summo bono et malo disputatio ducitur.

VII. Voluptatis alii primum appetitum putant, et primam depulsionem doloris; alii censent primum ascitum, doloris vacuitatem, et primum declinatum, dolorem. Ab his alii, quæ prima secundum naturam nominant, profici-

servation de tous les membres, la santé, l'énergie des sens, l'éloignement de la douleur, la vigueur, la beauté, et le reste ; pour l'âme, il y aura les premières impressions, analogues à celles-là, que la nature a mises en nous comme des étincelles et des semences de vertu. Voilà trois principes différents : eh bien, il n'y en a qu'un seul qui produise en nous les désirs ou les répugnances naturelles. Il est donc nécessaire que tout ce que nous avons à faire ou à éviter dans la vie se rapporte à quelqu'un des trois, et qu'ainsi la prudence, que nous avons appelée l'art de vivre, s'exerce sur quelqu'un de ces principes, pour en faire le fondement de toute notre conduite. La première impulsion de la nature bien constatée, elle étudiera les règles de justice et de morale applicables à l'un de ces trois principes avec tant d'exactitude qu'il soit moral et juste de faire toutes choses, soit en vue de la volupté, quand la volupté serait nulle ; soit pour éloigner la douleur, quand la douleur serait rebelle à nos efforts ; soit enfin pour acquérir et conserver les biens naturels. Ainsi, autant d'opinions sur les principes naturels, autant de systèmes sur les vrais biens et les vrais maux. Partant des mêmes principes, d'autres philosophes rapportent le devoir, quel qu'il soit, ou à la volupté, ou à l'absence de la douleur, ou à la conservation des dons primordiaux de la nature.

scuntur : in quibus numerant incolumitatem, conservationemque omnium partium, valetudinem, sensus integros, doloris vacuitatem, vires, pulchritudinem, cæteraque generis ejusdem ; quorum similia sunt prima in animis, quasi virtutum igniculi et semina. Ex his tribus quum unum aliquod sit, quo primum natura moveatur vel ad appetendum, vel ad repellendum, nec quidquam omnino, præter hæc tria, possit esse, necesse est omnino officium aut fugiendi, aut sequendi, ad eorum aliquod referri ; ut illa prudentia, quam artem vitæ esse diximus, in earum trium rerum aliqua versetur, a qua totius vitæ ducat exordium. Ex eo autem, quod statuerit esse, quo primum natura moveatur, exsistet etiam recti ratio atque honesti, quæ cum uno aliquo ex tribus illis congruere possit, ut [aut] id honestum sit, facere omnia aut voluptatis causa, etiamsi eam non consequare ; aut non dolendi, etiamsi id assequi nequeas ; aut eorum, quæ secundum naturam, adipiscendi. Ita fit, ut, quanta differentia est in principiis naturalibus, tanta sit in finibus bonorum malorumque dissimilitudo. Alii rursus iisdem a principiis omne officium referunt aut ad voluptatem, aut ad non dolendum ; aut ad prima illa secundum naturam obtinenda.

La question du souverain bien compte donc jusqu'à six solutions. Les trois dernières opinions ont pour chefs Aristippe, qui a pris parti pour la volupté; Hiéronyme, pour l'absence de la douleur; Carnéade, enfin, qui fait consister ce bien suprême dans la jouissance des premiers dons de la nature. Carnéade, le défenseur, l'avocat, si l'on veut, de cette doctrine, dont il n'est pas l'auteur. Des trois autres, une seule a été soutenue, mais avec ardeur. Tout faire pour la volupté, quand même la volupté ne sortirait pas de nos actions, et vouloir que ce but soit seul désirable et moral, que seul il soit le souverain bien, voilà ce que personne n'ose avouer. On ne croit pas davantage que, par elle-même, l'absence de la douleur mérite d'être comptée parmi les choses dignes de nos désirs et dont la morale est fière, quand même la douleur nous menacerait toujours. Mais, tout faire pour parvenir aux fins de la nature, lors même que l'on ne pourrait y atteindre, voilà, dit Zénon, ce qui est moral et désirable; voilà le seul bien.

VIII. Il existe donc six opinions simples sur les vrais biens et les vrais maux : deux qui ne sont soutenues de personne, et quatre qui ont chacune leurs défenseurs. Les opinions complexes sont au nombre de trois : interrogez la nature, elle vous répondra que ce nombre ne peut être augmenté. Au beau moral on ne peut ajouter que trois choses : ou la volupté, comme

---

Expositis jam igitur sex de summo bono sententiis, trium proximarum hi principes : voluptatis, Aristippus; non dolendi, Hieronymus; fruendi rebus iis, quas primas secundum naturam esse diximus, Carneades, non ille quidem auctor, sed defensor disserendi causa fuit. Superiores tres erunt, quæ esse possent : quarum est una sola defensa, eaque vehementer. Nam voluptatis causa facere omnia, quum, etiamsi nihil consequamur, tamen ipsum illud consilium ita faciendi, per se expetendum, et honestum, et solum bonum sit, nemo dicit. Ne vitationem quidem doloris ipsam per se quisquam in rebus expetendis putavit, ne si etiam evitare posset. At vero facere omnia, ut adipiscamur quæ secundum naturam sint, etiamsi ea non assequamur, id esse et honestum, et solum per se expetendum, et solum bonum stoici dicunt.

VIII. Sex igitur hæ sunt simplices de summa bonorum malorumque sententiæ : duæ sine patrono, quatuor defensæ. Junctæ autem et duplices expositiones summi boni, tres omnino fuerunt ; nec vero plures, si penitus rerum naturam videas, esse potuerunt. Nam aut voluptas adjungi potest ad hones-

l'ont fait Calliphon et Dinomaque ; ou l'absence de la douleur, comme Diodore ; ou les premiers dons de la nature, comme les anciens fondateurs de l'Académie et du péripatétisme. Nous ne pouvons traiter à la fois ce sujet dans tous ses détails : il suffira donc maintenant d'être convaincu que la volupté doit être exclue du bien suprême. Nous sommes nés pour quelque chose de plus grand, comme la preuve en sera bientôt présentée. Retranchons aussi l'absence de la douleur, sur laquelle on peut porter le même jugement. (Après l'examen suffisant que nous avons fait avec Torquatus et Caton des deux systèmes qui placent le souverain bien, l'un dans la volupté, l'autre dans la seule vertu, la réfutation du premier peut s'appliquer à l'absence de la douleur.) Il ne faut pas chercher d'autres arguments contre la doctrine de Carnéade. Établissez le souverain bien où vous voudrez ! dès que vous l'isolez du beau moral, vous laissez sans appui devoir, vertu, affections du cœur. D'un autre côté, accoupler le beau moral avec la volupté ou l'absence de la douleur, c'est déshonorer l'honneur même. Si vous proposez à toutes vos actions deux buts, dont l'un est le bonheur qui consiste à ne pas souffrir; dont l'autre ne nous présente que ce qu'il y a de moins grave dans la nature, n'êtes-vous pas coupable de ternir, de souiller le vif éclat de la vertu ? Restent maintenant les stoïciens : riches des dépouilles du péripatétisme et de l'Académie,

tatem, ut Calliphoni Dinomachoque placuit; aut doloris vacuitas, ut Diodoro; aut prima naturæ, ut antiquis, quos eosdem academicos et peripateticos nominamus. Sed quoniam non possunt omnia simul dici, hæc in præsentia nota esse debebunt, voluptatem semovendam esse : quando ad majora quædam, ut jam apparebit, nati sumus. De vacuitate doloris eadem fere dici solent, quæ de voluptate. [Quoniam igitur et de voluptate cum Torquato, et de honestate in qua una omne bonum poneretur, cum Catone disputatum, primum, quæ contra voluptatem dicta sunt, eadem fere cadunt contra vacuitatem doloris.] Nec vero alia sunt quærenda contra Carneadeam illam sententiam. Quocumque enim modo summum bonum sic exponitur, ut id vacet honestate ; nec officia, nec virtutes in ea ratione, nec amicitiæ constare possunt. Conjunctio autem cum honestate vel voluptatis, vel non dolendi, id ipsum honestum, quod amplecti vult, efficit turpe. Ad eas enim res referre quæ agas, quarum una, si quis malo careat, in summo cum bono dicat esse; altera versetur in levissima parte naturæ, obscurantis est omnem splendorem honestatis, ne dicam inquinantis. Restant stoici, qui, quum a peripateticis et academicis omnia translu-

ils n'ont fait que les déguiser sous des mots nouveaux. Leur réfutation doit faire un article à part. Suivons donc notre plan, et réservons-les pour une autre fois. La quiétude de Démocrite, ce calme de l'âme que les Grecs appellent εὐθυμία, sera aussi retranchée de la discussion actuelle, puisque cette sécurité et le bonheur sont une même chose, et que nous cherchons, non sa nature, mais son origine. Loin du cercle où nous nous renfermons, rejetons encore les systèmes de Pyrrhon, d'Ariston, d'Herillus, proscrits depuis longtemps. Toute la question sur les vrais biens et les vrais maux reposant sur ce qui est propre à la nature, et sur les désirs primitifs qu'elle nous inspire, Pyrrhon et Ariston anéantissent, pour ainsi dire, la nature même, car ils méconnaissent toute préférence, toute différence entre les choses étrangères au vice et à la vertu. Herillus aussi, en prétendant que la science est le seul bien véritable, brise tous les liens et tous les devoirs sociaux. Nous venons de passer rapidement en revue tous les systèmes sur le souverain bien : avoir rejeté tous les autres, c'est avouer celui des anciens pour le seul véritable.

IX. Leur principe, point de départ des stoïciens, sera aussi le nôtre. Dès sa naissance, l'animal aspire à se conserver ; son dé-

---

lissent, nominibus aliis easdem res secuti sunt. Hos contra singulos dici est melius. Sed nunc, quod agimus : de illis, quum volemus. Democriti autem securitas, quæ est animi tanquam tranquillitas, quam appellant εὐθυμίαν eo separanda fuit ab hac disputatione, quia ista animi tranquillitas, ea ipsa est beata vita. Quærimus autem, non quæ sit, sed unde sit. Jam explosæ ejectæque sententiæ Pyrrhonis, Aristonis, Herilli, quod in hunc orbem, quem circumscripsimus, incidere non possunt, adhibendæ omnino non fuerunt. Nam quum omnis hæc quæstio de finibus, et quasi de extremis bonorum et malorum, ab eo proficiscatur, quod dicimus naturæ esse aptum et accommodatum quodque ipsum per se primum appetatur, hoc totum et ii tollunt qui in rebus iis, in quibus nihil, quod aut honestum, aut turpe sit, negant esse ullam causam, cur aliud alii anteponatur, nec inter eas res quidquam omnino putant interesse ; et Herillus, si ita sensit, nihil esse bonum, præter scientiam, omnem consilii capiendi causam, inventionemque officii sustulit. Sic, exclusis sententiis reliquorum, quum præterea nulla esse possit, hæc antiquorum valeat necesse est.

IX. Ergo instituto veterum, quo etiam stoici utuntur, hinc capiamus exordium. Omne animal se ipsum diligit, ac simul ut ortum est, id agit, ut se

sir primitif est de se maintenir dans le meilleur état que sa nature puisse lui permettre : sentiment obscur, mouvement confus dans le principe; car il ne sait encore ni ce qu'il est, ni ce qu'il peut, ni ce qu'est sa nature elle-même. Un peu plus développé, devenu capable de distinguer ce qui est en rapport avec son être, il marche à pas lents de progrès en progrès; il parvient à se mieux connaître, à rapporter à son véritable objet le premier désir que lui donne la nature. Par un effet du caractère prononcé qu'a pris ce désir, il commence à se porter vers ce qu'il sait lui être propre, et à rejeter ce qui lui est contraire. Le désir de tout animal a donc pour objet ce qui est convenable à sa nature. Son but essentiel, son bien souverain, il les a fait consister à vivre selon les lois naturelles, dans le développement le plus complet permis à son espèce. Or, comme chaque animal a sa nature qui lui est propre, il faut qu'il tende à la perfection de cette nature spéciale; et rien n'empêchera qu'en cela il n'y ait quelque chose de commun entre l'homme et la brute, puisque tous sont dans le vaste sein de la nature universelle. Mais, selon les appétits propres à chaque espèce, le but de chacune d'elles variera à l'infini. Vivre selon la nature est, disons-nous, le principal objet de tous les animaux ; mais cela ne signifie pas

conservet, quod hic ei primus ad omnem vitam tuendam appetitus a natura datur, se ut conservet, atque ita sit affectum, ut optime secundum naturam affectum esse possit. Hanc initio constitutionem confusam habet et incertam, ut tantummodo se tueatur, qualecumque sit. Sed nec quid sit, nec quid possit, nec quid ipsius natura sit, intelligit. Quum autem processit paulum, et quatenus quidquid se attingat, ad seque pertineat, perspicere cœpit, tum sensim incipit progredi, seseque agnoscere, et intelligere, quam ob causam habeat eum, quem diximus, animi appetitum ; cœptatque et ea, quæ naturæ apta sentit, appetere, et propulsare contraria. Ergo omni animali illud, quod appetit, positum est in eo, quod naturæ est accommodatum. Ita finis bonorum exsistit, secundum naturam vivere, sic affectum, ut optime affici possit, ad naturamque accommodatissime. Quoniam autem sua cujusque animantis natura est, necesse est quoque finem omnium hunc esse, ut natura expleatur. Nihil enim prohibet, quædam esse et inter se animalibus reliquis, et cum bestiis homini communia, quoniam omnium est natura communis. Sed extrema illa et summa, quæ quærimus, inter animalium genera distincta et dispertita sunt, et sua cuique propria, et ad id apta, quod cujusque natura desiderat. Quare quum dicimus, omnibus animalibus extremum esse, secundum naturam

que le même objet principal leur est commun à tous indistinctement. On dit bien que le but commun de tous les arts est de s'exercer sur une branche des connaissances humaines : cela n'empêche pas chaque art de se rapporter spécialement à telle ou telle connaissance. Ainsi, quand on dit que l'objet commun et général de tous les animaux est de vivre selon la nature, il ne faut pas en conclure que la même nature, qui est en cela commune à tous, ne soit d'ailleurs différente entre toutes les différentes espèces. Et même, il est loin d'être circonscrit dans le cercle des animaux, ce but que nous attribuons à toutes leurs classes : il est proposé à toutes les productions naturelles. Ne voyons-nous pas les plantes faire, en quelque sorte, d'elles-mêmes, tout ce qu'il faut pour vivre, pour croître, et pour parvenir, chacune dans leur genre, au meilleur état possible? Tous les êtres doivent donc être compris dans notre proposition : oui, tous tendent à se conserver ; chez tous, la fin principale de la nature est de se maintenir dans l'état le mieux approprié au genre de chacun. Ainsi, ce but de toutes choses auxquelles une étincelle de vie a été départie, est semblable en toutes, mais divers dans chaque espèce. Par conséquent, pour l'homme, le souverain bien sera aussi de vivre selon la nature, c'est-à-dire selon la nature humaine, parfaite, entière, absolue. Éclaircissons ce point ; c'est là notre tâche. J'entrerai dans une foule de détails : vous n'en

---

vivere ; non ita accipiendum est, quasi dicamus, unum esse omnium extremum. Sed ut omnium artium recte dici potest commune esse, ut in aliqua scientia versetur, scientiam autem suam cujusque artis esse ; sic commune animalium omnium secundum naturam vivere, sed naturas esse diversas, ut aliud equo sit natura, aliud bovi, aliud homini, et tamen in omnibus summa communis, et quidem non solum in animalibus, sed etiam in rebus omnibus iis, quas natura alit, auget, et tuetur ; in quibus videmus, ea, quæ gignuntur e terra, multa quodam modo efficere ipsa sibi per se, quæ ad vivendum crescendumque valeant, et suo genere perveniant ad extremum : ut jam liceat una comprehensione omnia complecti, non dubitemque dicere, omnem naturam esse conservatricem sui, idque habere propositum, quasi finem et extremum, se ut custodiat quam in optimo sui generis statu : ut necesse sit, omnium rerum, quæ natura vigeant, similem esse finem, non eumdem. Ex quo intelligi debet, homini id esse in bonis ultimum, secundum naturam vivere : quod ita interpretemur, vivere ex hominis natura undique perfecta, et nihil requirente. Hæc igitur nobis explicanda sunt ; sed, si enodatius, vos

serez pas choqués, car vous n'oubliez pas que je dois m'accommoder à l'âge de Lucius, pour qui peut-être tout ceci est nouveau. Rien de mieux, lui dis-je ; d'ailleurs, tous les âges seraient, avec raison, satisfaits de tout ce que vous avez dit jusqu'ici.

X. J'ai présenté tout à l'heure, reprit Pison, le petit nombre de choses qui méritent nos désirs : d'où vient ce petit nombre? c'est ce qu'il faut montrer. Revenons à notre principe : tout animal s'aime lui-même : sentiment incontestable, parce qu'il est inhérent à notre nature; vérité dont l'adversaire ne trouverait pas un auditeur. Toutefois, pour tout éclaircir, il convient peut-être de mettre au jour les raisons sur lesquelles se fonde cette proposition. Peut-on concevoir, peut-on imaginer quelque animal qui se haïsse? ce serait une contradiction. Par un effet de sa haine contre lui-même, il se porte vers un objet dont il connaît les propriétés nuisibles ; mais c'est pour se complaire qu'il satisfera ce désir : le voilà donc qui se hait et s'aime à la fois ! alliance impossible. L'ennemi de soi-même regardera donc aussi comme mauvaises les choses bonnes, comme bonnes les choses mauvaises! prêt à fuir ce qui est désirable, il désirera ce qu'il doit fuir! quel bouleversement dans toute la vie ! Il se rencontre pourtant des gens qui se pendent, ou se donnent la mort de

ignoscetis. Hujus enim ætati, et huic, nunc hoc primum fortasse audienti, servire debemus. Ita prorsus, inquam. Etsi ea quidem, quæ adhuc dixisti, quamvis ad ætatem recte isto modo dicerentur.

X. Exposita igitur, inquit, terminatione rerum expetendarum, cur ista se res ita habeat, ut dixi, deinceps demonstrandum est. Quamobrem ordiamur ab eo, quod primum posui; quod idem reapse primum est : ut intelligamus, omne animal se ipsum diligere. Quod quanquam dubitationem non habet (est enim infixum in ipsa natura, comprehenditur suis cujusque sensibus, sic, ut, contra si quis dicere velit, non audiatur) ; tamen, ne quid prætermittamus rationes quoque, cur hoc ita sit, afferendas puto. Etsi qui potest intelligi, aut cogitari, esse aliquod animal, quod se oderit? Res enim concurrent contrariæ. Nam quum appetitus ille animi aliquid ad se trahere cœperit consulto, quod sibi obsit, quia sit sibi inimicus; quum id sua causa faciet, et oderit se, et simul diliget : quod fieri non potest. Necesse est quidem, si quis sibi ipse inimicus est, eum, quæ bona sunt, mala putare; bona contra, quæ mala; et quæ appetenda, fugere; et quæ fugienda, appetere : quæ sine dubio vitæ sunt eversio. Neque enim, si nonnulli reperiuntur, qui aut laqueos, aut alia exitia

quelque autre manière. Ménédème, dans Térence, se condamne au malheur pour être un peu moins injuste envers son fils. Mais n'allez pas voir là l'effet de la haine contre soi-même. Que des hommes s'abandonnent ou à la douleur, ou à une folle cupidité, ou à la colère; qu'ils se précipitent exprès à leur ruine; peu importe, tous prétendent faire en cela ce qui leur est le plus avantageux, ils disent hardiment :

> Tel est mon goût, à moi ! prenez conseil du vôtre ;

comme s'ils s'étaient déclaré la guerre, comme s'ils avaient voué leurs jours et leurs nuits à la douleur et aux tourments. Ils s'aiment : autrement, s'accuseraient-ils d'avoir laissé dépérir leurs affaires ? Cette plainte suppose nécessairement l'amour de soi. Ainsi, dire qu'un homme est son propre ennemi, son propre bourreau, que la vie lui est en horreur, c'est supposer que l'amour de son être en est la cause, et que cette cause est la seule possible. C'est trop peu d'admettre que personne ne se hait : il faut admettre aussi l'impossibilité de croire que peu nous importe le plaisir ou la peine; car, si l'on pouvait appliquer à soi-même cette indifférence absolue que nous éprouvons pour certains objets, on tarirait la source de tous les désirs.

quærant, aut, ut ille apud Terentium, qui decrevit « tantisper se minus injuriæ suo gnato facere (ut ait ipse), dum fiat miser : » inimicus ipse sibi putandus est. Sed alii dolore moventur, alii cupiditate; iracundia etiam multi efferuntur; et quum in mala scientes irruunt, tamen se sibi consulere arbitrantur; itaque dicunt, nec dubitant,

> Mihi sic usus est; tibi ut opus est facto, face :

velut, qui ipsi sibi bellum indixissent; cruciari dies, noctes torqueri vellent; nec vero sese ipsi accusarent ob eam causam, quod sese male rebus suis consuluisse dicerent. Eorum enim hæc querela, qui sibi cari sunt, seseque diligunt. Quare, quotiescumque dicetur male de se quis mereri, sibique esse inimicus atque hostis, vitam denique fugere, intelligatur aliquam subesse ejusmodi causam, ut ex eo ipso possit intelligi, sibi quemque esse carum. Nec vero id satis est, neminem esse, qui ipse se oderit; sed illud quoque intelligendum est, neminem esse qui, quo modo se habeat, nihil sua censeat interesse. Tolletur enim appetitus animi, si, ut in iis rebus, inter quas nihil interest, neutram in partem propensiores simus, item in nobismet ipsis, quemadmodum affecti simus, nihil nostra arbitrabimur interesse.

XI. Il serait même absurde d'affirmer que l'amitié, en général, n'a pas pour principe l'amour de soi. Aussi, lorsqu'on applique ce langage à l'amitié, au devoir, à la vertu, quels que soient les termes que l'on emploie, nos auditeurs en saisissent le véritable sens. Oui, nous sommes dans l'impossibilité de comprendre que notre attachement pour un objet quelconque ne se rapporte pas à nous-mêmes. Est-ce pour l'amour de la volupté qu'on s'aime ? non : tout au contraire, le goût de plaisir est un effet de l'amour de soi. Cet attachement, cette vive tendresse pour sa personne trouvent-ils ailleurs une preuve plus évidente que dans la peur de la mort ? A ce moment fatal, quel homme ne sent

> Dans ses veines soudain le frisson circuler?

Condamnons, comme une faiblesse, l'excès d'horreur pour la dissolution de notre être, et rapprochons-le de l'extrême aversion pour la douleur. Mais, nul ne pouvant s'en garantir, il s'ensuit que la nature même nous inspire la crainte de la mort. Quelques hommes, par l'épouvante qu'ils en éprouvent, attestent aussi que cette disposition, à des degrés différents, est naturelle à notre cœur. Loin de ma pensée ceux qui craignent la mort comme la privation des douceurs de la vie ; ceux qui redoutent

XI. Atque etiam illud, si quis dicere velit, perabsurdum sit : ita diligi a sese quemque, ut ea vis diligendi ad aliam rem quampiam referatur, non ad eum ipsum, qui sese diligat. Hoc quum in amicitiis, quum in officiis, quum in virtutibus dicitur, quomodocumque dicitur, intelligi tamen quid dicatur, potest ; in nobis autem ipsis ne intelligi quidem, ut propter aliam quampiam rem, verbi gratia, propter voluptatem, nos amemus. Propter nos enim illam, non propter eam nosmet ipsos diligimus. Quanquam quid est, quod magis perspicuum sit, non modo carum sibi quemque, verum etiam vehementer carum esse? quis est enim, aut quotus quisque, cui, mors quum appropinquet, non

> Refugiat timido sanguen, atque exalbescat metu?

Et si hoc quidem est in vitio, dissolutionem naturæ tam valde perhorrescere (quod item est reprehendendum in dolore) ; sed quia fere sic afficiuntur omnes, satis argumenti est, ab interitu naturam abhorrere; idque quo magis quidam ita faciunt, ut jure etiam reprehendantur, hoc magis intelligendum est, hæc ipsa nimia in quibusdam futura non fuisse, nisi quædam essent modica natura. Nec vero dico eorum metum mortis, qui, quia privari se vitæ

la douleur à ce dernier moment; ceux qui pensent en frémissant au sort qui les attend au delà du tombeau! L'enfant lui-même, dont les idées ne se portent sur rien de semblable, l'enfant a peur de mourir si vous le menacez, en jouant, de le précipiter. Les bêtes même, dit Pacuvius,

> Qui ne sauraient prévoir, qui ne peuvent penser,

frémissent involontairement aux approches de la mort. Où est le sage si résigné à mourir qui, dans son agonie, ne regrette d'être séparé des objets chers à son cœur, et de quitter la vie? Tel est l'empire de la nature, que, réduit à la plus affreuse misère, l'homme s'attache étroitement à la vie. Le vieillard qui succombe sous le poids des années repousse la mort. En proie à toutes les souffrances, des infortunés traînent le fardeau de la vie et ne le rejettent pas : semblables à Philoctète, assiégé de douleurs,

> Et qui d'un trait rapide
> Faisait, du haut des airs, tomber l'oiseau timide,

comme dit Attius, et couvrait son corps d'un tissu fait avec leur plumage. Mais pourquoi parler de l'homme et de l'animal? Dans les végétaux, la nature ne nous offre-t-elle pas un phénomène

---

bonis arbitrentur, aut quia quasdam post mortem formidines extimescant, aut si metuant, ne cum dolore moriantur, idcirco mortem fugiant; in parvis enim sæpe, qui nihil eorum cogitant, si quando his ludentes minamur præcipitaturos alicunde, extimescunt. Quin etiam feræ, inquit Pacuvius,

> Quibus abest ad præcavendum intelligendi astutia,

sibi injecto terrore mortis horrescunt. Quis autem de ipso sapiente aliter existimat? qui etiam quum decreverit esse moriendum, tamen discessu a suis, atque ipsa relinquenda luce moveatur. Maxime autem in hoc quidem genere vis est perspicua naturæ, quum et mendicitatem multi perpetiantur, ut vivant; et angantur appropinquatione mortis confecti homines senectute, et ea perferant, quæ Philoctetam videmus in fabulis, qui, quum cruciaretur non ferendis doloribus, propagabat tamen vitam aucupio sagittarum,

> Configebat tardus celeres, stans volantes,

ut apud Attium est, pinnarumque contextu corpori tegumenta faciebat. De hominum genere, aut omnino de animalium loquor, quum arborum et stir-

semblable, soit par la puissance d'une cause supérieure et divine, comme l'ont cru d'illustres savants, soit par un jeu du hasard? Les sens de l'animal, la conformation de ses membres, le préservent de la destruction : de même les productions terrestres sont conservées par le moyen des racines et de l'écorce. Je pense, avec plus d'un philosophe, que toutes ces lois émanent de la nature, sans laquelle rien ne pourrait subsister ; mais, là-dessus, je laisse les opinions libres. Un seul point doit être arrêté maintenant : c'est que, par la nature de l'homme, j'entends l'homme même, l'un et l'autre me paraissent identiques, et chacun pouvant plutôt se séparer de soi que cesser de désirer ce qui favorise sa conservation. Les plus grands philosophes ont donc bien fait de chercher dans la nature le principe du souverain bien, et de regarder comme inné dans tous les êtres sur qui agit cette impression naturelle, le désir qui les porte vers les objets conformes à leur nature propre.

XII. De cette proposition : l'homme s'aime naturellement, passons à cette question : quelle est la nature de l'homme ? Cet être est composé d'une âme et d'un corps ; rien de plus constant : l'âme est sa plus noble partie ; le corps ne vient qu'après elle. On regarde encore comme certain que, par l'organisation de son corps, l'homme l'emporte physiquement sur tous les ani-

---

pium eadem pæne natura sit : sive, ut doctissimis viris visum est, major aliqua causa atque divinior hanc vim ingenuit; sive hoc ita fit fortuito. Videamus ea, quæ terra gignit, corticibus et radicibus valida servari; quod contingit animalibus sensuum distributione, et quadam compactione membrorum. Qua quidem de re, quanquam assentior iis, qui hæc omnia regi natura putant; quæ si natura negligat, ipsa esse non possint ; tamen concedo, ut, qui de hoc dissentiunt, existiment quod velint, ac vel hoc intelligant, si quando naturam hominis dicam, hominem dicere me; nihil enim hoc differt; nam prius poterit a se quisque discedere, quam appetitum earum rerum, quæ sibi conducant, amittere. Jure igitur gravissimi philosophi initium summi boni a natura petiverunt, et illum appetitum rerum ad naturam accommodatarum ingeneratum putaverunt omnibus, qui continentur ea commendatione naturæ, qua se ipsi diligunt.

XII. Deinceps videndum est, quoniam satis apertum est, sibi quemque natura esse carum, quæ sit hominis natura. Id est enim, de quo quærimus. At qui perspicuum est hominem e corpore animoque constare, quum primæ sint animi partes, secundæ corporis. Deinde id quoque videmus, et ita figu-

maux; et que l'âme non-seulement préside aux fonctions des sens, mais encore est animée d'un principe intelligent auquel tout l'homme doit se soumettre, et qui est la source féconde de toutes les opérations de l'intelligence, de toutes les vertus morales. Malgré le rang secondaire qu'occupe le corps, examinons-le d'abord, car il est plus aisé à connaître. Quelle haute intelligence, quelle sage économie dans toutes ses parties ! On voit tout d'abord combien le visage, les yeux, les oreilles et les autres parties de l'homme sont convenables à leur destination. C'est peu : la nature, qui les a donnés, veut qu'ils soient conservés sains et entiers, avec le libre usage des mouvements qui leur sont propres, de manière que rien ne manque, rien ne soit perclus ni disloqué. Le mouvement, l'attitude, nous sont si bien indiqués par la nature, que, vouloir les asservir à des règles bizarres et fausses, comme de marcher sur les mains, ou d'aller à reculons, ce serait, en quelque sorte, se fuir soi-même, abdiquer sa nature, protester contre les propriétés de son espèce. Voilà pourquoi certaines contenances, certaines postures indécentes quand on est assis, certaines démarches nonchalantes et affectées, qui annoncent effronterie ou mollesse, sont contre la nature, dont la loi physique semble méconnue; au contraire, une pose ré-

---

ratum corpus, ut excellat aliis, animumque ita constitutum, ut et sensibus instructus sit, et habeat præstantiam mentis, cui tota hominis natura pareat, in qua sit mirabilis quædam vis rationis, et cognitionis, et scientiæ, virtutumque omnium. Nam quæ corporis sunt, ea nec auctoritatem cum animi partibus comparandam, et cognitionem habent faciliorem. Itaque ab his ordiamur. Corporis igitur nostri partes, totaque figura, et forma, et statura, quam apta ad naturam sit, apparet; neque est dubium, quin frons, oculi, aures et reliquæ partes, quales propriæ sunt hominis, intelligantur. Sed certe opus est ea valere et vigere, et naturales motus ususque habere, ut nec absit quid eorum, nec ægrum, debilitatumve sit : id enim natura desiderat. Est etiam actio quædam corporis, quæ motus et status naturæ congruentes tenet : in quibus si peccetur distortione et depravatione quadam, aut motu, statuve deformi, ut si aut manibus ingrediatur quis, aut non ante, sed retro, fugere plane se ipse, et, hominem ex homine exuens, naturam odisse videatur. Quamobrem etiam sessiones quædam, et flexi fractique motus, quales protervorum hominum, aut mollium esse solent, contra naturam sunt : ut, etiamsi animi vitio id eveniat, tamen in corpore immutari hominis natura videatur. Itaque e contrario moderati æquabilesque habitus, affectiones ususque corporis, apta

glée, une contenance décente, une démarche simple, paraissent conformes à la nature. Pour l'âme, ce serait trop peu d'exister ; il faut que son existence soit saine, que les vertus viennent l'embellir. Or il est une vertu pour chaque sens ; et ils ne sont parfaits qu'autant que rien ne les empêche de remplir avec aisance et promptitude les fonctions que l'âme leur prescrit.

XIII. La plus noble faculté de l'âme, l'intelligence, a plusieurs qualités que l'on classe en deux genres : qualités données par la nature, et qu'on appelle spontanées ; qualités dont le principe est dans notre volonté, que l'on appelle proprement vertus, et qui sont notre plus bel apanage. Dans le premier genre se rangent la compréhension et la mémoire, réunies quelquefois sous le nom collectif d'esprit. A-t-on reçu ces avantages de la nature, on est homme d'esprit. Les grandes, les véritables vertus, prudence, tempérance, force, justice, toutes dépendantes de la volonté, entrent dans l'autre genre. A ce résumé se borne ce que je voulais dire de l'âme et du corps, dont la réunion constitue toute la nature humaine. L'amour de nous-mêmes étant donc hors de doute, le désir de notre perfectionnement étant bien constaté en nous, il est impossible que tout ce qui regarde notre âme et notre corps ne nous soit cher par lui-même, et n'importe beau-

esse ad naturam videntur. Jam vero animus non esse solum, sed etiam cujusdam modi debet esse, ut et omnes partes habeat incolumes, et de virtutibus nulla desit. Atqui in sensibus est sua cujusque virtus, ut ne quid impediat, quominus suo sensus quisque munere fungatur in iis rebus celeriter expediteque percipiendis, quæ subjectæ sunt sensibus.

XIII. Animi autem, et ejus animi partis, quæ princeps est, quæque mens nominatur, plures sunt virtutes, sed duo prima genera : unum earum, quæ ingenerantur suapte natura, appellanturque non voluntariæ; alterum earum, quæ, in voluntate positæ, magis proprio nomine appellari solent : quarum est excellens in animorum laude præstantia. Prioris generis est docilitas, memoria : quæ fere omnia appellantur uno ingenii nomine ; easque virtutes qui habent, ingeniosi vocantur. Alterum autem genus est magnarum verarumque virtutum : quas appellamus voluntarias, ut prudentiam, temperantiam, fortitudinem, justitiam, et reliquas ejusdem generis. Et summatim quidem hæc erant de corpore, animoque dicenda : quibus quasi informatum est, quod hominis natura postulet. Ex quo perspicuum est, quoniam ipsi a nobis diligamur, omniaque et in animo, et in corpore perfecta velimus esse, ea nobis psa cara esse propter se, et in iis esse ad bene vivendum momenta maxima.

coup au bonheur. Quiconque, en effet, veut se conserver, veut, par cela même, conserver toutes les parties de son être. Les plus parfaites, il les aimera plus ardemment, et s'y attachera davantage. Si donc l'objet de nos désirs est de vivre en jouissant de tous les biens physiques et moraux, il suit de là que cette jouissance est le souverain bien ; car, au delà du souverain bien, il ne doit plus rester de prise au désir. Ainsi, cher à lui-même par la loi de la nature, l'homme aimera ardemment toutes les parties de son âme et de son corps, tout ce qui concerne leurs fonctions ; et il les désirera pour elles-mêmes. Ceci posé, la partie la plus excellente de notre être nous captivera davantage, et la plus noble faculté de l'homme sera recherchée par lui avec une plus vive ardeur. Nous placerons donc l'âme au-dessus du corps ; et, parmi les facultés de l'âme, celles qui ne sont pas volontaires céderont le pas aux autres, dans lesquelles nous avons reconnu les vertus. La supériorité de ces dernières sera fondée sur celle de la raison, dont elles sont l'ouvrage, et qui est en nous une émanation de la divinité. Pour la brute, œuvre de la nature, qui veille aussi à sa conservation, elle paraît entièrement dépourvue d'âme. Aussi, son bien suprême est-il tout entier dans les jouissances des sens ; et l'on a dit avec raison du pourceau, que, s'il a une âme, la nature la lui a donnée en guise de sel, pour conserver son lard.

Nam cui proposita sit conservatio sui, necesse est huic partes quoque sui caras esse, carioresque, quo perfectiores sint, et magis in suo genere laudabiles. Ea enim vita expetitur, quæ sit animi corporisque expleta virtutibus, in eoque summum bonum poni necesse est, quandoquidem id tale esse debet, ut rerum expetendarum sit extremum. Quo cognito, dubitari non potest, quin, quum ipsi homines sibi sint per se, et sua sponte cari, partes quoque et corporis, et animi, et earum rerum, quæ sunt in utriusque motu et statu, sua caritate colantur, et per se ipsæ appetantur. Quibus expositis, facilis est conjectura, ea maxime esse expetenda ex nostris, quæ plurimum habent dignitatis : ut optimæ cujusque partis, quæ per se expetatur, virtus sit expetenda maxime. Ita fiet, ut animi virtus corporis virtuti anteponatur, animique virtutes non voluntarias vincant virtutes voluntariæ : quæ quidem proprie virtutes appellantur, multumque excellunt, propterea quod ex ratione gignantur; qua nihil est in homine divinius. Etenim omnium rerum, quas et creat natura, et tuetur, quæ aut sine animo sint, aut non multo secus, earum summum bonum in corpore est : ut non inscite illud dictum videatur in sue, animam illi pecudi datam pro sale, ne putisceret.

XIV. Une image de la vertu semble pourtant se présenter chez quelques animaux : dans le lion, le chien, le cheval, nous voyons, outre les mouvements physiques du porc, quelques autres mouvements auxquels on donnerait volontiers l'âme pour principe. Dans l'homme, c'est l'âme qui domine, et dans l'âme la raison. Là naît la vertu, qui est la raison parfaite, et dont le développement doit être pour nous l'œuvre de chaque jour. Les végétaux mêmes ont leur éducation, dont l'analogie est sensible avec les soins que réclame le jeune animal. Voilà pourquoi nous disons d'une vigne qu'elle se porte bien ou qu'elle meurt ; d'un arbre, qu'il est jeune, vigoureux ou vieillissant. Au végétal, comme à l'animal, on peut donc attribuer certaines choses qui sont conformes à leur nature, et d'autres qui lui sont opposées. L'art qui a pour objet leur éducation, leur développement, l'agriculture, apprend à les tailler, à les former, à les redresser, à les élever à la hauteur naturelle. Prêtez à la vigne l'organe de la voix, elle demandera un appui, un soutien. Ce qui sert à la conserver lui vient du dehors ; si sa culture est négligée, elle ne suffira pas à elle-même. Supposons-lui un moment la faculté de désirer ; admettons un mouvement intérieur qui lui soit propre : que fera-t-elle ? Se bornera-t-elle à se cultiver elle-même comme

XIV. Sunt autem bestiæ quædam, in quibus inest aliquid simile virtutis, ut in leonibus, ut in canibus, ut in equis : in quibus non corporum solum, ut in suibus, sed etiam animorum aliqua ex parte motus quosdam videmus. In homine autem summa omnis animi est, et in animo, rationis : ex qua virtus est ; quæ rationis absolutio definitur : quam etiam atque etiam explicandam putant. Earum etiam rerum, quas terra gignit, educatio quædam et perfectio est, non dissimilis animantium. Itaque et vivere vitem, et mori dicimus ; arboremque et novellam, et vetulam, et vigere, et senescere. Ex quo non est alienum, ut animantibus, sic illis et apta quædam ad naturam aptare, et aliena ; earumque augendarum et alendarum quamdam cultricem esse, quæ sit scientia, atque ars agricolarum, quæ circumcidat, amputet, erigat, extollat, adminiculetur, ut, quo natura ferat, eo possint ire : ut ipsæ vites, si loqui possint, ita se tractandas tuendasque esse fateantur. Et nunc quidem, quod eam tuetur, ut de vite potissimum loquar, est id extrinsecus. In ipsa enim parum magna vis est, ut quam optime se habere possit, si nulla cultura adhibeatur. At vero si ad vitem sensus accesserit, ut appetitum quemdam habeat, et per se ipsa moveatur, quid facturam putas ? An ea, quæ per vinitorem antea consequebatur,

le vigneron la cultivait auparavant? non, elle veillera à conserver, à développer le sens qui vient de s'ajouter à sa nature. Ainsi, à ses facultés premières elle réunira ses facultés acquises, le but du vigneron deviendra insuffisant pour elle : remplir toutes les conditions de sa nature nouvelle, voilà l'objet de ses désirs. Semblable au premier, cet objet cependant ne se renfermerait pas dans les mêmes limites : elle désirait le bien-être de la plante, elle désire celui de l'animal. Aux sens qu'elle vient d'acquérir joignez, par la pensée, l'âme humaine : toutes ses propriétés précédentes continueront d'être entretenues par elle ; mais elle aura un soin de prédilection pour ses nouvelles richesses, surtout pour les plus belles qualités de l'âme ; l'intelligence et la raison occupant le premier rang, elle fera consister son bien suprême dans la perfection de cette haute nature. Ainsi, remontez à la source des désirs primitifs, vous vous élèverez par degrés au désir du souverain bien, qui n'est complet que quand il réunit la double perfection des qualités physiques et morales.

XV. L'ordre de la nature et son progrès sont donc ainsi tracés. Supposons maintenant qu'à l'heure de sa naissance l'homme peut se connaître et pénétrer par l'intelligence la dignité de son être en général et celle de chacune de ses parties : l'objet de

et per se ipsa curabit? sed videsne accessuram ei curam, ut sensus quoque suos, eorumque omnium appetitum, et, si qua sint ei membra adjuncta, tueatur? Sic ad illa, quæ semper habuit, junget ea, quæ postea accesserint; nec eumdem finem habebit, quem cultor ejus habebat, sed volet secundum eam naturam, quæ postea ei adjuncta sit, vivere. Ita similis erit ei finis boni, atque antea fuerat, nec idem tamen ; non enim jam stirpis bonum quæret, sed animalis. Quod si non sensus modo ei sit datus, verum etiam animus hominis, non necesse est, et illa pristina manere, ut tuenda? et inter hæc multo esse cariora, quæ accesserint? animique optimam quamque partem carissimam? in eaque expletione naturæ summi boni finem consistere, quum longe multumque præstet mens atque ratio? Sic et extremum omnium appetendorum, atque ductum a prima commendatione naturæ, multis gradibus adscendit, ut ad summum pervenire : quod cumulatur ex integritate corporis, et ex mentis ratione perfecta.

XV. Quum igitur ea sit, quam exposui, forma naturæ; si, ut initio dixi simul atque ortus esset, se quisque cognosceret, judicareque posset quæ vis et totius esset naturæ et partium singularum, continuo videret, quid esset

nos recherches lui apparaîtra soudain ; la meilleure tendance de l'humanité, son bien suprême se révéleront à lui, et il ne pourra pas s'égarer. Mais la nature, dans notre enfance, est tellement nouée, qu'alors on n'en saurait pénétrer les mystères. Par des progrès insensibles, et souvent tardifs, nous commençons à ouvrir les yeux sur nous-mêmes et à nous connaître. Pourquoi cela? c'est que nos premières impressions sont confuses, et que notre premier désir se borne à l'instinct de notre conservation dans l'état où nous sommes venus au monde. Dans la suite, commençant à deviner l'énigme de notre nature, entrevoyant l'intervalle qui nous sépare de la brute, nous nous mettons peu à peu sur la ligne de notre destinée. Des progrès semblables se remarquent aussi dans les bêtes. À l'instant qui suit leur naissance, elles restent immobiles ; puis chacune prend le mouvement qui est propre à son espèce. Le serpent rampe, le canard nage, le merle vole, le bœuf essaye ses cornes, le scorpion son aiguillon ; enfin, chaque animal vit conformément à sa nature.

Il en est de même de l'homme. Enfant, vous croiriez d'abord qu'il n'a pas d'âme. Les forces viennent, les premiers développements s'opèrent, et, avec eux, le premier usage de l'âme et des sens. Se tenir debout, se servir de ses mains, connaître les personnes qui l'élèvent, voilà le commencement de ses progrès.

hoc, quod quærimus; omnium rerum, quas expetimus, summum et ultimum; nec ulla in re peccare posset. Nunc vero a primo quidem mirabiliter occulta natura est, nec perspici, nec cognosci potest. Progredientibus autem ætatibus, sensim, tardeve potius quasi nosmet ipsos cognoscimus. Itaque illa prima commendatio, quæ a natura nostri facta est nobis, obscura et incerta est; primusque appetitus ille animi tantum agit, ut salvi atque integri esse possimus. Quum autem dispicere cœpimus et sentire, quid simus, et quid animantibus ceteris differamus, tum ea sequi incipimus, ad quæ nati sumus. Quam similitudinem videmus in bestiis. Quæ primo, in quo loco natæ sunt, ex eo se non commovent; deinde suo quæque appetitu movetur. Serpere anguiculos, nare anaticulas, evolare merulas, cornibus uti videmus boves, nepas aculeis; suam denique cuique naturam esse ad vivendum ducem.

Quæ similitudo in genere etiam humano apparet. Parvi enim primo ortu sic jacent, tanquam omnino sine animo sint. Quum autem paulum firmitatis accesserit, et animo utuntur, et sensibus; connitunturque ut sese erigant, et manibus utantur; et eos agnoscunt, a quibus educantur; deinde æqualibus de-

Puis il se plait avec les enfants du même âge, il partage leurs folâtres jeux. Quelle joie d'entendre des récits merveilleux, de faire part de son superflu à ses petits camarades! Quelle curieuse attention à tout ce que l'on fait au logis! C'est l'âge où l'on commence à inventer, à apprendre, à s'informer des noms de tous ceux que l'on voit. Sort-il victorieux de ses petites querelles avec les autres enfants, il ne se sent pas de joie; est-il vaincu, le voilà triste et découragé. Rien de tout cela, nous devons le croire, n'arrive sans raison. Par le privilége de la nature, l'homme naît capable de toutes les vertus : voilà pourquoi les enfants, sans autre maître que la nature, se portent vers l'image des vertus dont le germe est dans leur cœur. Ce sont là comme les premiers éléments naturels; bientôt ils s'augmentent, et l'œuvre de la vertu s'accomplit. Fait pour agir, pour aimer, l'homme apporte avec lui dans la vie tous les principes de générosité, de reconnaissance ; son âme s'ouvre naturellement à l'instruction, à la prudence, au courage, et rejette les vices contraires. C'est pour une fin élevée que des étincelles de vertu brillent déjà dans l'enfant : plus tard, elles allumeront le flambeau que la philosophie, ce guide divin, fera luire devant la raison pour montrer à l'homme la perfection de son être. Dans l'âge de la faiblesse, l'âme, bornée par les sens, peut à peine entrevoir à

---

lectantur, libenterque se cum his congregant, dantque se ad ludendum ; fabellarumque auditione ducuntur; deque eo, quod ipsis superat, aliis gratificari volunt; animadvertuntque ea, quæ domi fiunt, curiosius, incipiuntque commentari aliquid et discere; et eorum, quos vident, volunt non ignorare nomina; quibusque rebus cum æqualibus decertant, si vincunt, efferunt se lætitia; victi debilitantur, animosque demittunt. Quorum sine causa fieri nihil putandum est. Est enim natura sic generata vis hominis, ut ad omnem virtutem percipiendam facta videatur, ob eamque causam parvi virtutum simulacris, quarum in se habent semina, sine doctrina moventur. Sunt enim prima elementa naturæ, quibus auctis, virtutis quasi carmen efficitur. Nam quum ita nati factique simus, ut et agendi aliquid, et diligendi aliquos, et liberalitatis, et referendæ gratiæ principia in nobis contineremus, atque ad scientiam, prudentiam, fortitudinemque aptos animos haberemus, a contrariisque rebus alienos, non sine causa eas, quas dixi, in pueris virtutum quasi scintillulas videmus, e quibus accendi philosophi ratio debet, ut eam, quasi deum, ducem subsequens, ad naturæ perveniat extremum. Nam, ut sæpe jam dixi,

travers un nuage cette nature qui sera bientôt si puissante, mais, grâce aux forces qu'elle acquiert, elle se pénètre spontanément et peu à peu de sa supériorité, et elle sent qu'elle peut encore en reculer les limites.

XVI. Il faut donc entrer dans la connaissance de la nature, et ne point se tromper sur ce qu'elle demande ; autrement, il serait stérile, ce précepte de nous connaître nous-mêmes, si élevé, en apparence, au-dessus de l'esprit humain qu'il a été attribué à un dieu. Apollon Pythien nous ordonne donc de nous connaître nous-mêmes. En quoi consiste cette connaissance? à bien observer la nature de notre âme et de notre corps, afin d'adopter un genre de vie qui fasse le bonheur de l'une et de l'autre. Or notre désir primitif a pour objet la conservation et le perfectionnement des dons naturels : d'où il suit que, parvenue à satisfaire ce désir, la nature s'arrête à ce terme de ses vœux, et que c'est là le souverain bien, que nous devons rechercher pour son ensemble comme pour chacune de ses parties. Si, dans notre énumération des avantages physiques, on s'imagine que nous avons mal à propos oublié la volupté, c'est une question à remettre à une autre fois. Quant à présent, il n'importe guère de savoir si la volupté doit être comptée ou non au rang des biens primordiaux de la nature; car, si la volupté, comme il

---

in infirma ætate, imbecillaque mente vis naturæ per caliginem cernitur ; quum autem progrediens confirmatur animus, agnoscit ille quidem naturæ vim, sed ita, ut progredi possit longius, per se sit tamen inchoata.

XVI. Intrandum est igitur in rerum naturam, et penitus, quid ea postulet, pervidendum. Aliter enim nosmet ipsos nosse non possumus. Quod præceptum quia majus erat, quam ut ab homine videretur, idcirco assignatum est deo. Jubet igitur nos Pythius Apollo noscere nosmet ipsos. Cognitio autem hæc est una, ut vim nostri corporis animique norimus, sequamurque eam vitam, quæ rebus ipsis perfruatur. Quoniam autem is animi appetitus a principio fuit, ut ea, quæ dixi, quam perfectissima a natura haberemus, confitendum est, quum id adepti simus, quod appetitum sit, in eo quasi ultimo consistere naturam, atque id esse summum bonum; quod certe universum sua sponte ipsum expeti, et propter se, necesse est, quoniam ante demonstratum est, etiam singulas ejus partes esse per se expetendas. In enumerandis autem corporis commodis si quis prætermissam a nobis voluptatem putabit, in aliud tempus quæstio differatur. Utrum enim sit voluptas in iis rebus, quas primas secundum naturam esse diximus, necne sit ad id quod agimus, nihil interest. Si

nous semble, n'est pas le complément des biens naturels, nous avons eu raison de n'en point parler ; si elle est dans la nature, comme quelques philosophes l'affirment, cette doctrine ne changera en rien ce que nous entendons par bien suprême. En effet, c'est un avantage tout corporel que vous ajouterez aux premiers mouvements de la nature, et cet avantage n'altère nullement la définition que nous avons appliquée au souverain bien.

XVII. Nous n'avons rien dit encore qui ne se rapporte aux premières impressions naturelles. Mais si nous cherchons à conserver toutes les parties de notre âme et de notre corps, ce n'est pas seulement parce que nous nous aimons nous-mêmes, c'est aussi parce que, dans chacune de ces parties, il y a une force et une vertu qui nous y entraîne ; et c'est ce qu'il faut prouver maintenant. Commençons par ce qui regarde le corps. Si un homme devient perclus, estropié, ou privé de quelque membre, remarquez-vous avec quel soin il tâche de le cacher ; combien il s'étudie à dissimuler son infirmité, du moins en partie ; que de douleurs il brave pour la guérir ? N'en a-t-on pas vu qui, pour rendre à un membre contrefait sa forme naturelle, ont mieux aimé s'en servir avec moins de liberté ? Comme tous les hommes, par un sentiment naturel, et seulement pour eux-mêmes, veulent se conserver dans toute l'intégrité de leur na-

---

enim, ut mihi quidem videtur, non explet bona naturæ voluptas, jure prætermissa est. Sin est in ea, quod quidam volunt, nihil impedit nostram hanc comprehensionem summi boni. Quæ enim constituta sunt prima naturæ, ad ea si voluptas accesserit, unum aliquod accesserit commodum corporis, neque eam constitutionem summi boni, quæ est proposita, mutaverit.

XVII. Et adhuc quidem ita nobis progressa ratio est, ut ea duceretur omnis a prima commendatione naturæ. Nunc autem aliud jam argumentandi sequamur genus, ut non solum quia nos diligamus, sed quia cujusque partis naturæ et in corpore, et in animo sua quæque vis sit, idcirco in his rebus summa nostra sponte moveamur. Atque ut a corpore ordiar, videsne, ut, si qua in membris prava, aut debilitata, aut imminuta sint, occultent homines? ut etiam contendant et elaborent, si efficere possint, ut aut non appareat corporis vitium, aut quam minimum appareat? multosque etiam dolores curationis causa perferant? ut, si ipse usus membrorum non modo non major, verum etiam minor futurus sit, eorum tamen species ad naturam revertatur? Etenim quum omnes natura totos se expetendos putent, nec id ob aliam rem, sed propter

ture, le désir de la conservation des parties qui les composent est nécessairement le même que le désir de la conservation du tout. Ne semble-t-il pas que la nature nous engage aussi à donner quelque attention aux mouvements, à la posture du corps, à la démarche, à la manière de s'asseoir, à l'air de la bouche et du visage? N'est-il rien dans tout cela qu'on regarde quelquefois comme indigne d'un homme libre? et ne trouvons-nous pas haïssable quiconque, par son maintien, sa contenance, semble mépriser la règle de la nature? Or tous ces détails se rapportent au corps; et, par elles-mêmes, la difformité, la mutilation sont à éviter: pourquoi donc, à plus forte raison, ne désirerions-nous pas la beauté, la convenance, la dignité de tout l'extérieur? Nous fuirions les attitudes, les mouvements que la honte fait proscrire, et la décence, la noblesse, nous ne les rechercherions pas! C'est pour elles-mêmes autant que pour l'utilité que nous désirons santé, force, absence de toute douleur. La nature veut être accomplie dans toutes ses parties: il faut donc que l'état qui lui convient le mieux se présente à elle dans le corps et pour le corps; car la maladie, la faiblesse, la douleur, produisent la perturbation de la nature.

XVIII. Jetons maintenant un regard sur les propriétés de l'âme dont l'étude est plus élevée, et qui, supérieures de beau-

---

ipsos, necesse est ejus etiam partes propter se expeti, quod universum propter se expetatur. Quid? in motu et in statu corporis nihilne est, quod animadvertendum esse ipsa natura judicet? quemadmodum quis ambulet, sedeat, qui ductus oris, qui vultus in quoque sit : nihilne est in his rebus, quod dignum libero, aut indignum esse ducamus? nonne odio dignos multos putamus, qui quodam motu aut statu videntur naturæ legem et modum contempsisse? Et, quoniam hæc deducuntur de corpore, quid est cur non recte pulchritudo etiam ipsa propter se expetenda ducatur? Nam si pravitatem, imminutionemque corporis, propter se fugiendam putamus: cur non etiam, ac fortasse magis, propter se formæ dignitatem sequamur? Et, si turpitudinem fugimus in statu et motu corporis, quid est cur pulchritudinem non sequamur? Aque etiam valetudinem, vires, vacuitatem doloris non propter utilitatem solum, sed etiam ipsas propter se expetemus. Quoniam enim natura suis omnibus expleri partibus vult, hunc statum corporis per se ipsum expetit, qui est maxime e natura : quæ tota perturbatur, si aut ægrum corpus est, aut dolet, aut caret viribus.

XVIII. Videamus animi partes, quarum est adspectus illustrior: quæ quo

DES BIENS ET DES MAUX, LIVRE V.   403

coup au corps, nous révéleront d'autant mieux la dignité de
notre nature. Nous naissons tous avec une si forte passion d'apprendre, qu'on ne peut douter que la nature même ne nous y
pousse, sans nous en montrer le fruit. Quelle punition pourrait
réprimer la curiosité de l'enfant? Rebutez-le, il revient à la
charge; il est ravi d'apprendre quelque chose; il brûle d'en
faire part aux autres; les jeux, les cérémonies, les spectacles,
le captivent jusqu'à lui faire oublier le boire et le manger. Les
amis de l'étude et des lettres n'y trouvent-ils pas tant de plaisir,
qu'ils en négligent souvent leur santé et leurs intérêts? ne les
voyons-nous pas s'exposer à tout pour connaître et pour apprendre, et se croire assez payés de leurs peines et de leurs
travaux par le charme de l'instruction? Cet attrait, si je ne me
trompe, a été célébré par Homère, dans la personne des Sirènes.
En effet, était-ce par leur douce voix, par la nouveauté, par la
variété de leurs chants qu'elles attiraient les navigateurs vers
leur écueil? non : elles savaient beaucoup, disaient-elles, et le
voyageur était victime de sa curiosité. Telle est l'invitation
qu'elles adressent à Ulysse dans ce passage, l'un de ceux d'Homère que j'ai traduits :

> Venez vers nous, Ulysse, exemple de sagesse,

sunt excelsiores, eo dant clariora indicia naturæ. Tantus est igitur innatus in
nobis cognitionis amor et scientiæ, ut nemo dubitare possit, quin ad eas res
hominum natura nullo emolumento invitata rapiatur. Videmusne, ut pueri ne
verberibus quidem a contemplandis rebus perquirendisque deterreantur? ut
pulsi requirant, et aliquid scire se gaudeant? ut aliis narrare gestiant? ut
pompa, ludis, atque ejusmodi spectaculis teneantur, ob eamque rem vel famem et sitim perferant? Quid vero? qui ingenuis studiis atque artibus delectantur, nonne videmus eos nec valetudinis, nec rei familiaris habere rationem?
omniaque perpeti, ipsa cognitione et scientia captos? et cum maximis curis et
laboribus compensare eam, quam ex discendo capiant, voluptatem? Mihi quidem Homerus hujusmodi quiddam vidisse videtur in iis, quæ de Sirenum
cantibus finxerit. Neque enim vocum suavitate videntur, aut novitate quadam,
et varietate cantandi revocare eos solitæ, qui prætervehebantur, sed quia
multa se scire profitebantur; ut homines ad earum saxa discendi cupiditate
adhærescerent. Ita enim invitant Ulyssem (nam verti, ut quædam Homeri, sic
istum ipsum locum) :

> O decus argolicum, quin puppim flectis, Ulysses,

Venez vers nous, la gloire et l'honneur de la Grèce ;
Venez prêter l'oreille à nos savants concerts :
Nul jamais, avant vous, n'a sillonné ces mers,
Que de notre savante et divine harmonie
Il n'ait voulu goûter la douceur infinie,
Et qu'instruit et charmé par nos doctes chansons,
Il n'en ait rapporté d'admirables leçons.
Nous savons les combats et les malheurs de Troie,
Quand le ciel aux vainqueurs abandonna leur proie ;
Et tout ce qui se fait sous la voûte des cieux,
Notre voix le raconte aux mortels curieux.

Homère comprit que la vraisemblance disparaîtrait de sa fiction s'il nous représentait un homme tel qu'Ulysse arrêté pour écouter des chansons. Que lui promettent les Sirènes ? la science ; et la science pouvait dans son cœur balancer la patrie. Tout connaître, sans distinction, est le propre d'une curiosité vulgaire ; une âme élevée est autrement curieuse : c'est la contemplation des grandes choses qui lui inspire le désir d'en pénétrer le mystère.

XIX. Et Archimède ! quelle était donc, chez lui, l'ardeur de l'étude, puisque les figures géométriques qu'il traçait sur le sable l'empêchèrent de s'apercevoir que sa patrie était prise ? Quel vaste génie Aristoxène consacra tout entier à l'étude de la musique ! Quelle opiniâtreté dans Aristophane, qui passa toute sa vie au sein des lettres ! Que dire de Pythagore, de Platon, de

Auribus ut nostros possis agnoscere cantus?
Nam nemo haec unquam est transvectus caerula cursu,
Quin prius adstiterit vocum dulcedine captus ;
Post variis avido satiatus pectore musis,
Doctior ad patrias lapsus pervenerit oras.
Nos grave certamen belli, clademque tenemus,
Graecia quam Trojae divino numine vexit ;
Omniaque e latis rerum vestigia terris.

Vidit Homerus, probari fabulam non posse, si cantiunculis tantus vir irretitus teneretur. Scientiam pollicentur, quam non erat mirum sapientiae cupido patria esse cariorem. Atque omnia quidem scire, cujuscumque modi sint, cupere, curiosorum ; duci vero majorum rerum contemplatione ad cupiditatem scientiae, summorum virorum est putandum.

XIX. Quem enim ardorem studii censetis fuisse in Archimede, qui, dum in pulvere quaedam describit attentius, ne patriam quidem captam esse senserit ? Quantum Aristoxeni ingenium consumptum videmus in musicis ? Quo studio Aristophanem putamus aetatem in litteris duxisse ? Quid de Pythagora ? quid

Démocrite, que la soif des connaissances nouvelles transporta dans de lointains climats? Ne pas comprendre l'empire de cette passion, c'est n'aimer rien qui mérite une étude profonde. Quelle est donc l'erreur de ceux qui rapportent tout à la volupté! Nous ne nous attachons à la science, disent-ils, qu'en raison du plaisir qu'elle procure. Ils oublient ainsi que ce qui rend la science désirable par elle-même, c'est qu'on s'y livre sans aucune vue d'intérêt, et qu'elle nous charme, dût-elle produire des fruits amers. Mais n'insistons pas sur l'évidence. Descendons en nous-mêmes, et interrogeons-nous : quelle émotion délicieuse nous trouvons à observer les mouvements des astres, à contempler le ciel, à sonder les secrets de la nature! Quel plaisir dans la lecture avide et réitérée des historiens! Cette occupation, il est vrai, n'est pas moins utile qu'agréable; mais le plaisir ne se glisse-t-il pas aussi dans la lecture des fables qui ne nous rapportent aucun fruit? Étudions-nous la vie des grands hommes, notre curiosité se porte jusque sur leurs noms, leurs parents, leur patrie, sur mille détails qui nous sont étrangers. Les pauvres gens mêmes, éloignés par état des affaires, les artisans, les manœuvres n'aiment-ils pas à lire l'histoire? Que de vieillards, incapables d'agir, donnent de longues heures à la lecture de ce qui s'est fait dans les anciens âges! Oui, dans

---

de Platone, aut Democrito loquar, a quibus propter discendi cupiditatem videmus ultimas terras esse peragratas? Quæ qui non vident, nihil unquam magna cognitione dignum amaverunt. Atque hoc loco, qui propter animi voluptates coli dicunt ea studia, quæ dixi, non intelligunt idcirco esse ea propter se expetenda, quod, nulla utilitate objecta, delectentur animi, atque ipsa scientia, etiamsi incommoda datura sit, gaudeant. Sed quid attinet de rebus tam apertis plura requirere? Ipsi enim quæramus a nobis, stellarum motus contemplationesque rerum cœlestium, eorumque omnium, quæ naturæ obscuritate occultantur, cognitiones, quemadmodum nos moveant; et quid historia delectet, quam solemus prosequi usque ad extremum; prætermissa repetimus, inchoata persequimur. Nec vero sum inscius, esse utilitatem in historia, non modo voluptatem. Quid, quum fictas fabulas, e quibus utilitas nulla duci potest, cum voluptate legimus? Quid, quum volumus nomina eorum, qui quid gesserint, nota nobis esse, parentes, patriam, multa præterea minime necessaria? Quid, quod homines infima fortuna, nulla spe rerum gerendarum, opifices denique, delectantur historia ; maximeque eos videre possumus res gestas audire, et legere velle, qui a spe gerendi absunt, confecti senectute?

23.

la chose même que j'apprends, je trouve le charme qui m'attire. Aussi les anciens philosophes, voulant donner une idée de la vie des sages dans les îles du bonheur, ont feint que, délivrés de tout soin, et sans se mettre en peine ni de nourriture ni de vêtement, ils employaient tout le temps à la recherche et à la connaissance de la nature. Sans doute, c'est le charme d'une vie heureuse; mais c'est encore la consolation de l'infortune. Que d'hommes, en proie à un ennemi, à un tyran, dans les fers, dans l'exil, n'ont pu charmer leurs peines que par l'étude! Un des plus grands citoyens de cette ville, Démétrius de Phalère, banni injustement de sa patrie, se retira à Alexandrie auprès du roi Ptolémée. Disciple de Théophraste, et connaissant à fond la philosophie dont je vous conseille l'étude, Lucius, dans le malheur de son exil, il écrivit plusieurs beaux ouvrages, non pour sa propre utilité, puisqu'il n'attendait plus rien des hommes, mais parce que la culture de l'esprit était pour lui une espèce de nourriture. Le docte Cn. Aufidius, ex-préteur, devenu aveugle, m'a dit souvent : Je regrette bien plus la lumière du jour que l'utilité de l'organe de la vue. Enfin, si le sommeil n'eût été nécessaire pour réparer nos forces et donner quelque relâche à nos peines, nous le croirions contraire à la nature; car il en-

Quocirca intelligi necesse est, in ipsis rebus, quæ discuntur et cognoscuntur, invitamenta inesse quibus ad discendum cognoscendumque moveamur. Ac veteres quidem philosophi, in beatorum insulis, fingunt, qualis natura sit vita sapientium, quos cura omni liberatos, nullum necessarium vitæ cultum, aut paratum requirentes, nihil aliud esse acturos putant, nisi ut omne tempus in quærendo ac discendo, in naturæ cognitione consumant. Nos autem non solum beatæ vitæ istam oblectationem videmus, sed etiam levamentum miseriarum. Itaque multi quum in potestate essent hostium, aut tyrannorum ; multi in custodia, multi in exsilio, dolorem suum doctrinæ studiis levaverunt. Princeps hujus civitatis Phalereus Demetrius quum patria pulsus esset injuria, ad Ptolemæum se regem Alexandriam contulit. Qui quum in hac ipsa philosophia, ad quam te hortamur, excelleret, Theophrastique esset auditor, multa præclara in illo calamitoso otio scripsit, non ad usum aliquem suum, quo erat orbatus ; sed animi cultus ille erat ei quasi quidam humanitatis cibus. Equidem e Cn. Aufidio, prætorio, erudito homine, oculis capto, sæpe audiebam, quum se lucis magis, quam utilitatis desiderio moveri diceret. Somnum denique nobis, nisi requietem corporibus, et medicinam quamdam laboris afferret, contra naturam putaremus datum : aufert enim sensus, actionemque tollit

gourdit les sens et nous rend, pour le moment, incapables d'agir ; et l'on pourrait désirer que la nature, ou se passât de ce repos, ou se réparât par un autre moyen, puisque souvent même, pour l'action ou pour l'étude, nous dérobons la nuit au sommeil.

XX. L'homme, l'animal, de quelque espèce qu'il soit, prouvent d'ailleurs qu'ils ont en eux le désir d'une vie toujours agissante, et qu'une constante inaction leur serait odieuse : phénomène frappant, surtout dans les premières années de l'enfance. Je crains de revenir trop souvent aux exemples de ce genre ; mais nos anciens philosophes les aiment de prédilection : ils se plaisent à étudier l'homme au berceau ; alors, disent-ils, on peut mieux épier les premières indications de la nature. Nous voyons donc que, d'ordinaire, le repos est insupportable à l'enfant. Devenu un peu plus grand, il se livre avec ardeur même à des jeux fatigants, sans que la punition puisse l'arrêter ; et le besoin d'agir devient si impérieux avec l'âge, que nous ne voudrions pas du sommeil d'Endymion, même avec les songes les plus caressants, et qu'une condamnation à dormir ainsi serait pour nous une sentence de mort. N'y a-t-il pas aussi des hommes très-futilement occupés, en qui l'on remarque je ne sais quelle singulière impuissance de bien faire, et dont le corps et l'esprit

---

omnem. Itaque, si aut requietem natura non quæreret, aut eam posset alia quadam ratione consequi, facile pateremur ; qui etiam nunc agendi aliquid, discendique causa, prope contra naturam vigilias suscipere solemus.

XX. Sunt autem clariora, vel plane perspicua, nec dubitanda indicia naturæ, maxime scilicet in homine, sed in omni animali, ut appetat animus aliquid agere semper, neque ulla conditione quietem sempiternam possit pati. Facile est hæc cernere in primis puerorum ætatulis. Quanquam enim vereor, ne nimius in hoc genere videar, tamen omnes veteres philosophi, maxime nostri, ad incunabula accedunt, quod in pueritia facillime se arbitrentur naturæ voluntatem posse cognoscere. Videmus igitur, ut conquiescere ne infantes quidem possint ; quum vero paulum processerint, lusionibus vel laboriosis delectantur, ut ne verberibus quidem deterreri possint ; eaque cupiditas agendi aliquid adolescit una cum ætatibus. Itaque, ne si jucundissimis quidem nos somniis usuros putemus, Endymionis somnum nobis velimus dari ; idque si accidat, mortis instar putemus. Quin etiam inertissimos homines, nescio qua singulari nequitia præditos, videmus tamen et animo, et corpore moveri semper, et,

sont dans une agitation perpétuelle ? Dans leurs nombreux loisirs, il leur faut des dés, le jeu, des propos frivoles; s'ils ne recherchent pas l'entretien des hommes instruits, ils promènent leur activité superficielle dans les assemblées, dans les cercles, asile des gens désœuvrés. Renfermons-nous un animal pour notre plaisir : beaucoup mieux nourri que dans l'état de liberté, il s'irrite de sa prison, il soupire après sa vie errante, il regrette l'essor indépendant que lui avait donné la nature. Tout homme bien né, dont l'esprit a été formé par une éducation généreuse, si on lui proposait de consumer ses jours dans une inaction complète où les plaisirs accourraient à lui, rejetterait bien loin une offre semblable. Aussi en est-il qui se créent une occupation ; d'autres, avec une âme plus haute, se placent au timon de l'État, montent aux dignités, ou consacrent leur temps à l'étude. Et, dans cette vie, loin d'avoir la volupté pour objet, les soins, les veilles, les fatigues sont leur partage. Mais ils comptent le travail pour rien, et ne connaissent d'autre plaisir que celui de cultiver la plus noble partie d'eux-mêmes, l'esprit, l'intelligence, qui est un rayon descendu du ciel. Ainsi disposés, ils se livrent sans réserve à l'examen des découvertes des âges précédents; ils y ajoutent à leur tour. Toujours ardents, jamais rassasiés, oubliant tout le reste, ils réservent leurs travaux aux

quum re nulla impediantur necessaria, aut alveolum poscere, aut quærere quempiam ludum, aut sermonem aliquem requirere; quumque non habeant ingenuas ex doctrina oblectationes, circulos aliquos et sessiunculas consectari. Ne bestiæ quidem, quas delectationis causa concludimus, quum copiosius alantur, quam si essent liberæ, facile patiuntur sese contineri ; motusque solutos et vagos, a natura sibi tributos, requirunt. Itaque, ut quisque optime natus institutusque est, esse omnino nolit in vita, si gerendis negotiis orbatus, possit paratissimis vesci voluptatibus. Nam aut privatim aliquid gerere malunt, aut, qui altiore animo sunt, capessunt rempublicam honoribus imperiisque adipiscendis, aut totos se ad studia doctrinæ conferunt. Qua in vita, tantum abest ut voluptates consectentur ; etiam curas, sollicitudines, vigilias perferunt, optimaque parte hominis, quæ in nobis divina ducenda est, ingenii et mentis acie fruuntur, nec voluptatem requirentes, nec fugientes laborem. Nec vero intermittunt aut admirationem earum rerum, quæ sunt ab antiquis repertæ, aut investigationem novarum ; quo studio quum satiari non possint, omnium ceterarum rerum obliti, nihil abjectum, nihil humile cogitant ; tantaque est

plus nobles objets; et la passion de l'étude a tant de pouvoir sur ces âmes actives, que souvent tel philosophe qui rapporte tout à l'intérêt personnel ou au plaisir, par une étrange contradiction, se dévoue à la méditation de la nature.

XXI. Il est donc évident que nous sommes tous nés pour agir. Nos occupations sont de divers genres, et les plus considérables doivent effacer les autres. La plus noble, selon moi, et au jugement des philosophes dont nous examinons maintenant la doctrine, est premièrement l'étude et la connaissance des choses célestes, et de ces mystères dans lesquels la nature nous permet de soulever un coin de son voile. Sur la seconde ligne, je place les travaux de l'homme d'État, la science de l'administration, soutenue par une raison juste, sage, ferme, réglée, et par toutes les vertus civiques. Voilà ce que nous appelons l'honnête, mot qui dit tout; et c'est à la connaissance et à la pratique de ces qualités diverses que la nature elle-même nous conduit. D'abord elle nous montre seulement le but; car, en tout, les commencements sont faibles, et le temps seul amène les progrès. Rendons-en grâce à la nature : trop faible, trop tendre, le premier âge serait incapable de discerner le bien et de l'accomplir. Plus tard seulement, la vertu, le bonheur, les deux seuls biens de la vie, font luire à nos yeux leur flambeau; puis, longtemps après, nous commençons à voir sans nuages le

---

vis talibus in studiis, ut eos etiam, qui sibi alios proposuerunt fines bonorum, quos utilitate, aut voluptate dirigunt, tamen in rebus quærendis, explicandisque naturis ætates conterere videamus.

XXI. Ergo hoc quidem apparet, nos ad agendum esse natos. Actionum autem genera plura, ut obscurentur etiam minora majoribus. Maximæ autem sunt, primum, ut mihi quidem videtur, et iis quorum nunc in ratione versamur, consideratio cognitioque rerum cœlestium, et earum, quas a natura occultatas et latentes, indagare ratio potest; deinde rerum publicarum administratio, aut administrandi sciendique prudens, temperata, fortis et justa ratio, reliquæque virtutes, et actiones virtutibus congruentes; quæ uno verbo complexi omnia, honesta dicimus : ad quorum etiam cognitionem et usum jam corroborati, natura ipsa præeunte deducimur. Omnium enim rerum principia parva sunt, sed suis progressionibus usu augentur; nec sine causa. In primo enim ortu inest teneritas et mollities quædam, ut nec res videre optimas, nec agere possint. Virtutis enim, beatæque vitæ, quæ duo maxime expetenda sunt, serius lumen apparet; multo etiam serius, ut plane, qualia sint,

bonheur et la vertu. Platon a dit un mot admirable : « Heureux qui, même dans sa vieillesse, a pu parvenir à la sagesse et à la vérité! » En voilà assez sur nos premières impressions naturelles : examinons maintenant ce que la nature fait de plus considérable pour l'homme.

Dans l'économie qui préside au corps humain, il y a des parties qui naissent, pour ainsi dire, parfaites : il en est d'autres que la nature élabore lentement, sans secours étrangers. C'est aussi par degrés qu'elle perfectionne l'esprit. Muni d'abord d'organes qui lui communiquent la perception des objets, il a été merveilleusement secondé par cette sage pourvoyeuse. Mais, quant à la véritable grandeur, à l'excellence de notre être, elle a laissé son œuvre incomplète, bien que l'âme ait reçu d'elle une raison assez haute pour s'élever à toutes les vertus. Dans ses leçons progressives, elle s'est contentée de mettre d'abord en nous de légères notions des plus grandes choses; elle nous en a révélé comme les premiers éléments, et elle a ébauché dans notre âme la vertu elle-même : à cela s'est borné son travail. Mais nous avons la philosophie : aidés de ce puissant auxiliaire, nous devons étudier ce qui sera la conséquence nécessaire des premiers principes naturels, jusqu'à ce que nous soyons parvenus à notre but; et ce but, ne croyez pas qu'il se borne à la conservation de

---

intelligantur. Præclare enim Plato : « Beatum, cui etiam in senectute contigerit, ut sapientiam verasque opiniones assequi possit. » Quare, quoniam de primis naturæ commodis satis dictum est, nunc de majoribus consequentibusque videamus.

Natura igitur corpus quidem hominis sic et genuit, et formavit, ut alia in primo ortu perficeret; alia progrediente ætate fingeret; neque sane multum adjumentis externis et adventitiis uteretur. Animum autem reliquis rebus ita perfecit, ut corpus. Sensibus enim ornavit ad res perficiendas idoneis, ut nihil, aut non multum adjumento ullo ad suam confirmationem indigeret. Quod autem in homine præstantissimum atque optimum est id deseruit. Etsi dedit talem mentem, quæ omnem virtutem accipere posset, ingenuitque sine doctrina notitias parvas rerum maximarum, et quasi instituit docere, et induxit in ea, quæ inerant, tanquam elementa virtutis. Sed virtutem ipsam inchoavit : nihil amplius. Itaque nostrum est (quod nostrum dico, artis est) ad ea principia, quæ accepimus, consequentia exquirere, quoad sit id, quod volumus, effectum : quod quidem pluris sit haud paulo, magisque ipsum propter se expetendum, quam aut sensus, aut corporis ea, quæ diximus ; quibus tan-

nos sens, au soin de notre corps. Non, il est plus élevé, plus digne de nos désirs : entre lui et la matière il y a une distance énorme. Ainsi, toute notre estime, toute notre étude, tous nos soins se rapporteront toujours à la vertu, et à ce qui est conforme à la vertu, sentiments, actions, qui entrent dans le domaine du beau moral. Que faut-il entendre par tous ces mots? quelles sont les idées précises qui leur ont été attachées? quelles sont, dans chacune, et sa nature et son influence? c'est ce que nous expliquerons plus tard.

XXII. Les choses moralement belles sont à rechercher, et parce que nous nous aimons, et surtout par elles-mêmes : c'est ce que je vais essayer de montrer. Chaque jour les enfants nous en donnent la preuve : car leur âme naïve réfléchit la nature comme un miroir. Quelle impétueuse ardeur dans leurs disputes et leurs débats! quelle joie de la victoire! quelle humiliation de la défaite! quelle crainte du reproche! quel désir de la louange! quelle vive émulation pour occuper, parmi eux, les premiers rangs! quel souvenir des bienfaits! quelle impatience de s'en montrer reconnaissants ! Tous ces traits sont plus sensibles dans un beau naturel, dans un de ces caractères où la nature s'est plu à tracer tous les premiers linéaments de la vertu. Tels sont les enfants : voyons l'âge mûr. Est-il un homme digne de ce nom

tum præstat mentis excellens perfectio, ut vix cogitari possit, quid intersit. Itaque omnis honos, omnis admiratio, omne studium, ad virtutem et ad eas actiones, quæ virtuti sunt consentaneæ, refertur ; eaque omnia, quæ aut ita in animis sunt, aut ita geruntur, uno nomine honesta dicuntur. Quorum omnium quæque sint notitiæ, quæque significentur rerum vocabulis, quæque cujusque vis et natura sit, mox videbimus.

XXII. Hoc autem loco tantum explicemus, hæc, honesta quæ dico, præterquam quod nosmet ipsos diligamus, præterea suapte natura per se esse expetenda. Indicant pueri ; in quibus, ut in speculis, natura cernitur. Quanta studia decertantium sunt ? quanta ipsa certamina ? ut illi efferuntur lætitia, quum vicerint ? ut pudet victos ? ut se accusari nolunt ? quam cupiunt laudari ? quos illi labores non perferunt, ut æqualium principes sint ? quæ memoria est in his bene merentium ? quæ referendæ gratiæ cupiditas ? Atque ea in optima quaque indole maxime apparent. In qua hæc honesta, quæ intelligimus, a natura tanquam adumbrantur. Sed hæc in pueris [expressa]. In is vero ætatibus, quæ jam confirmatæ sunt, quis est tam dissimilis homini, qui

que le vice ne choque, qui ne soit touché d'une action vertueuse, qui ne méprise pas une jeunesse sans mœurs et sans frein? Qui n'aimera pas, au contraire, un jeune homme sage, de mœurs réglées, même sans que notre intérêt propre nous rapproche de lui? Comment ne pas haïr le traître de Frégelles, Pullus Numitorius, malgré les avantages que Rome lui doit? Comment ne pas louer le sauveur d'Athènes, le grand Codrus, et les filles d'Érechthée? Qui n'a pas le nom de Tubulus en horreur, et qui n'aime pas Aristide, même après sa mort? Sans doute, nous n'avons pas oublié cette émotion délicieuse dont nous pénètre le récit d'une action grande et pleine de vertu. Ne parlons plus de nous, hommes d'honneur, plus rapprochés de la gloire par la naissance, de nobles exemples et une éducation privilégiée. Le peuple, les ignorants, quelles acclamations ne poussent-ils pas au théâtre, quand ces mots s'y font entendre :

Je suis Oreste ;

et que l'autre réplique :

Non, c'est moi qui suis Oreste !

Quand les deux amis dissipent ensuite les incertitudes du roi, indécis et troublé dans le choix de la victime ; quand ils deman-

---

non moveatur et offensione turpitudinis, et comprobatione honestatis? quis est, qui non oderit libidinosam, protervam adolescentiam ? quis contra in illa ætate pudorem, constantiam, etiamsi sua nihil intersit, non tamen diligat? quis Pullum Numitorium, Fregellanum proditorem, quanquam reipublicæ nostræ profuit, non odit ? quis urbis conservatorem Codrum, quis Erechthei filias non maxime laudat? cui Tubuli nomen odio non est? quis Aristidem non mortuum diligit? An obliviscimur, quantopere in audiendo, in legendoque moveamur, quum pie, quum amice, quum magno animo aliquid factum cognoscimus ? Quid loquar de nobis, qui ad laudem et ad decus nati, suscepti, instituti sumus ? Qui clamores vulgi atque imperitorum excitantur in theatris, quum illa dicuntur :

Ego sum Orestes;

contraque ab altero,

Immo enimvero ego sum, inquam, Orestes?

Quum autem etiam exitus ab utroque datur conturbato errantique regi, ambo

dent tous deux la mort, cette scène, tant de fois représentée, n'est-elle pas saluée de mille cris d'admiration? Il a donc un écho dans tous les cœurs, ce langage d'un mutuel dévouement entre deux amis qui méprisent la vie par respect pour la sainte amitié. Mais ce ne sont pas seulement les fictions de Melpomène qui sont remplies de pareils exemples de vertu; les historiens en fourmillent, surtout l'histoire romaine. Pour recevoir la statue de Cybèle, nous avons fait choix de l'homme le plus vertueux; nous avons envoyé des tuteurs aux souverains; nos généraux se sont immolés au salut de la patrie; armés contre un monarque redoutable qui s'approchait de nos murailles, nos consuls ont, par leurs avis, écarté le poison de ses lèvres; Rome a offert le spectacle d'une femme qui se donnait la mort pour se punir de l'outrage qu'elle avait involontairement subi, et d'un père devenu assassin de sa fille pour lui sauver l'honneur. Sans citer davantage, tous ces traits de grandeur ont-ils eu, dites-moi, un autre principe que l'amour de la vertu? partaient-ils de l'intérêt personnel? Et nous, quand nous les louons, avons-nous en vue autre chose que le beau moral?

XXIII. De ces vérités, qu'il suffit de présenter comme axiomes, il suit que toutes les vertus, et l'honnêteté qui résulte de la vertu, sa compagne inséparable, méritent par elles-mêmes nos

---

ergo una vivere precamur : quoties hoc agitur, quandove, nisi admirationibus maximis? Nemo est igitur, qui non hanc affectionem animi probet atque laudet; qua non modo utilitas nulla quæritur, sed contra utilitatem etiam conservatur fides. Talibus exemplis non fictæ solum fabulæ, verum etiam historiæ refertæ sunt, et quidem maxime nostræ. Nos enim ad sacra Idæa accipienda optimum virum delegimus; nos tutores misimus regibus; nostri imperatores pro salute patriæ sua capita voverunt; nostri consules regem inimicissimum, mœnibus jam appropinquantem, monuerunt, a veneno ut caveret; nostra in republica, et, quæ per vim oblatum stuprum voluntaria morte lueret, inventa est; et qui interficeret filiam, ne stupraretur : quæ quidem omnia, et innumerabilia præterea, quis est, qui non intelligat, et eos, qui fecerunt, dignitatis splendore ductos, immemores fuisse utilitatum suarum, nosque, quum ea laudemus, nulla alia re, nisi honestate duci?

XXIII. Quibus rebus breviter expositis (nec enim sum copiam, quam potui, quia dubitatio in re nulla erat, persecutus), sed his rebus conclùditur profecto, et virtutes omnes, et honestum illud, quod ex his virtutibus exoritur

recherches. Or, dans le domaine du beau moral, il n'est rien qui brille d'un plus vif éclat et s'étende plus loin que l'union de l'homme avec son semblable : société où les biens sont mis en commun, tendre amour de l'humanité. Ce sentiment a ses racines dans la tendresse paternelle; puis, unissant les familles par les liens du mariage et de l'affinité, il s'étend au dehors, premièrement par les branches des parentés plus éloignées, ensuite par des alliances, des amitiés, par les liaisons du voisinage, par la participation aux mêmes usages, aux mêmes lois, par les traités et les confédérations des peuples, enfin par un immense lien qui embrasse l'humanité entière. Dans cette union universelle, rendre à chacun ce qui lui est dû, maintenir l'égalité entre tous les membres du genre humain, c'est observer la justice, vertu qui a pour compagnes la piété, la bonté, la douceur, la bienfaisance, et toutes les qualités de ce genre. Mais tous ces traits ne sont pas exclusivement les siens ; toutes les autres vertus se les partagent. Puisque l'homme est né pour la société, il faut que chaque vertu, dans toutes les actions qui lui sont propres, serre les nœuds sociaux, loin de les relâcher ou de les rompre. De même, la justice, exerçant son influence sur toutes les autres vertus, les réunira en un seul faisceau; car il n'y a pas d'équité sans sagesse accompagnée de fermeté. La vertu même,

et in his hæret, esse per se expetendum. In omni autem honesto, de quo loquimur, nihil est tam illustre, nec quod latius pateat, quam conjunctio inter homines hominum, et quasi quædam societas et communicatio utilitatum, et ipsa caritas generis humani : quæ nata a primo statu, quo a procreatoribus nati diliguntur, et tota domus conjugio et stirpe conjungitur, serpit sensim foras, cognationibus primum, tum affinitatibus, deinde amicitiis, post vicinitatibus; tum civibus, et iis, qui publice socii atque amici sunt ; deinde totius complexu gentis humanæ : quæ animi affectio suum cuique tribuens, atque hanc, quam dico, societatem conjunctionis humanæ munifice æque tuens, justitia dicitur ; cui adjunctæ sunt pietas, bonitas, liberalitas, benignitas, comitas, quæque sunt generis ejusdem. Atque hæc ita justitiæ propria sunt, ut sint virtutum reliquarum communia. Nam quum sic hominis natura generata sit, ut habeat quiddam innatum quasi civile atque populare, quod Græci πολιτικόν vocant, quidquid aget quæque virtus, id a communitate, et ea, quam exposui, caritate atque societate humana non abhorrebit ; vicissimque justitia, ut ipsa se fundet usu in cæteras virtutes, sic illas expetet. Servari enim justitia, nisi a forti viro, nisi a sapiente, non potest. Qualis est igitur omnis hæc, quam

ou les inspirations vertueuses, voilà le beau moral ; nous le trouvons aussi dans ce mutuel concert, dans cette tendance de toutes les vertus vers un but commun. Un homme s'y conforme-t-il et dans ses sentiments et dans ses actions, sa vie est celle d'un sage ; elle réunit la droiture, le beau moral, à une conduite irréprochable et selon les véritables fins de la nature. Les philosophes ne trouvent point dans cette connexité de toutes les vertus un motif pour ne pas les distinguer. Sans doute, elles sont sœurs, elles se prêtent un mutuel appui, elles semblent inséparables ; ils ont cependant assigné à chacune d'elles sa fonction particulière. C'est dans les travaux, dans les dangers, que la force se déploie ; la tempérance foule aux pieds les voluptés ; le bien est discerné du mal par la prudence ; la justice respecte et maintient les droits de tous. Mais une sorte de force excentrique étend chaque vertu hors des limites de sa sphère, de sorte qu'elle semble offrir un vaste asile à tous les hommes, et voilà pourquoi amis, frères, parents, alliés, compatriotes, tous les hommes enfin, composant une seule famille, sont à rechercher par eux-mêmes, quoique le bien suprême ne soit pour rien dans tout cela. Divisons donc en deux classes les choses qui, par elles-mêmes, méritent notre empressement. Dans l'une, rangeons celles qui regardent l'âme et le corps, auxquelles le sou-

dico, conspiratio, consensusque virtutum, tale est illud ipsum honestum, quandoquidem honestum, aut ipsa virtus est, aut res gesta virtute. Quibus in rebus vita consentiens, virtutibusque respondens, recta, et honesta et constans, et naturæ congruens existimari potest. Atque hæc conjunctio confusioque virtutum, tamen a philosophis ratione quadam distinguitur. Nam quum ita copulatæ connexæque sint, ut omnes omnium participes sint, nec alia ab alia possit separari, tamen proprium suum cujusque munus est, ut fortitudo in laboribus, periculisque cernatur ; temperantia in prætermittendis voluptatibus ; prudentia in delectu bonorum, et malorum ; justitia in suo cuique tribuendo. Quando igitur inest in omni virtute cura quædam quasi foras spectans, aliosque appetens atque complectens, exsistit illud, ut amici, ut fratres, ut propinqui, ut affines, ut cives, ut omnes denique (quando unam societatem hominum esse volumus) propter se expetendi sint. Atque eorum nihil est ejus generis, ut sit in fine atque extremo bonorum. Ita fit, ut duo genera propter se expetendorum reperiantur : unum quod est in iis, in quibus completur illud extremum ; quæ sunt aut animi, aut corporis. Hæc autem, quæ sunt extrinsecus, id

verain bien peut être attaché ; dans l'autre, les choses extérieures, qui sont amis, enfants, parents, proches, patrie : objets qui, par eux-mêmes, méritent notre tendresse et notre estime, mais qu'il n'en faut pas moins placer au-dessous des premiers. Sans doute les choses extérieures peuvent être très-estimables; mais le bien suprême deviendrait inaccessible, si elles en faisaient partie essentielle.

XXIV. Voilà, direz-vous, une contradiction. Quoi! tout se rapporterait au souverain bien, et vous excluriez de ce souverain bien les choses extérieures? Je réponds : Tous ces objets s'y rapportent, parce que les devoirs dont ils dépendent ont tous leur source dans quelque vertu. Cultiver ses amis, avoir une respectueuse tendresse pour ses parents, c'est s'acquitter d'un devoir, ce sont de bonnes actions qui ont leurs racines dans la vertu. Les vrais sages s'y laissent aller, conduits par la nature.

Les hommes qui à quelques faiblesses de l'humanité joignent une âme noble, sont souvent stimulés par la gloire, dans laquelle ils retrouvent une image de la vertu. Ah! s'ils pouvaient contempler face à face cette vertu, le plus beau, le plus parfait présent du ciel, quelle joie les enivrerait, puisque son ombre seule les charme et les séduit! L'homme le plus adonné à la

---

est quæ neque in animo sunt, neque in corpore, ut amici, ut parentes, ut liberi, ut propinqui, ut ipsa patria, sunt illa quidem sua sponte cara, sed eodem in genere, quo illa non sunt. Nec vero quisquam summum bonum assequi unquam posset, si omnia illa, quæ sunt extra, quanquam expetenda, summo bono continerentur.

XXIV. Quo modo igitur, inquies, verum esse poterit, omnia referri ad summum bonum, si amicitiæ, si propinquitates, si reliqua externa summo bono non continentur? Hac videlicet ratione : quod ea, quæ externa sunt, iis tuemur officiis, quæ oriuntur a suo cujusque genere virtutis. Nam et amici cultus, et parentis, [et] qui officio fungitur, in eo ipso prodest, quod, ita fungi officio in recte factis est : quæ sunt orta virtutibus. Quæ quidem sapientes sequuntur, utentes tanquam duce natura.

Non perfecti autem homines, et tamen ingeniis excellentibus præditi, excitantur sæpe gloria : quæ habet formam honestatis et similitudinem. Quod si ipsam honestatem undique perfectam et absolutam, rem unam præclarissimam omnium, maximeque laudandam, penitus viderent, quonam gaudio complerentur, quum tantopere ejus adumbrata opinione lætentur? Quem enim dedi-

volupté, le plus embrasé du feu des passions, trouvera-t-il jamais dans la possession de ce qu'il avait le plus ardemment désiré une joie comparable à celle du premier Scipion, vainqueur d'Annibal, et du second, destructeur de Carthage? Lorsque Rome entière accourt sur les bords du Tibre pour voir le roi Persée que L. Paullus amenait captif sur ce fleuve, quel autre homme eut alors une joie si pure et si véritable que lui? Courage donc, mon cher Lucius, ajoutez chaque jour au trésor des vertus de votre âme. Heureux celui qui les possède, et qui a placé si haut toutes ces affections! Les affaires publiques, nos intérêts privés peuvent subir des révolutions; mais que la fortune est faible, quand elle lutte contre la vertu! Pour les biens corporels, s'ils mettent le comble au bonheur, ils ne sont pas le bonheur. Ce qu'ils y ajoutent est même peu de chose, car on peut les comparer aux étoiles dont la pâle lumière s'efface devant celle du soleil. Mais, si l'on a raison de dire qu'ils ne sont que d'une légère considération pour le bonheur de la vie, c'est exagérer que de prétendre que leur influence y est entièrement nulle. Soutenir une telle opinion, c'est, à mon sens, avoir oublié les principes de la nature. Accordons quelque chose à ces premiers principes, mais sachons nous renfermer dans des limites raisonnables. Le vrai philosophe, celui qui cherche la vérité et non

tum voluptatibus, cupiditatum incendiis inflammatum, in iis potiendis, quæ acerrime concupivisset, tanta lætitia perfundi arbitramur, quanta aut superiorem Africanum Annibale victo, aut posteriorem Carthagine eversa? Quem Tiberina decursio, festo illo die, tanto gaudio affecit, quanto L. Paullum, quum regem Persen captum adduceret, eodem flumine invectum? Age nunc, Luci noster, exstrue animo altitudinem excellentiamque virtutum : jam non dubitabis, quin earum compotes homines, magno animo erectoque viventes, semper sint beati; qui omnes motus fortunæ, mutationesque rerum et temporum, leves et imbecillos fore intelligant, si in virtutis certamen venerint. Illa enim, quæ sunt a nobis bona corporis numerata, complent ea quidem beatissimam vitam, sed ita, ut sine illis possit beata vita exsistere. Ita enim parvæ et exiguæ sunt istæ accessiones bonorum, ut, quemadmodum stellæ in radio solis, sic istæ in virtutum splendore ne cernantur quidem. Atque hoc ut vere dicitur, parva esse ad beate vivendum momenta ista corporis commodorum; sic nimis violentum est, nulla esse dicere. Qui enim sic disputant, obliti mihi videntur, quæ ipsi egerint principia naturæ. Tribuendum igitur est his aliquid, dummodo, quantum tribuendum sit, intelligas. Est tamen philosophi,

le faste, comptera pour quelque chose ce que l'orgueil stoïque lui-même range parmi les objets conformes à la nature ; mais aussi, l'empire suprême de la vertu sera si bien établi pour lui, que tout le reste, en comparaison, lui semblera voisin du néant. Ainsi parlera tout homme qui, élevant la vertu par-dessus tout, ne dédaigne pas cependant de jeter un regard sur le reste ; tout homme enfin qui donne à la vertu les seules louanges qu'elle puisse avouer. Voilà, comme je le conçois, le souverain bien dans sa plénitude. De cet ensemble, de cette unité complexe, chaque école a détaché une partie, et a voulu, à toute force, faire triompher son système.

XXV. Aristote et Théophraste avaient souvent préconisé la science. S'attachant à la science seule, Hérillus affirma qu'elle était le bien par excellence, et que nulle autre chose n'était digne de nos recherches. Il y a, chez les anciens, d'admirables pensées sur le mépris des biens de la terre : de là le système d'Ariston, qui nous dit : Hormis la vertu et le vice, rien n'est à rechercher, rien à fuir. A peine nos sages ont-ils placé l'absence de la douleur parmi les choses qui sont selon la nature, qu'Hiéronyme accourt et s'écrie : Voilà le souverain bien. Quant à Calliphon et Diodore, quoique l'un plaidât pour la volupté, l'autre pour l'absence de la douleur, ni l'un ni l'autre ne s'est

---

non tam gloriosa, quam vera quærentis, nec pro nihilo putare ea, quæ secundum naturam illi ipsi gloriosi esse fatebantur; et videre tantam vim virtutis, tantamque, ut ita dicam, auctoritatem honestatis, ut reliqua non illa quidem nulla, sed ita parva sint, ut nulla esse videantur. Hæc est nec omnia spernentis præter virtutem, et virtutem ipsam suis laudibus amplificantis oratio. Denique hæc est undique completa et perfecta explicatio summi boni. Hinc cæteri particulas arripere conati, suam quisque videri voluit afferre sententiam.

XXV. Sæpe ab Aristotele, a Theophrasto mirabiliter est laudata per se ipsa rerum scientia. Hoc uno captus Herillus, scientiam summum bonum esse defendit, nec rem ullam aliam per se expetendam. Multa sunt dicta ab antiquis de contemnendis ac despiciendis rebus humanis. Hoc unum Aristo tenuit : præter vitia atque virtutes, negavit rem esse ullam aut fugiendam, aut expetendam. Positum est a nostris in iis rebus, quæ secundum naturam essent, non dolere. Hoc Hieronymus summum bonum esse dixit. At vero Callipho, et post eum Diodorus, quum alter voluptatem adamavisset, alter vacuitatem do-

avisé d'exclure la vertu, que nous élevons au-dessus de tout. Il n'y a pas jusqu'aux voluptueux qui ne cherchent des subterfuges, et qui n'aient tous les jours le nom de vertu à la bouche. Chaque homme, disent-ils, se porte d'abord vers le plaisir; mais l'habitude, cette seconde nature, le pousse ensuite vers plusieurs objets entièrement étrangers à la volupté. Le Portique, qui nous occupe le dernier, nous a dérobé une ou deux maximes; peu content de ce larcin, il a pris le fond de notre doctrine. Semblables aux voleurs qui rendent leur proie méconnaissable, les stoïciens ont changé les termes de nos dogmes, afin de se les approprier avec sécurité. Seule, notre école mérite donc de compter dans son sein les amis des nobles études, les savants, les grands hommes, les premiers citoyens, les monarques.

Après ces derniers mots, Pison s'arrêta un instant. Eh bien, dit-il ensuite, vous m'aviez permis de disserter devant vous : n'en ai-je pas usé assez largement? Oui, lui dis-je; et vous possédez si bien ces matières, que nous sommes maintenant tous convaincus d'une chose : s'il nous était donné de toujours vous entendre, nous pourrions prendre congé des Grecs. Je me souviens aussi (et c'est là ce que j'admire le plus), je me souviens que Staséas de Naples, cet illustre péripatéticien, votre maître en philosophie, ne professait pas tout à fait la même opinion,

---

loris, neuter honestate carere potuit, quæ est a nostris laudata maxime. Quin etiam ipsi voluptarii deverticula quærunt, et virtutes habent in ore totos dies, voluptatemque primo duntaxat expeti dicunt; deinde consuetudine quasi alteram naturam effici, qua impulsi multa faciant, nullam quærentes voluptatem. Stoici restant. Hi quidem non unam aliquam, aut alteram a nobis, sed totam ad se nostram philosophiam transtulerunt. Atque, ut reliqui fures earum rerum, quas ceperunt, signa commutant, sic illi, ut sententiis nostris pro suis uterentur, nomina, tanquam rerum notas, mutaverunt. Ita reliquitur sola hæc disciplina digna studiosis ingenuarum artium, digna eruditis, digna claris viris, digna principibus, digna regibus.

Quæ quum dixisset, paulumque instituisset, Quid est? inquit, satisne vobis videor pro meo jure in vestris auribus commentatus? Et ego, Tu vero, inquam, Piso, ut sæpe alias, sic hodie ita ista nosse visus es, ut, si tui copia nobis semper fieret, non multum Græcis supplicandum putarem. Quod quidem eo probavi magis, quia memini, Staseam Napolitanum, doctorem illum tuum, nobilem sane peripateticum, aliquanto ista secus dicere solitum, assentientem

et se rangeait du côté des philosophes qui, dans la composition du bien et du mal, font entrer pour beaucoup la prospérité et l'adversité, les avantages ou les disgrâces de la nature. Il est vrai, reprit Pison; mais Antiochus, notre ami, a laissé Staséas bien loin derrière lui. Au reste, l'opinion que je suis maintenant curieux de connaître, ce n'est pas la vôtre; c'est celle du jeune Cicéron, que je désire conquérir sur votre école.

XXVI. Votre doctrine, dit Lucius, me semble prouvée; et sans doute mon cousin est de mon avis. Eh bien, me dit Pison, laissez-vous à notre jeune compatriote la liberté de choisir, ou préférez-vous pour lui un système qui lui donnera le savoir d'un ignorant raisonnable? Lucius est libre, lui dis-je; mais, vous ne l'avez pas oublié, tout ce que vous venez de dire a besoin de mon approbation. Comment donc n'approuverais-je pas ce qui me paraît si probable? Qui donnera son assentiment, répondit Pison, à ce qui n'a pas la clarté de l'évidence ou de la démonstration? Elle est bien courte, repris-je, la distance qui nous sépare; car une seule chose me détourne de croire à la possibilité d'une perception claire des objets; c'est la manière dont Zénon définit la perception. Selon son école, cette opération de l'entendement n'est applicable qu'aux vérités dont l'évidence exclut toute idée d'erreur. Le désaccord est donc entre les stoï-

---

iis, qui multum in fortuna secunda, aut adversa, multum in bonis, aut malis corporis ponerent. Est ut dicis, inquit; sed hæc ab Antiocho, nostro familiari, dicuntur multo melius et fortius, quam a Stasea dicebantur. Quanquam ego non quæro, quid tibi a me probatum sit, sed huic Ciceroni nostro, quem discipulum cupio a te abducere.

XXVI. Tum Lucius : Mihi vero ista valde probata sunt; quod item fratri puto. Tum mihi Piso, Quid ergo? inquit, dasne adolescenti veniam? an cum discere ea mavis, quæ quum præclare didicerit, nihil sciat? Ego vero isti, inquam, permitto. Sed nonne meministi, mihi licere probare ista, quæ sunt a te dicta? Quis enim potest ea, quæ probabilia videantur ei, non probare? An vero, inquit, quisquam potest probare, quod perceptum, quod comprehensum, quod cognitum non habet? Non est ista, inquam, Piso, magna dissensio. Nihil est enim aliud, quamobrem nihil percipi mihi posse videatur, nisi quod percipiendi vis ita definitur a stoicis, ut negent quidquam posse percipi, nisi tale verum, quale falsum esse non possit. Itaque hæc cum illis est dissensio, cum

ciens et moi; et je suis en paix avec l'école d'Aristote. Mais laissons là une dispute dont nous ne verrions pas la fin.

Un seul point me paraît demander encore quelques développements. Le sage, avez-vous dit, jouit toujours du bonheur : je ne sais pourquoi vous n'avez fait qu'effleurer ce principe. Tant que la démonstration ne sera pas complète, je pencherai pour Théophraste, qui pense qu'il n'y a pas de bonheur là où habitent l'adversité et les grandes douleurs. Être heureux, être accablé de maux, sont deux idées incompatibles, entre lesquelles je ne vois aucun rapport. N'admettez-vous point, dit Pison, que la vertu suffit au bonheur? si vous le croyez, ne serez-vous pas obligé de penser que le bonheur peut être goûté, malgré quelques maux, par un mortel vertueux? Je donnerai, répondis-je, à l'empire de la vertu toute l'extension possible ; mais nous chercherons une autre fois les bornes qu'il faut y mettre. Voici, pour le moment, la question que je pose : En mettant au rang des biens quelque autre chose que la vertu, cette dernière possédera-t-elle encore une puissance aussi grande? Convenez-vous avec les stoïciens, dit-il, que la vertu seule rende la vie heureuse ; vous devez l'accorder aussi aux péripatéticiens. En effet, il y a identité entre les choses que le Portique n'ose appeler des maux, mais qu'il regarde comme dures, fâcheuses, contraires à la nature, et celles qui sont à nos yeux des maux légers

---

peripateticis nulla sane. Sed hæc omittamus ; habent enim et bene longam, et satis litigiosam disputationem.

Illud mihi a te nimium festinanter dictum videtur, sapientes omnes esse semper beatos. Nescio quo modo prætervolavit oratio. Quod nisi ita efficitur quæ Theophrastus de fortuna, de dolore, de cruciatu corporis dixit, cum quibus conjungi beatam vitam nullo modo posse putavit, vereor ne vera sint. Nam illud vehementer repugnat, eumdem et beatum esse, et multis malis oppressum. Hæc quo modo conveniant, non sane intelligo. Utrum igitur tibi non placet, inquit, virtutis tantam vim esse, ut ad beate vivendum se ipsa contenta sit? an, si id probas, ita fieri posse negas, ut ii, qui virtutis compotes sint, etiam malis quibusdam affecti, beati sint? Ego vero volo in virtute vim esse quam maximam; sed quanta sit, alias : nunc tantum, possitne esse tanta, si quidquam extra virtutem habeatur in bonis. Atqui, inquit, si stoicis concedis ut virtus sola, si adsit, vitam efficiat beatam, concedis etiam peripateticis. Quæ enim mala illi non audent appellare, aspera autem, et incommoda, et rejicienda, et aliena naturæ esse concedunt, ea nos mala dicimus, sed exigua, et

et supportables. Ainsi, pouvoir être heureux malgré des choses dures et fâcheuses, c'est aussi pouvoir l'être avec des maux légers. Nul homme, repris-je, ne pénètre mieux que vous, Pison, le fond d'une affaire. Prêtez-moi donc, de grâce, une oreille attentive : si vous n'avez pas saisi ma question, la faute en est à moi. Je suis attentif, répondit Pison, et je vous attends.

XXVII. Je repris ainsi : Je n'interroge pas la vertu sur sa puissance ; je me demande seulement si les doctrines sur ce sujet ne se contredisent point. Comment donc? dit Pison. C'est que, quand du sein de Zénon, comme de la Pythie, se sont échappées ces paroles solennelles : « La vertu n'a besoin que d'elle-même pour le bonheur, » si on lui demande la preuve, il répond, « Le beau moral est le seul bien. » Est-ce là une vérité ou une erreur? c'est ce que je ne cherche pas ; je dis seulement qu'il y a une étroite liaison entre ces deux maximes. Épicure lui-même conviendra, si l'on veut, que « le sage est toujours heureux ; » car il parle quelquefois avec fierté, et va jusqu'à soutenir que le sage, dans les plus grandes douleurs, dira : « Que cela est doux! et que je suis loin de le craindre! » Je ne m'attacherai point à lui demander comment la nature peut avoir tant de force ; je lui dirai seulement qu'il ne prend pas garde au langage qui lui convient, après avoir établi que la douleur est un

---

porro minima. Quare si potest esse beatus is, qui est in asperis rejiciendisque rebus, potest is quoque esse, qui est in parvis malis. Et ego, Piso, inquam, si est quisquam, qui acute in causis videre soleat, quæ res agatur, is es profecto tu. Quare attende, quæso. Nam adhuc, meo fortasse vitio, quid ego quæram, non perspicis. Istic sum, inquit, exspectoque quid ad id, quod quæram, respondeas.

XXVII. Respondebo me non quærere, inquam, hoc tempore, quid virtus possit efficere, sed quid constanter dicatur, quid ipsum a se dissentiat. Quo igitur, inquit, modo? Quia, quum a Zenone, inquam, hoc magnifice, tanquam ex oraculo, editur, « Virtus ad beate vivendum se ipsa contenta est : » quare? inquit; respondet : « Quia, nisi quod honestum est, nullum est aliud bonum. » Non quæro jam, verumne sit : illud dico, ea, quæ dicat, præclare inter se cohærere. Dixerit hoc idem Epicurus, « Semper beatum esse sapientem : » quod quidem solet ebullire nonnunquam. Quem quidem, quum summis doloribus conficiatur, ait dicturum, « Quam suave est! quam nihil curo ! » Non pugnem cum homine, cur tantum habeat in natura boni. Illud urgeam, non intelligere eum, quid sibi dicendum sit, quum dolorem summum malum esse dixerit.

grand mal. Je vous parle à peu près de même. Vous mettez au nombre des biens et des maux tout ce qu'y mettent ceux qui n'ont pas même l'idée de la philosophie : au nombre des biens, la santé, la force, la taille, la figure, l'intégrité des moindres parties du corps; au nombre des maux, la laideur, la maladie, les infirmités. Pour les biens extérieurs, vous êtes plus économe, mais vous y compterez du moins ceux qui accompagnent ordinairement les avantages corporels, des amis, des enfants, une famille, les richesses, les honneurs, le pouvoir. Je ne parle pas des choses contraires; mais, s'il faut voir en elles des maux, comme elles peuvent arriver au sage, il s'en suivra que la sagesse est impuissante pour procurer, à elle seule, le bonheur. Pour être très-heureux, reprit-il, je conviens qu'elle ne suffit pas; mais c'est assez d'elle pour être simplement heureux. J'ai déjà remarqué ce langage dans votre bouche, lui répondis-je, et notre ami Antiochus parle de même, je le sais; mais peut-on soutenir qu'un homme est heureux, quand il ne l'est pas assez ? A tout ce qui est suffisant ajoutez ne que chose, aussitôt vous produirez l'excès. D'ailleurs, est-il possible d'être trop heureux? et un heureux, quel qu'il soit, peut-il être plus heureux qu'un autre? Chose étrange ! répliqua Pison : Q. Metellus, qui vit trois de ses fils consuls, et l'un des trois censeur et triomphateur; qui vit le quatrième honoré de la préture; qui les laissa tous pleins de vie, et leurs sœurs mariées, après avoir été lui-même consul,

Eadem nunc mea adversum te oratio est. Dicis eadem omnia et bona, et mala, quæ quidem dicunt, qui nunquam philosophum pictum, ut dicitur, viderunt : valetudinem, vires, staturam, formam, integritatem unguiculorum omnium, bona ; deformitatem, morbum, debilitatem, mala. Jam illa externa, parce tu quidem : sed hæc, quum corporis bona sint eorum conficientia, certe in bonis numerabis ; amicos, liberos, propinquos, divitias, honores, opes. Contra hæc attende me nihil dicere : si ista mala sunt, in quæ potest incidere sapiens, sapientem esse, non esse ad beate vivendum satis. Immo vero, inquit, ad beatissime vivendum, parum est ; ad beate vero, satis. Animadverti, inquam, te isto modo paulo ante ponere ; et scio, ab Antiocho nostro dici sic solere. Sed quid minus probandum, quam esse aliquem beatum, nec satis beatum ? Quod autem satis est, eo quidquid accesserit, nimium est : et nemo nimium beatus est ; et nemo beato beatior. Ergo, inquit, tibi Q. Metellus, qui tres filios consules vidit, e quibus unum etiam et censorem, et triumphantem, quartum autem prætorem, eosque salvos reliquit, et tres filias nuptas, quum ipse

censeur, augure, triomphateur ; Metellus, supposé qu'il fût sage, n'a-t-il pas été plus heureux que Regulus, que je suppose sage comme lui, et que les Carthaginois firent mourir de faim et de veilles?

XXVIII. Pourquoi m'adressez-vous cette question? lui dis-je; c'est aux stoïciens qu'il faut la faire. Quelle sera, dites-moi, leur réponse? Que Metellus ne fut en rien plus heureux que Regulus. Eh bien, écoutons les stoïciens. Mais nous nous écartons de notre sujet : ce que j'attends de vous, c'est moins la vérité qu'une opinion conséquente avec elle-même. Que les stoïciens ne disent-ils qu'un sage est plus heureux qu'un autre sage! tout leur système s'écroulerait en un instant. Ne mettant le souverain bien que dans la vertu, dans le beau moral; soutenant qu'il n'y a pas de degrés dans la vertu, et que le bonheur est le résultat inévitable de sa possession, comment pourraient-ils affirmer qu'un sage fût plus heureux qu'un autre, puisque la seule chose d'où naît le bonheur n'est pas susceptible d'accroissement? Voyez-vous les rapports qui enchaînent toutes ces idées? Les dernières s'accordent avec les premières; et les propositions intermédiaires sont les anneaux qui unissent les deux bouts de cette chaîne. En géométrie, accordez une proposition, il faut acorder toutes les conséquences qui s'en déduisent. Ainsi, convenez avec Zénon

---

consul, censor etiam, augurque fuisset, et triumphasset : ut sapiens fuerit, nonne beatior, quam, ut item sapiens fuerit, qui in potestate hostium, vigiliis et inedia necatus est, Regulus?

XXVIII. Quid me istud rogas? inquam : stoicos roga. Quid igitur, inquit, eos responsuros putas? Nihilo beatiorem esse Metellum, quam Regulum. Inde igitur, inquit, audiendum est. Tamen a proposito, inquam, aberramus. Non enim, inquam, quæro, quid verum, sed quid cuique dicendum sit. Utinam quidem dicerent alium alio beatiorem! jam ruinas videres. In virtute enim sola, et in ipso honesto quum sit bonum positum, quumque nec virtus, ut placet illis, nec honestum crescat, idque bonum solum sit, quo qui potiatur, necesse est beatus sit, quum id augeri non possit, in quo uno positum est beatum esse, qui potest esse quisquam alius alio beatior? Videsne, ut hæc concinant? Et hercule (fatendum est enim, quod sentio) mirabilis est apud illos contextus rerum. Respondent extrema primis, media utrisque, omnia omnibus : quid sequatur, quid repugnet, vident. In geometria prima si dederis, danda sunt omnia. Concede nihil esse bonum, nisi quod honestum sit, con-

que le beau moral est le seul bien, à l'instant il faudra lui accorder que le bonheur se trouve dans la seule vertu. Il en est ici de même; l'un est la suite de l'autre. Vos philosophes ont moins d'art. Que font-ils? Les biens sont de trois sortes, disent-ils. A merveille! mais, parvenus là, ils s'arrêtent. Ils veulent dire que le sage a tout ce qu'il faut pour être heureux; maxime honorable, digne de Socrate et de Platon; mais en vain ils soutiennent cette thèse; pour y parvenir, ils devraient réformer d'abord leur langage. La pauvreté est un mal, disent-ils : j'en conclus, contre eux-mêmes, qu'un mendiant, fût-il le plus sage des hommes, ne saurait être heureux. Toutefois, peu content de le dire heureux, Zénon le fait riche.

Si la douleur est un mal, comment être heureux sur une croix? Si la paternité est un bien, la perte de ses enfants ne sera-t-elle pas un malheur? Si c'est un bien que de vivre dans sa patrie, il faut ranger l'exil parmi les maux. La santé, dites-vous, est un bien : je réponds, la maladie est donc un mal. Est-ce un bien d'avoir tous ses membres, de jouir de la vue; ce sera un malheur d'être estropié, de devenir aveugle. Vous trouverez peut-être quelque consolation à chacun de ces maux; mais, s'ils sont tous accumulés sur une seule tête, quel remède y appliquerez-vous? Voilà un sage qui est à la fois aveugle, estropié, malade, exilé, pauvre, privé de ses enfants, en proie à de cruelles tortures : comment Zénon l'appellera-t-il? heureux, trois fois

---

cedendum est, in virtute sola positam esse beatam vitam. Vide rursus retro. Dato hoc, dandum erit illud. Quod vestri non item. Tria genera bonorum. Proclivius currit oratio. Venit ad extremum : hæret in salebra. Cupit enim dicere, Nihil posse ad beatam vitam deesse patienti. Honesta oratio : Socratica, Platonis etiam. Audeo dicere, inquit. Non potest, nisi retexueris illa : paupertas si malum est, mendicus beatus esse nemo potest, quamvis sit sapiens. At Zeno cum non beatum modo, sed etiam divitem dicere ausus est.

Dolere, malum : in crucem qui agitur, beatus esse non potest. Bonum, liberi : miserum orbitas. Bonum patria : miserum exsilium. Bonum valetudo : miserum morbus. Bonum integritas corporis : miserum debilitas. Bonum incolumis acies : miserum cæcitas. Quæ si potest singula consolando levare, universa quomodo sustinebit? Sit enim idem cæcus, debilis, morbo gravissimo affectus, exsul, orbus, egens, torqueatur equuleo, quem hunc appellas, Zeno?

heureux. J'ai enseigné, dira-t-il, que le vrai bonheur ne comporte pas le plus ou le moins, et qu'il ressemble en cela à la vertu, qui est son principe. Comment le croire? un tel homme très-heureux! Mais vous, Pison, qui le dites heureux, méritez-vous plus de croyance? Prenez le peuple pour juge : lui prouverez-vous jamais que dans un tel état on est heureux? Consultez les esprits éclairés, ils douteront peut-être que l'empire de la vertu puisse aller jusqu'à faire habiter le bonheur dans le taureau de Phalaris ; mais il est une chose dont ils ne douteront pas, c'est que le Portique est conséquent dans son langage, et qu'il y a contradiction dans votre école. — Vous approuvez donc le fameux livre de Théophraste sur *la Vie heureuse?* — Nous voilà encore bien loin de la question ; mais, pour terminer cette observation, oui, je l'approuve, si ce sont là des maux. — Qu'est-ce autre chose, selon votre système? — Question imprudente : quelle que soit ma réponse, elle vous embarrassera. — Comment? — Si ce sont des maux, l'homme qu'ils atteignent ne peut goûter le bonheur; l'hypothèse contraire renversera toute la doctrine d'Aristote. — Je vous vois venir, dit-il en riant ; vous craignez que je ne détache de vous votre disciple. — Non, il peut vous suivre, pourvu qu'il ne quitte point vos pas. Être avec vous, ce sera encore être avec moi.

XXIX. Écoutez-moi donc, Lucius, reprit Pison ; car c'est à

Beatum, inquit. Etiam beatissimum? Quippe, inquiet, quum tam docuerim, gradus istam rem non habere, quam virtutem, in qua sit etiam ipsum beatum. Tibi hoc incredibile, quia beatissimum. Quid tuum? credibile? Si enim ad populum me vocas, eum, qui ita sit affectus, beatum nunquam probabis. Si ad prudentes, alterum fortasse dubitabunt sitne tantum in virtute, ut ea præditi, vel in Phalaridis tauro beati sint; alterum non dubitabunt, quin et stoici convenientia sibi dicant, et vos repugnantia. Theophrasti igitur, inquit, tibi liber ille placet de beata vita? Tamen aberramus a proposito : et, ne longius; prorsus, inquam, Piso, si ista mala sunt, placet. Nonne igitur tibi videntur, inquit, mala? Id quæres? inquam : in quo, utrum respondebo, verses te huc atque illuc necesse est. Quo tandem modo? inquit. — Quia, si mala sunt, is, qui erit in his, beatus non erit. Si mala non sunt, jacet omnis ratio peripateticorum. Et ille ridens, Video, inquit, quid agas. Ne discipulum abducam, times. Tu vero, inquam, ducas licet, si sequatur. Erit enim mecum, si tecum erit.

XXIX. Audi igitur, inquit, Luci. Tecum enim, ut ait Theophrastus, mihi

vous, comme dit Théophraste, que je veux maintenant m'adresser. Le bonheur, voilà toute la philosophie; car tous les hommes n'aspirent qu'à être heureux, et sur ce point nous sommes d'accord, votre cousin et moi. Il faut donc voir si la philosophie peut le donner : elle le promet, du moins. Sans cela, pourquoi Platon aurait-il visité l'Égypte, curieux d'apprendre des prêtres barbares les nombres et les choses célestes? pourquoi aurait-il visité Archytas à Tarente; et, à Locres, les autres pythagoriciens, Échécrate, Timée, Acrion, afin d'enrichir le trésor des leçons de Socrate par les parties de la doctrine de Pythagore que Socrate avait dédaignées? Pythagore lui-même, quel était son but quand il voyageait en Égypte, et allait, de là, interroger les mages de la Perse? pourquoi traversa-t-il à pied tant de contrées barbares? pourquoi franchit-il tant de mers? Pourquoi tous ces voyages de Démocrite? je n'examine pas s'il est vrai qu'il se soit crevé les yeux : ce qu'il y a de sûr, c'est que désirant s'isoler dans ses méditations profondes, il négligea son bien, et laissa ses terres incultes, pour chercher le bonheur. C'est dans la science qu'il croyait le trouver; et l'étude de la nature lui semblait le moyen de parvenir à cette égalité d'âme, à ce bien suprême qu'il nomme εὐθυμια, souvent ἀθαμβία, c'est-à-dire absence de toute crainte. Cette doctrine, bien que remarquable, n'est pas parfaite. Démocrite a même eu le tort de ne

---

instituenda oratio est. Omnis auctoritas philosophiæ consistit in beata vita comparanda. Beate enim vivendi cupiditate incensi omnes sumus. Hoc mihi cum tuo fratre convenit. Quare hoc videndum est, possitne nobis hoc ratio philosophorum dare. Pollicetur certe. Nisi enim id faceret, cur Plato Ægyptum peragravit, ut a sacerdotibus barbaris numeros et cœlestia acciperet? cur post Tarentum ad Archytam? cur ad cæteros Pythagoreos, Echecratem, Timæum, Acrionem, Locros, ut, quum Socratem expressisset, adjungeret Pythagoreorum disciplinam, eaque, quæ Socrates repudiabat, addisceret? Cur ipse Pythagoras et Ægyptum lustravit, et Persarum magos adiit? cur tantas regiones Barbarorum pedibus obiit, tot maria transmisit? Cur hæc eadem Democritus? qui (vere falsone, non quæremus) dicitur oculis se privasse : certe, ut quam minime animus a cogitationibus abduceretur, patrimonium neglexit, agros deseruit incultos, quid quærens aliud, nisi beatam vitam? Quam si etiam in rerum cognitione ponebat, tamen ex illa investigatione naturæ consequi volebat, ut esset bono animo. Id enim ille summum bonum, εὐθυμίαν et sæpe ἀθαμβίαν appellat, id est animum terrore liberum. Sed hæc etsi præclare, nondum

pas mettre dans tout son jour sa théorie de la vertu. Vint ensuite Socrate qui, dans cette ville même, se consacra à ces nobles études, et fit entendre sa voix dans le lieu même où nous sommes. Il ne fut plus douteux que la vertu ne soit le seul appui du bonheur. Élève de cette école, Zénon fit comme les avocats; il reproduisit les mêmes idées sous d'autres termes. Voilà l'œuvre que vous admirez : par une habile combinaison de langage, il a échappé à l'écueil de cette contradiction que vous regardez comme inévitable pour nous. Metellus, selon sa doctrine, n'est pas précisément plus heureux que Regulus; seulement, sa vie est préférable. Ce n'est pas, ajoute-t-il, qu'elle soit plus à rechercher, mais il faut la prendre de préférence ; a-t-on le choix, que l'on opte pour le sort du premier Romain ; que l'on rejette celui du second. L'existence qu'il nomme préférable, je l'appelle, moi, plus heureuse ; mais je ne lui attribue que la même part d'influence dont convient Zénon. Une seule chose nous sépare, c'est que j'applique des mots connus, tandis qu'il se travaille pour dire la même chose en termes nouveaux. Semblables à celui qui, dans le sénat, demande un interprète, nous devrions ne nous aboucher avec les stoïciens qu'à l'aide d'un truchement. J'appelle *bien* tout ce qui est selon la nature, *mal* tout ce qui s'en écarte; et ce langage n'est pas exclusivement le mien. A votre foyer, sur la place publique,

---

tamen et perpolita. Pauca enim, neque ea ipsa enucleate ab hoc, de virtute quidem dicta. Post enim hæc in hac urbe primum a Socrate quæri cœpta ; deinde in hunc locum delata sunt. Nec dubitatum, quin in virtute omnis, ut bene, sic etiam beate vivendi spes poneretur. Quæ quum Zeno didicisset a nostris, ut in actionibus præscribi solet, de re eadem alio modo. Hoc tu nunc in illo probas. Scilicet vocabulis rerum mutatis, inconstantiæ crimen ille effugit, nos effugere non possumus? Ille Metelli vitam negat beatiorem, quam Reguli; præponendam tamen : nec magis expetendam, sed magis sumendam ; et, si optio esset, eligendam Metelli, rejiciendam Reguli. Ego, quam ille præponendam, et magis eligendam, beatiorem hanc appello, nec ullo minimo momento plus ei vitæ tribuo, quam stoici. Quid interest, nisi quod ego res notas notis verbis appello; illi nomina nova quærunt, quibus idem dicant? Ita quemadmodum in senatu semper est aliquis, qui interpretem postulet, sic isti nobis cum interprete audiendi sunt. Bonum appello, quidquid secundum na-

vous-même, Chrysippe, vous parlez comme moi; mais, êtes-vous dans votre école, les termes changent. Pourquoi donc, sur des choses si communes, le philosophe parlera-t-il autrement qu'un autre homme, le docte autrement que l'esprit sans culture? Il est, du moins, une chose sur laquelle tous les savants sont d'accord : c'est le prix qu'il faut attacher au bien. Aussi, prions les stoïciens, s'ils se croient hommes, de ne pas dédaigner de parler en hommes; mais pourvu que le fond de la doctrine ne change pas, laissons-les forger des mots, si tel est leur plaisir.

XXX. Mais je ne veux pas vous laisser plus longtemps le droit de me reprocher des divagations, et j'arrive au reproche de contradiction que vous m'adressez. Vous la mettez dans les mots, je la croyais dans les choses. Sommes-nous bien convaincus, avec les stoïciens, que la vertu est assez forte, assez puissante pour éclipser tout le reste des choses humaines qu'on voudrait lui comparer; dès lors, peu importera le nom que nous donnerons à ce que le Portique appelle des avantages, des choses dignes d'être prises, choisies, préférées, estimées ; car ils se complaisent dans cette technologie verbeuse, dans ces néologismes bizarres; ils disent *producta* et *reducta*, *désir* et *choisir*, mots presque synonymes : le dernier est un peu plus expressif. Quand

---

turam est; quod contra, malum. Nec ego solus; sed tu etiam, Chrysippe, in foro, domi : in schola desinis. Quid ergo? aliter homines, aliter philosophos loqui putes oportere, quanti quidque sit? aliter doctos, et indoctos? Sed quum constiterit inter doctos, quanti res quæque sit (si homines essent, usitate loquerentur); dum res maneant, verba fingant arbitratu suo.

XXX. Sed venio ad inconstantiæ crimen, ne sæpius dicas, me aberrare : quam tu ponis in verbis; ego positam in re putabam. Si satis erit hoc perceptum, in quo adjutores stoicos optimos habemus, tantam vim esse virtutis, ut omnia, si ex altera parte ponantur, ne appareant quidem : quum omnia, quæ illi commoda certe dicunt esse, et sumenda, et eligenda, et præposita, quæ ita definiunt, ut satis magno æstimanda sint; hæc igitur quum ego tot nominibus a stoicis appellata, partim novis et commentitiis, ut ista producta et reducta, partim idem significantibus : quid enim interest, expetas an eligas? mihi quidem etiam lautius videtur, quod eligitur, et ad quod delectus adhibetur; sed, quum ego ista bona omnia dixero, tantum refert, quam magna dicam; quum expetenda, quam valde. Sin autem nec expetenda ego magis,

j'appelle ces avantages des *biens*, je n'ai pas tout fait; il faut encore voir comment je les classe. Je les nomme désirables : soit ; mais à quel degré ? Si ces biens, si ces choses désirables n'ont pas plus de prix pour moi que les objets de votre choix et de votre préférence, en iront-ils moins s'anéantir dans le radieux éclat de la vertu ? Mais, direz-vous, une vie mêlée de quelques maux ne peut être heureuse. Eh bien, la plus abondante moisson sera frappée de stérilité par la présence d'un chardon ; et si, parmi de grands bénéfices, un marchand essuie la perte la plus légère, voilà son commerce ruiné. En est-il autrement dans la vie ? la majorité n'y donne-t-elle pas aussi la mesure de tout ? Peut-on douter que la vertu ne soit tellement au-dessus de la plupart des choses humaines qu'elle les efface toutes ?

J'oserai donc appeler bien tout ce qui, après la vertu, est selon la nature, et je ne supprimerai point les noms reçus pour en inventer de nouveaux. Dans un bassin de la balance je mettrai la vertu, dans l'autre l'univers, et la vertu l'emportera. C'est toujours de ce qu'il y a de principal en chaque chose, et de ce qui embrasse la plus grande partie, que chaque chose doit tirer son nom. Un homme mène d'ordinaire une vie agréable; s'il vient une fois à être triste, direz-vous que la vie n'a plus pour lui ni joies ni plaisirs? Lucilius nous dit que Crassus a ri une fois : en fut-il moins surnommé ἀγέλαστος? Polycrate de Sa-

---

quam tu eligenda, nec illa pluris æstimanda ego, qui bona, quam tu, qui producta appellas : omnia ista necesse est obscurari, nec apparere, et in virtutis, tanquam in solis radios, incurrere. At enim, qua in vita est aliquid mali, ea esse beata non potest. Ne seges quidem igitur spicis uberibus et crebris, si avenam uspiam videris ; nec mercatura quæstuosa, si in maximis lucris parum aliquid damni contraxerit. An hoc usquequaque aliter in vita? et non ex maxima parte de tota judicabis? An dubium est, quin virtus ita maximam partem obtineat in rebus humanis, ut reliquas obruat ?

Audebo igitur cætera, quæ secundum naturam sunt, bona appellare, nec fraudare suo veteri nomine, quam aliquid potius novum exquirere ; virtutis autem amplitudinem quasi in altera libræ lance ponere. Terram, mihi crede, ea lanx, et maria deprimet. Semper enim ex eo, quod maximas partes continet, latissimeque funditur, tota res appellatur. Dicimus aliquem hilare vivere. Igitur, si semel tristior effectus est, hilara vita amissa est? At hoc in eo M. Crasso, quem semel ait in vita risisse Lucilius, non contigit, ut ea re mi-

mos fut appelé heureux, parce qu'il ne lui était jamais rien arrivé que d'agréable : eh bien, tant que l'anneau jeté par lui à la mer y demeura, fut-il malheureux? retrouvé dans le corps d'un poisson, cet anneau lui rendit-il le bonheur? Mais, s'il n'était pas sage (et il ne l'était pas au sein du pouvoir absolu), jamais il n'a connu le bonheur. S'il possédait la sagesse, le bonheur n'a pu lui manquer, même sur cette croix où le fit attacher Orétès, lieutenant de Darius. Mais il souffrait cruellement ! Sans doute; toutefois, ses douleurs étaient comme étouffées par la grandeur de la vertu.

XXXI. N'accordez-vous pas aux péripatéticiens que la vie de l'homme de bien, c'est-à-dire du sage, du mortel vertueux, comporte toujours plus de bien que de mal? Qui tient ce langage? les stoïciens? non, mais ces philosophes qui, mesurant tout sur le plaisir et sur la douleur, proclament cependant que le sage voit plus souvent ses désirs accomplis que contrariés. S'ils parlent ainsi, ceux qui pour l'amour de la vertu sans mettre en compte le plaisir ne tourneraient pas même la main, que dirons-nous, nous aux yeux de qui la moindre jouissance spirituelle est infiniment au-dessus de tous les biens du corps? Nul parmi nous ne dira jamais que le sage renoncerait volontiers pour toujours à la vertu, si par là il n'acquérait la certitude de passer toute sa vie sans douleur. Les philosophes de notre école ne dédaignent

---

unus ἀγέλαστος, ut ait idem, vocaretur. Polycratem Samium felicem appellant. Nihil acciderat ei, quod nollet, nisi quod annulum, quo delectabatur, in mare abjecerat. Ergo infelix una molestia ; felix rursus, quum is ipse annulus in præcordiis piscis inventus est. Ille vero, si insipiens (quod certe, quoniam tyrannus), nunquam beatus ; si sapiens, ne tum quidem miser, quum ab Orœte prætore Darei in crucem actus est. At multis malis affectus. Quis negat? sed ea mala virtutis magnitudine obruebantur.

XXXI. An ne hoc quidem peripateticis concedis, ut dicant, omnium virorum bonorum, id est sapientum, omnibusque virtutibus ornatorum, vitam omnibus partibus plus habere semper boni, quam mali? Quis hoc dicit? Stoicis licet. Minime. Sed isti ipsi, qui voluptate et dolore omnia metiuntur, nonne clamant, sapienti plus semper adesse, quod velit, quam quod nolit? Quum tantum igitur in virtute ponant ii, qui se fatentur virtutis causa, nisi ea voluptatem acciret, ne manum quidem versuros fuisse, quid facere nos oportet, qui quamvis minimam animi præstantiam omnibus bonis corporis anteire dicamus, ut ea ne in conspectu quidem relinquantur? Quis enim est, qui hoc

pas d'appeler mal ce qui est aux yeux du stoïcien chose fâcheuse ; cependant qui d'entre eux a jamais dit : Mieux vaut la honte avec le plaisir que la douleur avec la vertu? Une ophthalmie fit déserter à Denys d'Héraclée l'école de Zénon : c'était se déshonorer. Zénon s'était-il engagé à lui apprendre à ne pas souffrir, en dépit de la douleur présente? Il avait entendu ce philosophe enseigner que la douleur n'est pas un mal, parce qu'elle n'a rien d'immoral ; mais, pour la supporter courageusement, c'est une autre étude. Attaché à l'école d'Aristote, il fût demeuré, je crois, invariable dans son système ; car la douleur est un mal, au jugement d'un péripatéticien ; mais ses préceptes sur la résignation et la patience sont les mêmes que ceux du Portique. Votre Arcésilas lui-même, malgré l'ardeur de ses discussions, était dans nos rangs, puisqu'il appartenait à l'école de Polémon. Un jour, pendant qu'il souffrait d'un accès de goutte, Carnéade, ami d'Épicure, était auprès de lui. Ce dernier allait le quitter tristement : « Demeurez, je vous prie, lui dit-il, mon cher Carnéade ; de là jusqu'ici, la douleur ne pénètre pas. » Et il lui montrait ses pieds et sa poitrine. Toutefois, il eût préféré ne pas souffrir.

XXXII. Tel est donc notre système, qui vous semble se démentir. La vertu est tellement excellente, tellement divine, que là

---

cadere in sapientem dicere audeat, ut, si fieri possit, virtutem in perpetuum abjiciat, ut dolore omni liberetur ? Quis nostrum dixerit, quos non pudet ea, quæ stoici aspera dicunt, mala dicere, melius esse, turpiter aliquid facere cum voluptate, quam honeste cum dolore ? Nobis Heracleotes ille Dionysius flagitiose descivisse videtur a stoicis propter oculorum dolorem : quasi vero hoc didicisset a Zenone, non dolere, quum doleret. Illud audierat, nec tamen didicerat, malum illud non esse, quia turpe non esset, et esset ferendum viro. Ille si peripateticus fuisset, permansisset, credo, in sententia, quoniam dolorem dicunt malum esse. De asperitate autem ejus fortiter ferenda præcipiunt eadem, quæ stoici ; et quidem Arcesilas tuus, etsi fuit in disserendo pertinacior, tamen noster fuit ; erat enim Polemonis. Is quum arderet podagræ doloribus, visitassetque hominem Carneades, Epicuri perfamiliaris, et tristis exiret : « Mane, quæso, inquit, Carneade noster ; nihil illinc huc pervenit. » Ostendit pedes, et pectus. Attamen hic mallet non dolere.

XXXII. Hæc igitur est nostra ratio, quæ tibi videtur inconstans : quum propter virtutis cœlestem quamdam, et divinam, tantamque præstantiam, ut, ibi virtus

où elle réside, elle et ses œuvres si dignes du choix d'une âme élevée, la peine et le travail peuvent bien habiter; jamais le chagrin, jamais le malheur. Ainsi, j'affirme hardiment que tous les sages sont toujours heureux, mais qu'une plus grande somme de bonheur peut être départie à quelques-uns d'entre eux.

C'est précisément ici, Pison, lui dis-je, qu'il faut apporter preuves sur preuves. Affermissez ce principe, et vous pouvez compter dans vos rangs, non-seulement mon cher Lucius, mais moi-même. Pour moi, dit Quintus, cela me paraît suffisamment prouvé. Les trésors de la philosophie étaient déjà plus précieux pour moi que tous les biens de la terre; je savais que, pour tous les genres d'études, on pouvait puiser à cette source intarissable; mais aujourd'hui, quel plaisir pour moi d'apprendre que la philosophie est la science qui pénètre le plus avant dans nos âmes et que vainement on lui déniait ce noble avantage. Votre système, dit Pomponius d'un ton badin, ne pousse pas cet avantage plus loin que le nôtre. N'importe : vous m'avez fait, Pison, un merveilleux plaisir. Je n'aurais pas cru que notre latin se prêterait à cette justesse et à cette précision qui, dans votre bouche, m'ont paru aussi remarquables que dans celle des Grecs les plus diserts. Mais il est temps de partir; qu'en pensez-vous? retournons chez moi.

sit, resque magnæ, sumendæ laudabilesque, virtute gestæ, ibi esse miseria et ærumna non possit, tamen labor possit et molestia; non dubitem dicere, omnes sapientes semper beatos esse, sed tamen fieri posse, ut sit alius alio beatior.

Atqui iste locus est, Piso, tibi etiam atque etiam confirmandus, inquam. Quem si tenueris, non modo meum Ciceronem, sed etiam me ipsum abducas licebit. Tum Quintus, Mihi quidem, inquit, satis hoc confirmatum videtur. Lætor quidem, philosophiam, cujus antea supellectilem pluris æstimabam, quam possessiones reliquorum, ita mihi dives videbatur, ut ab ea petere possem, quidquid in studiis nostris concupissem : hanc igitur lætor etiam acutiorem repertam, quam cæteras; quod quidam ei deesse dicebant. Non quam nostram quidem, inquit Pomponius jocans. Sed mehercule pergrata mihi oratio tua. Quæ enim dici latine posse non arbitrabar, ea dicta sunt a te, nec minus plane, quam dicuntur a Græcis, verbis aptis. Sed tempus est, si videtur; et recta quidem ad me.

Il dit : et comme notre discussion nous semblait assez longue, rentrant dans Athènes, nous allâmes tous chez Pomponius.

Quod quum ille dixisset, et satis disputatum videretur, in oppidum ad Pomponium perreximus omnes.

LES PARADOXES

DE M. T. CICÉRON

TRADUCTION DE MM. PÉRICAUD
BIBLIOTHÉCAIRE DE LA VILLE DE LYON
ET LOUIS CHEVALIER

SOIGNEUSEMENT REVUE
PAR M. J.-P. CHARPENTIER

LES PARADOXES

DE M. T. CICÉRON

ADRESSÉS A BRUTUS

PRÉFACE

J'ai remarqué, cher Brutus, que Caton, votre oncle, lorsqu'il opinait au sénat, traitait souvent des sujets importants de philosophie, étrangers aux usages du forum et de la multitude; mais il avait toutefois l'art de les faire paraître probables aux yeux du peuple même. En cela il avait moins d'avantages que vous et moi, dont la philosophie prête plus à l'éloquence, et exprime des idées qui sont plus familières au commun des hommes. Caton, au contraire, que je regarde comme un parfait

M. T. CICERONIS

PARADOXA

AD M. BRUTUM

PRÆFATIO

Animadverti, Brute, sæpe Catonem, avunculum tuum, quum in senatu sententiam diceret, locos graves ex philosophia tractare, abhorrentes ab hoc usu forensi et publico, sed dicendo consequi tamen, ut illa etiam populo probabilia viderentur. Quod eo majus est illi, quam aut tibi, aut nobis, quia nos ea philosophia plus utimur, quæ peperit dicendi copiam, et in qua dicuntur ea, quæ non multum discrepant ab opinione populari. Cato autem perfectus

stoïcien, professe une doctrine qui s'éloigne des sentiments du vulgaire; et de plus il est d'une secte qui néglige tous les ornements du discours, ne développe jamais la matière, et n'arrive à son but que par des interrogations concises et réduites, pour ainsi dire, en un point. Mais il n'est rien de si incroyable que le raisonnement ne rende plausible; rien de si sec, de si aride, que le style ne puisse orner et polir. Frappé de cette pensée, je me suis montré plus hardi que Caton lui-même. En effet, c'est à la manière des stoïciens, mais embellie des formes oratoires, qu'il a coutume de parler seulement sur la grandeur d'âme, sur le désintéressement, sur le mépris de la mort, sur la gloire de la vertu, sur les dieux immortels, sur l'amour de la patrie. Pour moi, je suis allé plus loin ; je me suis fait un amusement de réduire en lieux communs des propositions que les stoïciens s'exercent péniblement à prouver dans le loisir de leurs écoles. Comme elles surprennent par leur nouveauté, et sont contraires aux opinions généralement reçues, ils les appellent des *paradoxes*. J'ai voulu essayer si elles pouvaient soutenir le grand jour, c'est-à-dire une discussion publique, et si, grâce à l'art, elles pouvaient devenir probables, ou si la langue des savants est absolument différente de celle qu'on parle dans le monde. Cette composition m'a fait d'autant plus de plaisir, que ces *paradoxes*, comme on les appelle, me paraissent tout à fait socratiques et fort approchants de la vérité.

(mea sententia) stoicus, et ea sentit, quæ non sane probantur in vulgus ; et in ea est hæresi, quæ nullum sequitur florem orationis, neque dilatat argumentum : minutis interrogatiunculis, quasi punctis, quod proposuit, efficit. Sed nihil est tam incredibile, quod non dicendo fiat probabile : nihil tam horridum, tam incultum, quod non splendescat oratione, et tanquam excolatur. Quod quum ita putarem, feci etiam audacius, quam ille ipse, de quo loquor. Cato enim duntaxat de magnitudine animi, de continentia, de morte, de omni laude virtutis, de diis immortalibus, de caritate patriæ, stoice solet, oratoriis ornamentis adhibitis, dicere. Ego vero illa ipsa, quæ vix in gymnasiis, et in otio stoici probant, ludens conjeci in communes locos. Quæ, quia sunt admirabilia, contraque opinionem omnium, ab ipsis etiam παράδοξα appellantur, tentare volui ; possentne proferri in lucem, id est in forum, et ita dici, ut probarentur, an alia quædam esset erudita, alia popularis oratio ; eoque scripsi libentius, quod mihi ista, παράδοξα quæ appellantur, maxime videntur esse Socratica, longeque verissima.

Vous ne dédaignerez donc pas ce léger opuscule, fruit de quelques nuits assez courtes, après en avoir agréé un autre qui a paru sous vos auspices, et qui m'avait coûté de plus longues veilles. Vous prendrez en passant une idée de ces exercices auxquels je me livre d'ordinaire, quand je veux ramener à notre genre oratoire ce qu'on nomme thèses dans les écoles. Je ne demande pas cependant que vous me teniez compte de cet ouvrage. Ce n'est pas cette Minerve de Phidias qui mérite une place dans la citadelle, mais c'est toujours du moins une statue qui paraît être sortie du même atelier.

PARADOXE I

Il n'est d'autre bien que l'honnête.

I. Je crains que le sujet de ce discours ne paraisse, à quelqu'un d'entre vous, tiré des controverses des stoïciens plutôt que de mon propre fonds. Je vais dire toutefois mon sentiment, et je serai plus succinct que ne semble le comporter une matière aussi étendue. Je n'ai jamais pu concevoir, je vous le jure,

Accipies igitur hoc parvum opusculum, lucubratum his jam contractioribus noctibus, quoniam illud majorum vigiliarum munus in tuo nomine apparuit. Et degustabis genus hoc exercitationum carum, quibus uti consuevi, quum ea, quæ dicuntur in scholis θετικὰ, ad nostrum hoc oratorium transfero dicendi genus. Hoc tamen opus in acceptum ut referas, nihil postulo. Non est enim, ut in arce poni possit, quasi illa Minerva Phidiæ; sed tamen, ut ex eadem officina exisse appareat.

PARADOXON I

Ὅτι μόνον ἀγαθὸν, τὸ καλόν.
Quod honestum sit, id solum bonum esse.

I. Vereor ne cui vestrum ex stoicorum hominum disputationibus, non ex meo sensu deprompta hæc videatur oratio : dicam tamen quod sentio; et dicam brevius quam res tanta dici possit. Numquam mehercule ego neque pecunias

que l'argent, les palais, les richesses, le suprême pouvoir, ni les voluptés qui asservissent les hommes, dussent être placés parmi les choses désirables, surtout après avoir vu que leur surabondance ne fait qu'exciter encore plus les désirs de ceux qui les possèdent. La cupidité est une soif qu'on ne peut jamais calmer ni satisfaire : ils sont donc non-seulement tourmentés de la fureur d'accumuler, mais encore de la crainte de perdre. Ici-même je trouve en défaut la sagesse de nos ancêtres, qui vivaient avec tant de simplicité, et qui néanmoins ont cru devoir appeler du nom de *biens* ces trésors inconstants et fragiles, tandis que leurs actions démentaient ce jugement. Le bien peut-il jamais nuire ? ou, en d'autres termes, celui qui vit dans l'abondance des biens peut-il n'être pas homme de bien lui-même ? Cependant c'est ce que nous voyons ; ces biens sont possédés souvent par le vice et nuisibles à la vertu. Ainsi, qu'on me tourne en ridicule, si l'on veut, n'importe ; la droite raison exercera plus d'empire sur moi que les préjugés du vulgaire. Oui, jamais je ne conviendrai qu'un homme a perdu ses biens, quand il aura perdu ses troupeaux et ses meubles ; et je ne cesserai d'admirer ce trait d'un des sept sages : c'est de Bias, si je ne me trompe. Quand l'ennemi se fut emparé de Priène, sa patrie, et que chacun emportait dans sa fuite le plus qu'il pouvait de

istorum, neque tecta magnifica, neque opes, neque imperia, neque eas, quibus maxime adstricti sunt, voluptates esse numerandas in bonis rebus duxi : quippe quum viderem, rebus his circumfluentibus, ea tamen desiderare maxime, quibus abundarent. Neque enim expletur unquam, nec satiatur cupiditatis sitis ; neque solum, ea qui habent, libidine augendi cruciantur, sed etiam amittendi metu. In quo equidem continentissimorum hominum, majorum nostrorum, sæpe requiro prudentiam, qui hæc imbecilla et commutabilia pecuniæ membra, verbo BONA putaverunt appellanda, quum re ac factis longe aliter judicavissent. Potestne bonum cuiquam malo esse ? aut potest quisquam in abundantia bonorum ipse esse non bonus? Atqui ista omnia, talia videmus, ut etiam improbi habeant, et obsint probis. Quamobrem licet irrideat, si quis vult, plus apud me tamen vera ratio valebit, quam vulgi opinio. Neque ego unquam bona perdidisse dicam, si qui pecus, aut supellectilem amiserit ; neque non sæpe laudabo sapientem illum, Biantem, ut opinor, qui numeratur inter septem : cujus quum patriam Prienen cepisset hostis, cæterique ita fugerent, ut multa de suis rebus secum asportarent ; quum esset admonitus a quodam, ut idem

son avoir, on lui conseilla d'en faire autant : « Je le fais aussi, répondit-il, car je porte avec moi tout ce qui est à moi. » Celui-là ne regardait point comme à lui ces jouets de la fortune que nous appelons des biens. Qu'est-ce donc que le bien ? demandera quelqu'un. On appelle avec raison une bonne action celle qui est conforme aux règles de la droiture, de l'honnêteté et de la vertu. Or, ce qui est juste, honnête, vertueux, c'est cela seulement que j'appelle un bien.

II. Mais ces vérités peuvent ne paraître point assez claires, quand on les discute avec la froide prolixité des rhéteurs. C'est à la vie et aux actions des grands hommes qu'il appartient de répandre le jour sur certains sujets qu'on semble ne traiter dans les écoles que pour se livrer à de vaines subtilités. En effet, je vous le demande, pensez-vous que ceux qui nous ont transmis cette république si glorieusement fondée aient songé à l'argent pour satisfaire l'avarice, aux agréments de la vie pour contenter l'homme de plaisir, au luxe et à la magnificence pour les commodités du riche, aux festins pour flatter le voluptueux ? Faites passer devant vos yeux chacun de nos rois. Voulez-vous commencer par Romulus ? ou tout de suite arriver à l'affranchissement de Rome et à ceux qui la délivrèrent ? Par quels degrés Romulus s'est-il élevé jusqu'au ciel ? par ce qu'on appelle les biens, ou par les exploits et les vertus ? Parlerons-nous de Numa

---

ipse faceret : « Ego vero, inquit, facio. Nam omnia mea porto mecum. » Ille hæc ludibria fortunæ, ne sua quidem putavit, quæ nos appellamus etiam bona. Quid est igitur, quæret aliquis, bonum ? si quid recte fit, et honeste, et cum virtute, id bene fieri, vere dicitur; et, quod rectum, et honestum, et cum virtute est, id solum opinor bonum.

II. Sed hæc videri possunt obscuriora, quum lentius disputantur. Vita atque factis illustranda sunt summorum virorum hæc, quæ verbis subtilius, quam satis est, diputari videntur. Quæro enim a vobis, num ullam cogitationem habuisse videantur ii, qui hanc rempublicam tam præclare fundatam nobis reliquerunt, aut argenti ad avaritiam, aut amœnitatum ad delectationem, aut supellectilis ad delicias, aut epularum ad voluptates ? Ponite ante oculos unumquemque regum. Vultis a Romulo ? vultis post liberam civitatem, ab iis ipsis, qui liberaverunt eam ? Quibus tandem gradibus Romulus ascendit in cœlum ? iisne, quæ isti bona appellant ? an rebus gestis atque virtutibus ?

Pompilius ? Pensez-vous que ses urnes et ses vases d'argile fussent moins agréables aux dieux que nos coupes ciselées ? Je ne dis rien des autres rois; ils se ressemblent tous, excepté Tarquin le Superbe. Si l'on demandait à Brutus, si l'on demandait à ceux qui s'associèrent à son projet de rendre libre la patrie, quel but ils s'étaient proposé, quelle fin ils avaient ambitionnée dans leur entreprise, en est-il un seul qu'on pût soupçonner d'avoir eu pour motif la volupté, les richesses, enfin toute autre chose que le devoir d'un homme de courage, d'un bon citoyen ? Qui poussa C. Mucius à braver une mort certaine, pour aller percer le cœur de Porsenna ? Quelle force soutint Horatius Coclès, seul sur le pont contre une armée entière ? Quelle pensée engagea les deux Decius à se dévouer et à se précipiter au milieu des bataillons ennemis ? A quoi tendaient le désintéressement de C. Fabricius et la frugalité de M. Curius ? Que se proposaient Cn. et P. Scipion, nos deux boulevards dans la guerre punique, qui regardèrent comme un devoir de fermer de leurs corps aux Carthaginois le passage de l'Italie ? Et le premier Africain ? et celui qui plus tard mérita le même surnom ? et Caton, jeté seul au milieu de ces héros, comme pour remplir l'intervalle qui les sépare ? Que dirons-nous de tant d'autres qu'il est impossible de compter ? car nous ne manquons pas d'exemples domestiques ; pensons-nous que ces grands hommes aient cru que

---

Quid ? a Numa Pompilio ? minusne gratas diis immortalibus capedines ac fictiles urnulas fuisse, quam filicatas aliorum pateras arbitramur ? Omitto reliquos : sunt enim omnes pares inter se, præter Superbum. Brutum si quis roget, quid egerit in patria liberanda ; si quis item reliquos ejusdem consilii socios, quid spectaverint, quid secuti sint, num quis exsistet, cui voluptas, cui divitiæ, cui denique, præter officium fortis et magni viri, quidquam aliud propositum fuisse videatur ? Quæ res ad necem Porsennæ C. Mucium impulit, sine ulla spe salutis suæ ? Quæ vis Horatium Coclitem contra omnes hostium copias tenuit in ponte solum ? Quæ patrem Decium, quæ filium devotavit atque immisit in armatas hostium copias ? Quid continentia C. Fabricii, quid tenuitas victus M'. Curii sequebatur ? Quid duo propugnacula belli Punici, Cn. et P. Scipiones, qui Carthaginiensium adventum corporibus suis intercludendum putaverunt ? quid Africanus major ? quid minor ? quid inter horum ætates interjectus Cato ? quid innumerabiles alii ? nam domesticis exemplis abunda-

dans la vie il y avait d'autre objet désirable que ce qui est beau et digne de louanges?

III. Qu'ils viennent donc, ceux qui se raillent de ces sentiments, et qu'ils me disent s'ils voudraient ressembler à quelqu'un de ces hommes dont les palais sont resplendissants de marbre, d'or et d'ivoire; qui, de tous côtés, étalent les statues, les tableaux, l'or et l'argent travaillés avec art, et les riches ouvrages de Corinthe; ou bien à C. Fabricius, qui ne posséda et ne voulut posséder rien de toutes ces frivolités? On n'a pas de peine, il est vrai, à leur faire avouer que ces choses, que la fortune donne et retire si vite, on ne peut les compter au nombre des vrais biens ; mais ils prétendent et s'obstinent toujours à soutenir que la volupté est le bien suprême; langage plus digne des brutes que des hommes. Quoi! vous avez reçu de Dieu ou de la nature, cette mère universelle, une âme dont rien n'égale l'excellence et la presque divinité, et vous irez vous rabaisser, vous vous ravalerez jusqu'à croire qu'il n'existe entre vous et l'animal aucune différence! Est-ce un bien, ce qui ne rend pas meilleur l'homme qui le possède? Cependant c'est celui qui a le plus de vrai bien en partage qui mérite le plus d'éloges. Ce n'est point un bien que celui dont le possesseur ne peut s'honorer légitimement. Or, trouve-t-on de pareils avantages

---

mus : cogitasse quidquam putamus in vita sibi expetendum, nisi quod laudabile esse, et præclarum videretur ?

III. Veniant igitur isti irrisores hujus orationis ac sententiæ, et jam vel ipsi judicent, utrum se horum alicujus, qui marmoreis tectis, ebore, et auro fulgentibus, qui signis, qui tabulis, qui cælato auro et argento, qui Corinthiis operibus abundant, an C. Fabricii, qui nihil eorum habuit, nihil habere voluit, similes esse malint ? Atque hæc quidem, quæ modo huc, modo illuc transferuntur, facile adduci solent, ut in rebus bonis esse negent; illud tamen arcte tenent, accurateque defendunt, voluptatem esse summum bonum. Quæ quidem mihi vox pecudum videtur esse, non hominum. Tu, quum tibi sive Deus, sive mater (ut ita dicam) rerum omnium, natura, dederit animum, quo nihil est præstantius, neque divinius, sic te ipse abjicies atque prosternes, ut nihil inter te, atque quadrupedem aliquem putes interesse? Quidquam bonum est, quod non eum, qui id possidet meliorem facit ? Ut enim quisque est maxime boni particeps, ita et laudabilis maxime ; neque est ullum bonum, de quo non is, qui id habeat, honeste possit gloriari. Quid autem est horum

dans la volupté? Rend-elle un homme meilleur ou plus estimable? Qui jamais s'est vanté de la jouissance des plaisirs, comme d'un titre qui lui fit honneur? Si donc la volupté, que semble protéger un si grand nombre de suffrages, ne peut être mise au nombre des vrais biens; si, au contraire, plus elle a d'empire, plus elle dérange l'âme de son assiette et de son état naturel, il en résulte évidemment que le bonheur, le bien suprême, n'est autre chose qu'une vie honnête et conforme à la justice.

PARADOXE II

La vertu suffit pour vivre heureux.

Non, M. Regulus ne fut point malheureux ni digne de pitié; je ne l'ai jamais pensé. Toutes les cruautés des Carthaginois ne purent vaincre sa grandeur d'âme, sa fermeté, sa foi inviolable, sa constance, enfin l'héroïsme de son caractère : soutenu par tant de vertus, environné d'un si noble cortége, si son corps connut la captivité, son âme ne cessa point d'être libre. J'ai vu C. Marius; il m'a semblé un exemple des faveurs du sort dans

---

in voluptate? Melioremne efficit, aut laudabiliorem virum? an quisquam in potiundis voluptatibus gloriando sese, et prædicatione effert? Atqui si voluptas, quæ plurimorum patrociniis defenditur, in rebus bonis habenda non est; eaque, quo est major, eo magis mentem e sua sede et statu dimovet, profecto nihil est aliud bene et beate vivere, nisi honeste et recte vivere.

PARADOXON II

῞Οτι αὐταρκὴς ἡ ἀρετὴ πρὸς εὐδαιμονίαν.
In quo virtus sit, ei nihil deesse ad beate vivendum.

Nec vero ego M. Regulum, ærumnosum, nec infelicem, nec miserum, unquam putavi. Non enim magnitudo animi ejus excruciabatur a Pœnis, non gravitas, non fides, non constantia, non ulla virtus, non denique animus ipse ; qui tot virtutum præsidio, tantoque comitatu, quum corpus ejus caperetur, capi certe ipse non potuit. C. vero Marium vidimus, qui mihi secundis in re-

la bonne fortune, et un grand homme dans l'adversité. N'est-ce pas le comble de la félicité mortelle? Vous ne savez point, insensé, vous ne savez point tout le pouvoir de la vertu; c'est un nom que votre bouche seulement prononce, mais dont vous ignorez la valeur. Il ne peut manquer, sans doute, d'être fort heureux, celui qui se suffit à lui-même, et qui trouve en soi toutes ses ressources; mais l'homme dont les espérances, dont l'état et les projets dépendent de la fortune, ne peut avoir rien de certain, rien qu'il soit assuré de conserver un seul jour. Voilà l'homme que vous pouvez effrayer par les menaces de l'exil ou de la mort. Pour moi, quel que soit le sort que me réserve mon ingrate patrie, loin de combattre pour m'y soustraire, je suis tout prêt à l'accepter. Quel fruit aurais-je donc recueilli de mes travaux et de mes actions; à quoi m'auraient servi ces soins, ces méditations qui m'ont coûté de si longues veilles, si je n'avais rien acquis, si je n'étais parvenu à me placer dans une telle situation, que je puisse braver, et les caprices de la fortune, et l'injustice de mes ennemis? De quoi me menacez-vous? de la mort? elle me séparera de la société humaine; de l'exil? il m'éloignera des méchants. La mort épouvante ceux pour qui tout s'éteint avec la vie, et non les hommes dont la gloire ne peut mourir. L'exil est terrible aux yeux de celui qui est comme cir-

---

bus unus ex fortunatis hominibus; in adversis unus ex summis viris videbatur; quo beatius esse mortali nihil potest. Nescis, insane, nescis, quantas vires virtus habeat, nomen tantum virtutis usurpas : quid ipsa valeat, ignoras. Nemo potest non beatissimus esse, qui est totus aptus ex sese, quique in se uno sua ponit omnia. Cui spes omnis, et ratio, et cogitatio pendet ex fortuna, huic nihil potest esse certi; nihil, quod exploratum habeat, permansurum sibi unum diem. Eum tu hominem terreto, si quem eris nactus, istis mortis aut exsilii minis. Mihi vero quidquid acciderit in tam ingrata civitate, ne recusanti quidem evenerit, non modo non repugnanti. Quid enim laboravi, aut quid egi, aut in quo evigilaverunt curæ et cogitationes meæ, si quidem nihil peperi tale, nihil consecutus sum, ut eo statu essem, quem neque fortunæ temeritas, neque inimicorum labefactaret injuria? Mortemne mihi minitaris, ut omnino ab hominibus; an exsilium, ut ab improbis demigrandum sit? mors terribilis est iis, quorum cum vita omnia exstinguuntur; non iis, quorum laus emori non potest : exsilium autem terribile illis, quibus quasi circum-

conscrit dans un lieu déterminé ; il ne peut l'être pour celui qui regarde l'univers comme une cité. C'est vous que l'inquiétude, c'est vous que les misères poursuivent, vous qui croyez être heureux et puissant! Cependant vos désirs effrénés sont pour vous autant de bourreaux ; ni le jour ni la nuit ne laissent de relâche à vos tourments ; ce que vous possédez ne vous suffit pas ; et cet avoir même, vous craignez sans cesse de n'en pas jouir longtemps. Le remords de vos mauvaises actions vous déchire ; la crainte des tribunaux et des lois vous fait mourir lentement. De quelque côté que vous tourniez vos regards, vos injustices se présentent à vous comme des furies qui ne vous laissent pas respirer. Ainsi, par la même raison que le méchant, l'insensé ni le lâche ne sauraient être heureux ; l'homme de bien, l'homme ferme, le sage ne peut être malheureux. La vie de celui dont les mœurs et la vertu méritent l'estime, est une vie louable. Si elle est telle, on ne doit point la fuir ; et il faudrait la fuir, si elle était malheureuse. Ainsi, tout ce qui est louable, nous devons le considérer comme un objet heureux, brillant et désirable.

scriptus est habitandi locus ; non iis, qui omnem orbem terrarum, unam urbem esse ducunt. Te miseriæ, te ærumnæ premunt, qui te beatum, qui te florentem putas : tuæ libidines te torquent : tu dies noctesque cruciaris ; cui nec sat est, quod est, et idipsum, ne non sit diuturnum, times : te conscientiæ stimulant maleficiorum tuorum : te metus exanimant judiciorum atque legum : quocumque adspexisti, ut furiæ, sic tuæ tibi occurrunt injuriæ, quæ te respirare non sinunt. Quamobrem ut improbo, et stulto, et inerti nemini bene esse potest, sic bonus vir, et fortis, et sapiens, miser esse non potest. Nec vero, cujus virtus moresque laudandi sunt, ejus non laudanda vita est ; neque porro fugienda vita, quæ laudanda est. Esset autem fugienda, si esset misera. Quamobrem quidquid est laudabile, idem et beatum, et florens, et expetendum videri debet.

PARADOXE III

Les fautes sont égales, comme les bonnes actions.

I. C'est peu de chose, direz-vous; oui, mais c'est une grande faute; car la faute se mesure non par les effets, mais par les vices qui la déterminent. On peut être plus ou moins coupable; mais en vain éludez-vous la question, la faute est toujours une. Qu'un pilote perde un navire chargé d'or, ou un navire chargé de paille, la différence n'est réelle que dans la nature du dommage; il n'en existe point dans l'impéritie. Un individu rend victime de sa violence une femme de basse extraction, l'outrage intéresse moins de personnes que s'il eût déshonoré une jeune fille d'une naissance distinguée; mais la faute n'est pas moindre; car faillir, c'est en quelque sorte franchir une ligne de démarcation; sitôt qu'on l'a dépassée, la faute est commise; quand on irait aussi loin que possible, tous les autres pas ne peuvent l'aggraver. Personne n'a certainement le droit de faillir. Du moment qu'il est prouvé qu'une chose n'est pas permise, c'est un point indivisible, elle ne l'est pas. Si donc la faute n'est susceptible ni de plus ni de moins, puisqu'elle n'existe que par la dé-

PARADOXON III

Ὅτι ἴσα τὰ ἁμαρτήματα, καὶ κατορθώματα.
Æqualia esse peccata, et recte facta.

I. Parva, inquis, res est; at magna culpa. Nec enim peccata, rerum eventu, sed vitiis hominum metienda sunt. In quo peccatur, id potest aliud alio majus esse, aut minus : ipsum quidem illud peccare, quoque te verteris, unum est. Auri navem evertat gubernator, an paleæ, in re aliquantulum, in gubernatoris inscitia nihil interest. Lapsa est libido in muliere ignota : dolor ad pauciores pertinet, quam si petulans fuisset in aliqua generosa ac nobili virgine; peccavit vero nihilominus, si quidem est peccare, tanquam transilire lineas : quod quum feceris, culpa commissa est; quam longe progrediare, quum semel transieris, ad augendam transeundi culpam nihil pertinet. Peccare certe licet nemini. Quod autem non licet id hoc uno tenetur, si arguitur non licere. Id si nec majus, nec minus unquam fieri potest (quoniam in eo est peccatum,

fense, qui est une et toujours la même, on doit conclure que toutes les fautes naissant de cette défense sont absolument égales. Si les vertus sont égales entre elles, il est nécessaire aussi que les vices soient égaux. Or il est aisé de reconnaître que les vertus sont égales, et qu'il n'y a pas de plus honnête homme que l'honnête homme, de plus tempérant que le tempérant, de plus brave que le brave, de plus sage que le sage. Appellerez-vous homme de bien celui qui aura rendu dix livres d'or qu'il pouvait retenir impunément, parce qu'on les lui a confiées sans témoins, s'il n'agit pas ainsi pour un dépôt de dix mille livres? Regarderez-vous comme un homme continent celui qui aura réprimé ses désirs dans une occasion, et qui, dans une autre, s'y sera abandonné? La vertu est une, toujours d'accord avec la raison, toujours invariable. On ne peut y rien ajouter pour la rendre vertu davantage, ni en rien retrancher, sans lui faire perdre son nom. En effet, si la bonté d'une action dépend de sa rectitude, et qu'il n'y ait rien de plus droit que ce qui est droit, certainement aussi on ne peut trouver rien de mieux que le bien. Il s'ensuit donc que les vices ont entre eux la même égalité, puisqu'on les appelle avec raison les défauts de l'âme. Or, si les vertus sont pareilles, les bonnes actions qui en dérivent doivent l'être aussi; de même les fautes qui prennent leur source dans les vices sont nécessairement égales.

si non licuit; quod semper unum, et idem est), quæ ex eo peccata nascuntur, æqualia sint oportet. Quod si virtutes pares sunt inter se, paria esse etiam vitia necesse est. Atqui pares esse virtutes, nec bono viro meliorem, nec temperante temperantiorem, nec forti fortiorem, nec sapiente sapientiorem posse fieri, facillime potest perspici. An virum bonum dices, qui depositum nullo teste, quum lucrari impune posset auri pondo decem, reddiderit, si idem in decem millibus pondo non idem fecerit? aut temperantem eum, qui se in aliqua libidine continuerit, in aliqua effuderit? Una virtus est, consentiens cum ratione et perpetua constantia. Nihil huic addi potest, quo magis virtus sit: nihil demi, ut virtutis nomen relinquatur. Etenim si benefacta, recte facta sunt, et nihil recto rectius, certe ne bono quidem melius quidquam inveniri potest. Sequitur igitur ut etiam vitia sint paria : siquidem pravitates animi recte vitia dicuntur. Atqui quoniam pares virtutes sunt, recte facta, quando a virtutibus proficiscuntur, paria esse debent ; itemque peccata, quoniam ex vitiis manant, sint æqualia necesse est.

II. Ces maximes, dites-vous, sont tirées des philosophes ; je craignais que vous ne dissiez de ceux qui font métier de prostituer la jeunesse. Ainsi raisonnait Socrate. Certes, je m'en félicite ; car on nous rapporte que cet homme était à la fois la science et la sagesse même. Cependant puisque nous combattons en dialecticiens et non pas en gladiateurs, je vous le demande, faut-il consulter l'opinion des portefaix et des artisans, ou celle des hommes instruits, surtout quand on ne peut rencontrer une autre doctrine qui soit plus vraie et qui soit en même temps plus utile au genre humain? Eh! quelle plus forte digue peut-on opposer à la méchanceté, que de persuader aux hommes que les délits n'admettent point de différence? qu'on est aussi coupable de lever la main sur un simple citoyen que sur un magistrat? que, dans quelque maison que soit porté le déshonneur, l'infamie est toujours la même? Il n'y a donc point de différence, dira quelqu'un, entre tuer son père et tuer son esclave? Poser ainsi la question dépouillée de ses circonstances, c'est la rendre difficile à résoudre. Si priver son père de la vie est en soi un acte criminel, les Sagontins, qui aimèrent mieux voir leurs pères mourir libres que vivre dans la servitude, furent alors des parricides. On peut donc quelquefois sans crime ôter la vie à son père, et souvent on ne peut l'ôter à son esclave sans injustice. Ce n'est pas la nature, mais le motif

II. A philosophis, inquis, ista sumis. Metuebam ne a lenonibus diceres. Socrates disputabat isto modo. Bene hercle narras. Nam istum doctum et sapientem virum fuisse, memoriæ traditum est. Sed tamen quæro ex te (quando verbis inter nos contendimus, non pugnis) utrum de bonis est quærendum, quid bajuli atque operarii, an quid homines doctissimi senserint? præsertim quum hac sententia non modo verior, sed ne utilior quidem hominum vitæ reperiri ulla possit. Quæ vis enim est, quæ magis arceat homines ab improbitate omni, quam si senserint, nullum in delictis esse discrimen? æque peccare se, si privatis ac si magistratibus manus afferant? quamcumque in domum stuprum intulerint, eamdem esse labem libidinis? Nihilne igitur interest (nam hoc dicet aliquis) patrem quis enecet, an servum? Nuda ista si ponas, judicari, qualia sint, non facile possunt. Patrem vita privare, si per se scelus est, Saguntini, qui parentes suos, liberos emori, quam servos vivere maluerunt, parricidæ fuerunt. Ergo et parenti nonnunquam adimi vita sine

du fait qui établit la distinction. Le motif seul fait pencher la balance. S'il est le même dans les deux actions, elles sont nécessairement égales. Il y a pourtant cette différence, que celui qui tue injustement son esclave commet un seul crime, tandis qu'en ôtant la vie à son père il en commet plusieurs. Il a frappé l'auteur de ses jours, celui qui l'a nourri, celui qui a pris soin de son éducation, celui qui lui a donné une maison, une famille, une patrie. Il mérite d'être puni d'autant plus, qu'il est coupable de plus de crimes. Mais nous devons considérer dans la vie jusqu'où va ce qui est permis, et non quelle peine est infligée à chaque délit; nous devons regarder comme crime tout ce qu'il ne faut pas faire, et comme défendu tout ce qui n'est pas permis. Quoi! même dans les moindres choses? Oui, sans doute; car nous ne pouvons fixer le terme des choses, tandis que nous pouvons mettre un frein à nos volontés. Si un histrion fait un mouvement hors de cadence, ou prononce une syllabe de plus ou de moins, il est sifflé, il est bafoué; et dans la conduite de la vie, qui doit être plus réglée que les gestes, plus exacte que les vers, vous soutiendrez qu'une faute est une bagatelle! Dans un ouvrage frivole, je n'excuse pas un poëte qui se permet des négligences, et, dans le commerce de la vie, j'excuserai un citoyen qui cherche à ses fautes différentes dimensions! Si la mesure les lui fait paraître petites, comment aura-

scelere potest, et servo sæpe sine injuria non potest. Causa igitur hæc, non natura distinguit; quæ quando utro accessit, id fit propensius; si utroque adjuncta sit, paria fiant necesse est. Illud tamen interest, quod in servo necando, si adsit injuria, semel peccatur; in patris vita violanda, multa peccantur. Violatur is, qui procreavit; is, qui aluit; is, qui erudivit; is, qui in sede ac domo, atque in republica collocavit. Multitudine peccatorum præstat, eoque pœna majore dignus est. Sed nos in vita, non quæ cuique peccato pœna sit, sed quantum cuique liceat, spectare debemus; quidquid non oportet, scelus esse; quidquid non licet, nefas putare debemus. Etiamne in minimis rebus? Etiam: si quidem rerum modum fingere non possumus, animorum modum tenere possumus. Histrio si paulum se movit extra numerum, aut si versus pronuntiatus est syllaba una brevior aut longior, exsibilatur et exploditur: in vita tu, qui omni gestu moderatior, omni versu aptior esse debes, ut in syllaba te peccare dicas? Poetam non audio in nugis; in vitæ societate, audiam civem digitis peccata dimetientem sua? Quæ si visa sunt breviora,

t-il le droit de les croire plus légères, puisque toute faute trouble l'ordre de la raison, et qu'une fois que la raison et l'ordre sont troublés, la faute est tout ce qu'elle peut être?

PARADOXE IV

Que tout homme sans sagesse est en délire.

Je vais te prouver, par des raisons invincibles, non que tu es aveuglé comme tu l'as été maintes fois; non que tu es méchant, comme tu l'es toujours; mais que tu es un fou, un insensé. Quoi! le sage avec sa haute prudence, avec sa patience inébranlable dans les vicissitudes humaines, avec son mépris de la fortune, enfin, avec toutes ses vertus dont il est entouré comme d'un rempart, se laissera vaincre et forcer, lui qui ne peut même être exilé de sa patrie! Qu'est-ce, en effet, que la patrie? Est-ce une réunion de furieux et de gens féroces? un assemblage étrange de proscrits et de brigands? Non, certes, diras-tu. Il n'y avait donc plus de patrie, quand les lois étaient sans force à Rome, les tribunaux renversés, les mœurs antiques expirantes; quand le fer avait dispersé les magistrats, et que le

leviora qui possint videri, quum quidquid peccatur, perturbatione peccetur rationis atque ordinis? perturbata autem semel ratione et ordine, nihil possit addi, quo magis peccari posse videatur.

PARADOXON IV

Ὅτι πᾶς ἄφρων μαίνεται.
Omnem stultum insanire.

Ego vero te non stultum, ut sæpe; non improbum, ut semper; sed dementem et insanum, rebus vincam necessariis. Sapientis animus magnitudine consilii, tolerantia rerum humanarum, contemptione fortunæ, virtutibus denique omnibus, ut mœnibus septus, vincetur et expugnabitur, qui ne civitate quidem pelli potest? Quæ est enim civitas? Omnisne conventus etiam ferorum et immanium? omnisne etiam fugitivorum ac latronum congregata unum in locum multitudo? Certe negabis. Non igitur erat illa tum civitas, quum leges in ea nihil valebant; quum judicia jacebant; quum mos patrius occiderat;

sénat avait perdu jusqu'à son nom. Sans doute ce concours de scélérats, ce brigandage exercé sous tes ordres dans le Forum, ce reste impur des conjurés de Catilina, recueilli par tes fureurs sanglantes, ce n'était point la patrie. Je n'ai donc point été banni de Rome, puisqu'elle n'existait plus; mais j'y ai été rappelé, lorsque la république eut recouvré le consulat qui n'était auparavant qu'une ombre de puissance, et le sénat que tu avais anéanti; lorsque les suffrages du peuple étaient libres, lorsqu'on s'était ressouvenu de la justice et des lois, ces liens d'un État. Mais considère jusques à quel point j'ai méprisé ta scélératesse. J'ai vu que j'étais exposé à ses traits criminels, mais je n'ai jamais pensé qu'ils pussent m'atteindre, à moins qu'en renversant des murailles, en livrant des pénates aux torches sacriléges, tu n'aies cru brûler ou détruire quelque chose qui fût à moi. Non, ce qu'on peut perdre, ce qui peut nous être ôté ou ravi, n'est ni à moi ni à personne. Mais si tu m'avais enlevé cette fermeté intrépide que j'ai reçue des dieux, ces soins, ces veilles, cette prudence qui a sauvé l'État, encore debout malgré les efforts de ta rage; si tu avais fait périr la mémoire de ce service éternel; si tu m'avais privé d'une faculté encore plus importante, de cette âme qui enfanta ces sages projets, alors seulement j'avouerais que tes coups m'ont frappé. Mais si tu ne

---

quum ferro pulsis magistratibus, senatus nomen in republica non erat. Prædonum ille concursus, et te duce latrocinium in Foro constitutum, et reliquiæ conjurationis a Catilinæ furiis ad tuum scelus furoremque conversæ, non civitas erat. Itaque pulsus ego civitate non sum, quæ nulla erat; arcessitus in civitatem sum, quum esset in republica consul, qui tum nullus fuerat; esset senatus, qui tum occiderat, esset consensus populi liberi; esset juris et æquitatis (quæ vincula sunt civitatis) repetita memoria. Ac vide, quam ista tui latrocinii tela contempserim. Jactam et immissam a te nefariam in me injuriam semper duxi : pervenisse ad me nunquam putavi, nisi forte, quum parietes disturbabas, aut quum tectis sceleratas faces inferebas, meorum aliquid ruere, aut deflagrare arbitrabare. Nihil neque meum est, neque cujusquam, quod auferri, quod eripi, quod amitti potest. Si mihi eripuisses divinam animi mei constantiam, meas curas, vigilias, consilia, quibus respublica te invitissimo stat; si hujus æterni beneficii immortalem memoriam delevisses; multo etiam magis si illam mentem, unde hæc consilia manarunt, mihi eripuisses; tum ego accepisse me confiterer injuriam. Sed si hæc nec fecisti, nec facere po-

l'as point fait, si tu n'as pu le faire, c'est un retour glorieux et non pas un bannissement funeste que je dois à ton injustice. J'ai donc toujours été citoyen, et je l'étais surtout quand le sénat recommandait mes jours aux nations étrangères comme ceux d'un excellent citoyen ; et toi, tu ne l'es pas même aujourd'hui, à moins qu'on ne puisse être à la fois et l'ennemi et le citoyen de Rome. Ne distingues-tu donc le citoyen que par sa naissance et le lieu qu'il habite, et non par ses sentiments et les actes de sa vie? tu as commis des massacres sur la place publique, tu as rempli les temples de brigands armés ; tu as incendié les maisons et les édifices sacrés. Si tu es citoyen, comment Spartacus fut-il ennemi? Tu peux être citoyen, toi, d'une ville que tu as anéantie! Et tu m'appelles d'un nom qui te convient, moi, dont tout le monde est convaincu que la république partagea l'exil! N'ouvriras-tu jamais les yeux sur toi? O le plus insensé des hommes! ne réfléchiras-tu jamais sur ce que tu fais, sur ce que tu dis? Ne sais-tu pas que l'exil est la peine du crime, et que mon départ fut le prix des plus éclatants services? Tous ces scélérats, tous ces impies dont tu te déclares hautement le chef, et que les lois proscrivent, sont de véritables bannis, quoiqu'ils ne quittent point le sol de la république ; et toi, que toutes ces lois condamnent comme eux, tu ne serais pas un banni? N'appelle-t-on pas ennemi celui qui a pris les armes? tu as été

---

tuisti : reditum mihi gloriosum injuria tua dedit, non exitum calamitosum. Ergo ego semper civis ; et tum maxime, quum meam salutem senatus exteris nationibus, ut civis optimi, commendabat; tu, ne nunc quidem ; nisi forte idem esse hostis, et civis potest. An tu civem ab hoste natura ac loco, non animo factisque distinguis ? Cædem in foro fecisti : armatis latronibus templa tenuisti, privatorum domos, ædes sacras incendisti. Cur hostis Spartacus, si tu civis ? Potes autem esse tu civis, propter quem aliquando civitas non fuit ? et me tuo nomine appellas, quum omnes meo discessu exsulasse rempublicam putent ? Nunquamne, homo amentissime, tum circumspicies ? nunquam, nec quid facias, considerabis, nec quid loquare ? Nescis exsilium scelerum esse pœnam ; meum illud iter ob præclarissimas res a me gestas esse susceptum ? Omnes scelerati atque impii, quorum tu te ducem esse profiteris, quos leges exsilio affici volunt, exsules sunt, etiam si solum non mutarunt. An, quum omnes leges te exsulem esse jubeant, non eris tu exsul ? Num appellatur ini-

trouvé un poignard à la main devant la porte du sénat. Celui qui tue un homme? tu en as tué plusieurs. Celui qui est incendiaire? tu as brûlé de tes propres mains le temple des Nymphes. Celui qui a violé les lieux saints? tu as campé dans le Forum. Mais pourquoi ne citerai-je ici que les lois générales qui s'accordent pour te bannir? Le meilleur de tes amis en a fait une pareille pour toi, et cette loi t'exile, si tu as profané de ta présence les mystères de la Bonne-Déesse. Or c'est un crime dont tu vas jusqu'à te faire gloire. Pourquoi donc, lorsque tant de lois te bannissent, ne frémis-tu pas au nom de banni? Je suis à Rome, réponds-tu. Oui, mais tu as été présent aux mystères de la Bonne-Déesse. Quiconque habite un lieu ne peut en réclamer le privilége, s'il est exclu de ce lieu par les lois.

PARADOXE V

Le sage seul est libre, tous les autres sont esclaves.

I. Qu'on loue ce général, qu'il soit désigné sous ce nom, qu'on

micus, qui cum telo fuerit? ante senatum tua sica deprehensa est. Qui hominem occiderit? tu plurimos occidisti. Qui incendium fecerit? ædes Nympharum manu tua deflagravit. Qui templa occupaverit? in Foro castra posuisti. Sed quid ego communes leges profero, quibus omnibus es exsul? Familiarissimus tuus de te privilegium tulit, ut, si in opertum Bonæ Deæ accessisses, exsulares. At te id fecisse etiam gloriari soles. Quomodo igitur tot legibus, in exsilium ejectus, nomen exsulis non perhorrescis? Romæ sum, inquis. Et quidem in operto fuisti. Non igitur ubi quisque erit, ejus loci jus tenebit, si ibi eum legibus esse non oportebit.

PARADOXON V

Ὅτι μόνος ὁ σοφὸς ἐλεύθερος, καὶ πᾶς ἄφρων δοῦλος.
Solum sapientem esse liberum, et omnem stultum servum.

I. Laudetur vero hic imperator, aut etiam appelletur, aut hoc nomine di-

l'en juge digne, je le veux ; mais, esclave de ses passions, comment pourra-t-il commander à un homme libre? Qu'il mette d'abord un frein à ses désirs déréglés, qu'il méprise les plaisirs, qu'il dompte la colère, qu'il étouffe l'avarice, qu'il bannisse de son cœur les autres vices : libre alors du joug du déshonneur et de l'infamie, il pourra commander à ses semblables ; mais tant qu'il porte ses chaînes honteuses, loin d'être un homme qui commande, il n'est pas même un homme libre. Voilà ce que nous apprennent les philosophes. Je ne citerais pas sans doute leur témoignage, si je parlais à des gens simples et grossiers ; mais en m'adressant à des hommes instruits pour qui ces vérités ne sont pas inconnues, pourquoi mal à propos leur faire croire que j'ai perdu le temps consacré à ces études? Ces philosophes ont donc soutenu qu'il n'y avait de libre que le sage. En effet, qu'est-ce que la liberté? Le pouvoir de vivre comme on veut. Or, quel est celui qui a ce pouvoir? N'est-ce pas l'homme qui suit la droiture, qui trouve son plaisir dans le devoir, qui s'est fait un plan de vie après de mûres réflexions, qui n'obéit pas aux lois par un sentiment de crainte, mais qui les observe et en fait la règle de sa conduite, parce qu'il le juge salutaire ; qui ne parle, n'agit, ne pense qu'en homme libre ; dont les projets et les actions n'ont d'autre principe ni d'autre

---

gnus putetur. Quo modo, aut cui tandem hic libero imperabit, qui non potest cupiditatibus suis imperare ? Refrenet primum libidines, spernat voluptates, iracundiam teneat, coerceat avaritiam, cæteras animi labes repellat : tum incipiat aliis imperare, quum ipse improbissimis dominis, dedecori ac turpitudini parere desierit. Dum quidem his obediet, non modo imperator, sed liber habendus omnino non erit. Præclare enim est hoc usurpatum a doctissimis, quorum auctoritate non uterer, si mihi apud aliquos agrestes hæc habenda esset oratio. Quum vero apud prudentissimos loquar, quibus hæc inaudita non sunt, cur ego simulem, me, si quid in his studiis operæ posuerim, perdidisse? Dictum est igitur ab eruditissimis viris, nisi sapientem, liberum esse neminem. Quid est enim libertas ? Potestas vivendi, ut velis. Quis igitur vivit, ut vult, nisi qui recta sequitur, qui gaudet officio, cui vivendi via considerata atque provisa est ; qui legibus quidem non propter metum paret, sed eas sequitur atque colit, quia id salutare maxime esse judicat ; qui nihil dicit, nihil facit, nihil cogitat denique, nisi libenter ac libere ; cujus omnia consilia resque omnes, quas gerit, ab ipso proficiscuntur, eodemque feruntur ; nec est

fin que lui-même; qui ne laisse rien dominer plus en lui que sa volonté et la raison; qui soumet la Fortune même, à qui on accorde tant de pouvoir, et réalise ainsi la sage maxime d'un poëte : *La fortune de chacun dépend de ses mœurs?* Il n'appartient donc qu'au sage de ne faire rien avec répugnance, rien qui puisse lui causer des regrets, rien par contrainte. Pour établir cette vérité, il faudrait longuement discourir; mais on ne doit pas moins avouer ce que nous pouvons dire en deux mots : il n'y a de libre qu'un homme de cette nature. Tous les méchants sont donc esclaves. Ce paradoxe est dans le mot plutôt que dans la chose; car on ne peut pas dire qu'ils soient esclaves comme ceux qui s'obligent à l'être pour acquitter une dette, ou qui le deviennent par des formalités civiles. Mais si, comme il est vrai, la servitude est un état de sujétion où l'âme opprimée, avilie, est privée de l'usage de sa volonté, peut-on nier que les hommes frivoles, ceux en qui la cupidité domine, enfin tous les méchants ne soient esclaves?

II. Regarderai-je comme libre celui qu'une femme asservit? à qui elle impose des lois, ordonne et défend ce que bon lui semble? qui n'ose contredire ni refuser? Elle demande, il faut donner; elle appelle, il faut qu'il vienne; elle le chasse, qu'il se retire; elle menace, qu'il tremble. Un tel homme n'est pas à mon avis seulement un esclave, mais le plus vil des esclaves,

---

ulla res, quæ plus apud eum polleat, quam ipsius voluntas atque judicium; cui quidem etiam (quæ vim habere maximam dicitur) Fortuna ipsa cedit, sicut sapiens poeta dixit : Suis ea cuique fingitur moribus? Soli igitur hoc contingit sapienti, ut nihil faciat invitus, nihil dolens, nihil coactus. Quod etsi ita esse, pluribus verbis disserendum est, illud tamen et breve et confitendum est, nisi qui ita sit affectus, esse liberum neminem. Igitur omnes improbi, servi. Nec hoc tam re est, quam dictu inopinatum atque mirabile. Non enim ita dicunt eos esse servos, ut mancipia, quæ sunt dominorum facta nexu, aut aliquo jure civili; sed, si servitus sit, sicut est, obedientia fracti animi et abjecti, et arbitrio carentis suo, quis neget, omnes leves, omnes cupidos, omnes denique improbos, esse servos?

II. An ille mihi liber, cui mulier imperat? cui leges imponit, præscribit, jubet, vetat, quod videtur? qui nihil imperanti negare potest, nihil recusare audet? Poscit? dandum est : vocat? veniendum : ejicit? abeundum : minatur? extimescendum. Ego vero istum non modo servum, sed nequissimum

fût-il sorti d'une illustre famille! Dans une grande maison, il se trouve des esclaves qui se croient plus importants que d'autres, comme ceux qui sont chargés des appartements ou des jardins, et ils n'en sont pas moins des esclaves. Telle est la folie de ces hommes qui se passionnent pour un tableau, une statue, un vase d'argent ciselé, pour des ouvrages de Corinthe ou des édifices magnifiques. Mais nous sommes, disent-ils, les premiers de l'État. Vous n'êtes pas même les premiers d'entre les compagnons de votre esclavage. Comme, dans une maison, ceux qui prennent soin de tous ces objets, qui les nettoient, qui les frottent, qui les lavent et qui sont chargés de les mettre en place, ne sont pas les plus relevés dans l'ordre de la servitude, ainsi, dans un État, les hommes qui s'abandonnent à ces sortes de passions ne sont qu'au dernier rang des esclaves comme eux. J'ai conduit, ajoutez-vous, des guerres importantes; de grands commandements, de belles provinces m'ont été confiées. Eh! faites-vous donc une âme digne de votre gloire. Vous êtes comme stupéfait à la vue d'un tableau d'Échion, ou d'une statue de Polyclète. Je ne veux pas savoir d'où vous les avez enlevés, ni à quel titre ils vous appartiennent. Mais quand je vous vois les contempler, les admirer, jeter des cris de surprise, vous êtes à mon sens l'esclave de toutes les frivolités. Quoi donc! ne sont-ce pas là de belles choses? Oui, sans doute; car nous avons aussi des yeux

---

servum, etiam si in amplissima familia natus sit, appellandum puto. Atque ut in magna familia sunt alii lautiores (ut sibi videntur) servi, sed tamen servi, atrienses ac topiarii, pari stultitia sunt, quos signa, quos tabulæ, quos cælatum argentum, quos corinthia opera, quos ædificia magnifica nimio opere delectant. At sumus, inquiunt, civitatis principes. Vos vero ne conservorum quidem vestrorum principes estis. Sed ut in familia, qui tractant ista, qui tergunt, qui ungunt, qui verrunt, qui spargunt, non honestissimum locum servitutis tenent; sic in civitate, qui se istarum rerum cupiditatibus dediderunt, ipsius servitutis locum pæne infimum obtinent. Magna, inquis, bella gessi, magnis imperiis et provinciis præfui. Gere igitur animum laude dignum. Echionis tabula te stupidum detinet, aut signum aliquod Polycleti. Mitto, unde sustuleris, et quomodo habeas. Intuentem te, admirantem, clamores tollentem quum video, servum te esse ineptiarum omnium judico. Nonne igitur sunt ista festiva? Sint. Nam nos quoque oculos eruditos habemus. Sed

capables d'en juger ; mais, je vous en conjure, possédez ces merveilles comme des objets qui peuvent amuser des enfants, et non captiver des hommes. En effet, dites-moi, si L. Mummius voyait avec quelle passion vous maniez un de ces vases de nuit corinthiens, lui qui dédaigna Corinthe entière, vous prendrait-il pour un citoyen distingué ou pour un esclave soigneux ? Faisons revivre M. Curius ou l'un de ces Romains dont la maison, à la ville ou à la campagne, n'eut jamais rien de précieux ni de plus bel ornement qu'eux-mêmes, et qu'il voie un citoyen jouissant des bienfaits du peuple tirer des barbeaux de son vivier, les manier avec plaisir, et faire vanité de l'abondance de ses lamproies ; ne le regardera-t-il pas comme un esclave, et tel encore, qu'il ne serait pas digne d'une fonction tant soit peu importante ? Doutera-t-on que vous ne soyez esclave, quand, pour grossir votre pécule, vous vous soumettez à un état de servitude ? A quelle bassesse ne vous fera pas descendre l'espérance d'une succession ? Comme vous êtes attentif au moindre signe de ce vieillard riche et sans enfants ! Vous parlez d'après sa volonté ; vous faites tout ce qu'il ordonne : assiduités continuelles, soins empressés, présents flatteurs, rien ne vous coûte. Est-ce là se conduire en homme libre ou bien en lâche esclave ?

III. Que dis-je ? cette passion même qui semblerait plus noble, cette passion des honneurs, des emplois et des gouvernements,

---

obsecro te, ita venusta habeantur ista, non ut vincula virorum sint, sed ut oblectamenta puerorum. Quid enim censes ? Si L. Mummius aliquem istorum videret, matellionem corinthium cupidissime tractantem ; quum ipse totam Corinthum contempsisset, utrum illum civem excellentem, an atriensem diligentem putaret ? Reviviscat M'. Curius, aut eorum aliquis, quorum in villa ac domo nihil splendidum, nihil ornatum fuit, præter ipsos ; et videat aliquem, summis populi beneficiis usum, barbatulos mullos exceptantem de piscina, et pertractantem, et muraenarum copia gloriantem ; nonne hunc hominem ita servum judicet, ut ne in familia quidem dignum majore aliquo negotio putet ? An eorum servitus dubia est, qui cupiditate peculii nullam conditionem recusant durissimae servitutis ? hæreditatis spes quid iniquitatis in serviendo non suscipit ? quem nutum locupletis orbi senis non observat ? loquitur ad voluntatem : quidquid denuntiatum sit, facit : assectatur, assidet, muneratur. Quid horum est liberi ? quid denique non servi inertis ?

III. Quid ? jam illa cupiditas (quæ videtur esse liberalior) honoris, imperii,

combien elle est impérieuse! combien despotique! C'est elle qui a forcé des citoyens qui se croyaient les premiers de l'État, à tomber aux pieds de Cethegus, cet homme si peu estimé, à lui faire des présents, à venir de nuit le trouver dans son palais, à le prier, à lui adresser les plus humbles sollicitations. Si c'est là ce qu'on appelle la liberté, qu'est-ce donc que la servitude? Mais quoi! lorsque la tyrannie des passions a cessé, la conscience du crime enfante un autre tyran, la crainte. Oh! qu'elle est misérable, qu'elle est dure une pareille servitude! Il faut ménager une jeunesse trop facile à parler; tous ceux qui paraissent savoir quelque particularité sur votre compte, on les redoute comme des maîtres absolus. Et le juge, quel empire n'a-t-il pas? de quel effroi ne glace-t-il pas les coupables? Or, toute crainte n'est-elle pas un esclavage? Que signifie donc ce discours plus éloquent que sage du grand orateur L. Crassus: *Arrachez-nous à l'esclavage?* De quel esclavage veut donc parler cet homme si noble et si illustre? La timidité d'une âme molle et basse est une servitude. *Ne souffrez pas que nous soyons asservis.* Veut-il devenir libre? Point du tout. Qu'ajoute-t-il en effet? *Si ce n'est à vous, magistrats.* Il désire un autre maître et non la liberté. *A vous tous à qui nous pouvons et devons obéir.* Mais pour nous qui avons une âme grande, élevée, forte de ses vertus, nous ne pouvons ni ne devons nous y résoudre. Quant à

provinciarum, quam dura est domina! quam imperiosa! quam vehemens! Cethego, homini non probatissimo, servire coegit eos, qui sibi esse amplissimi videbantur; munera mittere, noctu venire domum ad eum, precari, denique supplicare. Quæ servitus est, si hæc libertas existimari potest? Quid? quum cupiditatum dominatus excessit, et alius est dominus exortus ex conscientia peccatorum, timor, quam est illa misera, quam dura servitus! adolescentibus paulo loquacioribus est serviendum; omnes, qui aliquid scire videntur, tanquam domini, timentur. Judex vero quantum habet dominatum? quo timore nocentes afficit? An non est omnis metus, servitus? Quid valet igitur illa eloquentissimi viri, L. Crassi, copiosa magis, quam sapiens oratio: ERIPITE NOS EX SERVITUTE? Quæ est ista servitus, tam claro homini, tamque nobili? Omnis animi debilitati, et humilis, et fracti timiditas, servitus est. NOLITE SINERE NOS CUIQUAM SERVIRE. In libertatem vindicari vult? Minime. Quid enim adjungit? NISI VOBIS UNIVERSIS. Dominum mutare, non liber esse vult. QUIBUS ET POSSUMUS ET DEBEMUS. Nos vero, siquidem animo excelso, et alto, et virtutibus exaggerato sumus, nec debemus, nec possumus. Tu posse te di-

vous, dites que vous le pouvez, puisque réellement vous en avez le pouvoir ; mais ne dites pas que vous le devez, parce que rien n'est devoir pour personne que ce qu'il serait honteux de ne pas faire. Arrêtons-nous ici. Que l'homme à qui je parle voie s'il peut commander, quand la raison et la vérité lui prouvent qu'il n'est pas même libre.

PARADOXE VI

Le sage seul est riche.

I. Quelle est cette vanité qui vous fait étaler vos richesses? Êtes-vous le seul riche? Grands dieux ! et moi, je ne m'applaudirai pas d'avoir appris et retenu quelque chose? Vous ! le seul riche ! que direz-vous si vous ne l'êtes pas, si vous êtes même pauvre? En effet, qu'entendons-nous par homme riche? ou quel est celui à qui ce nom est donné? C'est un homme, suivant moi, dont la fortune peut lui permettre de mener une vie honorable, qui ne cherche, ne désire, ne souhaite rien de plus : le sentiment intime doit vous persuader que vous êtes riche, et non les

---

cito, quoniam quidem potes : debere ne dixeris ; quoniam nihil quisquam debet, nisi quod est turpe non reddere. Sed hæc hactenus. Ille videat, quomodo imperator esse possit, quum cum ne liberum quidem esse ratio, et veritas ipsa convincat.

PARADOXON VI

"Ότι μόνος ὁ σοφὸς πλούσιος.
Solum sapientem esse divitem.

1. Quæ est ista in commemoranda pecunia tua tam insolens ostentatio? solusne tu dives ? Proh dii immortales ! egone me audivisse aliquid, et didicisse, non gaudeam? Solusne dives ? Quid, si ne dives quidem ? quid, si pauper etiam? Quem enim intelligimus divitem ? aut, hoc verbum, in quo homine ponimus ? opinor in eo, cui tanta possessio est, ut ad liberaliter vivendum facile contentus sit, qui nihil quærat, nihil appetat, nihil optet amplius. Animus oportet

discours populaires, ni toutes vos possessions ; qu'il ne vous manque rien, et que vous n'avez plus de vœux à former. Si votre cœur est rassasié, ou du moins satisfait, j'en conviens, vous êtes riche ; mais si votre avidité vous fait trouver honnête toute espèce de lucre, tandis qu'aucun n'est digne de votre rang ; si la fraude, l'artifice, les prières, les marchés honteux, les extorsions et la violence sont des moyens que vous pratiquez tous les jours ; si vous dépouillez nos alliés, si vous pillez le trésor public, si vous attendez avec impatience les testaments de vos amis, ou, sans même les attendre, si vous en supposez, est-ce là, dites-moi, le signe de l'opulence ou de la pauvreté? C'est dans l'homme, et non pas dans son coffre-fort qu'on place la richesse. Vainement le vôtre est rempli ; je ne vous croirai jamais riche tant que je verrai le vide de votre âme. En général, on regarde le besoin comme la mesure des richesses. Quelqu'un a-t-il une fille à marier? il lui faut une somme d'argent. En a-t-il deux? il lui en faut une plus grosse encore. Et si, comme Danaüs, il a cinquante filles, une somme immense lui est nécessaire ; car, je le répète, la fortune se proportionne au besoin. Celui donc qui, au lieu de plusieurs filles, a un nombre infini de passions capables d'épuiser en peu de temps les plus grands trésors, comment pourrai-je l'appeler riche, lorsqu'il sent lui-même toute son indigence? Beaucoup de gens vous ont entendu dire qu'un

---

tuus se judicet divitem, non hominum sermo, neque possessiones tuæ : nihil sibi deesse putet, nihil curet amplius. Satiatus est, aut contentus etiam pecunia? Concedo, dives es. Sin autem propter aviditatem pecuniæ nullum quæstum turpem putas, quum isti ordini ne honestus quidem possit esse ullus ; si quotidie fraudas, decipis, poscis, pacisceris, aufers, eripis ; si socios spolias, ærarium expilas ; si testamenta amicorum exspectas, aut ne exspectas quidem atque ipse supponis : hæc utrum abundantis, an egentis signa sunt? Animus hominis dives, non arca appellari solet. Quamvis illa sit plena, dum te inanem videbo, divitem non putabo. Etenim ex eo, quantum cuique satis est, metiuntur homines divitiarum modum. Filiam quis habet? pecunia est opus. Duas? majore. Plures? majore etiam. Et si, ut aiunt Danao, quinquaginta sint filiæ, tot dotes magnam quærunt pecuniam. Quantum enim cuique opus est, ad id accommodatur, an ante dixi, divitiarum modus. Qui igitur non filias plures, sed innumerabiles cupiditates habet, quæ brevi tempore maximas copias exhaurire possint, hunc quo modo ego appellabo divitem, quum ipse

26.

homme n'était pas riche s'il ne pouvait entretenir une armée à ses frais. C'est ce que, depuis longtemps, le peuple romain peut faire à peine avec de si grands revenus. D'où je conclus que vous ne serez jamais riche, tant que les produits de vos biens ne vous permettront pas de solder six légions, et de nombreux corps auxiliaires de cavalerie et d'infanterie. Enfin, avouez donc que vous n'êtes pas riche, puisque vous êtes si loin encore du terme de vos désirs. Aussi n'avez-vous jamais caché cette pauvreté, ou plutôt ce dénûment, cette extrême détresse.

II. Les moyens légitimes de s'enrichir, tels que le commerce, les entreprises, les fermes de l'État, annoncent le besoin dans ceux qui s'y livrent. Ainsi, quand je vois des troupes réunies d'accusateurs et de juges remplir à la fois votre maison, et des coupables qui ont de l'argent compter sur votre crédit pour corrompre la justice ; quand je vois les conditions pécuniaires que vous imposez à ceux que vous êtes chargé de défendre; les candidats soutenant à force d'argent leurs prétentions aux dignités; ces affranchis que vous envoyez pour piller les provinces, ou les ruiner par l'usure; vos voisins chassés de leurs foyers ; vos brigandages dans les campagnes, vos associations avec des esclaves, des affranchis et des clients; tant d'héritages abandonnés, tant de citoyens proscrits, tant de villes inondées de sang ;

etiam egere se sentiat? Multi ex te audierunt, quum diceres, neminem esse divitem, nisi qui exercitum alere posset suis fructibus : quod populus Romanus tantis vectigalibus jampridem vix potest. Ergo hoc proposito, nunquam eris dives ante, quam tibi ex tuis possessionibus tantum reficiatur, ut eo tueri sex legiones, et magna equitum ac peditum auxilia possis. Jam fateris igitur, non esse te divitem, cui tantum desit, ut expleas id quod exoptas. Itaque istam paupertatem, vel potius egestatem ac mendicitatem tuam nunquam obscure tulisti.

II. Nam ut iis, qui honeste rem quærunt mercaturis faciendis, operis dandis, publicis sumendis, intelligimus opus esse quæsito ; sic, qui videt domi tuæ pariter accusatorum atque judicum consociatos greges, qui nocentes et pecuniosos reos, eodem te auctore, corruptelam judicii molientes, qui tuas mercedum pactiones in patrociniis, intercessiones pecuniarum in coitionibus candidatorum, dimissiones libertorum ad fœnerandas diripiendasque provincias qui expulsiones vicinorum, qui latrocinia in agris, qui cum servis, cum libertis, cum clientibus societates, qui possessiones vacuas, qui proscriptiones locuple-

quand je me rappelle toute cette moisson que vous fîtes sous la domination de Sylla; ces testaments supposés, tant d'hommes que vous avez fait disparaître; quand je vois que vous trafiquez de tout, des enrôlements, des décrets, de votre suffrage et du suffrage d'autrui, de vos actes publics et de ceux qui ne le sont pas, de vos discours et de votre silence, ne croirai-je pas vous entendre avouer vos besoins? Et celui qui se trouve dans le besoin aura-t-il jamais droit d'être appelé riche? car le fruit des richesses est dans l'abondance, et les désirs satisfaits, le contentement prouve l'abondance. Or c'est un but où vous n'atteindrez jamais; vous ne serez donc jamais riche. Vous méprisez ma fortune, et avec raison; car, au jugement du public, c'est peu de chose; à vos yeux, ce n'est rien; et pour moi, c'est un bien modeste qui suffit à mes vœux. Mais il ne sera point question de moi; je parle ici de la chose en elle-même. Si nous devons la juger en conscience, estimerons-nous plus l'argent que Pyrrhus offrait à Fabricius, ou le désintéressement de Fabricius qui le refusa? l'or des Samnites, ou la réponse de M. Curius? l'héritage de Paul Émile, ou la générosité de l'Africain qui céda sa part dans cette succession à Q. Maximus son frère? Nous devons sans doute estimer ces actes de sublimes vertus autrement que ceux dont l'argent est l'unique principe. Si l'on regarde comme le plus riche celui qui possède les choses d'un plus

---

tium, qui cædes municipiorum, qui illam Sullani temporis messem recordetur, qui testamenta subjecta, qui sublatos tot homines; qui denique omnia venalia, delectum, decretum, alienam, suam sententiam, forum, domum, vocem, silentium, quis hunc non putet confiteri, sibi quæsito opus esse? Cui autem quæsito opus sit, quis unquam hunc vere dixerit divitem? Est enim divitiarum fructus in copia; copiam autem declarat satietas rerum, atque abundantia: quam tu quoniam nunquam assequere, nunquam omnino es futurus dives. Meam autem quoniam pecuniam contemnis, et recte (est enim ad vulgi opinionem mediocris; ad tuam, nulla; ad meam, modica), de me silebo: de re loquar. Si censenda nobis atque æstimanda res sit, utrum tandem pluris æstimemus pecuniam Pyrrhi, quam Fabricio dabat, an continentiam Fabricii, qui illam pecuniam repudiabat? utrum aurum Samnitum, an responsum M. Curii? hæreditatem L. Pauli, an liberalitatem Africani, qui ejus hæreditatis Q. Maximo fratri partem suam concessit? Hæc profecto, quæ sunt summarum virtutum, pluris æstimanda sunt, quam illa, quæ sunt pecuniæ. Quis igitur (si quidem, ut quisque, quod plurimi sit, possideat, ita ditissimus habendus sit) dubitet,

grand prix, doutera-t-on que la richesse ne soit dans la vertu, puisque toutes les possessions, ni tout l'or et l'argent de la terre ne peuvent égaler le prix de la vertu?

III. O dieux immortels! les hommes ne comprennent pas combien l'économie est un beau revenu; car je laisse maintenant les hommes intéressés pour en venir aux prodigues. En voici un qui retire de ses domaines six cent mille sesterces; je n'en retire que cent mille des miens. Mais pour celui qui décore sa maison de campagne de lambris dorés, de pavés de marbre, et qui ne peut jamais assouvir cette passion des statues, des tableaux, des meubles de tout genre, de riches vêtements, ce revenu est loin de suffire, je ne dis pas à son entretien, mais à l'intérêt de ses emprunts. Au contraire, comme je supprime les dépenses de fantaisie, mon revenu modeste me donne encore du superflu. Or, lequel des deux est le plus riche? celui qui n'a point assez, ou celui qui a plus qu'il ne lui faut; celui qui est dans la disette, ou celui qui est dans l'abondance? le possesseur d'un fonds qui coûte d'autant plus d'entretien qu'il est plus considérable, ou celui d'un bien qui se conserve par ses produits? Mais pourquoi parler de moi qui, peut-être par la faute des mœurs et des temps, partage un peu les erreurs de ce siècle? M. Manilius (pour ne pas toujours citer les Curius et les Luscinus), M. Manilius, du temps de nos pères, fut pauvre, il faut en convenir; car il ne possédait qu'une petite maison dans

---

quin in virtute divitiæ sint ? quoniam nulla possessio, nulla vis auri et argenti, pluris, quam virtus, æstimanda est.

III. O dii immortales ! non intelligunt homines, quam magnum vectigal sit parcimonia. Venio enim jam ad sumptuosos : relinquo istum quæstuosum. Capit ille ex suis prædiis sexcenta sestertia ; ego centena ex meis : illi aurata tecta in villis, et sola marmorea facienti, et signa, tabulas, supellectilem, et vestem infinite concupiscenti, non modo ad sumptum ille est fructus, sed etiam ad fœnus, exiguus. Ex meo tenui vectigali, detractis sumptibus cupiditatis, aliquid etiam redundabit. Uter igitur est ditior, cui deest, an cui superat ? qui eget, an qui abundat ? cujus possessio quo est major, eo plus requirit ad se tuendam, an quæ suis se viribus sustinet ? Sed quid ego de me loquor, qui morum ac temporum vitio aliquantum etiam ipse fortasse in hujus sæculi errore verser ? M. Manilius, patrum nostrorum memoria (ne semper Curios et Luscinos loquamur), pauper tandem fuit. Habuit enim ædiculas in Carinis, et

le quartier des Carènes, et un petit bien au territoire de Labicum. Sommes-nous plus opulents, nous qui possédons davantage? Plût aux dieux! mais on mesure la richesse d'un homme par sa dépense et non par ses revenus. Désirer peu, c'est être riche; ne pas prodiguer, c'est un revenu; enfin, se contenter de ce qu'on a, c'est la fortune la plus complète et la mieux assurée. En effet, si ces habiles appréciateurs préfèrent à tout autre bien des prairies et des terres labourables, parce que les propriétés de ce genre sont sujettes à moins de dommage, combien doit-on estimer la vertu, que la violence ni l'adresse ne peuvent nous ravir, que ne peuvent altérer ni le changement des saisons ni les révolutions des empires. Ceux qui la possèdent ont la seule richesse; car seuls ils ont un bien fructueux et à jamais indestructible ; seuls (ce qui est le propre du vrai riche), ils sont contents de leur fortune ; ce qu'ils ont leur suffit ; ils ne désirent, ils ne demandent rien ; ils ne sentent ni privation ni besoin. Quant aux méchants et aux avares qui n'ont que des possessions incertaines et casuelles, qui désirent toujours davantage, et que jusqu'à présent on n'a jamais trouvés satisfaits de ce qu'ils possèdent, loin d'être riches et opulents, on doit les regarder comme pauvres, et comme manquant du nécessaire.

fundum in Labicano. Nos igitur ditiores, qui plura habemus ? utinam quidem ! sed non æstimatione census, verum victu atque cultu terminatur pecuniæ modus. Non esse cupidum, pecunia est ; non esse emacem, vectigal est. Contentum vero suis rebus esse, maximæ sunt certissimæque divitiæ. Etenim si isti callidi rerum æstimatores prata et areas quasdam magno æstimant, quod ei generi possessionum minime quasi noceri potest, quanti est æstimanda virtus, quæ nec eripi, nec surripi potest unquam ; neque naufragio, neque incendio amittitur, nec tempestatum, nec temporum perturbatione mutatur? qua præditi qui sunt, soli sunt divites. Soli enim possident res et fructuosas, et sempiternas, solique (quod est proprium divitiarum) contenti sunt rebus suis. Satis esse putant, quod est : nihil appetunt, nulla re egent, nihil sibi deesse sentiunt, nihil requirunt. Improbi autem, et avari, quoniam incertas atque in casu positas possessiones habent, et plus semper appetunt, nec eorum quisquam adhuc inventus est, cui, quod haberet, esset satis, non modo non copiosi ac divites, sed etiam inopes ac pauperes existimandi sunt.

NOTES

LES ACADÉMIQUES

LIVRE PREMIER

Page 8. *C'est un travail important, que je m'applique à limer et à polir.* Il s'agit de l'ouvrage de Varron *sur la Langue latine.*

Page 8. *Notre ami Libon.* L. Scribonius Libon, beau-père de Sextus Pompée.

Page 9. *Amafinius et Rabirius.* Écrivains latins très-médiocres, qui appartenaient à la secte d'Épicure.

Page 10. *Deux sciences que notre école met au nombre des vertus.* Les stoïciens regardaient les sciences comme des vertus. C'était probablement aussi l'opinion de l'ancienne académie. Il est certain du moins que Platon ne voulait point qu'on séparât la rhétorique de la vertu, ce qui suffit pour expliquer ce passage des *Académiques.*

Page 11. *Suivez-vous Zénon ?* La doctrine morale de Zénon ressemblait beaucoup, pour le fond, à celle des premiers académiciens.

Page 12. *Depuis la mort de notre Élius.* L. Élius Stilo, maître de Varron.

Page 12. *Toutefois, ces ouvrages de ma jeunesse.* Outre son ouvrage *de Lingua latina,* qui nous a été conservé, Varron en avait composé beaucoup d'autres qui se sont perdus : il rappelle ici ses *Satires,* ses *Antiquités* et ses *Hebdomades,* qui contenaient une suite d'éloges.

NOTES.

Page 12. *Vous avez composé un poëme.* Cicéron veut parler ici d'une satire composée par son ami, à l'imitation de Ménippe. Ce genre admettait le mélange du sérieux au plaisant, du vers à la prose, du grec au latin, des traits originaux aux citations et aux parodies. C'est peut-être ce mélange que Cicéron a voulu indiquer par ces mots : *omni fere numero.* Pétrone, Sénèque, Lucien, Julien, et les auteurs du *Catholicon d'Espagne* se sont exercés en ce genre. (DAUNOU.)

Page 14. *Frappé du coup le plus terrible de la fortune.* La perte de sa fille Tullia, mariée à Dolabella, et morte en couches.

Page 14. *Les leçons d'Ariste.* Plutarque, dans *Brutus*, le nomme Ariston.

Page 14. *Il aurait donc été permis à notre ami Antiochus de quitter une maison neuve pour rentrer dans une vieille!* Antiochus, disciple de Philon, avait longtemps défendu la nouvelle académie.

Page 15. *Soutenu dans ses ouvrages.* Philon avait écrit deux livres où il soutenait qu'il n'y avait qu'une seule académie. Antiochus écrivit contre son maître un livre intitulé : *Sosus*.

Page 27. *Zénon.* De Citium, chef des stoïciens.

Page 28. *Zénon, lui, les plaçait toutes dans la raison.* Nous avons vu plus haut (ch. v) que les académiciens et les péripatéticiens admettaient deux espèces de biens : ceux qui viennent de la nature, ceux qui sont le fruit de la réflexion. Selon ces philosophes, nos qualités sont involontaires quand elles dérivent de notre nature, volontaires quand nous les avons acquises par l'usage de la raison. Zénon veut, au contraire, que toutes nos vertus soient volontaires, réfléchies, et par conséquent filles de la raison. Comme cette raison est subjective, le stoïcisme est une exagération de la force personnelle, une apothéose de la volonté.

Page 33. *Interroge sur tout sujet, sans jamais arriver à quelque chose de certain.* Cicéron exagère le scepticisme des anciens. Arcésilas s'était réellement détaché de Platon. Son *doute* était celui de Pyrrhon plutôt que celui de l'Académie.

Page 33. *Jusqu'à Carnéade, quatrième successeur d'Arcésilas.* Carnéade eut pour maître Hégésinius; celui-ci, Évandre; celui-ci, Lacyde, qui fut disciple d'Arcésilas.

Page 35. *Et surtout Zénon l'Épicurien.* — *Zénon Sidonicus,* philosophe épicurien que Cicéron entendit à Athènes. Philon l'appelait le *Coryphée des épicuriens.*

Page 33. *C'était un homme d'un talent incroyable...* La phrase de Cicéron est interrompue. On peut suppléer ce qui manque par ce passage *de l'Orateur* (liv. II, ch. xxxviii) : « Carneadis vero vis incredibilis illa dicendi et varietas perquam est optanda nobis ; qui nullam unquam in illis suis disputationibus rem defendit quam non probarit, nullam oppugnavit quam non everterit. »

LIVRE DEUXIÈME

Page 37. *Par le bénéfice de la loi.* On ne pouvait être préteur que deux ans après avoir été édile. Mais une loi de Sylla établit une exception en faveur des partisans du dictateur. Lucullus, qui était de ce nombre, profita de cette loi qui avait cessé d'être en vigueur au moment où Cicéron écrivait les *Académiques*.

Page 40. *Proquesture.* La questure était conférée pour une année. Si le magistrat revêtu de cette charge continuait à l'exercer au delà du terme fixé par la loi, il prenait le titre de proquesteur. Lucullus resta environ neuf ans en Asie : il fut questeur la première année, et proquesteur les huit suivantes.

Page 41. *Si dans un de mes ouvrages.* Cicéron fait allusion ici à un ouvrage intitulé *Hortensius*, dont il ne reste que des fragments.

Page 50. *Au stoïcien Antipater.* Ce philosophe était de Tarse ; il eut pour disciple Posidonius. Cicéron en parle encore dans ce même livre, ch. ix, xxxiv, xlvii ; *voyez* encore *de la Divination*, liv. I, c. iii, vi.

Page 50. *Philon, en soulevant des opinions nouvelles.* Philon de Larisse, disciple et successeur de Clitomaque, enseigna à Rome cent ans avant J.-C. Il fonda la quatrième académie ; et, malgré ses innovations, il soutenait qu'il n'y avait qu'une seule académie (*voyez* l'Introduction du livre I er).

Page 53. *C'est* Antiope *ou c'est* Andromaque. *Antiope* était une tragédie de Pacuvius ; *Andromaque* une tragédie d'Ennius, dont Cicéron parle (*de la Divination*, liv. I, ch. xiii, xxiii). Une pièce d'Accius portait le même titre.

Page 61. *La raison, s'élevant sur ces degrés, parvient à la sagesse.* Cette analyse est remarquable par sa précision ingénieuse : la *sensation* engendre le *désir*, l'*attention* ou la perception volontaire, la *mémoire*, les *idées générales*. Appuyée sur ces facultés, sur ces idées,

filles de la perception, et sur l'argumentation, la *raison* s'élève à la *sagesse*. Ne croirait-on pas lire Condillac ? Les anciens n'étaient pas plus d'accord que les modernes sur l'ordre de génération de ces différents faits psychologiques.

Page 79. *Atomes.* Lucullus appelle ici *individua* ce que les Grecs appelaient ἄτομοι, ce que Cicéron désigne ailleurs par le mot *corpuscula*.

Page 85. *Dans les derniers temps de sa vie.* Après avoir été questeur à Alexandrie, Lucullus fut envoyé en Cilicie avec le titre de proconsul, pour commander contre Mithridate. Il resta alors en Syrie, depuis l'an de Rome 680 jusqu'à l'an 687. Antiochus mourut en 686.

Page 91. *De la cinquième classe.* Le peuple romain était divisé en six classes d'après le cens. La sixième classe se composait des prolétaires. La cinquième était donc la dernière parmi celles des citoyens qui possédaient quelque fortune. Démocrite, dont il a été souvent question dans les chapitres précédents, et dans le xviie en particulier, fut un des plus grands philosophes de la Grèce. Par Leucippe, son maître, il se rattache à Parménide et à l'école d'Élée. Il développa le système des atomes, que Leucippe avait ébauché. Métrodore de Chio fut disciple de Démocrite et maître d'Hippocrate. La phrase de ce philosophe, citée par Cicéron, se retrouve exactement dans la *Préparation évangélique* d'Eusèbe, et en partie dans Diogène Laërce.

Page 92. *Sans la jamais démentir.* Cicéron est, dans cette réplique, beaucoup plus faible que Lucullus. Il est certain que Platon et Socrate admettent plusieurs dogmes essentiels.

Page 97. *Dix-huit fois plus grand que la terre.* On sait aujourd'hui que le soleil est quatorze cent mille fois plus grand que la terre. Mais les erreurs des anciens, à ce sujet, ne prouvent rien dans la question agitée par les académiciens. Tout élève de philosophie sait aujourd'hui que ce n'est pas à la vue seule de juger des distances et des proportions.

DES VRAIS BIENS ET DES VRAIS MAUX

LIVRE PREMIER

Page 158. *Que je lise les* JEUNES CAMARADES *de Cécilius*. Les *Synéphèbes*, comédie de Ménandre, traduite par Cécilius, contemporain d'Ennius.

Page 158. *Plût au ciel que les bois*, etc. Commencement d'un vers d'Ennius, dans la *Médée* qu'il avait traduite d'Euripide.

Page 159. *Nous lisons cependant, sur cette doctrine, Diogène, Antipater, Mnésarques, Panétius..... Posidonius*. Il ne faut pas confondre ce Diogène avec le fameux cynique. Stoïcien et natif des environs de Babylone, il eut pour maître Chrysippe ; pendant la seconde guerre punique, les Athéniens l'envoyèrent à Rome, avec l'académicien Carnéade, et Critolaüs, péripatéticien. — Antipater fut disciple de Diogène de Babylone. On n'est pas d'accord sur le lieu de sa naissance : il fut précepteur du vieux Caton. — Mnésarque est inconnu. — Panétius, qui appartient au Portique, était Rhodien : il fut disciple d'Antipater, et précepteur de Scipion, qu'il accompagna en Égypte. Cicéron revient souvent sur son éloge, et lui doit l'idée principale et quelques détails de son *Traité des Devoirs*. — Posidonius avait eu Panétius pour maître, et Cicéron pour ami et pour auditeur. Il donnait des leçons publiques à Rhodes. Pompée alla l'entendre lorsqu'il passa par cette île lors de son expédition contre Mithridate.

Page 159. Caïus Persius, dont il est question plus bas, était le plus savant des contemporains de Lucilius. Le Scipion dont Cicéron parle ensuite, est le second Africain, appelé aussi Émilien, parce qu'il était fils de Paul-Émile. — Rutilius, homme de bien, habile jurisconsulte, était très-versé dans les lettres grecques et la philosophie stoïcienne.

Page 162. *P. Scévola*. Aulu-Gelle (liv. XVII, ch. 7) cite comme trois excellents jurisconsultes ce *Scévola*, le même probablement dont il est question au ch. III, M. *Manilius* et *Marcus Brutus*.

Page 164. *Phèdre* et *Zénon*. Deux philosophes épicuriens, qui enseignaient à Athènes la doctrine de leur maître.

Page 165. *Il ajoute quelque chose à Démocrite.* Démocrite, d'Abdère, dans la Thrace, ou, selon d'autres, de Milet, en Ionie, fut contemporain de Socrate et de Platon. On lui doit la doctrine des atomes, reproduite depuis, avec quelques rêveries différentes, dans les tourbillons de Descartes, les monades de Leibniz et les molécules de Buffon.

Page 168. *Fondée par Aristippe.* Aristippe, fondateur de la secte qui met le souverain bien dans le plaisir des sens, et contemporain de Platon, était né à Cyrène, ville d'Afrique, appelée aujourd'hui *Caïoran*, ou *Curin*, sur la côte de Barca. Ses sectateurs furent appelés cyrénéens, ou cyrénaïques; et c'est aussi de lui qu'est venue la secte des *asotes*, ou sensuels, qu'il ne faut pas confondre avec l'école sensualiste moderne.

Page 178. *Dans le Céramique.* Il y avait à Athènes deux places de ce nom : l'une dans la ville même où les courtisanes logeaient ; l'autre, dans un des faubourgs, où les citoyens morts à la guerre étaient enterrés aux frais de l'État. C'est dans cette dernière qu'était la statue de Chrysippe.

LIVRE DEUXIÈME

Page 203. *Métrodore.* L'Athénien Métrodore fut le principal disciple et le plus intime ami d'Épicure. Depuis le jour qui commença leur liaison, il ne se sépara de lui que pendant six mois. Il mourut à cinquante-trois ans, sept ans avant son maître.

Page 203. *Hiéronyme, le Rhodien.* Dans la *Vie d'Arcésilas*, Diogène de Laërce range ces philosophes parmi les péripatéticiens. Est-ce comme disciple d'Aristote? est-ce seulement parce qu'il aurait suivi en partie sa doctrine? Il mettait le souverain bien à n'avoir aucune douleur. Il ne faut pas le confondre avec Hiéronyme de *Cardie*, qui fut historien.

Page 206. *Trabéa.* Ancien poëte comique dont il ne reste qu'un petit nombre de fragments, entre autres le premier vers cité ici par l'auteur. Des deux vers qu'il rapporte ensuite, le premier est de Cécilius, et le dernier de Térence.

Page 208. *Comme chez Héraclite.* Héraclite était d'Éphèse, et il fut en réputation quelques années après Pythagore. Diogène de Laërce, dans la *Vie de Socrate*, raconte qu'Euripide lui montra quelques ouvrages d'Héraclite, et lui en demanda son sentiment : « Ce que je comprends, répondit le sage, est plein de force ; je veux croire qu'il en est de même de ce que je n'entends pas. »

Page 213. *Pour manger dans les bassins sacrés.* Voici le proverbe latin : « Ita non religiosi, ut edant de patella. — Si peu scrupuleux, qu'ils mangeraient de ce qu'on offre dans des vases aux dieux. » *Patella*, petit bassin où l'on mettait quelque partie de la victime. C'est le proverbe français, *prendre jusque sur l'autel.* — *Hymnis*, selon Alde Manuce, était une comédie de Ménandre, traduite par Cécilius.

Page 220. *On croirait entendre parler Curius.* Curius Dentatus, vainqueur des Sabins et de Pyrrhus, célèbre par sa frugalité et son désintéressement.

Page 233. *Un méchant habile, comme fut Pompée.* Premier membre de sa famille parvenu au consulat. Q. Pompée fut vaincu par les Numantins, et conclut avec eux une paix honteuse. Dans le traité, il avait eu l'adresse de glisser des termes ambigus, fourberie qui fut blâmée par la république.

Page 234. *La loi Voconia.* Cette loi, portée l'an de Rome 584, par Voconius Saxa, tribun du peuple, excluait les filles des grandes successions de leurs pères. C'est pour éluder cette disposition que l'usage des fidéicommis s'introduisit chez les Romains.

Page 242. *Du nom de la seule Thémista?* Thémista, de Lampsaque, fille de Zoïle, femme de Léontée, fut la disciple et l'amie d'Épicure.

Page 243. *Cette image tracée avant tant de justesse par Cléanthe.* Cléanthe, d'Assus, en Troade, après avoir été pendant dix-huit ans le disciple de Zénon, fut son successeur.

Page 256. *Parle comme Pison Frugi.* Pison fut surnommé *Frugi*, à cause de sa grande sobriété.

Page 263. *Au mois de gamélion.* Gamélion, huitième mois athénien (janvier, février).

Page 266. *Cessez, Rome, cessez...* Ce sont des vers d'Ennius, qui avait fait un poëme à la louange de Scipion l'Africain.

Page 273. *Vous voulez peut-être désigner par là Syron et Philo-*

dème? Syron, philosophe épicurien, ami de Cicéron. Philodème, autre sectateur d'Épicure, auteur de quelques livres de philosophie et de poésies amoureuses.

LIVRE TROISIÈME

Page 279. *Notre jeune Lucullus.* Fils ou neveu de ce Lucullus, célèbre par ses victoires sur Mithridate, et plus encore par son luxe.

Page 284. *Éphippies,* selle de cheval ; *acratophores,* vases à mettre du vin. Les mots *proegmènes* et *apoproegmènes* sont suffisamment expliqués dans tout le discours de Caton.

Page 300. *L'ardeur de votre Carnéade.* La *nouvelle académie* fut fondée par Carnéade de Cyrène, qui florissait environ 120 ans avant Jésus-Christ. Sa doctrine est un peu plus modérée que celle de la *moyenne académie :* elle s'éloignait également du dogmatisme négatif et du dogmatisme positif, et soutenait que la vraisemblance est le dernier terme de la science, et que celle-ci doit se contenter de compter les degrés de probabilité. Sa pernicieuse éloquence, qui s'exerçait également sur le pour et sur le contre de chaque proposition, choqua vivement Caton le Censeur. Carnéade fut à la tête de cette ambassade que les Athéniens envoyèrent à Rome, et qui produisit une révolution si grande dans l'esprit des Romains.

LIVRE QUATRIÈME

Page 344. *Exclusifs comme Herillus.* Herillus était Carthaginois. Il mettait le souverain bien dans la science, à laquelle il prétendait qu'on rapportât toute la conduite de la vie, comme à la fin qu'on devait se proposer. Il avait écrit contre Zénon.

Page 352. *L'espérez-vous de Calliphon et de Diodore?* On ne sait rien de certain sur Calliphon. Diodore de Tyr fut élève de Critolaüs.

LIVRE CINQUIÈME

Page 372. *Ici se promenait Speusippe.* Speusippe l'Athénien eut pour mère Potona, qui était sœur de Platon. Il succéda à son oncle dans la direction de l'Académie, qu'il conserva pendant huit ans. Dans sa doctrine, il pencha à mettre en harmonie le système de Platon avec celui de Pythagore, et fut ainsi un des précurseurs des néoplatoniciens. Aristote acheta par la suite les ouvrages laissés par Speusippe. Dans le nombre, il y en avait un intitulé : Ὅροι, *Définitions*, qui est peut-être celui qu'on trouve parmi les œuvres de Platon.

Page 372. *Même notre cour Hostilie.* La cour Hostilie fut bâtie par ordre du roi Tullus Hostilius, pour y assembler le sénat. Plus tard, on en fit construire une autre beaucoup plus vaste, qu'on appela la *Nouvelle cour*.

Page 372. *Avec mon ami Phèdre.* Ce Phèdre, nous l'avons dit, était un philosophe épicurien, ami intime de Pomponius. Cicéron en a parlé plusieurs fois.

Page 375. *Les académiciens proprement nommés ainsi, Speusippe, Xénocrate, Polémon, Crantor.* Après la mort de Xénocrate, l'Académie fut dirigée, 314 ans avant Jésus-Christ, par son disciple Polémon d'Athènes. Des nombreux ouvrages de ce philosophe, il n'existait plus rien du temps de Suidas. Après lui Cratès de Tarse et Crantor de Soles enseignèrent dans l'Académie la philosophie de Platon. Crantor fut le premier qui écrivit un commentaire pour l'expliquer. Cicéron, dans ses *Questions académiques*, parle avec admiration de son traité *de la Douleur* ou *sur la Consolation*, dont nous avons à regretter la perte, aussi bien que de ses autres ouvrages.

Page 377. *Il a aussi facilité l'étude des sciences occultes.* Cicéron croyait, avec ses contemporains éclairés, aux *sciences occultes*, fantastique production des *initiations* et des *mystères*, qui remontaient, en Grèce, à l'époque théologique et théosophique de la poésie.

Page 378. *Les appelaient* ExOTÉRIQUES. Aristote se rendait deux fois par jour au Lycée. Le matin était destiné à ses disciples, et il leur expliquait ce que les sciences offrent de plus difficile ; le soir, il ad-

mettait tous ceux qui désiraient l'entendre, se mettait à la portée de tout le monde, et raisonnait sur les connaissances qui sont d'un usage plus habituel dans le cours de la vie. C'est à cette distinction que l'on doit la division de ses ouvrages en *exotériques* et en *acroamatiques*. Les premiers contenaient une doctrine usuelle, et chacun pouvait les entendre ; les seconds, destinés plus particulièrement à ses disciples, avaient besoin d'être expliqués par des leçons.

Page 579. *Un disciple de Théophraste, Strabon.* Diogène Laërce dit que Strabon était de Lampsaque, et fils d'Arcésilas ; mais ce ne peut pas être de celui qui fut le chef de la moyenne académie ; car, après la mort de Théophraste, il tint son école. Il fut appelé *le physicien*, parce qu'il s'adonna principalement à l'étude de la physique, quoique Diogène rapporte de lui quantité de titres de livres sur la morale. Il fut précepteur de Ptolémée Philadelphe.

Page 579. *Un style riche de mots, pauvre d'idées, distingue Lycon.* Lycon était de la Troade. Il succéda à Strabon. Après avoir, pendant quarante ans, tenu l'école des péripatéticiens, il mourut de la goutte à soixante-quatorze ans.

Page 595. *La nature la lui a donnée en guise de sel, pour conserver son lard.* Ce mot, selon Nonius, est de Chrysippe le stoïcien. Varron (*de Re rustica*, lib. II, c. iv) s'exprime ainsi : « Suillum pecus donatum a natura dicunt ad epulandum. Itaque iis animam datam esse proinde ac salem, quæ servaret carnem. » Et Pline (*Hist. Nat.*, liv. VIII, ch. li) : « Hoc maxime brutum, animamque ei pro sale datam non illepide existimabatur. »

LES PARADOXES

Page 437. Les *Paradoxes*, suivant plusieurs critiques, ont été composés vers le premier mois de l'an de Rome 707 : Cicéron avait alors soixante ans.

Page 444. *J'ai vu C. Marius.* On éprouve quelque peine à voir Cicéron louer ainsi C. Marius, dont l'ambition causa de si grands maux à la république. Malgré son génie étonnant et sa constance invincible, ce fut un mauvais citoyen, indigne des éloges qui lui sont toujours prodigués.

Page 451. *Que tout homme sans sagesse est en délire.* Cicéron s'occupe ici moins de prouver le principe que d'attaquer, avec une éloquence forte et énergique, Clodius, son plus mortel ennemi; et il parvient à le rendre aussi coupable, aussi insensé que sa haine voulait le peindre.

Page 460. *Le sage seul est riche.* Ce dernier paradoxe est évidemment dirigé contre Crassus. On y aperçoit aussi plusieurs allusions à Lucullus, au célèbre orateur Hortensius.

FIN DU TOME SEIZIÈME

TABLE DES MATIÈRES

Académiques. — Introduction. 5
    Livre premier. 7
    Livre deuxième. 57
Des Vrais Biens et des Vrais Maux. — Introduction. 155
    Livre premier. 155
    Livre deuxième. 199
    Livre troisième. 275
    Livre quatrième. 321
    Livre cinquième. 371
Les Paradoxes. 457
Notes. 467

FIN DE LA TABLE DES MATIÈRES DU TOME SEIZIÈME.

PARIS. — IMP. SIMON RAÇON ET COMP., RUE D'ERFURTH, 1.

GARNIER FRÈRES
6, rue des Saints-Pères, et Palais-Royal, 215

Envoi franco contre mandat ou timbre-poste.

DICTIONNAIRE NATIONAL
OUVRAGE ENTIÈREMENT TERMINÉ
MONUMENT ÉLEVÉ A LA GLOIRE DE LA LANGUE ET DES LETTRES FRANÇAISES

Ce grand Dictionnaire classique de la Langue française contient pour la première fois, outre les mots mis en circulation par la presse, et qui sont devenus une des propriétés de la parole, les noms de tous les Peuples anciens, modernes; de tous les Souverains, des institutions politiques; des Assemblées délibérantes; des Ordres monastiques, militaires; des Sectes religieuses, politiques, philosophiques; des grands Evénements historiques : Guerres, Batailles, Siéges, Journées mémorables, Conspirations, Traités de paix, Conciles; des Titres, Dignités, des Hommes ou Femmes célèbres en tout genre; des Personnages historiques de tous les pays : Saints, Martyrs, Savants, Artistes, Ecrivains; des Divinités, Héros et personnages fabuleux de tous les peuples; des Religions et Cultes divers, Fêtes, Jeux, Cérémonies publiques, Mystères; tous les Chefs-lieux, Arrondissements, Cantons, Villes, Fleuves, Rivières, Montagnes; avec les Etymologies grecques, latines, arabes, celtiques, germaniques, etc., etc.

Cet ouvrage classique est rédigé sur un plan entièrement neuf, plus exact et plus complet que tous les dictionnaires qui existent, et dans lequel toutes les définitions, toutes les acceptions des mots et les nuances infinies qu'ils ont reçues sont justifiées par plus de quinze cent mille exemples extraits de tous les écrivains, etc., etc. Par M. Bescherelle, aîné, auteur de la *Grammaire nationale*. 2 magnifiques volumes in-4 de plus de 3,000 pages, à 4 col. imprimés en caractères neufs et très-lisibles, sur papier grand raisin glacé, contenant la matière de plus de 300 volumes in-8. 50 fr.

Demi-reliure chagrin, plats en toile. . . . . 10 fr.

GRAMMAIRE NATIONALE

Ou Grammaire de Voltaire, de Racine, de Bossuet, de Fénelon, de J.-J. Rousseau, de Bernardin de Saint-Pierre, de Chateaubriand, de Casimir Delavigne, et de tous les écrivains les plus distingués de la France; par MM. Bescherelle frères et Litais de Caux. 1 fort. vol. gr. in-8. Complément indispensable du *Dictionnaire national*. . . . . 10 fr.

NOUVEAU DICTIONNAIRE CLASSIQUE DE LA LANGUE FRANÇAISE

Comprenant : 1° Les mots du Dictionnaire de l'Académie française, et un très-grand nombre d'autres autorisés par l'emploi qu'en ont fait les bons écrivains; leurs acceptions propres et figurées et l'indication de leur emploi dans les différents genres de style; — 2° Les termes usités dans les sciences les arts, les manufactures, ou tirés des langues étrangères; — 3° La synonymie rédigée sur un plan tout nouveau et d'après les travaux les plus récents sur cette matière. — 4° La prononciation figurée de tous les mots qui présentent quelque difficulté; — 5° Un Vocabulaire général de biographie, d'histoire et de géographie, depuis les premiers temps jusqu'à nos jours, et précédé d'un tableau complet de la conjugaison des verbes réguliers et irréguliers, etc., etc., par MM. Bescherelle aîné, auteur du *Dictionnaire national de la langue française*, et J.-A. Pons. 1 vol. gr. in-8 de 1,100 pag., 10 fr.; reliure toile, ou basane. . . . . 2 fr.

DICTIONNAIRE USUEL DE TOUS LES VERBES FRANÇAIS

Tant réguliers qu'irréguliers; par MM. Bescherelle frères. 3° édition. 2 forts vol. in-8 à 2 colonnes. . . . . 12 fr.

GRAMMAIRE DE LA LANGUE ANGLAISE

Contenant : 1° Un traité de la prononciation avec un *syllabaire* et de nombreux exercices de lecture à l'usage des commençants ; — 2° Un cours de thèmes complet sur les règles et les difficultés de la langue ; — 3° Idiotismes ; — 4° Dialogues familiers, par MM. CLIFTON, auteur du nouveau Dictionnaire anglais, et MERVOYER. 1 vol. gr. in-18, cartonné. . . . 2 fr.

GRAMMAIRE THÉORIQUE ET PRATIQUE DE LA LANGUE ALLEMANDE

Par ERNEST GRÉGOIRE, licencié en droit. 1 vol. gr. in-18. . . . . 3 fr.

GRAMMAIRE ITALIENNE

En 25 leçons, d'après VERGANI, corrigée et complétée par C. FERRARI, ancien professeur à l'Ecole normale et à l'Université de Turin, auteur du *Nouveau Dictionnaire italien-français et français-italien*. 1 vol. cart. . . . 2 fr.

GRAMMAIRE ESPAGNOLE-FRANÇAISE DE SOBRINO

Très-complète et très-détaillée, contenant toutes les notions nécessaires pour apprendre à parler et à écrire correctement l'espagnol. Nouvelle édition, refondue avec le plus grand soin, par A. GALDAN, professeur. 1 vol. in-8. 4 fr.

GRAMATICA DE LA LENGUA FRANCESA

Para los Españoles, por CHANTREAU, corrigée avec le plus grand soin par A. GALDAN, professeur des deux langues. 1 vol. in-8. . . . . 4 fr.

NUOVA GRAMMATICA FRANCESE-ITALIANA

Di LODOVICO GOUDAR, con nuove regole e spiegazioni interno alla moderna pronunzia, alla natura dei dittonchi france i ed ai participii, ricavate dalle opere de' migliori grammatici. Nuova edizione, corrccta ed arrichita da CACCIA, autore del nuovo Dizionario italiano-spagnuolo. 1 vol. grand in-18 cartonné. . . . . 2 fr.

GRAMMAIRE PORTUGAISE

Remaniée et simplifiée par M. PAULINO DE SOUZA. 1 fort vol. grand in-18 cartonné. . . . . 6 fr.

NOUVELLE GRAMMAIRE GRECQUE

D'après les principes de la grammaire comparée, par A. CHASSANG, ancien maître de conférences de langue et littérature grecques à l'Ecole normale, inspecteur de l'Académie de Paris. 1 vol. in-8 cartonné. . . . . . 5 fr.
Abrégé de la même grammaire. . . . . 1 fr. 50

NOUVELLE GRAMMAIRE LATINE

D'après les rincipes de 1 grammaire comparée, paap C. BEAUFILS, professeur au lycée Condorcet, 1 vol. in-8, cartonné. . . . . 3 fr.
Abrégé de la même grammaire. . . . . 5 fr.

PETITS DICTIONNAIRES EN DEUX LANGUES

Avec la prononciation figurée, très-complets et exécutés avec le plus grand soin, à l'usage des voyageurs, des lycées, des colléges, et de toutes les personnes qui étudient les langues étrangères. Format gr. in-32, relié.

Nouveau Dictionnaire anglais-français et français-anglais, par M. Clifton. 1 vol. rel. . . . . 5 fr.
Nouveau Dictionnaire allemand-français et français-allemand, par M. Rotteck (de Berlin). 1 vol. rel. 5 fr.
Nouveau Dictionnaire français-espagnol et espagnol-français, par Vicente Salva, 1 vol. relié. . . . 6 fr.
Nouveau Dictionnaire italien-français et français-italien, avec la prononciation figurée par Ferrari. 1 gr. vol. relié. . . . . 5 fr.
Nouveau Dictionnaire portugais-français et français-portugais, avec la prononciation figurée dans les deux langues, rédigé d'après les meilleurs dictionnaires par Souza Pinto. 1 fort vol. rel. . . . . 6 fr.

Diccionario español-inglés é inglés-español portátil, con la pronunciacion en ambas lenguas, formada con presencia de los mejores diccionarios ingleses y españoles por Don F. Corona Bustamante. 2 tomos. . . . . 6 fr.
Diccionario español-italiano é italiano-español, con la pronunciacion en ambas lenguas, compuesto por D. J. Caccia, con arreglo á los mejores diccionarios. 1 tomo. . . . . . 5 fr.
Nouveau Dictionnaire latin-français, par E. de Suckau. 1 fort vol. . 5 fr.
Dictionnaire grec-français, rédigé sur un plan nouveau, par A. Chassang, maître de conférences de langue et de littérature grecques à l'Ecole normale supérieure. 1 vol. relié. . 6 fr.

PETIT DICTIONNAIRE NATIONAL, par Bescherelle aîné, auteur du *Grand Dictionnaire national.* 1 fort vol. in-32 jésus. . . . . . . 2 fr.
PETIT DICTIONNAIRE D'HISTOIRE, DE GÉOGRAPHIE ET DE MYTHOLOGIE, par J.-P. Quitard, faisant suite au *Petit Dictionnaire national* de M. Bescherelle aîné. 1 vol in-32. . . . . 1 fr. 75
Les deux ouvrages réunis en 1 fort vol. relié en toile. . . . . . 4 fr.

NOUVEAU DICTIONNAIRE DES RIMES

Précédé d'un traité complet de versification, par P.-M. Quitard, auteur du *Petit Dictionnaire d'histoire et de géographie.* 1 vol. grand in-32. 2 fr.
Reliure percaline, tranche jaspée de chacun de ces dictionnaires. . 60 c.

GUIDES POLYGLOTTES

Manuels de la conversation et du style épistolaire, à l'usage des voyageurs et des écoles, par MM. Clifton, Vitali, Corona Bustamante, Ebeling. Grand in-32, format dit Cazin, élégamment cartonné. Le volume. . . . 2 fr.

Français-anglais, par M. Clifton. 1 v.
Français-italien, par M. Vitali. 1 vol.
Français-allemand, par M. Ebeling. 1 v.
Français-espagnol, par M. Corona Bustamante. 1 vol.
Español-francés, por Corona Bustamante. 1 vol.
English-french, by Clifton. 1 vol.
Hollandsch-Fransch, par Dufriche. 1 v.
English-portuguese, by Clifton and Carolino Duarte. 1 vol.
Español-inglés, por Corona Bustamante y Clifton. 1 vol.

Español-aleman, por Corona Bustamante y Ebeling. 1 vol.
English-Deutsch, by Carolino Duarte. 1 vol.
Italiano tedesco, da Giovanni Vitali e D' Ebeling. 1 vol.
Español-italiano, por Corona Bustamante y Vitali. 1 vol.
Portuguez-francez, por M. Carolino Duarte y Clifton. 1 vol.
Portuguez-inglez, por Duarte y Clifton. 1 vol.

GUIDE EN SIX LANGUES. Français-anglais-allemand-italien-espagnol-portugais. 1 fort vol. in-16 de 550 pages. . . . . 5 fr.
GUIDE EN QUATRE LANGUES. Français-anglais-allemand-italien. 1 fort vol. in-32. . . . . 3 fr.
Guide français-anglais, manuel de la conversation et du style épistolaire avec la *prononciation figurée de tous les mots anglais*, 1 vol. in-16 4 fr.
Polyglot Guides Manual of Conversation. English and French with the figured pronunciation of the French 1 vol. in-16. . . . . . . 4 fr.

EXTRAIT DU CATALOGUE

GRAND DICTIONNAIRE ESPAGNOL-FRANÇAIS ET FRANÇAIS-ESPAGNOL

Avec la prononciation dans les deux langues, plus exact et plus complet que tous ceux qui ont paru jusqu'à ce jour, rédigé d'après les matériaux réunis par D. VICENTE SALVA, et les meilleurs dictionnaires anciens et modernes, par F. DE P. NOMIÉGA ET GUIM. 1 fort vol. gr. in-8 jésus, 18 fr.

GRAND DICTIONNAIRE ITALIEN-FRANÇAIS ET FRANÇAIS-ITALIEN

Avec la prononciation figurée dans les deux langues. 2 forts volumes grand in-8.. . . . . 20 fr.

NOUVEAU DICTIONNAIRE GREC-FRANÇAIS

Par CHASSANG, maître de conférences de langue et de littérature grecques à l'École normale supérieure, docteur ès lettres, lauréat de l'Institut. Ouvrage rédigé d'après les plus récents travaux de philologie grecque, comprenant : 1° Les mots de la langue grecque, depuis Homère jusqu'aux écrivains byzantins ; 2° Les noms propres de la langue grecque ; 3° Les formes irrégulières, poétiques ou propres aux dialectes; 4° Des renvois aux mots simples et aux racines ; et précédé d'une Introduction à l'étude de la langue et de la littérature grecques, contenant : 1° Un résumé de l'Histoire de la littérature grecque ; 2° Des notions élémentaires sur les origines de la langue grecque et sur la Formation des mots; 3° Une liste des Racines, des Radicaux et des mots simples de la langue grecque; et une liste des préfixes et suffixes, des lettres de liaison, des terminaisons et désinences; 4° Des éléments de grammaire grecque d'après la méthode de la grammaire comparée ; 5° Diverses Notions complémentaires, à savoir : I. Prononciation grecque; II. Métrique et Prosodie grecques; III. Calendrier, Monnaies, Poids et Mesures, Numération des Grecs; IV. Principaux signes et abréviations des anciennes éditions de livres grecs. 1 vol. gr. in-8 de 1,500 p. envir. : rel. toile 15 fr.

DICTIONNAIRE ENCYCLOPÉDIQUE D'HISTOIRE, DE BIOGRAPHIE DE MYTHOLOGIE ET DE GÉOGRAPHIE

Comprenant : 1° *Histoire* : L'histoire des peuples, la chronologie des dynasties, l'archéologie, l'étude des institutions politiques, religieuses et judiciaires, et des divers systèmes philosophiques; — 2° *Biographie* : La biographie des hommes célèbres, avec notices bibliographiques sur leurs ouvrages; — 3° *Mythologie* : La biographie des dieux et personnages fabuleux, l'exposition des rites, fêtes et mystères; — 4° *Géographie* : La géographie physique, politique, industrielle et commerciale, la géographie ancienne et moderne comparées, par LOUIS GRÉGOIRE, docteur ès lettres. 1 fort vol. gr. in-8 jésus de 2,250 pages : 20 fr. — Relié demi-chagrin, plats toile 25 fr.
M. le Ministre de l'instruction publique a souscrit pour les Bibliothèques.

DICTIONNAIRE GÉNÉRAL DES SCIENCES THÉORIQUES ET APPLIQUÉES

Comprenant les mathématiques, la physique et la chimie, la mécanique et la technologie, l'histoire naturelle et la médecine, l'économie rurale et l'art vétérinaire, par MM. PRIVAT-DESCHANEL et AD. FOCILLON, professeurs de sciences physiques et des sciences naturelles. 2 forts vol. gr. in-8. 52 fr.

NOUVEAU DICTIONNAIRE COMPLET DES COMMUNES DE LA FRANCE, DE L'ALGÉRIE ET DES AUTRES COLONIES

Nomenclature de toutes les communes, leur division administrative, leur population, leurs principales sections, les châteaux; les bureaux de poste, leur distance de Paris; les stations de chemins de fer, les bureaux télégraphiques, l'industrie, le commerce, les productions du sol, et tous les renseignements relatifs à l'organisation administrative, par M. GINDRE DE MANCY. Quatrième édition, revue, corrigée et contenant la liste des communes annexées à l'Allemagne. 1 beau vol. in-8 raisin de 1,000 pages, avec une carte des chemins de fer français. . . . . 12 fr.

DICTIONNAIRE PORTATIF DES COMMUNES DE LA FRANCE, DE L'ALGÉRIE ET DES AUTRES COLONIES FRANÇAISES

Précédé de tableaux synoptiques, par M. GINDRE DE MANCY, accompagné d'une carte de la France. Nouvelle édition revue, corrigée, contenant la liste des communes annexées à l'Allemagne. 1 fort vol. in-32 de 750 pages, cart. toile. . . . . 5 fr.

ENCYCLOPÉDIE THÉORIQUE ET PRATIQUE DES CONNAISSANCES UTILES

Composée de traités sur les connaissances les plus indispensables, ouvrage entièrement neuf, avec environ 1,500 gravures intercalées dans le texte. 2 vol. grand in-8. . . . . 25 fr.

BIOGRAPHIE UNIVERSELLE

BIOGRAPHIE PORTATIVE UNIVERSELLE, contenant 29,000 noms, suivie d'une table chronologique et alphabétique, par L. LALANNE, A. DELLOYE, etc. 1 vol de 2,000 col., format du *Million de faits*, contenant la matière de 12 v. 8 fr.

UN MILLION DE FAITS

Aide-mémoire universel des sciences, des arts et des lettres, par MM. J. AICARD, LÉON LALANNE, LUDOVIC LALANNE, GERVAIS, etc. Un fort vol. portatif. in-8 de 1,720 colonnes, orné de gravures sur bois. . . . . 9 fr.

CODES ET LOIS USUELLES

Classés par ordre alphabétique. 5ᵉ édition, contenant la législation jusqu'en 1873, collationnée sur les textes officiels, représentant en notes sous chaque article, ses différentes modifications, la corrélation des articles entre eux, la concordance avec le droit romain, l'ancienne législation française et les lois nouvelles. Précédée de la Constitution de la république française et accompagnée d'une table chronologique et d'une table générale des matières ; par AUGUSTIN ROGER, avocat à la Cour d'appel de Paris, et ALEXANDRE SOREL, juge au tribunal civil de Compiègne. 1 beau vol. gr. in-8 raisin de 1,200 pages, 15 fr. ; rel. demi-chagrin. . . . . 18 fr.

LE MÊME OUVRAGE, édition portative, format grand in-32 jésus, en 2 parties 1ʳᵉ PARTIE. Les *Codes*, 4 fr. — 2ᵉ PARTIE. Les *Lois usuelles*. . . . 4 fr
Reliure demi-chagrin, 1,25 par volume.

TRAITÉ DE CHIMIE APPLIQUÉE AUX ARTS

Par M. DUMAS, ancien ministre, membre de l'Académie des sciences et de l'Académie de médecine, etc. 8 vol. in-8 et 2 atlas in-4, édition de Liége, introduite en France avec l'autorisation de l'auteur. . . . . 150 fr.

Cet ouvrage, dont l'édition française est totalement épuisée, et que recommande si puissamment le nom de M. Dumas, fait autorité dans la science. C'est un livre essentiellement pratique.

COURS COMPLET D'AGRICULTURE

Ou Nouveau Dictionnaire d'agriculture théorique et pratique, d'économie rurale et de médecine vétérinaire, sur le plan de l'ancien Dictionnaire, par MM. le baron DE MOROGUES, MIRBEL, HÉRICART DE THURY, PAYEN, MATHIEU DE DOMBASLE, etc. 4ᵉ édition, revue et corrigée. 20 vol. br. en 19 gr. in-8 à 2 colonnes, avec environ 4,000 sujets grav., relat. à la gr. et à la petite culture, à l'économie rurale et domest., à la descript. des plant., etc. 112 fr.

DICTIONNAIRE D'HIPPIATRIQUE ET D'ÉQUITATION

Ouvrage où se trouvent réunies toutes les connaissances équestres et hippiques, par F. CARDINI, lieutenant-colonel en retraite. 2 vol. gr. in-8 ornées de 70 figures. 2ᵉ édition, corrigée et considérablement augmentée. 20 fr.

EXTRAIT DU CATALOGUE

GÉOLOGIE APPLIQUÉE, OU TRAITÉ DU GISEMENT ET DE L'EXPLOITATION DES MINÉRAUX UTILES ;

Par M. A. Burat, ingénieur, professeur de géologie et d'exploitation des mines à l'École centrale des arts et manufactures; cinquième édition, revue, considérablement augmentée, divisée en deux parties. — Géologie. — Exploitation. — 2 forts volumes in-8, illustrés de vues, gravées sur acier, et de nombreuses figures. . . . . 25 fr.

ÉLÉMENTS DE GÉOLOGIE

Ou changements anciens de la terre et de ses habitants, tels qu'ils sont représentés par les monuments géologiques, par sir Ch. Lyell. Traduit de l'anglais sur la sixième édition avec le consentement de l'auteur, par M. Ginestou, bibliothécaire de la Société d'encouragement. 6ᵉ édition considérablement augmentée et illustrée de 770 gravures. 2 beaux vol. in-8. . . . . 20 fr.

PRINCIPES DE GÉOLOGIE

Ou illustrations de cette science empruntées aux changements modernes de la terre et de ses habitants par sir Charles Lyell, baronnet. Traduit de l'anglais sur la onzième édition, avec l'autorisation de l'auteur par M. J. Ginestou. Avec cartes, gravures en taille-douce et figures. 2 vol. in-8. 25 fr.

DE L'EXPLOITATION DES CHEMINS DE FER

Leçons faites à l'École nationale des ponts et chaussées par F. Jacqmin, ingénieur des ponts et chaussées, directeur de l'exploitation des chemins de fer de l'Est, professeur à l'Ecole nationale des ponts et chaussées. 2 beaux vol. in-8 cavalier. . . . . 16 fr.

DES MACHINES A VAPEUR

Leçons faites en 1869-70 à l'École nationale des ponts et chaussées. Du même auteur. Deux forts volumes grand in-8 cavalier. . . . . . 16 fr.

TRAITÉ ÉLÉMENTAIRE DES CHEMINS DE FER

Par Auguste Perdonnet, ancien élève de l'École polytechnique, directeur de l'Ecole nationale centrale des arts et manufactures, ancien ingénieur en chef de plusieurs chemins de fer, président de l'Association polytechnique. 3ᵉ éd., revue, corrigée et considérablement augmentée. 4 très-forts vol. in-8, avec 1,100 fig. sur bois et sur acier; cart., tableaux, etc. 70 fr.

DICTIONNAIRE DE LA CONVERSATION ET DE LA LECTURE

52 vol. grand in-8, de 500 pages à 2 colonnes. 208 fr. ; net. . . . . 140 fr.

SUPPLÉMENT AU
DICTIONNAIRE DE LA CONVERSATION ET DE LA LECTURE

Rédigé par tous les écrivains et savants dont les noms figurent dans cet ouvrage et publié sous la direction du même rédacteur en chef. 16 vol. in-8 de 500 pages, pareils aux 52 volumes publiés de 1833 à 1839. . . 80 fr.

Aujourd'hui les seuls exemplaires qui conservent *leur valeur primitive* sont ceux qui sont accompagnés du *Supplément*.

GUIDE DU SONDEUR

Traité théorique et pratique des sondages, par MM. Degousée et Ch. Laurent, ingénieurs civils, fabricants d'équipages de sonde. Deuxième édition, composée de 2 forts volumes in-8, avec un grand nombre de gravures sur bois intercalées dans le texte, et accompagnés d'un Atlas de 62 planches gravées sur acier, représentant un très-grand nombre de figures, d'outils, coupes de terrains, etc. Prix des 2 vol. brochés et de l'Atlas cartonné. . 30 fr.

DE LA LIBRAIRIE GARNIER FRÈRES. 7

OUVRAGES RELIGIEUX

Les saints Évangiles. Traduction de LEMAISTRE DE SACY, selon saint Marc, saint Mathieu, saint Luc et saint Jean. Nouvelle édition avec encadrements en couleur, ornée de magnifiques gravures sur acier et d'un beau frontispice or et couleur. 1 vol. gr. in-8° jésus. . . . . 20 fr.

Oraisons funèbres et sermons choisis de Bossuet. Nouvelle édition illustrée de 12 gravures sur acier, d'après REMBRANDT, MIGNARD, NANTEUIL, RIBERA, STAAL, RIGAUD, POUSSIN, VAN DYK, CARRACHE, SPADA, etc., gravées par F. DELANNOY, E. WILLMANN, GIRARDET, ROBINSON, EGLETON, HOLL, JENKINS, etc. 1 beau vol. in-8, jésus. . . . 18 fr.

Méditations sur l'Évangile, par BOSSUET, revues sur les manuscrits originaux et les éditions les plus correctes, et enrichies de 12 magnifiques gravures sur acier, d'après RAPHAEL, RUBENS, POUSSIN, REMBRANDT, etc. 1 vol. grand in-8 jésus. . . . . . 18 fr.

Discours sur l'histoire universelle, par BOSSUET; nouvelle édition, précédée d'une introduction. 1 beau vol. grand in-8 jésus, orné de magnifiques grav. sur acier, d'après les grands maîtres. . . . . 16 fr.

Les saintes Femmes. Texte par Mgr DARBOY, archevêque de Paris. Collection de portraits, gravés sur acier, des femmes remarquables de l'histoire de l'Église. 1 vol. grand in-8 jésus . . . . 20 fr.

La sainte Bible. Traduite en français par LEMAISTRE DE SACY, accompagnée du texte latin de la Vulgate, grav. sur acier d'après RAPHAEL, LE TITIEN, PAUL VÉRONÈSE, SALVATOR ROSA, POUSSIN, H. VERNET, etc., une galerie de portraits des femmes de la Bible. 6 forts vol. grand in-8 jésus, papier vélin avec une carte et un plan de Jérusalem. . . . . 100 fr.

Imitation de Jésus-Christ. Traduite par l'abbé DASSANCE, avec approbation de Mgr l'archevêque de Paris, avec encadrements variés, frontispice or et couleur, et 10 gravures sur acier. 1 vol. gr. in-8 jésus. . . . . 20 fr.

L'Imitation de Jésus-Christ. Traduction nouvelle, avec des réflexions à la fin de chaque chapitre, par M. l'abbé F. DE LAMENNAIS. Nouvelle édition, avec encadrements en couleur, ornée de 10 gravures sur acier et d'un frontispice rehaussé d'or. 1 magnifique vol. grand in-8 jésus. . . . . . 20 fr.

Les Vies des saints, POUR TOUS LES JOURS DE L'ANNÉE, nouvellement écrites par une réunion d'ecclésiastiques et d'écrivains catholiques, classées pour chaque jour de l'année par ordre de dates, d'après les Martyrologes et Godescard, illustrées d'environ 1,800 gravures. 4 beaux volumes grand in-8 . . . . 40 fr.
Les VIES DES SAINTS ont obtenu l'approbation des archevêques et des évêques.

Biblia Sacra *Vulgatæ editionis* SIXTI V PONTIFICIS MAXIMI *jussu recognita et* CLEMENTIS VIII. 1 beau et fort volume grand in-18 jésus, imprimé avec le plus grand soin par J. Claye, en caractères très-lisibles. . . . . 6 fr.

L'Adoration des bergers, de J. RIBERA (l'Espagnolet), tableau du Salon carré du Louvre, gravée au burin par P. PELÉE. *Estampe* de 45 centimètres de haut sur 30 centimètres de large, tirée sur format grand colombier vélin.
Papier blanc. . . . . 18 fr.
Papier de Chine, avec la lettre. 24 fr.
Épreuves sur papier blanc avant la lettre, à. . . . . 36 fr.
Et 75 épreuves sur papier de Chine, avant la lettre, à. . . 48 fr.
Il a été tiré 50 épreuves d'artiste sur papier de Chine, à. . . . 80 fr.
Et 7 épreuves de remarque sur papier de Chine, net à . . . 150 fr.

TABLEAUX DES SCIENCES, ARTS ET MÉTIERS

Ostéologie, 1 feuille; **Myologie,** 1 feuille; **Syndesmologie,** 1 feuille; **Névrologie,** 1 feuille; par M. J. C. VERNER, gravés sur acier. Chaque tableau forme une partie complète. Noir. 3 fr. 50. En couleur. . . 5 fr.

Symbole complet mis en tableau, avec un texte explicatif. 1 feuille 1 fr. 75

Mécanique théorique et pratique appliquée à la composition et à l'emploi des machines, avec un texte par E. PENNOR. 1 feuille. . . . 1 fr. 75

Menuiserie, par le même, avec un texte explicatif. Une feuille. . . 1 fr. 50

Tableau comparatif des champignons comestibles et des champignons vénéneux. 1 feuille jésus, avec un texte explicatif, en couleurs. 4 fr.

Tableau de météorologie, par le même. Une feuille. . . . . 1 fr. 75

Tableau des animaux et des végétaux avant le déluge, rédigé d'après G. CUVIER, BUCKLAND, DE HUMBOLDT, etc., par le même. Une f. en noir. 1 fr. 75
Le même en couleur. . . . . 3 fr. 50

Tableau des habitations des personnages célèbres, par le même. Une feuille. . . . . 1 fr. 75

Charpenterie, par le même, 1 f. 1 fr. 75

Serrurerie et quincaillerie, par le même. Une feuille. . . . . 1 fr. 75

EXTRAIT DU CATALOGUE

CHEFS-D'ŒUVRE DE LA LITTÉRATURE FRANÇAISE

FORMAT IN-8 CAVALIER, PAPIER VÉLIN

Imprimés avec luxe par J. Claye et ornés de gravures sur acier par les meilleurs artistes

30 volumes sont en vente à 7 fr. 50

On tire de chaque volume de la collection 150 *exemplaires numérotés* sur papier de Hollande, avec figures sur chine avant la lettre, au prix de 15 fr. le vol.

Œuvres complètes de Molière. Nouvelle édition très-soigneusement revue sur les textes originaux avec un nouveau travail de critique et d'érudition, aperçus d'histoire littéraire, examen de chaque pièce, commentaire, biographie, etc., etc., par M. Louis Moland. 7 vol.

Œuvres complètes de J. Racine, avec une vie de l'auteur et un examen de chacun de ses ouvrages, par M. Saint-Marc Girardin, de l'Académie française. En vente, le Ier et IIe vol.

Chefs-d'œuvre littéraires de Buffon, avec une introduction par M. Flourens, membre de l'Académie française, secrétaire de l'Académie des sciences, etc. 2 vol. avec un beau portrait de Buffon.

Histoire de Gil Blas de Santillane, par Le Sage, avec les principales remarques des divers annotateurs, précédée d'une notice par Sainte-Beuve, les jugements et témoignages sur Le Sage et sur *Gil Blas*; suivie de *Turcaret* et de *Crispin rival de son maître*. 2 volumes.

L'Imitation de Jésus-Christ. Traduction nouvelle avec des réflexions par M. l'abbé de Lamennais. 1 vol.

Essais de Michel de Montaigne. Nouvelle édition, avec les notes de tous les commentateurs, choisie et complétée par M. J. V. Le Clerc, précédée d'une nouvelle Étude sur Montaigne par M. Prévost-Paradol, de l'Académie française. 4 vol. avec un beau portrait.

Œuvres de Clément Marot, annotée, revues sur les éditions originales et précédées de la Vie de Clément Marot, par Charles d'Héricault. 1 vol. orné du portrait, gravé sur acier, d'après une peinture du temps.

Œuvres choisies de Massillon, accompagnées de notes et précédées d'une notice par M. Godefroy. 2 vol. avec un beau portrait de Massillon.

Œuvres de Jean-Baptiste Rousseau, avec un nouveau travail de M. Antoine de Latour. 1 vol. orné du portrait de l'auteur.

Œuvres complètes de Boileau, avec des commentaires et un travail nouveau de M. Gidel. 4 vol.

Œuvres complètes de la Fontaine Nouvelle édition, avec un nouveau travail de critique et d'érudition, par M. Louis Moland. En vente tomes I, II, III et IV.

Nous avions promis dans le Prospectus, de chercher à remettre en honneur les belles éditions de nos auteurs classiques. Les volumes qui ont paru permettent de juger si nous avons tenu parole.

Notre collection contiendra la fleur de la littérature française. Elle se composera d'une soixantaine de volumes environ, imprimés avec le plus grand luxe par Claye, et dignes de tenir une place d'honneur dans les meilleures bibliothèques.

Format gr. in-8 jés. avec grav. à 12 fr. 50

Œuvres de P. et Th. Corneille, précédées de la Vie de P. Corneille, par Fontenelle, et des Discours sur la poésie dramatique. Nouvelle édition ornée de gravures sur acier. 1 beau volume.

Œuvres de J. Racine, avec un Essai sur la vie et les ouvrages de J. Racine, par Louis Racine; ornées de 13 vignettes, d'après Gérard, Girodet, Desenne, etc. 1 beau volume.

Œuvres complètes de Boileau, avec une Notice par M. Sainte-Beuve, et les Notes de tous les commentateurs, illustrées de gravures sur acier. Nouv. édit. 1 vol.

Molière. Œuvres complètes, précédées d'une notice sur la vie et les ouvrages de Molière, par M. Sainte-Beuve, illustrées de 800 dessins, par Tony Johannot. 1 vol.

Molière. Œuvres complètes. 1 beau vol. orné de charmantes gravures sur acier, d'après les dessins de G. Staal.

Œuvres complètes de Casimir Delavigne, *Théâtre*, *Messéniennes*, *Chants sur l'Italie*. Nouvelle édition. 1 beau vol.; 12 belles vignet. de A. Hannot.

ŒUVRES DE WALTER SCOTT

Traduction de M. Defauconpret, édition de luxe entièrement terminée, revue et corrigée avec le plus grand soin, illustr. de 59 magnifiq. vignet. et portr. sur acier d'après Raffet. 30 v. in-8, caval., papier glacé et satiné. 135 fr.
Prix de chaque volume . . . . 4 fr. 50

1. Waverley.
2. Guy Mannering.
3. L'Antiquaire.
4. Rob-Roy.
5. {Le Nain noir. / Les Puritains d'Écosse.
6. La Prison d'Édimbourg.
7. {La Fiancée de Lammermoor. / L'Officier de fortune.
8. Ivanhoë.
9. Le Monastère.
10. L'Abbé.
11. Kenilworth.
12. Le Pirate.
13. Les Aventures de Nigel.
14. Peveril du Pic.
15. Quentin Durward.
16. Eaux de Saint-Ronan.
17. Redgauntlet.
18. Connétable de Chester.
19. Richard en Palestine.
20. Woodstock.
21. Chronique de la Canongate.
22. La Jolie fille de Perth.
23. Charles le Téméraire.
24. Robert de Paris.
25. {Le Château périlleux. / La Démonologie.
26. }
27. } Histoire d'Écosse.
28. }
29. }
30. } Romans poétiques.

LE MÊME OUVRAGE, nouvelle édition, publiée en 30 vol. in-8 carré avec grav. sur acier. Chaque vol. contient au moins un roman complet et se vend. 3 fr.

ŒUVRES DE J. FENIMORE COOPER

Traduction de M. Defauconpret, ornées de 90 vignettes d'après les dessins de MM. Alfred et Tony Johannot. 30 vol. in-8 . . . . 120 fr.
On vend séparément chaque volume . . . . 4 fr.

1. Précaution.
2. L'Espion.
3. Le Pilote.
4. Lionel Lincoln.
5. Les Mohicans.
6. Les Pionniers.
7. La Prairie.
8. Le Corsaire rouge.
9. Les Puritains.
10. L'Écumeur de mer.
11. Le Bravo.
12. L'Heidenmauer.
13. Le Bourreau de Berne.
14. Les Monikins.
15. Le Paquebot.
16. Eve Effingham.
17. Le Lac Ontario.
18. Mercédès de Castille.
19. Le Tueur de daims.
20. Les Deux amiraux.
21. Le Feu follet.
22. A bord et à terre.
23. Lucie Hardinge.
24. Wyandotté.
25. Satanstoë.
26. Le Porte-Chaine.
27. Ravensnest.
28. Les Lions de mer.
29. Le Cratère.
30. Les Mœurs du jour.

LE MÊME OUVRAGE, nouvelle édit. publiée en 30 vol. in-8 carré avec grav. sur acier. Chaque vol. contient au moins un roman complet et se vend. 3 fr.

ŒUVRES COMPLÈTES DE BUFFON

Avec la nomenclature linnéenne et la classification de Cuvier; édition nouvelle, revue sur l'édition in-4 de l'Imprimerie nationale; annotée par M. Flourens, membre de l'Académie française. Les *Œuvres complètes de Buffon* forment 12 vol. grand in-8 jésus illustrés de 163 planches, 800 sujets coloriés, d'après les dessins originaux de M. Victor Adam . . . . 120 fr.

ŒUVRES COMPLÈTES DE CHATEAUBRIAND

Nouvelle édition, précédée d'une Étude littéraire sur Chateaubriand, par M. Sainte-Beuve. 12 très-forts vol. in-8, sur papier cavalier vélin, ornés d'un beau portrait de Chateaubriand et de 42 grav., le vol. . à . . . . 6 fr.

Les notes manuscrites de Chateaubriand recueillies par M. Sainte-Beuve sur les marges d'un exemplaire de la 1ʳᵉ édition de l'*Essai sur les révolutions*, donnent à notre édition de cet ouvrage une valeur exceptionnelle. On sait que l'exemplaire qui portait ces notes confidentielles a été acheté un prix considérable à la vente des livres du célèbre critique. Quelle que soit la destinée de cet exemplaire, les notes si importantes qu'il contient ne seront point perdues pour le public, puisque elles se trouvent relevées avec le plus grand soin dans notre texte. Elles sont là, en effet, et ne sont que là. Avis aux curieux.

ON VEND SÉPARÉMENT AVEC UN TITRE SPÉCIAL

Le Génie du christianisme. 1 vol.	Voyages en Amérique, en Italie et en Suisse. 1 vol.
Les Martyrs. 1 vol.	Le Paradis perdu. 1 vol.
Itinéraire de Paris à Jérusalem. 1 v.	Histoire de France. 1 vol.
Atala. René, le dernier Abencerage, les Natchez, Poésies. 1 vol.	Études historiques. 1 vol.

Le prix de chaque volume, avec 3, 4 ou 5 gravures : 6 fr. — Sans gravures : 5 fr.

CHATEAUBRIAND ET SON GROUPE LITTÉRAIRE

Sous l'empire, par M. Sainte-Beuve, de l'Académie française. 2 vol. in-8. 12 fr.

ŒUVRES COMPLÈTES DE BÉRANGER

9 volumes in-8, format cavalier, magnifiquement imprimés, papier vélin satiné, contenant :

Les Œuvres anciennes, illustrées de 53 gravures sur acier d'après Charlet, Johannot, Raffet, etc. 2 vol. . 28 fr.

Les Œuvres posthumes. Dernières chansons (1854 à 1851), illustrées de 14 gravures sur acier, de A. de Lemud. 1 vol. . . . . 12 fr.

Ma Biographie, avec un appendice et des notes, illustrée de 9 gravures et d'une photographie. 1 vol. . . 12 fr.

Musique des chansons, airs notés anciens et modernes. Nouvelle édition revue par F. Bérat, illust. de 80 grav. sur bois, d'après Grandville et Raffet. 1 vol. . . . . 10 fr.
Même ouvrage, sans gravures. . 6 fr.

Correspondance de Béranger. Édition ornée d'un magnifique portrait grav. sur acier. 4 forts vol. contenant 1,200 lettres et un catalogue analytique de 150 autres. . . . . 24 fr.

Outre le portrait inédit qui orne cette édition, les éditeurs offrent aux Souscripteurs qui prendront l'ouvrage entier un exemplaire du **GRAND PORTRAIT DE BÉRANGER**, gravé sur acier par Lévy, et haut de 36 cent. sur 28 cent. de large. Ce portrait se vend séparément.

GRAND PORTRAIT DE BÉRANGER

DE 0ᵐ,36 DE HAUT SUR 0ᵐ,28 DE LARGE

Dessiné d'après nature par Sandoz et gravé au burin par G. Lévy.

Papier blanc, chaque épreuve. . 10 fr.
Papier de Chine. . . . . 15 fr.
Papier de Chine, épreuves avant la lettre, tirées à 120 exemplaires. . . 30 fr.

COLLECTIONS DE GRAVURES POUR LES ŒUVRES DE BÉRANGER

Anciennes chansons, 53 grav. . 18 fr. | Œuvres posthumes, 23 gravures. 12 fr.

NOTA. — On vient de publier 24 photographies sur les dessins de l'in-8 pour compléter l'édition parue en 1844 des anciennes chansons. 2 vol. in-18 illustrés de 44 gravures. Prix des photographies. . . . . 24 fr.

CHANSONS DE BÉRANGER

(ANCIENNES ET POSTHUMES)

Nouvelle édition populaire illustrée de 161 dessins inédits de MM. Andrieux, Bayard, Darjou, Godefroy Durand, Pauquet, etc., vignettes par M. Giacomelli, avec un beau portrait de l'auteur. 1 vol. grand in-8 jésus. . 8 fr. 50

ALBUM BÉRANGER

Par Grandville. 80 dessins gravés sur bois, imprimés sur très-beau papier et formant un volume grand in-8 cavalier. . . . . 10 fr.
Ces bois ne font pas double emploi avec les aciers.

ALBUM BÉRANGER

Par Grandville et Raffet. 120 dessins gravés sur bois (premières épreuves), imprimés sur papier de Chine, formant 1 vol. gr. in-8 cavalier. . 20 fr.

CHANTS ET CHANSONS POPULAIRES DE LA FRANCE

Nouvelle édition *avec musique*, illustrée de 339 belles gravures sur acier, d'après Daubigny, E. Giraud, Meissonnier, Staal, Trimollet, gravées par les meilleurs artistes, notice par A. de Lamartine. 3 vol. gr. in-8. . . 48 fr.

CHANTS ET CHANSONS POPULAIRES DES PROVINCES DE FRANCE

Notice par Champfleury. Accompagnement de piano par J. B. Wekerlin. Illust. par Bida, Courbet, Jacque, etc. 1 vol. gr. in-8. . . . . 12 fr.

CHANSONS NATIONALES ET POPULAIRES DE LA FRANCE

Accompagnées de notes historiques et littéraires par Dumersan et Noël Ségur, avec des vignettes, grav. sur acier, tirées à part. 2 vol. gr. in-8. . 20 fr.

60,000 VOLUMES COMPLETS DE L'ILLUSTRATION
DIVISÉS EN 4 CATÉGORIES DE PRIX

1° Volumes isolés : 2, 13, 22, 25, 28, 29, 30, 31, 32, 33, 34, 35, 38, 39, 40, 41, 42, 43 à 47, au lieu de 18 fr. . . . . 6 fr.
2° Série de 50 volumes, 27 à 55 inclusivement, contenant les *guerres de Crimée, des Indes, de la Chine, d'Italie, du Mexique*, etc., au lieu de 18 fr. le vol. . . . . 16 fr.
3° Les collections complètes dont il ne nous reste plus qu'un petit nombre d'exempl. restent fixées au même prix que précédemment, 60 vol. à 18 fr.
4° Volumes 55, 56, 57, 58, 59, 60. Prix de chaque tome. . . . . . 18 fr.
Reliure en percaline, fers et tranches dorées. . . . . 6 fr.

VOYAGE ILLUSTRÉ DANS LES CINQ PARTIES DU MONDE
Par Adolphe Joanne. 1 vol. in-folio, illustré d'environ 700 gravures. 15 fr.

VOYAGE ILLUSTRÉ DANS LES DEUX MONDES
D'après les relations authentiques les plus nouvelles, par MM. F. Mornand et J. Vilbort, contenant 775 gravures. 1 vol. gr. in-folio. . . . . . . 15 fr.

TABLEAU DE PARIS
Par Edmond Texier ; ouvrage illustré de 1,500 gravures, dessins Cham, Gavarni, etc. 2 vol. in-folio. . . . . 20 fr.
Riche reliure en toile, tranches dorées, 2 vol. en 1. . . . . 5 fr.

L'ESPACE CÉLESTE ET LA NATURE TROPICALE
Description physique de l'univers, d'après des observations faites dans les deux hémisphères, par E. Liais, astronome de l'Observatoire de Paris, avec une préface de M. Babinet, de l'Institut. Illustré de nombreuses gravures, dessins de Yan' Dargent. 1 magnifiq. vol. gr. in-8 jésus. . . . . 20 fr.

GALERIE DES FEMMES CÉLÈBRES
Tirée des *Causeries du lundi*, par M. Sainte-Beuve, de l'Académie française. 1 beau vol. grand in-8 jésus, orné de 12 magnifiques portraits dessinés par Staal et gravés sur acier par Gouttière, Geoffroy, etc. . . . 20 fr.

NOUVELLE GALERIE DES FEMMES CÉLÈBRES
Tirée des *Causeries du lundi*, des *Portraits littéraires*, des *Portraits de Femmes*, par M. Sainte-Beuve. 1 vol. grand in-8 jésus, semblable au volume précédent, et illustré de portraits inédits. . . . . 20 fr.

LETTRES CHOISIES DE MADAME DE SÉVIGNÉ
Avec une magnifique galerie de portraits sur acier, représentant les personnages principaux qui figurent dans sa correspondance. 1 très-beau vol. grand in-8 jésus. . . . . 20 fr.

LETTRES CHOISIES DE VOLTAIRE
Précédées d'une notice et accompagnées de notes explicatives, par M. L. Moland, ornées d'une galerie de portraits historiques. Dessins de Philippoteaux et Staal, gravés sur acier. 1 fort et magnifique vol. grand in-8 jésus. 20 fr.

La correspondance de Voltaire est un chef-d'œuvre. Nous avons voulu en former un recueil qui peut être mis entre les mains de tout le monde, qui ne contient rien de choquant pour personne, et qui offre cependant un spécimen très-étendu et très-piquant de cette correspondance inimitable.

HISTOIRE DE FRANCE
Depuis la fondation de la monarchie, par Mennechet, illustrée de 20 gravures sur acier, d'après les grands maîtres. 1 vol. gr. in-8 jésus. . . . . 20 fr.

LA FRANCE GUERRIÈRE
Récits historiques d'après les chroniques et les mémoires de chaque siècle, par Charles d'Héricault et Louis Moland. Ouvrage illustré de belles gravures sur acier. 1 vol. grand in-8 jésus. . . . . 20 fr.

LES FEMMES D'APRÈS LES AUTEURS FRANÇAIS
Par E. Muller. Ouvrage illustré de portraits des femmes les plus illustres, gravés au burin, d'après les dessins de Staal. 1 vol. gr. in-8 jésus. 20 fr.

EXTRAIT DU CATALOGUE

LES FLEURS ANIMÉES
Par J.-J. Grandville. Ouvrage de luxe. Texte par Alph. Karr, Taxile Delord. Nouvelle édition avec planches très-soigneusement retouchées pour la gravure et le coloris. 2 vol. gr. in-8 jésus. . . . . 25 fr.

FABLES DE LA FONTAINE
Illustrations de Grandville. 1 splendide vol. grand in-8 jésus, sur papier glacé, avec encadrement des pages et un sujet pour chaque fable. 18 fr.

GRANDVILLE
ALBUM de 120 sujets tirés des Fables de la Fontaine. 1 vol. gr. in-8. 6 fr.

LES MÉTAMORPHOSES DU JOUR
Par Grandville. 70 gravures coloriées, accompagnées d'un texte par MM Albéric Second, Taxile Delord, Louis Huard, précédées d'une Notice sur Grandville, par Charles Blanc. Nouvelle édition augmentée d'un beau frontispice colorié. 1 magnifique volume grand in-8 jésus. . . . . 18 fr.

LES PETITES MISÈRES DE LA VIE HUMAINE
Illustrées par Grandville, de nombreuses vignettes dans le texte et de 50 grands bois tirés à part. Texte par Old-Nick. 1 fort vol. gr. in-8 jésus. . . . 15 fr.

CENT PROVERBES
Illustrés par Grandville. Nouvelle édition augmentée d'un texte explicatif; charmantes gravures à part de Grandville. 50 sujets pour la première fois élégamment rehaussés de couleurs. 1 magnifique vol. gr. in-8 jésus. 15 fr.

CORINNE
Par madame la baronne de Staël. Nouvelle édition illustrée de 250 vignettes, de 8 grandes gravures par Karl Girardet, Barrias, Staal. 1 vol. gr. in-8 jésus vélin, glacé. . . . . 10 fr.

ŒUVRES CHOISIES DE GAVARNI
Classées par l'auteur; notices par MM. de Balzac, Th. Gautier, etc. 2 vol. gr. in-8 renfermant chacun 80 gravures. Prix de chaque vol. . . . . 10 fr.
Le Carnaval à Paris. — Paris le matin. — Les Étudiants. 1 vol.
La Vie de jeune homme. — Les Débardeurs. . . . . . 1 vol.

LES CONTES DROLATIQUES
Colligez es abbayes de Touraine et mis en lumière par le sieur de Balzac, pour l'esbastement des pantagruelistes et non aultres. Édition illustrée de 425 dessins par Gustave Doré. 1 magnifique vol. in-8, papier vélin. 12 fr.

LES CONTES DE BOCCACE
(LE DÉCAMÉRON). Édition illustrée par MM. H. Baron, T. Johannot. H. Émy, Célestin Nanteuil, Grandville, Ch. Pinot, K. Girardet, E. Lepoitevin, Pauquet, Holfeld, etc., de 32 grandes gravures tirées à part, et d'un grand nombre de dessins intercalés dans le texte. 1 vol. grand in-8 jésus. . . . 15 fr.

PERLES ET PARURES
Première partie. Les Joyaux. Fantaisie. — *Deuxième partie.* Les Parures. Fantaisie. Dessins par Gavarni, texte par Méry, illustré de 30 gravures sur acier par Ch. Geoffroy; les 2 vol. brochés . . . . 20 fr.

HISTOIRE PITTORESQUE DES RELIGIONS
Doctrines, Cérémonies et Coutumes religieuses de tous les peuples du monde, par F. T. B. Clavel; ill. de 29 gr. sur acier. 2 v. gr. in-8. 15 fr.

ENCYCLOPEDIANA
Recueil d'anecdotes anciennes, modernes et contemporaines, etc., édition illustrée de 120 vignettes. 1 vol. in-8 de 840 pages. . . . . . . 4 fr. 50

ROMANS DE VOLTAIRE
Illustrés du portrait de Voltaire et de 110 grav. sur bois dessinées et gravées par les meilleurs artistes. 1 vol. grand in-8 jésus. . . . . 6 fr.

COLLECTION D'OUVRAGES ILLUSTRÉS POUR LES ENFANTS
40 jolis volumes gr. in-18 anglais à 3 fr.
Reliés en toile rouge, dorés sur tranche, 4 fr.

Le premier livre des enfants, alphabet illustré. 1 vol. orné de 250 gravures.
Lectures de l'enfance. 1 vol. orné de 200 gravures.
La tirelire aux histoires, par madame Louise Sw. Belloc. 2 vol.
Contes familiers, par Maria Edgeworth, trad. de madame L. Sw. Belloc, seul traducteur autorisé. 1 vol.
Mélodies du printemps, par Montgolfier. 2e édition, accompagnée de musique, etc. 1 vol.
Abrégé de l'Ami des enfants et des adolescents, par Berquin. 1 vol.
Sandford et Merton, par Berquin. dessins par Staal. 1 vol.
Le petit Grandisson, etc., etc., par Berquin. Dessins par Staal. 1 vol.
Théâtre choisi de Berquin. Illustré de vignettes. 1 vol.
Contes des fées, de Perrault, madame d'Aulnoy, etc. 1 vol.
Contes de Schmid, illustrés de grav. dans le texte. 4 vol.
Se vendent séparément.
Les Veillées du château, ou Cours de morale à l'usage des enfants, par madame de Genlis. Illustré. 2 vol.
Paul et Virginie, suivi de la Chaumière indienne, par Bernardin de St-Pierre illustrés. 1 vol.
Aventures de Télémaque, par Fénelon, et les Aventures d'Aristonoüs. 8 grav. 1 vol.
Fables de la Fontaine, avec des notes, par Lemaistre, 8 grav. 1 vol.
Fables de Florian, avec vignettes par J. Grandville, suivies de Tobie. 1 vol.
Mes Prisons, suivi des Devoirs des hommes, par Silvio Pellico. 1 vol.
Le Langage des fleurs. Édition de luxe, ornée de gravures coloriées, par Charlotte de la Tour. 1 vol.
Contes et scènes de la vie de famille, dédiés aux enfants, par madame Desbordes-Valmore, illustrés. 2 vol.
Le Magasin des enfants, par madame Le Prince de Beaumont. 2 vol.
Choix de nouvelles, de madame de Genlis et de Berquin. 1 vol. orné.
Robinson suisse, traduit de l'allemand par Mme Élise Voïart. 2 vol.
Aventures de Robinson Crusoé. Édition illustrée de Grandville. 1 vol.
Voyages de Gulliver, par Swift. Illustrations de Grandville. 1 vol.
Les Poésies de l'enfance, par madame Desbordes-Valmore. 1 vol.
Lettres choisies de madame de Sévigné, accompagnées de notes. 1 vol.
Œuvres complètes du comte Xavier de Maistre. 1 vol. illustré.
Contes choisis de Charles Nodier, dessins de Staal. 1 vol.
Fabiola, ou l'Église des catacombes, par le cardinal Wiseman ; traduction de Mlle Nettement. 1 vol.
Les Mille et une nuits des familles, illustrées de gravures. 2 vol.
Le petit Buffon illustré. Histoire et description des animaux. 1 vol.

ŒUVRES DE TOPFFER
PREMIERS VOYAGES EN ZIGZAG
OU EXCURSIONS D'UN PENSIONNAT EN VACANCES DANS LES CANTONS SUISSES ET SUR LE REVERS ITALIEN DES ALPES

Par R. Töpffer. Magnifiquement illustrés, d'après les dessins de l'auteur, de 53 grands dessins par Calame et 350 gravures dans le texte. 1 vol. grand in-8 . . . . 12 fr.

NOUVEAUX VOYAGES EN ZIGZAG
A LA GRANDE-CHARTREUSE, AU MONT-BLANC, DANS LES VALLÉES D'HERENZ, DE ZERMATT, AU GRIMSEL ET DANS LES ÉTATS SARDES

Par M. Töpffer. Splendidement illustrés de 48 gravures tirées à part et de 520 sujets dans le texte, d'après les dessins originaux de Töpffer. 1 vol. gr. in-8 jésus. . . . . 12 fr.

LES NOUVELLES GENEVOISES
Illustrées, d'après les dessins de l'auteur, d'un grand nombre de bois dans le texte et de 40 hors texte. 1 vol. grand in-8 jésus. . . . 12 fr.
Albums formant chacun un gr. vol. jésus oblong. . . . . . . 7 fr. 50

Monsieur Jabot . . . . . 1 vol.		**Monsieur Pencil** . . . . . 1 vol.	
Monsieur Vieux-Bois . . . 1 vol.		**Le docteur Festus** . . . . 1 vol.	
Monsieur Crépin . . . . . 1 vol.		**Albert** . . . . 1 vol.	

Histoire de M. Cryptogame . . . 1 vol.
RELIÉ, DORÉ SUR TRANCHE . . . . 10 fr. 50

COLLECTION DE 34 BEAUX VOLUMES ILLUSTRÉS
GRAND IN-8 RAISIN, à 10 fr.

Cette charmante collection se distingue, non-seulement par l'excellent choix des auteurs et l'élégance du style, mais encore par un grand nombre de gravures dans le texte et hors texte exécutées par les premiers artistes. Jamais livres édités à ce prix n'ont offert autant de belles illustrations.

PRIX DE LA RELIURE DES TRENTE-QUATRE VOLUMES CI-DESSUS :
Demi-reliure, maroquin, plats toile, doré sur tranche, le vol. 4 fr.

La Cassette des sept amis, par S. HENRY BERTHOUD. 1 v. illus. par YAN'DARGENT.
Les Hôtes du logis, par S. HENRY BERTHOUD. illustrés de plus de 150 vignettes. 1 vol.
Soirées du docteur Sam, par S. HENRY BERTHOUD. Nombreuses illustrations de YAN'DARGENT. 1 vol.
Les Féeries de la science, par S. HENRY BERTHOUD, illustrées de plus de 150 vignettes. 1 vol.
Le Monde des insectes, par S. HENRY BERTHOUD, illus. d'un gr. nombre 1 v. de vignettes, dessins de YAN' DARGENT.
L'Homme depuis cinq mille ans, par S. HENRY BERTHOUD, illustré d'un grand nombre de vignettes, dessins de YAN' DARGENT, 1 vol.
Contes du docteur Sam, par S. HENRY BERTHOUD, illustrés de gravures par STAAL. 1 vol.
Contes de tous pays, par ÉMILE CHASLES, illustrés d'un grand nombre de vignettes, dessins de STAAL. 1 vol.
Nouveaux Contes de tous pays, par ÉMILE CHASLES, illustrés de vignettes, dessins de STAAL. 1 vol.
Mes Prisons, suivi des devoirs des hommes, par SILVIO PELLICO, traduction par le c^{te} H. DE MESSEY, illustrée. 1 vol.
Contes de Schmid. Traduction de l'abbé MACKER, la seule approuvée. 2 beaux vol. avec de nombreuses vignettes, dessins de G. STAAL. Chaque volume se vend séparément..
La Tirelire aux histoires. Lectures choisies par Mme LOUISE SW. BELLOC, vignettes de G. STAAL. 1 vol.
Le Magasin des enfants, par Mme LE PRINCE DE BEAUMONT, nouvelle édition revue par Mme S. L. BELLOC, illustrée, dessins de STAAL. 1 vol.
Histoire de la bûche, récits sur la vie des plantes, par M. FABRE, illust. de 200 vignettes, de YAN' DARGENT, etc. 1 vol.
Le Buffon des familles. Histoire des animaux, extrait des Œuvres de Buffon et de Lacépède, par AUGUSTE DUBOIS. Illustré de plus de 450. 1 vol.
L'Ami des enfants, DE BERQUIN. Edition, illust. de dessins par STAAL. 1 v.
Œuvres de Berquin. — SANDFORD ET MERTON. — LE PETIT GRANDISSON. — LES SŒURS DE LAIT.— LES JOUEURS.— LE PAGE. — Edition illustrée 1 vol.
Aventures de Robinson Crusoé, par D. DE FOE, illustrées par GRANDVILLE. 1 beau vol.

Les Veillées du château, par Mme la comtesse DE GENLIS. Edition, illustrée de dessins par STAAL. 1 vol.
Voyages illustrés de Gulliver. 400 dessins par GRANDVILLE. 1 beau vol.
Le Don Quichotte de la jeunesse, par FLORIAN, illustré de vignettes, dessins de STAAL. 1 vol.
Fables de Florian. 1 vol., illustré par GRANDVILLE de 80 grandes gravures et 25 vignettes.
Les Animaux historiques, par ONTAIRE FOURNIER, et de Particularités curieuses extraites de Buffon. 1 vol. illustré.
Robinson suisse, par Mme ÉLISE VOÏART; Notice de CHARLES NODIER. 1 vol. illustré de 200 vignettes.
Contes des fées, par PERRAULT, Mme D'AULNOY, Mme LE PRINCE DE BEAUMONT et HAMILTON, illustrés par STAAL. 1 vol.
Découverte de l'Amérique, par J. H. CAMPE. Essai sur la vie de l'auteur par CH. SAINT-MAURICE. 1 vol. illustré.
Les Mille et une nuits des familles. Contes arabes, traduits par GALLAND, choisis et revisés avec la plus scrupuleuse attention. Illustrés par MM. FRANÇAIS, H. BARON, etc. 1 vol.
Œuvres complètes du comte Xavier de Maistre. Nouvelle édition. Voyage autour de ma chambre, etc., illustrées par STAAL. 1 vol.
Le Génie bonhomme, par CHARLES NODIER, dessins de Staal. 1 vol.
Fabiola, ou l'Eglise des catacombes. Traduction nouvelle par Mlle NETTEMENT, vignettes. 1 vol.
La Chine ouverte. Texte par OLD-NICK illustrations par BORGET. 1 vol.
Lima. Esquisses historiques, par MANUEL A. FUENTES. 1 vol. illustré de 57 gravures à plusieurs teintes et 200 vignettes.
Aventures de Robert-Robert, et de son fidèle compagnon Toussaint Lavenette, par L. DESNOYERS. Edition illustrée. 1 vol. . . . . 8 fr.

Fables de la Fontaine, 2 vol. in-8, sur papier des Vosges, avec grav., 7 fr. 50. . . . . 4 fr.
Album des rébus. 1 vol. petit in-4 illus. relié en toile, tranc. dorée. 5 fr.
Paul et Virginie (ÉDITION V. LECOU), Suivi de la Chaumière indienne, par BERNARDIN DE SAINT-PIERRE. Edition illustrée 1 vol. grand in 8. . 7 fr. 50

VOYAGES DANS L'INDE

Par le prince A. SOLTYKOFF; illustrés de magnifiques lithographies à deux teintes par DERUDDER, etc., d'après les dessins originaux de l'auteur. 1 beau vol. grand in-8 jésus, 20 fr.; net. . . . . 15 fr.

VOYAGE EN PERSE

Par le prince SOLTYKOFF; illustré, d'après les dessins de l'auteur. 1 vol. grand in-8 jésus. 10 fr.; net. . . . . 7 fr. 50

HISTOIRE NATURELLE DES MAMMIFÈRES

Par PAUL GERVAIS; illustrations par MM. WERNER, FREEMANN. 1 vol. grand in-8 jésus, 25 fr.; net. . . . . 15 fr.

DON QUICHOTTE DE LA MANCHE

Par CERVANTES, traduction nouvelle, précédée d'une Notice sur l'auteur, par Louis VIARDOT, orn. de 800 dess., par TONY JOHANNOT. 1 v. gr. in-8 jés. 20 fr.

LES MILLE ET UNE NUITS

Contes arabes, traduits par GALLAND. Edition illustrée, revue et corrigée sur l'édition *princeps* de 1704, augmentée d'une dissertation sur les *Mille et une nuits*, par M. le baron SYLVESTRE DE SACY. 1 vol. gr. in-8 jésus 15 fr.

L'ESPAGNE PITTORESQUE, ARTISTIQUE ET MONUMENTALE

Mœurs, usages et costumes. Par MM. MANUEL DE CUENDIAS et V. DE FÉRÉAL. 1 vol. grand in-8, orné de 50 planches à part, dont 25 costumes coloriés et 25 vues et monuments à deux teintes; 450 vign. 20 fr.; net. . . 15 fr.

Manuel universel et complet à l'usage de la Fabrique et du Commerce

DES TISSUS, DE COTON, LIN, CHANVRE, LAINE, SOIE, POILS, ETC.

La correspondance des monnaies, poids et mesures de tous les pays, un Extrait des tarifs de douanes des États avec lesquels il n'y a pas de traités. Quatrième édition, refondue. 1 vol. in-16. . . . . 2 fr. 50

VIGNOLE — TRAITÉ ÉLÉMENTAIRE PRATIQUE D'ARCHITECTURE

Ou étude des cinq ordres d'après JACQUES BAROZZIO DE VIGNOLE. Ouvrage divisé en 72 planches, comprenant les cinq ordres, avec l'indication des ombres nécessaires au lavis, le tracé des frontons, etc., et des exemples relatifs aux ordres; composé, dessiné, par J. A. LEVEIL, architecte, ancien pensionnaire du roi à Rome, et gravé sur acier par HIBON. 1 vol. in-4. . . 10 fr.

ARCHITECTURE RURALE THÉORIQUE ET PRATIQUE

A l'usage des Propriétaires et des ouvriers de la campagne, par J.-M. DE SAINT-FÉLIX. Troisième édit., revue, augmentée, avec 56 planches. 1 vol. in-4. Cartonné dos en toile, 25 fr.; net. . . . . 20 fr.

TRAITÉ HISTORIQUE ET DESCRIPTIF, CRITIQUE ET RAISONNÉ DES ORDRES D'ARCHITECTURE

Avec un nouveau système simplifié, accessible à toute nature de matériaux, et suivi de leurs divers accessoires; ouvrage servant d'introduction à l'architecture rurale, une biographie des architectes et d'un vocabulaire, avec 32 planches, par LE MÊME. 1 vol. in-4 cartonné, dos toile angl. . 10 fr.

ŒUVRES DE ED. MENNECHET

Matinées littéraires. Cours complet de littérature moderne. 5ᵉ édit. 4 vol. in-18 jésus. . . . . . 14 fr.
Nouveau Cours de littérature grecque, revu par M. CHARPENTIER. 1 vol. in 18 jésus. . . . . 5 fr. 50
Nouveau Cours de littérature romaine, revu par M. CHARPENTIER.

1 vol. in-18 jésus. . . . . 3 fr. 50.
Histoire de France, depuis la fondation de la monarchie. 2 volumes in-18 jésus. Ouvrage couronné par l'Académie française. . . . . 7 fr.
Cours de lecture à haute voix. 1 vol. in-18 broché. . . . . . 3 fr.

ŒUVRES COMPLÈTES DE BÉRANGER (4 volumes).

Chansons anciennes. 2 v. gr. in-18, papier vélin . . . . 7 fr.
Œuvres posthumes. Dernières chansons (1834 à 1851). 1 vol. gr.

in-18. . . . . 5 fr. 50
Ma biographie. Ouvrages posthumes de Béranger. Suivis d'un appendice. 1 vol. gr. in-18. . 3 fr. 50

BIBLIOTHÈQUE CHOISIE

Collection des meilleurs ouvrages français et étrangers, anciens et modernes, format grand in-18 (dit anglais), papier jésus vélin, divisée par séries. La première et la deuxième série contiennent des volumes de 400 à 500 pages, de 3 fr. 50 c. le volume. La troisième série composée de volumes à 2 fr. dont beaucoup sont ornés de vignettes ou portraits.

PREMIÈRE SÉRIE

VOLUMES GRAND IN-18 JÉSUS A 3 FR. 50.

Chaque volume se vend séparément.

OUVRAGES DE M. SAINTE-BEUVE
De l'Académie française

Causeries du lundi. 15 vol.
Ce charmant recueil contient une foule d'articles non moins variés qu'intéressants.
Portraits littéraires et derniers portraits, suivis des **Portraits de femmes.** Nouvelle édition. 4 vol.
Chateaubriand et son groupe littéraire sous l'Empire. Cours professé à Liége, 1868-1869. 2 vol.

ŒUVRES DE FLOURENS
Secrétaire perpétuel de l'Académie des sciences
Membre de l'Académie française, etc.

De l'Unité de composition et du débat entre Cuvier et Saint-Hilaire. 1 vol.
Examen du livre de M. Darwin sur l'origine des espèces. 1 vol.
Ontologie naturelle, 5e éd. revue. 1 v.
Psychologie comparée. 1 vol.
De la Phrénologie et des études vraies sur le cerveau. 1 vol.
De la Vie et de l'intelligence. 1 vol.
Circulation du sang (histoire de sa découverte). 1 vol.
De la Longévité humaine et de la quantité de vie sur le globe. 1 vol.
De l'Instinct et de l'intelligence des animaux. 4e édition. 1 vol.
Histoire des travaux et des idées de Buffon. 1 vol.
Cuvier. Histoire de ses travaux. 1 vol.
Des Manuscrits de Buffon, avec des fac-similé de Buffon. 1 vol.
Éloges historiques, lus dans les séances de l'Académie des sciences. 5 vol.
Éloge historique de François Magendie. 1 vol. . . . . 2 fr.

Gérusez. Essais de littérature française. 2 vol.
S. H. Berthoud. Les Petites chroniques de la science, 1861-1872. 11 vol.
— Légendes et traditions surnaturelles des Flandres. 1 vol.
— Les Femmes des Pays-Bas et des Flandres. 1 vol.
— Fantaisies scientifiques de Sam. 4 v.
Diodore de Sicile. Traduction nouvelle, avec une préface. 4 vol.

Bossuet. Méditations sur l'Évangile. 1 vol.
— Élévations à Dieu sur les mystères de la religion. 1 vol.
— Oraisons funèbres. 1 vol.
— Sermons. (Édition complète.) 4 vol.
Lamennais. L'Imitation de Jés.-Christ. Belle édition, frontispice en couleurs, grav. sur acier. 1 vol.
Lamartine. Histoire de la Révolution de 1848. 4e édition. 2 vol.
Reboul (Œuvres de J.) (de Nîmes). Poésies. 1 vol. avec portrait.
Dupont (Pierre). Chansons et poésies. 4e édition, augmentée. 1 vol.
— Muse juvénile. Études littéraires, vers et prose. 1 vol.
Un amateur. Le Whist rendu facile, suivi des Traités du whist de Gand, du boston de Fontainebleau. 1 vol.
Deschapelles. Traité du whist. 1 vol.
Jacquemont (Correspondance de) avec sa famille. 2 vol.
Horace (Odes d'). Trad. par Vesseron. 1 vol.
Lavater et Gall. — Physiognomonie et phrénologie, par A. Ysabeau. 150 figures dans le texte. 1 vol.
Éducation progressive, ou Étude du cours de la vie, par madame Necker de Saussure. 2 vol.
Éducation des mères de famille, par Aimé Martin, ouvrage couronné par l'Académie française. 1 vol.
Genèse selon la science, par Paul de Jouvencel. 3 vol. avec fig.
I. Les Commencements du monde. 1 v.
II. La Vie (sa nature, son origine). 2e édition revue. 1 vol.
III. Les Déluges (développements du globe et de l'organisation). 1 vol.
Histoire macaronique de Merlin Coccaie, prototype de Rabelais. 1 vol.
J.-B. Bellot. Journal d'un voyage aux mers polaires, exécuté à la recherche de sir John Franklin, avec son portrait et 1 carte. 1 vol.
Scudo. La Musique ancienne et moderne. 1 vol.
De Parçieu (M. le comte Ch.) Excursion en Orient. 1 vol.
Ricard (Adolphe). L'Amour, les Femmes, le Mariage. 4e édition. 1 vol.

RÉIMPRESSION DES CLASSIQUES LATINS DE LA COLLECTION PANCKOUCKE

Format grand in-18 jésus. — 3 fr. 50 c. le volume

1. OEUVRES COMPLÈTES D'HORACE. Nouv. édit., revue par M. F. LEMAISTRE, précédée d'une *Etude* par H. RIGAULT. 1 vol.
2. OEUVRES COMPLÈTES DE SALLUSTE. Traduction par DUROZOIR. Nouv. édition, revue par MM. CHARPENTIER et F. LEMAISTRE; précédée d'un nouveau travail sur Salluste, par M. CHARPENTIER 1 vol.
3. OEUVRES CHOISIES D'OVIDE (LES AMOURS, L'ART D'AIMER, etc.). Nouv. édit., revue par M. F. LEMAISTRE, précédée d'une *Etude*, par M. J. JANIN. 1 vol.
4. OEUVRES DE VIRGILE. Nouv. édit., revue par M. F. LEMAISTRE; précédée d'une *Etude* sur Virgile, par M. SAINTE-BEUVE, 1 vol. Par exception. 4 fr. 50
5 à 8. OEUVRES COMPLÈTES DE SÉNÈQUE LE PHILOSOPHE. Nouvelle édition, revue par MM. CHARPENTIER et F. LEMAISTRE. 4 vol.
9. CATULLE, TIBULLE ET PROPERCE, traduits par MM. HÉGUIN DE GUERLE, VALATOUR et GENOUILLE. Nouv. édit., revue par M VALATOUR. 1 vol.
10. CÉSAR. Commentaires sur la *Guerre des Gaules*, avec les réflexions de Napoléon Ier, suivis des Commentaires sur la *Guerre civile* 1 de la *Vie de César*, par SUÉTONE, traduction d'ARTAUD, nouvelle édition, très-soigneusement revue par M. FÉLIX LEMAISTRE; précédée d'une *Etude* sur César, par M. CHARPENTIER. 1 fort vol. Par exception. 4 fr. 50
11. OEUVRES COMPLÈTES DE PÉTRONE, traduites par M. HÉGUIN DE GUERLE. 1 vol.
12. OEUVRES COMPLÈTES DE QUINTE-CURCE, avec la traduction de MM. AUG. et ALPH. TROGNON, revue avec le plus grand soin par M. PESSONNEAUX, professeur au lycée Napoléon. 1 vol.
13. OEUVRES COMPLÈTES DE JUVÉNAL. Trad. de DUSAULX, revue par MM. JULES PIERROT et F. LEMAISTRE. 1 vol.
14. OEUVRES CHOISIES D'OVIDE. — LES FASTES, LES TRISTES. Nouvelle édition, revue par M. E. PESSONNEAUX. 1 vol.
15 à 20. OEUVRES COMPLÈTES DE TITE-LIVE, traduites par MM. LIEZ, DUBOIS, VERGER et CORPET. Nouv. édit., revue par MM. E. PESSONNEAUX, BLANCHET et CHARPENTIER, précédée d'une *Etude*, par M. CHARPENTIER. 6 vol.
21. OEUVRES COMPLÈTES DE LUCRÈCE, avec la traduction de LAGRANGE, revue avec le plus grand soin, par M. BLANCHET. 1 vol.
22. LES CONFESSIONS DE SAINT AUGUSTIN. Traduction française d'ARNAULD D'ANDILLY, très-soigneusement revue et adaptée pour la première fois au texte latin, avec une introduction, par M. CHARPENTIER. 1 vol. Par exception. 4 fr 50
23. OEUVRES COMPLÈTES DE SUÉTONE. Traduction de LA HARPE, refondue avec le plus grand soin par M. CABARET-DUPATY. 1 vol.
24-25. OEUVRES COMPLÈTES D'APULÉE, traduites en français par M. VICTOR BÉTOLAUD. Nouvelle édition, entièrement refondue. 2 vol.
26. OEUVRES COMPLÈTES DE JUSTIN, traduites par MM. J. PIERROT et E. BOITARD. Nouv. édit., revue par M. PESSONNEAUX. 1 vol.
27. OEUVRES CHOISIES D'OVIDE. — LES MÉTAMORPHOSES. Nouvelle édition, revue par M. CABARET-DUPATY, avec une préface par M. CHARPENTIER. 1 fort vol. Par exception. 4 fr. 50
28-29. OEUVRES COMPLÈTES DE TACITE. Traduction de DUREAU-DELAMALLE, revue par M. CHARPENTIER. 2 vol.
30. LETTRES DE PLINE LE JEUNE, traduites par MM. DE SACY et J. PIERROT. Nouv. édit. revue par M. CABARET-DUPATY. 1 vol.
31-32. OEUVRES COMPLÈTES D'AULU-GELLE. Nouv. édit., revue par MM. CHARPENTIER et BLANCHET. 2 vol.
33 à 35. QUINTILIEN. OEuvres complètes, traduites par M. C. V. OUIZILLE. Nouvelle édition revue par M. CHARPENTIER. 3 vol.
36. TRAGÉDIES DE SÉNÈQUE, trad. par E. GRESLOU. Nouvelle édition revue par M. CABARET-DUPATY. 1 vol.
37-38. VALÈRE-MAXIME. OEuvres complètes, trad. de C. A. F. FRÉMION. Nouv. éd. revue par M. PAUL CHARPENTIER. 2 vol.
39. LES COMÉDIES DE TÉRENCE, traduction nouv. par M. VICTOR BÉTOLAUD. 1 très-fort vol. Par exception. 4 fr. 50
40-41. MARTIAL. OEuvres complètes, avec la trad. de MM. V. VERGER, N. A. DUBOIS et J. MANGEART. Nouvelle édition revue avec le plus grand soin, par M. F. LEMAISTRE et M. N. A. DUBOIS, et précédée des *Mémoires de Martial*, par M. JULES JANIN. 2 vol.
42. FABLES DE PHÈDRE, traduites en français, par M. PANCKOUCKE, suivies des œuvres d'AVIANUS, de DENYS CATON, de PUBLIUS SYRUS, traduites par LEVASSEUR et J. CHENU. Nouv. édit, revue par M. E. PESSONNEAUX, et précédée d'une Etude par M. CHARPENTIER. 1 vol.
43. VELLEIUS PATERCULUS. Traduction de DESPRÉS, refondue avec le plus grand soin par M. GRÉARD, professeur au lycée Bonaparte. Suivies OEUVRES DE FLORUS. Traduites par M. RAGON, précédées d'une *Notice* sur Florus, par M. VILLEMAIN. 1 vol.
44. CORNÉLIUS NÉPOS, avec une traduction nouvelle, par M. AMÉDÉE POMMIER. Suivi d'EUTROPE. *Abrégé de l'histoire romaine*, traduit par M. N. A. DUBOIS. Nouvelle édition, revue avec le plus grand soin par le traducteur. 1 vol.
45. LUCAIN. — LA PHARSALE, traduction de MARMONTEL, revue et complétée avec le plus grand soin, par M. H. DURAND, profess. au lycée Charlemagne, précédée d'une étude sur *la Pharsale*, par M. CHARPENTIER. 1 vol.
46. OEUVRES COMPLÈTES DE CLAUDIEN, traduites en français par M. HÉGUIN DE GUERLE, ancien inspecteur de l'Université, ancien professeur au lycée Louis-le-Grand. Traduction de la collection Panckoucke, revue avec le plus grand soin. 1 vol. Prix, par exception. 4 fr. 50

www.ingramcontent.com/pod-product-compliance
Lightning Source LLC
Chambersburg PA
CBHW051132230426
43670CB00007B/775